파산법연구 2

林 治 龍 著

傳 英 社

머 리 말

이 책은 저자가 2004년 9월 파산법연구를 출간한 후 쓴 글 14편을 묶은 것이다. 책의 내용은 미국의 국제파산법에 관한 글, 회사정리법상의 출자전환에 관한 글, 화의법에 관한 글, 개인회생제도에 관한 글이 각 1편이고, 나머지 10편은 법인파산 사건에 관한 글로 구성되어 있다. 따라서 이 책이 종전에 출간한 파산법연구 제1권보다 파산절차에 관한 내용을 위주로 구성됨으로써 전문서적의 면모를 갖추게 되어 기쁘게 생각한다. 2006년 4월 1일부터 시행된 채무자 회생 및 파산에 관한 법률 중 법인파산에 관한 부분은 큰 개정이 없어서 이 책에서 논의한 내용은 신법하에서도 그대로 통용될 수 있다. 특히 會社의 解散·淸算, 破産과 賃貸借契約, 破産과 雇傭契約, 破産과 支給決濟制度, 國際破産法制에 관한 글은 신법의 해석론을 전개한 것이다.

제1권 출간 후 짧은 기간 내에 제2권을 출간할 수 있게 된 것은 저자가 파산부에 근무할 수 있게 된 행운 덕택이다. 법인파산, 화의 및 회사해산·청산사건을 담당하는 재판부에 배속된 후 기록을 통하여 또는 판사들의 질문에 대답하면서 실무상 부딪히는 문제를 고민하게 되었고, 파산부 판사들과 토론하면서 이론을 정리할 기회를 갖게 되었다. 따라서 이 책은 저자의 개인 이름으로 출간되지만 파산부 소속 판사들의 견해가 반영된 부분이 적지 않다. 물론 그 오류는 오로지 저자에게 있음을 밝혀둔다. 이 책을 발간함으로써 파산부에서의 근무 성과를 일단 매듭짓고 싶다.

이 책을 출간함에 있어 많은 분들의 도움을 받았다. 먼저 파산부에 근무할 수 있도록 배려하여 주신 당시 卞東杰 서울중앙지방법원장님과 車漢成 파산수석부장판사님께 감사드린다. 두 분의 배려가 없었더라면 이 책은 출간될 수 없었을 것이다. 저자가 미국 파산법제에 관한 글을 계속하여 쓸 수 있는 것은 Arnold M. Quittner 변호사님(한국전 참전용사)의 친절한 답변과 자료 송부 덕택이다. 변호사님의 한국에 대한 사랑에 감사드리고 아울러 장수하셔서 저자가 다음에 발표하는 글에서도 감사를 표할 수 있었으면 하는 바람이다. 또한 저자의 잦은 질문에 성의 있는 답변을 하여 준 파산부 소속 판사님들의 고마움을 잊을 수 없다. 파산사건에 관한 최고의 이론과 실무경험을 갖춘 그 분들과의 토론을 통하여 저자의 거친 생각이 다듬어졌으며, 오류를 바로잡을 수 있었다. 바쁜 시간을 내어 원고의 교정을 보아 준 파산부의 朴泰俊, 李聖鎔, 金春洙 판사님들의 도움도 컸다. 글을 쓰는 동안 두 아들과 가정에 소홀하였음에도 출간을 격려하여 준 아내 글라라에게도 감사한다.

끝으로 七旬이 넘은 지금까지 많은 고생을 하고 계심에도 큰 아들이 법관직에 오래 근무할 수 있도록 변함 없이 성원하여 주시는 나의 부모님께 이 책을 바친다.

2006. 8

저자 林 治 龍

차　　례

1　채무자 회생 및 파산에 관한 법률안 중 개인채무조정절차에 대한 관견

2　법인의 해산과 청산

3 서울중앙지방법원 파산사건 처리 실무

4 파산절차의 개시가 중재절차에 미치는 효력

5　파산절차의 개시와 임대차계약

6　파산절차의 개시가 고용계약에 미치는 영향

7 지급결제제도에 관한 회생 및 파산절차의 특칙

8 재단채권에 기한 이행소송과 강제집행은 가능한가

9 사채에 대한 질권설정 불이행을 이유로 한 손해배상채권과 파산절차

10 배당금청구권의 성질

11 채무자 회생 및 파산에 관한 법률 중 제5편 국제도산에 대한 해설

12 미국 파산법원이 본 한국의 회사정리절차

13 판례를 통하여 본 화의사건 실무

14 회사정리절차와 출자전환

債務者 回生 및 破産에 관한 법률안 중 個人債務調停節次에 대한 管見

법무부가 입법예고한 채무자 회생 및 파산에 관한 법률안('법률안') 제588조부터 제596조는 개인채무조정절차에 관하여 규정하고 있다. 개인채무자와 채권자간의 원활한 채무조정을 위하여 대통령령이 정하는 바에 따라 법무부 장관이 임명하는 위원들로 구성된 개인채무조정위원회를 두고 위원회는 채무자의 조정신청에 따라 지체 없이 조정절차를 개시하여 60일 이내(최장 90일)에 조정절차를 종결하여야 하고, 만일 기간이 도과하면 조정이 불성립한 것으로 보고, 조정이 성립되면 조정의 내용은 재판상 화해와 동일한 효력을 갖는다는 것이 그 골자이다.

파산절차는 개별적인 집행절차인 민사집행절차와 대비되어 집단적인 집행절차이다. 채무자가 지급불능의 상태에 빠진 경우, 채무자와 다수의 이해관계인의 권리의무가 복잡하게 얽혀 있으므로 일반 민사집행절차로 해결하기 어렵기 때문에 각국은 파산법을 별도로 두고 그에 따라 파산에 관한 문제를 해결하고 있다. 만일 파산법이 없다면 먼저 집행하거나 편파적으로 변제받은 채권자와 뒤늦게 절차에 참여한 채권자간의 불평등이 생기고, 채무자의 재산이 분리 매각되어 재산가치가 급락하는 손해가 발생한다. 또한 파산절차에서도 배당받지 못한 채권을 추급하도록 허용하면, 채무자는 평생을 빚의 구렁텅이에서 빠져나오지 못하게 되고, 삶의 희망을 잃게 되어 그와 가족의 부담을 사회가 떠맡게 되어, 파산자에게 새로운 출발을 주는 것이 파산자뿐 아니라 사회전체에 도움이 된다는 인식하에 정책적으로 면책 제도를 인정하고 있다. 파산절차에 들어가게 되면 강제노동의 금지원칙과 함께 인간다운 생활을 할 채무자의 권리와 채권자의 재산권보장이라고 하는 헌법상의 기본권이 충돌하게 되어 *私法*의 일반원칙이 일부 배제된다. 그리하여 문명국의 파산법은 면책의 허부, 범위 및 非免責債權의 대상 등에 관하여 정도의 차이는 있지만 면책제도를 인정하고 있으며 파산절차를 통한 배당절차와 면책을 둘러싼 쟁송이 복잡한 법률문제이므로 이를 사법부에게 맡기고 있다.

미국 파산법은 미국 법원이 타국의 파산절차(청산 및 재건을 포함)에 대하여

禮讓을 부여하기 위하여 파산절차를 다음과 같이 정의하고 있다. 즉 파산절차라 함은 지급불능에 있는 채무자와 다수 채권자의 이해관계를 조정하기 위하여 채권의 감면, 변제기의 유예, 면책 등을 강제적으로 인정하는 사법 또는 준사법절차이다(§101(23)). 따라서 법원뿐 아니라 행정부도 파산절차의 주재자가 될 수 있다. 각국이 금융기관의 파산절차에 관한 특별법을 별도로 제정하여 법원이 아닌 별도의 기관에서 이를 심리하는 것이 좋은 예이다. 그러나 최소한 파산절차가 되기 위하여는 다음의 요건을 갖추어야 한다. 첫째, 파산절차의 개시단계로부터 절차의 주재자인 관재인 등의 개입을 법원에 대하여 청구할 수 있는 권리가 채권자에게 보장되어야 하고, 둘째, 파산절차의 어느 단계에서든지 법원이 주재하는 사법절차로 변환시킬 수 있어야 하며, 셋째, 파산절차 중에 발하는 명령에 대하여 불복할 수 있어야 하며, 넷째, 관재인 등에 의한 채권확정에 대하여 불복할 수 있어야 하며, 끝으로, 다수의 채권자들이 마련한 계획안에 반대하는 소수에 대하여 법원에 대하여 불복할 수 있는 기회를 주어야 한다. 이러한 요건을 충족하지 아니한 절차는 파산절차로 인정되지 아니하여 미국 내에서 禮讓을 인정받지 못한다. 파산절차의 특색과 파산절차의 요건에 관한 앞서 본 논의에 비추어 법률안의 조정제도를 본다면 아래와 같은 문제점이 있다.

첫째, 법률안의 조정제도는 권력분립의 원칙에 어긋난다.

법원은 헌법의 수권에 기하여 재판을 통하여 강제적으로 국민의 권리의무를 변경할 권한을 갖고 있으며 이를 사법권이라 한다. 그렇다고 모든 쟁송을 사법부가 1심으로 관여하는 것은 아니며 소송제기 전에 행정부의 판단을 거치도록 하는 전치주의를 두거나 별도의 심판을 거친 후 비로소 고등법원이나 대법원에 제소하도록 하는 경우도 있다. 행정소송과 국가배상에 관한 전치주의는 전자에, 특허소송과 해난심판 사건은 후자에 관한 예이다. 그러나 이는 소송의 상대방이 행정부이거나 당해 분쟁에 관한 전문적 지식을 갖춘 별도의 기관으로서 자신의 처분이나 행위에 대하여 국민으로부터 불복이 있는 경우 미리 당해 처분청이나 국가기관에서 그 오류를 시정할 수 있도록 하는 것이 국민의 신속한 권리구제와 법치행정에 도움이 되기 때문이다. 그런데 국가는 개인회생채무자의 상대방이 아니므로 권리관계에 대하여 처분할 수 있는 지위에 있지 아니하므로 행정심판 전치주의와는 목적을 달리 한다. 그렇다고 행정부가 사인간의 분쟁해결절차에 관하여 사법부보다 전문적인 지식을 갖고 있는 것도 아니다. 따라서 일반 사인간의 민사분쟁에 관하여 행정부에서 조정절차를 두는 것은 합리적인 이유를 찾을 수 없고, 결국 사법권에 속하는 분쟁해결권한을 행정부가 대신 행사하는 것에 다름 아니다. 개인회생사건의 급증으로 인한 법원의 업무를 염려하여 법정 외의 분쟁해결수단으로서 조정절차를 행정부가 담당하는 것도 무방하지 않은가 하는 점에 대하여 생각하여 본다. 사건의 급증은 사법부가 인적·물적 시설을 확충하여 해결할 것이지 국민들로 하여금 신청하지 말라고 강요하거나, 신청하는 것을 어렵게 하도록 제도를 운용하여서는 아니 되며, 삼권분립의 원칙에서 본다면 행정부나 입법부가 사법부의 일을 도와줄 수도 없다. 법원 역시 재판 이외의 분쟁해결절차를 환영하며, 민사조정법과 중재법을 통하여 민사조정과 중재를 활성화하도록 배려하고 있다. 중재는 사적인 합의에 의하여 국가기관이 아닌 사단법인인 대한상사중재원에서 주재하고 있다. 또한 가사조정이나 민사조정은 사법부가 당사자의 동의에 관계 없이 강제조정을 할 수 있도록 하는 민사조정법과 가사소송법에 기하여 하는 사법작용이다. 따라서 법무부가 마련한 조정위원회가 이러한 분쟁을 해결할 수 있는 헌법상의 권한은 없다. 헌법재판소는 1995. 5. 25. 선고 95헌가7 결정에서 국가배상심의회의 배상결정에 대하여 재판상의 화해의 효력을 부여하는 국가배상법 제16조가 헌법상 국민의 재판청구권을 침해하고 삼권분립의 원칙에 반한다고 선고한 바 있다.

둘째 법무부의 조정제도는 파산법제에 관한 국제기준에 반한다.

1997년 외환위기 이후 국제기구로부터 구제금융을 받은 우리 정부는 국제기준에 맞는 파산법제의 개정을 약속하였고, 그간 수차에 걸친 파산법의 개정은 이러한 약속의 이행이며, 금번 법률안은 통합도산법을 제정함으로써 이행을 마무리하는 의미를 갖는다. 그 동안 사법부는 서울중앙지법에 파산부를 신설하고, 전국 단위로 관리위원회 제도를 확대설치하고 파산절차를 연구하기 위하여 법관을 해외연수 또는 국제회의에 참가시키는 등 나름대로 신속하고 투명한 파산절차를 수립하기 위한 노력을 경주하여 학자들로부터 긍정적인 평가를 받고 있다. 법무부 역시 선진국의 파산법제와 유사한 파산법을 만들기 위하여 절차의 신속화, 문호의 확대, 변제시한의 단축, 국제금융제도와의 조화, 국제파산법제의 개선, 개인회생절차의 도입 등을 마련하였거나 준비중에 있다. 그러나 이번 조정제도는 파산절차에 관한 민사조정제도인데 이를 사법부가 아닌 행정부에서 관장한다고 하는 것은 선진국의 유례가 없는 우리만의 제도로서 국제기준에 어긋나는 절차이다. 즉 조정제도의 대상이 되는 채무자는 파산의 염려가 있는 일정 자격의 개인회생채무자로 한정되고, 편제도 법률안의 제 4 편 개인회생절차에 들어 있어 내용이나 형식상 파산절차의 일부임이 명백하다. 그럼에도 조정이 이루어지거나 조정이 기

각된 경우 파산절차와 아무런 연결이 없다. 앞서 본 미국의 이론에 비추어 본다면, 조정신청에 관하여 불복(신청 적격이 있는지의 여부), 조정에 대한 불복(재심사유 등) 등에 대하여 당사자들이 법원에 대하여 심사를 구할 길이 없다. 법률안 제589조 제5항은 조정위원회의 설치, 운영 등에 관한 내용을 대통령령으로 정한다고 하였으나 이는 소송절차에 관한 사항을 대법원규칙에서 정하도록 하는 헌법 제108조에도 어긋난다. 민사조정절차에 관하여는 기본법인 민사조정법이 있음에도 파산조정절차에 관하여는 법이 아닌 대통령령으로 할 수 있는지 의문이다. 일본도 특별법인 特定債務等の調停の促進のための特定調停に關する法律('特定調停法')에 기하여 파산의 염려가 있는 법인 또는 자연인인 특정채무자에 대하여 채무자의 신청에 절차가 개시되는 조정제도를 시행하고 있고, 조정절차는 민사조정법에 따라 실시하며 관장기관은 법원이다.[1)]

셋째 법무부의 조정절차는 실효성이 없다.

금번의 조정위원회는 강제적인 조정권한은 없고 임의적인 조정만 하는 기관이므로 조정에 불응하는 경우 이를 강제할 아무런 법적 권한이 없다. 법률안 제591조에 의하면 조정통지를 받은 채권자는 조정에 응할 것인지 여부를 지체 없이 위원회에 통지하여야 한다고 규정하고 있다. 법리상 통지하지 아니한 채권자는 조정에 응하지 아니한 것으로 볼 수밖에 없고, 결국 조정에 응한 채권자만을 상대로 조정절차를 시행하여야 한다. 이러한 점을 고려하여 파산법은 채권자들간의 불평등을 방지하고 재산의 산일을 방지하기 위한 각종 강제장치를 마련하고 있다. 개시 전에는 보전명령을 통하여, 파산선고시에는 선고의 효력에 의하여 강제집행절차를 중지시키고, 개시 후에는 부인권을 통하여 변제받은 금원의 반환을 명할 수 있다. 이것은 사법부만이 행사할 수 있는 권한이다.

그런데 조정절차는 아무런 강제력이 없으므로, 즉 조정절차의 신청이 있다 하여 중지명령이 발하여지는 것이 아니므로 조정에 응하거나 응하지 아니한 채권

1) 2003년 접수된 특정조정사건수는 537,071건, 파산사건수는 251,800건, 개인재생사건수는 23,612건이다. 유의할 점은 특정조정사건의 수는 채권자별로 계산한다는 점이다. 따라서 채무자에게 평균 8인의 채권자가 있다고 가정하여 이를 기준으로 하면 특정조정사건을 신청하는 채무자의 수는 6만 7천명 정도로 추산할 수 있다. 특정조정사건의 관할은 원칙으로 簡易裁判所 관할이지만 합의관할 또는 특정조정법 제5조에 기한 이송사건을 地方裁判所가 관할한다. 시행초기인 2000년에는 조정성립률이 39%이고 조정에 갈음하는 결정 비율이 29%를 차지하였으나 2003년에는 조정성립률이 10%, 조정에 갈음하는 결정비율이 64%를 차지하는 등 채권자의 기일출두율이 급격하게 떨어지고 있다고 한다(管野雅之, "倒産ADRのあり方," 高木新二郎・伊藤眞 編, 講座/倒産法, 日本評論社(2006), 10면 참조).

자들의 집행이나 편파적인 변제수령행위를 제지할 방책이 없고, 조정이 되었다고 하더라도 화의절차와 같이 조정에 불응하는 소수의 채권자를 구속시킬 권한도 없다. 또한 부인권도 인정되지 않는다. 따라서 조정에 응한 선의의 채권자는 피해를 보고, 버티면서 채권실행을 시도하는 채권자가 이득을 보게 된다. 그렇기 때문에 일본의 위 특별법(제7조)에서도 조정기간 중 강제집행을 중지시킬 수 있는 권한을 법원에 부여하고 있다. 더구나 조정위원회의 조정에 대하여 재판상 화해의 효력을 부여하게 되면, 채권자와 채무자가 통모하여 미리 재판상 화해의 효력을 받아 후일 파산절차에서 허위채권을 신고하는 것을 막을 수도 없다. 일본 실무에 의하면 채권자는 통상 출석하지 않으며 채무자가 사용하는 협상카드는 조정에 불응하는 경우 파산이나 개인재생절차로 이행하겠다고 으름장을 놓는 것이며, 법원이 조정절차와 파산절차를 관장하기 때문에 조정의 실효성이 있다고 한다. 법무부에서는 아마도 기업구조조정촉진법('기촉법')에서와 같이 금융기관인 채권자들에게 조정에 응하도록 지도함으로써 기촉법과 같은 효과를 얻으려고 하는지 모르겠다. 그러나 기촉법에 대하여는 입법 당시부터 절차에 반대하는 금융기관의 채권을 침해하고, 외국계 금융기관을 적용대상에서 제외함으로써 국내외 금융기관간에 형평이 어긋난다는 등의 비판이 있었다. 현재 이 때문에 각급 법원에 많은 사건들이 계류 중에 있고(서울서부지법은 외국은행이 대우일렉트로닉스를 상대로 기촉법에 기한 구조조정의 원상회복을 구하는 소송을 심리하고 있다), 원래 워크아웃이라고 하는 것은 말 그대로 비공식적인 파산절차로서 법적인 절차 밖에서 누릴 수 있는 신속성과 유연성에 터잡은 당사자간의 자발적인 절차이고, 이를 법으로 규제하는 순간 그 장점이 사라지는 약점이 있는 제도이다. 당사자들의 자발적인 참여와 인센티브의 부여 없이는 유지될 수 없다. 이러한 이유로 선진국에서는 workout을 법제화하지 않고 있다. 더구나 조정에 응한 금융기관과 응하지 아니하는 다수의 일반채권자간의 불공평을 조정하는 난제도 남아 있다. 금융기관 스스로가 처분권한을 가지면서 채무자와 빚을 조정하는 현재의 신용회복지원제도는 당사자간의 계약에 터잡은 것이므로 문제가 없으나 법적인 강제력 없는 조정위원회를 통하여 다수 당사자간의 채권채무관계에 대하여 조정을 시도하겠다고 하는 것은 재판현실을 도외시한 순진한 발상이다. 현재의 금융기관이 대부분 구제금융을 받아 사실상 국가가 주주이므로 행정지도로 가능하다는 사고는 이미 1997년 이전 기업퇴출제도에 대한 비판 중 채권자인 은행이 관치금융에 빠져 제 역할을 하지 못하였다는 비판을 너무 쉽게 잊은 것을 드러낸다. 입법 과정에 관여한 필자는 각계 의견을 수렴하여 16대 국회에 제출한 법률안에는 없던 제도를 법무부가 6개월도 안 되어 이번 법률안에 새로이 넣어야만 할 긴박한 이유가 무엇인지 못내 궁금하다. 이상의 이유로 필자는 입법안의 개인채무조정절차에 반대한다.

(법률신문 2004. 10. 28. 제3310호 13면 소재)

[후기]

발표 당시 지면의 한계로 발표문에는 주석을 달지 못하였다. 일본의 특정조정법에 관한 설명을 주석에서 추가하였다. 법무부의 법률안은 국회에 회부되었으나 필자가 주장하는 바대로 법제사법위원회에서 개인채무조정절차에 관한 부분이 삭제된 채 법률로 통과되었다. 최근에 미국과 일본에서 파산절차에서의 ADR에 관한 논의가 이루어지기 시작하고 있다.[2] 양자 모두 조정에 관한 궁극적인 결정 권한이 사법부에 있음을 전제로 논의하고 있다.

2) 미국의 ADR에 대하여는 캘리포니아 연방중부지구의 파산법관인 Barry Russel이 2004. 11. 15-16 양일간 미국 워싱톤시에서 개최된 Global Judges Forum에서 Mediation In Liquidation Courts라는 주제로 발표한 바에 의하면 주로 제7장(청산절차) 사건에서 비면책채권의 대상 여부 또는 제11장(재건절차) 사건에서 공익채권의 대상 여부에 관하여 변호사를 조정위원으로 선임하여 조정절차에서 성립된 조정안에 대하여 파산법원이 연방파산규칙 §9019(a)에 의하여 심문절차를 거친 후에 승인하고 있다. 그 외 David B. Young, Alternative Dispute Resolution in Bankruptcy, 27th Annual Current Developments in Bankruptcy & Reorganization, Vol 1. (2005), 999 이하가 자세하다. 일본의 특정조정제도의 성과에 관한 최근의 글로는 管野雅之, 앞의 논문, 3면 이하 참조. 이에 의하면 특정조정사건은 2가지 유형인바, 첫번째는 특정조정사건의 대부분을 차지하는 개인채무자로서 7-8명의 채권자를 상대로 이자제한법에 기하여 계산한 금액을 기초로 산정한 금액을 매월 분할변제하는 사건이다. 두 번째는 병원 등 개인사업자와 기업이 신청하는 것으로 민사재생사건에 유사한 사건이다.

法人의 解散과 淸算

— 非訟事件을 中心으로

Ⅰ. 머 리 말

영업자 파산 사건을 다루다 보면 파산자가 법인인 경우가 많다. 파산신청의 의무가 법정되어 있는지를 기준으로 하면 임의신청과 강제신청으로 나눌 수 있다. 개인인 채무자 스스로 면책의 효과를 얻기 위하여 또는 채권자가 채권추심을 목적으로 배당을 받기 위하여 신청하는 경우는 전자에 해당하고, 민법에 기한 이사 또는 청산인에 의한 파산신청 또는 화의나 회사정리 사건에서의 견련파산사건으로 법원이 직권으로 파산선고를 하는 경우는 후자에 해당한다. 법인의 경우에는 강제신청의 경우가 적지 않다. 법인이 해산한 후 부채가 초과되는 경우 이사에게, 또한 청산 중의 법인의 재산이 채무를 완제하기 부족한 경우에 청산인에게 각 파산신청의 의무가 부과되어 있고(민법 제79조, 제93조), 이를 해태하면 과태료의 제재를 받는다(민법 제97조 제6호). 회사의 경우에도 합명회사에 관한 상법 제254조 제4항에 의하여 민법 제93조가 준용되므로 청산인에게 파산신청의 의무가 부과되어 있다.[1)]

1) 상법 제269조(합자회사), 제542조 제1항(주식회사) 또는 제613조 제1항(유한회사)의 규정에 의한 파산선고의 청구의무를 해태한 경우에는 상법 제635조 제1항 제12호에 의하여 과태료의 제재를 받는다.

법인에 대한 파산선고는 해산사유가 된다(민법 제77조 제1항). 해산한 회사에 대하여 파산선고된 경우에는 강력한 청산절차인 파산절차에서 채권채무가 청산되므로 별도의 민·상법상의 청산절차를 밟을 필요는 없다. 부채초과가 아닌 경우에는 청산절차만 거치면 족하다. 단 합명회사와 합자회사의 경우에는 사원이 무한책임을 부담하므로 자연인의 파산사유인 지급불능에 한하여 파산사유가 되고 법인 특유의 파산사유인 부채초과는 파산사유가 되지 아니한다(파산법 제117조 제2항, 채무자 회생 및 파산에 관한 법률 제306조 제2항, 이하 '신법'이라 표기한다).

필자가 서울중앙지방법원 파산부에서 회사해산 청산사건을 심리하면서 부딪치는 문제점으로는 해산사건과 파산사건에 대한 관할의 상이점, 청산절차 진행 중에 회사의 재산에 대한 강제집행의 허부, 법무법인에 대한 청산사유, 파산회사에 대한 회생절차의 신청 여부, 법인에 대한 파산선고 후 종전 대표이사의 지위, 회사해산명령과 청산인 선임절차의 시기 등을 들 수 있다. 이 글에서는 이러한 문제점을 회사의 법인격을 소멸시키는 과정인 법인의 해산(Ⅱ) 및 청산절차(Ⅲ), 청산회사에 대한 회생절차(Ⅳ) 및 외국영업소의 폐쇄(Ⅴ)의 순서로 해당부분에서 설명하고, 그 동안 실무를 처리하면서 느낀 앞으로의 개선점(Ⅵ)에 관하여 순차로 설명한다. 이해의 편의를 위하여 실무상 자주 문제가 되는 주식회사를 염두에 두고 설명하되 필요하면 다른 회사에 대하여도 언급한다.

Ⅱ. 법인의 해산

1. 의　　의

법인의 해산이라 함은 법인의 법인격을 소멸시키는 원인이 되는 법률사실을 말한다. 설립행위에 의하여 설립된 회사는 회사등기부 등본에 설립등기를 마치고 영업활동을 하게 된다. 법인격이 성립되기 이전의 단계인 설립 중의 회사에 대하여는 태아의 권리능력과 마찬가지로 일정 범위 내에서 마치 법인격이 있는 것과 같은 법률상의 효과를 누린다.

자연인이 노쇠하여 사망하듯이 법인도 활동을 마치게 되면 법인격을 소멸시킬 필요가 있다. 사실상 영업활동을 하지 않고 있음에도 법인등기부에 영업중인 주식회사인양 등재된 경우를 정리하기 위하여 상법 제520조의2는 휴면주식회사의 해산절차에 관하여 규정하고 있다. 법인은 해산에 의하여 청산에 필요한 범위 내의 법인격을 제외하고 나머지 법인격을 잃게 된다. 재산의 정리만을 위한 제한된 권리능력이 남아 있는 법인을 청산법인이라 한다.[2)]

2. 청산신청의 이유

실무상 내국법인과 외국법인[3)]이 청산신청을 하는 경제적인 이유는 조금 차이가 있다. 외국법인은 타국에 지점을 남겨두는 경우 채권채무 등 분쟁소지가 남아 있을 수 있고, 모기업의 기업문화가 법적 청산을 당연시하고 외국에 투자하는 경우 처음부터 끝까지 외국의 법절차에 따른 마무리를 중시하고 있어 한국에서 철수하는 경우에도 반드시 청산절차를 거치고 있다.

내국법인은 자산초과 상태로서 회사를 청산하여 주주에게 잔여재산을 분배하기 위한 경우와, 기업공시의무를 준수하여야 하는 대기업이 지분을 보유하고 있는 子會社를 정리하기 위한 경우, 자산유동화전문회사의 정관의 해산사유[4)]가 발생하는 경우처럼 정당한 목적을 갖고 신청하는 사례도 있고, 영업활동을 하는 동안 허위 세금계산서, 허위영수증의 발행 등 탈법행위를 하는 경우가 적지 않아 회사가 영업활동을 종료한 이후에도 과세관청이 대표이사에 대한 고발 등을 하는 일이 잦지만, 일단 법인이 해산절차를 마치게 되면 세무서 등의 관심 범위에서 벗어나 법적 위험이 낮아진다는 현실적인 이유에 기한 경우도 있다.[5)]

일본의 경우에는 이미 해산결의를 거쳐 청산절차에 들어간 주식회사에 관한 청산절차로서 상법에 특별청산제도가 있으나 우리 나라는 특별청산제도를 도입하지 아니하였다.

---

2) 森泉章, 新法人法入門, 有斐閣(2004), 160면.

3) 내국법인과 외국법인을 구별하는 기준에 대하여는 설립준거법설과 주소지설의 대립이 있으나 국제사법은 屬人法이 고정되고 확인이 용이하다는 이유에서 제16조에서 설립준거법설을 채택하였다(石光現, 국제사법과 국제소송(2), 박영사(2001), 213면). 일본도 같다. 森泉章, 앞의 책, 164면.

4) 정관에 의한 회사의 해산사유는 보통 목적자산의 존속기한이 종료되고 회사의 채무가 전액 상환된 때, 또는 회사가 자산유동화계획에 따라 발행하는 유동화증권의 상환을 전부 완료한 때 등이다.

5) 청산절차를 거치지 아니하는 보통의 경우에는 휴면회사로 방치되었다가 5년이 지나면 해산간주되지만 해산 전까지 5년 이상 존속하는 경우 세법상의 중과세(지방세법 제112조의2 참조)를 피할 수 있다는 이점이 있어 휴면회사도 시장에서 거래된다고 한다.

3. 해산사유

(1) 민법상의 해산사유

사단법인과 재단법인 공통의 해산사유는 아래와 같다(민법 제77조 제1항). ① 존립기간의 만료, ② 법인의 목적의 달성 또는 달성의 불능, ③ 정관에 정한 해산사유의 발생, ④ 파산, ⑤ 설립허가의 취소이다.

사단법인에 특유한 해산사유는 사원의 부존재와 사원총회의 결의이다(민법 제77조 제2항). 조건부, 기한부 해산결의는 효력이 없다(통설).[6]

(2) 상법상의 해산사유

회사를 청산하기 위하여는 먼저 해산절차를 밟아야 한다. 합명회사는 존립기간의 만료,[7] 기타 정관으로 정한 사유의 발생,[8] 총사원의 동의, 사원이 1인으로 된 때, 합병, 또는 파산의 사유가 있는 경우에 해산한다(상법 제227조). 주식회사는 존립기간의 만료, 기타 정관으로 정한 사유의 발생, 합병, 회사분할, 파산, 법원의 해산명령, 해산판결, 또는 주주총회의 해산결의가 해산사유이다(상법 제517조). 주주총회에서 해산결의를 하는 경우에는 청산인을 선임하여야 한다. 주주총회에서는 이외에 대차대조표, 손익계산서, 합계잔액시산표 등 계산서류에 대한 승인의결, 폐업신청승인의결 등을 정한다. 유한회사의 경우에는 사원총회에서 해산결의를 한다(상법 제609조 제1항). 법인이 해산하면 청산인은 파산의 경우를 제외하고 해산등기를 하여야 한다(민법 제85조).[9]

---

6) 高翔龍, 민법총칙, 법문사(2001), 252면 및 森泉章, 앞의 책, 161면.

7) 회사의 설립등기에 존립기간을 기재하도록 되어 있다(상법 제180조 제3호, 제317조 제2항 제4호, 제549조 제2항 제6호).

8) 정관에 회사해산 사유를 기재함이 보통이다. 실무상 자주 등장하는 유동화전문유한회사의 경우에는 회사가 자산유동화계획에 따라 발행하는 유동화증권의 상환을 전부 완료한 때를 회사해산사유로 삼고 있다.

9) 법인이 해산한 경우에 청산인이 해산등기를 하기 전에는 제3자에게 해산사실을 대항할 수 없으므로 제3자에게 법인의 소멸을 주장할 수 없다(대법원 1984. 9. 25. 선고 84다카493 판결 공 1984, 1718).

4. 법무법인의 해산

(1) 관할법원

법무법인에 대하여는 상법 중 합명회사에 관한 조항을 준용하므로(변호사법 제58조) 법무법인에 대한 청산사건의 관할은 단독판사에 속한다. 그러나 개정된 변호사법이 법무법인에 대하여 법무법인(합명회사), 법무법인(유한), 법무법인(조합)의 서로 다른 법인격을 인정하므로 법무법인에 대한 청산사건을 단독재판부와 합의재판부로 나누어 관장하는 것이 불편하게 되었다. 이러한 점을 고려하여 현재 서울중앙지방법원의 실무는 법무법인에 대한 청산사건을 파산 합의부에서 관장하고 있다.

법무법인에 내분이 발생하여 임의청산을 하게 되면 장차 법정청산인이 공정한 청산업무를 수행할 수 없을 것이 명백하다는 이유로 법무법인이 해산되기도 전에 청산인을 선임하여 줄 것을 신청한 사례가 있으나 해산절차 개시 전에는 법률상 청산인을 선임할 수 없다는 이유로 기각된 바 있다.

(2) 구성원이 1인만 남은 경우

법무법인의 설립증가에 따라 법무법인의 청산사건도 늘어나고 있다. 법무법인은 변호사법에 따로 정한 사항 외에는 상법 중 합명회사에 관한 조항을 준용하도록 되어 있다(변호사법 제58조 제1항). 실무상 쟁점이 된 사안은 법무법인의 구성원 변호사가 1인만 남은 때에 상법 제227조 제2호 또는 제3호를 유추적용하여 해산할 수 있는가 하는 점이다. 합명회사에 관한 규정을 적용하면 해산사유가 된다고 해석된다. 그러나 한편으로 변호사법이 특별법이고 변호사법 제54조 제1항에 해산사유로 사원이 1인만 남은 경우를 법정해산사유로 적시하지 않고 있고, 같은 법 제53조 제1항 제1호가 구성원 변호사가 5인 미만이 된 경우에 3개월 이내에 구성원을 보충하지 아니한 때를 법무법인 설립인가취소사유로 삼고 있고 변호사법 제54조 제1항 제5호에서 별도로 설립인가가 취소된 때를 해산사유로 삼고 있는 점 등을 종합하면, 법무법인의 구성원이 5인 미만이 되면 먼저 법무부장관이 설립인가를 취소한 후에 해산하도록 하는 것이 변호사법의 취지로 보아야 한다는 견해도 있을 수 있다.

생각건대, 설립인가취소가 선행하지 않고도 파산선고 등의 법정 해산사유가 있으면 해산할 수 있으므로 굳이 해산 전에 설립인가취소를 거쳐야 한다고 요구하는 것은 소송경제에 반하고, 구성원 변호사가 5인 미만으로 된 경우에도 구성원 전원의 동의에 의하여 해산할 수 있듯이 구성원이 1인이 된 경우에도 구성원 전원의 동의에 의한 해산으로 볼 수도 있다. 다만 사원이 1인으로 되어 해산한 때에는 임의청산이 허용되지 아니하므로(상법 제247조 제2항), 이를 준용하여 법무법인의 구성원 변호사가 1인만 남은 경우에도 공평한 청산을 위하여 구성원 또는 이해관계인의 신청에 의하여 또는 직권으로 법원이 청산인을 선임하는 것이 타당하다.[10] 구성원이 1인만 남은 법무법인에 대한 청산인선임신청을 법원이 받아들여 제3자를 청산인으로 선임한 사례가 있는가 하면, 구성원 1인만 출석하여 자신을 청산인으로 선임한 해산결의를 법무부가 받아들인 사례도 있어 아직 이 점에 관한 실무가 통일되어 있지 않다.

5. 해산명령의 신청

(1) 의 의

상법 제176조에 의한 회사해산 사유가 발생한 경우 이해관계인[11]이나 검사의 청구 또는 직권으로 법원이 회사의 해산을 명하는 절차이다.

(2) 사 유

회사의 설립목적이 불법한 것인 때, 회사가 정당한 사유 없이 설립 후 1년 내에 영업을 개시하지 아니하거나 1년 이상 영업을 휴지하는 때,[12] 이사 또는 회

---

10) 李哲松, 회사법, 박영사(2003), 154면 참조.

11) 이해관계인이란 회사의 이사, 감사, 사원, 회사의 채권자 등과 같이 회사 존립에 직접 법률상 이해관계가 있는 자를 말하므로 휴면회사와 동일한 상호를 사용하려고 하는 자(대법원 1995. 9. 12.자 95마686 결정, 공 1995, 3504) 또는 버스 회사의 지입 차주는 이해관계인에 해당하지 아니한다(대법원 1976. 12. 15.자 76마368 결정, 공 1977, 9863).

12) 영업의 성질상 또는 외부적 장애로 인해 영업을 하지 않더라도 영업을 위한 의지와 능력이 객관적으로 표현된 경우에는 정당한 사유가 있다고 본다(대법원 2002. 8. 28.자 2001마6947 결정, 공보불게재). 사업용 기본재산에 분쟁이 생겨 1년 이상 영업을 하지 못하였다가 회사가 승소하여 영업을 개시하였다면 정당한 사유가 있으나(대법원 1978. 7. 26.자 78마106 결정, 공 1978, 11083), 회사가 기본재산의 소유권의 귀속과 관련한 소송을 부당하게 제기하여 패소하였다면 정당한 사유가 있다고 할 수 없다(대법원 1979. 1. 31.자 78마56 결정, 공 1979, 11773). 대표이사의 위법행위로 인하여 채권자들에게 막대한 손해를 입히고 폐업에 이르게 되었고 폐업된 이래 영업활동은 중단되었고 남은 업무는 민사소송 및 조세채무의 처리 등 회사의 청산에 필요한 사무로서 해산 후 청산절차를 통하여 수행될 수 있다면 회사의 영업활동 휴지에 관하

사의 업무를 집행하는 사원이 법령 또는 정관에 위반하여 회사의 존속을 허용할 수 없는 행위를 한 때에 회사해산을 명할 수 있다(제176조).[13)]

⑶ 심　리

해산신청을 하면 법원은 이해관계인의 진술을 청취하여야 하는데 실무상 사건본인인 회사의 대표이사를 심문한다. 법원은 검사장에게 의견요청서를 송부하고(비송사건절차법 제90조 제2항), 관보에 회사해산명령신청이 있었음을 공고한다(같은 법 제92조).

회사 해산명령을 채권자가 신청하는 경우 청산인에 대한 보수비용을 누가 부담하는가? 자발적인 해산신청의 경우에는 회사가 부담함은 이론이 없으나(같은 법 제123조, 제77조), 실무는 채권자가 신청하는 경우에도 회사가 부담하는 것으로 운영하고 있다.[14)] 법원의 보수결정에 대하여는 즉시항고할 수 있다(같은 법 제123조, 제77조, 제78조).

해산명령 후 법원이 반드시 청산인을 선임하여야 하는 점에 비추어 보면 파산신청의 경우처럼 일단 신청인에게 청산인 보수를 포함한 비용의 부담을 명할 수 있는지를 검토할 필요가 있다. 그러나 청산법인의 재산을 청산하는 과정에서 청산인의 보수를 우선지급하고 나머지 재산을 환가처분할 수 있고, 청산결정이 확정되어야 비로소 청산인을 선임하게 되므로 신청인에게 해산명령의 신청 단계에서 보수의 예납을 명할 필요는 없다.

⑷ 재　판

상법 제176조는 '회사의 해산을 명할 수 있다'고 규정되어 있어 실무상 결정의 주문도 '사건본인 회사의 해산을 명한다' 또는 '사건본인 회사를 해산한다'로 기재하고 있다. 그러나 해산명령은 회사에 대하여 해산절차를 이행하라는 이행판결이 아니라 재판의 확정으로 회사가 해산하는 형성재판이다. 그리하여 자동차운

여 정당한 사유가 있다고 볼 수 없다(서울고등법원 2005. 7. 13.자 2005라119 결정).

13) 대법원 1987. 3. 6.자 87마1 결정(공 1987, 1039)은 대표이사가 주금납입을 가장하고 약정한 투자를 하지 않고 공사보증금을 횡령하여 공사를 진행시키지 못하고 후임 대표이사들도 사기행위로 처벌받아 영업을 하지 못한 경우에 회사가 정당한 사유 없이 1년 이상 영업을 휴지하였을 뿐 아니라 이사가 법령 또는 정관에 위반하여 회사의 존속을 허용할 수 없는 때에 해당한다고 판시하였다.

14) 李在性 감수, 문례주해 비송사건절차, 대원서적(1976), 290면.

수사업법 제30조가 자동차운송사업자인 법인의 해산결의 또는 총사원의 동의는 교통부장관의 인가를 얻어야 한다고 규정하고 있지만 그 취지는 자동차운송사업을 하는 법인이 스스로 해산결의를 하거나 총사원의 동의로써 해산을 하는 경우에는 교통부장관의 인가를 얻어야 한다는 것이지 상법 제176조의 규정에 따라 법원이 해산명령을 하는 경우에는 교통부장관의 인가를 필요로 하는 것이 아니다.[15] 해산명령 결정에 대하여 이해관계인은 즉시항고할 수 있으며[16] 집행정지의 효력이 인정된다(비송사건절차법 제91조). 해산명령 결정이 확정되면 법원은 해산한 회사의 본점과 지점 소재지의 상업등기소장에 해산명령의 등기를 촉탁한다(비송사건절차법 제93조).

(5) 청산인의 선임

파산선고는 파산관재인을 선임하지 않는 동시폐지를 제외하고 파산선고와 동시에 파산관재인을 선임하지만 회사해산 사건의 결정 주문에는 회사의 해산만을 명하고 별도로 청산인의 선임을 명하지 않고 있다. 그 이유는 파산선고의 경우에는 파산선고 결정에 대하여 항고하더라도 집행정지의 효력이 없으므로 파산선고와 동시에 효력이 발생하여 파산관재인에게 파산재단에 관한 관리처분권이 이전되지만 해산명령은 결정이 확정되어야 비로소 청산인을 선임할 수 있기 때문이다. 회사에 대하여 해산명령 결정이 확정되면 법원은 이해관계인, 검사의 신청 또는 직권으로 청산인을 선임하여야 한다.[17]

6. 해산판결제도

회사해산판결제도는 사원의 이익을 위하여 인정되는 제도이다. 인적회사의 경우에는 부득이한 사유가 있는 경우에 사원이 청구할 수 있다(상법 제241조, 제269조). 물적회사의 경우에는 상법 제520조 소정의 사유를 원인으로 하여 발행주

---

15) 대법원 1980. 3. 11.자 80마68 결정(집28(1)민176).

16) 검사의 신청에 대하여 법원이 해산을 명하는 재판을 한 경우에도 이해관계인이 불복할 수 있다(대법원 1976. 12. 15.자 76마368 결정, 집24(3)민466).

17) 합명회사, 합자회사에 대하여는 상법 제252조, 제269조, 제227조 제6호, 주식회사, 유한회사에 대하여는 상법 제542조 제1항, 제613조 제1항, 제252조, 제227조 제6호 참조. 그러나 실무상 선임신청이 없으면 법원도 직권으로 청산인을 선임하지 아니하여 사건이 방치되는 사례도 간혹 발견된다.

식의 총수의 10/100 이상에 해당하는 주식을 가진 주주 또는 자본의 10/100 이상의 출자좌수를 가진 사원이 청구할 수 있다. 해산판결 재판은 비송사건이 아니라 소송사건이다.

7. 휴면주식회사의 해산의제

(1) 취 지

주식회사 중 실제로 영업활동을 하지 않거나 활동이 종식되었음에도 불구하고 해산 및 청산절차를 거치지 아니하고 상업등기부에 방치되어 있는 회사가 적지 않다. 상법은 이러한 휴면주식회사를 법적으로 제거하기 위하여 특별규정을 두었다.

일본은 1979년 민법개정에 의하여 민법의 법인 중 정당한 이유 없이 계속하여 3년 이상 사업을 하지 아니하는 경우에 주무관청은 그 설립허가를 취소하는 등의 방법으로 법인을 해산할 수 있도록 하였다(민법 제71조 후단 및 민법시행법 제23조 후단). 우리 나라에서도 법인이 설립 이외의 사업을 하거나 설립허가의 조건에 위반 기타 공익을 해하는 행위를 한 때에는 주무관청은 그 허가를 취소할 수 있다(민법 제38조).[18] 그러나 일본과 달리 3년 이상의 휴면 사유는 민법에 포함되어 있지 않다.

(2) 해산의제 및 청산의제

상법 제520조의2 제1항의 규정에 의하여 주식회사가 해산간주되어 해산하면 등기부등본에 기재된 이사 등에 대하여 말소등기를 한다. 해산의제된 회사가 3년 이내에 회사의 활동을 계속하지 아니하면 청산종결된다. 유한회사에 대하여는 준용규정이 없다.

(3) 청산의제된 회사의 법인격

회사가 상법 제520조의2 제1항에 의하여 해산되고 별도로 청산인이 선임되지 아니한 경우에 회사를 상대로 소송을 제기하려는 자는 청산인을 선임할 필요

18) 비영리법인이 설립된 이후에 있어서의 그 법인에 대한 설립허가의 취소는 민법 제38조에 해당하는 경우에 한하여 가능하다(대법원 1982. 10. 26. 선고 81누363 판결, 공 1983, 108; 1977. 8. 23. 선고 76누145 판결, 공 1977, 10271 참조).

가 있다. 간혹 회사를 상대로 하는 소송의 원고가 피고회사가 청산되었다거나 청산 당시의 대표이사가 사망하였다는 이유로 법원에 청산인 선임을 신청하는 경우가 있다.[19] 그러한 경우라도 회사에 대하여 어떤 법률관계가 남아 있어 현실적으로 정리할 필요가 있으면 그 범위 내에서는 아직 회사의 법인격이 완전히 소멸하지 아니한다.[20]

청산 종결된 회사에 대하여 수 년이 지나 회사 소유의 재산이 발견된 경우에 청산인을 선임할 필요가 있다. 회사의 전 감사는 이해관계인으로서 법원에 대하여 상법 제531조 제2항, 제542조, 제252조, 비송사건절차법 제119조에 의하여 청산인의 선임을 신청할 수 있다. 법원은 특별한 사정이 없는 한 청산인이 추천하는 변호사 등을 청산인으로 선임하고 있다. 이 경우 청산인의 보수는 가용재산이 형성된 이후에 지급하고 있다.

Ⅲ. 회사의 청산

1. 청산절차의 의의

청산절차라 함은 해산한 법인의 재산관계를 정리하는 절차이다. 즉 해산한 법인의 채권의 추심, 채무의 변제를 통하여 거래관계를 결산하는 절차이다. 청산절차는 형식적으로는 청산종결을 이유로 법인등기부를 폐쇄하고, 실질적으로는 잔여재산을 채권자들과 주주에게 변제 및 잔여재산의 분배를 완료하여 청산목적을 달성함으로써 법인격을 소멸시키는 절차이다. 자연인이 사망하면 즉시 권리능력을 상실하지만 법인은 해산하더라도 청산절차가 종료할 때까지 활동을 하기 마련이다. 즉 비록 형식적으로는 청산종결의 등기가 경료된 후라도,[21] 청산사무가

19) 뒤에 보는 바와 같이 대표이사가 사망하였다는 사유만으로는 청산인 선임신청 사유가 되지 아니한다.

20) 휴면주식회사에 대하여 이 점을 명시한 판결로는 대법원 1991. 4. 30.자 90마672 결정(공 1991, 1596).

21) 청산종결의 등기가 경료됨으로서 같은 날 당해 등기용지는 폐쇄된다. 청산종결등기가 경료된 주식회사의 경우, 회사계속등기를 할 수 없게 되지만 잔여재산이 남아 있는 경우에는 등기용지 폐쇄일로부터 20년이 경과하지 아니하였다면, 청산사무가 종결되지 않았음을 증명하여 청산종결등기의 말소등기를 신청함으로써 폐쇄된 등기용지를 부활시키고 청산종결등기를 말소한 다음, 청산인 등기를 하는 등 청산절차를 진행할 수 있다(2004. 6. 9. 공탁법인 3402-131 질의회답).

끝나지 아니하고 있는 동안은 여전히 청산법인으로 청산목적의 범위 내에서 권리능력이 존속한다.[22] 청산의 목적 범위는 법인의 본질과 청산의 성질에 비추어 널리 해석하는 것이 판례 및 학설이다. 민법상의 청산절차에 관한 규정은 강행규정이라고 해석되므로 이에 반하는 잔여재산의 처분행위는 특별한 사정이 없는 한 무효이다.[23]

2. 파산법상의 청산절차

(1) 종전 임원의 지위

법인에 대하여 파산선고가 내려졌다고 하여 바로 법인격이 소멸하는 것은 아니며 법인해산사유에 불과하고 민・상법상의 청산절차 대신에 청산절차의 특칙인 파산법에 기하여 파산관재인이 선임되며 파산절차가 진행된다. 그러나 파산절차가 진행되는 동안에도 파산의 목적범위 내에서는 아직 법인격이 존속하는 것으로 보게 된다(파산법 제4조, 신법 제328조). 파산관재인이 파산재단의 관리처분권을 전속적으로 갖게 된다.

법인에 대하여 파산선고가 있더라도 동의폐지를 하게 되면 법인존속의 절차를 밟게 된다. 파산선고에 의하여 법인 소유 재산에 대한 관리처분권한만이 파산관재인에게 이전될 뿐 회사의 조직법상의 권한은 여전히 회사기관에 남는다. 즉 법인의 이사회, 사원총회, 주주총회 등은 여전히 존속하게 된다.[24] 파산선고가 된 경우 종전 이사가 퇴임하는지 여부가 다투어지나[25] 실무는 민법 제690조(상법 제

---

22) 확립된 판례 및 통설의 입장이다. 대법원 1991. 4. 30.자 90마672 결정(공 1991, 1596)은 상법 제520조의2에 의하여 청산종결의 등기가 마쳐졌더라도 청산목적의 범위 내에서는 여전히 권리능력이 있다고 판시하였다. 판례에 찬동하는 견해로는 高翔龍, 앞의 책, 257면; 宋鎭勳, "清算法人의 權利能力 및 清算終結登記의 效力," 법조 제29권 제9호(1980), 74-75면; 金文洙, "清算終結 登記가 經了된 法人의 當事者能力," 판례연구, 부산판례연구회(1993), 413면 이하. 청산목적의 범위에 해당하는 것으로서는 뒤의 판례에 나오는 바와 같이 계속 중인 소송의 완료, 소유권이전등기의 이행완료 등을 들 수 있다.

23) 대법원 2000. 12. 8. 선고 98두5279 판결(공 2001, 298); 1995 2. 10. 선고 94다13473(공 1995, 1287). 전자에 대한 판례해설로 趙仁鎬, "民法上 清算法人의 殘餘財産歸屬과 代表權 制限," 대법원판례해설 35호(2001), 818면 이하 참조.

24) 일반적으로 회사설립무효의 소등의 피고 적격은 종전 대표이사 등에게 있다고 설명하고 있지만 소송의 내용이 파산재단과 관련이 있는 경우에는 파산관재인에게 당사자적격이 있을 수 있다. 伊藤眞, 破産法, 有斐閣(2006), 117면.

25) 종전 이사가 그대로 이사의 지위를 갖는다는 견해로는 三ヶ月章, 條解會社更生法(上), 弘文堂(1999), 308면; 宮脇行彦 외, 注解會社更生法, 青林書院(1986), 99면, 伊藤眞, 앞의 책, 511면. 위임관계가 종료한다는 일본의 견해로는 加藤正治, "株式會社の破産," 破産法硏究 4권, 83면,

382조 제2항이 이를 준용한다)에 의하여 기존이사는 위임관계가 종료되어 당연 퇴임하되 다만 후임이사가 선임될 때까지는 기존이사에 대한 등기사항을 직권으로 朱抹할 수 없다는 입장에 서있다.[26] 이에 의하면 파산한 회사에 대하여 파산폐지 신청을 하기 위하여는 이사전원의 합의가 있어야 하는데(파산법 제328조, 제263조, 신법 제539조) 파산에 책임 있는 종전 이사에게 그러한 권리를 부여하는 것이 부적당하다고 보아 임시이사의 선임 절차를 밟게 된다.

⑵ 배당종료 후 재산이 발견된 때

배당이 종료되어 파산절차가 종결되면 법원이 파산절차 종결결정을 공고하고 그 시점에서 법인격이 소멸하고 등기촉탁을 함으로써 법인등기부가 폐쇄된다. 배당절차를 거치지 아니하는 동시폐지나 이시폐지의 경우에도 폐지결정의 확정에 의하여 법인격이 소멸한다. 파산절차가 종결된 후에 파산자 회사의 적극재산이 발견되는 경우가 있다. 이러한 경우에 법인은 청산종결의 경우와 마찬가지로 청산목적의 범위 내에서 권리능력이 인정된다.[27] 그리하여 청산인을 선임하여 청산절차를 거쳐야 하는지 파산관재인이 추가배당의 자원으로 삼아야 하는지에 관하여 논의가 있다. 추가배당의 대상이 되지 않는 경우라면 청산절차를 거쳐야 하며[28] 그 소송에서 파산관재인은 당사자적격이 없다.[29]

⑶ 파산폐지결정 후 재산이 발견된 때

강제집행 절차에 의한다는 견해와 청산절차에 의한다는 견해의 대립이 있다. 파산폐지 후 파산재단에 속하는 재산이 뒤늦게 발견된 경우에 일본의 학설은 채권자가 집행력 있는 집행권원 또는 채권자표에 기하여 재산에 대하여 강제집행을 할 수 있다는 입장이다.[30]

생각건대, 파산이 선고되면 회사의 해산사유가 발생하고 파산절차가 민·상법상의 청산절차를 배제하는 청산절차이므로 파산절차가 종료한 경우라도 여전히

松田, 會社法槪論, 213면, 田中 會社法詳論(上), 443면. 반대설은 宮脇行彦 외, 앞의 책, 99면에서 재인용함.

26) 2003. 3. 12. 법원행정처장의 서울지방법원장에 대한 질의회신.

27) 대법원 1989. 11. 24. 선고 89다카2483 판결(공 1990, 113).

28) 日本 大阪高等裁判所 1988. 3. 8. 판결.

29) 日本 最高裁判所 1993. 6. 25. 판결 民集 47卷 6号 4557頁.

30) 자세한 내용에 대하여는 齊藤秀夫·麻上正信·林屋礼二 編, 注解破産法 第三版(下), 青林書院(1999), 753면.

잔여재산이 발견되면 청산목적 범위 내에서 권리능력이 여전히 존속하는 것이다. 따라서 청산인을 선임하여 청산절차를 밟는 견해를 지지한다.

다음으로 청산절차 중에도 강제집행을 할 수 있는지에 관하여 일본의 다수설은 민법상의 청산절차에서 청산절차 중에 강제집행을 할 수 있다는 것이지만 필자는 일본 민법에는 우리 나라의 민법 제90조에 해당하는 조항이 없고, 공평한 채권변제의 입장에서 강제집행은 불허되어야 한다는 입장을 취한다.[31] 파산폐지 후에 재산이 발견된 경우에 서울중앙지방법원은 채권자의 신청에 의하여 청산인을 선임한 바가 있다.[32]

파산채권자가 동일한 채권에 기하여 재파산을 신청할 수 있는가에 대하여 일본에서는 적극설과 소극설의 대립이 있다. 일본의 판례는 소극적이다. 파산채권의 신고에 의하여 발생한 소멸시효 중단의 효력은 파산폐지결정의 확정에 의하여 종료한다.[33] 우리 나라의 실무도 재파산신청을 불허하는 입장이다.[34]

3. 상법상의 청산절차

(1) 임의청산과 법정청산

인적회사(합명회사, 합자회사)가 청산하는 방법은 임의청산과 법정청산이 있다. 물적회사(주식회사, 유한회사)에 대하여는 임의청산은 인정되지 않는다. 법정청산의 경우에는 임의청산과 달리 회사채권자에 대한 보호절차를 거치는 대신에 회사의 채무를 변제하지 않으면 회사재산을 분배할 수 없도록 보호규정을 두고 있다(상법 제260조).[35] 인적회사는 임의청산을 원칙으로 한다. 임의청산을 할 때는 재산의 처분이 불공정하게 이루어질 우려가 있으므로 상법은 채권자보호절차를 밟을 것을 요구한다(상법 제247조).[36]

---

31) 청산절차 중의 강제집행의 허부에 대하여는 후술한다.

32) 파산자 공영토건 주식회사에 대하여 파산폐지 결정 후 1년 만에 새로운 재산이 발견되어 파산채권자의 신청으로 변호사를 청산인으로 선임하였다(서울중앙지방법원 2006. 6. 5.자 2006비합160 결정).

33) 자세한 내용에 대하여는 齊藤秀夫·麻上正信·林屋礼二 編, 앞의 책, 754면.

34) 서울중앙지방법원 파산부 실무연구회, 법인파산실무, 박영사(2006), 376면.

35) 大森忠夫 編., 注釋會社法[米澤 明 집필부분], 有斐閣(1971), 453면.

36) 회사채권자를 보호하기 위하여 해산사유가 있는 날로부터 2주간 내에 재산목록과 대차대조표를 작성하여야 한다(제1항). 또한 사원의 채권자를 보호하기 위하여 사원의 지분을 압류한 채권자가 있는 때에는 임의청산에 관하여 그 자의 동의를 얻어야 한다(제4항).

⑵ 청산절차의 개요

주주총회에서 선임된 청산인은 상법 제532조에 의하여 회사의 해산사유와 청산인의 인적사항을 법원에 신고하여야 한다. 유한회사의 경우도 같다(상법 제613조). 실무상 신고서에는 해산사실과 청산인 선임이 등재된 회사등기부 등본과 청산인을 선임한 주주총회(사원총회)의사록을 첨부하고 있다. 회사가 해산하게 되면 해산사유 중 합병과 파산한 경우를 제외하고 해산등기를 하여야 한다. 청산 중 법인의 재산이 그 채무를 완제하기에 부족한 것이 분명하게 된 때에는 청산인은 지체 없이 파산선고를 신청하고 이를 공고하여야 한다(민법 제93조). 파산신청을 해태하면 과태료의 제재를 받는다(민법 제97조 제 6 호). 실무상 청산인이 법인에 대하여 파산신청을 하는 사건은 대부분 민법 제93조에 따른 것이다.[37]

회사가 청산절차에 들어가게 되면 법원의 감독을 받는다.[38] 주식회사가 해산하게 되면 합병과 파산의 경우가 아니면 반드시 청산절차를 거쳐야 한다(상법 제531조). 유한회사의 경우도 마찬가지이다(상법 제613조에 의한 준용). 실무상 청산사건은 두 가지인데 첫째는, 회사가 해산 및 청산절차를 마치고 청산인을 선임하여 그 등기를 경료하여 청산인이 청산절차를 진행하는 사건이다. 둘째로는 회사가 아무런 해산절차나 청산절차를 거치지 아니하고 등기부에만 등재한 채 간판을 내린 경우에 회사의 채권자들이 법원에 대하여 청산절차를 신청하는 것이다. 파산법의 표현을 빌리자면 전자는 자발적 청산절차라 할 수 있고, 후자는 비자발적 청산절차라 할 수 있다. 비자발적인 청산절차에서는 이해관계인의 청구에 의하여 법원이 청산인을 선임한다(상법 제531조 제 2 항).[39] 만일 청산인이 파산신청을 해태하게 되면 민법과 마찬가지로 상법 제635조 제 1 항 제11호에 의하여 과태료의 제재를 받는다.

---

37) 청산인은 파산선고와 동시에 파산폐지를 원하고 있으나 서울중앙지방법원의 실무는 회사가 자산유동화회사와 같이 소위 paper company로서 보유 자산이 없는 경우와 같은 예외적인 경우를 제외하고는 파산관재인 보수를 소액으로 하여 파산관재인을 선임하고 동시폐지는 하지 않는다.

38) 비송사건절차법 제118조 제 1 항.

39) H 주식회사를 예로 들면 2001. 12. 사업을 개시하였으나 영업부진으로 1년 1개월 만에 자본금을 완전히 잠식하여 사업을 할수록 영업손실이 누적되자 2003. 12. 31. 폐업을 한 후 2004. 9. 20. 해산 및 청산인을 선임하고 청산절차를 진행하여 청산인이 2005. 3. 7. 파산선고를 신청하였다. 회사의 전 종업원은 이미 퇴사하였으며 일부 채권자에 대한 부채 외에 대부분의 채무를 정리하였으며 자산은 전무한 상태였다.

⑶ 관할법원

회사해산 및 청산인 선임신고 사건은 비송사건절차법에 따라 진행되며 비송사건으로 관할법원은 회사의 본점소재지를 관할하는 법원이 된다.[40] 법인(주택재개발조합 등), 합명회사와 합자회사의 해산 청산사건은 단독판사의 관할이고, 주식회사와 유한회사의 관할은 합의부의 관할이다.[41] 서울중앙지법의 경우에는 주식회사와 유한회사에 관한 해산·청산 사건은 일반 민사부가 아닌 파산 합의부가 관장한다. 비송사건기록으로 조제하여 사건번호 2005비합00 사건명 회사해산 및 청산인 선임신고로 기록을 조제한다.

⑷ 청 산 인

청산 전의 회사의 업무집행은 이사와 이사회의 결정에 의하여 이루어진다. 그러나 청산하게 되면 대표이사, 이사, 이사회는 그 직위를 잃고 청산인, 청산인회, 대표청산인이 갈음하게 된다. 대표청산인은 해산 전의 대표이사가 된다.

⑸ 자　　격

1) 일반적인 선임

인적회사의 경우에는 총사원 또는 무한책임사원의 과반수의 결의로 청산인을 선임하며, 선임이 없는 때에는 업무집행사원이 청산인이 된다(상법 제251조, 제287조). 물적회사의 경우에는 정관에 다른 정함이 있거나 주주총회 또는 사원총회에서 다른 사람을 선임하지 않는 한 해산 당시의 이사가 청산인이 된다(상법 제531조 제1항, 제613조 제1항). 이사라 함은 법인등기부에 이사로 등재된 이사가 대부분이지만 법원에 의하여 상법 제386조, 제389조에 의하여 선임된 임시이사도 포함된다.[42] 실무상은 주주총회에서 청산 전의 이사를 청산인으로 선임하는 것이 보통이다. 가처분에 의하여 대표이사 직무대행자로 선임된 자는 회사가 해산되더

---

40) 법인파산사건은 서울 전역에 설립된 회사에 대하여 서울중앙지방법원이 관할권을 갖지만 법인의 해산·청산 사건은 일반 민사사건의 관할에 따라 서울의 동서남북과 중앙의 5개 지방법원의 관할에 속한다.

41) 비송사건절차법 제33조, 제117조. 그런데 실무상 서울중앙지방법원 파산합의부가 서울시내의 모든 청산사건을 담당하는 것으로 오해하여 사물관할 또는 토지관할에 위배하여 파산합의부로 신청하는 경우가 적지 않다.

42) 대법원 1991. 11. 22. 선고 91다22131 판결(공 1992, 263); 1981. 9. 8. 선고 80다2511 판결(공 1981, 14366) 등.

라도 가처분이 실효되지 아니하는 한 청산인 직무대행자가 되고,[43] 근로자가 출장비 대신 부동산을 대물변제받기로 약정하였다고 주장하면서 제기한 소송에서 부동산이 청산회사의 기본재산이거나 중요한 재산에 해당하지 아니하는 한 청산회사의 청산인직무대행자가 적법한 소환을 받고도 응소하지 아니하여 패소하게 한 일련의 행위는 회사의 常務行爲에 속한다.[44]

2) 법원에 의한 청산인의 선임

다음의 경우에 법원이 청산인을 선임한다.

모든 회사에 공통되는 경우로는 설립무효의 판결 또는 설립취소의 판결이 확정되거나, 법원의 해산명령 또는 해산판결이 확정된 때(상법 제193조, 제252조, 제269조, 제328조 제 2 항, 제542조 제 1 항, 제552조 제 2 항, 제613조 제 1 항)가 이에 해당한다. 그 외 인적회사에 특유한 사유로는 사원이 1인으로 되어 해산하거나, 물적회사의 특유한 사유로는 청산인이 될 이사가 없고 정관에 다른 정함도 없으며 주주총회 또는 사원총회에서 다른 사람을 선임하지 않은 때가 이에 해당한다.

3) 재 판

회사의 해산 당시의 이사는 정관에 다른 규정이 있거나 주주총회에서 따로 청산인을 선임하지 아니한 경우에 당연히 청산인이 되며, 단지 그러한 청산인이 없는 경우에만 이해관계인의 청구에 의하여 법원이 청산인을 선임한다.[45]

실무상 문제가 되는 경우는 회사가 해산등기만 되어 있고 상법의 규정에 따른 청산절차를 밟고 있지 않고 이사에 관한 등기가 朱抹되어 방치된 상태에서 회사를 상대로 소송을 제기하려고 하는 경우에 채권자로서는 종전 이사를 청산인으로 삼아 소송을 제기할 것인지 아니면 법원에 청산인 또는 임시이사를 선임하여 달라고 신청하여야 하는가 하는 점이다. 해산 당시의 이사는 새로 선임된 이사가 취임할 때까지 이사로서의 권리의무를 보유하고 있는 것이고 상법 제520조의2의 규정에 의하여 회사가 해산간주되어 해산등기가 경료된 경우에는 해산 당시의 이사가 당연히 청산인이 된다. 신청인이 정관이나 주주총회에서 청산인을 선임한 바 없고, 해산 당시의 이사들이 청산업무를 수행하는 데 어떠한 장애가 있다고 볼 사정에 대한 입증을 하지 않는 이상 상법 제531조 제 1 항 본문의 규정에 따라

43) 대법원 1989. 9. 12. 선고 87다카2691 판결(공 1989, 1446).
44) 대법원 1991. 12. 24. 선고 91다4355 판결(공 1992, 664).
45) 대법원 1994. 5. 27. 선고 94다7607 판결(공 1994, 1824).

사건본인회사의 해산 당시 이사들이 청산인이 된다. 신청인이 이러한 사정에 대한 주장·입증 없이 자신이 소송의 원고이고, 피고회사가 현재 휴면회사로서 해산간주되었다는 등기부등본만을 제출하거나,[46] 대표이사가 사망하여 더 이상 회사를 대표할 대표이사가 없게 되었다는 사유, 사건본인의 회사의 동업자들 사이에 동업을 둘러싼 분쟁이 계속되고 있다는 사유[47]만으로 청산인 선임신청을 할 수 없으며 이 경우에는 해산 당시의 다른 이사들이 회사의 청산인이 된다.[48]

반면에 해산등기만 되어 있고 이후에 상법의 규정에 따른 청산절차를 밟고 있지 아니하고 회사에 대한 서류가 송달불능되고 있다면 회사의 대표청산인이 부재한 것과 다름이 없으므로 채권자는 상법 제386조 제2항에 의하여 임시이사의 직무를 행할 자의 선임을 신청할 수 있다.[49] 임시이사의 수는 상법 제383조 제1항 소정에서 정한 이사의 숫자로서 이사회에서 청산인을 선임할 수 있을 정도가 되어야 할 것이다. 한편 임시이사가 선임되면 이사회에서 법정청산인을 선임할 수 있으므로 선임된 법정청산인을 상대로 소송을 제기하면 족하고 별도로 해산된 회사에 관한 청산인 선임신청을 구할 필요가 없다.

(6) 청산인의 수

주식회사의 이사는 규모에 따라 3인 또는 1인 이상이어야 한다(상법 제383조 제1항).[50] 그러나 청산인의 수는 제한이 없으므로 청산인이 1인이라면 그가 대표청산인이 된다.[51] 실무상 공동청산인이 선임된 사례는 거의 없다.

---

46) 서울중앙지방법원 2004. 8. 17.자 2004비합260 결정.
47) 대법원 2000. 11. 17.자 2000마5632 결정(공 2001, 111).
48) 서울중앙지방법원 2004. 5. 20.자 2004비합117 결정.
49) 대법원 1998. 9. 3.자 97마1429 결정(공 1998, 2819)은 "채권자는 대표청산인을 상대로 하여 재산관계의 명시신청을 하려고 하는데 공시송달의 방법에 의하지 아니하고는 송달할 방법이 없게 되어 명시신청을 통하여 얻고자 하는 효과를 얻을 수 없으므로 이와 같은 경우에는 사건본인 회사의 대표청산인이 부재한 것과 다름 없으므로 대표청산인에게 그 권리의무를 보유하게 하는 것이 불가능 또는 부적당한 경우에 해당한다"고 판시하였다. 생각건대, 만일 원심과 같이 채권자의 청구를 기각하게 된다면 채권자로서는 등기부상의 주소를 추적하여 종전 대표이사에게 대표청산인의 직위를 떠맡을 것인지를 확인하고 그의 의사에 따라 대표청산인을 누구로 정할 것인가를 정하여야 하는데 사실상 채권자에게 대표이사의 송달할 주소를 찾아낼 것을 기대하기 어려워 권리구제를 받지 못할 가능성이 크므로 대법원의 결론이 타당하다.
50) 자본금이 5억원 미만인 회사는 1인 또는 2인으로 할 수 있다.
51) 대법원 1989. 9. 12. 선고 87다카2691 판결(공 1989, 1446).

(7) 청산인의 업무

1) 법원에 대한 보고

청산인은 법인등기부에 회사해산 및 청산인 취임등기를 하고 취임한 날로부터 2주 내에 해산의 사유와 그 연월일, 청산인의 성명, 주민등록번호 및 주소를 법원에 신고하여야 한다(상법 제532조, 제533조). 법원은 비송사건의 회사해산 및 청산인 선임사건으로 접수하여 관할 및 첨부서류에 대하여 심사한 후 보정사항이 없으면 일단 완결 처리한다.[52] 청산인이 법원에 청산절차에 대하여 취임신고를 마치고 나면 현존사무를 종결하고, 지체없이 회사의 재산상태를 조사하여 채권의 추심과 채무의 변제, 재산의 환가처분을 하고 분배할 재산이 있으면 사원에게 분배할 것(상법 제254조)을 내용으로 하는 의안을 부의하여 주주총회(또는 사원총회)에서 승인 및 결의받은 후 주주총회 의사록과 함께 재산목록 및 대차대조표를 첨부하여 법원에 회사재산보고를 하여야 한다(상법 제533조, 제542조).[53]

2) 청산인의 채권변제

청산인은 상법 제535조 제1항에 따라 채권자들에게 채권신고할 것을 신문에 공고한다. 파산절차에서는 파산채권을 신고하지 아니하면 개별적인 권리행사가 금지되지만 청산절차에서는 채권자가 신고하지 아니하였다고 하여 청산에서 제외되는 것은 아니다.[54]

주식회사의 청산인은 신고기간 내에는 채권자에 대하여 변제할 수 없으며(상법 제536조 제1항), 그러나 소액의 채권, 담보있는 채권 기타 변제로 인하여 다른 채권자를 해할 염려가 없는 채권에 대하여는 법원의 허가를 얻어 변제할 수 있다(같은 조 제2항). 민법상의 청산인은 채권신고기간 내에는 채권자에 대하여 변제하지 못한다(민법 제90조).[55]

---

52) 신청서에는 해산결의와 청산인 선임결의를 한 주주총회 의사록의 인증서와 해산 및 청산인 선임등기가 경료된 법인등기부 등본을 첨부한다.

53) 실무상 재산목록을 누락하고 주주총회 의사록만 제출하여 보정명령을 발하는 경우가 간혹 있다. 청산인선임 신고일로부터 2개월 내에 회사재산보고를 하고 있다.

54) 대법원 1968. 6. 18. 선고 67다2528 판결(집16(2)민133).

55) 일본 민법에는 우리 나라의 민법 제90조 또는 일본 구 상법(2005년 독립한 회사법이 제정되었다) 제423조와 같은 시기적 제한이 없으므로 신고기간 내에도 자유로이 변제할 수 있다고 한다. 林良平 · 前田達明, 編, 新版注釋民法 總則(2)[藤原弘道 집필], 有斐閣(1988), 464면. 입법론의 관점에서 우리 나라의 민법이 제90조를 신설한 것은 일본보다 나은 입법으로 평가할 수 있다.

청산 중의 법인에 대하여 갖는 채권을 자동채권으로 하여 청산법인에 대하여 부담하는 채무와 상계하는 것과 담보권의 실행이 가능함에는 異論이 없다.[56)]

3) 청산절차 중의 강제집행

청산절차 중에 강제집행이 가능한 것인가 하는 점에 관하여 일본의 학설은 채권자가 소송을 제기하거나 강제집행을 하는 것을 허용하는 견해와 부정하는 견해로 나뉘어 있다. 일본의 판례도 일치되어 있지 않다.[57)] 우리 나라의 학설은 일본의 학설에 따라 강제집행을 허용하는 견해를 취하고 있다.[58)] 판례 역시 회사가 해산에 따른 청산절차를 진행하던 중, 파산신청을 하여 그 절차가 진행 중인 상태에서 회사의 채권자가 전부명령신청을 하여 전부명령이 발하여지자 회사가 모든 채권자에게 공평한 만족을 도모하여야 하는 청산 내지 파산절차의 제도적 취지에 어긋난다는 재항고이유에 대하여 채무자에 대한 청산절차가 진행 중이라거나(밑줄 필자) 파산신청이 되어 있다는 사정만으로는 집행에 장애사유가 된다고 할 수 없다고 판시하였다.[59)]

생각건대, 필자는 다음과 같은 이유로 부정설에 찬동한다. 첫째, 민법 제90조나 상법 제536조의 취지가 청산절차 중 채권신고기간 내에는 변제를 금지하는 취지가 다수의 채권자에 대한 청산절차의 특성을 고려하여 편파변제를 막기 위한 것이라는 점, 둘째, 강제경매를 인정하게 되면 집행권원을 얻은 채권자와 일반채권자가 차등하여 변제받게 되어 편파변제가 허용되고 신고기간을 설정한 취지가 무색해지는 점, 셋째, 청산절차에 관한 원칙적 규정인 민법 제90조가 일본 민법이나 우리 나라의 상법 제536조와 달리 채권신고기간 내에 광범위한 변제금지를 규정하고 있는 점, 넷째, 일본은 회사법에 일반적인 청산절차 외에 별도로 특별청산절차를 인정하여 특별청산절차가 개시되면 강제집행을 중지할 수 있음에 반하여(일본 회사법 제512조 제1항) 우리 나라에서는 청산절차 중에 강제집행의 중지를

---

56) 곽윤직 편, 민법주해(Ⅰ)[최기원 집필부분], 박영사(1992), 772면; 손주찬 편, 주석상법(Ⅴ)[權奇範 집필], 사법행정학회(1997), 681면 참조. 상법상의 청산절차보다 강력한 청산절차인 파산절차에서도 채권신고 없이도 상계를 인정하고 있다.

57) 일본에서의 자세한 내용에 대하여는 大森忠夫 編, 注釋會社法(8)のⅡ[中西正明 집필부분], 453면. 민법상의 청산절차에 대하여 긍정설은 전게 新版注釋民法 總則(2)[藤原弘道 집필], 465면(이에 의하면 일본 대심원 판결은 비록 방론이지만 긍정설을 취하고 있고, 하급심 판결은 부정설을 취하고 있다).

58) 곽윤직 편, 앞의 책, 772면; 손주찬 편, 앞의 책, 681면. 김증한·주재황 편, 주석민법총칙(상)[김현채 집필], 사법행정학회(1983), 538면.

59) 대법원 1999. 8. 13.자 99마2198, 2199 결정(공 1999, 2155).

명할 절차가 없는 점을 고려하면 민법 또는 상법상의 청산절차에 대하여 강제집행을 불허하는 입장이 이론적인 정합성뿐 아니라 실제의 필요성도 있다.[60)]

(8) 청산종결

신고한 채권에 대한 변제를 완료하거나 만일 채권신고가 없으면 재산목록, 대차대조표(자산 및 부채 명세서)를 작성하여 주주총회(사원총회)에서 청산결산보고를 하고 그에 대한 승인을 받고, 분배할 잔여재산이 있으면 그에 대한 처리와 중요서류의 보존인 선임 및 보존방법에 관하여[61)] 주주총회(사원총회)의 결의를 거친 후 법인등기부에 청산종결의 등기를 마치고 법원에 청산종결보고서를 제출함으로써 청산절차가 종결된다(상법 제533조 제2항).[62)] 1995. 12. 29. 상법 개정 전에는 법정청산(상법 제264조)의 경우에만 청산종결의 등기를 하였고 임의청산의 경우에는 등기에 관한 규정이 없었으나 제247조 제5항을 신설함으로써 임의청산의 경우에도 청산종결의 등기를 하도록 하였다. 회사는 재산의 처분을 완료한 날부터 본점소재지에서는 2주간 내에, 지점소재지에서는 3주간 내에 청산종결의 등기를 하여야 한다.[63)] 비록 신고되지 아니한 채권이라도 청산으로부터 제외될 수 없는 채권이 존재한다면 이미 계속 중인 소송을 완료하는 것 역시 청산인의 청산사무에 해당하므로 소송완료시까지 청산법인은 당사자능력을 여전히 유지한다.[64)]

(9) 중요서류보존절차

청산인이 청산을 종료하고 청산등기를 마치고 나면 회사는 상법 제541조[65)]에

---

60) 同旨, 伊藤眞, 앞의 책, 511면.

61) 예를 들면, 출자지분에 따라 언제까지 각 사원에게 분배하기로 함.

62) 실제의 사안에서 어느 사건은 2002. 10. 18. 해산결의를 한 후 2005. 2. 16. 종결등기를 하여 법인등기를 폐쇄하기까지 약 2년 4개월이 소요되었다. 다른 사건은 2004. 11. 23. 해산결의 후 2005. 4. 1. 청산종결 등기를 마치기까지 4개월여가 소요되었다. 2005. 10. 18. 해산결의 후 2개월만인 2005. 12. 20. 청산종결 등기를 마친 사례도 있다.

63) 일본은 이미 1962년 상법개정으로 임의청산에 대하여도 청산종결의 등기를 하도록 규정하였다.

64) 대법원 1969. 2. 4. 선고 68다2284 판결(공보불게재); 1968. 6. 18. 선고 67다2528 판결(집16(2)민, 133).

65) 상법 제541조(서류의 보존) ① 회사의 장부 기타 영업과 청산에 관한 중요한 서류는 본점소재지에서 청산종결의 등기를 한 후 10년간 이를 보존하여야 한다. 다만, 전표 또는 이와 유사한 서류는 5년간 이를 보존하여야 한다.
② 전항의 보존에 관하여는 청산인 기타의 이해관계인의 청구에 의하여 법원이 보존인과 보존방법을 정한다.

의하여 청산등기 완료 후 10년간 청산에 관한 중요서류를,[66] 5년간 전표 또는 이와 유사한 서류를 보존하여야 한다. 따라서 청산회사는 보통 청산인 또는 제３자(자연인 또는 법인)를 중요서류 보존인으로 선임하고 그 보존 방법으로 특정 사무실 내에 서류를 보관할 것을 결의하고 청산인이 신청인이 되어 법원에 중요서류 보존인의 선임과 보존방법의 신청을 구한다.[67] 그러나 상법에 청산인이 서류보존의무를 해태한 경우에는 별도로 과태료의 제재가 부과되어 있지 않다. 법원은 결정으로 주문 제１항에서 사건본인회사의 영업과 청산에 관한 중요서류의 보존인을 선정하고, 제２항에서 보존인이 중요서류를 보존인의 사무실 내에서 보존하여야 한다고 결정한다. 이 결정에 대하여는 불복할 수 없다(비송사건절차법 제127조).

파산회사도 상법에 의하여 중요서류 보존의무가 부과되는지에 대하여는 의문이 있다. 회사에 대한 파산절차가 종결한 경우에는 파산관재인은 중요서류를 청산인에게 교부한다. 만일 청산인을 찾을 수 없으면 일정기간 파산관재인이 보관하여야 한다. 서울중앙지방법원의 실무는 예금보험공사가 파산관재인인 경우에는 예금보험공사가 내부에서 마련한 '파산절차 종결재산의 잔류문서 처리지침'에 따라 파산관재인이 중요서류를 분류하여 그에 따라 기간의 장단을 정하여 보존하고 있다. 변호사가 파산관재인인 경우에도 이에 준하여 서류를 보존하도록 감독하고 있다.

Ⅳ. 청산회사에 대한 회생절차

1. 청산인의 신청

채무자의 청산인은 다른 법률에 의하여 채무자에 대한 파산을 신청하여야 하는 때에도 회생절차의 개시의 신청을 할 수 있다(회사정리법 제29조, 신법 제35조).

---

66) 중요서류의 예는 다음과 같다. ① 현금출납장(회사설립일로부터 청산종결일까지), ② 은행통장, ③ 부가가치세 신고서, ④ 급여 및 상여금 신고서, ⑤ 국민연금, 산재 고용보험, 의료보험 관계철, ⑥ 청산일 현재 재무제표, 총계정원장, 계정과목별 원장, 현금출납부, ⑦ 매입매출장 및 각종 증빙철, ⑧ 청산소득에 대한 세무조정계산서철, ⑨ 해산등기일 후 법인세 세무조정계산서철, ⑩ 설립일부터 해산일까지의 법인세 세무조정계산서철, ⑪ 각종 비용 영수증철 등이다.

67) 신청서류로는 청산종결이 등재된 회사등기부등본, 임시주주총회의사록(청산법인 재무제표승인건), 보존인의 취임승낙서, 보관수수료포기서, 보존인의 주민등록표 등본, 인감증명서, 중요서류목록을 첨부한다.

청산 중인 회사는 청산인에게 회생절차의 신청권한이 있지만 파산회사에 대하여는 파산관재인에게 회사의 대표권한이 없으므로 대표이사에게 신청권한이 있다.[68] 그러나 여기서 말하는 대표이사가 파산선고 전의 대표이사를 가리키는지 아니면 새로이 법원이 선임한 대표이사를 가리키는지에 관하여는 앞에서 본 논의의 결론에 따라 다르다. 파산선고에 의하여 위임계약이 종료되고 회사가 파산에 이르게 된 데에 종전 임원의 책임이 없다고 할 수 없으므로 새로이 선임한 이사를 지칭한다고 해석함이 옳다. 청산인회의 결의 외에 주주총회 또는 사원총회의 특별결의가 필요하다. 다만 회생절차를 신청하는 것이 이미 계속 중인 파산절차의 진행을 방해하는 등 부당한 목적에 기한 때에는 채권자 일반의 이익에 적합하지 아니한 때에 해당하여 기각될 수 있다(회사정리법 제38조 제 4 호, 신법 제42조 제 3 호).

2. 특별결의 절차의 요부

청산 중이거나 파산선고를 받은 회사인 채무자가 회생절차개시의 신청을 하는 때에는 특별결의에 관한 상법 제229조 제 1 항, 제285조 제 2 항, 제519조, 제610조의 규정을 준용한다(회사정리법 제31조, 신법 제35조 제 2 항). 강제화의가 폐지된 신법에서는 회생절차를 신청하여 영업양도 등의 방법으로 청산할 경우 동조의 적용 여부가 중요하게 되었다.

본조는 청산 중의 회사 또는 파산선고 후의 회사 자신이 신청하는 경우에만 적용되는 것이고 채권자, 주주가 신청하는 경우에는 이러한 제한이 없다.[69] 회사가 해산하게 된 사유는 묻지 아니하므로 회사의 존립기간의 만료, 해산명령, 해산판결, 설립무효의 판결에 의하여 해산한 경우도 포함한다.

과거 대법원 판례는 주식회사의 존속기간이 만료되어 해산하면 회사는 청산사무만 할 수 있는 것이지 종전의 사업을 그대로 계속할 수는 없는 것이므로 해산한 회사의 회사정리신청이 부적법하다는 취지로 판시한 바 있다.[70] 그러나 이 판결은 존속기간 만료 전에 회사계속의 특별결의를 하였는지 여부, 회사등기부상 설립일자가 상이하므로 과연 회사존속기간이 만료되었는지 여부에 대한 심리를

---

68) 西岡清一郎 외, 會社更生の實務(上), 金融財政事情研究會(2005), 47면. 파산관재인의 신청권한에 대하여는 다음 항에서 설명한다.

69) 三ヶ月章, 앞의 책, 306면; 宮脇行彥 외, 앞의 책, 99면.

70) 대법원 1968. 4. 22.자 67마659 결정(집16(1)민259).

다하지 못하였다는 것에 초점이 맞추어져 있는 것이다. 따라서 존립기간 만료 전에 회사계속의 특별결의를 마친 해산회사나 파산선고된 회사라도 회생절차를 신청하는 것은 여전히 신법 제35조에 의하여 가능하다.

3. 파산관재인의 신청권한

한편 일본은 파산관재인에게 법원의 허가를 얻어 회사갱생절차의 신청권한을 부여하고 있다(신 회사갱생법 제246조 제1항). 또한 민사재생절차의 신청권한도 부여하고 있다.[71] 회사갱생절차나 민사재생절차는 채권자에게도 신청권한이 있으나 채권자들이 신청하는 경우가 적은 현실에서 총채권자의 이익을 대표하는 지위에 있는 파산관재인에게 신청권한을 부여하는 것이 타당하기 때문이다.[72] 법원은 갱생절차에 의하는 것이 채권자 일반의 이익에 적합하다고 인정되는 경우 신청을 허가할 수 있다(신 회사갱생법 제246조 제2항). 법원은 신청을 각하하거나 허가함이 명백한 경우를 제외하고 노동조합 또는 근로자 과반수의 의견을 들으면 족하고 따로이 주주총회의 특별결의는 요하지 아니한다(같은 조 제3항, 제4항). 구 회사갱생법하의 사건에서도 파산관재인이 회사갱생신청을 한 것에 대하여 갱생의 가능성이 있다고 하여 허가한 하급심 결정이 있다.[73] 이와 같은 명문의 규정이 없는 신법에서 파산관재인에게 회생절차의 신청권을 해석론으로 인정하는 것은 어렵다고 생각한다.

4. 회생절차개시의 효과

회생절차개시결정이 확정되면 파산절차는 중지되고(제58조 제2항 제1호), 그 후 회생계획인가결정이 있으면 중지된 파산절차는 실효한다(제256조 제1항). 여기서 실효한다는 것은 단순히 장차 절차의 속행이 허용되지 않는다는 것을 의미하는 것이 아니라 소급하여 파산절차가 효력을 잃는다는 의미로 파악하는 것이 학설 및 판례의 확립된 견해이다.[74]

---

71) 민사재생법 제246조.

72) 小川秀樹, 一問一答 新しい破産法, 商事法務(2004), 409면.

73) 大阪地方裁判所 1998. 10. 31.자 결정 判例時報 1643号 185頁 참조.

74) 서울중앙지방법원, 회생사건처리실무(하), 박영사(2006), 91면; 林采洪·白昌勳, 會社整理法(下), 司法行政學會(2002), 378면; 兼子一-三ヶ月章, 앞의 책(上), 587면 및 앞의 책(下) 790면;

그런데 건설산업기본법 第13조 제1항은 파산선고를 받은 자로서 복권되지 아니한 자에 대하여는 건설업의 등록을 할 수 없고, 전문건설업자로 등록한 자가 파산선고를 받고 복권되지 아니한 경우에는 건설업의 등록은 효력을 잃는다고 규정하고 있다. 문제는 파산선고된 건설회사에 대하여 회생절차가 개시되어 회생계획인가결정이 난 경우에 실효된 건설업 면허가 회복되느냐 하는 점에 있다.

먼저 법인에 대하여도 복권의 개념이 적용될 것인지에 대하여 살펴본다. 파산법상의 복권은 개인(자연인)을 대상으로 하는 제도이다.[75] 자연인은 파산선고를 받았다고 하여 민법상의 행위능력이나 권리능력이 제한되는 것은 아니고 면책결정의 확정, 동의폐지결정의 확정 또는 파산선고 후 사기파산으로 유죄의 확정판결을 받음이 없이 10년이 경과한 때에 복권한다(신법 제574조). 법인에 대한 파산선고는 법인의 해산사유로서 법인의 권리능력은 청산목적 범위 내로 축소된다. 따라서 법인에 대하여는 복권의 개념이 적용되지 않는다. 다만 법인에 대하여도 복권과 같은 효력을 부여하기 위하여는 종전 파산선고의 효력을 소급적으로 실효시키는 회생절차상의 계획안인가결정이 확정되면 가능하다. 파산선고의 효력이 소급하여 소멸한다면 회생제도의 목적에 비추어 파산선고로 인한 행정상의 불이익도 소멸되는 것으로 해석함이 옳다. 따라서 행정청은 건설업의 등록을 거절하여서는 아니되고 기존의 건설수주실적도 인정하여야 할 것이다.

파산선고를 받은 개인에 대하여 제2편 회생절차가 개시된 경우에는 파산절차가 중지되므로 회생절차가 기각되거나 취소되지 않는 한 개인인 채무자는 별도로 면책절차를 밟을 수 없다. 이 경우는 회생계획인가결정의 효력으로 채무의 일부 또는 전부에 대하여 감면되는 점에 착안하여 회생계획인가결정의 확정을 제574조 제1항 제1호의 면책의 결정이 확정된 때로 해석함이 옳다. 앞으로 개정시에 일본과 마찬가지로 회생계획인가결정의 확정을 복권의 사유로 추가함으로써 이 문제를 해결할 필요가 있다.[76]

따라서 파산선고를 받은 개인에 대하여 회생절차가 개시되면 회생계획인가결정의 확정을 복권사유로 해석함이 옳다. 반면에 법인에 대하여는 복권의 개념을 적용할 수 없으므로 파산선고로 인한 불이익을 해소하기 위하여는 법인격의 존속

宮脇行彦 외, 앞의 책, 911면 등. 화의절차가 소급적으로 실효한다는 대법원 2004. 5. 12.자 2003마1656 결정(공 2004, 1137) 참조.

75) 伊藤眞, 앞의 책, 540면은 이 점을 명시하고 있다.

76) 일본 파산법 제255조 제1항 제3호 참조.

절차인 동의폐지절차를 통한 동의폐지결정의 확정 또는 회생절차를 통한 회생계획인가결정의 확정을 받아야 할 것이다.

한편 파산법 시행당시 파산선고된 주식회사 한양에 대하여 동의폐지로 파산절차가 종료되는 경우에 파산법 제358조 제1항 제3호의 법정복권사유에 해당하므로 기존의 건설업등록이 유지되고 기존의 건설공사실적도 여전히 인정받는다는 건설교통부장관의 회신이 있었다.[77)]

V 외국회사의 영업소의 폐쇄

1. 원 칙

외국회사의 영업소는 독립한 법인격을 갖지 못한다. 그러나 외국회사의 영업소가 한국에서 영업을 마치고 영업소의 재산을 청산할 필요가 생기는 경우는 비록 영업소라 하더라도 재산이 소재하는 한국에서의 채권채무관계를 정리할 필요가 있다. 상법은 이러한 경우를 대비하여 상법 제619조 및 제620조에 그에 관한 규정을 두고 있다. 영업소에 대하여 설치 목적이 불법이라는 등의 이유로 법원이 폐쇄를 명할 수도 있고(제619조 제1항 각호), 외국회사가 스스로 폐쇄를 신청할 수도 있다(제620조 제3항). 주류는 후자이다. 영업소를 폐쇄하기 위하여는 청산절차를 마쳐야 한다. 구체적으로는 청산인을 선임하고 채권자에 대한 공고 및 변제, 청산종결절차를 거쳐야 한다.

2. 특 칙

은행법 제57조 제1항, 제59조 제1항에 의하면 외국금융기관(외국에서 은행업을 영위하는 자)이 지점을 해산하는 때에는 금융감독원 소속 직원 1명을 청산인으로 선임하여야 한다. 그러나 외국금융기관은 은행만을 가리키므로 금융산업의 구조 개선에 관한 법률 제2조 제1호 소정의 금융기관 중 은행이 아닌 보험회사(생명보험), 증권회사 등은 이에 해당하지 아니한다. 법원은 외국금융기관이 은행

77) 건설교통부장관 2003. 1. 17.자 주식회사 한양의 공동파산관재인에 대한 회신(전경 58010-55) 참조.

법 소정의 은행에 해당하는지가 불분명한 경우에 일단 금융감독원장에게 청산인 추천의뢰서를 보낸다. 금융감독원장은 청산인이 필요한 경우에는 추천하고, 불필요한 경우에는 청산인 추천이 필요하지 않다는 답신을 보낸다. 은행법 제57조에 의하여 선임된 청산인은 그 임무에 대하여 보수를 청구할 수 없으며 다만 경비에 한하여 당해 재산에서 지급받을 수 있다. 청산인 추천이 오면 법원은 일단 금융감독원 직원 및 이사회에서 선임된 청산인을 공동으로 선임하고 있다.[78]

3. 청산절차

국내 회사를 해산하는 경우와 외국회사의 영업소를 폐쇄하는 경우 청산절차를 거쳐야 하는 것은 동일하지만 외국회사의 영업소를 폐쇄하는 경우에는 상업장부의 보관의무와 청산인이 취임 후에 하는 회사재산에 대한 조사보고의무가 면제된다.[79] 외국회사의 영업소를 폐쇄하기 위하여는 먼저 외국회사가 이사회 등을 통하여 한국 내의 영업소 폐쇄결의와 특정인을 청산인으로 선임하는 결의를 하여야 한다. 선임된 청산인은 법원에 다음의 서류를 첨부하여 청산인 선임신청을 한다.

「국내 영업소에 관한 법인등기부등본,[80] 사무소를 폐쇄하기로 하는 내용의 이사회결의서 및 번역문, 외국기업 국내지사폐쇄신고서,[81] 지점폐쇄사유서, 폐업사실증명원, 납세완납증명서, 지방세납세증명서,[82] 원천징수이행상황신고서, 임금전액지급에 관한 증명서,[83] 청산인의 취임승낙서,[84] 청산인의 보수포기서, 청산인의 인감증명서.」

이사회에서 청산인으로 선임된 자는 취임 후 작성한 대차대조표와 부채명세

78) 서울중앙지방법원 2006. 6. 7.자 2006비합131 결정(캘리포니아유니온은행). 일단 공동청산인을 선임한 다음, 추후 이사회에서 추천한 청산인을 대표청산인으로 신청하여 허가한 사례도 있다(서울중앙지방법원 2004. 3. 15.자 2004비합57 결정(아랍은행)).

79) 상법 제620조는 외국영업소가 독립한 법인격이 없는 점을 고려하여 청산인의 신고의무에 관한 상법 제532조와 재산조사보고의무에 관한 상법 제533조를 준용하고 있지 않다.

80) 상호란에 영업소가 특정되어 있다.

81) 청산인이 외국환거래규정 제7-51조의 규정에 의하여 재정경제원 장관 앞으로 신고한다.

82) 폐업사실증명원과 납세증명원은 영업소를 관할하는 세무서장이, 지방세납세증명서는 관할 구청장 또는 동장이 발행한다.

83) 직원 각자의 확인서에 의하여 소명한다. 고용승계 계약이 체결된 경우에는 전적동의서와 진술서를 첨부한다.

84) 외국인이 청산인인 경우에는 외국인등록증 또는 여권으로 신분을 확인한다.

서 또는 손익계산서를 첨부하여 법원에 청산인 선임신청을 한다. 국내 회사의 경우에는 주주총회에서 해산결의를 하고 선임된 청산인이 상법 제532조에 의하여 해산신고 및 청산인의 성명, 주소 등을 신고하면 별도의 법원 결정 없이 청산절차가 개시된다. 그러나 외국영업소가 청산하기 위하여는 법원이 별도로 청산결정을 하여야 한다. 즉 법원은 대한민국 내에 있는 외국회사의 재산 전부에 대하여 청산절차의 개시를 명하고 이사회에서 청산인으로 선임된 자를 청산인으로 선임하는 결정을 한다.[85] 청산인은 외국인도 될 수 있음은 물론이다. 법원은 결정 후 영업소를 관할하는 상업등기소에 등기원인과 연월일을 청산절차 개시 및 청산인 선임결정일자로 하여 청산절차 개시 및 청산인 선임결정 등기를 촉탁한다.

4. 중요서류 보관

외국회사의 청산절차에서 선임된 청산인은 중요서류의 보존인을 지정하여 상법 제541조에 의하여 법원으로부터 보존인 선임결정과 보존장소에 관한 결정을 받아야 한다. 상법 제620조는 한국에 있는 외국회사의 국내영업소를 폐쇄하는 경우에 상법 제535조 내지 제537조와 제542조의 준용규정을 두고 있으면서 중요서류의 보존에 관한 제541조의 준용규정을 누락하고 있다. 한편 비송사건절차법 제128조는 제 3 장 회사의 청산에 관한 장의 규정은 그 성질상 허용되지 아니하는 경우를 제외하고는 외국회사의 영업소 폐쇄에 관한 상법 제620조의 청산에 이를 준용한다고 규정하고 있고, 같은 법 제127조에서 청산인의 서류보존에 관한 재판에 대하여 불복금지 규정을 두고 있다. 실무는 이 조항을 근거로 외국회사의 영업소폐쇄의 경우에도 중요서류보존인 결정을 할 수 있는 것으로 보고 신청에 대한 결정을 하고 있다. 신청인들의 설명에 의하면 외국회사가 영업소를 폐쇄하는 경우에도 중요서류의 열람에 대비하여 이를 보존할 필요가 있기 때문에 법원에 중요서류 보존신청을 하고 있다고 한다. 일본의 회사법은 외국회사에 관한 제 6 편의 제822조 제 3 항에서 서류보존에 관한 제 508조의 준용규정을 명시적으로 두고 있다. 앞으로 우리 나라의 상법 개정시에 이 점을 보완할 필요가 있다.

실무상 중요서류의 보존인은 한국에 거주하는 청산인이지만 간혹 외국에 거

---

85) 주문은 다음과 같다.

1. 사건본인 회사의 대한민국 내에 있는 재산 전부에 대한 청산절차의 개시를 명한다.
2. 甲(주민등록번호, 주소)을 위 청산절차의 청산인으로 선임한다.

주하는 외국인을 보존인으로, 보관장소도 외국으로 지정하여 달라는 경우가 있다. 신청서에 보관인이 보관의무를 승낙함으로써 한국법원의 인적 재판권할권에 스스로 복속하고 있으므로 비록 보관장소가 외국이라 하더라도 국제민사소송법상의 재판관할권의 문제는 발생하지 않는다고 보아 실무는 이를 허가하고 있다.[86] 보존인 선임의 재판에 대하여는 불복하지 못한다(비송사건절차법 제127조).

Ⅵ. 결　　론

회사의 해산 및 청산 사건은 일반의 재판부에서는 다루지 아니하는 사건으로서 실무가들에게는 다소 생소한 분야로서 아직 실무가 통일되어 있지 못한 부분이 있다. 또한 이를 다루고 있는 민상법의 교과서도 대체로 법조문을 나열 인용하는 수준에 머무르고 있어 이론적인 뒷받침도 미흡한 편이다. 그러나 최근에 이르러 민법에 따라 청산절차 중에 법인파산신청을 하는 사건도 증가하고, 법인파산절차가 종료한 후에 새로운 재산이 발견되어 다시 청산절차가 개시되는 등 청산절차와 파산절차와의 관계에 관한 이론상의 문제점을 검토할 필요가 증가하게 되었다.

필자가 법인청산 사건을 심리하면서 발견하는 문제점과 그에 대한 개선책은 아래와 같다.

첫째, 법과 현실의 괴리이다. 민법은 법인이 채무를 완제하지 못하게 된 때에는 이사 또는 청산인에게 파산신청의 의무를 부과하고 있으나 실제로 청산인이 신청인이 되어 파산신청을 하는 사건은 유동화전문회사의 청산사건 외에는 그 숫자가 적은 것이 현실이다. 차라리 민법 제79조를 강제규정이 아니라 임의규정으로 개정하는 대신 일정 규모 이상의 주식회사에 대하여만 강제규정을 존치하는 것이 현실에 맞는 입법이라고 생각한다.[87]

둘째, 민법 제79조에서 정한 '채무를 완제하지 못하게 된 때'의 기준시점이 불분명하다는 점이다. 청산인이 해산일을 기준으로 산정한 법인의 대차대조표상

86) 서울중앙지방법원 2005. 2. 3.자 2005비합29 결정은 보존인을 미국인으로, 보존장소를 미합중국 캘리포니아주 소재 사무실로 정하였다.

87) 일본의 신 파산법도 상속인에 대한 파산신청의무제도(구 파산법 제126조 제2항, 신법 제299조 제2항과 같음)를 폐지하고 임의신청으로 변경하였다. 伊藤眞, 앞의 책, 62면.

으로 부채초과임을 발견하면 즉시 파산신청을 하여야 하는 것인지 아니면 청산인 나름대로 청산사무를 수행하다가 파산신청을 할 수 있는 것인지가 불분명하다. 청산실무는 후자에 입각하여 이루어지다 보니 남은 재산이 거의 없어진 상태에서 파산신청을 하게 되어 청산절차 중의 법원의 감독이 유명무실하게 되는 경향이 있다.

셋째, 청산 중의 법인에 대하여 강제집행을 허용할 것인지에 대하여 학설은 부정설을 취하고 있고, 앞에서 본 대법원 판례도 같은 입장으로 평가된다. 그러나 일본 민법과 우리 나라 민법의 차이와 상법상의 청산절차의 유무 등 韓日간의 법제의 차이를 고려하면 일본의 학설을 비판 없이 수용하는 것을 재고할 필요가 있고, 청산절차 역시 다수의 채권자들을 상대로 하는 절차로서 채권자간의 평등을 고려한다면 청산절차에서도 강제집행이 불허되어야 한다고 생각한다. 이 점에 관하여 앞으로 심도 깊은 논의가 필요하다.

넷째, 서울시내의 파산사건은 서울중앙지방법원이 전속관할권을 갖고 있지만 청산사건은 서울시내의 각 지방법원으로 분산되어 있어 상호 유기적인 관계에 있는 파산사건과 청산사건의 관할권이 다르게 되어 있다. 이로 인하여 법원간의 업무의 신속성과 효율성이 떨어질 염려가 있다. 그리고 일반 국민들도 청산사건에 관한 관할권을 오인한 나머지 서울중앙지방법원에 접수하는 경우가 많아 서울중앙지방법원에 접수된 사건이 관할위반으로 서울시내 지방법원으로 이송되고 있는 실정이다. 따라서 양자의 관할을 일치시키도록 비송사건절차법을 개정하는 것이 국민에게 편리할 것이다.

다섯째, 변호사법의 개정으로 법부법인의 형태를 종전 합명회사를 준용하는 법무법인의 형태에서 법무법인(유한), 법무법인(조합)의 다른 법인격을 인정하게 되어 있다. 그런데 현재의 비송사건절차법이 주식회사, 유한회사의 청산사건은 지방법원 합의부가 민법상의 법인, 합명회사, 합자회사의 청산사건은 지방법원(실제로는 단독판사)이 관장하도록 규정하고 있으므로(비송사건절차법 제33조, 제117조) 법인격이 다른 법무법인의 청산사건에 관하여 합의부와 단독판사로 관할이 달라지므로 변호사법을 개정하여 법무법인의 해산청산 사건을 지방법원 합의부의 관할로 통일시키는 것이 필요하다. 더 나아가 재판부의 전문성과 사건의 효율성을 고려하면 법인에 대한 청산사건을 합의부로 집중하는 것에 대하여도 검토할 필요가 있다.

여섯째, 일본의 신 회사갱생법과 마찬가지로 파산절차 중에 있는 법인에 대하여 파산관재인에게 회생절차의 신청권한을 인정하도록 신법을 개정할 필요가 있다.[88] 아울러 채무초과의 상태에 있는 주식회사에 대하여 주주총회의 특별결의를 요하는 것은 불필요하므로 파산관재인의 회생절차 신청시 주주총회의 특별결의를 배제하는 명시적인 조항을 두어야 할 것이다.

일곱째, 외국회사의 영업소를 폐쇄하는 경우에 관한 상법 제620조를 개정하여 중요서류의 보존조항인 상법 제541조의 준용을 명시하여 이에 관한 실무의 근거를 명확히 할 필요가 있다.

앞으로 우리 나라에서도 외국의 경우와 같이 법인의 설립시뿐 아니라 청산시까지 법률이 정한 바에 따라 이루어지도록 하여 청산을 둘러싼 불필요한 분쟁을 사전에 방지하는 법문화가 정착되는 것이 바람직하다.

88) 서울중앙지방법원의 파산법인인 동아건설산업에 대하여 2006. 채권자들에 의한 회생신청이 진행 중에 있다. 그러나 법원의 감독하에 있는 파산관재인이 회생신청을 하는 것이 시장에 안정적인 뜻을 전할 수 있다는 점, 파산관재인이 총채권자의 이익을 위하는 지위에 있다는 점에서 특정채권자들에 의한 신청보다 더 공정하게 진행될 수 있다는 점에서도 파산관재인의 신청권한 부여가 절실하다.

서울중앙지방법원 파산사건 처리 실무

Ⅰ. 머 리 말

한국 정부가 1997년 IMF로부터 구제금융을 받은 이후 기업의 구조조정과 실직자의 양산으로 인한 중산층의 붕괴, 구매력을 높이기 위한 신용카드의 남발은 한국 사회에서 일찍이 경험하지 못한 기업 및 개인의 파산사건의 급증을 가져왔다(통계표는 별지 참조). 이제 개인과 법인의 파산은 피할 수 없는 경제현상이 되었다. 파산은 법률가만의 문제가 아니라 경영학자, 경제학자들이 함께 머리를 맞대고 슬기롭게 해결하여야 할 국가 경제적인 문제로 등장하였다.[1] 이러한 현상은 비단 한국에만 해당하는 것은 아니다. 바깥으로 눈을 돌리면 1970년대와 1980년대에 걸쳐 발생한 OECD 국가들의 산업 위기, 공산주의의 붕괴 그리고 1980년 후기 이래 지속된 그들의 체제전환에 있어서의 참담한 실패, 1997년의 아시아의 경제위기는 파산법의 관심을 지속적으로 증가시키는 중요한 사건이다. 무엇이 최선

1) 경영학자가 회사정리에 관하여 쓴 책으로는 최도성 · 지현영, 회사정리제도, 서울대학교출판부(1998), 경제학자가 현행 도산제도를 경제학적인 관점에서 분석한 책으로는 남일총, 도산제도의 경제적 분석, 한국개발연구원(2001) 등이 있다.

의 파산법인지에 대한 논의는 — 미국식의 채무자 중심의 법과, 영국식의 채권자 중심의 법, 프랑스의 고용자 보호 중심의 법을 두고 — 아직 계속되고 있지만 효과적인 파산법의 필요성에 대한 異見은 존재하지 않는다.[2] 이하의 글은 서울중앙지법 제12파산부의 재판장으로 근무하면서 그 동안 파산관재인('관재인')이 보고한 서류와 관련 판례들을 참조하여 법인이 파산자인 경우를 중심으로 파산절차의 시간순서로 기술한 것이다.[3] 별도로 법명이 표시되지 아니한 조문은 파산법을 말한다.[4]

Ⅱ. 파산관재인의 선임

1. 관리처분권의 착수

파산선고가 되면 관재인에게 파산자의 재산에 대한 관리처분권이 이전된다. 채권자협의회가 구성된 경우에는 법원이 관재인을 선임하기에 앞서 채권자협의회의 의견을 구하여야 한다(신법 제21조 제1항 제2호). 중소기업과 개인은 채권자협의회를 구성하지 아니할 수 있다. 법원은 서울지방변호사회의 회원들 중 관재인이 되기를 원하는 관재인후보명단 중에서 파산법인의 규모, 사건의 난이도, 관재인의 경력 등을 고려하여 관재인을 선임한다.[5] 법원에서는 선고 전에 명단에 등재된 관재인 후보와 접촉하여 회사의 현황, 자산 및 부채규모, 채권자 신청인지 채무자 신청인지 특히 채무자가 적대적인지 우호적인지 여부, 파산회사의 특별한 문제점 등을 알려준다. 따라서 선임을 승낙한 관재인 후보는 사전에 기록을 복사하여 파산선고일 이전에 회사의 상황을 파악하는 것이 중요하다. 파산선고 당일은 법원에서 회사의 대표이사와 신청인 대리인, 관재인을 불러 관재인에게 선임

---

2) 장하준 지음 · 형성백 옮김, 사다리 걷어차기, 부키(2004), 165-166면. Ha-Joon Chang, Kicking away the Ladder, Anthem Press(London).

3) 파산사건에 관한 주요 판례들은 대부분이 하급심 판결로서 공간되지 않아 현재 제12파산부에서 미공간 판결까지 수록한 파산판례집을 준비 중이다.

4) 2006. 4. 1.부터 채무자회생 및 파산에 관한 법률('신법')이 시행되면서 파산법은 폐지되었다. 그러나 종전 파산법의 내용과 실무는 신법에 반영되었고, 그 내용도 크게 바뀌지 않았다.

5) 2005년에 접수된 법인파산 사건의 수는 53건으로서 그 중 일부는 취하되거나 기각되어 관재인이 선임되는 사건 수가 많은 편은 아니다. 따라서 신청한 후보자(약 120명)들이 모두 관재인으로 선임되기는 어렵다. 제12파산부는 가급적 관재업무의 저변을 확대하기 위하여 새로운 신청자들에게 쉬운 사건을 맡기고 있다.

증을 교부함으로써 관리처분권이 이전되었음을 분명히 하고 있다. 관재인은 선고 당일 주임이 준비한 공고문을 갖고 대표이사와 함께 사무실에 가서 공고문을 부착하고 회사의 통장, 등기권리증, 주권 등을 교부받고 관재인인감을 改印한다.[6] 파산선고 후 15일 이내에 법원에 관리처분권의 이전에 따른 상황을 문서로 보고한다.

관재인이 파산재단의 현황을 완벽하게 파악하는 것이 어렵더라도 제3자가 파산재단과 관련하여 자료제출 또는 질의를 하는 경우 신속하고 정확한 답변을 할 수 있을 정도의 현황은 파악하고 있어야 한다. 보조인에게 의존하여 인장보관을 소홀히 하는 관재업무의 처리는 보조인의 비리, 금융사고의 발생을 조장할 우려가 있으므로 금하여야 한다.

2. 관재인과 통정허위표시의 제3자

확립된 대법원 판례는 관재인이 통정허위표시에 관한 민법 제108조 제2항 소정의 제3자에 해당한다고 판시한다. 즉 명의상의 차주가 파산자(금융기관)의 대표이사와 통모하여 서류상으로는 명의인이 대출받고 실제로는 대표이사가 사용한 경우라도 일단 파산선고가 되면 관재인은 명의상의 차주에 대한 대출금채권을 파산재단에 속하는 채권으로 추심할 수 있다.[7] 서울중앙지방법원의 실무에서는 파산법인이 명의상의 보증인이지만 실제 차주이고 다른 사람이 대출계약서상의 차주가 되어 금융기관으로부터 대출을 받았다고 하더라도 관재인은 선의의 제3자에 해당하고 민법상 주채무자는 보증인에 대하여 구상권을 행사할 수 없으므로 차주가 구상권을 파산채권으로 신고하자 관재인이 이의한 사례가 있다.

한편 실채무자(甲)와 명의상의 채무자(乙, 원고) 및 파산선고 전의 신용금고(丙) 3자가 합의하여 丙이 乙 명의로 甲에게 대출하되 乙에게는 책임을 지우지 않기로 약정하고, 대출금채무를 담보하기 위하여 甲의 이사 명의의 부동산에 대하

6) 종전 대표이사의 인감과 별도로 관재인 명의의 인감을 법인등기부등본에 등록하는 것을 말한다.

7) 대법원 2004. 10. 28. 선고 2993다12342 판결(공보불게재); 2003. 12. 26. 선고 2003다50078, 50095 판결(공보불게재); 2003. 6. 24. 선고 2002다48214 판결(공 2003, 1581). 2002다48214 판결에 대한 평석으로는 李東炯, "通情虛僞表示를 한 者의 破産管財人이 民法 제108조 제2항의 第三者인지 여부," 법조 2004년 6월호, 123면 이하; 성재영, "파산관재인의 제3자성에 대한 소고," 부산법조 2004(제21호), 27면 이하.

여 丙 앞으로 저당권을 설정하여 주었는데 丙이 乙의 승낙 없이 저당권 중 일부를 말소하여 준 후에 丙이 파산되어 파산관재인(피고)이 선임되자, 乙이 파산관재인을 상대로 丙이 담보권을 고의 또는 과실로 소멸시킴으로써 乙이 채무를 변제하더라도 저당권을 대위할 수 없게 되었으므로 그 범위 내에서 丙에 대한 채무를 면한다고 주장하면서 채무부존재확인소송을 제기하였다. 대법원은 다음과 같은 이유로 乙의 청구를 인용하였다. "채무의 소멸 등 파산 전에 파산자와 상대방 사이에 형성된 법률관계에 관하여 파산관재인에게 대항할 수 없는 것은 아니며, 그 경우 파산자와 상대방 사이에 일정한 법률효과가 발생하였는지 여부에 대하여는 파산관재인의 입장에서 형식적으로 판단할 것이 아니라 파산자와 상대방 사이의 실질적 법률관계를 기초로 판단하여야 할 것이다.… 원고는 형식적으로는 이 사건 대출금채무에 대한 주채무자이지만 당사자 사이의 실질적인 관계에서는 최종적인 변제책임을 지는 주채무자가 아니라 그 채무를 변제할 경우 대한금고(필자주 丙)가 실채무자인 이삭건설(필자주 甲)에 대하여 가지는 채권 및 이에 관한 담보권을 당연히 대위행사할 수 있는 지위에 있다."[8)]

그러나 통정허위표시에 관한 확립된 대법원 판례에 의하면 원고가 파산관재인과의 관계에서는 주채무자이고 주채무자는 구상권을 갖는 지위에 있지 아니함에도 대법원이 위 사건에서는 파산자와 상대방간의 실질적인 법률관계를 기초로 판단하여 주채무자가 아니라고 판시한 것은 상호 모순되는 것으로 읽힌다. 앞으로 관재인이 매매계약이 해제된 경우의 제3자, 융통어음의 항변에 있어서의 제3자에 해당하는지를 판단함에 있어서도 대법원이 실질적인 법률관계를 기초로 할 것인지에 대하여는 두고 보아야 할 것이다.

Ⅲ. 강제집행 등의 실효

1. 가압류취소신청

파산선고가 되면 파산선고 전에 이루어진 파산채권에 기한 가압류 또는 강제집행은 효력을 잃는다(제61조 제1항 본문). 채무자의 파산은 집행장애 사유에 해

8) 대법원 2005. 5. 12. 선고 2004다68366 판결(공 2005, 927).

당하고 이에 반한 강제집행은 무효로 된다.[9] 보통은 관재인이 집행법원에 파산선고 결정문을 제출하는 것이 통례이지만 기록상 파산 등의 등기가 경료된 사실이 밝혀진 경우에도 경매절차가 실효되므로 법원이 직권으로 집행을 정지하여야 한다.[10] 따라서 관재인이 파산재단에 속하는 재산에 대하여 가압류 등이 이루어진 것을 발견하면 지체없이 가압류를 발한 법원에 가압류집행취소신청을 하여야 한다. 그런데 간혹 이를 민사집행법 제288조의 사정변경에 의한 가압류취소신청으로 잘못알고 사건명도 고치고 변론기일을 잡아 판결로 가압류를 말소하거나 가압류이의사건으로 처리하는 사례도 있으나 이는 가압류집행취소절차와 가압류취소절차를 구분하지 못한 데서 기인한 잘못된 것이다.

2. 조세채권과 체납처분

조세채권은 파산선고 전에 체납처분을 실시하였다면 파산선고가 되었다고 하더라도 파산절차와 관계 없이 체납처분을 실시할 수 있으므로 관재인은 그러한 재산에 대하여 체납처분을 중지할 권한이 없다. 그러나 파산선고 후에는 조세채권이라도 이제는 더 이상 새로운 체납처분을 할 수 없고,[11] 과세관청이 관재인을 상대로 이행소송의 형태로 조세의 지급을 구하는 것도 제62조에 반하므로 허용될 수 없다.[12]

관재인이 파산선고 후에 파산재단 소속 재산에 대하여 이루어진 압류 등의 체납처분이 있음을 발견하면 이러한 법리를 고지하여 자발적으로 해지하도록 유도하고 만일 불응하면 불법행위에 기한 손해배상 등의 예고 등 적절한 조치를 취하여야 한다.[13]

---

9) 법원실무제요 민사집행(1), 법원행정처(2003), 231면.
10) 법원실무제요 민사집행(1), 법원행정처(2003), 244면.
11) 대법원 2003. 3. 28. 선고 2001두9486 판결(공 2003, 1088) 참조. 신법 제349조 제2항은 이를 명문화하였다.
12) 관재인들의 설명에 의하면 실제로 강제집행을 당한 사례는 없으며 강제집행을 하기 전에 재단채권자에게 안분변제의 뜻을 설명하여 주고 그래도 집행을 시도하면 후에 부당이득 또는 손해배상 소송을 제기할 것이라고 말하면 단념한다고 한다.
13) 경매절차 중에 파산선고가 되고 그 후에 국세압류 등기가 이루어졌다면 경매법원에 집행취소신청을 하여야 한다.

3. 국세징수의 예에 의하여 징수할 수 있는 청구권

파산법인 소유의 자동차에 대하여 국민연금관리공단, 의료보험관리공단, 근로복지공단에서 파산선고 전에 국민연금보험료(국민연금법 제81조)와 의료보험료(국민건강보험법 제73조), 고용보험료(고용보험 및 산업재해보상보험의 보험료징수 등에 관한 법률 제30조)를 피보전채권으로 하여 가압류한 경우에는 이러한 청구권은 국세징수의 예에 의하여 징수할 수 있으므로 자동차를 제3자에게 임의매각하기 위하여 가압류 등을 직권말소할 수 없다. 신법은 재단채권 중 국세징수의 예에 의하여 징수할 수 있는 청구권 중 그 징수우선순위가 일반 파산채권보다 우선하는 것만을 재단채권으로 규정하여 범위를 한정하였다(신법 제473조 제2호). 과태료(병역법 제95조, 건축법 제82조 등), 국유재산법상의 사용료, 대부료, 변상금채권 등이 제외되었다. 특히 과태료채권이 재단채권에서 빠지면서 후순위파산채권으로 전락하였다(신법 제446조 제1항 제4호).

Ⅳ. 제1회 채권자집회

1. 파산경위보고

제1회 채권자집회에서는 파산에 이르게 된 경위에 관한 보고, 채권조사 및 관재인의 제안[14]에 따른 채권자들의 결의가 이루어진다. 임무종료를 위한 계산보고집회에는 파산채권자가 출석하지 아니하여도 집회를 진행할 수 있으나,[15] 제1회 채권자집회에서는 결의를 하도록 되어 있으므로 채권자의 출석이 필수적이다. 유일하게 출석한 채권자의 장래의 구상채권에 대하여 관재인이 미확정 채권이라는 이유로 전액 이의를 하더라도 의결권을 부여하는 절차는 파산채권자 조사절차가 아니고, 법원의 의결권 부여 결정은 불복할 수 없는 재량사항이므로 법원이 파산법 제166조 제2항에 의하여 전액 이의된 파산채권에 대하여 의결권을 행사

14) 파산법은 감사위원의 설치, 부조료 급여, 영업 폐지 및 고가품 보관방법에 관하여 필요적으로 결의하였으나 신법은 부조료 급여제도를 폐지하고 나머지에 대하여도 임의결의로 변경하였다(후술).

15) 파산법 제158조 제2항은 계산에 대하여 이의를 진술하지 아니한 때에는 승인한 것으로 보고 있다.

하게 하고 필요적 결의절차를 진행한 사례가 있다.[16)]

신법은 부조료 제도를 폐지하였고, 감사위원 설치여부는 제1회 채권자집회에서 그 설치가 필요하다는 제안이 있는 경우 의결할 수 있는 것으로 개정하였다(신법 제376조).[17)] 채권자집회에서는 영업의 폐지 또는 계속, 고가품의 보관방법에 대하여만 필요적 결의에서 임의적 결의로 변경하였다(신법 제489조).

파산경위에 대한 보고를 함에 있어서는 회사의 현황 특히 회사가 파산선고 전에 작성한 대차대조표상의 자산 및 부채와 관재인이 파악하여 새로이 작성한 대차대조표상의 자산과 부채의 차이를 분명히 하고 왜 차이가 생겼는지를 합리적으로 설명하여야 한다. 예상배당률을 산정할 수 있으면 보수적으로 산정하여야 하고, 너무 낙관적으로 산정하게 되면 후일 실제 배당에서 왜 배당액이 적게 되었는지에 대하여 설명하여야 하는 부담이 생긴다.

종전 대표이사가 파산선고 후에도 파산법인의 경영에 대하여 집착을 보이면서 보조인들을 통하여 영향력을 행사하려는 경우가 발견된다. 관재인과 법원이 미리 의논하여 영업을 폐지하기로 하였음에도 실제 파산채권자들이 종전 대표이사의 말에 넘어가 영업을 속행하기로 결의하는 일이 발생한 사례도 있는바, 이러한 사태가 발생할지도 모르는 상황이라면 관재인이 사전에 자신의 제안을 채권자들이 합리적으로 납득할 수 있도록 설명할 필요가 있다.

2. 채권조사절차

(1) 일 반 론

파산채권이라 함은 파산절차 개시 전에 성립된 재산상의 청구권으로서 파산절차에 의하지 아니하면 권리를 행사할 수 없으므로 먼저 파산채권조사절차를 거쳐 파산채권으로 인정되어야 한다. 계속 중인 소송은 중단되고 채권조사결과에 따라 파산채권확정의 소로 청구취지를 변경하여 계속하거나 종료된다.

파산채권이 조사절차를 거쳐 파산채권자표에 기재되면 확정판결과 동일한 효력이 인정된다(제215조, 신법 제460조). 관재인이 이의를 제기하는 경우라면 집행권원의 유무에 따라 관재인 또는 상대방이 파산채권확정의 소를 제기하여야 한다.[18)] 관

16) 파산자 주식회사 한국에너지개발(2005하합53) 사건의 제1회 채권자집회.
17) 일본의 신 파산법은 감사위원 제도를 폐지하였다.
18) 신법은 파산채권 조사확정의 재판제도를 도입하여 먼저 신청에 대하여 결정하고 그에 대하

재인이 일단 이의를 제기하였다가 사실조사를 한 후에 신고한 채권 내용이 정당하다고 판단되면 법원의 허가를 얻어 이의를 철회한다. 관재인이 작성하는 파산채권 시부인표에는 이의 대신 부인이라는 용어를 사용하고 있으나 법문에 충실하고 부인권의 부인과 개념의 충돌을 피하기 위하여는 이의라는 문구가 적절하다.

관재인이 작성하는 유형별 이의사유로는[19] ① 재단채권이므로 이의, ② 변제를 원인으로 이의, ③ 채무부존재로 이의, ④ 채권금액 미확정으로 이의, ⑤ 주채권자의 신고로 이의, ⑥ 주채권자의 신고가 예상됨에 따라 이의,[20] ⑦ 중복신고로 이의,[21] ⑧ 차임 등과 상계됨에 따라 이의, ⑨ 별제권자이고 예정부족액이 미확정이므로 이의, ⑩ 증빙서류 미비로 이의, ⑪ 정지조건부 채권이므로 이의[22] 등이다. 이러한 사유와 이의된 금액 및 건수를 표로 만들어 파산채권시부인 총괄표 모두에 기재하여 두면 편리하다. 파산선고일 이후의 이자채권은 후순위파산채권이므로 단순한 이의로 기재하지 말고 후순위파산채권으로 시인이라고 표시함이 옳다.

채권조사기일에는 재단채권, 별제권에 대한 이의에 대하여 채권자들의 질문이 가장 많으므로 관재인이 가급적 법정에서의 채권조사절차가 시작되기 직전에 이러한 채권에 대한 이의의 구체적인 의미에 대하여 자세한 설명을 하여 주는 것이 원활한 절차 진행에 도움이 된다.

(2) 채권신고기한

회사정리절차나 파산절차 모두 채권조사절차를 갖추고 있으나 채권신고를 신고기간 내에 하지 아니하였다고 하더라도 파산절차에서는 실권의 효력은 인정되지 아니한다. 다만 배당공고일로부터 기산한 2주간의 제척기간(신법은 '제외기간'으로 표기한다) 만료일까지 채권신고를 하지 아니하면 배당절차에 참가하지 못하는 불이익을 받을 뿐이다. 만일 그 후에 중간배당이나 최후배당이 실시되면 그 배당에 참가하기 위하여 신고하면 다른 파산채권자보다 우선하여 배당하고 있다.

그런데 만일 회사채의 보증인이 원리금의 상환기일로부터 3개월 이내에 보증

여 이의가 있는 경우에 판결절차에 의하는 것으로 변경하였다(제462조 이하).

19) 2003하합35 파산자 은아주택의 시부인표 참조.

20) 법리상으로는 일단 구상권자의 장래의 청구권으로 신고를 받고 그 후 주채권자가 채권신고를 하면 중복신고라는 이유로 이의함이 옳으나 관재인의 업무편의로 일단 이의하여 두고 있다.

21) 회사정리절차에서 이미 신고를 마쳤음에도 견련파산절차에서 다시 신고하는 경우이다.

22) 엄격한 의미에서는 일단 조건부채권으로 시인하였다가 조건성취 여부에 따라 배당절차에 참가여부를 결정하면 족하다. 그러나 실무상 임차인이 파산자 임대인에 대하여 갖는 임대차보증금반환청구권을 신고하였으나 아직 임차인이 점유 중인 경우에 이의를 하는 경우가 있다.

채무의 이행을 청구하지 아니하면 보증채무가 소멸한다는 내용의 특약부 회사채가 발행되었는데 그 상환기일이 도래하고 보증인이 파산하였다면 채권자는 3개월 내에 보증채권을 신고하여야 하고 채권신고를 하지 아니하면 위 특약에 따라 보증채무가 소멸한다. 파산선고에 의하여 위 특약이 배제되거나 실효되지 않기 때문이다.[23]

파산법에는 채권확정소송의 제기기간에 제한이 없었으나 신법은 신청기간을 제한하였다. 즉 이의가 있는 파산채권에 관한 조사를 위한 일반조사기일 또는 특별조사기일로부터 1월 이내에 채권조사확정재판을 신청하여야 한다(신법 제462조 제1항, 제5항).

⑶ 채권자표의 정정, 무효확인

일단 이의 없이 확정된 채권자표에 대하여 사소한 오기가 있는 경우라면 법원의 허가를 얻어 경정하면 되지만 내용을 변경하는 것이라면 파산채권자표기재무효확인의 소를 제기하여야 한다. 경정 사항이 아니라 권리의 변경을 가져오는 내용(채권액의 증액)임에도 법원의 허가를 통하여 이미 확정된 파산채권액을 정정하려는 경우가 있으나 이는 파산채권자표 정정의 범위를 넘는 것으로 허용되지 아니한다. 파산채권의 신고에 대하여 관재인이 이의를 진술하지 아니하여 채권자표에 기재된 후에는 별도로 경정결정이나 무효확인의 판결에 의하지 아니하고 부인권을 행사하여 파산채권의 존재를 다툴 수는 없다.[24]

뒤늦게 파산채권신고를 한 채권자에 대하여는 별도로 신고채권자의 비용부담하에 채권조사특별기일을 열어 파산채권조사절차를 마쳐야 한다. 간혹 신고만 하고 아직 파산채권조사를 위한 특별조사기일을 열지도 아니하였음에도 중간배당을 하였다가 뒤늦게 이를 반환받는 사례가 발견되는바 이는 위법한 배당절차이므로 유의하여야 한다. 따라서 비록 늦게 신고한 파산채권의 내용이 맞다고 하여 법원의 허가만으로 파산채권자표에 기재하거나 이를 배당하는 것은 허용되지 아니한다. 그리고 파산채권자 중 일부는 원금과 파산선고 전의 이자를 신고하였고 다른 채권자들은 원금만 신고하여 파산채권자간에 형평에 어긋난다고 하더라도 이자채권에 대하여 별도의 채권조사절차를 거치지 아니하고 관재인이 법원의 허가만으

---

23) 대법원 2006. 4. 28. 선고 2004다70260 판결(공 2006, 917).

24) 대법원 2003. 5. 30. 선고 2003다18685 판결(공 2003, 1452). 이 판결은 회사정리법에 관한 것이나 파산법에도 적용될 수 있다.

로 신고하지 아니한 이자채권에 대하여 배당을 실시할 수는 없다. 원본채권과 이자채권은 별개이므로 원본채권을 신고하지 아니하였다는 이유로 이자채권에 대하여 이의할 수는 없다.

(4) 임금채권

임금채권은 2000. 1. 12. 파산법 개정에 의하여 파산법 제38조 제10호에 의하여 비로소 우선적 파산채권에서 전액 재단채권으로 승격되었음에도 파산채권 조사시에 우선적 파산채권으로 시인하는 사례가 있었다. 개정된 파산법 부칙에 의하여 시행일 2000. 4. 12. 이전에 파산을 신청한 사건에 대하여는 종전의 규정이 적용되고, 화의법 제9조 제1항, 제10조에 의하면 화의취소결정이 확정되어 법원이 직권으로 파산선고를 한 경우에는 파산법 제38조 등의 적용에 있어서는 화의개시신청이 파산신청으로 간주된다. 따라서 개정된 파산법이 시행되기 이전에 화의신청이 있었으나 2000. 4. 12. 이후에 직권으로 파산선고가 된 회사에 대하여 퇴직한 근로자가 갖는 임금채권은 여전히 우선적 파산채권이 된다.[25]

파산채권조사절차에서 근로자의 임금채권을 근로자가 법률의 부지로 파산채권으로 신고하는 경우에 재단채권이므로 이의할 수밖에 없으나 사전에 근로자들로 하여금 재단채권이 파산채권보다 우선하여 배당받는 지위에 있음을 주지시켜야 함은 전술하였다.

타인의 채무를 변제하고 채권자를 대위하는 대위변제의 경우 채권자의 채권은 동일성을 유지한 채 법률상 당연히 변제자에게 이전하고, 이러한 법리는 채권이 근로기준법상의 임금채권이라 하더라도 그대로 적용되므로, 우선변제권이 있는 임금채권을 변제한 자는 채무자인 사용자에 대한 임금채권자로서 사용자의 총재산에 대한 강제집행절차나 임의경매절차가 개시된 경우에 경락기일까지 배당요구를 하여 그 배당절차에서 저당권의 피담보채권이나 일반채권보다 우선하여 변제받을 수 있다.[26] 따라서 임금채권을 대위변제한 일자가 파산선고일 전이더라도 대위변제자가 갖는 재단채권의 성질이 변하지 않는다.

---

25) 서울중앙지방법원 2005. 6. 17. 선고 2005가합33287 판결(재단채권 청구 부분은 제1심에서 확정됨).

26) 대법원 1996. 2. 23. 선고 94다21160 판결(집44(1)민189).

(5) 조건부채권, 미확정채권

대한주택보증보험이 파산법인(종합건설회사)이 건축한 건축물에 하자가 발생하는 경우를 대비하여 하자보수를 보증한 후 건설회사가 파산한 경우 아직 하자가 발생하지 아니하였거나 하자의 규모가 확정되지 아니하여 장래의 구상권의 액수를 특정할 수 없다는 이유로 대한주택보증의 사전구상권에 대하여 관재인이 이의한 사례가 있었다.[27] 그러나 파산채권에는 장래의 청구권이나 조건부채권도 포함되므로 이를 신고할 수 있으며, 파산법상 조건의 성취가 아직 확정되지 아니한 경우에는 조건성취에 대비하여 관재인이 임치하여 두었다가(제243조 제4호), 최후배당의 제척기간 내까지 조건이 성취되지 아니하면 배당에서 제척되며 임치금은 다른 채권자들을 위한 배당자원으로 사용된다(제250조). 따라서 조건부채권 또는 장래의 채권에 대하여 조건미성취를 이유로 한 이의는 이론상 부당하다.

3. 신법하의 운용 개선방안

임금채권 전액을 변제하기에 부족한 경우라면 일본에서는 재단채권에 해당하는 임금채권을 먼저 변제하고 우선적 파산채권에 대한 배당절차를 시도한 후 파산절차를 종결하게 된다. 그 전제로서 우선적 파산채권에 해당하는 부분에 대하여 채권조사절차를 거치는 것이 필수적이다. 그러나 우리 나라에서는 전액이 재단채권이므로 배당절차를 밟을 필요 없이 신법 제545조에 의하여 이시폐지할 수 있으므로 배당절차를 위한 공고와 그 비용을 절감하는 등 파산절차를 신속하게 마칠 수 있는 장점이 있다. 그럼에도 불구하고 신법 제312조는 여전히 파산선고와 동시에 하는 부수처분으로서 채권신고의 기간과 채권조사의 기일을 정하도록 규정하고 있으므로 파산재단으로서 근로자의 임금 전액 또는 조세채권을 지급하기에 부족함이 명백하여 이시폐지함이 분명한 사건이라면 일단 파산관재인을 선임하고 그 보수액을 소액으로 정하고, 파산채권조사절차를 추후로 지정하였다가 제1회 채권자집회 기일에서 파산절차를 폐지하는 실무운용을 고려할 필요가 있다.[28]

---

27) 서울중앙지방법원 2005. 9. 22. 선고 2004가합35460 판결(서울고등법원 2005나91679 항소 중).

28) 일본의 구 파산법은 우리 나라의 파산법과 같았음에도 이러한 파산실무를 운영하였으며 파산폐지하는 경우라면 채권조사절차는 생략하였다고 한다. 종전 실무에 관한 글로는 植田智彦・岡本光弘, "破産異時廢止事案における管財手續の合理化," 判例タイムズ No. 1109(2003. 3. 1), 42, 46면 참조. 앞으로 우리 나라 파산법 개정시에 참고할 필요가 있다.

4. 파산채권과 재단채권의 구별

원칙적으로 파산절차 전의 원인으로 인하여 생긴 재산상의 청구권이 파산채권이고 파산선고 후에 파산재단이 부담하는 채무가 재단채권이다. 그 외에도 임금, 조세채권과 같이 입법정책에 의하여 재단채권으로 삼은 것도 있다. 어느 것이 재단채권에 속하는지는 파산법에 법정되어 있다. 실무상 양자의 구별이 문제되는 경우를 소개하면 다음과 같다.

(1) 절차비용과 재단채권

채무자가 파산신청 전에 타인으로부터 돈을 빌려 파산신청을 위한 변호사 보수 등을 지급하였다면 타인이 파산법인에 대하여 갖는 채권은 파산채권이다. 채무자가 선임한 변호사보수가 파산채권인지 재단채권인지에 대하여는 다툼이 있다.[29] 서울중앙지방법원의 실무는 파산채권으로 처리한 예가 있다. 파산채권자가 파산신청시에 소요된 변호사 보수는 절차비용에 해당하는 재단채권으로서 관재인 보수 다음으로 조세채권보다 우선하여 변제받는다.[30]

그러나 파산법인이 파산신청시에 예납한 금액은 후일 파산재단에 편입하여 배당의 자원으로 사용될 뿐 파산법인에게 환부되지 아니한다.

(2) 소송비용과 재단채권

관재인이 수계한 소송(파산재단에 속한 재산에 관한 소송 및 제38조 제7호의 청구권에 관한 소송)에 관한 상대방의 소송비용청구권은 재단채권이다. 수계하는 것이 파산채권자 전체의 이익을 위한 것이므로 파산재단이 채무자가 된다. 수계신청을 상대방이 하건 관재인이 하건 묻지 않는다. 수계 후에 발생한 부분에 대하여만 파산재단이 책임을 지는 것이 논리적이지만 수계 전의 소송절차 역시 총 채권자의 이익을 위한 것이므로 수계전후의 모든 소송비용을 포함한다.[31] 소송비용이 재단채

---

29) 파산선고 전에 의뢰자와 변호사간에 체결된 계약에 기한 것을 강조하면 파산채권이 된다. 파산절차의 개시라는 공익적인 점을 강조하면 공익채권이 된다 일본의 견해 중 池田辰夫, "破産債權の意義・要件・範圍," 判例タイムズ No. 830(1994. 1. 20), 160면은 후자의 입장이다. 자기파산신청을 총채권자의 공동의 이익을 위한 것으로 볼 수 있을지도 의문이고 나아가 변호사보수 전액을 재단채권으로 삼는 것은 지나치다는 점에서 필자는 파산채권으로 취급함이 옳다고 생각한다. 필자의 질의에 대한 伊藤眞 교수의 답변도 필자와 같은 견해이다.

30) 日本 最高裁判所 1970. 10. 30. 판결은 관재인보수가 조세채권보다 우선함을 명시하였다.

31) 통설임. 崔承綠, "파산채권과 재단채권," 파산법의 제문제(상), 법원도서관(1999), 342면.

권이 되기 위하여는 수계한 소송에서 관재인이 패소하여야 한다.[32] 만일 관재인이 승소하면 그 소송비용은 상대방이 부담하고 관재인이 갖는 소송비용청구권은 파산재단에 속하는 권리가 된다. 관재인이 이의를 하여 상대방이 파산채권확정의 소송을 제기하여 관재인이 패소한 경우 상대방이 갖는 소송비용액 상환청구권은 제38조 제5호의 재단채권이 된다.[33] 소송비용 중에도 파산선고 전에 채무자를 상대로 제소하여 승소하고 그 후 채무자에 대하여 파산선고가 된 경우 파산재단에 대하여 구하는 소송비용액 상환청구권은 파산채권이 됨은 물론이다.[34]

파산채권자가 수익자를 상대로 채권자취소소송을 제기하였다가 채무자가 파산선고를 받아 제78조에 의하여 관재인이 채권자취소소송을 수계한 경우 파산채권자가 이미 지출한 소송비용을 재단채권으로 파산재단에 대하여 청구할 수 있는지 의문이 있으나 제2항의 소송비용청구권의 주체를 상대방으로 해석하고 있으므로 이를 부정하는 것이 옳다.[35]

⑶ 제2차 납세의무자의 구상권

모회사가 제2차 납세의무자로서 자회사인 파산법인이 체납한 법인세를 납부하고 본세의 납세의무자인 파산법인에 대하여 구하는 구상권은 부당이득으로 인하여 파산재단에 속하는 청구권으로서 제38조 제5호 소정의 재단채권에 속한다.[36]

Ⅴ. 미이행 쌍무계약

1. 정　　의

파산법 제50조 소정의 미이행 쌍무계약이라 함은 쌍방 당사자가 상호 대등한

32) 齊藤秀夫・麻上正信・林屋札二 編, 注解破産法 第三版(上), 青林書院(1999), 370면.
33) 齊藤秀夫・麻上正信・林屋札二 編, 앞의 책, 556면; 中野貞一郎, 道下徹 編, 基本法 コンメンタール 破産法, 日本評論社(1997), 288면.
34) 서울중앙지방법원 2005. 4. 21. 선고 2004가합107938 판결(항소 및 심리불속행기각).
35) 거꾸로 관재인이 채권자취소소송을 뒤늦게 수계하였으나 패소한 경우 상대방이 관재인을 상대로 소송비용상환청구권을 구하면 관재인은 수계 전후의 총 소송비용을 상환하여야 하고, 수계 전의 채권자에게 수계 전의 절차에 관하여 생긴 소송비용을 구상할 수 없다. 반대설도 있으며 아직 확립된 실무는 아니다.
36) 대법원 2005. 8. 19. 선고 2003다36904 판결(공 2005, 1489).

대가관계에 있는 채무를 부담하는 계약으로서, 쌍방의 채무 사이에는 성립·이행·존속상 법률적·경제적으로 견련성을 갖고 있어서 서로 담보로서 기능하는 것을 가리키는 것이다[37] 잔대금 지급이 완료되지 아니한 매매계약이 대표적인 예이다. 그러나 미이행 쌍무계약에 해당하는 경우라도 민법의 특칙에 의하여 파산법 제50조의 적용이 배제되거나 수정되는 경우가 있다. 이에 관하여는 항을 나누어 각 전형계약별로 살펴보기로 한다.

실무상으로 민법상의 전형계약이 아닌 특수한 계약관계에 있는 당사자 일방이 파산한 경우 미이행 쌍무계약에 해당하는지 여부가 다투어진다.

리스회사와 종합금융회사('종금사')가 공동리스약정을 맺고 종금사가 단독으로 리스계약서 등 리스계약과 관련된 모든 채권서류를 징수·보관 및 관리하고, 리스물건의 구입과 관련한 검수와 대금지급, 리스료 수납 등을 포함한 사후 관리 등의 업무를 담당하며, 리스이용자(병원)가 계약상의 채무를 불이행하는 경우 리스료 등 채권을 회수하기 위한 모든 권한을 종금사가 단독으로 행사하고, 리스계약을 종금사 단독으로 체결하였다면, 리스회사와 종금사간의 동업관계는 그들 사이의 내부적 관계에서만 적용될 뿐 대외적으로 종금사만이 권리를 취득하고 채무를 부담하는 것이어서, 민법상의 조합과 구별되는 특수한 계약관계에 불과하다. 따라서 비록 리스이용자가 리스료 지급 등의 채무를 불이행함으로써 손실이 생길 경우 리스회사와 종금사 쌍방은 공동리스약정에 따라 그 손실을 참여지분 비율에 따라 분배하고, 종금사는 손실분담 외에도 리스회사에 대하여 수납리스료의 분배의무 및 리스물건의 관리의무를 추가로 부담하였다고 하더라도 리스회사와 종금사가 상대방에 대하여 가지는 위와 같은 부담은 그 성질상 서로 대가적이거나 원칙적으로 상환으로 이행되어야 할 성질의 채무라고 할 수 없으므로 공동리스약정은 미이행 쌍무계약에 해당하지 아니한다.[38] 회사정리의 실무는 금융리스계약은 미이행 쌍무계약으로 취급하지 않고 정리담보권자로 취급하고 있다.[39]

중재조항이 삽입된 외국법을 준거법으로 하는 매매계약이 체결된 후 당사자

---

37) 대법원 2004. 2. 27. 선고 2001다52759 판결(공 2004, 516); 2004. 4. 11. 선고 99다60559 판결(공 2000, 1180).

38) 전게 대법원 2001다52759 판결. 리스회사가 파산한 종금사의 관재인이 공동리스약정에 따라 수령한 리스료채권이 미이행 쌍무계약에 관하여 관재인이 이행을 선택하여 발생한 채권이라고 주장하였으나 법원은 위에서 본 이유로 그 주장을 배척하였다.

39) 서울고등법원 2000. 6. 27. 선고 2000나14622 판결은 이 점을 정면으로 다룬 중요한 선례이나 공간되거나 판결문등록이 되어 있지 않다. 대법원 2004. 9. 13. 선고 2003다57208 판결(공보불게재)은 간접적으로 이를 긍인하였다.

일방에 대하여 국내에서 파산선고가 내려진 경우 중재계약을 미이행 쌍무계약으로 보아 관재인이 중재계약을 해제할 수 있는지, 파산선고 당시 계속 중이던 중재절차는 중단되는지, 만일 중재절차가 외국에서 행하여지고 있는 경우는 다른 결론에 이르는지에 대하여 실무상 논의[40]가 있으나 아직 정설이나 확립된 실무례는 없다.

2. 고용계약

고용계약의 경우에는 미이행 쌍무계약에 관한 법리가 적용되지 아니한다. 민법 제663조는 사용자가 파산선고를 받은 때에는 관재인은 고용기간의 약정이 있는 경우에도 고용계약을 해지할 수 있으며 이때 계약해지로 인한 손해배상을 청구하지 못한다고 규정하여 관재인에게 광범위한 재량권을 인정하고 있다. 관재인으로 선임되어 처음 하는 일 중의 하나가 종전 근로자들에게 해고통지를 하는 것이다. 대부분의 파산법인은 파산선고 전부터 사실상 영업이 폐지되어 근로자들이 이미 퇴직한 상태이므로 관재인의 해고를 다투지 아니한다. 그러나 파산선고 후에도 일정 기간 영업을 계속하게 되는 파산법인의 근로자는 관재인의 해고가 부당해고 또는 부당노동행위라며 다투게 마련이다.

이처럼 기업이 파산선고를 받아 사업의 폐지를 위하여 그 청산과정에서 근로자를 해고하는 것은 위장폐업이 아닌 한 기업경영의 자유에 속하는 것으로서 관재인이 파산선고로 인하여 파산자 회사가 해산한 후에 사업의 폐지를 위하여 행하는 해고는 기업의 유지 존속을 전제로 하는 정리해고가 아니라 통상해고에 해당한다.[41]

따라서 정리해고에 관한 근로기준법 규정이 적용되지 아니하며 정리해고시 노동조합과 협의하거나 해고예고수당을 지급하도록 정하여진 단체협약에 관재인이 구속되지 아니하고,[42] 관재인의 근로계약 해지는 해고만을 목적으로 한 위장파산이나 노동조합의 단결권 등을 방해하기 위한 위장폐업이 아닌 한 원칙적으로 부당노동행위에 해당하지 아니한다.[43]

---

40) 오창석, "파산절차에 있어서 중재합의의 효력과 중재절차," 중재연구 제15권 제1호(2005), 113면 이하; 林治龍, "파산절차의 개시가 중재절차에 미치는 영향," 사법논집 제41집, 법원도서관(2005), 261면.

41) 대법원 2003. 4. 25. 선고 2003다7005 판결(공 2003, 1267).

42) 전게 대법원 2003다7005 판결.

43) 대법원 2004. 2. 27. 선고 2003두902 판결(공보불게재). 동아건설산업의 관재인이 파산선고 후 즉시 근로자들과의 고용관계를 청산하면서 원고 등 32명의 근로자들에 대하여 즉시해고를, 나머지 근로자들에 대하여는 해고예고 절차를 거쳐 해고한 후 별도로 1,804명의 신청자들 중에

3. 도 급

도급의 당사자 일방이 파산선고를 받고 당사자 쌍방이 이행을 완료하지 아니한 경우에 쌍무계약의 해제 또는 이행의 선택에 관한 파산법 제50조 제1항이 적용될 여지가 있는지에 대하여 다툼이 있다.

먼저 도급인이 파산선고를 받은 경우에 관하여 판례는 민법 제674조를 파산법 제50조 제1항의 특칙으로 해석하고 있다. 즉 민법 제674조 제1항[44]에 의하여 수급인 또는 관재인이 계약을 해제할 수 있고, 도급계약의 해제는 장래에 향하여 도급 및 위임의 효력을 소멸시킨다.[45] 도급계약이 해제되면 각자는 상대방에 대하여 손해배상을 청구할 수 없다(민법 제674조 제2항).[46]

다음으로 수급인이 파산선고를 받은 경우에 파산법 제50조 제1항이 적용되는지 여부에 대하여 다툼이 있다. 일본의 판례는 수급인 이외의 제3자는 일을 완성할 수 없는 경우가 아닌 한 미이행 쌍무계약에 관한 일반원칙인 제50조가 적용된다고 판시하고 있다.[47] 일본의 新 破産法은 수급인이 파산한 경우 미이행 쌍무계약에 관한 일반원칙의 적용을 전제로 하면서 특칙인 제64조(한국 파산법 제55조, 신법 제341조)를 삭제하였다.[48] 수급인이 법인이건 개인이건, 계약의 내용이 대체적이거나 비대체적이거나 묻지 아니한다.[49]

하도급거래공정화에 관한 법률 제14조에 의하면 원사업자가 파산선고를 받은

서 1,680명을 선별하여 기간 1년으로 정한 보조인임용계약을 체결한 사안에서 관재인의 행위는 기업의 청산을 위한 파산절차의 신속한 진행과 파산재단의 충실이라는 파산제도의 본질에 비추어 관재인이 직무수행으로 자신에게 부여된 권한과 재량의 범위 내에서 적절하게 행한 것으로 부당해고나 부당노동행위에 해당하지 아니한다고 판시하였다.

44) 그 취지는 수급인으로서는 보수의 확보 여부에 대한 불안으로부터 벗어날 수 있고, 관재인으로서도 도급계약의 유지가 파산재단에 부담이 되는 것을 피할 수 있다는 점을 들고 있다. 櫻井孝一編, 演習 破産法(第4版), 法學書院(2005), 80면(加藤哲夫 執筆).

45) 대법원 2002. 8. 27. 선고 2001다13624 판결(공 2002, 2283).

46) 학설은 도급인의 파산으로 인하여 손해를 입은 수급인이 손해배상을 구할 수 없다는 점이 불공평하기 때문에 파산법의 일반원칙으로 돌아가 손해배상청구권을 파산채권으로 처리해야 한다고 주장한다. 개정된 일본 민법(제642조)은 관재인과 수급인 양자에게 해제권을 인정하면서도 관재인이 해제를 선택한 경우에만 수급인에게 손해배상청구권을 인정하고 이를 파산채권으로 취급하고 있다.

47) 日本 最高裁判所 1987. 11. 26. 판결 참조.

48) 도급계약의 실제가 대부분 법인에 의하여 건축도급계약과 같이 제3자로 하여금 일의 완성을 시킬 수 있는 경우이므로 이 점을 원칙으로 삼고 예외적인 상황에 관한 종전 규정을 삭제한 것이라고 한다. 全國倒産處理辯護士ネットワーク編, 論点解說, 新破産法(上), 金融財政事情研究會(2004), 153면.

49) 櫻井孝一編, 앞의 책, 81면.

경우 일반파산채권자들은 파산절차 내에서 채권을 안분하여 배당받을 수밖에 없는 것에 비하여 하수급인은 직접 발주처에 대하여 채권전액을 수령할 수 있게 되는바, 이는 하수급인을 다른 파산채권자에 비해 합리적인 이유 없이 우대하는 조항으로 헌법 제11조 제1항 소정의 평등의 원칙에 반하고 다른 채권자의 재산권을 침해하여 헌법 제23조 제1항에도 반하는 위헌법률이라는 주장이 헌법재판소에 제기되었다. 그러나 헌법재판소는 동 조항의 입법취지가 영세한 중소기업인 수급사업자를 보호하여 국민경제의 균형 있는 발전을 도모하려는 데 있고, 일반채권자와 달리 수급사업자의 원사업자에 대한 하도급대금채권과 발주자의 원사업자에 대한 도급채무가 밀접한 관련이 있다는 점에서 평등의 원칙에 반하지 않는다는 이유로 합헌으로 선고하였다.[50]

4. 위　임

도급이나 위임의 당사자 일방이 파산선고를 받은 경우에는 당사자 쌍방이 이행을 완료하지 아니한 쌍무계약의 해제 또는 이행의 선택에 관한 파산법 제50조 제1항이 적용될 여지가 있는지에 대하여 다툼이 있다. 판례에 의하면 위임의 당사자 일방이 파산선고를 받은 경우에는 민법 제690조에 의하여 위임계약이 당연히 종료되며, 위임계약 종료는 장래에 향하여 도급 및 위임의 효력을 소멸시킨다.[51]

5. 조　합

조합계약의 법적 성질에 관하여 계약설과 특수행위설이 있으나 민법은 계약의 일종으로 규정하고 있다. 조합계약에 관하여는 계약의 해제, 해지에 관한 통칙이 적용되지 아니하고,[52] 대신에 탈퇴, 제명, 해산에 관한 규정만이 있으므로 미이행 쌍무계약에 관한 파산법 제50조 제1항의 적용은 없다.

---

50) 헌법재판소 2003. 5. 15. 선고 2001헌바98 결정(판례집 15-1, 534-550면). 서울고등법원 2002. 10. 31. 선고 2002나29635 판결도 위 규정에 의하여 보호받을 수 있는 하수급업체가 제한되어 있고, 원사업자에게 하도급대금의 직접 지급중지를 요청할 수 있도록 원사업자의 권리를 보호하고 있는 점 등을 들어 합헌이라고 판단한 바 있다.

51) 대법원 2002. 8. 27. 선고 2001다13624 판결(공 2002, 2283).

52) 대법원 1994. 5. 13. 선고 94다7157 판결(공 1994, 1685).

한편 민법 제717조는 조합원이 사망, 파산, 금치산, 제명된 경우 조합으로부터 탈퇴된다고 규정하고 있다. 그러므로 조합원 중에 파산자가 발생하면 그 관재인은 파산의 목적을 달성하기 위하여 파산한 조합원을 조합으로부터 탈퇴시켜 그 지분을 변제에 충당하여야 하는 것이 원칙이고, 만일 조합원들이 조합계약 당시 위 민법규정과 달리 차후 조합원 중에 파산하는 자가 발생하더라도 조합에서 탈퇴하지 않기로 약정한다면 이는 장래의 불특정 다수의 파산채권자의 이해에 관련된 것을 임의로 법규정과 달리 정하는 것이어서 원칙적으로는 허용되지 않는다.[53] 그러나 판례에 의하면, 파산한 조합원이 제3자와의 공동사업을 계속하기 위하여 그 조합에 잔류하는 것이 파산한 조합원의 채권자들에게 불리하지 아니하여 파산한 조합원의 채권자들의 동의를 얻어 관재인이 조합에 잔류할 것을 선택한 경우까지 조합원이 파산하여도 조합으로부터 탈퇴하지 않는다고 하는 조합원들 사이의 탈퇴금지의 약정이 무효라고 할 것은 아니라고 한다.[54]

Ⅵ. 별제권과 환취권

1. 별 제 권

(1) 별제권에 관한 파산절차의 취급

별제권자는 채권조사절차에서 별제권 자체를 신고할 필요는 없으며 신고하지 아니하였다고 하여 실권되거나 배당 불참의 불이익을 받지도 아니하므로 파산절차와 별도로 담보물을 환가처분할 수 있다. 다만 별제권자가 별제권의 행사에 의하여 채권전액을 변제받을 수 없는 경우에 파산절차에 참가하여 파산채권자로서 배당받을 수 있을 뿐이다.[55] 별제권자가 파산채권을 신고할 때에 별제권의 목적물과 별제권의 행사에 의하여 변제받을 수 없는 채권액을 신고하여야 하지만(제201조 제2항), 이는 잠정적인 신고에 불과하고 궁극적인 파산채권의 행사는 부족액을 기준으로 하는 것이다.[56]

---

53) 郭潤直 편, 民法注解(16), 박영사(1997)(김재형 집필부분), 140면.
54) 대법원 2004. 9. 13. 선고 2003다26020 판결(공 2004, 1659).
55) 대법원 1996. 12. 10. 선고 96다19840 판결(공 1997, 308).
56) 青在巾, "和議節次와 別除權者," 會社整理法 和議法上의 諸問題, 법원도서관(2000), 825면; 伊藤眞, 破産法, 有斐閣(2006), 322면.

별제권자가 관재인에게 담보권 포기의 의사표시를 한 채권,[57] 또는 담보목적물의 처분에 착수한 것을 증명하고 동시에 그 처분에 의한 부족액을 소명한 채권(제234조)만이 배당에 참가할 수 있다. 담보권 포기의 의사표시는 관재인에 대하여 하여야 하고(제249조) 파산 당시 파산법인의 구 대표이사에게 한 것은 효력이 없다.[58] 처분에 착수한 것의 증명은 경매에 의하는 경우 경매신청 접수증명서가 제출되면 충분하지만, 경매에 의하면 남을 가망이 없어서 별제권자가 임의매각을 원하는 경우에는 단순히 임의매각의 희망이나 의향을 표시한 것만으로는 부족하고, 별제권의 행사의 착수와 동일시할 수 있을 정도의 객관적・구체적 행동이 필요하다. 위 각 사실이 배당표 작성 후에 발생한 경우에는 관재인은 즉시 배당표를 경정하여야 하고(제235조 제3호), 별제권자가 소명한 부족액에 대한 배당액은 임치된다(제243조 제3호).

⑵ 실무상의 문제점

별제권자가 채권신고시 자신의 채권 중 담보 목적물의 가액에서 원리금상당액을 공제한 금액을 별제권의 행사에 의하여 변제를 받을 수 없는 채권액으로 신고하였다고 하더라도 배당단계에서 다시 별제권의 목적의 처분에 의하여도 변제받을 수 없을 채권임을 소명하지 아니하면 배당에서 제척된다.[59] 간혹 별제권자가 피담보채권 전액을 신고한 것에 대하여 담보권만 부인하고 일반파산채권이라고 다투면서 별제권부인의 조건부 시인을 하거나 별제권행사 전에 채권조사기일에서 관재인이 예정부족액을 시인하거나, 아예 일반파산채권으로 시인하는 사례도 있다. 더 나아가 별제권 행사 전에 채권전액 또는 예정부족액으로 시인한 금액을 기준으로 배당금을 지급 또는 임치하기도 하는데 이는 모두 법에 어긋나는 채권조사절차 및 배당절차이다.

별제권을 행사한 후 예정부족액이 확정된 것이 증명되어야 비로소 관재인이 배당하는 것이고 예정부족액이 증명되지 않는 한 배당액을 임치하여야 한다. 만일 최후배당의 제척기간까지 증명되지 아니하는 경우에는 전액 배당으로부터 제척된다(제249조). 따라서 관재인으로서는 별제권이므로 이의를 제기하면 족하고 만일 피담보채권의 액수나 채권은 인정하지만 담보권을 부인하는 경우라면 일반

57) 후순위담보권자여서 경매절차에서 배당받을 가능성이 없는 경우가 그 예이다.

58) 日本 最高裁判所 2004. 10. 1. 판결 참조.

59) 전게 대법원 96다19840 판결.

민사소송을 통하여 담보권부존재확인소송이나 경매개시결정에 대한 이의 등 집행법상의 수단에 의하면 된다(민사집행법 제265조, 제266조 제1항). 간혹 별제권자의 부동산 매각이 종결된 후 예정부족액에 대하여 일반파산채권으로 채권조사확정을 받기 위하여 별제권자가 파산채권조사를 위한 특별기일 지정신청을 하는 사례가 있다. 그러나 별제권자는 예정부족액을 증명하면 별도의 채권조사확정절차를 거칠 필요 없이 배당에 참가할 수 있으므로 이러한 신청은 부적법하다.

또한 별제권자가 피담보채권액을 파산채권으로 신고하자 파산관재인이 별제권으로서 담보되는 채권이고 예정부족액이 확정되지 아니하였다고 이의하자 별제권자가 파산채권확정의 소를 제기하는 사례도 있다. 이러한 소송에 대하여 제1심법원은 근저당권으로 담보되는 피담보채권을 확정한 다음, 담보목적물을 경매절차를 통하여 환가할 때의 회수가능금액과 분양예정가로 분양전환하는 경우 회수할 것으로 예상되는 금액을 전제한 다음, 목적물이 대단위 아파트이므로 임의경매절차에서 매수인이 나타날 가능성이 적고 분양전환하는 것이 비용 및 시간을 절약하는 효율적인 별제권 행사방법이라고 판단하고 분양예정가를 목적물의 가액으로 확정한 후 이 금액을 별제권의 행사에 의하여 변제받을 것으로 예상되는 피담보채권의 원리금액에 *法定辨濟充當*의 방법에 따라 충당하면 남는 금액이 별제권의 행사로 만족을 얻지 못할 것으로 예상되는 예정부족액이므로 원고(대한주택보증 주식회사)가 파산채권자로서 파산자(은아주택 주식회사)에 대한 파산절차에 참가하여 권리를 행사할 수 있는 금액은 일반파산채권 00원이라고 판시하였다. 항소심은 원고의 파산자 은아주택 합자회사에 대한 별지 1목록 기재 별제권의 피담보채권 중 별제권의 행사에 의하여 변제를 받을 수 없는 예정부족액이 금 00원임을 확인한다는 내용의 화해권고결정을 하였다.[60]

그러나 원고는 주장 자체로 별제권자이므로 담보권을 먼저 실행한 후 예정부족액을 증명하여 배당에 참가하면 족하고 별도로 파산채권확정의 소를 제기할 소의 이익이 없다고 하여 소를 각하하였어야 한다는 것이 필자의 견해이다.

다만 근저당권자의 경우 최후배당의 허가일을 기준으로 근저당권의 채권최고액을 넘는 부분은 권리실행에 대한 소명 및 부족액에 대한 증명 없이 파산채권으

60) 서울중앙지방법원 2004. 12. 16. 선고 2004가합5841 판결(서울고등법원 2005나6183호로 강제조정됨). 그러나 이 판결도 위와 같이 산정한 예정부족액은 별제권자가 파산자에 대한 파산절체에서 의결권 행사의 기준액이 될 수 있을 뿐 그 금액을 기초로 배당을 받는 것은 아니며, 배당을 받기 위하여는 파산법 제234조에 따라 중간배당의 경우 부족채권액을 소명하거나 파산법 제249조에 따라 최후배당의 경우 부족채권액을 증명하여야 한다고 판시하고 있다.

로 배당을 받을 수 있는지에 대하여 논란이 있다. 일본은 입법으로 해결하여 배당참가가 가능하게 되었다.[61)]

2. 양도담보와 환취권(파산법 제80조의 삭제)

제80조는 "파산선고 전에 파산자에게 재산을 양도한 자는 담보의 목적으로 한 것을 이유로 그 재산을 환취할 수 없다"고 규정하였다. 동 조항에 의하여 양도담보권자가 파산한 경우에 양도담보권설정자(목적물의 소유자)는 환취권을 행사할 수 없는 것으로 해석되었다.

그러나 양도담보권에 관한 민법상의 이론이 종래 신탁적 양도설로부터 담보권설로 변경됨에 따라 양도담보권자는 대외적으로 소유권을 주장할 수 없고 청산의무를 부담하는 담보권자로 인정되었다. 이를 반영하여 회사정리법은 이미 양도담보권자를 정리담보권자로 취급하고 있으므로(회사정리법 제123조 제1항, 신법 제141조 제1항) 환취권에 관한 조항은 타당성을 잃게 되었다. 그리하여 판례는 이 조항의 의미를 축소해석하여 이미 파산선고 전에 양도담보권이 소멸하여 그 피담보채권이 소멸한 경우에는 제80조가 적용되지 않는다고 판시한다.[62)] 즉 양도담보권의 피담보채권이 아직 소멸하지 않은 경우에 양도담보권자의 파산을 이유로 환취권을 행사하는 것을 허용하지 않는 것이고, 양도담보권의 피담보채권이 소멸한 경우에는 더 이상 양도담보권의 목적이 된 재산권을 보유할 권원이 없으므로 양도담보권설정자는 원칙적인 규정인 제79조에 따라 양도담보권의 목적이 된 재산권을 환취할 수 있다.[63)] 양도담보권자(파산자)가 목적물을 환가처분한 후 소유자인 파산채권자에게 반환하여야 할 정산금은 파산선고 전의 담보설정계약에 기한 것이므로 파산채권으로 취급함이 옳다. 판례는 당연한 법리를 선언한 것으로 불필요한 오해와 문제점을 불식시키기 위하여 신법은 日本의 新 破産法과 같이 동 조항을 삭제하였다.

---

61) 日本의 新 破産法 제198조 제3항.

62) 부산고등법원 2004. 6. 4. 선고 2003나16146 판결(미상고 확정).

63) 대법원 2004. 4. 28. 선고 2003다61542 판결(공 2004, 898).

Ⅶ. 관재인의 환가업무

1. 매각 후의 등기말소

관재인이 파산재단에 속하는 재산에 대하여 이미 진행 중인 경매절차에 참가하여 배당을 요구할 수도 있지만 수의계약의 형태로 재산을 매각할 수도 있다. 파산자 중에는 파산선고 전에 화의절차의 취소, 폐지 또는 회사정리절차의 폐지 등으로 인하여 직권파산된 회사도 있다. 이러한 파산재단에 속하는 재산에는 보전처분의 등기가 경료되어 있다. 따라서 관재인은 법원의 허가를 얻어 매각한 후에는 후속절차로서 회사재산보전처분기입등기의 말소촉탁을 신청하여야 한다.[64]

2. 파산의 선고와 영업의 폐지

파산이 선고되더라도 영업자에 대하여 영업을 폐지하는 것은 아니고 제 1 회 채권자집회에서 관재인의 제안에 따라 파산채권자들이 영업의 계속 또는 폐지를 가결하여 영업을 속행하는 경우가 간혹 있다.[65] 부가가치세법 시행규칙 제 6 조 제 1 항에 의하면 폐업일은 사업장별로 그 사업을 실질적으로 폐업하는 날로 규정되어 있으므로 파산선고를 받았더라도 사업자등록을 유지하면서 계속해서 사업을 영위하고 있는 경우에는 사업자등록을 말소할 수 없다.[66] 영업자가 파산선고를 받은 후 실질적으로 폐업한 상태에 이르면 비로소 관할세무서는 직권폐업하고 사업자등록을 말소시킨다.[67]

---

64) 첨부서류로는 매각허가서 등본만 제출하면 족하다.

65) 대표적인 사례로는 동아건설산업 사건(01하111)이다. 동아건설산업은 파산된 후에도 2005년 현재까지 별제권자의 협조를 얻어 계속하여 영업용 자산을 이용하여 영업을 수행함으로써 영업이익으로 파산채권자에 대한 배당과 별제권자에게 변제를 하고 있다. 그 외 한국바이오에너지(05하합5) 사건의 경우도 제 1 회 채권자집회에서 영업의 속행을 가결하여 새로운 인수인에게 매각하기 위하여 일시적으로 영업을 속행하였다가 제 3 자에게 매각하였다.

66) 대법원 1993. 12. 10. 선고 93누17355 판결(공 1994, 391).

67) 부가가치세사무처리 규정 제14조 제 1 항
제 3 호: 부도발생, 고액체납 등으로 도산하여 소재불명 된 때
제 4 호: 인·허가 취소 또는 기타 사유로 사업목적 수행이 불가능하여 사실상 폐업상태에 있는 때.

3. 관재인의 自家供給

⑴ 自家供給

사업이 폐지된 영업자는 부가가치세법상의 세금계산서를 발부할 수 없다.[68] 실무상 파산법인이 폐업한 후에도 파산재단에 대한 환가업무의 일환으로 물건을 매각하는 경우가 보통이다. 관재인은 더 이상 세금계산서를 발행할 수 없고 이 경우의 매각은 부가가치세법상의 재화의 공급에 해당하지 아니하며 남아 있던 재고자산을 정리하는 방법의 일환으로 부가가치세법 제6조 제4항에 의하여 사업자가 폐업한 후에 한 자가공급으로 보게 된다.[69]

⑵ 세금계산서를 발행하는 경우의 불이익

만일 이러한 법리를 관재인이 모르고 세금계산서를 발행하게 되면 부가가치세법 제22조 제3항에 의하여 사실과 다르게 기재된 분의 공급가액에 해당하여 1/100의 가산세를 부담하게 된다. 따라서 파산자 회사가 파산재단을 환가처분하는 경우 상대방에게 세금계산서를 발급할 수 없고 상대방으로부터 부가가치세를 징수할 수 없다. 거래 상대방이 요구하더라도 일반 영수증밖에 제공할 수 없으며 신용카드매출전표나 법인세법 제116조 제2항 제3호 소정의 계산서도 발급할 수 없다. 상대방은 증빙서류를 수취하지 아니하였다고 하여 법인세법 제78조 제5항에 의한 가산세를 징수당하는 불이익은 입지 아니한다.[70] 따라서 관재인은 파산자 소유의 물건을 매각하면서 파산 선고 이전과 비교하게 되면 부가가치세를 징수하지 못하는 만큼의 수입금이 감소하게 된다.

⑶ 환가와 과세표준

부가가치세법 시행령 제13조 제1항 제4호는 폐업하는 경우의 재고재화에 대하여는 시가를 과세표준으로 삼고 있다. 재고재화의 시가는 사업자가 특수관계

---

68) 부가가치세법 제16조 제1항은 납세의무자로 등록한 사업자가 재화 또는 용역을 공급하는 때에는 제9조에 규정하는 시기에 공급받은 자에게 세금계산서를 교부하여야 한다고 규정하고 있으므로 본문의 내용은 반대해석에 의한 것이다.

69) 부가가치세법 제6조 제4항 본문: 사업자가 사업을 폐지하는 때에는 잔존하는 재화는 자기에게 공급한 것으로 본다.

70) 국세청 예규 법인 46012-1774, 2000. 8. 16. 참조.

에 있는 자 외의 자와 당해 거래와 유사한 상황에서 계속적으로 거래한 가격 또는 제3자간에 일반적으로 거래된 가격을 의미한다. 그러나 여기서 말하는 자가공급의 과세표준인 시가가 감정가격을 말하는 것인지, 실제로 매각한 것인지에 관하여 의문이 있다. 그리하여 과세관청은 조사복명서에 기재된 장부가액을 기준으로 시가를 산정하고 있고, 관재인은 법원의 허가를 받아 실제로 판매한 금액을 시가로 하여달라고 다투는 사례가 많다.[71]

이 점에 관하여 판례[72]는 부가가치세 과세표준의 산정의 기초가 되는 시가라 함은 '정상적인 거래에 의하여 형성된 객관적인 교환가격'을 뜻하는 것이고, 이는 객관적이고 합리적인 방법으로 평가한 가액도 포함하는 개념이므로 공신력 있는 감정기관의 감정가액도 시가로 볼 수 있는 것이며 나아가 과세표준인 시가의 입증책임은 과세관청이 부담한다고 하면서 취득원가를 기초로 한 장부가액을 시가로 본 과세처분은 위법하며 재고재화에 대한 감정이 어렵고 정상적인 매매사례를 찾기 어렵다는 등의 사정이 있다면 실제로 매각한 금액을 시가로 볼 여지가 있다고 판시하였다.

따라서 관재인으로서는 목적물의 환가처분행위가 부가가치세법상의 자가공급에 해당하여 시가의 1/10에 해당하는 부가가치세를 납부하게 될 것을 예상하여 가급적 목적물의 가격을 공신력 있는 감정가액을 기준으로 정하도록 노력하여야 하고, 만일 감정가액보다 낮은 가액으로 매각하게 되었다면 납득할 만한 구체적인 자료를 준비하여 두었다가 그 정황을 입증하여 과세관청으로 하여금 매각가격이 시가임을 설득하도록 노력하여야 한다. 과세관청이 재고재화의 수량과 단가를 직접 조사하여 합리적이고 객관적인 방법으로 시가를 확정하거나 공신력 있는 감정기관으로 시가를 감정하지 않은 채 취득가액을 기초로 한 장부가액을 시가로 삼는 것은 위법하다.[73]

상대방 역시 세금계산서를 교부받지 못하게 되는 것을 예상하고 그에 대한 대비를 한 채 매매가격을 정하고, 부가가치세 상당의 금액을 관재인에게 교부하지 말아야 한다.

---

71) 서울행정법원 2005. 12. 12. 선고 2005구합26601 판결(서울고등법원 2006누2574호로 항소중) 파산자 주식회사 모닷텔의 사안 참조.

72) 대법원 1996. 10. 11. 선고 95누18666 판결(공 1996, 3357).

73) 전게 서울행정법원 2005구합26601 판결.

4. 보조인의 고용

보조인과 고용계약을 체결하는 경우 퇴직금 산정시에 배당공로금은 평균임금에 산입하지 아니하므로 이를 계약서에 명시할 필요가 있다.

Ⅷ. 상계권의 행사

1. 행사의 방법

파산법상의 상계에 관한 규정은 관재인이 아니라 파산채권자가 파산채권을 자동채권으로 자신이 파산재단에 부담하는 채무(수동채권)와 상계하는 내용에 관한 것이다. 파산법상의 상계의 의사표시는 파산자가 아닌 관재인에 대하여 하여야 한다. 파산채권자의 상계권행사가 적법하다고 판단되면 관재인은 별제권의 승인에 관한 제187조 제13호를 유추하여 법원의 승인을 받아야 한다. 만일 관재인이 상대방의 자동채권을 인정할 수 없어 부적법하다고 판단하면 이행의 소를 제기할 것을 신청하여 법원의 허가를 받아야 한다.

2. 관재인의 상계권 행사의 허부

관재인이 파산채권자에 대하여 갖는 채권(파산재단에 속하는 재산, 예컨대 금융기관이 파산한 경우 종업원에 대한 대출채권)과 파산법인이 부담하는 채무(예금채무로서 파산채권자의 입장에서 보면 파산채권이다)를 상계하는 것이 허용되는지에 관하여 다툼이 있다. 이를 허용하게 되면 특정파산채권자를 다른 채권자보다 우대하게 된다는 이유를 들어 반대하는 견해도 있으나 실무는 이러한 상계도 허용하고 있다. 다만 관재인으로서는 일단 파산채권의 존부 및 범위에 관하여 확정되는 것을 본 다음 상대방이 상계를 유도하는 것은 별론으로 하고 아직 파산채권자에게 배당금청구권이 발생하기도 전에 관재인이 상계의사표시를 할 필요는 없다. 관재인이 먼저 상계를 하면 상대방 파산채권자를 편파적으로 우대한다는 비난을 받을 수 있기 때문이다. 배당금청구권이 발생하면 관재인이 이를 수동채권으로 삼아 상계하는 것이 파산재단에 유리하다.

3. 임금채권

근로기준법 제42조 제1항 본문에 의하면 임금은 반드시 근로자에게 직접 지불하여야 하므로 관재인이 임금채권을 수동채권으로 하는 일방적인 상계는 부적법하다. 그러나 근로자들이 임금채권을 자동채권으로 하는 상계는 적법하며, 근로자가 관재인의 상계에 대하여 자유로운 의사에 터잡아 동의하는 경우의 상계도 유효하다.[74] 따라서 관재인이 종업원에 대한 대출금채권과 임금채무를 상계하려는 경우에는 근로기준법상의 임금직불의 원칙에 어긋나지 않도록 근로자 개개인의 자발적인 동의를 받았다는 취지의 증명서를 첨부하든가 종업원으로 하여금 상계요청서를 작성하도록 유도하고 있다.

4. 수탁보증인의 사전구상권

파산법인(금융기관)이 주채무자의 회사채를 보증한 경우 관재인이 주채무자에게 민법 제442조에서 정하는 수탁보증인의 사전구상권을 자동채권으로 삼아 상계하려고 시도하는 경우가 있다. 그러나 주채무자는 민법 제443조에 기하여 면책청구권의 항변권을 행사할 수 있으므로 민법상 상계금지원칙에 해당한다. 따라서 관재인은 상대방의 면책청구권을 포기시킨 후에 상계권을 행사하여야 한다.

5. 정지조건부 채권을 수동채권으로 하는 상계

파산채권자가 정지조건부채무(보증계약에 기한 구상채무)를 수동채권으로 삼아 파산선고 후에 조건(예컨대, 대위변제)이 성취되면 상계를 허용할 수 있는가에 관하여 다툼이 있다. 제95조 제1호가 파산선고 후에 채무를 부담하는 파산채권자는 그 채무와 파산채권을 상계할 수 없도록 규정하고 있기 때문이다. 그러나 제90조의 후문의 취지는 파산채권자가 기한부 또는 정지조건부 채무를 수동채권으로 하여 파산채권을 자동채권으로 상계를 허용함으로써 상계의 담보적 기능에 대한 기대를 보호함에 있다. 따라서 파산채권자는 자신이 이행할 반대채무가 파산선고시에 기한부인 경우에는 기한의 이익을 포기할 수 있고, 정지조건부인 경우

---

74) 대법원 2001. 10. 23. 선고 2001다25184 판결(공 2001, 2526).

에는 정지조건불성취의 이익을 포기할 수 있을 뿐 아니라 파산선고 후에 기한이 도래하거나 조건이 성취한 경우에도 제90조 후문에 의하여 그 채무(수동채권)에 대응하는 파산채권을 자동채권으로 상계할 수 있다. 판례 역시 이러한 상계를 긍정하고 있다.[75]

Ⅸ. 부 인 권

1. 부인권의 성질

부인의 소가 형성의 소인지 이행의 소인지에 관하여 학설상 다툼이 있다. 관재인으로서는 부인권을 행사함으로써 생긴 법률효과만을 주장하여도 무방하다. 채권자취소권의 경우에는 청구취지로서 수익자를 상대로 매매계약의 취소와 등기의 말소라는 형성의 소와 이행의 소의 병합형태로 소를 제기한다. 사해행위취소의 소는 형성의 소라는 것이 통설이기 때문이다. 관재인은 부인의 소를 제기하면서 청구취지에 채권자취소소송과 유사하게 부인대상인 매매계약 또는 보증계약의 취소와 그 효과로서 금전의 이행 또는 등기의 말소를 구하고 있다. 그런데 재판부에서 부인되는 행위의 취소 부분은 취하하고 이행소송만을 유지할 것을 종용하는 경우가 있다. 그러나 제1심에서 형성의 소를 취하하게 되면 마치 부인의 소를 취하한 것으로 오해하여 상대방이 항소심에서 부인의 제척기간 2년이 경과하

75) 대법원 2002. 11. 26. 선고 2001다833 판결(공 2003, 175). 수탁보증인인 파산자(원고, 동서증권)가 파산선고 후에 회사채채권자에 대하여 대위변제하고 구상채무의 보증인(피고, 농협중앙회)에 구상채무의 지급을 구하자 상대방이 파산자에 대하여 갖는 어음금채권을 자동채권으로 하여 상계하였다. 파산자가 농협에 부담하는 반대채무(수동채권)는 파산선고 후에 파산자가 대위변제함으로써 부담하게 된 것으로 파산법 제95조 제1호에 의하여 상계가 부적법하다고 다투었다. 법원은 원고의 대위변제금에 대한 피고의 반대채무(지급보증채무)는 파산선고 전에 성립한 정지조건부 채무로서 파산자의 대위변제라는 정지조건이 파산선고 후에 성취된 것에 해당하므로 제95조 제1호에 불구하고 대위변제금을 수동채권으로 한 피고(농협)의 상계는 적법하다고 판시하였다.

日本의 最高裁判所 2005. 1. 17. 판결 및 다수설도 같은 입장이다. 사안은 보험회사가 보험목적물(점포)에 방화한 점포종합보험계약의 보험가입자(파산자)를 상대로 불법행위에 기한 손해배상청구권을 자동채권으로 하고, 보험가입자가 별도로 가입한 상해보험계약을 관재인이 파산선고 후에 해지하면서 발생한 해약금반환채무와 파산선고 후에 기한이 도래한 만기반환금을 수동채권으로 상계하였다. 이에 대하여 관재인이 이러한 채권은 파산선고 후에 조건이 성취되거나 기한이 도래하는 등 채무를 부담한 것이므로 상계가 금지된다고 다툰 것이나 법원은 상계가 적법하다고 판시하였다.

였다는 공격의 빌미를 주게 되므로 관재인으로서는 소의 적부에 대한 1심 재판부의 판단을 받는 것이 옳다.

2. 부인등기의 말소

파산자 소유 부동산에 대하여 위기시기에 제3자 명의로 근저당권설정등기가 경료되어 있어 관재인이 부인권을 행사하면서 근저당권설정등기의 부인과 등기의 말소를 구하여 인용되었다. 등기부상으로는 근저당권설정등기는 여전히 말소되지 아니한 상태로 남아 있고 단지 부기등기로 파산법에 의한 부인을 원인으로 한 등기가 경료된다. 관재인이 위 부동산을 제3자에게 매각한 경우 제3자는 근저당권설정등기와 부인의 등기가 말소된 상태로 등기를 넘겨받고 싶어 한다. 아직까지 부인등기의 말소에 관한 대법원등기예규가 마련되어 있지 않아 등기공무원은 근저당권자를 등기의무자로 한 말소등기신청에 대하여 부인의 등기의 대상이 된 등기의 명의인을 등기의무자로 하는 등기는 등기할 것이 아니라는 이유로 각하결정을 한 바 있다. 최근에 질의회신의 형식으로 등기권리자와 등기의무자의 공동신청으로 부인등기와 근저당권설정등기의 말소를 가능하도록 하였다.[76]

그러나 신법은 특수등기설에 따라 부인의 등기와 부인된 행위를 원인으로 한 등기의 말소절차에 관하여 부인권자의 신청에 의하여 말소하도록 규정함으로써 입법적으로 해결하였다(신법 제26조 제4항).

3. 부인권의 제척기간

법인파산의 경우 동시폐지를 신중히 검토하고 대부분 관재인을 선임하는 이유 중의 하나는 부인권의 행사여부를 검토하기 위한 것이다. 따라서 관재인은 부인대상이 되는 편파행위가 있었는지 여부를 검토하여야 한다. 파산선고 후 2년이

---

76) 파산법에 따른 부인등기의 말소방법: 근저당권설정등기의 원인행위가 부인되어 파산법에 따른 부인의 등기가 이루어진 후 관재인이 그 부동산을 임의매각하여 소유권이 이전된 경우, 부인된 행위를 원인으로 하는 근저당권설정등기는 현재의 소유명의인 또는 관재인과 근저당권자의 공동신청에 의하여 말소할 수 있으며, 이 경우 부인의 등기는 등기관이 직권으로 말소하게 될 것이다(2005. 4. 7. 부동산등기과—26 질의회답). 파산자 주식회사 기산의 관재인이 부동산 매각허가를 받아 제3자에게 매각한 부동산에 관하여 설정된 근저당권설정등기와 부인등기를 부산지방법원의 결정(2005비단14)으로 말소하였다.

경과한 이후에는 부인권을 행사할 수 없음에 유의하여야 한다. 또한 부인 대상행위를 한 날로부터 10년 내에 행사하여야 한다(제77조). 그런데 전자는 소멸시효, 후자는 제척기간으로 설명하고 있다. 신법은 소멸시효라는 문구를 삭제함으로써 양자를 모두 제척기간으로 통일하였다(신법 제405조).

이와 별도로 부인권 중에도 지급정지의 사실을 안 것을 이유로 하는 부인권의 행사에 관하여는 시간적 제한이 있다. 즉 회사정리법에서는 회사정리절차개시의 신청이 있은 날로부터, 파산법에서는 파산선고가 있은 날로부터 1년 전에 한 행위는 부인할 수 없다(회사정리법 제91조, 파산법 제76조). 신법을 제정함에 있어 회사정리법에 맞추어 통일했어야 했는데 입법의 미비이다.[77]

X. 파산절차와 조세채권

1. 재단재산의 포기와 부가가치세

(1) 재단재산의 포기

관재인은 파산재단 소속의 모든 재산을 환가하여야 하는 것이 원칙이지만, 환가가 불가능하거나 환가비용을 공제하면 남는 것이 없는 재산은 파산재단에 이익이 되지 아니하고 오히려 불이익만 초래될 수 있으며 그 재산의 환가로 인하여 파산절차의 종결이 지연될 우려가 있다. 그에 따라 파산법은 신속하고 효율적인 파산절차 진행을 위하여 관재인은 법원의 허가(감사위원 설치시에는 감사위원의 동의)를 얻어 그 재산을 파산재단으로부터 포기할 수 있다(파산법 제187조 제12호, 제188조, 신법 제492조 제12호).

(2) 포기의 효과

포기는 당해 재산을 파산재단에서 제외하여 파산자 또는 별제권자의 자유로운 처분에 맡기는 것이므로(이른바 상대적 포기), 그 재산은 포기에 의하여 파산자의 자유재산(파산재단에 속하지 않는 재산)이 되어 그 재산에 대한 파산자의 관리처분권이 회복되며, 동시에 조세·공과금 등의 부담도 파산자가 지게 된다. 부동산

77) 日本은 新 破産法을 개정하면서 파산신청시를 기산일로 변경하여 회사갱생절차와 파산절차를 통일시켰다(제166조).

등 파산등기 또는 등록이 되어 있는 경우 관재인은 포기허가를 얻은 후 법원에 파산재단으로부터의 포기를 원인으로 하는 파산등기의 말소등기촉탁을 신청하여야 한다.

(3) 법인파산과 포기

법인은 자연인과 달리 파산절차 종료 후 법인격이 소멸되므로 법인이 파산자인 경우에도 재단의 포기를 인정할 수 있는지에 대하여 논의가 있다. 동시파산폐지 후에 발견된 파산회사의 소유재산은 자유재산에 해당하고, 포기 재산을 관리할 필요를 인정한 채권자의 신청에 의하여 청산인을 선임하거나 퇴임한 이사가 청산인 선임시까지 사이에 응급조치를 취함으로써 포기재산을 관리할 수 있으며, 나아가 재단재산 포기 제도를 둔 취지와 그 규정 등을 종합하여 파산법인의 경우에도 재단재산의 포기를 인정하는 것이 실무이다.[78]

(4) 법인파산절차에서 포기하는 경우

법인이 파산자인 경우 대부분 제1회 채권자집회기일에서 사업폐지의 결의를 하지만 별도로 사업자등록증을 반납하지 않는 한 여전히 부가가치세의 납부의무를 부담한다. 재단 소유의 토지에 대하여 경매절차가 진행 중이고 경락이 된다 하더라도 선순위저당권자가 많아 파산재단에 편입될 돈이 한 푼도 없을 것이 분명함에도 이를 그대로 두어 경락이 이루어지면 부가가치세법상의 물건의 공급에 해당하여 관재인이 부가가치세를 납부하게 된다.[79] 부동산의 평가액과 피담보채권액이 비슷한 경우라면 관재인이 수완을 발휘하여 경락가격보다 비싼 금액으로 임의매각할 경우도 있지만 그렇지 아니한 경우라면 즉시 파산재단으로부터 포기신청을 하여 부가가치세의 납부를 피하여야 한다.

2. 파산채권도 재단채권도 아닌 조세채권

실무상 문제되는 것은 파산선고 후의 원인으로 성립한 조세채권이지만 파산

78) 同旨, 서울행정법원 2005. 8. 18. 선고 2005구합6928 판결; 2005. 8. 18. 선고 2005구합6935 판결; 2005. 7. 17. 선고 2005구합6904 판결(3사건 모두 피고가 항소심에서 부과처분을 취소함). 반대설로는 伊藤眞, 앞의 책, 176면.

79) 파산법인의 경우는 부동산의 양도로 인한 특별부가세는 면제되어 있다.

재단에 관한 것이 아닌 조세채권의 존재 여부이다. 이러한 조세채권은 파산채권도 재단채권도 아니므로 파산재단이 아닌 파산자의 자유재산으로부터 징수한다.[80] 대표적인 예로는 관재인이 파산재단으로부터 포기한 파산자 소유 부동산의 양도에 따른 부가가치세이다.[81] 관재인이 부동산에 관하여 재산포기허가를 받은 이후부터는 관재인의 부동산에 관한 관리처분권은 소멸하고 대신 파산자의 관리처분권이 회복되는 것이므로 파산자의 부동산에 대한 관리처분권이 회복된 이후에 부동산이 경락되면 관재인은 더 이상 부가가치세법 제2조 제1항 소정의 납세의무자가 되지 아니한다. 소득금액변동통지서가 파산선고 후에 이루어진 경우 그에 기초한 원천징수분 법인세(근로소득세)채권과 법인세할(지방세법 제172조 제4호) 주민세채권도 파산선고 후의 원인으로 이루어진 것이지만 파산재단에 관한 것이 아니다.[82] 그리고 상대방이 파산자로부터 받은 어음이 부도나자 파산선고 후에 부가가치세법 제17조의2에 따라 대손세액공제신고를 하여 확정되어 대손세액공제를 받은 경우 과세사유가 발생한 것이 파산선고 후이고 파산재단에 관한 것이 아니므로 부가가치세법에 따라 파산자가 부담하는 조세채권도 재단채권에 해당하지 아니한다.[83]

근로자의 임금우선특권[84]은 통상의 강제집행절차에서는 최우선변제권의 대상으로서 집행절차에서는 직접 변제를 받지만, 일단 파산절차가 개시되면 재단채권

---

80) 高木新二郞 編, 倒産法實務辭典, 金融財政事情硏究會(1999), "財團債權"(山崎 隆 執筆), 171面.

81) 전게 서울행정법원 2005구합6904 판결 참조.

82) 대법원 2005. 6. 9. 선고 2004다71904 판결(공보불게재): 서울중앙지방법원 2005. 6. 17. 선고 2004가합102971 판결(미항소 확정). 파산선고 전에 법인이 대표자에 대한 배당, 상여 및 기타 소득에 해당하는 금원을 지급하였다고 하더라도 소득금액변동통지서가 파산선고일 이후에 송달되었다면 조세채권은 파산선고 후에 성립한다.

83) 서울중앙지방법원 2004. 7. 2. 선고 2003가합88863 판결(서울고등법원 2004나51735 항소 중). 파산선고일(2002. 11. 22) 후에 대손이 확정되어 파산자(대성합성화학)로부터 물품을 공급받은 자가 2003년 1기분 부가가치세의 대손세액을 공제받자 파산자의 관할세무서장이 파산자의 매입세액을 차감하여 2003년 1기분 부가가치세를 결정고지한 사안이다. 이에 반하여 국세심판원 2006. 3. 6.자 국심 2005전4229 결정은 파산선고일(2005. 3. 22) 이전인 2004. 9. 3.에 대손이 확정되어 파산자(텔슨전자)로부터 물품을 공급받은 자가 2004년 2기분 부가가치세의 대손세액을 공제받자 파산자의 관할세무서장이 파산자의 매입세액을 차감하여 2004년 2기분 부가가치세를 결정고지한 사안에서 위 판결의 사안과 달리 파산선고일 이전에 이미 부가가치세법 제17조의2 제3항 소정의 과세요건을 충족하였다는 이유로 파산선고 전에 성립한 조세채권으로서 재단채권에 해당한다고 결정하였다. 현재 행정소송 중이다.

84) 근로기준법 제37조 제1항: 임금, 퇴직금, 재해보상금, 기타 근로관계로 인한 채권은 사용자의 총재산에 대하여 질권, 저당권에 의하여 담보된 채권을 제외하고는 조세, 공과금, 다른 채권에 우선하여 변제되어야 한다. 제2항: 최종 3월분의 임금, 최종 3년간의 퇴직금, 재해보상금은 사용자의 총재산에 대하여 질권, 저당권에 의하여 담보된 채권, 조세, 공과금 및 다른 채권에 우선하여 변제되어야 한다.

이 된다. 파산선고 전의 임금채권과 파산선고 후의 임금채권, 파산선고 전의 밀린 임금이 3개월을 초과하는지 여부 등을 구별하지 않고 동일한 성격의 재단채권으로 취급하고 있다.

체불임금을 갖고 있는 근로자가 임금채권보장법에 의하여 노동부장관으로부터 3개월분의 체당금을 지급받은 경우에 재단채권을 안분변제함에 있어 변제하는 금액이 3개월분을 초과하지 아니하는 경우 전액을 노동부장관(근로복지공단)에 지급하여야 하는지, 근로자와 근로복지공단의 임금채권에 대하여 안분변제하여야 하는지 다툼이 있다. 서울중앙지법의 실무는 후자이다.[85]

3. 손익의 귀속시기

기업이 파산하게 되면 재산이 散逸되고 특히 관재인이 제 1 회 채권자집회에 제출하는 보고서에는 종전 대차대조표상의 유동자산 중 미수금채권은 거의 계상되지 않는 것이 보통이다. 파산법인이 리스회사나 신용금고처럼 많은 채권을 갖고 있는 경우에는 채권의 평가와 관련하여 법인세의 익금 및 손금 산입의 시기를 언제로 확정할 것인가 하는 것이 장차의 배당업무와 관련하여 매우 긴요하다. 실무상 이러한 법인세액은 거액이므로 법인세가 부과될 것이 예상되면 이를 반영하여 제 1 회 채권자집회에서 보고하여 재단채권만 변제하고 바로 파산폐지신청을 하여야 하고, 반대인 경우라면 중간배당의 절차를 준비하여야 하기 때문이다. 그런데 파산법인 중 리스회사가 갖는 정산렌탈료, 지연배상금 등의 채권의 회수가능성이 매우 낮으므로 법인세를 신고납부함에 있어서 채권의 회수시점을 기준으로 익금산입하기도 한다. 이에 대하여 세무서는 채권의 성립시기를 기준으로 몇 년 동안의 리스계약의 중도해지로 인한 정산렌탈료 등을 사업연도에 익금산입하여 법인세를 부과하여 행정소송이 벌어지는 경우가 왕왕 있다.[86]

법인세법 제17조 제 1 항은 현실적으로 수익이 없더라도 그 원인이 되는 권리가 확정적으로 발생한 때에는 그 수익의 실현이 있는 것으로 보고 과세소득을 계

85) 예컨대, 근로자 갑이 미지급 임금 1천만원의 채권을 갖고 있고, 그 중 3개월간의 임금 300만원을 근로복지공단으로부터 지급받은 경우 관재인이 10%를 기준으로 변제하는 경우에 100만원을 전액 근로복지공단에 지급할 것인지, 그 중 30만원만 근로복지공단에 지급하고, 70만원은 갑에게 지급할 것인지 하는 문제이다. 실무는 후자이다. 근거는 파산법은 임금채권을 최우선임금채권과 나머지 임금채권을 구별하지 않기 때문이다.

86) 서울행정법원 2002. 10. 29. 선고 2001구5827 판결(세무서장의 항소취하로 확정됨).

산하는 이른바 권리의무확정주의를 채택하고 있다. 그러므로 법인 소득의 귀속 사업연도는 현실적으로 반드시 그 대가를 취득한 때가 아니라 수입할 금액과 수입할 권리가 확정된 때, 즉 법률상 그 권리를 행사할 수 있게 된 연도라고 해석함이 상당하므로,[87] 어떠한 채권이 발생하였을 경우 이를 익금에 산입할 것인지의 여부를 판단함에 있어 채권의 회수가능성은 원칙적으로 고려될 것이 아니다. 채권이 일단 발생하였고 그 행사에 특별한 법률상의 제한이 없다면 일단 권리가 확정된 것으로 당해 사업연도의 익금으로 산입되는 것이고, 다만 이후 법적(예컨대, 시효완성)으로 또는 사실상(상대방의 무자력) 회수가 불가능하게 된 경우에는 이후 사업연도에서 대손금으로서 손금에 산입되게 되는 것이다.[88]

4. 조세의 체납과 납세증명

납세자(미과세된 자를 포함), 납세의무자 또는 특별징수의무자는 국가, 지방자치단체 또는 정부관리기관으로부터 대금의 지급을 받을 때에는 납세증명서를 제출하여야 한다(국세징수법 제5조 및 지방세법 제38조).

파산자가 건설회사인 경우 계속 중인 관급공사의 기성고에 따른 기성금을 국가로부터 수금하여 파산재단에 편입하여야 하는데 대부분 다액의 조세채무를 부담하고 있어 납세증명서를 제출하는 것이 불가능하였다. 그런데 당시 동아건설의 관재인이 재정경제부 세제실에 국세징수법시행령의 개정 건의를 함과 동시에 대한민국을 피고로 하여 공사대금을 지급받음에 있어 납세증명서를 제출할 의무가 없다는 확인의 소[89]를 제기하는 등의 노력을 하여 2002. 12. 30.자로 국세징수법시행령 제5조 제1항 제4호(시행일 2003. 1. 1)[90]가 신설됨으로써 위의 문제점은 해

87) 대법원 1992. 1. 21. 선고 91누1684 판결(공 1992, 933).

88) 대법원 1990. 11. 27. 선고 90누3072 판결(공 1991, 257); 1990. 3. 13. 선고 88누3123 판결(집 38(1)특455).

89) 그러나 대법원 2002. 6. 25. 선고 2002다17463 판결(공보불게재)은 관재인이 국가 등으로부터 대금의 지급을 받고자 할 때에는 그가 납세증명서를 제출할 의무를 지는 것이고, 납세의무자가 파산선고를 받아 파산자가 되었다는 사유만으로 당연히 국세징수법 제5조의 적용이 배제될 이유는 없으므로 먼저 관재인이 과세관청에 대하여 위 규정에 따른 징수유예나 체납처분유예 등을 신청하고 체납액의 전부 또는 일부에 관하여 징수유예 등을 받고 유예받지 못한 금액은 납부함으로써 납세증명서를 발급받는 길을 모색하여 해결할 일이지, 파산상태임을 이유로 하여 납세증명서 제출의무가 아예 면제되어야 한다고만 주장하여서는 안 될 것이라고 배척하였다.

90) 국세징수법시행령 제5조(납세증명서 제출의 예외) ① 법 제5조 제1호의 경우에 다음 각 호의 1에 해당하는 때에는 납세증명서를 제출하지 아니하여도 된다.

4. 파산법에 의한 파산관재인이 납세증명서를 발급받지 못하여 원활한 파산절차의 진행이

결되었다. 따라서 파산부에서는 관재인의 요청에 따라 파산법인의 관할세무서장에게 제출예외의 공문을 발송하여 기성금을 수령할 수 있도록 조치하고 있다.

XI. 배당절차

1. 주채무자와 보증인의 구상권

주채무자와 보증인이 있고 주채무자에 대하여 파산절차가 개시되었다면 파산선고 당시의 채권전액을 기준으로 파산절차에 참가하므로(현존액주의), 파산절차 후에 보증인으로부터 일부 채권을 변제받았다고 하더라도 신고한 파산채권액이 감소하는 것이 아니다. 이때 보증인은 변제한 금액만큼 비율에 의하여 파산채권자와 공동하여 파산채권을 행사하는 것이 아니라 보증인이 전액을 변제하여야 비로소 파산채권자의 채권을 대위행사한다는 것이 현재의 실무와 다수설이다.[91] 따라서 보증인이 일부 변제한 후에 구상권을 추완신고하였다면 이는 중복신고로서 이의를 제기하여 파산절차에서 배척하여야 한다.

또한 채권자가 보증인으로부터 일부 변제를 받았다고 하여 채권신고액을 변제액만큼 취하할 의무는 없으므로 채권자에 대한 배당을 함에 있어 채권신고액의 취하를 요구하는 업무처리는 정당한 것이 아니다. 다만 채권자의 신고채권 전액을 기준으로 배당하는 경우 배당금과 이미 보증인으로부터 변제받은 액수를 합하면 신고채권 전액을 초과하는 사태가 발생할 수 있으므로 이러한 때에는 채권자와 보증인간에 조정할 때까지 배당금을 지급하지 않고 있다가 채권자가 보증인에게 채권전액을 양도하는 등의 조치가 있으면 보증인에게 배당금을 지급하고 양자간에 다툼이 있으면 공탁을 한다.[92]

곤란하다고 관할법원이 인정하고, 당해 법원이 납세증명서의 제출예외를 관할세무서장에게 요청하는 때.

91) 대법원 2001. 6. 29. 선고 2001다24938 판결(공 2001, 1742) 참조. 서울고등법원 2003. 1. 8. 선고 2002나19089 판결(미상고 확정)은 그 이유로 "회사정리절차에서 채권자가 채권전액에 관하여 변제를 받을 때까지는 일부 변제가 있어도 그 권리에 영향을 받지 아니하도록 보호하고 정리채권이 구상채권에 의하여 중복청구되는 일이 없도록 채무자인 회사를 보호함으로써 회사정리절차를 실효성 있게 유지하려는 회사정리법의 취지에 따른 것"이라고 판시하였다.

92) 실무상으로는 보증인이 채권자에게 일부 변제한 바 있으므로 파산법인의 배당절차를 주시하고 있다가 배당액이 총채권액을 넘게 된다고 판단하면 법원에 이를 알리고 초과금액을 보증인

2. 배당금청구권의 성질

배당을 하기 위하여 관재인은 사전에 법원 또는 감사위원의 배당허가를 받아야 한다. 배당률이 정하여지면 배당률과 배당금을 채권자에게 통지한다. 파산채권자에게 배당률을 통지한 후에는 구체적인 배당금청구권이 발생한다. 배당금청구권이 발생한 후에는 재단채권자도 더 이상 수시변제를 요구할 수 없으며(제258조) 파산법상의 상계금지가 적용되지 아니하므로 파산선고 후에 채무를 부담한 파산채권자도 배당금청구권을 자동채권으로 삼아 자신이 파산재단에 부담하는 채무와 상계할 수 있다.

한편 배당금청구권은 성질상 추심채무이므로(제241조 제1항) 관재인의 사무실로 채권자가 찾아가 배당금을 받아야 하다. 실무상 이러한 번잡을 피하기 위하여 관재인이 파산채권자들에게 송금받을 은행구좌번호를 알려 줄 것을 우편으로 알리고 송금하고 있는바 이러한 변제방법은 당사자가 합의한 것으로 유효하다(신법은 제517조 제1항 단서에서 이를 명시하였다). 배당금청구권이 추심채무이므로 송금수수료 등의 비용은 파산채권자가 부담하여야 한다. 만일 파산채권자의 주소지를 알 수 없는 경우에는 공탁을 하여야 하는데 추심채무이므로 관재인의 사무소 소재지 법원에서 공탁하면 되고 굳이 파산채권자의 주소지까지 찾아가서 공탁할 필요는 없다. 배당금지급채무는 추심채무이므로 배당일이 도과하였다고 이행지체의 책임을 지는 것은 아니고 파산채권자의 협력을 필요로 하므로 파산채권자의 이행의 최고가 있은 때로부터 지체책임을 부담한다.[93] 파산채권확정소송이 아직 확정되지 아니하여 파산채권자를 위하여 임치한 금액에 대한 이자는 파산재단에 속하므로 파산채권이 확정되었다고 하여 파산채권자에게 배당할 것은 아니다.[94] 또한 관재인이 부담하는 배당금지급의무의 이행지체로 인한 지연손해금의 이율은 비록 파산채권이 상거래에 기한 것이라도 민법 소정의 연 5푼에 의한다.[95]

에게 배당하여 달라고 요청한다. 관재인으로서는 보증인과 주채권자간에 해결하도록 종용하고 해결되지 아니하면 채권자 불확지를 이유로 공탁한다.

93) 郭潤直 편, 민법주해(9), 박영사(1995), 99, 110면; 奧田昌道 編, 新版注釋民法(10) I, 有斐閣(2003), 463면.

94) 대법원 2003. 1. 24. 선고 2002다51388 판결(공보불게재).

95) 대법원 2005. 8. 19. 선고 2003다22042 판결(공 2005, 1486).

3. 원천징수

보조인에 대한 임금을 지급할 때에 원천징수를 하듯이 파산선고 전에 발생한 임금채권자들에 대하여 임금을 변제하는 경우에도 관재인이 원천징수를 함이 실무이다.[96] 예금채권에 대하여 배당을 하는 경우에 배당받은 금액이 이자채권에도 충당하기에 부족하면 원금에 변제충당한 것으로 보아 원천징수를 하지 않지만, 이자채권만을 배당하는 경우에는 원천징수를 하여야 한다.[97]

파산재단이 신탁재산에 귀속되는 배당금을 파산채권자에게 지급함에 있어 파산재단이 원천징수를 한 사례가 있었다. 그러나 이자소득이 신탁재산에 귀속되는 것일 때에는 신탁업을 영위하는 법인(은행, 신탁업자 등)이 이자소득 지급자인 법인의 원천징수의무를 대리・위임받아 원천징수의무를 지는 것으로 보는 것이 타당하므로 파산재단은 원천징수를 하지 말고 배당금 전액을 지불하여야 하므로(법인세법 제73조 제3항, 시행령 제112조 제3항) 금융기관에 반환하였다.[98]

4. 최후배당과 추가배당

최후배당을 마치고 남은 재원이 있는 경우에 추가배당을 한다. 추가배당에 참가하는 파산채권자는 최후배당에 참가한 채권자와 동일하므로 최후배당에서 제외된 파산채권자는 추가배당에 참가할 수 없다. 따라서 최후배당 후 새로이 파산채권 특별조사기일을 열 수 없다. 실무상 추가배당을 하는 경우로는 조세부과처분에 대한 행정소송이 계속 중 일단 조세채권에 대하여 공탁하고 이를 제한 나머지 금액을 확정배당금으로 배당을 한 후 파산종결결정을 하였으나 그 후 파산재단이 승소하여 판결이 확정되어, 공탁금을 배당재원으로 삼는 경우,[99] 관재

---

96) 2004하합46 파산자 주식회사 서통에 대한 임금채권을 변제함에 있어 세금공제 후의 금액을 변제하였다. 일본의 실무도 같다. 다만 관재인이 고용주로서 임금채권을 지불하는 것이 아니고, 일본 국세통칙법과 국세징수법에 파산관재인을 집행기관으로 규정하고 있음을 근거로 원천징수할 권한이 없다는 반대설이 있다(上野久德, 倒産處理と勞動問題, 同文館(1977), 102면; 黑木和彰, "勞動債權の財團債權化," 全國倒産處理辯護士ネットワーク編, 論点解說, 新破産法(下), 金融財政事情硏究會(2004), 37면).

97) 국세심판소 2002. 7. 11.자 2002서699 결정.

98) 국세청 2000. 7. 27.자 장은증권에 대한 질의회신. 파산자 장은증권의 배당시 국민은행이 이의를 제기하여 원천징수액을 국민은행에게 교부한 사례가 있었다.

99) 파산자 주식회사 우성유통(03하합2) 사건.

인이 최후배당을 실시하기 직전에 임금채권 가운데 근로자가 아닌 임원의 보수가 포함된 것을 늦게 발견하고 최후배당 후 임원의 보수 상당액을 추가배당 자원으로 삼는 경우,[100] 최후배당일까지의 이자를 최후배당의 자원에서 누락한 경우 등이 있다.

따라서 위의 사례에서 보듯이 관재인으로서는 최후배당시에 근로자의 임금채권 중에 임원의 보수와 같은 파산채권이 포함되어 있는지 여부와 최후배당일까지의 이자를 최후배당의 재원에서 누락하지 않도록 철저한 배당계획을 마련하여야 한다. 만일 최후배당 신청시 정확한 금액을 산정하기 어려워 부득이 소액의 이자가 발생하였다면 이를 위하여 별도로 추가배당절차를 실시하지 않고 관재인 또는 보조인 보수 등 파산재단의 비용으로 처리하고 있는 것이 실무이다.

XII. 관재인의 선관주의의무

1. 주의의무의 내용

관재인은 법원의 감독을 받는다(제151조). 법원은 파산선고시에 관재인으로 선임되면 분기별로 보고서를 작성할 의무를 부과하고 있다. 그런데 간혹 일부 관재인들은 종전 보고서의 내용과 달라진 것이 없다는 이유로 보고서를 제 때에 제출하지 않는 사례가 있다. 분기별 보고서의 내용 중 중요사항은 달라진 것이 없다고 하더라도 보조인의 현황, 재단명의 예금채권, 대차대조표의 변동은 있는 것이 상례이므로 분기별 보고서를 누락하여서는 아니된다. 보조인에 대한 횡령사고를 방지하기 위하여 보고서에 예금잔액증명서 원본을 첨부하도록 하고 있다.

관재인은 선량한 관리자의 주의로써 그 직무를 행하여야 하고, 주의를 해태한 때에는 이해관계인에 대하여 연대하여 손해배상책임을 진다(제154조). 관재인이 중도에 사임하거나 또는 파산절차가 종료하여 그 임무가 종료되는 경우에는 채권자집회에 계산의 보고를 하여야 한다. 관재인은 계산보고서를 채권자집회일로부터 3일 전에 법원에 제출하여야 한다(제158조). 보고집회는 채권자의 출석이 없더라도 진행할 수 있으며 이의 제기 없이 승인이 되면 관재인은 보고한 사항에

---

100) 파산자 주식회사 고려무역(98하185) 사건.

한하여 파산자, 파산채권자, 후임 관재인에 대하여 책임을 면하게 된다.[101] 관재인이 위와 같은 주의의무를 위반하여 임무를 해태하였는지의 여부는 통상의 관재인으로서 간과하여서는 안 될 잘못이 있는지의 여부를 여러 가지 사정에 비추어 종합적으로 판정하여야 하고, 주의를 현저히 게을리 하여 쉽게 알 수 있었던 사실을 알지 못한 경우 그에 대한 책임을 진다. 관재인이 직인관리를 소홀히 함으로써 발생하는 사고에 대하여는 책임을 면하기 어렵다.

2. 실제의 사례

① 대출금채권을 담보하기 위하여 3인 공유토지에 대하여 저당권을 설정하였다가 토지가 2필지로 분할되면서 공유물분할약정에 의하여 1인이 단독소유로 된 토지에 대하여 저당권을 해지하여 줌으로써 채권의 일부만 회수한 경우 관재인이 책임을 부담하였다.[102]

② 관재인이 정리회사에 대하여 갖는 정리담보권을 신고한 후 정리절차에 의하지 아니하고 담보물인 주식을 임의로 저가에 매각처분하여 파산재단이 정리회사에게 주식시세와의 차액에 대하여 손해배상을 부담하게 하자 파산자가 전임 관재인을 상대로 손해배상을 청구하고 있다.[103]

③ 보조인이 가압류 목적물의 소유자의 부탁을 받고 관재인을 속여 가압류취소 허가신청서를 날인받아 부당하게 가압류를 해제하여 관재인의 지휘책임이 문제되었다.[104]

④ 파산재단에 속하는 부동산의 감정가격보다 다액의 별제권이 설정되어 있어 매각하더라도 파산재단에 편입될 액수가 전혀 없음에도 관재인이 재산포기신청을 하지 않는 바람에 부동산의 경락에 따라 파산재단에 대하여 다액의 부가가치세가 부과되었다.

⑤ 법률의 성질상 재단채권도 파산채권도 아닌 조세채권에 대하여 재단채권

---

101) 단 재단채권자와 별제권자에 대한 책임은 면제되지 않는다. 中野貞一郎, 道下徹 編, 앞의 책, 235면.

102) 서울고등법원 2005. 3. 18. 선고 2004나53588 판결(변호사 관재인에 대하여 49,755,060원으로 조정성립되었고, 예금보험공사 소속 관재인에게 50,418,807원(제1심)을 배상할 것을 명하였으나 항소심에서 35,000,000원으로 감액되었다).

103) 서울고등법원 2004. 4. 6. 선고 2003나9768 판결 참조. 현재 구 관재인이 피고로 제소된 상태이다.

104) 보조인으로부터 변상받아 관재인이 출연하지는 아니하였다.

으로 착각하여 세금을 납부하였다.

⑥ 파산재단에 재단채권을 변제하기에 충분한 금원이 있음에도 불구하고 조세를 제때에 납부하지 아니하여 가산세를 부담하게 하였다.

⑦ 관재인이 선임한 보조인이 중간배당금을 횡령하여 관재인이 사용자책임에 기하여 횡령금액을 파산재단에 변상하였다.

⑧ 관재인이 중간배당금을 지급하면서 파산채권신고서의 일부취하서를 부당하게 요구함으로서 채권자가 불응하자 중간배당금을 지급하지 아니하고 자의대로 임치함으로써 임치 이후 실제 배당금교부일까지의 지연손해금에 대하여 손해배상금을 청구하여 1심에서 관재인이 패소하였다가 항소심에서 관재인에 대하여 취하하고 파산재단이 지연손해금을 부담하게 되었다.

⑨ 관재인이 선임한 소송대리인이 소송 도중 법원의 사전허가 없이 소송상 화해 또는 임의조정을 하였다. 제187조 제11호에 의하면 이는 사전에 감사위원 또는 법원의 동의를 받도록 되어 있고 만일 동의 없이 화해를 하게 되면 적법한 수권결여를 이유로 한 재심사유가 될 수 있다. 제1심 재판부가 강제조정 대신 임의조정을 시도하려는 경우에는 관재인의 권한범위를 재판부에 설명하여 강제조정을 받도록 하고 부득이 한 경우에는 사전에 허가를 받도록 한다.

⑩ 상고포기허가신청을 하였으나 재판부에서 불허가하고 상고를 하도록 명하였음에도 기일 내에 인지보정명령을 이행하지 아니하여 상고장이 각하된 사례가 있었다.

⑪ 재단채권자가 채권신고를 하였다고 주장하여 보조인이 이시폐지 전에 재단채권신고를 하라고 종용하였으나 채권액수를 알려오지 아니하여 이시폐지한 후에 재단채권자가 채권신고를 하였음에도 안분변제를 하지 아니하였다는 이유로 관재인을 상대로 민사소송을 제기하였다.[105)]

⑫ 공동관재인 중 1인이 사임하여 제158조(신법 제365조)에 의한 계산보고집회에 사임하는 관재인이 반드시 출석, 보고하여야 함에도 불구하고[106)] 공동관재인이 계산보고를 할 수 있는 것으로 오해하고 사임하는 관재인이 불출석하여 계산보고집회를 열 수 없게 되었다.

---

105) 보조인으로 하여금 안분변제 전에 내용증명으로 신고서 미접수를 이유로 재신고할 것을 보냈더라면 피소되지 않았을 것이다.

106) 齊藤秀夫・麻上正信・林屋礼二 編, 앞의 책, 338면.

XIII. 파산절차의 종료

1. 최후배당

중간배당은 수회에 걸쳐 할 수 있지만 최후배당은 1회로 종료되는 것이고 감사위원의 동의 외에 법원의 허가, 계산보고를 요하는 등 엄격한 절차를 요하고 있다. 따라서 관재인은 최후배당시에 법원 구좌에 예납금의 잔액이 남아 있는지 여부를 철저히 확인할 필요가 있다. 파산폐지 또는 파산종결을 위한 관재인 임무종료 집회시에 보관금 잔액을 0으로 맞추어야 한다. 보관금을 남겨두고 그 금액에서 관재인보수를 결정하는 것이 아니라 먼저 관재인보수를 결정하는 것이므로 파산폐지신청 전에 관재인 보수신청을 하고 있다. 최후배당을 실시한 후에는 관재인은 제158조에 의한 채권자집회에서 계산의 보고를 하여야 한다. 만일 그 때까지 환가처분하지 아니한 재산이 있는 경우에는 채권자집회에서 그 처분에 관한 결의를 하여야 한다(제253조). 그러나 실무상으로는 관재인이 사전에 법원의 허가를 통하여 재단포기를 하고 있으므로 최후배당 전에 환가처분을 완료하도록 유의하여야 한다. 파산재단에 속하는 재산 중 환가할 가치가 없다는 이유로 포기절차나 채권자 결의를 거치지 아니한 채 파산절차의 폐지신청을 하는 관재인이 간혹 있으나 법원이 시정하고 있다. 채권자에게 배당할 금액이 1만원 미만으로서 채권자가 배당금 수령에 필요한 예금구좌를 알려주지 않거나 최후배당일까지 추심하지 않는 경우 또는 채권자의 소재를 파악할 수 없어 공탁을 하여야 하는데 공탁비용보다 배당금이 적은 경우에는 최후배당의 자원으로 삼지 않고 액수의 다과에 따라 추가배당의 자원으로 삼거나 관재인의 보수로 사용하는 것이 최근의 서울중앙지방법원의 실무이다.

2. 추가배당

추가배당을 하는 대표적인 사례는 최후배당시까지 파산채권확정의 소가 확정되지 아니하여 공탁한 금액이 있었으나 최후배당 후에 파산채권자가 패소하여 부득이 그 금액을 추가배당의 자원으로 삼는 것이다. 최후배당을 마치고 임무종료를 위한 채권자집회와 파산종결결정을 한 후에 파산자 소유 재산이 발견된 경우 추가배당을 할 것인가 아니면 청산인을 선임하여 청산절차를 할 것인가에 관하여 다툼이 있다. 파산종결 후 3년 이상이 지나 대부분의 채권이 민법상의 1년 또는 3년의 단기소멸시효가 완성된 후라면 파산채권자를 위한 배당을 할 경우가 드물 것이므로 청산절차를 밟아야 할 것이다. 일본의 판례도 원칙적으로 청산절차를 밟아야 한다고 판시하고 있다.[107] 마땅히 최후배당의 변제자원으로 삼았어야 할 재원을 관재인이 누락하여 종결 후 1년도 되지 아니하여 다시 최후배당하게 되면 절차도 번잡하고 청산절차를 진행할 것인지에 관하여 다툼의 빌미를 제공하게 되므로 이런 문제점이 발생하지 않도록 최후배당을 하기 전에 남아 있는 재산이 있는지 세심하게 검토하여야 한다.

3. 파산폐지 결정 후 재산이 발견된 때

파산이 선고되면 회사의 해산사유가 발생하고 파산절차가 민·상법상의 청산절차를 배제하므로 파산절차가 종료한 경우라도 잔여재산이 발견되면 청산목적 범위 내에서 권리능력이 여전히 존속하는 것이다. 파산폐지 후에 재산이 발견된 경우에 서울중앙지방법원은 채권자의 신청에 의하여 청산인을 선임한 바가 있다.[108] 청산법인의 재산에 대하여 강제집행을 허용할 것인지 아니면 청산인에 의한 청산절차만이 허용되고 강제집행절차는 불허되는지에 대하여는 견해의 다툼이 있다.

파산폐지 후 파산재단에 속하는 재산이 뒤늦게 발견된 경우에 일본의 학설은 채권자가 집행력 있는 집행권원 또는 채권자표에 기하여 재산에 대하여 강제집행을 할 수 있다는 견해와[109] 청산절차 중에 강제집행을 불허하는 견해[110]가 나뉘어 있다. 판례는 전자의 입장이다.[111]

파산채권자가 동일한 채권에 기하여 재파산을 신청할 수 있는가에 대하여 일

---

107) 日本 最高裁判所 1993. 6. 25. 平3(オ) 1334号 판결 참조.

108) 파산자 공영토건 주식회사에 대하여 파산폐지 결정 후 1년 만에 새로운 재산이 발견되어 파산채권자의 신청으로 변호사를 청산인으로 선임하였다(서울중앙지방법원 2006. 6. 5.자 2006비합160 결정). 종전의 대표이사가 청산인이 된다는 견해(伊藤眞, 앞의 책, 511면)와 새로이 청산인을 선임하여야 한다는 견해(日本 最高裁判所 1978. 3. 15. 판결 민집 22권 3호 625면)로 나뉘어 있으나 후자의 견해에 따른 것이다.

109) 자세한 내용에 대하여는 齊藤秀夫·麻上正信·林屋礼二 編, 앞의 책, 753면.

110) 伊藤眞, 앞의 책, 511면.

111) 대법원 1999. 8. 13.자 99마2198, 2199 결정(공 1999, 2155).

본에서는 적극설과 소극설의 대립이 있다. 일본의 판례는 소극적이다. 우리 나라의 실무도 같다.[112] 파산채권의 신고에 의하여 발생한 소멸시효 중단의 효력은 파산폐지결정확정에 의하여 종료한다.[113]

XIV. 국제파산

1. 파산법의 속지주의

파산법은 속지주의를 채택하고 있기 때문에 국내파산절차는 국내에 있는 재산에 대하여만 효력이 있고, 외국파산절차 역시 국내에 있는 재산에 대하여는 효력이 없다(파산법 제3조). 파산선고가 되면 파산채권자는 파산절차에 의하지 아니하고는 파산채권을 행사할 수 없다(제15조). 이를 개별집행금지의 효력 또는 포괄집행적 효력이라고 한다. 또한 파산자의 소유재산 중 압류금지재산 등을 제외한 재산을 파산재단에 속하게 한 후 관재인에게 파산재단의 관리처분권을 전속시킨다. 이를 관리처분권이전의 효력이라고 한다.

그러나 기업이 세계적인 규모로 발전하고 사업을 영위하는 21세기에서 이러한 입법태도는 시대에 낙후된 것으로서 많은 비판을 받았다. 일본에서 개시된 대우재팬 주식회사에 대한 민사재생절차에서 대우자동차가 재생채권자로서 참가하였기 때문에 일본의 민사재생절차 개시의 효력에 의하여 일본에서 채권행사를 할 수 없음에도 불구하고 한국법의 속지주의를 악용하여 대우재팬이 국내의 채무자에 대하여 갖는 채권에 대하여 가압류를 하고 선수금청구 소송을 제기하여 승소판결을 받는 등의 문제점이 노정되었다.[114]

2. 속지주의의 폐해를 극복하기 위한 실무의 노력

신법이 시행되기 이전에도 실무는 속지주의의 폐해를 최소화하기 위하여 해석론을 통하여 제3조의 효력범위를 축소하였다. 대법원은 파산절차의 효력 중

---

112) 서울중앙지방법원 파산부 실무연구회, 법인파산실무, 박영사(2006), 376면.
113) 자세한 내용에 대하여는 齊藤秀夫・麻上正信・林屋礼二 編, 앞의 책, 754면.
114) 인천지방법원 2003. 7. 24. 선고 2003가합1768 판결(미항소 확정).

포괄집행적 효력은 국가권력의 발동인 강제집행과 유사한 면이 있어 한국 내에 미치지 아니하지만 관리처분권이전의 효력은 미국 파산법 제 7 장(청산절차)절차에서 관재인이 선임되어 파산자가 소유하는 재산에 대한 관리처분권을 취득하는 등의 효과가 발생하는 것을 부정하는 것은 아니라고 판시하여 외국관재인이 국내재산인 상표권을 제 3 자에게 매각한 것은 유효하다고 판시하였다.[115)]

파산재단 중에는 외국에 자회사,[116)] 영업소, 호텔,[117)] 유가증권을 소유하고 있는 경우가 적지 않다. 현재 관재인은 이러한 외국소재 재산에 대하여도 관리처분권이 미치는 것을 전제로 환가하고 있다. 공동관리인을 선임하여 1인이 국내업무를 다른 1인이 해외 자회사의 매각, 청산 등의 해외업무를 분장하기도 한다. 간혹 상대방측에서 한국 파산법이 속지주의라는 점을 지적하면서 관재인이 외국소재 재산에 대하여 관리처분권이 없음을 다투는 경우가 있으나 대법원 판결을 유추해석하면 내국관재인의 관리처분권이 외국에도 미치고 있음을 전제로 하는 것임을 주장하거나 파산부에서 관재인의 환가행위를 사전에 허가하였음을 근거로 반박하여야 할 것이다. 실제로 미국의 파산법원은 한국의 온세통신 주식회사에 관한 회사정리절차의 관리인이 미국 소재 재산에 대하여 관리처분권이 있음을 전제로 미국에서 진행 중인 정리회사의 재산에 관한 소송의 중단을 명한 바 있다.[118)] 미국 플로리다 연방지방법원은 2004. 8. 26. 대우자동차에 관한 한국 법원의 정리계획안 인가결정(GM이 대우를 인수하는 내용)에 대하여 예양을 인정하는 판결을 선고하였다.[119)] 이 판결은 한국 회사정리법의 속지주의를 정면으로 다룬 최초의 연방지방법원의 판결로서 온세통신에 관한 판결보다 구속력이 크다. 한국 파산법제가 취하고 있는 속지주의 때문에 한국이 미국의 파산절차의 효력을 인정하고 있지 않으나 한국의 회사정리법이 미국법이 인정하는 적법절차와 공평의 개념에 적합한 절차를 마련하고 더구나 원고(미국 자회사)가 한국 회사정리절차에 참가하였고 적법한 통지를 받고 인가결정이 가결된 점에 비추어 비록 상호보증이 결여되었다

115) 대법원 2003. 4. 25. 선고 2000다64359 판결(공 2003, 1242).

116) 2004하합46 파산자 주식회사 서통의 경우 파산자의 자회사인 필리핀의 현지법인에 대하여 관재인이 필리핀으로 보조인을 보내 자회사의 실사평가를 통하여 M&A를 추진하고 있다. 2005하합65 파산자 주식회사 글로원의 경우 미얀마 소재 자회사의 주식을 한국에서 공매하였다.

117) 2000하177 우성건설은 관재인이 사이판에 있는 리베라호텔의 공개매각을 추진하고 있다.

118) In re Kyu-Byung Hwang, 309. B.R. 842(Bankr. S.D.N.Y. 2004). 자세한 내용에 대하여는 林治龍, "미국 파산법원이 본 한국의 회사정리제도," 저스티스 통권 제82호(2004년 11월호), 222면 이하.

119) Daewoo Motor America, Inc. v. General Motors Corp., 315 B.R. 148(M.D.Fla. 2004).

고 하더라도 한국 법원의 인가결정의 효력을 미국 내에서도 인정하고 이를 부정하는 것을 전제로 한 원고의 청구를 각하하였다.

3. 신법의 내용

이러한 실무의 노력과 학설을 바탕으로 신법은 속지주의를 규정한 파산법 제3조를 폐지하고 국내관재인이 외국도산절차에서도 외국법이 허용하는 바에 따른다는 제약하에 외국에서 활동할 수 있음을 명시하였다(신법 제640조). 이른바 hotchpot rule을 도입하여 국외도산절차에서 배당을 받은 채권자(국내 및 국외채권자)가 국내도산절차에 참가하는 경우 배당의 조정에 관한 규정을 신설하였다(신법 제642조). UNCITRAL의 모델법을 따라 외국도산절차의 승인재판과 국내지원 결정의 이원적 구조를 취하는 외국도산재판의 승인제도를 도입하였다.[120]

XV. 결　　론

2005. 11. 28. 한국 법조사에 처음으로 관재인협의회가 설립되었다. 가입한 회원도 100명을 넘을 만큼 변호사들의 파산법에 관한 관심은 뜨겁게 달아올랐다. 각종 인터넷 사이트에도 개인파산, 개인회생에 관한 평범한 시민들의 글들이 봇물처럼 쏟아져 나오고 있다. 이에 비하면 학계가 보여주는 파산제도에 대한 관심은 아직은 그에 못한 듯 보인다. 실무가들이 품고 있는 의문점에 대하여 체계적이고 이론적인 설명과 파산제도의 존재 이유 및 그 효용성에 관하여 깊이 천착한 이론이 어느 때보다 고대된다.

(기업소송연구 2005, 기업소송연구회, 377면 이하 소재)

[후기]

발표 후에 선고된 판결들을 추가하였으며 오기 등을 바로잡았다. 관재인협의회의 홈페이지는 www.ksti.org이다.

---

120) 신법의 국제파산편에 대하여는 이 책의 '국제파산법제'에 관한 부분 참조.

《도산관련통계표》

	1995	1996	1997	1998	1999	2000	2001	2002	2003	2004	2005
회사정리	79	52	132	148	37	32	31	28	38	35	22
파산	12	18	38	467	733	461	842	1,443	4,159	12,479	38,908
화의	13	9	322	728	140	78	51	29	48	81	53

* 2005년 통계에 대한 설명: 파산사건 38,908건은 법인파산 129건과 개인파산 38,779건을 합한 것이고, 이외에 개인 채무자회생사건이 48,541건이 접수되었다.

파산절차의 개시가 중재절차에 미치는 효력

Ⅰ. 머 리 말

국제거래가 증가함에 따라 분쟁해결의 신속성과 예측가능성을 확보하기 위하여 계약을 체결하면서 사전에 관할합의나, 준거법 합의 외에 중재합의를 하는 경우가 증가하고 있다. 한국에서도 1997년 경제 위기 이후에 파산[1] 사건이 급증하게 되고, 경제규모의 확대에 힘입어 국내외에서 한국기업을 둘러싼 국제파산 사건이 발생하기 시작하였다.[2] 2005년에는 실제로 회사정리절차가 진행 중인 국내기업에 대하여 미국에서 중재절차가 개시된 사건이 발생하였다.[3] 대부분의 경우

---

* 필자에게 귀중한 자료를 보내주시거나 복사 등을 허락한 홍성준, 윤강열 판사님, Arnold M. Quittner 변호사님, 정선주 교수님, 미국 제퍼슨 도서관 직원, 초고를 읽고 유익한 평을 하여 주신 임채웅 부장판사님과 장용범 판사님께 이 자리를 빌어 깊은 감사를 드린다.

1) 이 글에서 파산절차라 함은 청산절차와 재건절차를, 관재인이라 함은 파산법상의 파산관재인, 회사정리법상의 관리인을 총칭하는 개념으로 사용한다.

2) 외국 파산절차의 대내적 효력이 문제된 사건으로는 대법원 2003. 4. 25. 선고 2000다64359 판결(공 2003, 1242)(미국의 파올로구찌 사건), 인천지방법원 2003. 7. 24. 선고 2003가합1768 판결(각공 2003. 9. 10(1), 80. 확정)(일본의 대우재팬 사건), 서울지방법원 2002. 9. 4. 선고 2001가합79063 판결, 서울지방법원 1998. 6. 11. 선고 96가합91175 판결 등이 있다. 거꾸로 한국 회사정리절차의 대외적 효력이 미국에서 문제가 된 사건으로는 Daewoo Motor America, Inc. v. General Motors Corp., 315 B.R. 148(M.D.Fla. 2004)(인천지방법원의 대우자동차 사건), In re Kyu-Byung Hwang, 309. B.R. 842(Bankr. S.D.N.Y. 2004)(수원지방법원의 온세통신 사건) 등이 있다.

3) 정리회사인 진로, 미국의 자회사(Jinro America Inc.)와 미국 내 소주판매법인(Jinro Soju America)간에 소주의 미국 내의 판매권을 둘러싸고 분쟁이 발생하였다. JSA가 진로와 JAI를 상대로 미국 내 중재절차(ICCA중재)와 소송절차(Seattle District Court)를 개시하였다. 진로의

파산절차와 중재절차가 한 나라 안에서 벌어지기도 하지만 간혹 각기 다른 나라에서 진행되기도 한다. 국내중재 및 파산절차의 충돌에 관하여도 아직 확립된 이론이나 실무가 없는 현재로서 시급히 이 점을 公論化하여 국제파산과 국제중재가 맞부딪치는 장면에서도 적절하게 대응할 필요가 있다.4) 이 장면에서 발생하는 구체적인 문제는 다음과 같다. 첫째, 한국에서 개시된 회사정리절차는 미국의 중재절차에 어떠한 영향을 미치는가? 둘째, 정리회사의 관리인은 중재계약에 구속되어 미국의 중재절차에 참가하여야만 하는가? 셋째, 관리인은 어떠한 법적 절차를 통하여 미국의 중재절차를 중단시킬 수 있는가? 넷째, 국내 중재판정이든, 외국중재판정이든 간에 중재판정을 얻은 채권자는 파산채권조사절차에서 집행권원을 취득한 채권자의 지위를 누리는가? 다섯째, 중재인은 중재절차에서 당초 당사자들이 중재합의 당시 예상하지 아니한 파산법을 준거법으로 적용하여야 하는가? 이러한 문제점을 파산선고의 시기를 기준으로 분류하면 다음의 3가지로 나눌 수 있다. 첫째, 중재계약만 체결된 상태에서 파산선고가 된 경우, 둘째, 중재절차 진행 중에 파산선고가 된 경우, 끝으로 중재판정이 난 후 파산선고가 된 경우이다.

파산채권의 조사확정절차는 반드시 파산법이 정한 바와 같이 전속관할인 파산법원에서 채권확정의 소로써만 해결한다는 입장을 고집하면, 중재절차에 의한 파산채권확정의 절차를 인정할 필요도 없고 아래의 논의의 실익이 없다. 그러나 판결에 의하지 아니한 분쟁해결절차로서 중재가 국내, 국제분쟁을 해결하는데 많은 도움을 주고 있음을 고려하면 파산절차에서도 중재의 유익한 역할을 인정할 필요가 있다.

중재법과 파산법이 교차하는 이 쟁점에 관하여 아직 한국에서는 논의가 활발하지 않다.5) 필자는 위에서 든 문제점을 염두에 두면서 먼저 중재절차 일반에 대

관리인이 2005. 3. 29. 파산법원(Seattle Bankruptcy Court)에 미국 파산법 §304에 따른 양 절차의 중지신청을 하여 미국 파산법원이 2005. 4. 26. 이를 허가하는 결정을 하였다. In re You Kwang Park(Case No. 05-13935, Bankr. W.D.Wash. 2005).

4) 파산전문가들의 국제모임인 International Insolvency Institute(III)는 2005. 6. 7. 제5차 뉴욕회의에서 국제파산과 국제중재의 관계를 주제로 삼은 적이 있다.

5) 이 문제를 본격적으로 논한 최초의 글은 오창석, "파산절차에 있어서 중재합의의 효력과 중재절차," 중재연구 제15권 제1호(2005), 113면 이하가 있다. 위 글은 결론에 있어 필자와 다르고 독일의 논의를 주로 소개하고 있으나 파산절차와 중재절차의 관계에 대하여 처음으로 심도있게 논의하였다는 점에서 그 의의가 크다. 그 외 睦榮埈, 商事仲裁法論, 博英社(2000), 284면이 있다. 그러나 이 책은 미국의 사례 중 외국의 중재판정이 미국 내 파산절차를 무시하고 이루어진 경우, 그 중재판정은 미국의 공공질서에 반하여 승인될 수 없는지 하는 관점에서 미국의 Fotochrome, Inc. v. Copal Co., 517 F.2d 512(2d Cir. 1975)와 Victrix Steamship Co., SA. v. Salen Dry Cargo AB, 825 F.2d 709(2d Cir. 1987)를 소개하고 있다. 그 외 孫容根, "仲裁判

하여 간략히 살펴보고, 일본, 미국, 독일, 프랑스 등에서의 논의를 소개한다. 끝으로 앞에서 본 쟁점에 관하여 필자의 졸견을 제시하고자 한다. 결론을 먼저 요약하면 다음과 같다. ① 중재신청에 의하여 파산채권확정의 소를 갈음할 수 있다. ② 중재판정 후에 파산절차가 개시되면 승소판정을 받은 채권은 집행권원이 있는 파산채권으로 취급하여 이의자가 중재판정에 관한 불복절차에 따라 파산채권확정 절차를 거쳐야 한다. ③ 파산절차 개시 전에 체결된 중재합의는 쟁점에 따라 관재인을 구속할 수 있으나 그 구속력에 대한 판정은 파산법원의 권한에 속한다.

Ⅱ. 중재절차[6)]

1. 의 의

중재라 함은 당사자간의 합의로 사법상의 분쟁을 법원의 재판에 의하지 아니하고 중재인의 판정에 의하여 해결하는 절차를 말한다(중재법 제3조 제1호). 중재제도는 사법절차에 비하여 다음과 같은 장점을 갖고 있어 상사분쟁의 해결수단으로 활용되고 있다. 첫째 준거법규나 중재법정을 당사자가 선택할 수 있고, 신속하게 분쟁을 해결할 수 있다. 둘째, 당사자가 중재에 합의하여 우호적인 분위기에서 분쟁을 해결하므로 자발적인 집행이 기대된다. 셋째, 중재인을 당사자가 선택함으로써 전문가를 중재인으로 선임하여 그의 판단을 받을 수 있다. 넷째, 재판절차가 공개법정에서 이루어지게 되어 영업비밀 등이 노출될 염려가 있음에 반하여 중재절차는 심리를 비공개함으로써 비밀성을 유지할 수 있다. 다섯째, 국제분쟁의 해결에 있어 중립적인 중재기구에 중재를 의뢰함으로써 분쟁해결의 중립성을 도모할 수 있다.[7)]

한편 중재조항은 그것이 포함된 거래계약과 분리되어 주된 거래계약의 종료나 유무효에 영향을 받지 아니한다. 이것을 중재조항의 독립성(autonomy) 또는 분리성(severability)이라고 한다. 이러한 법리는 외국의 입법례나 국제중재의 관행에

定의 效力에 관한 一般的 考察," 법조 2004. 10, 200면 이하는 중재판정의 효력이 미치는 제3자의 범위에 관재인이 포함되는지 여부에 대하여 논의하고 있다.

6) 이하에서는 이 글의 쟁점을 이해함에 필요한 최소한의 범위 내에서 한국의 仲裁法을 전제로 중재절차의 특징에 대하여 살펴보기로 한다. 睦榮埈, 앞의 책(주 5)을 주로 참고로 하였다.

7) 睦榮埈, 앞의 책(주 5), 6-7면 참조.

서 널리 승인되고 있다.[8)]

2. 중재가능성

중재가능성(중재적격, arbitrability)이라 함은 어떠한 분쟁이 중재에 의하여 해결가능한 것인가의 문제이다. 그 범위는 각국의 정책이나 법전통에 따라 다르다. 계약으로부터 발생하는 다툼—인도된 상품의 품질, 계약불이행으로 인한 손해액, 이행지체의 사유, 상품 또는 용역의 표준에 대한 적합성 등이 가장 일반적인 중재적격의 예이다.[9)] 중재법 제1조는 중재의 대상을 사법상의 분쟁으로 한정하고 있으며[10)] 계약상의 분쟁인지 여부에 관계 없이 일정한 법률관계에 관하여 중재합의를 할 수 있으므로 반드시 계약상의 청구에 한하지 아니하고 계약내용과 관련한 하자담보책임, 불법행위책임도 중재대상에 포함된다.[11)] 다만 공법, 형법상의 법률관계, 가족법 중 신분에 관한 법률관계, 강제집행에 관한 법률관계는 중재합의의 대상에서 제외된다.[12)] 중재적격이 없는 분쟁에 대하여 내려진 중재판정은 후에 법원에 의하여 취소대상이 된다(중재법 제36조 제2항 제1호(다)). 순수한 파산법상의 쟁점이 중재가능성에서 제외됨은 외국에서도 거의 다툼이 없다.[13)] 중요한 것은 순수한 파산법상의 쟁점과 파산법과 관련된 쟁점을 구별하는 데에 있으며 국가마다 내용이 다르다.[14)]

3. 준 거 법

중재에 적용될 법은 실질법과 절차법이다. 전자는 거래계약과 중재합의의 효

---

8) Vesna Lazić, Insolvency Proceedings and Commercial Arbitration, Kluwer Law International, 69(1998).

9) Andreas F. Lowenfeld, International Litigation and Arbitration, 283(1993).

10) "이 법은 중재에 의하여 사법상의 분쟁을 적정 공평 신속하게 해결함을 목적으로 한다."

11) 대법원 1992. 4. 14. 선고 91다17146, 17153 (반소)판결(공 1992, 1558). 그 외 계약위반으로 인한 입찰자격제한의 제재처분의 당부 역시 중재계약의 범위에 포함된다(대법원 1992. 1. 21. 선고 91다7774, 7781 (반소)판결(공 1992, 873)).

12) 張文哲, 현대중재법의 이해, 세창출판사(2000), 18면은 사법상의 분쟁 중 공법적 요소가 포함된 것은 중재가능성이 있다고 설명한다.

13) Lazić, supra note 8, at 156.

14) Id. at 157은 그 기준으로는 청구권의 성질과 파산법원의 관할권을 들면서, 프랑스, 독일, 미국, 네덜란드의 사정을 소개하고 있다.

력을 결정하고, 후자는 중재절차를 규율한다. 실질법은 다시 거래계약에 적용될 실질법과 중재합의에 적용될 실질법으로 나뉜다.[15] 중재절차에 관하여는 원칙적으로 당사자 자치가 인정되고 당사자 합의가 없는 경우에는 중재지법에 의하며, 중재기관의 중재규칙에 의하더라도 무방하다.[16]

4. 중재판정의 효력

중재판정은 당사자간에 법원의 확정판결과 동일한 효력을 가진다(중재법 제35조). 미국의 캘리포니아주처럼 별도로 중재판정에 대하여 승인판결을 구할 필요는 없다. 중재판정은 기판력 외에 더 이상 불복할 수 없는 효력 즉 형식적 확정력과 집행력도 갖는다.[17]

5. 국제중재와 국내중재

중재의 대상인 분쟁에 국제적인 요소가 있는 중재를 국제중재라고 한다. 그런데 국제중재와 국내중재를 구별하는 기준은 분쟁의 성격에 의하거나 당사자의 국적이나 주소지에 의하는 경우로 나뉜다. 전자에 속하는 ICC의 중재규칙은 당사자가 동일 국적이라도 분쟁이 국제적 성격을 갖고 있으면 ICC의 관할대상이라고 한다. 프랑스 민사소송법도 같은 입장이다. 후자의 예로는 상사중재규칙으로서 이에 의하면 한국 내에 주된 영업소나 주소를 가지는 당사자간의 중재를 국내중재로 그 밖의 중재를 국제중재로 규정하고 있다(제2조).

중재판정의 국적에 의하여 나뉘는 내국판정(국내 중재판정)과 외국판정(외국 중재판정)의 구별에 관하여는 영토주의에 따라 중재절차 및 판정이 행하여진 곳이 외국이냐 아니냐를 기준으로 하는 판정지기준설과 중재절차의 준거법이 외국법이냐 내국법이냐를 기준으로 하는 준거법기준설이 있으나 한국의 중재법은 전자의 입장에 서있다.[18] 중재판정이 내국판정인가 외국판정인가를 구별하는 실익은 승

15) 睦榮埈, 앞의 책(주 5), 78-79면.

16) 서울민사지방법원 1984. 4. 12. 선고 83가합705 판결.

17) 다만 실제로 집행을 하기 위하여는 별도로 집행판결을 받아야 한다. 그 외 당사자들간의 구속력을 들기도 한다. 睦榮埈, 앞의 책(주 5), 199면. 孫容根, 앞의 논문(주 5), 123면 이하는 구속력과 기속력을 묶어 설명한다.

18) 제2조 제1항 본문: 이 법은 제21조의 규정에 의한 중재지가 대한민국안인 경우에 이를 적

인집행에 있어서 적용되는 법에 차이가 있다.

6. 중재판정의 승인집행

중재법은 한국 내에서 내려진 중재판정을 내국판정으로 규정하고 중재판정의 취소사유가 없는 한 집행하도록 규정한다(제38조).[19] 외국의 영토 내에서 내려진 외국판정에 대하여는 외국중재판정의 승인 및 집행에 관한 협약('뉴욕협약')의 적용을 받는 경우에는 뉴욕협약에 따르고, 만일 그 적용을 받지 못하는 외국판정은 민사소송법과 민사집행법을 준용하여 외국판결의 집행절차와 동일한 절차에 따라 승인 또는 집행하도록 하였다(중재법 제39조).[20]

외국중재판정의 집행단계에서 뉴욕협약 제5조 제1항 (b)호[21]의 집행거부사유에 해당하는지 여부에 대한 판단은 집행국 법원이 하지만 그 방어권의 침해의 정도가 현저하여 용인할 수 없는 경우에 한정된다.[22] 제5조 제1항 (d)호[23]의 집행거부사유에 해당하는지를 판단하기 위하여는 중재절차가 당사자 합의에 반하는지를 살펴야 하고, 당사자 합의가 없으면 중재지법에 위반하는지 여부를 살펴야 한다. 실무상 중재지의 중재법 또는 민사소송법을 적용하는 경우 외에 중재지의 중재기관의 중재규칙에 따르는 경우도 적지 않으므로 이때는 중재지의 법 대신 중재규칙에 위반하였는지 여부를 집행국이 판단하게 된다.

용한다.

19) 국내중재판정에 대하여는 별도로 승인판결을 받아야 하는 것이 아님에도 조문상으로는 마치 필요한 것으로 규정되어 있다. 이 점을 지적한 글로는 石光現, "개정 중재법의 몇가지 문제점," 國際私法과 國際訴訟 제2권, 博英社(2001), 492면.

20) 한국은 1973. 뉴욕협약에 가입하면서 상호주의 유보선언과 상사 유보선언을 하였으므로 체약국 이외의 국가에서 내려진 중재판정이거나, 외국중재판정이 상사에 관한 것이 아니면 뉴욕협약의 적용을 받지 못하게 된다.

21) (b) 판정이 불리하게 원용되는 당사자가 중재인의 선정이나 중재절차에 관하여 적절한 통고를 받지 아니하였거나 또는 기타 사유에 의하여 응할 수 없었을 경우.

22) 대법원 1990. 4. 10. 선고 89다카20252 판결(공 1990, 1043).

23) (d) 중재기관의 구성이나 중재절차가 당사자간의 합의와 일치하지 아니하거나 또는 이러한 합의가 없는 경우에는 중재를 행하는 국가법령에 합치하지 아니하는 경우.

Ⅲ. 각국의 현황

1. 일 본[24]

⑴ 중재계약이 체결된 상태에서 파산절차가 개시된 경우

이 경우 관재인이 중재계약에 구속되는가 아니면 중재계약을 해제할 수 있는가 하는 점을 둘러싸고 견해가 대립되어 있다.

1) 파산법상의 미이행 쌍무계약의 문제로 접근하는 견해[25]

중재절차 개시 전에 당사자가 파산한 경우 거래계약이 쌍방미이행인 경우에는 분쟁의 발생 전후를 불문하고 관재인은 파산법 제50조에 기하여 거래계약과 함께 중재계약도 해제할 수 있다.[26] 재단소속의 청구권에 대한 분쟁이 생긴 경우에는 관재인은 중재계약에는 구속되지 않는다. 상대방만이 채무이행을 완료한 경우에는 상대방은 파산채권자가 되고 파산채권에 대한 분쟁에 대하여 관재인은 중재절차에 구속된다. 이러한 법리는 중재절차 계속 중에 파산한 경우에도 그대로 적용된다. 중재절차 개시 전 또는 계속 중에 당사자가 파산한 경우에는 중재인은 절차를 개시 또는 속행할 수 있고 관재인은 중재절차의 당사자로서 절차를 속행하여야 한다.

그러나 이 견해에 대하여는 중재계약의 독립성과 관련하여 주된 거래계약의 해제에 의하여 당연히 중재계약도 해제되는 것 자체에 대한 의문이 있고, 파산채권에 대한 분쟁에 대하여 관재인이 중재계약에 구속되어야 하는 근거가 부족하다는 비판이 있다.[27]

---

24) 일본에서도 이 점에 관하여 심도 있는 논의가 이루어진 것은 최근이다. 福永有利 編, 新種・特殊契約と倒産法, 商事法務研究會(1988) 및 松下淳一, "倒産法制と仲裁(1)-(4)," JCAジャーナル 제41권 제4-7호(1994) 참조.

25) 小山昇, 仲裁法 新版(1983)을 분석대상으로 삼는다. 松下淳一, 앞의 논문(3)(주 24)에서 재인용함.

26) 그러나 이러한 입장에 대하여는 日本 破産法 제59조에 의한 해제로부터 발생하는 분쟁 자체가 중재대상이 된다는 지적이 있다. 松下淳一, 앞의 논문(4)(주 24), 15면 참조.

27) 松下淳一, 앞의 논문(3)(주 24), 31면.

2) 소송계약의 주관적 효력의 문제로 접근하는 견해[28)]

竹下교수는 소송계약의 효력이 미치는 주관적 범위의 논의의 하나로 이를 설명하고 있다. 즉 일반론으로 소송계약의 효과는 사법상의 권리관계의 주체에 수반하는 소송주체에 관계되는 것으로 어떠한 범위의 제3자에게 효력을 미칠 수 있는가 하는 문제는 그가 소송당사자로서의 지위에서 한 소송행위의 효과가 누구에게 미치는가의 문제로 결정된다. 즉 민사소송법 제125조(한국 민사소송법 제239조 참조) 및 소송승계가 인정되는 주관적 범위를 정하는 민사소송법의 제 규정을 유추하여 결정해야 한다. 따라서 민사소송법 제125조 제1항 전단에 의하여 파산자로부터 당사자적격을 승계한 관재인에게도 중재계약의 효력이 미치는 것이 원칙이다. 단 승계인 고유의 방어방법이 있는 경우에는 피승계인의 상대방과 승계인간의 분쟁에 대하여 어느 일부에 대하여만 중재계약의 효력을 미치게 한다면 일개의 분쟁이 중재절차에 의한 부분과 소송절차에 의한 부분으로 나누어지게 되어 부당하고 이러한 경우에는 승계인은 자기 고유의 방어 방법을 주장 입증하여 분쟁 전체에 대하여 소송계약의 효력을 면할 수 있다.

그러나 분쟁이 소송과 중재라는 이원적인 절차로 분열되는 사태를 우려하여 분쟁 전체에 대하여 중재계약의 효력이 미치지 않는다는 점은 특기할 만하나, 상대방의 중재에 대한 기대와 절차의 안정성을 어떻게 조화시킬 것인지에 대하여 기준이 불명하다는 비판이 있다.

3) 관재인에게 중재계약의 선택권을 부여하는 견해[29)]

파산자가 파산 전에 중재계약을 체결하였더라도 파산재단이 성립되고 나면 관재인이나 다른 파산채권자가 그 중재계약에 절대적으로 구속되는 것은 아니고 중재계약에 파산법 제50조의 적용을 인정하여 관재인이 중재계약을 해제할 수 있다. 관재인에게도 중재계약의 효력이 미친다는 견해에 따르게 되면 파산선고시에 중재절차가 계속하고 있는 경우에 중재절차의 중단·수계를 부정하게 된다. 그러나 파산선고에 의하여 파산재단에 대하여 관리처분권을 잃게 되는 파산자가 계속하여 중재절차를 속행하는 것은 허용할 수 없고 새로이 관리처분권의 주체가 된 관재인에게 중재절차에 참여할 기회를 부여하여야 한다.

28) 竹下守夫, "訴訟契約の研究(三)," 法學協會雜誌 제81권 제4호(1964), 373, 376, 377-380면 참조; 三ヶ月章, 條解會社更生法(中), 弘文堂(1999), 729면; 宮脇行彥, 注解會社更生法, 靑林書院(1986), 533면.

29) 福永有利, 앞의 책(주 24), 77-83면 참조.

이 견해는 논거로 다음의 점을 들고 있다. ① 파산법이 절차적 공정성을 담보하기 위하여 관재인의 관리처분의 방법을 제한하고 있으므로(파산법 제187조, 제188조) 파산법의 취지에서 볼 때 중재에 구속되는 화해적·임의적 관리처분행위를 파산자가 하는 것은 허용되지 않는다. ② 파산절차의 공정·간이·신속 결제 등의 이유로부터 실체권의 실현방법인 절차적 권리에 대하여는 실질적인 영향을 미치는 것이 아닌 한 해석에 의하여 어느 정도 변경수정이 허용되어야 한다. 중재의 경우에도 그 효력이 부정된다고 하더라도 소송을 이용할 여지가 있기 때문에 실질적인 영향을 미치는 것이 아니다. 따라서 파산법 제50조는 중재계약과 같은 실질적 내용이 미확정인 계약관계에 대하여도 적용되므로 중재계약이 있는 경우에 중재를 선택할 것인지 소송을 선택할 것인지에 대하여 관재인에게 동조에 기한 선택권을 부여하여야 한다. ③ 채권확정소송은 총채권을 만족시킬 수 없는 재산을 분배하는 기준으로 되는 채권의 존부 내용을 결정하는 것이기 때문에 국가기관인 법원에 의하여 실정법에 준거한 소송을 통하여 확정하여야 한다. 다만 이러한 선택권에 대하여는 다음 3가지의 제한을 인정하고 있다.[30] 즉 거래계약에 대하여 이행의 청구를 한 경우에는 중재계약도 승인한 것으로 취급해야 한다.[31] 다음 동일한 권리관계의 분쟁은 원칙으로 하나의 절차로 처리해야 하고 단 부인권에 대하여는 중재를 선택할 수는 있지만 관재인으로서는 당초부터 소송을 선택하는 것이 바람직하다.[32] ④ 1개의 채권에 대하여 복수의 이의자가 있는 경우 관재인이 이미 중재를 선택한 경우라면 다른 채권자도 관재인에 따라야 한다.

그러나 이 견해는 중재계약의 선택권을 관재인에게 부여하는 것은 당초의 미이행 쌍무계약에 관한 파산법의 취지에 합치하지 않고, 국제중재의 경우에도 국내중재의 경우와 마찬가지로 관재인에게 선택권을 부여하게 되면 상대방이 갖는 법정지선택의 이익에 대하여 질적인 영향을 미치는 것이라는 비판이 있다.

4) 관재인의 법적 지위에 따르는 견해[33]

파산법 제50조에 의한 계약의 해제라는 구성을 배척하고 관재인의 법적 지위에 따라 파산선고 전의 중재계약에 관재인이 구속되는가 여부를 결정한다. 먼저, 파산채권확정절차 및 적극재산관계의 분쟁과 관련하여 채무자의 지위에 유래하는

---

30) 福永有利, 앞의 책(주 24), 225면 이하.
31) 福永有利, 앞의 책(주 24), 216면.
32) 중재의 선택을 부인하는 취지는 아니다.
33) 松下淳一, 앞의 논문(4)(주 24) 참조.

쟁점만이 문제되는 경우에는 관재인은 채무자의 승계인의 지위에 서게 되므로 중재계약에 구속된다. 따라서 이러한 쟁점을 둘러싼 재산관계의 중재는 채권조사기일에 이의자가 수계하기까지 중단된다. 수계절차를 거치지 아니하고 내려진 중재판정은 당사자 적격을 결한 자에 의하여 절차가 진행된 것이므로 파산재단과의 관계에서 당연 무효이다.

이에 반하여 중재인이 파산채권자의 지위에 유래하는 파산법 고유의 쟁점이 문제되는 경우 — 부인권, 관재인의 제3자성, 상계제한, 파산채권의 우선순위 등 — 에는 관재인은 총파산채권자의 이익을 대표하는 지위에 있으므로 파산자가 사전에 체결한 중재계약에 구속되지 아니한다. 예컨대, 부인행위와 함께 사기취소 등을 이유로 한 파산재산의 회수를 주장하는 것과 같이 두 가지 쟁점이 복합되어 있는 경우에 중재항변을 인정하게 되면 동일한 쟁점에 대하여 중재와 소송으로 절차가 양분되게 되므로 이러한 경우 관재인은 중재효력에 구속되지 아니하고 계속 중인 중재절차의 수계는 필요하지 않다.

이 견해에 대하여는 아직까지 한국과 일본에서 관재인의 지위에 대하여 견해가 통일되어 있지 않고 관재인의 지위 중 어느 면이 파산채권자 또는 파산자의 지위에서 유래하는 것인지의 구별이 쉽지 않다는 난점이 있다.

5) 구속력을 인정하는 견해[34]

성질상 중재계약도 미이행 쌍무계약에 속하는 것은 확실하지만 파산법 제50조의 원래 취지가 파산재단의 부담이 되는 재산적 법률관계를 해소하는 것을 목적으로 하고 있으므로 이 경우에는 중재계약은 적용되지 아니하고 일반론으로 관재인도 중재계약에 구속된다.

⑵ 중재절차 계속 중에 파산절차가 개시된 경우

다수설은 파산절차의 개시로 인하여 재산에 관한 관리처분권이 관재인에게 이전되었음에도 불구하고 종전 채무자가 의연히 중재절차를 속행하는 것은 위법하다는 근거에서 파산절차의 개시에 의하여 중재절차는 일단 중단하고, 신고한 권리에 대하여 이의가 진술된 시점에서 중재절차를 수계할 수 있다고 해석한다.[35] 이에 반하여 중재절차는 중단·수계의 제도가 인정되지 아니하므로 수계의 문제

34) 伊藤眞, 破産法 新版, 有斐閣(1998), 347면.

35) 福永有利 앞의 책(주 24), 226면; 宮脇行彦, 앞의 책(주 28), 533면.

가 생기지 아니한다는 견해도 있다.[36] 그 외에 관재인의 지위가 채무자의 입장에서 유래하는 것인지 총채권자의 입장에서 유래하는 것인지에 따라 전자에 대하여는 수계의 문제가 발생하지만 후자에 대하여는 수계의 문제가 발생하지 않는다는 견해도 있다.[37] 국제중재의 경우에도 도산개시국과 밀접한 관련을 갖고 상대방에 대하여 파산절차상의 개별집행금지의 효력을 주장하는 것이 정당화될 수 있는 제약 하에 중단을 인정하자는 주장도 있다.[38]

(3) 중재판정이 있은 후에 파산절차가 개시된 경우

중재판정으로 확정된 파산채권은 채권확정절차에서 집행권원 있는 채권으로 볼 것인가를 둘러싸고 견해가 나누어져 있다.

제 1 설: 확정된 집행판결이 있는 경우에만 종국판결에 준하는 집행권원이 있는 채권으로 취급하는 견해이다. 그 이유로는 중재판정은 취소사유가 없을 때에만 파산법 제221조에서 말하는 판결에 준하는 것으로 인정되고 취소사유가 있으면 종국판결로 취급되지 아니하므로 집행권원이 없는 채권으로 취급된다.[39]

제 2 설: 중재판정 자체로는 종국판결에 준하여 취급할 수 없지만 일단 집행판결이 선고되면 중재판정과 집행판결이 일체가 되어 비록 집행판결이 확정되기 전이라도 종국판결에 준하여 취급한다는 입장이다.[40]

제 3 설: 중재판정만 있으면 아직 집행판결을 얻기 전이라도 종국판결에 준하여 집행권원 있는 채권으로 본다.[41]

2. 미 국

(1) 중재제도

미국은 연방중재법과 각 주의 중재법[42]이라는 두 종류의 중재법을 갖고 있다. 해사사건, 州際사건, 국제거래사건 등에 대하여는 연방중재법(Federal Arbitration

---

36) 三ヶ月章, 앞의 책(중)(주 28), 760면.
37) 松下淳一, 앞의 논문(4)(주 24), 16면: 貝瀨幸雄, 國際倒產法と比較法, 有斐閣(2003), 276면.
38) 貝瀨幸雄, 앞의 책(주 37), 276면.
39) 三ヶ月章, 앞의 책(중)(주 28), 784면.
40) 中野貞一郎・道下徹 編, 基本法 コンメンタ-ル 破產法, 日本評論社(1997), 248면.
41) 松下淳一, 앞의 논문(4)(주 24), 18면. 青山 외 3인, 破產法概說(1992), 133면도 있다.
42) 상법전, 형법전과 마찬가지로 모범중재법전이 작성되었으나 각 주마다 내용이 통일되어 있지 않다.

Act)[43]이 적용된다. 초기에는 중재절차가 재판청구권을 침해한다는 비난이 있었지만 점차로 중재대상의 범위를 확대하였다. 연방중재법은 연방법원으로 하여금 상거래계약에 포함된 유효한 중재합의를 집행할 것을 요구하고 있다(제2조). 중재판정의 심사와 변경에 대하여 엄격한 제한을 가하고 있다(제9조). 법원은 제9조의 사유 외에 단지 중재판정에 사실오인이나 법리오해가 있다는 이유만으로 중재판정을 취소할 수 없으며 명백한 법의 무시(manifest disregard of law)가 있는 경우에만 취소할 수 있다. 또한 중재절차가 진행되는 동안 법원은 소송절차를 중단하여야 한다(제3조, 제4조).

(2) 중재가능성의 확대

초기에는 중재가능성의 대상을 좁게 해석하였다. 유명한 Wilko v. Swan, 346 U.S. 427(1953)[44]이 1933년 증권법에 기한 거래에 대하여 중재가능성을 부정하였다. 그러나 1970. 뉴욕협약에 가입한 이후 점차 확대하였다. 연방대법원은 국내증권거래에 관하여는 여전히 중재가능성을 부정하면서도 증권거래에 관한 국제중재합의의 효력을 국내 중재합의보다 우선시 하는 Scherk v. Alberto-Culver Co., 417 U.S. 506(1974),[45] 국제거래에서 독점금지에 관한 중재합의의 효력을 인정한

43) 파산법은 11 U.S.C. §§ 101-1330, 중재법은 9 U.S.C. §§ 1-307에 규정되어 있다. 중재법은 1925년 제정시에는 제1장만 있었으나 1970년 뉴욕협약을 국내법화하면서 제2장이 추가되었고, 1990년 국제상사중재에 관한 미주간협약을 추가하여 총 3장으로 구성되어 있다. 이하 미국 연방파산법을 표기하면서 11. U.S.C. 부분을 생략한다.

44) 증권중개회사의 고객이 회사의 파트너를 상대로 증권법에 기하여 회사의 허위표시를 믿고 구입한 주식가치 하락으로 인한 손해배상을 구하는 소송을 제기하였다. 피고가 중재항변을 제기한 사안에 대하여 연방대법원은 증권법과 중재법의 충돌을 인정하면서 증권법과 관련한 분쟁에 관하여 중재합의를 배척하는 것이 증권거래에 관한 의회의 입법 의사를 잘 구현하는 것이라고 판시하였다. 그러나 이 판결은 그 후 Rodriguez de Ouijas v. Shearson/American Exp. Inc., 490 U.S. 477(1989)에 의하여 폐기되었다.

45) 미국 회사인 Alberto-Culver('A')는 독일인 Scherk('S')로부터 3개 회사의 주식과 그 상표권을 매수하면서 그로 인한 분쟁은 미국 일리노이주법에 따라 프랑스 파리에서 ICC 중재에 의하여 해결한다는 중재합의를 하였다. 그런데 A는 위 상표권에 하자가 있다는 것을 알고 S의 기망행위가 1934년 증권거래법 §10(b)에 해당한다는 이유로 미국 법원에 소송을 제기하였다. S 역시 미국 법원에 연방중재법 §3에 기하여 이미 파리에 계속 중인 중재사건이 종결될 때까지 소송절차를 중지하여 줄 것을 신청하고 반대로 A는 중재절차의 중지를 구하였다. 하급심이 Wilko v. Swan의 법리에 따라 A의 중재절차중지 신청을 인용하였다. 그러나 연방대법원은 Wilko 사건이 국내거래임에 반하여 이 사건은 국제거래라는 차이점을 강조하면서 국제적 계약에서는 각국 입법차이의 불확실성을 제거하고 예견가능성을 확보하기 위하여 분쟁해결지와 준거법을 정할 필요가 있으며, 이를 거부하는 것은 위 목적을 좌절시킬 뿐만 아니라 당사자가 유리한 법정에 전략적인 소송에 의존하게 됨으로써 국제상거래틀을 파괴하고, 국제거래계약을 체결하려는 기업가들의 뜻과 능력을 위태롭게 하며, 법정지에 관한 관할합의를 유효하다고 본

Mitsubishi Motors Corp. v. Soler Chrysler-Plymouth Inc., 473 U.S. 614(1985),[46] 이후 국제중재와 연방법의 저촉에 관한 기준을 제시한 Shearson/Am. Express Inc. v. McMahon, 482 U.S. 220, 227(1987)[47]을 선고하면서 그 대상을 확대하였다. 그리하여 국제중재에 관한 연방대법원의 우호적인 태도는 파산절차에서도 영향을 미치게 되어 파산법원의 관할에 관한 개정과 더불어 파산절차에서도 중재합의의 효력을 존중하도록 하급심 판례를 이끌었다.[48]

(3) 미국의 파산관할

파산절차에서 일어나는 분쟁을 어느 법원이 관할권을 갖는가 하는 문제는 미국 파산법상 가장 어렵고도 중요한 문제의 하나이다. 1978년 신 파산법은 파산법

M/S Bremen v. Zapapta Off-Shore Co., 407 U.S. 1(1972)을 근거로 하여 중재는 특별한 형태의 법정지 선택조항으로서 유효하다고 판시하였다.

46) 원고 회사 Mitsubishi('M')는 일본 미츠비시중공업과 스위스 CISA의 합작회사이다. 한편 피고 푸에르토리코의 자동차판매회사인 Soler Chrysler-Plymouth Inc.('S')는 1979. CISA와 푸에르토리코에서 자동차공급계약을, M과 자동차판매계약을 맺었는데 이 판매계약에는 계약과 관련한 분쟁에 관해 일본의 상사중재원에서 해결하기로 하는 중재조항이 포함되어 있었다. S가 1981. 푸에르토리코에서의 판매가 부진하게 되어 재고 차량을 국외로 반출하려 하자 M과 CISA가 이를 불허하면서 분쟁이 발생하였다. M은 미국 연방지방법원에 중재조항에 기하여 연방중재법 §4, 210에 따른 중재의 이행을 구하는 소송을 제기하였다. S는 오히려 M이 계약을 위반하였으며 시장을 분할점거하는 등 독점금지법(Sherman법)에 위배하였다면서 반소를 제기하였다. 제2항소지구법원은 성질상 독점금지에 관한 분쟁은 중재가능성이 없다면서 M의 신청을 기각하였다. 연방대법원은 선례들이 확립한 바와 같이 자유로이 협상된 계약적 관할합의의 조항을 존중한다는 강력한 원칙은 중재에 의한 분쟁해결을 선호하는 연방정책에 의하여 강화되고 있으며, 미국이 1970. 뉴욕협약에 가입한 이상 그 연방정책은 국제거래에서 더욱 적용되어야 한다. 국제예양, 외국중재기관의 능력에 대한 존중, 분쟁해결의 예측가능성을 위한 국제상사제도의 필요성 등을 고려할 때 비록 국내관계에 있어서는 반대의 결과가 나올지라도 국제거래에 관한 중재합의는 집행되어야 한다고 판시하여 상고를 인용하였다.

47) 연방대법원은 중재법에 따라 RICO법(Racketeer Influenced and Corrupt Organizations Act의 약자이다)과 1934년 증권거래법에 기한 청구 소송을 중지하여야 하고, 연방중재법이 계약을 취소할 만한 보통법 또는 형평법상의 근거가 있는 경우를 제외하고 중재계약은 유효하고, 취소불능이며, 집행되어야 한다고 규정하고 있으므로 법원은 고객과 증권회사간에 체결된 계약의 중재조항에 따라야 하며 이러한 원칙은 청구권이 제정법에 기한 경우에도 마찬가지로 적용되어야 한다고 판시하였다. 이 판결은 뉴욕협약이 국내법에 근거하여 중재의 예외를 규정하고 있으므로 연방의회는 국내법을 제정함에 있어 특정 권리에 대하여 일반법원의 관할권을 박탈하는 것을 금지 또는 제한할 권리가 있는데 그러한 의도는 법률의 문언, 입법연혁, 또는 중재와 제정법의 입법 목적상의 내재적인 충돌로부터 추론할 수 있다고 판시함으로써 양 법의 충돌시 어느 법을 우선시킬 것인가에 관하여 3가지 기준을 제시한 데 큰 의의가 있다.

48) 미국 연방대법원이 중재적격을 확대한 점에 관한 글로는, Fred Neufeld, Enforcement of Contractual Arbitration Agreements under the Bankruptcy, 65 Am. Bankr. L.J. 525 참조. 특히 증권거래의 중재적격에 관한 발전에 대하여는 金祥洙, "米國における證券紛爭に關する仲裁," 金洪奎博士華甲紀念 民事訴訟法의 諸問題, 삼영사(1992), 506면 이하.

원에게 파산사건에 관한 광범위한 전속관할권을 부여하였다.[49] 그러나 1982년 유명한 Marathon 사건[50] 이후 1984년 개정법(Bankruptcy Amendment and Federal Judgeship Act, 'BAFJA')에 의하여 현재의 관할원칙으로 수정되었다. 관할의 문제는 파산법이 아닌 연방법원조직법[51]에서 규율하고 있는데 먼저 파산법원에게 1심관할이지만 비전속관할권을 부여하고 다시 파산사건을 핵심 파산사건(core proceedings)[52]과 비핵심 파산사건(non core proceedings)으로 나누어 전자는 파산법원의 관할에 전속하고 후자에 대하여는 연방법원뿐 아니라 주법원에서도 관할한다(non-exclusive jurisdiction). 만일 어느 절차가 파산법에 의하여 성립된 권리에 관한 것이거나, 파산절차 내에서만 발생하는 것이면 핵심 파산사건에 속하고, 어느 절차가 파산법에 의하여 성립된 실체권에 관한 것이 아닌 것으로서 파산절차 외에서도 존재하는 것은 비핵심 파산사건에 속한다.[53] 핵심 파산사건으로는 파산재단의 관리, 파산채권의 확정, 부인의 소, 면책허부 재판, 채권의 우열, 계획안의 인가, 자동중지에 관련된 소송 등을 예로 들 수 있다. 비핵심 파산사건으로는 채무불이행, 채권(accounts receivable)에 대한 집행의 소, 약속어음금 청구의 소 등이 이에 속한다.

연방법원조직법 §157에 의하면 핵심 파산사건에 관하여 파산법원은 최종판결을 선고할 수 있으며 단 그에 대한 항소는 연방지방법원에 할 수 있다. 또한 파산법원은 비핵심 파산사건에 대하여도 심리할 수 있으나 당사자들의 동의가 없는 한 최종판결을 내릴 수 없으며 단지 연방지방법원에 자신이 제안한 사실인정과 법률의 적용을 제출한다. 연방지방법원은 속심(de novo)으로서 심리해야 한다.[54] 파산법원은 핵심 파산사건에 관하여 배타적인 관할권을 갖고 있으므로 당사자가 관할권을 포기하거나 금반언의 주장을 이유로 관할권의 주장을 배척할 수 없다.[55]

---

49) 28 U.S.C. § 1471(b)(Supp. Ⅳ 1980).

50) Northern Pipeline Const. Co. v. Marathon Pipeline Co., 458 U.S. 50(1982). 1978년의 파산법상의 관할규정 — 모든 파산사건 및 파산에 관련된 사건에 관하여 파산법원에 관할권을 인정한 조항 — 은 신분상의 제한이 있는 헌법 제1장의 파산법관(Article 1 judge)에게 제한이 없는 헌법 제3장의 연방법관(Article 3 judge)의 권한을 부여한 것으로 위헌이라고 판시하였다.

51) 28 U.S.C. §1 이하로 표기된다.

52) 28 U.S.C. § 157(b)(2).

53) In re Wood, 825 F.2d 90, 97(5th Cir. 1987).

54) 미국 핵심 파산사건에 관한 파산법원의 판결에 대하여는 연방지방법원에 항소할 수 있고 연방지방법원의 판결에 대하여 연방항소법원에 항소할 수 있다. 보통의 사건과 달리 연방지방법원이 항소심의 관할권을 갖는다.

55) 관할합의에 관하여는 Matter of Paso Del Norte Oil Co., 755 F.2d 421, 425(5th Cir. 1985) 판결 참조. 금반언의 항변이 배척된다는 판결로는 In re Dreske Greenway Trust, 14 B.R. 618(Bankr. E.D.Wis. 1981).

따라서 파산과 중재에 관한 문제는 파산법원의 배타적 관할권과 연방중재법상의 중재우선의 원칙의 저촉과 그 조정이라는 점을 둘러싸고 논의되고 있다.

초기의 판례는 관재인도 중재절차에 구속되므로 중재절차가 속행된다고 하는 입장에 서 있었다. 그러나 최근의 판례는 관재인은 중재절차에 구속되지 않으며 파산법원이 파산절차를 속행할 수 있다는 입장이다. 그 근거로는 미국 연방헌법에 의하면 파산은 주법원이 아닌 연방법원의 관할에 속하며 재산의 소재를 불문하고 연방법원이 파산재단에 속하는 재산에 관하여 대물관할권을 갖는 등 관할의 집중이 인정되는 점을 근거로 하고 있다. 따라서 파산사건은 핵심 파산사건과 비핵심 파산사건으로 나누어 핵심 파산사건은 파산법원의 관할에 전속하므로 이 경우에는 파산절차가 중재절차보다 우위에 서게 된다. 파산신청의 효과로 자동중지의 효과가 발생한다. 즉 파산신청(채무자의 신청 또는 채권자의 신청)과 동시에 채권자는 최고, 추심행위, 상계권의 행사, 소 및 항소의 제기, 담보권의 설정, 실행, 진행 중인 판결절차 및 행정심판 등 모든 행위가 중단된다.[56] 국내 중재절차에 관하여 명문의 규정이 없으나 입법연혁에 의하면 중재절차는 자동중지되는 기타 절차에 포함되는 것으로 기술되어 있으나 뒤에서 보는 바와 같이 일부 판례는 부정적으로 해석한다.[57] 1978년 파산법 개정 이전의 판결과 그 후의 판결을 구분할 필요가 있으며 항소지구별로 입장이 나누어져 있다.

미국에서는 파산절차 개시 당시에 중재계약이 체결되었으나 아직 중재절차가 시작되지 않았거나 또는 이미 중재절차가 개시된 경우를 특별히 구별하여 논하지 않는다. 또한 중재판정을 파산절차에서 승인하는 문제에 관한 판례는 적은 편이고, 파산절차 개시 당시의 중재합의의 효력에 관한 판례가 많다. 앞에서 언급한 Fotochrome 사건[58]은 파산과 국내중재의 저촉에 관한 것이 아니라 외국중재판정

---

56) §362.

57) H.R. Rep. No.595, 95th Cong., 1st Sess. 340(1977), *reprinted in* 1978 U.S. Code Cong. Admin News 178. 松下淳一, 앞의 논문(2)(주 24), 18면 주 4는 입법과정에서 내국중재절차는 자동중지의 대상에 포함되는 것으로 기술하고 있으나 뒤에 보는 Hays v. Merill Lynch, 885 F.2d 1149, 1157(3rd Cir. 1989)은 사안에 따라 다르다고 판시하고 있다.

58) 뉴욕에 본거를 둔 Fotochrome('F')과 일본법인 Copal('C')이 판매대리점 계약을 체결하였으나 채무불이행을 이유로 분쟁이 발생하였다. C는 일본에서 JCAA에 중재를 신청하여 중재절차 계속 중에 F가 미국에서 재건절차인 1978년 이전의 구 파산법 제X장을 신청하였다. 파산법원은 중재절차의 정지를 명하였으나 JCAA는 파산법원의 구속력이 일본에 미치지 아니한다면서 60만불을 인용하는 중재판정을 내렸다. C는 중재판정에 기하여 일본에서 판결을 얻은 다음 파산법원에 채권신고를 하였다. 파산심리관(referee, bankruptcy judge의 전신이다)은 중지명령은 중재절차에도 미치므로 C의 권리를 재심사할 수 있다면서 승인을 거부하였다. 그러나 연방지방법원과 항소심은 C가 미국에서 중재판정의 확인 판결을 얻으면 그 과정에서 승인거절의 사유

에 대한 심사라는 쟁점에 대하여 판시한 것이다.

⑷ 항소지구별 판례 검토

1) 제 1 항소지구[59)]

In re Guild Music Corp., 100 B.R. 624(Bankr. D.R.I. 1989)

로드아일랜드 파산법원[60)]의 판결이다. 핵심 파산사건과 비핵심 파산사건 모두가 쟁점이 되었다. 채무자 소유 재산을 채권자에게 매도하기로 한 후 채무자가 파산신청을 하였다. 목적물 중 일부 토지에 관한 채무자의 소유권의 유무 때문에 매매계약의 성립과 매매대금의 액수에 관한 분쟁이 발생하자 파산법원이 일단 매매계약상의 중재조항에 기하여 모든 분쟁을 중재에 의할 것을 명하였다. 이에 대하여 채무자가 파산법원이 관할권을 포기하고 파산사건을 중재에 위탁하는 것은 위법하다는 이유로 종전 재판의 수정을 신청하였다.

파산법원은 1963년 이후 파산과 중재에 관한 판례[61)]를 검토한 끝에 쟁점이 핵심파산 사건으로 국제적인 사건이 아닌 경우로서 채무자가 제11장 절차를 성공적으로 종결할 가능성이 있는 경우라면 파산법이 묵시적으로 중재법을 수정할 수 있다고 결론을 내렸다. 근거로는 파산법이 전국적인 상업 활동의 기능에 중요한 역할을 하고 있으며 의회가 명시적으로 파산사건에 관하여 주법원의 관할을 배제하고 모든 파산사건을 파산법원으로 집중하도록 법원조직법을 입법하였음을 그 논거로 들고 있다. 이에 반하여 중재제도의 독자성은 인정되지만 중요성은 파산절차만 못하다고 보았다. 예외적으로 파산절차가 중재절차에 양보하여야 하는 경우로는 국제파산사건과 재건절차가 실패한 제11장 사건을 들고 있다. 따라서 파산채권의 확정절차, 채권의 우선순위 등은 핵심 파산사건으로서 파산법원의 관할에 속하므

에 대하여 F의 방어기회가 부여되므로 그 판결에 의하여 중재판단은 파산절차에서 증명될 수 있고 파산법원이 재심사할 수 없다고 판시하였다. 그러나 이 판결은 파산절차와 중재절차의 조정에 관한 법리를 선언한 것은 아니고 오히려 미국 채무자가 파산되었다는 사실을 무시한 채 이루어진 외국중재판정에 대한 미국 법원의 심사라는 쟁점에 대하여 판시한 것이다. 이 사건은 파산법원의 관할권이 집중된 1978년 신 파산법 이전의 사례이고, 최근의 판례들이 근거로 하고 있는 파산법원에서의 권리관계의 집중관리의 중요성과 중재 존중의 방침과의 조정에 대하여는 언급하지 않고 있어 선례로서의 가치가 적다.

59) 로드아일랜드, 매사추세츠, 메인, 뉴햄프셔가 이에 속한다.

60) 貝瀨幸雄, 앞의 책(주 37), 270면은 이 판결의 선고법원을 매사추세츠 파산법원으로 기술하고 있으나 오기이다.

61) 중재와 파산절차의 저촉에 관하여 최초의 판결인 Zimmerman v. Continental Airlines, Inc., 712 F.2d 55(3rd Cir. 1983), *cert denied*, 464 U.S. 1038(1984) 사건 등 중요 판례를 분석하였다.

로 이러한 쟁점은 중재절차에 의할 수 없지만, 부동산 매매계약 증서(deed)의 수정에 관한 쟁점은 파산재단과 관련된 것이지만 핵심 파산사건이 아니므로 파산법원이 어느 절차에 의할 것인지에 관하여 재량권을 갖고 있는바 이는 당사자의 의사해석에 관한 것이고 중재인이 당해 사안을 판정함에 있어 부적합하다는 사정을 발견할 수 없고 여러 가지 사항을 고려하여 현재 구성되어 있는 중재인에 의하여 결정할 수 있으므로 이는 중재에 의함이 옳다고 판시하였다. 향후 계약서의 수정에 관한 쟁점이 해결되면 그 외 다른 쟁점과 아울러 파산법원이 심리 결정할 것이라고 판시하였다.

In re Mercurio, 402 F.3d 62(1st Cir. 2005)[62]

채무자와 상대방이 물품공급계약을 체결하였으나 계약위반의 귀책사유가 누구에게 있는지를 둘러싸고 다툼이 발생하였다. 채무자가 파산신청을 한 후 관재인이 공급자인 상대방을 상대로 손해배상청구소송을 제기하자 상대방이 계약조항에 있는 중재조항에 따라 테네시주에서 중재절차를 거쳐야 한다고 항변하였다.

파산법원과 지방법원은 모두 비핵심적 사건에 관하여 중재합의의 구속력을 인정하면서도 파산법원이 소재한 로드아일랜드로 중재지를 변경할 것을 명하였으나 항소심은 이 사건의 관재인은 채무자의 입장을 승계하는 지위에 있으므로 중재합의에 구속되는 것이고 만일 관재인이 불편한 법정지이론(forum non conveniens)에 따라 중재지를 변경하기 위하여는 선택한 법정에서 중재를 진행하는 것이 매우 불편하다는 점에 대하여 입증을 하여야 하는바, 단지 로드아일랜드에 파산사건이 계속중이라는 이유로 파산법원이 소재한 주를 중재지로 변경하는 것은 부당하다고 판시하였다.

2) 제 2 항소지구[63]

Allegaert v. Perot, 548 F.2d 432(2d Cir. 1977), *cert denied*, 432 U.S. 910 (1977)

Allegaert는 증권회사인 Walston('W')의 파산과 관련하여 W의 이사를 상대로 기망, 편파행위 및 연방증권법위반을 이유로 소송을 제기하였다.[64] 피고는 뉴

62) 2005. 3. 23. 선고된 연방 항소심 판결이다.

63) 버몬트, 뉴욕, 코네티컷이 이에 속한다.

64) 7개의 청구원인을 주장하였는데 그 중 4개는 1934년 증권거래법에 기한 것이고, 3개는 1933년 증권법에 기한 것이다.

욕증권거래소의 중재조항을 근거로 모든 청구권에 대하여 중재절차에 의할 것을 주장하였다.

법원은 일반론으로 관재인은 파산재단에 관한 증권법과 파산법에 기한 청구권에 대하여 중재절차에 강요당하지 아니한다고 설시한 후 연방대법원의 판결(Wilko v. Swan 346 U.S. 427(1953))[65]을 근거로 독점금지에 관한 청구에 대하여 중재대상을 부정한 점을 유추하여 증권법에 기한 청구권에 대하여 중재조항의 효력을 부정하였다. 한편 편파행위에 대한 부인의 쟁점에 관하여 부인권은 채무자에 속하는 것이 아니라 채권자에 속하는 것인데 관재인은 채권자의 지위를 승계하는 것이므로 중재합의에 구속되지 않는다고 판시하였다.[66]

그러나 이 판결은 그 후 연방대법원이 독점금지 사건,[67] 1934년 증권거래법[68] 및 1933년 증권법[69]에 대한 사건에 대하여 중재를 인정하기 이전이고, 또한 1978년 신 파산법 개정 이전의 판결이라는 점에서 더 이상 선례로서의 가치가 적다.

In re Berman Enters., Inc., 168 B.R. 18(Bankr. E.D.N.Y. 1992)

비록 파산법원이 중재계약의 집행 여부에 관한 재량권을 갖고 있지만 먼저 중재조항을 집행하는 경우와 파산법의 목적간에 충돌이 존재함을 증명하여야 하는데 충돌에 관한 증명이 부존재함을 이유로 중재조항의 집행을 승인하였다.

---

65) 증권매수인인 미국인 Wilko('W')는 미국 증권거래중개인인 Swan('S')에 대하여 허위표시를 이유로 1933년 증권법 §12(2)에 기한 청구를 하였고, 이에 대하여 S는 중재조항을 근거로 소송절차의 중지를 구하였다. W는 증권취득자로 하여금 이 규정이 정하는 바에 따를 것을 포기하게 하는 약정은 무효라는 취지의 동법 §14에 기하여 중재합의는 무효라고 주장하였다. 대법원은 증권투자자와 증권중개인과의 중재합의는 §14에 기하여 무효이고 따라서 W의 청구는 중재조항에도 불구하고 소송에 의하여 해결되어야 한다고 판시하였다. 그러나 이 판결은 그 후 Rodriguez de Ouijas v. Shearson/American Exp., Inc., 490 U.S. 477(1989)에 의하여 폐기되었다(이 점을 판결이유에서 명시한 것은 Hays v. Merill Lynch, 885 F.2d 1149, 1157(3rd Cir. 1989) 참조). 따라서 파산과 중재의 저촉에 관하여 이 판결을 논거로 하고 있는 그 후의 하급심 판결(대표적인 예로서 Zimmerman v. Continental Airlines, 712 F.2d 55(3d Cir. 1983), *cert denied*, 464 U.S. 1038(1984))들은 선례로서의 가치가 약화되었음에 주의할 필요가 있다.

66) 뒤에 보는 Hays 판결은, Allegaert 판결을 선례로 삼는 주장에 대하여 Allegaert 판결이 파산법상 관재인에 특유한 청구원인을 주장하는 것이고 파산자의 지위에서 유래하는 것이 아니며 증권법에 기한 청구는 여러 가지 입법정책을 고려하여 중재가능성이 없다고 판시한 것으로서 파산자의 지위에서 유래한 청구에 대하여 선례가 될 수 없다고 판시하였다.

67) Mitsubishi Motors Corp. v. Soler Chrysler-Plymouth Inc., 473 U.S. 614(1985).

68) Shearson/American Exp. v. McMahon, 482 U.S. 220(1987). 연방대법원은 연방중재법에 따라 연방법원이 RICO법이나 1934년 증권거래법 §10(b)에 기한 청구소송을 중단하고 사건을 중재절차에 회부하여야 한다고 판시하였다.

69) Rodriguez de Ouijas v. Shearson, 490 U.S. 477(1989).

In re Spectrum Info. Techs., 183 B.R. 360, 363-65(Bankr. E.D.N.Y. 1995)

일반론으로 제 2 항소지구 내의 파산법원과 지방법원은 전통적으로 특히 핵심 파산사건에 관하여 중재가 반드시 1978년 신 파산법하에서 파산법원에 부여된 특정 관할권에 우선하는 것이 아니라고 판시하여 왔다는 점을 강조하였다.

In re Manshul Construction Corp., 225 B.R. 41(Bankr. S.D.N.Y. 1998)

파산법원이 중재조항의 집행 여부에 관하여 재량권을 행사하여야 한다는 주장을 배척하면서 변호사와 의뢰인간의 보수에 관한 분쟁은 중재절차에 의하는 것이 적절하다고 판시하였다.

3) 제 3 항소지구[70)]

Zimmerman v. Continental Airlines, 712 F.2d 55(3d Cir. 1983), *cert. denied*, 464 U.S. 1038(1984)

파산사건에 관한 관할을 파산법원으로 집중한 신 파산법의 입법목적을 근거로 파산법원이 중재조항을 무효로 할 수 있는 재량권을 갖고 있다고 판시하였다. 또한 관재인이나 채권자가 중재조항에 서명한 바 없으므로 그들은 중재조항에 구속되지 않는다고 설시하였다. 그러나 이 판결은 1978년 당시의 파산법상의 관할구조에 기초한 것인데 그 후 파산법원의 관할이 변경되었고, 중재를 선호하는 연방대법원의 McMahon 판결 이전에 선고되었다는 점에서 선례로서의 가치가 떨어진다.

Hays & Co. v. Merrill Lynch Pierce Fenner & Smith, 885 F.2d 1149(3rd Cir. 1989)

일부 청구에 대하여만 중재항변을 인정하여 중재절차에 의할 것을 인정하였다. 제 3 항소지구의 확립된 판례이다. 이 판결로 선례인 Zimmerman 판결이 사실상 폐기되었다.

석유회사인 채무자(Monge Oil Corporation)는 증권회사(Merrill Lynch)와 증권중개계약을 체결하였다. 계약 조항에 계약과 관련한 분쟁은 중재에 의하기로 하는 중재조항이 삽입되었다. 채무자는 증권회사의 직원이 매매수수료를 얻기 위하여 채무자의 승낙 없이 채무자의 구좌에 있는 증권을 매매함으로써 손해를 입었다고 주장하였다. 채무자가 제11장 절차를 신청한 후 Hays and Company가 관재인으

70) 펜실베니아, 델라웨어, 뉴저지가 이에 속한다.

로 임명되었다. 관재인이 증권회사(파산채권자는 아니다)를 상대로 1933년의 증권거래법, 주의 증권거래법, RICO법위반, 보통법상의 충실의무위반을 이유로 한 손해배상소송과, 파산법 §544(b)[71]에 기한 부인소송을 제기하였다. 증권회사는 원고의 청구 중 RICO법에 기한 청구권과 증권법에 기한 청구에 대하여는 소송을 중단하고 중재에 의하여야 한다고 주장하였다. 제1심은 중재항변을 배척하고 RICO법에 기한 청구와 증권법에 기한 청구에 대하여는 소송절차를 진행하여 청구를 기각하였다.[72]

항소심은 첫째 일반론으로 관재인은 파산법 §541에 따라 채무자의 지위를 그대로 승계하므로 신청 전에 채무자가 체결한 계약에 구속된다.[73] 다음으로 파산법 §544(b)에 기한 부인소송의 주장은 채무자 본인의 지위에 기한 것이 아니고 일반채권자의 권리를 관재인이 대표하여 행사하는 것이고 일반채권자는 중재계약을 체결한 바가 없으므로 이러한 권리를 주장함에 있어서 관재인은 중재계약에 구속되지 않는다고 판시하였다. 결론적으로 부인소송에 대하여는 중재계약에 구속되지 않으나 비핵심 파산사건인 손해배상청구소송은 중재계약에 구속된다고 보았다.

이 판결은 관재인의 청구를 그 지위에 따라 양분하여 파산자의 지위에서 파생하는 손해배상 청구는 중재합의의 구속력을 인정하고, 총채권자의 지위에서 유래하는 부인청구에 대하여는 중재합의의 구속력을 부인하고 소송절차에 따르도록 하였다.[74]

---

71) 동조는 관재인이 일반채권자로서의 지위를 승계하고 있는 것을 전제로 하여 州法에 의하여 일반채권자가 취소할 수 있는 채무자의 양도행위 또는 채무부담행위를 관재인이 부인할 수 있다는 규정이다. 관재인의 제3자성에 관하여는 伊藤眞, "破産管財人の第三者性," 民商法雜誌 제93권 臨時增刊號(2) 特別法から見た民法, 有斐閣(1986), 91면 참조.

72) 제1심이 중재항변을 배척하면서 인용한 판결은 Zimmerman v. Continental Airlines, 712 F.2d 55(3rd. Cir. 1983)이다.

73) 담보제공계약은 파산법상의 미이행 쌍무계약에 해당하지 아니하고 따라서 관재인에 의하여 거절될 수 없으므로 관재인이 구속된다는 일반법리(Jenson v. Continental Financial Corp., 591 F.2d 477, 482(8th Cir. 1979))를 먼저 논의의 출발점으로 삼았다.

74) 이 판결의 입장은 곧 다른 법원에 널리 승인되었다. 후속 판결에 대하여는 David, B. Young, Alternative Dispute Resolution in Bankruptcy, 26th Annual Current Developments in Bankruptcy & Reorganization Vol. 1, Practicing Law Institute, 869, 877(2004) 참조. 이 책은 매년 미국의 변호사를 상대로 파산법의 전문가인 파산법관이나 변호사들이 강사가 되어 파산법의 최근 동향에 대한 강연을 하는 프로그램에서 발표한 논문을 묶은 책이다. 미국 파산법의 현황을 파악하는 데에 중요한 책이다.

4) 제 4 항소지구[75)]

White Mountain Mining Co., L.L.C., In re(Phillips v. Congelton, L.L.C.) 403 F.3d 164(4th Cir. 2005)

핵심 파산사건에 관한 것으로 국제중재와 파산절차에 관한 가장 최근의 판결이다(2005. 4. 1. 선고). 파산법원, 지방법원 및 항소법원은 일치하여 중재 신청과 대심소송 절차의 중지 요청을 거절하고, 중재절차에 참가하는 것을 금지하였다. 그 이유로는 중재절차가 채무자의 재건절차를 심각하게 간섭하게 되는 것을 들었다.

[사실관계]

광산회사(White Mountain, 이하 'WM'으로 표기, 채무자)는 웨스트버지니아에 사업장을 갖고 있으며 플로리다주법에 의하여 설립되었고 Phillips('P', 대심소송의 원고)와 그가 대주주인 신탁회사(Arquebuse, 'A')가 WM을 소유하고 있었다. P, A는 광산회사의 지분 중 절반을 White Trust(WT)에 매각하였다. P, A, WT 3자간에 매매계약서를, WM, WT, A 3자간의 운영계약서를 작성하였다. 매수인인 WT는 다시 Congelton('C', 대심소송의 피고)에게, P와 A는 지분을 Mowbray('M', 이 회사 역시 P가 소유하고 있다)에게 양도하였다. 두 계약서에는 계약과 관련한 모든 분쟁을 런던에서 국제상사중재원의 중재에 의하여 해결하기로 하는 중재조항이 포함되어 있었다. P가 운영 중에 회사의 운영에 필요한 돈(1,060만불)을 교부하였음에도 광산사업이 폐업하게 되자 C는 P가 광산회사의 재정상황을 속였으며 그가 회사에 지출한 돈은 대출금이라기보다는 자본에 해당한다고 주장하면서 C, WT는 2001. P, A, M을 상대로 중재신청을 하면서 P가 지출한 금원이 대출채권이 아니라 자본에 해당한다는 것을 확인한다는 내용의 중재판정을 구하였다. P는 2002. WM에 대하여 채권자의 지위에서 제11장 신청을 하였다. 2주 후 P는 WM, M, C를 상대로 웨스트버지니아 파산법원에 대심소송을 제기하였다. P는 소장에서 자신이 WM에 준 돈이 대출금이고 추가로 투자할 의무가 없음을 선언하여 줄 것을 구하였다. C는 파산법원에 P로 하여금 런던의 중재절차에 복종하도록 할 것과 대심소송을 각하하여 줄 것을 신청하였다.

파산법원은 P가 채무자 WM에 대하여 금전채권자임을 확인하여 달라는 청구는 파산법상의 핵심 파산사건이고 이 사건의 쟁점은 채무자가 계획안을 수립함에 있어서 결정적으로 중요하며, 중재절차는 필연적으로 채무자에 대한 채권의

75) 웨스트버지니아, 버지니아, 메릴랜드, 노스캐롤라이나, 사우스캐롤라이나가 이에 속한다

존부 및 지분권의 범위를 결정하는 것인데 일반적으로 핵심 파산절차는 중재절차보다 우월하다[76]는 이유로 C의 신청을 기각하고 더 나아가 C로 하여금 계속 중인 중재절차를 속행하는 것을 금지시켰다.

[판결요지]

중재를 선호하는 강력한 연방차원의 정책이 있고 중재법은 유효한 중재합의의 이행을 요구하고 있다. 특히 미국이 국제중재에 관한 뉴욕협약의 가입국이므로 국제거래의 분야에 이러한 연방정책이 적용되어 왔다. 그러나 뉴욕협약은 중재의 예외조항으로 국내법을 들고 있으므로 연방의회는 어떤 종류의 채권에 대하여 중재의 예외를 정할 권한을 유보할 수 있는바, 파산사건에 관한 한 파산법원이 중재를 중지하도록 허용한 연방의회의 의도는 국제중재절차에서도 명백하다.[77] 연방법원조직법 §157(b)(1)에 의하면 파산법원은 파산사건 중 핵심 파산사건에 관하여 관할권을 갖고 있는바, 파산재단의 관리에 관한 문제나 파산재단에 대한 파산채권의 확정과 같은 사건은 핵심 파산사건에 속한다. 런던 중재절차에서 결정해야 하는 쟁점도 P가 파산재단에 대하여 갖는 권리가 채권인지 지분권인지를 정하는 것으로 핵심 파산사건에 속한다. 핵심 파산사건이라고 하여 자동적으로 파산절차를 중재절차보다 우위에 두는 것은 아니며 쟁점을 해결함에 있어 파산절차와 국제중재간에 내재적인 충돌이 있는 경우에는 파산절차가 우위에 있다. 파산법의 목적이 채권자와 채무자의 권리를 변경하는 데에 있고, 파산재단에 관한 분쟁을 파산법원으로 집중시키고 있음에 반하여 중재인으로 하여금 주요쟁점을 결정하도록 하는 중재절차는 채권자와 채무자의 권리관계를 중재판정에 따르게 함으로써 양 절차는 서로 저촉하게 된다. 특히 제11장 사건에서 분쟁의 집중은 채무자가 재건하는데 매우 긴요하고 이 사건에서도 P의 지위(채무자인지, 지분권자인지)가 확정되어야 다른 채권자들이 추가로 투자를 할 것인지, 계획안을 수립하는 등 절차를 진행할 수 있으므로 중재절차를 배제할 수 있다.[78]

---

76) "the core proceeding trumped the arbitration."

77) 파산절차에서 국제중재의 합의를 부인한 다른 연방항소법원의 판결인 In re United States Lines Inc., 197 F.3d 631, 639(2d Cir. 1999)를 인용하고 있다.

78) 이 판결은 전제로서 White Trust가 외국신탁회사로 보고 뉴욕협약이 적용되는 외국중재에 속한다고 보았다.

5) 제 5 항소지구[79)]

In re National Gypsum Co., 118 F.3d 1056(5th Cir. 1997)

이 판결은 핵심 파산사건에 관하여 파산과 중재의 관계를 처음 언급하였고 그 후 많은 판결들이 이 판결의 논리를 따를 만큼 중요한 선례이다.[80)] 제11장 채무자의 승계인이 보험회사를 상대로 보험회사에 대한 채무는 면책되었으며 인가된 계획내용에 따라 청구가 금지되었음을 선언하는 판결(declaratory judgment)을 구하였다. 파산법원 및 항소법원 모두 보험회사의 중재항변을 배척하였다. 항소법원은 파산재단이 파산신청 전 채무자의 권리를 주장하는 것이 아니거나, 파산법에 터잡아 발생한 권리나 의무와 관련한 소송이라면 파산법원은 중재약정의 효력을 부인할 재량권을 갖는다. 이 사건에서 쟁점은 보험회사가 파산재단에 대하여 파산채권을 갖느냐 하는 것이 아니라 채무자의 채무가 면책되었느냐 하는 것이고 이는 파산법에 의하여 발생한 권리의무에 관한 것이므로 파산법원이 재량권을 행사하여 중재약정의 효력을 부인할 수 있다고 판시하였다.[81)]

In re Gandy, 299 F.3d 489(5th Cir. 2002)

파산법 §544, 548, 440에 기하여 사기양도(fraudulent transfer)와 그 회복과 아울러 상이한 법인격체를 상대로 파산법상의 실체적 병합(substantive consolidation)[82)]을 구하는 소송에 대하여 파산법원이 이러한 소송은 파산법 외에서 주장할 수 없는 것이라는 이유로 중재항변을 배척한 것은 정당하다고 판시하였다.

---

79) 텍사스, 루이지애나, 미시시피가 이에 속한다.

80) George J. Wallace etal, Bankruptcy Update-Developing Issues, 58 Bus. Law. 1323, 1333 (2003).

81) 다만 면책의 효력을 무시하는 채권자의 행위를 상대로 한 class action은 핵심 파산사건이므로 중재약정의 효력이 미치지 아니한다는 법리가 다수의 견해이다. Id. at 1334.

82) 실체적 병합이라 함은 단순히 둘 이상의 파산사건의 병합(joint administration)과 달리 파산절차가 개시된 채무자와 파산원인이 없는 비채무자를 하나의 법인격체로 보아 파산절차를 진행하는 것이다. 이것은 파산법이 부여하는 법원의 형평권한과 실체법상의 법인격부인의 법리가 결합된 것이다. 이 절차를 통하여 양 법인격체의 재산이 하나로 합하여지고 그 재산으로부터 채권자들에 대한 배당이 이루어진다. 이 절차의 목적은 모든 채권자들을 공평하게 취급하기 위한 것이다. 요건으로는 ① 채권자에 대한 기망행위가 있었고, ② 채권자들이 수개의 법인격체에 대한 신용상태가 마치 하나의 법인격체인 것인 양 신뢰하였고, ③ 관계 법인격체가 별개의 상업장부를 유지하는 것이 부적절하고 원래의 관계로 복구시키는 데에 채권자들에게 비용 부담이 큰 경우이다. 대표적인 예로는 채무를 부담한 후 재산을 어느 일방으로 이전한 경우 모회사와 자회사 또는 회사와 기업주 간의 병합이다. 자세한 설명으로는 Samuel R. Maizel and Arnold M. Quittner, Substantive Consolidation of Debtors and Non-Debtors In Bankruptcy Proceedings, Annual Survey of Bankruptcy Law, 87(2002).

In re Mirant, 311 B.R. 234(Bankr. N.D.Tex. 2004)

에너지 기업에 관한 사건으로 채권자가 채무자에 대하여 거액의 청구를 구하면서 중재약정에 기하여 중재절차에 의할 것을 주장하였으나 법원은 편파행위, 사기양도와 같은 파산법에 기한 청구에 관하여는 중재약정에 구속되지 않으며, 특히 채권확정(claim allowance)에 관한 재판은 파산법원의 핵심관할에 속한다고 보았고, 그 외 유사한 계약과 관련된 유사한 청구에 대하여는 유사한 결론을 도출하여야 하는 점과 중재절차에 의할 경우의 필수적 공동소송을 제기할 수 없다는 점을 고려하여 중재약정을 부정하였다.

6) 제 6 항소지구[83)]

In re F & T Contractors Inc., 649 F.2d 1229(6th Cir. 1981)

이 판결은 1978년 파산법 개정 이전의 사건에 관한 것이다. 제11장 채무자(도급인)와 부동산개발업자인 상대방(Mazur, 'M')간의 계약불이행에 관한 것이다. 관재인이 소송을 제기하자, M은 파산 전에 체결된 중재계약에 기하여 중재항변을 하였다. 파산법원과 연방지방법원은 항변을 배척하였다. 항소법원은 중재를 강제하거나 배척하는 것은 파산법원의 재량에 속한다고 판시하였다. 법원의 판단이 채무자의 일반재산으로부터 변제받게 된 다른 채권의 존부, 액수의 범위, 순위 등에 영향을 미치고 총 채권자의 이해관계에 영향을 미치기 때문이다.

In re Hupp Industries Inc., 157 B.R. 360(Bankr. N.D.Ohio. 1993)

오하이오주 파산법원의 판결로써 비핵심 파산사건에 관한 것이다. 호주 법인(채권자)이 미국 법인(채무자)에 관한 파산절차에서 라이센스계약에 기한 파산채권을 신고하였다. 이에 대하여 채무자가 계약위반을 이유로 이의를 제기하였다. 채권자는 계약서에 계약으로 인한 분쟁은 미국중재협회의 중재규칙에 따라 오하이오주에서 중재에 의하기로 하는 합의가 있음을 이유로 대심소송의 중지를 구하였다. 법원은 다음과 같은 이유로 채권자의 주장을 인용하였다. "중재를 우대하는 연방의 정책은 국제거래의 분야에서 강하게 나타나며 특히 연방대법원이 국제거래상의 중재 등의 합의효력과 연방제정법이 저촉되는 경우에도 국제거래에 관한 합의를 관철시키고 있으므로[84)] 연방대법원의 입장은 국제예양, 외국 또는 초국가

83) 오하이오, 켄터키, 테네시, 미시간이 이에 속한다.

84) 앞에서 본 Mitsubishi 판결(1985), Scherk 판결(1974) 외에 관할합의에 관한 The Bremen v. Zapapta Off-Shore Co. 407. U.S. 1(1972) 등을 예로 들고 있다.

적 중재기관의 능력의 존중, 분쟁해결에 의한 예견가능성을 확보하기 위한 국제거래의 시스템의 필요성이라고 하는 정책론을 전제로 하고 있다. 또한 다수의 파산법원이 파산절차의 중지를 명하는 한편 국제중재조항의 효력을 승인하고 있다. 이 사건은 기본계약의 위반을 다투는 것으로 파산법원의 핵심 파산사건의 관할권의 범위 외에 있으므로 이러한 사항을 중재에 맡긴다고 하여도 연방파산법의 목적을 해하는 것이 아니다"라고 결론지었다.

In re Transport Assoc. Inc., 263 B.R. 531(Bankr. W.D.Kent. 2001)

법원은 관재인이 §510(c)에 기하여 어느 채권자의 채권을 형평에 기하여 열후화(equitable subordination)할 수 있는 권리는 파산법에 특유한 것으로 중재조항의 범위를 벗어난다는 이유로 중재합의의 구속력을 배척하였다.

7) 제 9 항소지구[85)]

Bender Shipbuilding & Morgan, 28 B.R. 3, 5(9th Cir. BAP 1983)

법원은 제11장의 DIP가 파산채권자가 아닌 제 3 자를 상대로 계약에 기한 청구권을 주장하는 경우 계약에 포함된 중재조항에 구속된다고 판시하였다.

8) 제10항소지구[86)]

Quinn v. CGR, 48 B.R. 367(Bankr. D.Colo. 1985)

의료기구를 판매하는 채무자 제조회사에 관한 제 7 장(청산절차)의 관재인이 프랑스 기업(피고)을 상대로 판매계약에 기한 청구를 하였다. 피고는 판매계약에 포함된 중재약정에 기하여 파리에서의 중재항변을 하였다. 법원은 중재조항을 배척할 아무런 합리적인 이유를 발견할 수 없으며, 관재인은 파산법상의 편파행위나 사기양도의 취소와 같은 순수한 파산법상의 권리를 주장하는 것이 아니고, 사건이 제11장 재건절차에서 제 7 장으로 전환된 경우이므로 파리에서 중재절차가 진행된다고 하여 성공적인 재건이 저해되는 것도 아니라는 이유로 중재항변을 인용하였다.

---

85) 몬태나, 아이다호, 워싱턴, 오레곤, 네바다, 캘리포니아, 아리조나, 알라스카, 하와이가 이에 속한다.

86) 와이오밍, 유타, 콜로라도, 뉴멕시코, 캔사스, 오클라호마가 이에 속한다.

(5) 외국파산절차와 미국중재절차의 중단 여부(§304의 보조절차)[87]

파산법 §304는 보조절차라는 제목 하에 외국관재인에게 보조절차의 신청권한을 인정하고 있다. 보조절차는 외국에 계속 중인 파산절차를 돕기 위한 제한된 파산절차이다. 외국의 관재인은 보조절차를 통하여 미국 파산법원에 대하여 미국내에서 진행되고 있는 소송, 행정절차, 집행절차의 중지, 채무자 소유의 재미재산의 반환, 중재절차의 중지 등을 구할 수 있다. 파산법원은 §304에 규정된 6가지 요소를 고려하여 외국관재인의 신청을 인용할 것인지 여부를 결정한다. 본절차(a full and conventional bankruptcy)와 보조절차는 파산재단의 유무, 관재인의 선임 유무, 채권확정절차의 유무 등에 관하여 차이가 있다. 중재절차에 관련한 판례를 살펴본다.

1) 중재절차의 중지

Vesta Fire Insurance Co. v. New Cap Reinsurance Co., 244 B.R. 209 (S.D.N.Y. 2000) 판결의 사안은 다음과 같다. 채무자(New Cap)는 호주법에 의하여 설립된 보험회사로서 호주에서 재건절차가 개시되어 호주관리인(Gibbons)이 선임되었다. 채권자(Vesta)는 미국 알라바마주에서 설립되었으나 뉴욕에서 영업을 하는 보험회사로서 Vesta와 계약과 관련한 분쟁을 알라바마에서 중재하기로 합의하였다. 파산신청이 있기 전에 Vesta는 중재신청을 하여 중재인이 선정되고 중재인은 채무자에게 1,250만불을 담보로 제공하라고 명하였다. 채무자에 대하여 호주에서 관리절차가 개시되자 외국관재인이 보조절차로서 채무자에 대한 미국 내의 모든 절차의 중지신청을 하여 파산법원이 가처분명령으로 중지를 명하였다. 중지절차 중에서는 채권자와 채무자간에 진행 중인 중재절차도 포함되어 있었다.[88] 미국 채권자는 중재판정에 기하여 집행하려는 것이 아니라 단지 중재절차를 진행하여 파산채권 액수를 확정하려는 것임에도 파산법원이 중재절차마저 중지시키는

87) 미국 파산법상의 보조절차에 대하여는 林治龍, "미국법원이 본 한국의 회사정리제도," 저스티스 2004년 12월호 통권 제82호, 222면 이하 참조.

88) 미국의 법원이 자국의 제7장 또는 제11장 파산절차(보조절차를 제외함)를 통하여 미국이 아닌 제3국의 중재절차까지 중지를 명할 수는 없다. 그러나 만일 당사자가 미국 파산법원의 인적관할권에 복속하고 있는 경우에는 제3국의 중재절차에 참가하는 것이 미국 파산법원에 대한 법정모독죄로 처벌받을 수 있는 제재가 있으므로 사실상 제3국의 중재절차의 속행을 저지하는 효과를 가져올 수 있다. 미국 파산법의 자동중지 명령에 위반하여 채권자가 독일에서 채무자를 상대로 소송을 제기한 것은 무효라고 판시한 사건으로는 In re Peregrine Systems Inc., 314. B.R. 31(Bankr. D.Del. 2004) 참조.

것은 다음의 이유로 위법하다고 항소하였다. 첫째로, 중재에 관한 뉴욕협약을 고려하지 아니한 잘못이 있다. 둘째, 파산 전의 협상에 의하여 중재합의를 얻어낸 채권자의 지위를 해하는 것이다. 셋째, 미국 내의 중재절차는 보조절차에서 중지할 수 있는 대상이 되지 아니한다.

이러한 주장에 대하여 연방지방법원은, 뉴욕협약은 국내법과 동등한 지위에 있으며, 연방중재법과 파산법이 충돌하는 경우 국제중재에서조차 파산법이 우위에 서있고,[89] 내국 채권자가 미국 내에서 중재절차를 주장할 수 있는 경우에도 미국 법원은 외국도산절차에 예양을 인정하고 있다는 이유로 항소를 기각하였다. 이 사건에 관하여 미국의 중재판정부가 외국채무자에게 중재개시 전에 보증금을 공탁할 것을 명하였는데 법원은 일반채권자에 불과한 미국채권자의 지위가 보증금과 관련하여 부당하게 담보권자로 격상되는 것을 염려한 점을 고려하였다.[90]

2) 중재지의 변경

In re Board of Dirs. of Hopewell Int'l Ins. Ltd., 238 B.R. 25(S.D.N.Y. 1999) 판결에서 법원은 중재지를 미국의 미네소타에서 버뮤다로 변경하도록 하는 버뮤다 계획안에 대하여 예양을 부여하면서 중재를 우선한다는 원칙이 신성불가침의 것은 아니라면서 미국 채권자의 중재 주장을 배척하였다. 한걸음 더 나아가 당사자간에 분쟁을 중재에 의하여 해결하기로 하는 합의는 계약에 기한 권리이고 파산재단 전체의 이익을 위하여 변경할 수 있다고 판시하였다.

(6) 요 약

1978년 이전의 판례와 1978년 파산법이 개정된 초기의 판례는 파산법원으로 관할을 집중한 입법정책, 중재에 의할 경우 발생하는 파산절차의 지연, 비용의 증가, 절차의 중복이라는 폐해를 방지하기 위하여 가급적 파산절차에 의하되 중재절차에 의할 것인지 파산절차에 의할 것인지의 판단을 파산법원의 재량에 맡기고 있었다. 그 후 Marathon 판결을 계기로 1984년 파산법과 법원조직법이 개정되면서 파산법원에 핵심 파산사건에 대하여만 전속적 관할권을 주고 비핵심 파산사건에 대하여는 연방지방법원에 전속적 관할권을 준 점을 중시하고 연방대법원이 국제중재에 관하여 중재를 선호하는 판결들을 잇달아 판시하면서 핵심 파산사건의

89) 선례로서 In re U.S. Lines, 197 F.3d 631, 640-41(2d Cir. 1999)을 들고 있다.
90) 244. B.R. at 215.

경우에는 파산절차가 중재절차에 우월하여 파산법원이 중재약정의 효력을 부인할 수 있지만, 비핵심적 파산사건의 경우에는 관재인이 채무자의 입장을 승계한다는 점을 근거로 중재약정의 구속력이 관재인에게도 미친다고 보아 중재항변을 인용하고 있다.[91] 미국의 판례들은 중재약정을 미이행 쌍무계약의 문제로 다루지 아니하고 파산법원의 배타적인 관할권과 관련하여 핵심 파산사건인지, 비핵심 파산사건인지 여부와 당해 분쟁에서 관재인의 지위가 채권자의 지위와 채무자의 지위 중 어느 쪽에 서 있는지를 기준으로 하여 정하되 판단주체는 관재인이 아니라 법원으로 보고 있다.

3. 독 일[92]

독일에는 중재에 관하여는 별도의 독립한 법률이 없고 민사소송법 제10편 이하에 규정되어 있다. 당사자가 합의하여 별도의 중재절차를 거칠 수는 있지만 중재판정에 대하여 항소할 수 없으며 단지 법원에 중재판정 무효의 소를 구하는 것이 유일한 구제책이다. 단 중재판정의 집행절차에 대하여는 법원에 제소하여 다툴 수 있다. 법원이 중재판정을 무효로 할 수 있는 근거는 §1041에 규정되어 있다. 1998. 1. 1.부터 시행되는 개정된 민사소송법 제10편은 1985년 UNCITRAL 모델중재법을 입법화한 것이다. 신법은 국제중재와 국내중재에 적용된다. 이하의 설명은 1999. 1. 1. 이전의 구 파산법(Konkursordnung, KO)과 구 중재법(1998. 1. 1. 이전)에 기한 것이다. 독일은 파산절차에 관한 것이라도 예컨대, 파산재단을 대신하는 적극적 소송, 환취권 및 별제권에 기한 절차, 파산채권확정절차 등에 대하여는 중재가능성을 인정하고 있다.[93]

(1) 중재계약의 구속력

파산자가 파산선고 전에 체결한 중재계약은 파산재단과의 관계에서도 효력을 갖고 따라서 관재인도 이에 구속된다는 견해가 다수설이다. 이에 의하면 첫째, 중재계약은 쌍무계약이 아니므로 쌍방미이행의 쌍무계약의 해제를 관재인에게 인정

91) David B. Young, supra note 74, at 869. 위 논문에서 언급한 판례들 중 중요한 것은 본문에 반영하였다.

92) 이하의 내용은 주로 福永有利, 앞의 책(주 24)과 Lazić, supra note 8의 내용을 정리한 것이다. 구체적인 사례에 대하여는 전자의 글을 참조.

93) Lazić, supra note 8, at, 164.

하는 파산법의 적용은 없다. 또 중재계약은 위임계약이 아니므로 파산자가 한 위임관계가 파산에 의하여 종료한다고 하는 파산법 규정도 적용이 없다.[94] 관재인은 파산절차 개시시에 존재한 파산자의 법적 상태를 원칙적으로 인수하여야 하므로 파산자가 파산선고 전에 체결한 중재계약의 효력은 당연히 관재인에게 미친다. 그러므로 중재계약의 상대방은 그 계약이 적극재산에 관한 것일 때에는 관재인을 상대방으로 하여 중재신청을 할 수 있고, 관재인이 법원에 소송을 제기한 때에는 중재계약의 항변을 제출할 수 있다. 다수설에 의하더라도 파산절차 중에 파산자 자산에 대한 중재절차의 실시는 국가의 법원에의 소송과 마찬가지의 범위 내에서만 허용된다. 따라서 파산재단에 속하는 적극재산에 관한 중재절차에는 파산자는 관여할 수 없다.

⑵ 중재절차의 중단 여부

독일에서도 파산채권자는 파산절차에 참가하기 위하여 파산채권을 신고하여 채권자표에 기재되어야 하고 파산채권에 대하여 이의 유무, 집행권원의 유무에 따라 조사절차가 이루어지는 것은 기본적으로 한국과 같다. 파산채권에 대하여 다툼이 있고 파산선고 당시 그에 관한 절차가 계속 중인 경우에 파산자를 상대로 한 소송은 속행될 수 있다.[95] 민사소송법 §240는 소송당사자 일방이 파산선고를 받은 경우 소송절차의 중단에 대하여 규정하고 있으나 중재절차에 대하여는 언급이 없다. 중재절차의 중단여부에 대하여는 견해가 대립되어 있다.

다수설에 의하면, 중재계약에서 파산선고시 중재절차를 중단하도록 합의하거나, 중재절차의 준거법이 중단을 인정하는 경우를 제외하고 중재절차는 소송절차가 아니므로 소송절차의 중단, 수계에 관한 민사소송법 §240는 적용되지 않는다.[96] 다만 중재에 관계된 것이라도 중재인의 지명을 구하는 결정절차나 파산재단에 관한 중재판단의 취소를 구하는 소송, 집행력을 가지는 것의 선언을 구하는 결정절차 등 국가의 법원에 있어서의 절차는 파산에 의하여 중단한다. 또한, 중재계약이 파산채권에 관한 것일 때에는 그 확정을 위하여 중재절차를 이용할 수 있고, 채권확정소송에 의할 것이 아니다. 관재인이 부인권을 행사하는 때에는 중재계약의 효력은 미치지 않으므로 관재인은 소송을 제기할 수 있다.

---

94) 오창석, 앞의 논문(주 5), 124면 이하에 독일의 학설과 판례를 소개하고 있다.
95) Art. 144 par. 2 KO, Lazić, supra note 8, at 241에서 재인용.
96) Id. at 292.

이에 반하여 소수설은 중재절차가 중단되지 않는다는 점에 대하여 의문을 제기하면서 관재인이 중재절차의 내용을 파악할 시간이 부여되어야 할 뿐 아니라 채권자들의 이익을 고려하여 적절한 방법으로 중재절차를 인수할 기회가 주어져야 한다고 주장한다.[97] 근거로 파산법(KO) §23에 따라 파산선고의 효과로 파산자의 소송대리인의 대리권이 소멸하는 점을 고려하면 만일 중재절차가 중단되지 아니한 채 내려진 중재판정은 §1041(1)(3)에 기하여 무효로 될 수 있기 때문이다.

주목해야 할 것은 이상 논의한 독일의 구 파산법은 개인에 대한 면책제도를 인정하지 않고 있으며[98] 파산절차가 개시된 경우라도 파산자가 파산채권에 대하여 다툼이 있으면 파산자를 상대로 한 소송을 계속할 수 있다는 점을 전제로 하고 있기 때문에 중재절차도 가능하다는 점이다. 이 점에서 면책제도를 인정하고 소송절차의 중단을 인정하고 있는 한국과 기본적인 전제가 다르다.

4. 프 랑 스[99]

(1) 중재가능성과 중재계약의 효력

프랑스는 민법 제16편의 §2059, 2060에서 임의로 처분할 수 있는 권리에 관하여 중재를 할 수 있으나 사람의 신분, 권리능력, 이혼, 별거, 공공단체 및 영조물에 관계되는 소송사건 및 공서에 관한 사항에 대하여는 중재를 하지 못한다고 규정하고 있다. 중재절차에 대하여는 민사소송법 제 4 편에 중재에 관하여 규정하고 있다. 또한 청산 및 재건에 관련된 사건을 상사법원의 전속관할로 집중하고 있다.[100] 그러나 §174의 해석을 둘러싸고 파산절차의 중재가능성에 대하여 학설·판례가 통일되어 있지 않다. 다수설은 전속관할권의 규정이 중재가능성의 여부를 결정하는 유일한 요소는 아니라고 해석한다.[101]

다수설과 파기원의 판례에 의하면, 파산절차 개시 전에 체결된 중재약정은 관재인이 중재약정이 포함된 거래계약을 인수하는 경우에는 관재인도 구속된

97) Id.
98) Id. at 26.
99) 이하의 설명은 貝瀨幸雄, 앞의 책(주 37) 및 Lazić, supra note 8의 내용을 재인용한 것이다. 구체적인 판례의 인용은 생략한다.
100) art. 174 of the Décret No. 85-1388 du 27 décembre 1985.
101) Lazić, supra note 8, at 161.

다.[102] 그러나 관재인이 계약을 거절하는 경우에는 견해가 나뉘어 상대방이 갖는 손해배상 청구권은 파산절차에서 비롯된 것이므로 §174에 따라 중재가능성이 부정되고 따라서 관재인은 중재약정에 구속되지 아니한다는 주장도 있고, 파산채권자의 권리에 대하여 중재가능성이 인정된다면 계약거절로 인한 손해배상청구권에 대하여도 마찬가지이고 따라서 관재인도 중재약정에 구속된다는 견해도 있다. 후자의 견해가 설득력이 있다고 한다.[103]

(2) 파산절차의 개시와 중재절차의 효력

파산절차의 개시 효과로 인하여 국내중재절차가 중단됨을 민사소송법에 명시적으로 규정하고 있다.[104] 판례는 국제중재의 경우에도 파산절차(청산절차이건 재건절차이건)가 개시되면 중단된다고 한다. 중재절차의 중단은 공서에 해당하므로 계약 당사자 중 1인에 대하여 파산절차가 개시되면 중재인은 당사자가 이를 주장하지 않더라도 파산법을 적용하여야 한다.[105] 다만 파산절차를 무시하고 내려진 중재판정은 관재인이 이를 승인하는 경우에는 무효가 되지 아니한다. 미국과 달리 프랑스는 중재판정에 대한 법원의 심사에 관한 판례가 풍부하다. 대표적인 판례를 소개한다.[106]

모로코 회사와 프랑스 회사(채무자)간에 라이센스계약이 체결되었다. 그 후 1985. 채무자에 대하여 프랑스에서 재건절차가 개시되고 1987. 3. 화의가 성립하였다. 그 사이 모로코 회사가 1986. ICC에 계약서의 중재조항에 기하여 계약위반을 이유로 손해배상을 구하는 중재신청을 하여 금전지급을 명하는 중재판정을 받았다. 채무자는 중재판정이 파산절차 계속 중 개별집행 금지원칙에 위반하여 이루어진 것으로 위법하므로 중재판정의 취소를 구하였다. 원심은 중재판정의 취소신청을 기각하였다. 파기원 상사부는 파산재단에 대한 채권자평등의 원칙은 국내적인 공서뿐 아니라 국제적인 공서이므로 상고인(채무자)의 주장을 받아들여 원심을 파기하였다.

---

102) Id. at 195 이하에 파기원과 고등법원의 판결이 소개되어 있다.
103) Id. at 196.
104) 민사소송법 제4편 Art. 1465. The interruption of the arbitral trial is governed by the provisions of articles 369 to 376(睦榮埈, 앞의 책(주 5), 450면).
105) 판례는 Lazić, supra note 8, at 291 주 47 참조.
106) 貝瀨幸雄, 앞의 책(주 37), 271면 주 15 참조.

Ⅳ. 해 석 론

1. 서 론

한국은 연방제 국가가 아니고 독립한 파산법원도 존재하지 않으므로 미국과 같이 핵심·비핵심 파산사건의 구별에 의한 관할권배분의 문제는 발생하지 않는다. 그러나 파산법은 파산법원을 파산사건의 전속관할로 하고,[107] 파산채권의 신고와 확정절차를 파산법원으로 집중하고 파산절차를 통하여 파산재단에서 배당을 하고 있다. 따라서 파산법원으로의 관할 집중의 문제가 발생하는 점이나 관재인이 파산자와 총채권자의 지위를 겸유하는 점도 미국과 동일하다.[108] 또한 국내중재에 대하여 중재법이 있고 외국중재판정의 승인 집행에 관하여 뉴욕협약에 가입하였으므로 중재와 파산절차의 충돌의 문제 역시 발생한다. 되도록이면 국제중재와 국내중재 쌍방에 공통하는 이론구성이 필요하다는 주장[109]도 있으나 양자는 중재절차에 대한 파산법원이 행사하는 재판관할권에 차이가 있고 중립적인 법정지와 준거법 선택에 대한 중요성, 공서개념[110] 등에 차이가 있으므로 국내중재절차와 국제중재절차로 나누어 각 절차에서 파산절차와의 저촉에 대하여 설명한다.

2. 국내중재절차

(1) 파산절차와 중재절차의 비교

1) 절차의 목적

파산절차와 중재절차는 각각의 입법목적을 갖고 있다. 파산법은 파산자를 둘

107) 파산법 제96조 및 회사정리법 제6조. 여기서 파산법원이라 함은 독립한 전문법원이 아니라 파산사건을 담당하는 법원을 말한다. 회사정리사건도 같은 취지이다.

108) 더구나 2006. 4. 1.부터 시행되는 채무자회생및파산에관한법률('신법')에 의하면 종전과 달리 파산채권확정재판을 이원화하여 1차적으로 파산법원이 결정하고 불복이 있으면 일반법원에서 판결로 확정함으로써 파산법원의 관할집중이 강화되었다(제170조, 제171조, 제462조, 제463조).

109) 貝瀬幸雄, 앞의 책(주 37), 274면.

110) 판례는 국제중재의 경우에 국내적 공서 외에 국제적 공서의 개념을 고려하고 있다. 대법원 1995. 2. 14. 선고 93다53054 판결(공 1995, 1321); 1990. 4. 10. 선고 89다카20252 판결(공 1990, 1043). 張文哲, "外國仲裁判定과 外國判決에 대한 執行請求訴訟에 관한 評釋," 국제사법연구 제2호, 吉安社(1997), 662면도 같은 입장이다.

러싸고 다수의 여러 종류의 채권자들의 권리관계를 조정하기 위한 집단적인 집행절차 또는 재건절차의 성격을 갖는다. 파산절차는 조세채권, 국민연금 등과 관련한 공법상의 분쟁 외에 계약채권자, 불법행위의 피해자, 별제권자 등에 관한 사법상의 분쟁도 해결대상으로 삼지만 파산절차는 원칙적으로 분쟁해결을 위한 절차는 아니며 공평한 배당과 재건을 위하여 부수적으로 채권확정절차를 두고 있을 뿐이다.[111)]

이에 비하여 중재절차는 양 당사자간의 계약 또는 계약과 관련한 私法上의 분쟁을 적정·공평·신속하게 해결함을 목적으로 하는 분쟁해결 절차이다. 주로 국제거래, 국내 상거래, 라이센스계약, 지적소유권 등 전문가의 판단을 요하는 영역에서 자주 활용된다. 따라서 분쟁해결 대상의 면에서는 파산절차의 적용범위가 넓지만 분쟁대상의 복잡성과 전문성은 중재절차에서 더욱 발현된다.

2) 집단절차와 개별절차

각국의 파산법이 다르다고 하더라도 공통적인 것은 청산절차는 파산재단의 가치를 극대화하고, 질서 있는 배당을 통하여 채권자들에게 공평한 배당을 하는 것이고, 재건절차는 기업의 재건을 통하여 채권자들에게 채권을 변제하는 것이다. 파산채권 확정절차는 채권자와 관재인 양인간의 절차가 아니라 모든 채권자들이 참석하여 자기의 채권뿐 아니라 타인의 채권에 대하여도 이의를 제기할 수 있는 기회를 부여하고 있으며 이러한 채권조사절차를 거쳐 채권자표에 기재된 채권에 대하여는 확정판결과 동일한 효력을 부여함으로써 파산절차의 안정성을 꾀하고 있다. 일단 파산채권확정의 소가 제기되면 일반의 소송절차와 마찬가지로 증거조사와 구두 변론을 거쳐 실체법을 적용한 판결을 통하여 확정되며 항소가 보장된다. 파산절차는 판결절차와 달리 1회적이 아니고 개시신청부터 파산선고, 배당, 종결 등 일련의 진행절차를 통하여 다수의 이해관계인의 권리관계를 조정하게 되므로 종료시까지 시일이 오래 걸리는 것이 보통이다.[112)]

이에 반하여 중재는 당사자간의 소송계약의 일종으로서 임의적이고 개별적인 분쟁해결방식이다. 중재절차에는 중재에 합의한 당사자 이외의 자가 중재절차에 참여하는 방법이 마련되어 있지 아니하여 다수당사자간의 분쟁을 일거에 해결하기 어려운 단점이 있다.[113)] 또한 각 중재계약에 따라 여러 곳에서 중재절차를 진

111) Lazić, supra note 8, at 155.
112) 동시폐지가 대부분을 차지하는 소비자파산 사건은 예외이다.
113) 睦榮埈, 앞의 책(주 5), 8면.

행하게 되어 절차가 분산되는 반면 1회적인 중재판정으로 분쟁해결을 매듭짓기 때문에 신속성의 면에서 장점이 있다.

3) 강행규정과 임의규정

파산법은 앞에서 본 목적을 달성하기 위하여 파산선고와 동시에 파산자 소유의 일정 재산을 파산재단으로 삼아 관재인을 선임하고 그에게 파산재단의 관리처분권을 위임하고 있다. 파산채권자는 파산절차에 의하지 아니하고 변제받을 수 없다. 파산채권을 신고하지 아니한 파산채권자에게 배당에 참가하지 못하는 불이익을 주고, 파산절차 내에서는 사법상의 법원리가 파산법의 목적을 달성하기 위한 범위 내에서 변경된다.[114] 관할법원을 전속관할로 묶어 당사자간의 관할합의를 배척하고 있다. 부인의 제도를 마련하여 오직 관재인에게만 부인권을 부여하고 있다. 이러한 규정은 모두 강행규정으로서 이에 위배된 행위는 무효이다.[115]

이에 비하여 중재절차는 당사자가 중재지, 중재인, 준거법, 중재에 적용할 규칙을 임의적으로 정할 수 있는 자율적인 분쟁해결수단이다. 또한 중재인의 중재판단의 기준이 되는 규범은 법률이 아니라 선과 형평이다. 이 점에서 판결에 준하는 객관적 상당성은 미흡하다.[116]

4) 소결론 — 파산절차의 원칙적인 우월

앞에서 본 중재절차와 파산절차의 차이점과 중재약정이 있는 채권뿐 아니라 그와 유사한 지위에 있는 다른 많은 채권자들의 지위를 고려하여 되도록 같은 처우를 하여야 하는 파산법원의 역할을 함께 고려한다면 파산절차의 개시로 일단 중재약정은 파산절차의 귀추에 따르도록 함이 옳다. 중재절차에 의한다고 하는 것은 파산법상의 채권확정절차에 갈음한다는 의미이지 어차피 파산절차에 참가하여 배당을 받아야 하는 제한까지 벗어날 수는 없는 것이다. 파산법원의 입장에서

114) 파산절차의 개시로 이미 개시된 보전처분, 강제집행의 효력을 상실시키고, 개시 후에는 파산채권뿐 아니라 재단채권에 기하여도 강제집행을 할 수 없으며(日本 新破産法 제42조 참조), 쌍무계약의 일반 법원리를 수정하여 이행에 착수한 후에도 관재인에게 계약의 해제권을 부여하고 있으며, 조세채권은 파산선고 이후에는 체납처분을 새로이 하지 못하며, 실체법상의 우선변제의 효력을 무시하고 재단채권의 경우 관리비용을 제외한 나머지 재단채권 간에는 안분비례에 의하여 수시변제하도록 규정하고 있다.

115) 정리절차 외에서 변제하겠다는 회사 직원의 말을 믿고 정리채권의 신고를 하지 아니한 경우라도 회사를 상대로 불법행위 책임을 물을 수 없다(대법원 1987. 10. 28. 선고 87다카1391 판결(공 1987, 1792)). 정리채권확정소송에서 정리채권의 신고여부 및 당사자적격 등은 직권조사사항이다(대법원 1998. 8. 21. 선고 98다20202 판결(공 1998, 2301); 1985. 5. 28. 선고 84다카2285 판결(공 1985, 911)).

116) 福永有利, 앞의 책(주 24), 225면.

는 당해 분쟁을 중재에 맡기는 것이 파산절차를 진행함에 도움이 된다고 판단되면 관재인으로 하여금 중재절차를 수계하도록 하고 그렇지 않고 파산절차의 수행단계에 비추어 파산절차 내에서 채권확정절차를 거치는 것이 유익하다면 중재항변을 배척하거나 이미 계속 중인 중재절차를 중단한 채 파산채권확정절차를 속행하도록 한다. 미국과 같이 파산법원에게 중재절차의 선택에 대한 재량권을 부여하자는 것이다. 그렇게 되면 관재인이 미이행 쌍무계약을 이유로 중재계약을 해제하거나 이행을 선택하는 문제는 발생하지 아니한다.

다만 어떠한 경우에 중재절차를 개시 또는 속행할 것인지에 대하여는 다음과 같은 사항을 고려하여야 한다. 분쟁의 대상이 파산법에서 발생하는 쟁점(예컨대, 부인권,[117] 이사 등에 대한 사정재판, 담보물의 평가와 관련된 별제권, 정리담보권의 범위, 면책 여부)인 경우에는 중재항변을 무시하고 파산절차에 의할 수 있다. 그러나 관재인이 채무자의 입장을 승계하는 지위에 있고, 파산법에 의하여 발생한 권리에 관한 것이 아니라 비파산법에 기한 권리 예컨대, 민법상의 채무불이행의 존부, 손해배상의 범위 등에 관한 사건에 관하여는 원칙적으로 중재합의의 효력을 인정하되 예외적으로 파산절차에 의하는 것이 파산절차의 진행에 유리하다는 점에 대한 입증책임은 이를 주장하는 자에게 부담시키도록 한다.[118]

파산절차에 의하는 것이 유리한지 여부를 판단하는 요소로는 재건절차인지 청산절차인지,[119] 중재합의 있는 채권에 대한 이의자가 관재인인지, 다른 채권자인지 여부, 이의자가 복수인지 여부, 상대방의 채권액의 크기, 권리의 성질, 중재대상인 법률관계가 특별한 전문지식을 요하지 않고 파산법원에서도 충분히 판단할 수 있는 내용인지 여부, 대등한 지위에서 중재약정이 체결된 것인지,[120] 소비자계약과 같이 부합계약에 의하여 이루어졌는지 그 외에 파산선고 당시 중재절

117) 담보제공계약에 중재조항이 포함되었다고 하더라도 관재인이 부인권에 기하여 담보제공행위를 부인하는 소송을 제기한 경우에 상대방은 당해 계약에 중재조항이 있다는 이유로 중재항변을 제기할 수 없다. Lazić, supra note 8, at 200.

118) 이와 반대로 원칙적으로 관재인에게도 중재합의의 효력이 미치되 파산절차의 특성을 고려하여 예외적으로 중재합의의 효력을 부정하는 것이 옳다는 주장도 있다.

119) 청산절차라면 중재채권자에 대하여 별도로 임치 등을 정하고 절차를 진행할 수도 있지만 재건절차라면 계획안의 수립에 지장이 생길 가능성이 크다.

120) 삼성테크윈과 미국의 쿼드간의 반도체칩에 관한 기술공급계약에 관하여 Quad가 파산신청한 사건에서 삼성테크윈의 중재신청을 허용한 사례로는 In re Quad Systems Corp. No. 00-35667F (Bankr. E.D. Pa. Mar. 20. 2001)(미공간 판결). 이 판결에 대한 자세한 평석으로는 Grant Hanessian etal. When Worlds Collide: Intellectual Property and Arbitration Rights in Bankruptcy Cases, 59-OCT Disp. Resol. J. 27. 참조.

차의 진행 정도, 파산절차의 진행단계 등을 들 수 있다.

파산절차를 통하는 것이 반드시 분쟁해결을 신속하게 하는 것이 아니며 오히려 중재절차에 의하는 것이 신속할 수도 있다.[121] 파산채권확정의 소는 불복할 수 있으므로 확정되기까지 오랜 시일이 걸리지만 중재절차는 중재판정 취소의 사유가 없는 한 별도의 불복절차 없이 바로 확정되는 장점이 있다.

(2) 개별적인 쟁점에 대한 검토

1) 파산절차와 중재적격

중재법은 사법상의 분쟁에 대하여 중재적격을 인정하고 있다. 파산법에서 발생하는 분쟁은 사법상의 분쟁뿐 아니라 공법상의 분쟁도 있다. 공법과 사법의 구분이 어려운 것처럼 파산법에서도 구별이 쉽지 않다. 단순한 파산채권의 존부와 범위는 중재의 대상이 됨에 이론의 여지가 없지만, 상대방에 대하여 갖는 채권이 파산채권인지 별제권인지의 구별, 파산채권의 우선순위, 부인권의 행사로 인한 권리관계 등도 중재적격이 있는지를 결정함에 있어 매우 어려운 문제이다. 외국의 실무에서 알 수 있는 것은 일반적으로 법원이 중재적격의 범위에 관대하면 할수록 중재판정의 승인 집행이 보다 엄격하게 된다는 점이다.[122] 이하의 논의는 파산선고 전에 당사자가 어떠한 분쟁을 중재절차로 처리할 수 있는지에 관한 것이다. 파산선고 후 관재인은 법원의 허가를 얻어 중재법이 허용하는 분쟁에 대하여 중재대상으로 삼을 수 있다.

관재인의 지위에 관하여 국내에서는 대표자설, 대리인설 등 학설이 분분하다.[123] 미국의 관재인은 별개의 법인격인 파산재단(estate)의 대표자의 지위에 있다.[124] 관재인이 채무자의 입장과 총채권자의 입장에 선다는 것은 국내외 異說이 없다. 따라서 중재대상인 법률관계가 관재인이 총채권자의 지위에 서게 됨으로써 발생하는 경우에는 중재적격을 부인하고 채무자의 입장에 서게 되는 경우에는 중

121) 미국의 경우 1988년 Judicial Improvements and Access to Justice Act를 도입하여 일부 연방지방법원으로 하여금 임의중재 또는 강제중재를 명할 수 있도록 허용하고 있다(28 U.S.C. §652 참조). 캘리포니아중부지구 파산법관 Barry Russel은 2004. 11. 15-16 워싱턴에서 개최된 Global Judges Forum에서 Mediation in Liquidation Court라는 주제로 사례를 발표하였다. 앞으로 파산절차에서도 중재절차를 활용할 빈도는 잦아지리라 예상할 수 있다. 파산절차와 ADR에 관하여는 Young, supra note 74 참조.

122) Lazić, supra note 8, at 280.

123) 자세한 내용에 대하여는 윤남근, "파산관재인," 파산법의 제문제(상), 법원도서관(1999), 175면.

124) "The trustee in a case under this title is the representative of the estate." §323(a).

재적격을 인정함이 타당하다. 종전계약의 불이행, 계약의 유무효 등을 이유로 한 정리채권확정의 분쟁에 대하여는 중재가 가능하지만, 부인권, 부실이사 등을 상대로 한 사정재판에 기한 분쟁은 중재적격을 부인함이 옳다. 관재인이 미이행 쌍무계약을 이유로 이행을 선택하거나 해제한 경우에 발생하는 정리채권, 공익채권의 확정에 관한 다툼도 거래계약에서 발생하는 분쟁이라는 점에서 중재적격을 인정하여도 무방하다. 따라서 분쟁이 법원의 전속관할에 속하는 사항이라고 하여 중재적격을 일괄하여 부인하기는 어렵다.[125] 파산법도 파산선고 전에 소송절차가 이미 개시된 경우에는 파산법원이 아닌 당해 법원에 수계하도록 함으로써 전속관할의 예외를 인정하고 있다(파산법 제219조).

국내중재의 경우에는 일부 청구에 대하여는 중재적격이 인정되나 나머지 청구에 대하여는 중재적격이 인정되지 아니하는 경우 이를 나누어 중재와 파산절차로 분리할 수도 있지만 법원이 여러 사정 특히 중재에 의하는 쟁점이 미미하고 중요한 쟁점이 파산절차에서 해결되어야 하고, 중재절차에 의하는 경우 절차만 복잡하게 할 뿐 시간과 비용의 부담이 드는 경우라면 전체로서 중재항변을 배척하고 파산절차에 의할 수 있다.[126] 파산선고의 개시로 인하여 국내의 모든 소송절차가 중단되는 강력한 효력이 인정되므로 국내중재의 경우에는 국내소송과 마찬가지로 일단 중단하는 것으로 보되 파산법원에서 관재인으로 하여금 수계하게 할 것인지 아니면 실효시킬 것인지를 정하여야 한다.

2) 중재판정이 있기 전에 파산절차가 개시된 경우

① 중재합의의 특징

중재합의는 소송계약의 성격을 갖는 것으로 사전에 분쟁해결절차를 정하는 것에 목적이 있으므로 중재합의가 인정된다면 양 당사자는 일반 법원의 제소권을 포기하고 중재절차에 응할 의무를 부담하고 분쟁이 발생하면 중재절차에 의하여 분쟁해결이 이루어지는 것이다. 이런 점에서 보통 매매계약과 같이 계약의 효력에 따라 당사자가 계약조건에 정하여진 급부의무를 부담하는 것이 아니다. 원래 미이행 쌍무계약에 관한 법리는 서로 동시이행과 같은 견련관계에 있는 쌍무계약에 적용되는 것이지 단지 분쟁을 중재절차에 의하여 처리하기로 하고 별도의 이

125) 참고로 孫京漢, "外國判決 및 仲裁判定의 承認과 執行," 國際私法硏究 創刊號, 吉安社(1995), 99면은 법원이나 특허심판소의 전속관할에 속하는 사항, 예컨대 이혼, 이혼무효 등의 신분관계 분쟁이나 특허무효 등 특허심판소의 권한사항 등은 중재적격이 없다고 기술하고 있다.

126) 이 점을 명시한 사례로는 In re Gandy, 299 F.3d 489(5th Cir. 2002).

행의무가 존재하지 않는 중재합의에 위 법리를 그대로 적용하는 것은 타당하지 않다.[127] 게다가 거래계약에 관하여 분쟁이 발생한 경우에 중재조항은 거래계약과 독립하여 거래계약이 해제된 경우의 분쟁에 대하여도 적용되는 것이 거래 당사자의 의사에 합치되는 해석이다.[128] 따라서 중재계약도 미이행 쌍무계약에 해당하므로 중재계약의 운명을 관재인이 파산법 제50조에 따라 거래계약의 이행을 선택하느냐 아니면 해제를 선택하느냐에 따르도록 하자는 견해[129]는 중재조항의 독립성에 반하여 받아들이기 어렵다.

거래계약에 기하여 파산자의 상대방이 이행을 완료한 경우에는 상대방은 파산채권을 갖게 되고 파산채권의 존부, 액수의 범위 등에 대하여 이의가 있는 경우 파산채권의 확정을 파산채권확정절차에 의할 것인지 아니면 이에 갈음하여 중재절차에 의할 것인지의 문제만 남는다.[130]

② 중재절차의 중단 및 수계

파산절차가 개시되면 파산자의 재산은 파산재단을 구성하고 관재인이 파산재단에 대한 관리처분권을 갖게 된다. 따라서 파산선고 당시 중재절차가 계속중이라면 더 이상 파산자는 관리처분권을 잃게 되므로 일단 중재절차는 중단되어야 한다.[131] 파산자에게 소송대리인이 선임된 경우라도 소송절차가 중단되는 점에서 사망, 합병 등의 경우와 다르다.[132] 따라서 파산선고 당시 중재절차가 계속 중이라면 중재절차는 중단되었다가 법원이 관재인으로 하여금 중재절차를 수계하거나 중재약정에 기하여 중재신청을 하는 것이 파산재단 전체에 유리하다고 판단한 경우에는 관재인으로 하여금 중재절차의 수계 또는 신청을 할 수 있다.

---

127) 同旨, 오창석, 앞의 논문(주 5), 127면.

128) 同旨, 松下淳一, 앞의 논문(4)(주 24), 15면 참조.

129) 福永有利, 앞의 책(주 24), 225면.

130) 이러한 입장은, 미이행 쌍무계약에서는 상대방이 파산선고 전에 파산자의 채무불이행을 원인으로 인하여 취득한 법정해제권을 빼앗지는 못하지만 중재계약에서는 설령 파산자가 거래계약을 불이행하였다고 하더라도 이를 이유로 상대방에게 중재계약의 해제권을 부여하는 것이 아니라는 점에서 차이가 있다. 앞에서 본대로 파산절차와 무관한 보통의 중재조항은 당해 거래계약의 이행, 불이행, 해제 등 당해 계약과 관련한 분쟁에 대하여 중재에 의하여 해결할 것을 정하는 것이 당자자들의 보통의 의사이다.

131) 同旨, 오창석, 앞의 논문(주 5), 140면.

132) 소송절차도 파산절차가 개시되면 일단 중단되었다가 그 채권확정절차의 결과에 따라 속행여부가 결정되는 것과 같이 개별당사자간의 분쟁해결절차인 중재절차는 포괄적인 집행절차인 파산절차에서 진행될 채권확정절차의 귀추에 따라야 한다. 파산절차의 개시와 소송절차의 중단에 관하여 자세한 글로는 정준영, "파산절차가 계속 중인 민사소송에 미치는 영향," 파산법의 제문제(하), 법원도서관(1999), 127면 이하.

한편 중재약정을 부인권에 기하여 무효화시킬 수 있다는 견해가 있으나,[133)] 스스로 인정하듯이 부인권의 행사요건은 시기적 제한과 주관적 사유 등이 법정되어 있어 그에 해당하는 경우는 지극히 예외적일 수밖에 없고, 부인권의 효과가 상대적이라는 점에 비추어 부인권에 기한 통제는 적절한 방책이 될 수 없고, 관재인에게 중재와 파산절차의 선택을 맡길 것이 아니라 법원이 주체가 되어야 하므로 이 견해는 찬동하기 어렵다.[134)]

당사자 일방에 대하여 파산선고가 개시되었음에도 내국중재절차에서 이러한 사실을 간과하거나 무시하고 파산자를 상대로 중재절차를 개시 또는 속행하여 중재판정이 내려진 경우 이러한 중재는 중재법 제36조 제2항 제1호 나목 소정의 관재인에 대한 방어권의 침해 또는 동항 제2호 나목 소정의 대한민국의 선량한 풍속 기타 사회질서에 위배되는 때에 해당한다고 보아 취소의 대상이 된다고 보아야 한다.[135)]

한편 파산법원이 중재절차에 의하지 아니하기로 결정한 경우라면 중재절차는 효력을 잃고 채권확정소송절차에 의하여 파산채권을 확정하여야 한다. 법원에 재량권을 부여한 이상 상대방에게는 중재와 파산법상의 파산채권확정의 절차를 선택할 권리는 인정되지 아니한다. 그 동안 상대방이 지출한 중재비용에 대하여 관재인이 이를 상환하여야 하는지에 대하여는 논의가 필요하다. 관리인을 상대로 한 정리채권확정소송에서 관리인이 패소한 경우 상대방이 갖는 소송비용상환청구권은 회사정리법 제208조 제5호에 의하여 공익채권에 해당한다는 법리[136)]에 비추어 그 동안 상대방이 중재절차에 지출한 비용은 당사자간에 중재비용에 관한 별도의 약정이 없는 한 재단채권(공익채권)으로 취급함이 옳다고 생각한다.[137)]

③ 다른 채권자가 이의한 경우

상대방이 채권신고를 한 것에 대하여 법원이 중재에 의할 것을 명하였다면 중재절차에 의하여 파산채권을 확정하게 된다. 문제는 다른 채권자가 상대방의

133) 오창석, 앞의 논문(주 5), 130면.

134) 미국과 일본의 논의 중 부인권에 기하여 중재약정의 효력을 무효로 한다는 이론은 발견하지 못하였다.

135) 同旨, 오창석, 앞의 논문(주 5), 137면. 프랑스의 경우는 당사자 일방의 파산선고는 당사자가 주장하지 않더라도 중재인이 고려하여야 하는 공서로 보고 있다. 따라서 관재인의 관여 없는 중재판정은 취소의 대상이 된다. Lazić, supra note 8, at 291, 307.

136) 三ヶ月章, 앞의 책(중)(주 28), 811면.

137) 同旨, 福永有利, 앞의 책(주 24), 221면.

파산채권에 대하여 이의한 경우이다. 다른 채권자는 중재약정을 한 바 없고 채무자의 지위를 승계하는 지위에 있지 아니하므로 중재합의의 효력은 다른 채권자에게 미치지 아니하고 일반의 파산채권확정의 소를 통하여 채권을 확정하게 된다. 만일 관재인도 이의하고 다른 채권자도 이의한다면 3자가 새로이 중재합의를 하지 않는 한 법원으로서는 파산절차에 따르도록 할 것이다.

관재인이 중재절차를 진행하여 아직 중재판정이 나오기 전에 파산절차가 폐지 또는 종결되었다면 파산자가 그 중재절차를 수계하여야 한다. 중재약정이 있음에도 법원에서 중재약정의 효력을 부인하여 관리인이 소를 제기하였으나 미처 판결이 선고되기 전에 파산절차가 폐지된 경우에도 파산자가 소송을 수계한다.[138]

3) 파산절차 중에 중재에 의하기로 한 경우

채무자와 채권자간에 사전에 중재약정이 없었더라도 파산선고 후 파산절차 도중에 새로이 관재인이 중재계약을 체결할 수 있다.[139] 관재인이 중재계약을 체결하기 위하여는 감사위원이 설치된 경우에는 감사위원의 동의가 있어야 하고, 감사위원이 설치되지 아니한 경우에는 채권자집회의 결의 또는 법원의 허가를 필요로 한다(파산법 제187조, 제188조). 따라서 채권조사절차 중에 관재인과 파산채권자간에 중재계약을 체결하여 중재절차에 의하여 채권확정절차에 갈음하는 것도 가능하다.[140] 실제로 일본에서 갱생채권자인 노동조합과 갱생회사의 관재인간에 채권확정조사 절차에서 법원의 허가를 득하고 중재합의를 하여 중재판정을 한 사례가 있다.[141] 부인권에 기한 소송의 경우에도 재판상 화해가 가능하므로[142] 법원의 허가를 얻어 부인권에 기한 분쟁이나 채무불이행에 의한 분쟁을 한꺼번에 중

---

138) 福永有利, 앞의 책(주 24), 230면.

139) 미국 파산규칙 §9019(c)도 이를 명시하고 있다. 일본 파산법 197조 제11호와 회사갱생법 제54조 제6호는 화해 외에 중재계약도 규정하고 있음에 반하여 한국 파산법 제187조와 회사정리법 제54조 제6호는 화해만 규정하고 있었다. 그러나 신법 제61조 제6호는 중재계약을 삽입하여 이 문제를 입법으로 해결하였다.

140) 이 경우 다른 파산채권자도 이의를 한 경우에는 그를 포함하여 중재계약을 체결하여 이의자 전원에 대하여 합일된 중재절차를 거쳐야 한다는 견해로는 三ヶ月章, 앞의 책(중)(주 28), 730면; 宮脇行彦, 앞의 책(주 28), 533면.

141) 자세한 내용은 小山昇, "更生債權を仲裁判斷により確定した事例," ジュリスト, 1992. 6. 1.(No. 1001), 116-117면 참조. 중재판정의 주문은 "申請人들의 更生會社에 대한 優先的 更生債權이 別紙債權目錄記載와 같은 것을 확인한다"이다.

142) 山木戶, 破産法, 青林書院新社(1978), 222면. 구체적인 사례로 일본의 대심원 판결 등을 예로 들고 있다. 예컨대 취득한 부동산의 반환은 부인등기가 아니라 통상의 등기에 의하고, 부활한 반대채권에 대한 보증채무나 물상보증은 부인권이 존재하는 경우에만 부활하는 것으로 화해하는 것 등이다.

재절차에 의할 수도 있다.

중재절차에서 준거법으로 정하지 아니한 파산법을 중재인이 어느 정도 고려하여야 하는가? 파산절차가 개시된 이상 파산법은 강행법규이므로 이를 고려하여 중재판정을 하여야 하고[143] 이를 고려하지 아니한 것은 위법한 중재판정으로 취소의 대상이 된다. 중재합의 중에 있는 준거법의 지정과 증거방법 등에 관한 특약에 관하여는 중재절차 대신 소송절차가 명하여진 경우에도 원칙적으로 효력이 있다.[144]

4) 중재판정이 있은 후에 파산절차가 개시된 경우

중재절차는 중재판정 또는 중재종료결정에 의하여 종료된다(중재법 제33조). 따라서 파산선고 이전에 채무자와 채권자간에 이미 중재판정이 내려진 경우에는 더 이상 중재계약의 효력의 유무나 중재절차의 중단 여부에 대한 문제는 발생하지 아니한다. 이 경우 문제가 되는 것은 중재판정의 기판력이 관재인에게도 미치는가, 중재판정을 얻은 파산채권을 파산채권확정절차에서 어떻게 취급할 것인가 하는 점이다. 중재판정을 득한 파산채권자도 채권신고를 하여야 배당에 참가할 수 있음은 물론이다. 관재인이 이의한 경우에 어떠한 조사절차를 거쳐야 하는가? 파산법 제221조는 집행력 있는 집행권원 또는 종국판결[145]을 취득한 파산채권에 대하여는 이의자에게 파산채권확정의 소에 대한 출소책임을 부담시키고 있다. 중재판정에 의하여 파산자에 대하여 금전채권이 확정된 채권자가 여기에 해당하는가 하는 의문이 있다.

중재법 제35조에 의하면 중재판정은 당사자간에 확정판결과 동일한 효력이 있다. 다만 중재판정 자체는 집행권원이 되지 못하고 중재판정에 기하여 강제집행하기 위하여는 별도로 관할법원에 대하여 집행판결을 구하여야 한다.[146] 따라서 문리적으로 해석하면 집행력 있는 집행권원에 해당하지 아니하고 중재절차는 판결절차가 아니므로 확정판결에도 해당하지 아니한다.

생각건대 파산법 제221조가 집행권원 있는 채권에 대하여 출소책임을 이의자에게 부담시키는 것은 비록 확정되지 않았지만 즉시 강제집행할 수 있는 지위를

---

143) 전게(주 141) 일본의 중재사례에서도 채권확정소송과 마찬가지로 회사갱생법을 고려하여 중재판정을 내렸다.

144) 福永有利, 앞의 책(주 24), 233면.

145) 가집행 선고부 제1심 판결도 종국판결에 포함된다.

146) 李時潤, 민사집행법, 박영사(2004), 108면.

파산절차에서도 존중하고, 권리의 존재와 범위에 관하여 고도의 개연성이 있음을 고려하였기 때문이다. 이런 입장에서 본다면 중재판정은 당사자간에 확정판결과 같은 효력이 있고, 또한 중재취소의 사유는 재심사유보다는 광범위하지만 속심인 항소심이 원심판결을 취소함에 아무런 사유제한이 없음에 반하여 중재판정의 취소사유가 법정되어 있으므로 미확정의 종국판결보다 확정될 가능성이 높다. 또한 중재판정이 반드시 이행을 명하는 것이 아니고 권리관계의 확인을 구하는 경우도 있으므로 후자의 경우에 집행권원인 집행판결이 없다고 하여 출소책임을 여전히 중재판정을 득한 채권자에게 지우는 것은 이행을 명하는 내용의 중재판정을 득한 채권자의 지위와 비교하여 형평에 어긋난다. 이러한 점에 비추어 중재판정이 있는 경우에는 집행력 있는 집행권원 또는 종국판결과 같이 출소책임을 이의자에게 부담하도록 하는 것이 형평성이나 채권확정제도의 취지에 비추어 옳다.

중재판정에는 기판력이 인정되고 그 쟁점에 관한 한 관재인은 채무자의 지위를 승계하는 기판력이 미치는 제 3 자에 해당하므로[147] 기판력을 무시하고 일반의 채권확정의 소를 제기할 수 없고, 관재인이 이의를 제기한 경우에도 다른 이의자와 마찬가지로 파산자가 할 수 있는 소송절차인 중재판정취소의 방식으로 채권확정절차를 진행하여야 한다. 이는 마치 확정판결을 얻은 파산채권자에 대한 이의의 경우 재심의 소로 채권확정절차를 진행하여야 하는 것과 같은 법리이다.

중재판정 후 집행판결이 있기 전에 파산선고가 개시된 경우 집행권원을 구하기 위하여 집행판결을 구하는 것은 가능하다. 그러나 중재판정을 얻은 채권이 파산채권이면 여전히 파산절차에 의하여 변제받을 수밖에 없는 제한이 있으므로 파산선고로 인하여 새로이 강제집행을 할 수 없으므로 집행문의 신청은 허용되지 아니한다.

147) 孫容根, 앞의 논문(주 5), 201면은 관재인은 파산자의 권리를 승계하는 자라고 할 수 없으나 파산 전에 내려진 중재판정의 효력은 이들에게 미친다고 설명한다. 그러나 일반적으로 관재인은 파산자의 계약상의 권리를 승계하지만 파산법이 인정하는 권리(부인권, 채권조사절차의 이의권, 관리인에게 인정되는 회사정리법상의 정리계획안 제출권 등)의 경우에는 독자의 권리를 향유하는 법인격체라고 봄이 옳다. 관재인은 통정허위표시 법리에 관한 한 채무자가 아닌 선의의 제 3 자에 해당한다. 대법원 2003. 6. 24. 선고 2002다48214 판결(공 2003, 1581).

3. 국제중재절차

(1) 국제중재의 특수성

국제중재절차가 국내중재절차와 다른 점은 중재판정부에 국내법원의 영토적 관할권이 미치지 아니한다는 점이다. 또한 당사자의 일방이 국내에 주소, 영업소 등을 두지 않는 한 파산법원의 인적관할권의 복속대상이 되지 아니하므로 파산법원의 중지명령을 통하여 당사자에게 중재절차의 참여를 배제할 권한도 부여되어 있지 않다. 국제상사중재를 규율하기 위한 뉴욕협약이 있고 한국이 이에 가입하고 있으므로 뉴욕협약은 국내법과 같은 효력을 갖는다. 따라서 국제중재에 관하여는 파산법과 뉴욕협약이 충돌하는 문제가 발생한다.[148] 따라서 가급적 국제조약의 본질적인 내용을 훼손하지 않도록 양 절차의 조정이 필요하다.

한편 국제파산의 문제에 관하여 각국의 파산법이 터잡고 있는 입장이 속지주의인지 보편주의인지 여부에 따라 외국중재절차에 대하여 파산법원이 간섭하는 내용이 달라진다. 따라서 내국중재에 관한 논리를 국제중재의 경우에도 그대로 적용하기에는 어려움이 있다. 국제상사중재는 사안이 섭외적인 성격을 갖고 있고 국제적인 상거래의 관습 등에 터잡아 특정국가의 법이나 관할권을 배제하고 준거법과 중재지를 선정함으로써 보다 중립적이고 신속하게 분쟁해결을 꾀하려는 독자적인 가치가 존재하기 때문이다.

(2) 파산법상의 속지주의와 보편주의

종전 한국의 파산법제는 엄격한 속지주의에 터잡고 있었다. 즉 한국에서 선고된 파산선고의 효력은 외국에 소재한 파산자의 재산에 영향을 미치지 아니하고, 외국에서 선고된 파산선고의 효력 역시 국내에 소재한 파산자의 재산에 영향을 미치지 아니하였다(파산법 제3조). 따라서 파산자의 국외재산에 관한 분쟁에 대하여 중재합의가 있는 경우 관재인이 국외재산에 대한 관리처분권이 있는지 여부가 문제가 되었다. 대법원은 파올로구찌 사건에서 파산법의 해석하에서도 외국인에 대하여 외국파산절차가 개시되고 그 절차에서 선임된 관재인에게 외국파산법에 따라 전 세계에 소재하는 외국파산자 소유의 재산에 대한 관리처분권이

---

148) 마치 미국의 연방중재법과 파산법이 충돌하는 것과 마찬가지이다. 차이는 미국은 뉴욕협약을 연방중재법에 편입하였다는 점이다.

인정되고 있음을 전제로 하여 외국의 관재인은 한국 내에 소재하고 있는 파산자의 재산에 대하여 관리처분권이 인정된다고 판시하였다.[149] 따라서 이를 유추하면 파산법 하에서도 국내관재인 역시 한국 외에 소재하는 파산자의 재산에 대하여 관리처분권이 있으므로 재산에 관한 소송에서 당사자적격을 주장할 수 있다.[150]

신법은 속지주의를 폐지하였다. 따라서 외국에 소재한 채무자의 재산도 파산재단에 속하고, 관재인은 외국 소재 재산에 대하여도 관리처분권을 갖게 되었다. 신법에 의하면 한국의 관재인은 외국 소재 채무자의 재산에 대한 소송에서도 당사자 적격을 주장할 수 있지만 외국의 파산법이 이를 인정할 것인지의 여부는 여전히 외국의 입법정책과 외국 파산법의 내용에 따라 다르다. 예를 들면 엄격한 속지주의를 취하는 국가에서는 소송절차의 중단을 인정하지 않을 것이며, 미국에서는 국내관재인이 미국 파산법 §304에 의하여 미국 파산법원에 중재절차의 중단을 구하는 내용의 보조신청을 한 후 그 판결내용에 따라야 한다. 일본에서는 외국도산절차의 승인원조에 관한 법률에 따라 승인결정을 받은 후 외국도산관재인 선임신청과 중재절차 중지신청을 통하여 목적을 달할 수 있다.

(3) 파산절차와 국제중재절차와의 조정

미국 연방대법원이 국제중재 사건에 관하여 중재적격의 대상을 확대하는 등 중재에 우호적인 정책을 펼치고 있는 것은 국제중재절차의 독자성과 중요성을 반영하고 있기 때문이다. 국제중재절차는 파산법원의 재판관할권이 미치는 곳이 아니므로 파산선고로 인하여 중재절차의 효력이 당연히 중단되는 것은 아니다. 따라서 국제중재조항에 대하여는 원칙적으로 파산법원도 중재합의의 구속력을 인정하여야 할 것이다.

청산을 목적으로 하는 파산절차에서는 국제중재절차의 귀추에 따라 파산절차를 진행하더라도 큰 어려움이 없다. 중재에 참가한 채권에 대한 배당금을 임치하고 나머지 채권자들에 대한 배당절차를 속행하면 족하다.[151] 그러나 회사정리절차

---

149) 전게(주 2) 대법원 2000다64359 판결.

150) 실제로 미국에서 문제가 된 온세통신 사건에서는 관재인의 관리처분권이 미국에 미치는 점에 대하여 미국 소송의 당사자간에 다툼이 없었다.

151) 보통의 파산절차도 파산채권이나 재단채권을 확정하기 위하여 파산선고부터 파산절차 종결 또는 파산폐지까지 몇 년이 걸리기도 하므로 외국중재절차가 진행중인 채권에 대하여는 배당에서 제외하고 임치하였다가 중재판정이 내려지면 그에 따르면 되기 때문이다.

와 같은 재건절차의 경우에는 당해 중재판정의 내용에 따라 재건절차의 성패가 나뉘는 경우도 있으므로 정리법원 입장에서는 조속히 당해 채권의 성질, 존부, 액수의 다과를 확정할 필요가 있다. 이 점에 관하여는 미국은 사안에 따라 법원에 재량을 주고 있고, 프랑스는 국내중재와 외국중재를 가리지 않고 중재절차의 효력을 무시하고 있다. 절차의 안정성이라는 점에서 본다면 프랑스 방식이 좋지만 동 방식은 국제중재라는 특성을 살리지 못하고 있으므로 미국의 경우처럼 원칙으로 국제중재에 양보하되 예외적인 경우에는 파산법원의 관할로 복속하게 하여 파산절차를 그대로 진행하는 쪽이 더 나은 입장으로 보인다.

구체적으로 파산절차를 우선해야 하는 요소는 앞에서 본 바와 같으며 국제중재절차에서는 그 외에 승인집행가능성도 고려하여야 한다. 일부 청구에 대하여는 중재적격이 인정되지만 나머지 청구에 대하여는 중재적격이 인정되지 아니하는 경우에는 미국 연방대법원과 같이 국제중재의 경우에는 분리하여 중재적격을 인정하여도 무방하다. 국제중재의 경우 공동피고 중 1인에 대하여만 중재합의가 있고 나머지 피고들에 대하여는 중재합의가 없더라도 중재적격을 인정하는 데에는 아무런 방해가 되지 않는다.

만일 중재절차에 맡김이 적절하다고 판단되면 파산법원으로서는 중재절차의 귀추를 주시하고 그 결과가 나올 때까지 상대방의 채권에 대한 조사확정절차를 중지함이 옳다. 그런데 만약 외국의 중재판정이 선고되기 전에 한국에서의 파산절차에서 상대방도 중재항변을 제기하지 아니하여 상대방에 대한 파산채권조사절차가 확정되어 버렸다면 그 후의 외국의 중재판정은 파산채권확정판결이나, 확정된 채권자표의 기판력에 저촉되어 선량한 풍속 기타 공공질서에 위반된다고 하여 승인되지 않을 것이다.[152)]

파산법원이 중재항변이 있음을 알았더라도 파산개시로 인하여 뉴욕협약 제5조 제1항[153)]에서 정한 중재판정의 집행거부 사유로 삼고 있는 중재당사자의 행위능력의 결여에 해당하므로 어차피 중재판정이 취소될 것이라고 예단하고 파산절차를 속행할 수 있는가? 제5조 제1항은 중재합의의 당사자가 그들에 대한 준거법 아래에서 행위능력이 없는 때에 집행을 거부할 수 있다고 규정하고 있다. 파산선고로 인하여 파산자의 관리처분권에 제한이 가하여지는 것을 근거로 집행

152) 외국중재판정이 그보다 먼저 확정된 국내판결의 기판력에 저촉되는 경우에 그 집행이 공공질서에 반한다고 판시한 판결로는 대법원 1994. 5. 10. 선고 93므1051, 1068 판결(공 1994, 1692).

153) (a) 제2조에 규정된 합의의 당사자가 그들에게 적용될 법률에 의하여 무능력자였든가….

거부사유로 삼는 견해도 있으나[154] 다수설과 같이 이 조항은 중재합의 당시의 행위무능력을 가리키고 합의 후 관리처분권의 제한은 이에 해당하지 아니한다고 해석함이 옳다.[155]

따라서 외국중재합의가 존재하는 것이 판명된 이상 파산법원은 일단 외국중재절차에 양보하되 외국중재절차에 의하여 파산채권확정절차를 맡기는 것이 파산절차의 수행에 장애가 된다는 사실에 대한 입증책임은 이를 주장하는 자에게 있다고 봄이 옳다.

(4) 외국중재판정의 승인 집행 단계

외국중재절차에 참가하는 채권자는, 국내관재인이 별도로 외국의 법원에 중지신청 등의 절차를 밟지 않는 한, 외국에 소재하는 파산자의 재산이 충분하면 국내파산절차와 관계 없이 중재판정에 기하여 파산자 소유의 외국 소재 재산에 대하여 강제집행을 함으로써 만족을 받게 된다.[156] 그러나 만일 강제집행을 하더라도 채권의 변제에 부족하게 되면 파산절차에 참가하여야 한다. 파산채권을 신고하게 되고 이러한 파산채권을 인정할 것인지 이의할 것인지를 결정하여야 하고 이는 오로지 파산절차가 개시된 국가의 법에 따른다. 설령 파산채권으로 인정한다고 하더라도 국내배당절차에서 다른 파산채권자와 같은 취급을 받도록 하는 이른바 hotch-pot 원칙이 적용되는지 여부 역시 절차개시국의 파산법에 따르게 된다.[157]

만일 외국중재판정이 당사자 일방에 대하여 파산절차가 개시된 사실을 무시하거나 간과하고 내려진 경우, 파산법에 의하면 관재인에게 관리처분권이 있음을 이유로 중재판정이 국제적 공서에 반한다고 하여 승인을 거부할 수 있는지에 대하여 검토한다. 대법원이나 미국 판례 등에 의하면 국제중재의 경우 공서라 함은 중재판정의 승인이나 집행이 집행국의 기본적인 도덕적 신념과 사회질서를 해하

154) Jay Lawrence Westbrook, The Coming Encounter: International Arbitration and Bankruptcy, 67 Minn. L. Rev. 595, 614(1983) 참조. 그러나 이는 1984. 미국 파산법 개정 전의 글로서 파산법원의 관할권이 변경된 현재에는 그대로 적용하기 어려운 면이 있다.

155) 睦榮埈, 앞의 책(주 5), 257면도 행위무능력을 지칭하고 있을 뿐 관리처분권의 유무를 논하고 있지 않다.

156) 외국중재판정의 승인집행을 구하는 당사자는 중재패소자의 재산이 속한 국가를 집행지로 삼아 집행을 구하게 된다. 이때 중재판정의 국적이 중요한 요소가 된다. 집행국가에서 외국중재판정으로 보게 되면 뉴욕협약에 의하거나 중재법에 의하여 집행된다.

157) 채무자 회생 및 파산에 관한 법률 제642조는 hotch-pot 원칙을 도입하였다.

는 것을 방지하여 이를 보호하려는 데 그 취지가 있다 할 것이므로, 그 판단에 있어서는 국내적인 사정뿐만 아니라 국제적 거래질서의 안정이라는 측면도 함께 고려하여 제한적으로 해석하여야 할 것이고, 해당 중재판정을 인정할 경우 그 구체적 결과가 집행국의 선량한 풍속 기타 사회질서에 반할 때에 승인이나 집행을 거부할 수 있다.[158] 따라서 외국중재판정에 적용된 외국법이 한국의 실정법상 강행법규에 위반된다고 하여 바로 승인거부의 사유가 되는 것은 아니다.[159] 또한 각국의 파산법은 국제파산에 관하여 극단적인 속지주의로부터 수정된 보편주의 등 다양한 입장을 취하고 있으나 파산법은 속지주의를 취하고 있었으므로 외국중재절차에 관재인이 관여하지 아니하고 종전 파산자가 당사자가 된 중재판정이 한국의 파산법에 위배되어 공서에 반한다고 단언하기 어렵다. 설령 신법처럼 속지주의가 폐지되어 국내의 파산절차가 대외적 효력을 갖는다고 하더라도 중재국의 파산절차가 속지주의를 취할 수도 있으므로 마찬가지의 문제가 발생한다.

Ⅴ. 결 론

파산절차와 중재절차는 독자적인 목적을 갖고 있어 중재 당사자의 한쪽이 파산한 경우 양 법의 목적이 충돌하게 된다. 국내중재절차와 국제중재절차로 나누어 파산절차가 개시된 경우의 법리를 모색한다.

먼저, 국내중재절차에 대하여는 원칙적으로 관재인이 종전 채무자의 지위에서는 분쟁에 대하여는 중재의 구속력을 인정하되, 예외적으로 파산법이 갖는 집단적인 법률관계의 조정이라는 점이 문제가 되는 경우나[160] 관재인이 총 채권자

158) 대법원 2003. 4. 11. 선고 2001다20134 판결(공 2003, 1148). "중재판정의 성립 이후 채무의 소멸과 같은 집행법상 청구이의의 사유가 발생하여 중재판정문에 터잡아 강제집행절차를 밟아 나가도록 허용하는 것이 우리 법의 기본적 원리에 반한다는 사정이 집행재판의 변론과정에서 드러난 경우에는, 법원은 뉴욕협약 제5조 제2항 (나)호의 공공질서 위반에 해당하는 것으로 보아 그 중재판정의 집행을 거부할 수 있다."

159) 대법원은 아래의 사유는 공서에 위배되지 않는다고 하였다. 외국중재판정에 재심사유에 해당하는 판단유탈 등의 위법이 있다(대법원 2000. 12. 8. 선고 2000다35795 판결(공보불게재)); 네덜란드 소멸시효기간이 민법과 달리 20년이라는 사유(대법원 1995. 2. 14. 선고 93다53054 판결(공 1995, 1321)); 외국판정의 내용이 자국의 이자제한법에 위배된다는 사유(대법원 1990. 4. 10. 선고 89다카20252 판결(공 1990, 1043)).

160) 예컨대, 파산채권조사절차에서 관재인 이외에 다른 채권자도 이의를 제기한 경우, 조속히 상대방의 채권이 확정되어야 정리계획안의 인가 및 수행절차가 가능한 경우, 아직 중재절차가 개시되지 아니하였으나 파산절차는 이미 종료단계에 있는 경우, 쟁점의 해결에 전문적 지식을 요

의 지위에 서는 분쟁에 대하여는 법원이 중재약정의 효력을 부인하거나 중재절차의 중지를 명할 수 있다. 당해 사안의 전문성 및 섭외성의 유무, 채권액수, 파산채권자, 재단채권자들의 수, 파산재단의 크기, 파산절차의 소요기간 등을 고려하여 법원이 중재절차로 갈 것인지 파산절차에서 해결할 것인지를 정하는 것이 파산절차의 신속성과 채권자들간의 공평한 취급이라는 파산절차의 목적에 부합하기 때문이다.[161]

다음으로 국제중재절차에 대하여는 파산법원의 영토적 재판관할권이 중재판정부에 미치지 아니하고 외국 당사자에게 인적관할권도 미치지 아니할 수도 있으므로 국제중재절차에 대하여 간섭할 수 없게 된다. 따라서 파산법원과 중재인이 서로 양보하지 않는 한 절차의 충돌은 불가피하다. 파산법원은 원칙으로 국제중재의 독자성과 각국의 국제파산법제를 고려하여 국제중재 판정의 결과를 보고 파산절차를 진행함이 옳다. 왜냐하면 파산법원으로서는 외국중재판정에 대하여 후에 이를 승인집행할 단계에서 검토할 기회를 갖게 되므로 외국중재판정의 내용이 중재적격을 벗어난 법률관계에 대하여 판정을 한 경우에는 승인을 거절하면 족하다. 속지주의가 폐지된 신법하에서는 관재인에게 외국소재 재산에 대하여도 관리처분권이 있음을 주장하여 외국의 중재절차에서 관재인으로 하여금 중재절차를 수행하도록 지도하고, 외국중재인에게 한국의 파산법의 내용을 미리 알림으로써 중재판정이 중재적격이나 공서 등을 이유로 사후에 집행이 거부되지 않도록 외국중재인과 사법공조를 할 필요가 있다.

당초 호랑이를 그려보려던 필자의 소망은 능력이 부족하여 고양이도 그리지 못하고 상상속의 동물을 그리고 말았다. 후일 이 주제를 공부하는 분들에게 밑그림의 역할만이라도 할 수 있기를 감히 바라면서 글을 마친다.

(사법논집 제41집, 법원도서관(2005), 255면 이하 소재)

하지 아니하는 경우 등이라면 파산절차에 의할 수도 있다.

161) 도산법연구회에서 필자가 발표할 당시나 초고를 검토한 분들로부터 미국 파산법에서는 파산법원의 형평권한을 근거로 삼아 파산법원이 결정할 권한이 있다고 볼 수 있으나 한국법에서 근거가 미약하다는 예리한 비판이 있었다. 필자로서는 관재인의 화해신청에 관하여 법원의 허가를 받아야 한다는 신법 제61조 제6호 및 외국도산절차의 승인결정으로 국내소송절차의 중단을 명할 것인지 여부를 법원이 결정하도록 한 제636조를 유추할 수 있다고 생각하지만 좀 더 검토할 필요성이 있음을 인정한다. 다만 파산절차가 갖는 복잡성(사안, 또는 당사자의 수 등)과 신속성을 고려하면 파산법원이 이를 가장 잘 알고 있으므로 case by case로 처리하는 것이 일률적인 방식보다 더 공평하고 능률적일 것이라는 점만 부연한다.

[후기]

파산법하에서의 파산채권의 조사확정제도는 원칙으로 이의를 당한 일반 파산채권자가 관재인을 상대로 소송을 제기하는 방식이었다. 그러나 신법은 절차의 신속성을 도모하기 위하여 먼저 파산법원에 파산채권조사확정재판의 신청을 제기하고 이에 대한 결정에 대하여 불복이 있는 경우에 이의의 소를 제기하면 비로소 소송절차로 나아가는 방식으로 변경하였다(신법 제462조, 제463조). 서울중앙지방법원에서도 확정재판의 신청에 대한 재판을 파산사건을 심리하는 파산부가 담당하고 그에 대한 이의의 소를 일반 민사재판부에서 담당하도록 배려하고 있다. 따라서 중재절차보다 파산법원의 채권조사확정재판을 통하는 것이 절차의 간이성과 신속성을 제고할 수 있다는 점에서도 관재인에게 중재약정의 구속력이 미친다는 견해는 설득력이 떨어지게 되었다.

파산절차의 개시와 임대차계약

Ⅰ. 머 리 말

임대차계약은 임대기간 동안 임대인은 목적물을 사용하도록 할 채무를, 임차인은 그 대가로 차임을 지급할 채무를 부담한다는 점에서 전형적인 쌍무계약이므로 채무자 회생 및 파산에 관한 법률('신법') 제335조가 적용되고, 파산관재인('관재인')으로 하여금 계약의 해지[1] 또는 이행을 선택하게 하여 계약관계를 처리하는 것이 원칙이다. 그러나 임차인이 파산한 경우에 관하여는 민법 제637조가 있으나 임대인이 파산한 경우에는 민법과 신법에 특칙이 없으므로 양자의 경우 이론구성을 달리할 것인지에 관하여 학설 및 판례가 일치되어 있지 않다. 특히 대항력을 갖춘 임차인에 대하여 임대인의 관재인에게 임대차계약의 해지권을 부여하는 것이 타당한가 하는 의문이 있다. 또한 그 외에도 임차인을 보호하기 위한 특별법인 주택임대차보호법 및 상가건물임대차보호법이 임차인이나 임대인이 파산한 경우에도 적용되는지 분명하지 않다. 임차인 중 확정일자를 받거나 소액의 보증금반환채권을 갖는 임차인, 대항요건만 갖춘 임차인의 보증금반환청구권에 대하여 파산채권, 재단채권, 별제권 중 어떠한 권리를 부여할 것인지에 대하여도 논의가 있다. 이하 이러한 문제점에 대하여 임대인이 파산한 경우(Ⅱ)와 임차인이 파산한 경우(Ⅲ)로 나누어 해당부분에서 순차로 설명한다. 끝으로 임대차계약에 관한 일

1) 파산선고를 이유로 임대차계약을 해제하더라도 소급효가 없고 장래에 향하여 효력이 발생하므로 민법 제637조의 용법에 따라 '해지'라는 용어를 사용한다.

본의 신 파산법의 내용에 대하여 살펴보고(Ⅳ) 앞으로의 개정 사항에 대한 필자의 견해를 제시하고자 한다(Ⅴ).

Ⅱ. 임대인이 파산한 경우

임대인이 파산한 경우 임대차계약이 해제된다고 하면 임차인에게는 자신의 잘못이 없는 사유에 의하여 임차권을 상실하게 되는 문제가 발생한다. 그리하여 미이행 쌍무계약에 기하여 임대인의 관재인에게 제335조에 기한 해지권을 인정할 것인지에 대하여 예전부터 논란이 있었다. 임대인의 관재인이 임대차계약을 해지할 수 있는가 여부와 확정일자를 갖춘 주택임차인의 임차보증금과 임차인의 소액보증금을 파산절차에서 어떻게 취급할 것인지에 대하여 살펴본다.

1. 관재인의 해지 가부

(1) 파산법에서의 논의

임대인이 파산한 경우 관재인이 제335조에 따라 임대차계약을 해지할 수 있는가에 관하여 신법의 제정 전에는 다음과 같은 견해의 대립이 있었다.

① 적용설: 임대차계약이 미이행 쌍무계약에 해당하므로 제335조를 적용하여 관재인에게 해제권을 부여한다는 견해이다(과거 일본의 통설).

② 부적용설: 적용설에 따르면 임차인은 임대인의 파산이라고 하는 자기에게 아무런 책임이 없는 사정에 의하여 민법 제635조에서 정한 기간의 보장도 없이 바로 임차권을 잃게 되어 오히려 임차인이 파산하는 경우보다 임차인에게 불리하게 되어 부당하다는 견해이다. 민법이 임차인의 파산의 경우 특별규정(민법 제637조)을 두면서 임대인 파산의 경우에는 그와 같은 규정을 두지 않은 것은 임차인의 보호를 관철하기 위하여 관재인에게 해지의 권한을 인정하지 않는 취지라고 해석한다.[2)]

③ 절충설: 대항력을 갖춘 부동산 임대차의 경우에는 제335조가 적용되지 않으므로 해지할 수 없지만 그 외의 임대차에는 제335조에 의하여 해지할 수 있다

2) 일본의 하급심 판결의 입장이다. 東京高等裁判所 1961. 5. 31. 판결. 이 판결에 대한 평석으로는 伊藤眞, "賃貸人の破産と管財人の解除權," 倒産判例百選, 有斐閣(2002), 168-169면.

는 견해이다(우리 나라의 종래 실무[3] 및 일본의 다수설과 판례[4]).

생각건대, 민법상 임차권의 물권화는 임차권이 대항요건을 갖춘 경우에 논의되는 것이고 파산절차의 경우에도 민법의 원리에 따라 대항요건을 갖춘 임차권과 갖추지 아니한 임차권을 차등하여 취급하여야 하므로 절충설이 타당하다.

대항요건을 갖춘 임차인을 보호하여야 한다는 점은 임대인이 파산한 경우나 임차인이 파산한 경우 마찬가지이지만 파산절차에서 양자는 달리 취급하여야 한다. 먼저 임대인이 파산한 경우를 본다. 임대인이 파산하였다는 사유가 발생하였다는 이유만으로 임차권을 소멸시키는 것은 첫째, 임차인의 귀책사유에 의하지 아니하고 임차권의 효력을 상실시키는 것이 되어 부당하고, 둘째, 원래 파산재단에 속하는 재산에 임차권의 제한이 부착된 상태였으므로 파산채권자들로 하여금 이를 수인하도록 하는 것이 합리적이고, 셋째, 임료채권은 파산재단에 귀속하는 재산으로서 임차인이 제대로 지불하는 한 파산재단으로서도 피해가 없는 점 등을 고려하면 대항요건을 갖춘 임차인의 보호가 파산절차의 채권자간의 공평한 취급이라는 파산법의 이념보다 우위에 있다. 따라서 관재인의 해제권 행사는 제한될 수 있다.

이에 비하여 임차인이 파산한 경우에는 임차권 자체가 환가대상이 되는 파산재단에 속하는 재산으로서 특히 임차보증금이 다액인 경우 관재인이 임차권을 환가할 필요가 적지 않은 점, 파산에 이르게 된 데에 임차인의 잘못이 없다고 할 수 없는 점을 고려하면 임차인이 파산한 경우에는 총채권자의 이익보호가 임차인의 보호보다 우위에 있다.[5] 따라서 관재인의 해제권이 우선한다.

⑵ 신법의 입장

신법은 종전의 실무(절충설)를 반영하여 임대인이 파산한 경우 주택임대차보호법과 상가건물임대차보호법상의 대항력을 갖춘 임대차의 경우에는 미이행 쌍무계약에 관한 제335조의 적용을 배제함으로써 관재인의 해지권행사로부터 임차인을 보호하고 있다(제340조 제4항). 선순위 저당권이 설정되었기 때문에 임차인이 선순위 저당권자에게 대항력을 주장할 수 없는 경우라도 관재인은 계약을 해지할

---

3) 서울지방법원, 파산사건실무 개정판(2001), 85면.

4) 일본 최고재판소 1979. 1. 25. 판결(民集 33卷 1号 1頁). 伊藤眞, 破産法, 有斐閣(1998), 237면; 小林秀之, 破産から民法がみえる, 日本評論社(2003), 175면.

5) 伊藤眞, 앞의 글, 168면.

수 없다.[6]

대항력이 있는 임대차의 경우 임대차계약이 계속된다는 것은 관재인이 이행을 선택하도록 강제된 것과 동시할 수 있으므로 임차인은 관재인에 대하여 종전 계약조건에 따라 차임지급의무를 부담하게 된다. 따라서 관재인은 임차인의 차임 지체, 무단전대 등을 이유로 임대차계약의 해지 또는 갱신거절을 할 수 있다. 파산법상 미이행 쌍무계약에 관한 논의는 파산선고시를 기준으로 임차인이 대항력을 구비하였는지 여부에 달려있으므로 임차인이 파산선고 후에 대항력을 갖추었다고 하더라도 관재인의 해지권 행사를 저지할 수는 없다.

이에 반하여 대항력을 구비하지 아니한 임대차의 경우 관재인의 임대차계약 해지의 효력은 임차인이 파산한 경우에 관한 민법 제637조가 적용되지 아니하므로 기간의 정함이 없는 임대차의 해지효력에 관한 민법 제635조 소정의 기간 도과를 기다리지 않고 즉시 발생한다.

2. 임차보증금의 처리

대항력을 구비한 임차인의 보증금반환청구권이 파산채권인지 재단채권인지 다툼이 있다. 종전의 실무는 파산채권으로 취급하였다.[7] 그러나 관재인이 임대차계약 종료시에 임차인으로부터 목적물을 명도받기 위하여는 임차인에게 보증금을 돌려주어야 하므로 동시이행의 항변권이 부착된 보증금반환채권을 파산채권으로 취급하는 것은 부당하고 법에 의하여 강제로 관재인이 이행을 선택한 것과 같으므로 상대방이 갖는 보증금반환청구권은 재단채권으로 취급함이 옳다.[8] 종전의 실무에서는 명도와 보증금반환은 동시이행의 관계에 있으므로 파산절차에서의 배

---

6) 민사집행절차에서는 제1순위 저당권이 설정된 후에 임차권이 대항력을 갖추고 다시 제2순위 저당권이 설정된 이른바 중간의 용익권에 해당하는 경우 제2순위 저당권자의 신청에 의한 경매가 이루어진 때에는 임차권의 대항력을 경락인에게 주장할 수 없다(대법원 1990. 1. 23.자 89다카33043 결정(공 1990, 516)). 그러나 파산절차에서는 관재인은 그러한 임차인에 대하여 해지권을 주장할 수 없다. 同旨, 全國倒産處理辯護士ネットワーク 編, "破産法が変わる," 第25回 賃貸借①, 金融法務事情(2005. 1. 25).

7) 서울지방법원, 앞의 책, 98면은 관재인이 이행을 선택한 경우에도 보증금반환채권은 파산채권으로 취급하였다.

8) 종전 실무에서도 관재인이 해지하지 못하는 임대차라고 하더라도 파산절차의 원활한 진행을 위하여 임대차계약을 해지하고 보증금을 반환할 필요가 있는 경우에는 관재인은 보증금 상당액을 퇴거비용으로 지급하는 취지의 화해계약을 체결하고 퇴거비용을 재단채권으로 지급하였다. 서울지방법원, 앞의 책, 85면.

당액과 상환으로 명도하는 것으로 해석하고 있었다. 이때 임대기간이 만료된 임차인은 비록 재단채권으로 취급된다고 하여 보증금 전액의 지급을 고집할 수는 없고 만일 파산재단이 재단채권의 총액을 변제하기에 부족한 경우에는 다른 재단채권자와 안분하여 변제하는 금액만을 받고 명도하여야 할 것이다(제477조 제1항). 관재인이 보증금의 지급과 명도가 동시이행의 관계에 있으므로 보증금을 일부라도 받기 위하여는 명도가 동시에 이루어져야 하기 때문이다.

(1) 임차보증금반환채권과 상계

임차보증금반환채권은 임대차계약에 부수하여 파산선고 전부터 성립되어 있는 채권이고, 임대차계약이 종료되고 임차물의 명도가 완료된 후 미지급 차임 등이 없는 경우에 현실로 반환을 청구할 수 있는 정지조건부 파산채권이다. 보증금반환채권을 자동채권으로 하는 임차인의 상계가 허용되는가에 관하여는 다툼이 있지만, 제418조가 정지조건부 채권은 조건 성취 전에 상계를 허용하지 않고 있으므로 임차인이 임차목적물을 명도하기 전에는 아직 보증금반환채권을 자동채권으로 상계하는 것은 허용되지 않는다.[9)]

그러나 임대차계약에서 보증금반환채권과 차임채무에 대한 상계의 기대가 크므로 비록 차임채무가 파산선고 후에 부담하는 채무라고 하더라도 제422조 제1호의 예외로서 제421조는 파산법과 마찬가지로 보증금이 있는 경우에는 시기적 제한이 없이 당기 및 차기 이후의 차임채무와의 상계를 인정함으로써 사실상 우선권을 보장하고 있다. 제421조는 수동채권의 범위를 정한 것일 뿐 이 조항을 근거로 목적물을 명도하기 이전에 차임채무와 상계를 주장할 수는 없다.

임차인은 차임을 지급함에 있어 제418조에 의하여 차임에 해당하는 금원의 임치를 청구하였다가 최후배당의 제외기간 이전에 명도한 후 상계함으로써 임치금을 돌려받게 된다. 만일 임차인이 최후배당의 제외기간까지 명도하지 아니하면 임치금은 다른 채권자에게 배당된다(제526조).

(2) 우선변제권 있는 임차보증금

종래 주택임대차보호법에 따라 대항요건과 확정일자를 갖춘 주택임차인의 임

9) 일본에서도 우리 나라의 보증금에 상응하는 敷金返還請求權에 대하여 목적물의 명도 전에는 청구권이 아직 발생하지 아니하였다는 이유로 상계할 수 없다고 해석한다(伊藤眞, 破産法, 有斐閣(2006), 348면; 須藤英章 외, 新しい破産法解說, 三省堂(2004), 73면).

차보증금반환채권을 파산절차에서 어떻게 보호할 것인가를 둘러싸고 논란이 있었다. 종전의 실무는 경매개시결정일까지 확정일자를 갖춘 임차인에 대하여는 경매목적물 매각대금에 관하여 우선변제권을 인정하는 것을 파산절차에서도 그대로 반영하도록 하기 위하여 경매법원이 직접 임차인들에게 배당하고 남는 금액을 관재인에게 교부하였다.[10] 신법은 종전의 실무를 반영하여 대항요건과 확정일자를 갖춘 주택임차인(상가건물임대차보호법상의 임차인도 같다)에게 파산재단에 속하는 주택(대지를 포함한다)의 환가대금에서 후순위권리자 그 밖의 채권자보다 우선하여 보증금을 변제받을 권리를 인정하였다(제415조 제1항, 제3항). 따라서 신법하에서는 대항요건을 갖춘 주택의 미등기 전세계약자를 전세권자와 마찬가지로 별제권자로 취급하자는 해석론[11]은 근거를 잃게 되었다.

주택 또는 상가 임차인 중 소액보증금에 관한 우선변제권자가 경매절차에서 배당에 참가하기 위하여는 경매개시결정시까지 대항요건을 갖추어야 하지만,[12] 파산절차에 참가하여 우선변제받기 위하여는 파산신청시까지 대항요건을 갖추어야 한다(제415조 제2항).[13] 임대목적물이 경매되면 확정일자를 갖춘 임차인이나 소액임차인은 경매절차에 참가하여 경매법원으로부터 직접 배당금을 교부받는다는 점에서 별제권자의 지위와 유사하므로 별제권자에 준하여 취급하는 것이 옳다. 따라서 배당법원이 배당표를 작성함에 있어서도 당해 임차보증금반환채권자를 직접 배당표상의 배당권자로 기재하여 배당금 수령권한까지 인정하도록 하여야 할 것이다. 다만 확정일자를 받지 않고 대항요건만 갖춘 임차인의 보증금반환청구권은 재단채권으로 취급되므로 주택에 대한 경매절차에 배당금은 관재인에게 교부하여야 한다.

---

10) 2004하합69 미라보건설 사건에서 임차인들이 압류 부동산의 공매시 상가임대차보호법에 따라 우선변제권이 있는 보증금을 배당요청하여 변제받았다.

11) 尹大成, "未登記傳貰와 破産關係," 저스티스 제34권 제4호(2001년 8월호), 47면.

12) 주택임대차보호법 제8조 제1항, 상가건물임대차보호법 제14조 제1항. 배당요구의 종기까지 대항요건을 유지하여야 한다(대법원 1997. 10. 10. 선고 95다44597 판결, 공 1997, 3376).

13) 주의할 사항은, 소액보증금의 우선변제권자의 경우, 파산선고일 또는 경매신청등기일이 아닌 파산신청일까지 대항요건을 갖춘 경우에만 파산절차에서 우선변제권을 인정하고 있는바, 이는 파산신청 이후(특히 채권자 신청의 경우) 파산선고를 받을 임대인이 친지 등을 소액임차인으로 가장하여 입주시킴으로써 우선변제를 받아가는 탈법행위를 막기 위한 취지이다. 이에 따라 앞으로 집행법원은 경매개시결정의 기입등기 전에 대항요건을 갖추기는 하였지만, 파산신청일 이후에 대항요건을 취득한 소액임차인에 대하여는 우선변제권이 인정되지 아니하므로 배당액을 관재인에게 배당하여야 할 것이다.

⑶ 파산채권조사절차

우선변제권이 인정되는 보증금반환채권도 파산채권조사절차를 거쳐야 되는지 아니면 별제권자와 같이 예정부족액을 증명하면 족한지에 관하여는 논의가 필요하다. 생각건대, 먼저 그러한 채권은 주택 등 목적물의 경락대금으로부터 우선변제받는 것이고 관재인으로부터 배당받는 것이 아니므로 파산채권과 같은 채권조사확정절차를 밟을 필요는 없다. 만일 파산절차 중에 개최되는 채권자집회에 참석하기 위하여 의결권이 필요한 경우에는 별제권자와 같이 임차목적물의 가액과 예정부족액을 신고하여 그에 대한 채권조사확정절차를 거치면 충분하다.

파산선고가 있으면 채무자는 파산재단에 속하는 재산에 관하여 관리처분권을 상실하고 파산채권자는 파산절차에 의하지 아니하고 개별적인 권리행사가 금지되므로 파산채권자의 소송 제기, 목적물에 대한 강제집행의 실행, 담보권을 취득하는 행위가 금지된다. 이 점에 비추어 보면 파산채권자인 임차인이 준별제권자의 지위를 얻기 위하여 파산선고 후에 대항력과 확정일자를 갖추는 것은 파산선고 후에 담보권을 취득하는 것과 마찬가지이므로 파산재단에 대하여 그 효력을 주장할 수 없다.[14]

⑷ 선급 차임이 있는 경우

임대인이 파산선고를 받은 경우 차임의 선급 또는 차임채권의 처분은 파산선고시의 당기 또는 차기에 관한 것을 제외하고는 이로써 파산채권자에게 대항할 수 없다(제340조 제1항). 입법취지는 임대인, 임차인 및 제3자가 통모하여 파산재단에 귀속하여야 할 임료수입을 사전에 유출시키는 것을 방지하고, 파산재단이 갖는 차차기 이후의 차임채권을 확보함으로써 총채권자에게 배당할 재산을 증가시키려는 데 있다.[15] 예를 들면 차임을 매월 말 지급하는 것으로 정한 경우 임차인이 1년분의 차임을 선급하였더라도, 임차인은 관재인이 파산선고를 받은 달과 그 다음 달 이후의 차임을 청구하면 이를 이중지급이라는 이유로 거절할 수 없다. 파산한 임대인이 미경과분의 차임채권을 양도한 경우에도 마찬가지이다. 이로 인하여 손해를 입은 임차인 또는 채권양수인은 그 손해배상채권을 파산채권으로

---

14) 미국의 연방파산법 §362(a)(4)도 자동중지의 대상으로 우선특권의 성립 및 대항요건의 구비행위를 포함하고 있다.

15) 林鍾憲, "破產節次가 未履行契約關係에 미치는 影響," 人權과 正義 241號(1996. 9), 35면.

하여 파산절차에 참가할 수 있다(제340조 제2항).

그러나 이 조항은 다음과 같은 문제점을 갖고 있다. 파산선고 전에 임차인이 임대인에게 차임을 선급하거나 임대인이 차임채권을 양도하였다면 임차인 또는 채권양수인은 파산선고를 받은 임대인의 계약상의 지위를 승계하는 관재인에게 차임선급 또는 채권양수를 주장할 수 있는 것이 민법의 일반원리이다. 또한 채무자가 파산선고를 받기 전에 차임채권을 유효하게 처분할 수 있음에도 파산선고 후에는 차차기 이후의 차임채권에 대하여는 파산채권자에게 대항할 수 없게 하는 것은 채무자가 파산선고 전에 임대목적물을 활용하여 자금을 조달하는 것을 방해하게 된다. 파산선고 당시 차임채권이 이미 파산재단으로부터 이탈된 상태라면 파산재단도 이러한 부담을 받아들일 수밖에 없는 것이다. 이러한 입장을 고집하면 앞으로 임료채권을 유동화하는 것에 장해가 된다.[16] 이와 같은 맥락에서 자산유동화에 관한 법률 제2조 제2호 소정의 자산보유자가 파산한 경우에는 유동화자산 중 차임채권에 관하여는 제340조가 적용되지 않는다(자산유동화에 관한 법률 제15조). 따라서 앞으로 개정시에 삭제함이 옳다.[17]

3. 파산선고 후 轉貸借의 취득과 신법 제330조

주택임대차보호법 제3조 제1항에 의한 대항력을 갖춘 주택임차인이 임대인의 동의를 얻어 적법하게 임차권을 전대한 경우에 전차인이 임차인의 주민등록퇴거일로부터 주민등록법상의 전입신고기간 내에 전입신고를 마치고 주택을 인도받아 점유를 계속하고 있다면 비록 임차권의 전대에 의하여 임차권의 공시방법인 점유와 주민등록이 변경되었다 하더라도 원래의 임차인이 갖는 임차권의 대항력은 소멸되지 아니하고 동일성을 유지한 채로 존속한다.[18]

그런데 임대인에 대한 파산선고 당시 임대인 소유의 주택에 대하여 대항력이 있는 임차권이 존재하는 경우 파산선고 후에 임차인이 轉貸 동의 조항에 따라 轉貸하여 轉借人이 轉借權을 취득하는 것이 신법 제330조(파산법 제45조) 소정의 채무자의 법률행위에 의하지 아니하고 권리를 취득한 것에 해당하는 것이 아닌가 하는 의문이 있다.

---

16) 小川秀樹 외, "新破產法の概要(3)," 金融法務事情(2004. 8. 5), 66면.
17) 후술하는 일본의 신 파산법은 이 조항을 삭제하였다.
18) 대법원 1988. 4. 25. 선고 87다카2509 판결(집36(1)민181).

그러나 신법 제330조의 입법취지는 파산채권자 모두를 공평하게 만족시킨다는 파산절차의 목적을 실현하기 위하여 파산선고 당시의 채무자의 책임재산의 유지를 꾀하고 그 후 일부의 파산채권자 또는 제3자의 이익 때문에 파산재단의 담보가치가 감소하는 것을 방지하려는 데에 있다. 그런데 대항력 있는 임차권의 부담이 존재하는 부동산은 그 상태로 파산재단을 구성하는 것이고 대항력을 구비한 임대차계약에 대하여 관재인은 미이행 쌍무계약에 기하여 임대차계약을 해지할 수 없으므로 임차인이 부동산을 轉貸하더라도 파산재단에 대하여 새로운 부담을 부과하는 것이 아니어서 파산재단에 불이익을 주는 것이 아니고, 임차인은 이미 적법하게 轉貸할 권한을 보유하고 있으므로 임대인의 파산선고에 의하여 그 權限이 침해당할 수도 없기 때문이다. 따라서 파산선고 후의 전차권의 취득은 신법 제330조에 해당하지 아니한다.[19]

만일 轉貸禁止의 약정이 있음에도 불구하고 轉貸를 한 경우라면 관재인은 임대인인 채무자의 지위에서 無斷轉貸를 이유로 임대차계약을 해지할 수 있다.

Ⅲ. 임차인이 파산한 경우

1. 민법 제637조의 내용

임차인이 파산한 경우에 관한 민법 제637조[20]는 신법 제335조와 비교하여 두 가지 특징이 있다. 첫째, 임차인이 파산한 경우에 관재인뿐 아니라 임대인에게도 계약해지의 권한을 부여하고 있다. 둘째, 상대방은 해지로 인하여 손해배상청구를 구할 수 없으므로 관재인이 해지하여 임대인이 손해를 입은 경우에도 임대인은 손해배상을 구하지 못한다.

2. 민법 제637조와 미이행 쌍무계약에 관한 제335조와의 관계

민법 제637조와 신법 제335조와의 관계에 대하여는 파산법하에서도 논란이 많았다. 먼저 민법 제637조가 전면 적용된다는 견해는 민법 제637조의 조문을 충

19) 日本 最高裁判所 1979. 1. 25. 판결(民集 33卷 1号 1頁).
20) 뒤에 보는 바와 같이 일본은 민법 제637조에 해당하는 일본 민법 제621조를 삭제하였다.

실히 해석하여 동조의 입법취지가 신뢰관계가 파탄된 임대차계약을 시급히 해소하려는 데에 있는 것으로 본다.[21] 따라서 계약기간이 정하여져 있는 임대차인 경우에도 관재인뿐 아니라 임대인도 파산을 이유로 기간의 정함이 없는 임대차에 관한 민법 제635조의 규정에 의하여 계약을 해지할 수 있다(민법 제637조 제1항). 이 경우 민법 제635조 제2항 소정의 기간(토지 등은 6개월, 동산은 1개월)이 경과하면 임대차는 종료하며, 계약해지로 인한 손해의 배상을 청구하지 못한다(민법 제637조 제2항).[22] 일본의 판례는 借地權에 관하여는 정당사유의 유무를 고려하여 임대인에게 해지권을 인정하고 借家權에 관하여는 정당사유의 고려 없이 임대인의 해지권을 인정하고 있다.[23] 임대인의 해지권이 부당하다고 판단되는 경우에는 권리남용으로 제한하고 있다.[24]

이에 반하여 민법의 적용을 배제하고 신법 제335조가 적용된다는 견해에 의하면, 원래 일본 민법 제621조는 일본 구 상법 파산편에 기원하고 있는데 구 상법은 파산자뿐 아니라 상대방에게도 계약해지권을 부여하고 있었다. 그런데 파산법이 제정되면서 민법 제621조가 삭제되었어야 함에도 불구하고 누락된 것은 잘못이므로 파산절차상의 미이행 쌍무계약에 관한 파산법의 조항이 민법보다 우선한다는 견해이다.[25] 그리하여 임대인은 정당 사유의 유무에 관계 없이 해지권이 배제되고 임차인의 관재인에게 환가에 유리한지에 따라 해지 또는 이행선택의 권한을 인정한다.

생각건대, 임차인이 파산하였다고 하여 임대인에게 무조건의 해지권을 부여하고, 임차인이 손해배상도 구할 수 없다고 하는 것은 임대인이 파산한 경우에 비하여 지나치게 임차인에게 불리한 것이고, 민법 제637조는 임차인이 파산한 경우의 특칙인바, 임차인에 대하여 신법 제2편의 회생절차가 개시된 경우에 관하여는 민법의 특칙이 없으므로 임차인에 대하여 파산 또는 회생절차가 개시된 경우에 달리 취급할 사유가 없는 한 원칙적으로 동일한 법리에 의하는 것이 파산법

21) 田炳西, 破産法, 법문사(2003) 87면; 李亥雨・李在華, 파산법, 법률문화원(2001), 370면; 林鍾憲, 앞의 논문, 33면; 新版注釋民法(15), 有斐閣(1992), 329면; 宗田親彦, 破産法硏究, 慶應通信(1995), 263면.

22) 곽윤직 편, 민법주해(15), 박영사(1997), 136면.

23) 日本 最高裁判所 1970. 5. 19. 판결. 그 이유로는 借地權은 건물 소유를 목적으로 임대기간이 장기간이므로 임차권을 보호할 필요가 借家權보다 크다는 점을 들고 있다(小林秀之, 앞의 책, 178면).

24) 東京地方裁判所 1970. 2. 24. 판결(中田裕康, "借地人の破產による解約の申入れと正當事由," 倒產判例百選, 有斐閣(2002), 165면에서 재인용).

25) 伊藤眞, 앞의 책(2006), 263면.

체계의 정합성이 있는 점을 고려하면, 임차인이 파산한 경우에 신법 제335조를 배제하고 민법 제637조를 적용한다는 견해에는 찬동할 수 없다. 따라서 파산법의 일반원칙으로 돌아가 임차인의 관재인에게 해지 또는 이행 선택권을 부여하는 견해에 찬동한다.

임대인으로서도 관재인이 해지를 선택하는 경우 손해가 발생하였다면 손해배상청구권을 파산채권으로 행사할 수 있으므로 유리하고, 관재인이 이행을 선택한 경우라면 차임채권이 재단채권으로 보호되고 차임을 연체하면 그 때 임대차계약을 해지할 수 있는 등 임대인으로서도 불리할 것이 없다. 다만 관재인은 해제 또는 이행을 선택하는 경우에 임차목적물이 주거용인지 상업용인지, 동산인지 부동산인지 여부 등을 고려하여 파산재단에 재산적 가치가 있는지 여부를 고려하여야 한다. 예컨대, 만일 채무자가 주거용 건물의 임차인으로서 보증금의 우선변제액수가 주택임대차보호법 제8조 소정의 지역에 따라 보호되는 금액(1,200만원부터 1,600만원)의 범위 내라면 파산재단에 속하지 아니할 수 있으므로(제383조 제2항 제1호, 대통령령 제16조 제1호) 이러한 임대차의 경우에는 관재인에게는 제335조에 의한 해지권이 인정될 수 없으며, 그 액수를 초과하는 경우라면 차액을 임차인이 파산재단에 출연하고 관재인으로부터 파산재단에 속하는 임차권을 포기받을 수도 있다.

3. 차임채권의 법적 성질

(1) 파산선고 전의 차임채권의 성질

임차인의 관재인이 임대차계약을 해지한 경우 파산선고 전의 미지급 차임은 파산채권이 되고, 파산선고일부터 계약 해지에 의하여 임대차 목적물을 반환받는 날까지의 차임 및 손해배상금은 재단채권이 된다(제473조 제8호).

임차인의 관재인이 관재업무의 편의상 이행을 선택하여 계속하여 임차하는 경우, 파산선고 후의 차임은 재단채권(제473조 제7호)이 되지만, 파산선고 전의 미지급 차임이 재단채권인지 파산채권인지에 대하여 견해의 대립이 있다. 파산채권설은 파산선고시에 이미 발생한 차임채권은 파산채권임에도 관재인의 이행 선택이냐 해지에 따라 차별을 하는 것이 다른 채권자에게 불공평하다는 이유로 파산채권이라고 주장한다.[26] 그러나 파산선고 전에 발생한 채권이라도 관재인이 계약

26) 서울중앙지방법원, 파산사건실무(2001), 87면; 中野貞一郎・道下徹 編, 앞의 책, 98면.

의 이행을 선택한 경우에는 공평의 원칙상 재단채권으로 취급하도록 신법 제473조 제7호에 규정되어 있을 뿐 아니라 관재인이 계약의 일부 이행은 불가하고 전부 이행만을 할 수 있다는 입장에서 재단채권으로 취급함이 옳다.[27)]

(2) 파산선고 후의 임료채권

임대인이 계약을 해지할 수 없다면 파산선고 후에 발생한 임료채권을 어떻게 취급할 것인지가 문제된다. 임차인의 관재인이 이행을 선택하면 파산선고 전·후의 임료채권은 제473조 제7호에 의하여 전액 재단채권으로 취급한다.[28)] 관재인의 이행선택 없이 임대차가 계속되는 경우에도 파산선고 후의 임료채권은 재단채권으로 취급한다.[29)] 만일 관재인이 해지하면 파산선고 전에 발생한 차임채권은 파산채권이 되고, 그 이후의 임대차계약이 종료하는 때까지의 부분 및 그 후 실제로 명도완료일까지의 차임채권은 재단채권이 된다(제473조 제8호).[30)] 따라서 임대인은 제335조 제2항에 의하여 관재인을 상대로 이행의 선택 또는 해지 중 어느 것을 취할 것인지를 최고하여 법적인 불안으로부터 벗어나야 한다. 관재인이 이행을 선택한 후 파산선고 후의 차임을 연체하면 임대인은 임대차계약을 해지할

27) 同旨, 伊藤眞, 앞의 책(2006), 264면.

28) 同旨, 伊藤眞, 앞의 책(2006), 264면. 필자는 계약의 일부가 아닌 전체에 대하여만 이행의 선택을 할 수 있다는 입장이지만 위 책은 채권자의 공평을 근거로 하고 있다. 반대로 우리 나라에서는 이행을 선택하더라도 파산선고 전의 차임채권은 파산채권으로 취급하는 것이 다수설이다. 田炳西, 앞의 책, 88면.

29) 李亥雨·李在華, 앞의 책, 370면; 齊藤秀夫·麻上正信 編, 注解破產法 第三版(上), 青林書院(1999), 232면. 일본 최고재판소 1973. 10. 30. 판결(民集 27卷 9号 1289頁)도 借地法의 적용을 받는 토지 임차인이 파산한 경우 임대인은 借地法이 정하는 사유가 해약신청일로부터 민법 제617조 소정의 기간이 경과할 때까지 존속하는 경우를 제외하고 임대인의 해지권을 부정하면서 파산선고일 이후의 차임채권은 관재인이 미이행 쌍무계약의 이행을 선택한 경우에 관한 일본의 구 파산법 제47조 제7호(한국의 신법 제473조 제7호)를 유추적용하여 재단채권으로 해석하고 있다. 해지의 통고가 없었으므로 제8호를 적용할 수 없기 때문이다. 다수설도 판결의 결론에 찬동하고 있다. 예컨대, 宗田親彦, 앞의 책, 263면은 일본 파산법 제47조 제3호에 의한 재단채권설을 주장한다. 이 판결에 대한 평석으로는 中田裕康, 앞의 논문, 164-165면.

30) 일본 파산법 제47조 제8호의 '쌍무계약이 해지된 경우에 그 종료할 때까지'로 되어 있고 우리 나라의 신법은 '쌍무계약이 해지된 경우 그 때까지'로 기술되어 일본 파산법에서는 일견 해지통고시부터 계약종료시까지로, 우리 나라에서는 해지의 의사표시가 효력을 발하는 때까지로 한정되는 것으로 해석될 수 있다. 그러나 본호의 입법취지가 상대방이 파산선고 후 계약종료시까지 제공하는 급부에 대하여 파산재단이 이익을 받음에 반하여 상대방의 채권을 파산채권으로 취급하는 것이 불공정하다는 점에 근거로 하는 것이므로 제8호 소정의 재단채권의 시기는 파산선고시부터이고 해지통고시부터가 아니며, 나아가 종료시기는 계약종료 종료 후 실제의 명도완료일까지이다(齊藤秀夫·麻上正信 編, 앞의 책, 229면; 新版注釋民法(15), 有斐閣(1992), 330면).

수 있다.[31)]

만일 임차인에 대한 파산선고 전에 이미 적법하게 임대차계약이 종료하였음에도 불구하고 임차인이 명도하지 아니한 경우라면 파산선고 전까지의 기발생 차임채권 및 임료상당의 부당이득반환채권은 파산채권에 해당하고, 파산선고일 이후 명도완료일까지의 임료상당의 부당이득금은 임차인의 관재인의 부작위에 의한 불법행위(제473조 제4호) 또는 부당이득으로 인하여 파산선고 후 파산재단에 대하여 생긴 청구권(제473조 제5호)에 해당하여 재단채권이 된다.

4. 동시폐지와 민법 제637조

민법 제637조가 임차인이 파산한 경우에 적용된다는 입장에 서더라도 동조는 관재인이 선임된 경우에 적용된다고 해석되므로 동시폐지의 경우에는 민법 제637조는 적용이 없고 따라서 종전의 임대차관계가 그대로 적용된다는 견해가 있다.[32)] 그러나 동시폐지의 경우에도 파산선고가 된 것은 분명하므로 동시폐지의 경우는 민법 제637조의 적용이 없다는 견해는 문리해석의 범위를 넘는 것으로 찬동하기 어렵다.

임대인은 파산선고 후의 차임 연체를 이유로 임대차계약을 해지하는 것은 별론으로 하고 앞에서 설명한 바와 같이 임차인의 파산선고를 이유로 임대차계약을 해지할 수 없다고 해석한다. 파산절차의 폐지는 장래에 향하여 파산절차를 종료시키는 것으로 파산채권자는 파산채권자표(이시폐지) 또는 집행권원(동시폐지의 경우)에 의하여 강제집행권한을 회복하고 채무자의 재산관리권도 회복된다. 그리하여 파산법에서는 파산절차 종료 후 면책에 관한 재판이 있기까지에 파산자가 취득한 신득재산에 대하여도 파산채권자가 강제집행할 수 있었다.[33)]

그러나 신법하에서는 파산신청은 면책신청의 뜻도 포함하고 있고 파산선고 후 면책에 관한 재판이 있기까지 파산채권에 기하여 채무자의 재산(파산선고 후에 취득한 신득재산도 포함한다)에 대하여 강제집행을 할 수 없으므로(제557조) 동시폐지가 있은 후 면책결정이 있기까지는 임대인이 파산선고 전의 미지급된 차임채권

---

31) 中田裕康, 앞의 논문, 165면.
32) 中野貞一郎・道下徹 編, 基本法コンメンタール破産法 第二版, 日本評論社(1997), 99면.
33) 이를 명시한 日本 最高裁判所 1990. 3. 30. 판결(民集 44巻 2号 416頁) 참조. 학설은 이에 반대하였다.

(파산채권)에 기하여 강제집행할 수 없다. 따라서 임대인은 파산선고 전에 발생한 임료의 연체를 이유로 임대차계약을 해지할 수도 없다.

다음으로 임차인에 대하여 동시폐지가 된 경우에 동시폐지 후 면책결정시까지에 발생한 차임채권에 대하여 본다. 파산절차 종료 후에 발생하는 채권은 파산채권이 아니므로 면책의 대상이 되지 아니한다.[34] 임대인은 임차인을 상대로 임차인이 면책을 받았다고 하더라도 파산절차 종료 후에 발생된 연체된 차임의 지급을 구할 수 있고, 연체를 이유로 임대차계약을 해지할 수도 있다.

5. 주택임대차보호법의 특칙

필자는 임차인이 파산한 경우에 민법 제637조에 의하여 임대인이 해지할 수 없다는 입장에 찬동하지만 설령 임대인이 임대차계약을 해지할 수 있다는 입장에 의하더라도 만일 임차인이 주택임대차보호법 또는 상가건물임대차보호법의 적용을 받는 경우라면 주택임대차보호법 제4조, 상가건물임대차보호법 제9조의 임대차기간에 관한 강행규정이 적용되어 임차인의 파산선고를 이유로 한 임대인의 해지가 제한되어야 할 것이다.[35] 주택 또는 상가 임차인이 파산선고 또는 그 신청을 받은 경우에는 임대인은 바로 계약을 해지할 수 있다는 취지의 특약을 하더라도 임대인의 해지를 제한하는 주택임대차보호법의 취지에 반하여 무효라고 해석된다.[36] 관재인이 해지를 하는 경우에도 주택임대차보호법 제9조가 적용되는지에 대하여는 의문이 있으나 관재인이 임차권을 신속히 환가할 필요가 있을 수 있으므로 적용이 배제된다고 해석하고 싶다.

---

34) 반대로 차임채권이 파산선고 전의 임대차계약에 기한 것이라는 점과 관재인이 선임되어 이행을 선택한 바 없어 재단채권이 될 수 없으므로 파산채권으로 보아 면책의 대상이 된다는 견해도 있을 수 있다.

35) 일본의 통설도 임차인의 파산한 경우 借地借家法의 정당사유 등의 요건을 갖추어야 해지할 수 있다고 한다(小林秀之, 앞의 책, 173면; 新版注釋民法(15), 有斐閣(1992), 332면).

36) 서울고등법원 2005. 6. 10. 선고 2004나87017 판결(2005다38263호로 상고 중)은 "계약의 일방 당사자인 주식회사에 대하여 회사정리절차개시신청이 있음을 원인으로 하여 이 사건 합작투자계약을 해지할 수 있다는 약정은 위와 같은 회사정리절차의 취지에 반하고 또한 회사정리법상 관리인의 회사재산에 대한 관리처분권을 침해하는 것으로서 무효라고" 판시하였다.

Ⅳ. 일본의 개정

1. 임대인이 파산한 경우

일본도 대항력을 구비한 임대차에 대하여는 미이행 쌍무계약에 관한 일본 신 파산법 제53조의 적용을 배제하고, 상대방이 갖는 청구권을 재단채권으로 취급하도록 개정하였다(일본 신 파산법 제56조 제1항). 임대인이 파산한 경우 상대방인 임차인이 갖는 청구권이라 함은 목적물을 사용수익할 수 있는 권리를 말하고 보증금반환청구권도 재단채권으로 규정하자는 의견도 있었으나 이에 관하여는 해석에 맡겨놓았다.[37] 또한 임료의 선급 또는 차임채권의 양도제한에 관한 구 파산법 제63조(우리 나라의 신법 제340조)를 삭제하였다. 그 이유로는 현재의 거래상황에 비추어 채권의 재산적 가치의 비중이 증대하고 채권의 유효한 활용을 도모하기 위한 제도적인 환경을 정비할 필요가 있으므로 파산절차에서 임료채권의 처분이나 선불의 효력을 제약할 필요가 없다는 점을 들고 있다.[38]

또한 임료선급 제한의 폐지와 균형을 맞추기 위하여 임차인이 임료채무를 수동채권으로 하는 상계에 대하여 상계의 범위를 파산선고 당시의 당기 및 차기의 임료로 제한한 구 파산법 제103조(우리 나라의 신법 제421조)도 삭제하였다. 임차인이 임료채무를 수동채권으로 삼아 이를 담보로 신용을 공여하여 자동채권을 갖게 되는 경우에 임차인의 임대인에 대한 신용공여는 실질적으로 전항에서 본 임료의 선불과 같은 기능을 갖기 때문이다.[39] 그리하여 임차인이 임대인에 대하여 파산채권을 갖는 때에는 임료채무를 수동채권으로 하여 제한 없이 상계할 수 있게 되었다.

2. 임차인이 파산한 경우

일본은 파산법을 개정하면서 종전에 많은 논란을 일으킨 일본 민법 제621조

---

37) 須藤英章 외, 앞의 책, 71면.

38) 須藤英章 외, 앞의 책, 72면. 민사재생절차(제51조)와 회사갱생절차(제63조)도 같은 내용으로 개정되었다.

39) 須藤英章 외, 앞의 책, 72면.

(우리 민법 제637조)를 삭제하였다.[40] 그리하여 임대인의 해지권한은 인정되지 않으며 임대인 파산과 마찬가지로 파산법상의 미이행 쌍무계약의 법리에 따라 임차인의 관재인에게 해지 및 이행의 선택권한을 부여하였다. 임대인으로서는 관재인에게 해지 및 이행의 선택을 최고하여 그에 따라 처리하여야 한다. 임차인의 파산을 이유로 한 임대차계약의 해지 조항은 일반적인 ipso facto clause에 관한 법리에 의하여 결정될 것인바, 현재의 일본의 판례와 다수설은 무효로 취급하고 있다.[41]

Ⅴ. 결 론

이상의 논의를 종합한 필자의 결론은 아래와 같다.

첫째, 임차인이 파산한 경우에 관한 특칙인 민법 제637조는 폐지함이 옳다.

임대차계약은 민법상의 쌍무계약으로서 임대차계약의 존속 중에 임차인 또는 임대인이 파산한 경우에 원칙적으로 관재인에게만 이행의 선택 또는 해지권을 부여하고 상대방이 입은 손해를 파산채권으로 구제하면 이론상의 정합성도 있고 상대방의 보호도 할 수 있으므로 임차인이 파산한 경우에 관한 특칙인 민법 제637조는 폐지함이 옳다. 일본도 동 조항을 폐지하였음은 앞에서 기술하였다. 신법이 시행되기 이전에는 주식회사만이 회사정리절차를 신청할 수 있었으나 앞으로는 개인도 회생절차를 신청할 수 있고, 개인채무자 회생제도의 도입으로 인하여 개인에 대하여도 신법 제4편의 회생절차(종전 개인채무자회생법에 따른 개인회생절차)가 도입되었으므로 임차인인 개인이 파산한 경우에만 민법상의 특칙을 인정하고 개인에 대하여 신법 제2편 또는 제4편의 회생절차가 개시된 경우에는 민법상의 특칙을 배제할 특별한 이유를 찾기 어렵기 때문이다.

둘째, 임차인의 임료채권에 관한 신법 제340조 및 제421조는 삭제함이 옳다.

임대인의 파산선고 전에 이미 임차인이 임료를 선급하였거나 임대인으로부터

---

40) 小川秀樹 외, 一問一答 新しい破産法, 商事法務(2004), 80면. 개정 전에도 임차인의 관재인이 해약을 하였음에도 임대인이 손해배상을 구할 수 없는 것은 부당하다는 입법론적인 비판이 있었다(新版注釋民法(15), 有斐閣(1992), 330면).

41) 회사갱생에 관한 사건으로 日本 最高裁判所 판결 1982. 3. 30. 판결(民集 36巻 3号 484頁). 이 판결에 대한 평석으로는 三木浩一, "辨濟禁止保全處分の效力," 倒産判例百選, 有斐閣(2002), 26-27면; 伊藤眞, 앞의 책(2006), 260면.

차임채권을 양수받은 경우에 파산선고만 없었더라면 임료선급이나 채권양도가 유효한 것이므로 파산재단을 보호한다는 명목으로 파산법에서 이를 제한하는 것은 그 실효성도 크지 않고 이론상으로도 파산법이 민법상의 법원칙에 예외를 가하는 것으로 그 예외의 필요성을 인정하기에 불충분하므로 신법 제340조는 이를 삭제함이 옳다. 또한 임료선급 제한의 폐지와 균형을 맞추기 위하여 임차인이 임료채무를 수동채권으로 하는 상계에 대하여 상계의 범위를 파산선고 당시의 당기 및 차기의 임료로 제한한 신법 제421조도 삭제함이 타당하다.

셋째, 임대차계약의 전체를 관재인이 이행선택을 할 수 있음을 명시하는 판례가 고대된다.

종전 실무는 임대차계약에 관하여 임차인이 파산한 경우 임차인의 관재인이 이행선택을 한 경우 기발생 임료채권은 파산채권으로, 이행선택 후에 발생하는 임료채권은 재단채권으로 취급하고 있었다. 또한 임대인이 파산한 경우 관재인이 이행을 선택한 경우에도 임차인이 가지는 보증금반환청구권을 파산채권으로 취급하였다.[42] 그 이유로는 임차인에 대한 파산선고 전후의 미지급 임료나 임대인 파산선고 후의 보증금반환청구권에 대하여 관재인이 이행을 선택한 경우에 관하여 관재인이 미이행 쌍무계약의 이행을 부분적으로 선택하는 것이 가능하다는 것을 전제로 하기 때문이다. 그러나 필자는 미국과 같이 이를 부정하여 이행의 선택은 계약 전체에 대하여만 할 수 있으므로 기발생 임료채권과 임차보증금 반환채권을 재단채권으로 취급하는 판례[43]가 하루 속히 나와 종전의 논란에 종지부를 찍기를 고대한다.[44]

넷째, 신법의 개정으로 주택 또는 상가 임차인 중 소액보증금에 관한 우선변제권자가 파산절차에 참가하기 위하여는 파산선고시가 아니라 파산신청시까지 대항요건을 갖추어야 한다는 점, 확정일자를 갖춘 임차보증금반환청구권을 가진 임차인이 파산자 소유의 임대차 목적물에서 우선변제받을 수 있도록 개정한 내용을 경매담당자들이 숙지하여야 할 것이다.

---

42) 서울지방법원, 앞의 책, 98면.

43) 도급계약에 기한 공사대금청구권에 관한 대법원 2003. 2. 11. 선고 2002다65691 판결(공 2003, 792). 공익채권으로 취급하는 이유에 대하여 "일반적으로 도급계약에 있어서 수급인이 완성하여야 하는 일은 불가분이므로 그 대금채권이 회사정리절차개시 전의 원인으로 발생한 것과 그러하지 아니한 것으로 분리될 수 없는 것이 원칙"이라는 이유를 들고 있다.

44) Michael J. Herbert, UNDERSTANDING BANKRUPTCY 144(1995).

파산절차의 개시가 고용계약에 미치는 영향

Ⅰ. 머 리 말

근로기준법, 임금채권보장법 등은 근로자에 대한 해고를 제한하고 임금 및 퇴직금을 보호함으로써 사용자에 비해 불리한 근로자의 권리를 법적으로 보호하고 있다. 한편 파산법제에서도 근로자의 임금 및 퇴직금채권을 재단채권으로 취급함으로써 우선적 파산채권보다 앞서 변제받을 수 있도록 규정하고 있다. 그러나 파산절차나 재건절차는 근로자뿐 아니라 상거래채권자, 불법행위채권자, 담보권자, 조세권자 등 다양한 이해관계인이 참여하면서 채권자간의 공평한 부담과 기업의 재건이라는 두 가지 목표를 달성하여야 한다. 그리하여 사용자가 파산한 경우에 근로자를 보호하기 위한 노동법과 채권자들의 공평을 목적으로 하는 파산법이 맞닥뜨리게 되어 양자의 법원리를 조정할 필요가 있다. 이를 위하여 파산절차가 개시된 경우 파산기업의 근로자에 대한 선진국의 권리보호의 수준을 살펴보는 것이 중요하다.

파산절차가 개시되면 고용계약에 여러 가지 영향을 미치게 된다. 실무상 부딪히는 문제는 아래와 같다.

첫째, 민법상의 고용계약은 당사자 일방(근로자)이 상대방(사용자)에 대하여 노무를 제공할 것을 약정하고 사용자가 노무의 제공에 대한 보수를 지급하기로 하는 쌍무계약이다(민법 제655조). 단체협약의 법적 성질에 관하여 논의가 있으나

* 독일노동법에 관하여 자세한 설명을 하여 주신 박상훈 부장판사님과 초고의 오류를 지적하여 준 김춘수 판사에게 감사드린다.

쌍무계약으로 보는 입장을 취하는 경우 근로계약 또는 단체협약의 존속 중에 당사자 일방 또는 쌍방이 파산하게 되면 미이행 쌍무계약에 해당한다. 일반 파산절차에서는 미이행 쌍무계약에 관하여 관재인에게 이행의 선택 또는 계약의 해제권한을 부여하고 해제시 상대방이 갖는 손해배상채권을 파산채권으로 취급하고 있다. 고용계약의 당사자 일방인 근로자 또는 사용자에 대하여 파산선고가 난 경우에 파산관재인('관재인')은 미이행 쌍무계약에 관한 관재인의 해제권을 행사하여 고용계약 또는 단체협약을 해제할 수 있는가?

둘째, 근로기준법은 근로자를 보호하기 위하여 근로자의 해고제한에 관하여 자세한 규정을 두고 있다. 그런데 사용자가 파산하여 관재인이 종업원을 해고하는 경우에도 근로기준법상의 각종 해고제한 규정(해고제한기간, 해고예고, 해고예고수당)이 적용되는가? 관재인이 근로자를 전부해고하는 경우와 일부만을 선별하여 해고하는 경우에 차등을 두어야 하는가?

셋째, 근로자의 임금이 미불되는 사태는 사용자가 파산한 경우에 주로 발생한다. 사용자가 파산하여 근로자가 지급받지 못한 임금, 퇴직금은 파산절차 진행 중에 어떠한 취급을 받으며 파산절차가 종료된 후에 면책의 대상이 되는가? 관재인이 임금을 체불하고 있는 경우 근로기준법상의 죄책을 지는가?

넷째, 파산선고 후에도 관재인이 여전히 노동조합 및 노동관계조정법상의 사용자로서의 지위를 갖는가? 관재인이 종전 근로자와 단체교섭을 하는 상대방이 될 수 있는가?

다섯째, 채무자 회생 및 파산에 관한 법률('신법')에 의하여 면책결정을 받은 근로자에게 신분상의 법적 불이익이 아직도 상존하는가?

이 글에서는 이러한 문제점을 염두에 두고 이러한 쟁점에 대하여 크게 사용자가 파산한 경우(Ⅱ)와 근로자가 파산한 경우(Ⅲ)의 두 가지로 나누어 파산법과 신법의 차이점에 대하여 살펴본다. 또한 해당 부분에서 필요한 경우 외국(일본, 미국, 독일, 영국 등)과 비교하여 설명하기로 한다. 끝으로 신법의 개정내용에 대한 앞으로의 개선책에 대한 필자의 견해(Ⅳ)를 밝힌다.[1)]

---

1) 이 글에서 파산절차라 함은 협의의 청산절차를 의미하고 재건절차는 배제하는 뜻으로 사용한다.

Ⅱ. 사용자가 파산한 경우

1. 민법 제663조의 특칙

고용계약의 당사자 일방이 파산하였다고 하여 고용계약의 종료사유가 되는 것은 아니다. 위임계약은 당사자 일방의 파산으로 말미암아 위임계약이 당연히 종료하지만[2] 고용계약은 별도로 해지의 의사표시가 있어야 계약이 종료된다.

민법은 사용자가 파산한 경우에 대하여 제663조[3]의 특칙을 마련하고 있다. 민법 제663조는 다음과 같은 의의가 있다. 첫째, 파산자의 상대방인 근로자에게도 근로계약의 해지권을 인정한다. 둘째, 사용자의 관재인이 해지를 선택한 경우에도 근로자가 손해배상청구를 할 수 없다는 점에서 파산절차상의 미이행 쌍무계약의 법리와 차이가 있다. 관재인에 의한 해지로 인하여 근로자가 입게 된 손해는 근로기준법의 보호로 대체할 수 있으므로 관재인이 해지하여도 근로자의 손해배상청구를 인정하지 않고 있다.[4] 셋째, 계약의 기간이 정함이 있는 경우에도 계약을 해지할 수 있다. 그 이유는 사용자가 파산하여 근로관계를 계속할 신뢰가 무너졌음에도 불구하고 사용자의 관재인에게 이행선택을 허용하면 근로자는 본인의 의사에 반하여 노동을 강요당하게 되므로 이러한 속박에서 벗어나게 하기 위하여 근로자에게도 근로계약의 해지권을 인정한 것이다.[5]

민법 제663조는 고용기간의 약정이 있었는지에 관계 없이 적용되며, 민법 제660조[6] 소정의 1개월이 도과하기 전이라도 즉시 해지할 수 있다.[7] 다만 뒤에서

---

2) 대법원 2002. 8. 27. 선고 2001다13624 판결(공 2002, 2283).

3) 민법 제663조(사용자파산과 해지통고) ① 사용자가 파산선고를 받은 경우에는 고용기간의 약정이 있는 때에도 노무자 또는 파산관재인은 계약을 해지할 수 있다.
② 전항의 경우에는 각 당사자는 계약해지로 인한 손해의 배상을 청구하지 못한다.

4) 다른 채권자의 공평한 취급을 그 이유로 들기도 한다(김형배, 노동법, 박영사(2005), 545면).

5) 郭潤直 편, 민법주해(XV), 박영사(1997), 426면 참조. 한편 사용자의 파산은 민법 제661조가 정하는 부득이한 사유의 하나이지만 손해배상을 청구할 수 없다는 점에서 그 사유가 당사자 일방의 과실로 인하여 생긴 경우에 상대방에 대하여 손해배상청구권을 인정하는 민법 제661조와 다르다.

6) 제660조 제2항에 의하면 해지의 통고를 받은 날로부터 1월이 경과하면 해지의 효력이 생긴다.

7) 郭潤直 편, 앞의 책, 428면; 田炳西, 최신 파산법, 법문사(2003), 93면. 반대설에 따르면 민법 제660조에 따라 1개월이 경과하여야 해지의 효력이 발생한다(이재화・이해우, 파산법, 법률문화원(2001), 371면; 윤창술, "파산절차에서의 단체협약과 근로계약," 인권과 정의(2000년 1월

보는 바와 같이 근로기준법이 적용되는 사업장(상시 5인 이상의 근로자를 사용하는 사업장)의 경우에는 해고예고기간 및 해고예고수당절차를 준수하여야 한다.[8] 이러한 민법의 특칙이 미이행 쌍무계약에 관한 제335조에 우선한다는 것이 다수의 견해이다.[9]

2. 해 고

(1) 관재인의 해고권

해고라 함은 사유를 불문하고 사용자가 근로자에 대하여 근로계약 관계를 일방적으로 종료시키는 것을 총칭한다. 그 사유에 따라 징계해고, 정리해고, 통상해고(징계, 정리해고가 아닌 나머지 해고사유에 기한 해고를 말한다)로 분류된다. 해고하기 위하여는 근로기준법 제30조 제1항의 정당한 이유가 있어야 하고 특히 정리해고의 경우에는 근로기준법 제31조의 요건을 갖추어야 한다.

채무자의 종업원이 해고되지 않고 남아 있으면 관재인은 아직 고용기간의 약정이 남아 있는 경우에도 파산선고일에 즉시 해고할 수 있다(민법 제663조 제1항). 관재인이 하는 해고가 정리해고에 해당하느냐에 관하여 판례는, 이는 정리해고가 아닌 정당한 통상해고이므로 단체협약에 정리해고시 사전에 노동조합에 통보하거나 충분한 협의를 거치도록 정해져 있다고 하더라도 관재인은 이에 구속되지 않고 해고할 수 있다고 판시하였다.[10] 금융기관이 인가취소로 인하여 해산된 후 청산과정에서 청산업무의 일환으로 그 직원들을 전부 해고하는 것은 정리해고나 징계해고가 아닌 통상해고이므로 사실상 파산과 다름 없는 청산의 상태에서 이루어진 해고는 근로기준법 제30조 제1항 소정의 정당한 이유가 있다.[11]

이에 대하여 사용자가 파산하였다고 하더라도 즉시 사업이 종료되는 것이 아

호), 82면).

8) 일본의 경우도 같다. 伊藤眞, 破産法, 有斐閣(2006), 288면.

9) 田炳西, 앞의 책, 92면; 伊藤眞, 앞의 책, 287면. 반대설은 파산법 제50조 제2항이 적용되므로 관재인이 이행을 선택하여 근로자에 대하여 계속적으로 노무에 종사할 것을 요구할 수 있다고 기술하고 있으나(윤창술, 앞의 논문, 83면) 강요에 의한 노무를 인정할 수 없으므로 찬성하기 어렵다.

10) 대법원 2003. 4. 25. 선고 2003다7005 판결(공 2003, 1267)은 동아건설산업이 파산된 후 관재인이 한 해고는 정리해고가 아닌 통상해고라고 판시하였다. 2001. 11. 13. 선고 2001다27975 판결(공 2002, 45)은 청산인에 의한 해고가 정리해고에 해당하지 아니한다고 판시하였다. 同旨, 김형배, 앞의 책, 546면.

11) 대법원 2001. 11. 13. 선고 2001다27975 판결(공 2002, 45).

니고 제 3 자에게 영업을 양도하기 위하여는 근로자가 계속하여 근무하는 것이 필수적인 경우도 있고 청산목적의 범위 내에서 권리능력이 있으며 근로관계도 여전히 존속하는 것으로 보아 파산시의 해고에도 해고제한법리가 적용되어야 한다는 견해[12]가 있다.

생각건대, 다음과 같은 사유로 판례에 찬동한다. 첫째, 민법 제663조가 사용자에게 파산선고가 있음을 이유로 근로자를 해고할 수 있는 권한을 부여하고 있다. 둘째, 정리해고는 어디까지나 기업을 회생시키기 위한 것임에 반하여[13] 파산절차는 민·상법상의 청산절차보다 강력한 청산절차이므로 재건을 전제로 하는 정리해고의 요건과 절차를 따를 필요가 없다. 셋째, 청산인과 달리 관재인은 종전 채무자의 지위를 승계하는 면 외에 총채권자의 지위를 아울러 겸유하고 있으므로[14] 해고제한에 관한 기존 근로계약상의 의무를 그대로 부담한다고 보기 어렵다. 넷째, 파산선고를 받아 더 이상 종전과 같은 규모로 영업을 계속하는 것이 불가능하거나 영업 자체를 계속하기 어려워 파산하게 되어 해고하는 것이라면 그 사실 자체가 정당한 사유에 해당한다고 보아야 한다.[15]

(2) 근로기준법상의 해고제한 규정

사용자는 적어도 30일 전에 해고예고를 하여 해고예고기간의 경과로 해고의 효력이 발생하게 하거나 또는 해고예고를 생략하는 대신 해고예고수당을 지급하고 즉시 해고할 수 있다(근로기준법 제32조 제 1 항 본문). 단 천재·사변 기타 부득이한 사유로 사업계속이 불가능한 경우 또는 근로자가 고의로 사업에 막대한 지장을 초래하거나 재산상 손해를 끼친 경우로서 노동부령이 정하는 사유에 해당하는 경우에는 해고예고 없이 즉시 해고할 수 있다(근로기준법 제32조 제 1 항 단서).

12) 윤창술, 앞의 논문, 82면; 도재형, "청산과정에서 근로자를 해고하는 것이 정리해고에 해당하는지 여부," 노동판례비평, 민주사회를 위한 변호사 모임(2002), 189면. 이 글은 관재인이 아닌 청산인에 의한 해고에 관한 전게 대법원 2001다27975 판결에 대한 판례평석이다. 파산절차에 관한 일본의 글로는 大下慶郞, "破産と勞動法制," 麻上正信 監修, 新版破産法, 經濟法令研究會(1990), 288면.

13) 대법원 1990. 1. 12. 선고 88다카34094 판결(공 1990, 461).

14) 대법원 2005. 11. 25. 선고 2004다6085 판결(공보불게재).

15) 판례에 찬동하는 견해로는, 서울지방법원, 파산사건 실무(2001), 93면; 이범균, "사용자가 파산한 경우의 근로관계 종료와 부당해고 등," 행정재판실무편람(3), 서울행정법원, 599-601면; 임종헌, "파산절차가 미이행 쌍무계약관계에 미치는 영향," 인권과 정의(1996. 9), 44면; 이동원, "청산과정에서의 해고와 정리해고의 차이," 대법원판례해설 제38호(2002), 562면 이하. 한편 파산절차의 경우에 입법적 해결이 필요하다는 견해로는 임종률, 노동법 제 4 판, 박영사(2004), 508면.

그런데 사용자가 파산하여 근로자를 해고하는 것은 근로기준법 제32조 제1항 단서에서 규정한 근로자의 귀책사유에 해당하지 아니하고, 천재·사변 기타 부득이한 사유에도[16] 해당하지 아니하므로 사용자가 파산하여 해고하는 경우에는 해고예고를 거쳐야 한다. 실무도 파산선고 직후 바로 직장을 떠나게 하는 것은 근로자들에게 가혹하고, 관재인으로서도 업무수행상 곤란한 점을 고려하여 해고예고를 거치고 있다.[17] 이 때 해고예고기간 중의 임금 또는 해고예고수당은 재단채권이 된다(제473조 제8호).[18] 사용자의 자금사정 때문에 예고수당을 해고와 동시에 지급하지 못하더라도 해고는 유효하다.

(3) 일시보상과 해고

업무상 질병 또는 요양을 위하여 휴업하고 있는 근로자나 산전·산후의 여성에 대하여는 휴업기간과 그 후 30일간은 해고할 수 없으나 '사업을 계속할 수 없는 경우'에는 근로기준법 제87조에 의한 일시보상을 하지 않더라도 해고할 수 있다(근로기준법 제30조 제2항 단서 후단). 사용자의 파산은 '사업을 계속할 수 없는 경우'[19]에 해당하므로 휴업 중의 근로자에 대하여 일시보상금의 지급 없이 해고할 수 있다.

(4) 외국의 경우

1) 관재인의 해고권한

영국의 경우 청산절차에서 관재인(liquidator)은 기존의 고용계약에 구속받지 않고 근로자를 해고할 수 있다. 이 경우 근로자가 손해배상청구권을 행사할 수 있다. 스위스 채무법 §337b도 이와 같다.[20] 미국은 1년분에 한하여 일반파산채권으로 취급하고 있다(후술). 일본에서도 입법론상 재검토를 지적하는 견해가 있었으나 2004년의 파산법 개정시에 채택되지 아니하였다. 독일의 경우에는 파산절차의 개시로 인하여 고용계약이 자동적으로 해지되는 것은 아니며 관재인이 고용계약을 해지하기 위하여는 사전에 Betriebsrat(work council, 사업장 평의회, 종업원 평의

---

16) 돌발적이고 불가항력적인 경우로 한정하여 해석한다. 김형배, 앞의 책, 557면.
17) 서울지방법원, 파산사건처리실무(개정판, 2001), 93면.
18) 田炳西, 앞의 책, 94면.
19) 천재·사변 및 이에 준하는 사유 외에 경영상의 사정으로 인한 사유도 포함된다(김형배, 앞의 책, 555면).
20) 郭潤直 편, 앞의 책, 426면.

회)[21]에 해고사실을 통보하고 진술할 기회를 주는 등의 협의를 거쳐야 한다. 독일의 신 도산법은 파산선고를 이유로 영업을 폐지하고, 종업원의 인원을 감축하는 등 소위 Interessenausgleich(이해관계의 조정절차)를 실시함에 있어 사업장 평의회와 협의를 거칠 것은 요구하지만 통상의 경우보다 그 요건을 완화하여 합의가 결렬되면 지방노동법원에 대한 중재절차를 생략하고 바로 법원의 허가를 구할 수 있도록 규정하고 있다. 법원의 허가에 대하여 근로자들은 불복할 수 없으며 사용자에 대한 손해배상청구권을 주장할 없다.[22]

특히 파산절차의 개시 후에 관재인이 관련기관 등에 대한 통지 등 적법한 절차를 마치고 영업 전체를 폐지하였기 때문에 근로자 전원을 해고하는 것은 정당하므로 사업장 평의회는 그에 대하여 적법한 이의사유를 주장할 수 없다. 관재인의 해고는 사회적으로 정당한 사유에 해당하기 때문이다.[23]

2) 해고예고기간(notice period)

파산절차에서도 사전에 근로자에게 해고예고의 통지의무를 부과하고 있는 점은 우리 나라나 영국, 벨기에, 네덜란드 및 독일도 마찬가지이다.[24] 벨기에의 경우는 공장노동자와 사무노동자에 따라 또한 근속기간과 연봉에 따라 차등하여 최단 1주일부터 최장 72주로 정하여져 있다. 영국은 근속기간에 따라 최단 1주일부터 최장 12주로 정하여져 있고 단체협약이나 개별 고용계약에서 해고예고기간을 연장하는 효력은 관재인을 구속하지 아니한다. 네덜란드는 해고예고기간은 단체협약이나 다른 법률의 규정에 불구하고 파산절차에서 최장 6주를 넘지 않도록 정하

---

21) 독일의 노동조합은 기업별 단위가 아닌 산업별 또는 직업별로 조직되어 있다. 한편 사업장 평의회(Betriebsrat)는 사용자는 직접 참여하지 않는 근로자 대표로 구성되는 단체로서 사업장 조직법에 의하여 사업장(Betrieb) 단위로 조직되어 있다. 독일에서는 노동조합이 통상 사용자 단체와 단체협약을 체결하여 임금이나 노동시간 등 노동조건의 일정한 기준을 정하고 각 사업장 단위에서는 이와 같이 단체협약에 제시된 기준에 터잡아 노동조건 등에 관하여 구체적으로 약정하는 사업장 합의를 체결하는 것이 일반적이다(독일의 노동법원의 구조에 대하여는, 박상훈, "독일의 노동법원 제도의 도입에 관하여," 사법개혁과 세계의 사법제도, 한국사법행정학회(2004), 145면 이하 참조).

사업장 평의회제도는 영국에는 존재하지 않고, 벨기에, 네덜란드에 존재한다. 노조 및 사업장 평의회의 파산절차의 참가권리에 관하여는 R. Blanpain, Employee Rights in Bankruptcy, 55(Kluwer 2002). 이 책은 1992년 네덜란드 아이트호벤에서 DAF 파산사건으로 인하여 수천명이 일시에 해고되는 사태가 발생하자 1999년 파산절차에서 근로자의 지위보호를 주제로 국제회의를 주최하면서 무역상대국인 독일, 벨기에, 영국의 파산절차에서 근로자의 지위에 관한 비교법적인 분석을 한 소책자이다.

22) R. Blanpain, *supra note* 21, at 61.

23) R. Blanpain, *supra note* 21, at 25.

24) 4개국에 대한 설명은 R. Blanpain, *supra note* 21, at 32-35.

여져 있다. 독일은 파산법에서 해고예고기간을 최장 3개월로 정하고 단체협약을 통하여 그보다 단축할 수 없도록 규정하고 있다. 그러나 노동법상의 해고예고기간을 근무연수에 따라 산정하고 있으므로 그에 의하여 산정된 기간이 3개월을 초과하는 경우 근로자는 예고기간의 단축으로 인한 손해를 일반 파산채권으로 주장할 수 있다.

3) 해고시 통지 규정

유럽연합은 1975년 대규모 해고시에 준수하여야 할 절차에 관한 지침(Directive)[25]을 제정하여 근로자 대표에 대한 사전통지와 협의 및 관계기관에 대한 통지에 관하여 규정하였으며 이 지침은 1992년 개정에 의하여 파산절차에 의한 대량해고의 경우에 적용하도록 명시되었다. 그러나 파산절차에서는 그 요건을 완화하여 관계 당국의 요청이 있는 경우에 한하여 해고사실을 서면으로 통지하면 족하도록 하였다.[26] 그러나 실제로 벨기에는 지역노동청(Employment Office), 영국은 노동부장관(Secretary of State for Employment), 독일은 지방노동사무소(Arbeitsamt)에 반드시 통지하여야 하고, 네덜란드는 EU 지침에 따라 당국의 명시적인 요청이 있는 경우에만 통지하면 족한 것으로 규정하고 있다.

4) 30일 해고연기조항(The 30-day delay)

해고연기조항이라 함은 관계기관 등에 대한 해고 통지 후 30일이 지나야 해고의 효력을 발생하도록 하는 조항(EU지침 제4조)을 말한다. 그러나 30일 해고연기조항은 각국의 파산절차에서 완화되어 있다. 네덜란드와 벨기에서는 관재인은 30일의 도과 없이 즉시 고용계약을 해지할 수 있도록 규정하고 있다. 독일은 원칙으로 30일 연기조항이 파산절차에서도 준수되어야 하지만 지방노동사무소가 허가를 한 경우에는 30일 이전에도 해고의 효력을 인정할 수 있다. 영국은 파산절차에서도 30일 예고통지 절차가 적용되지만 또한 100인 이상의 대량해고의 경우

---

25) EU 내의 법적 구속력을 가진 法源으로서는 규정(또는 규칙 regulation), 지침(directive), 결정(decision)의 세 종류가 있다. 규정은 일반적인 적용성과 전체로서의 구속력을 가지며 모든 회원국에 있어서 직접적으로 적용된다. 그 발효에 의하여 자동적으로 회원국법의 일부가 된다는 점에서 연방법에 가까운 성질을 가진다. 지침은 달성되어야만 하는 결과에 대해서 회원국을 구속하지만 결과 달성의 형식과 방법의 선택에 대해서는 회원국에게 재량의 여지를 인정하는 입법형식이다. 그 내용을 국내법으로 바꾸기 위한 실시조치가 회원국에 의해 취해져야만 한다. 결정은 회원국과 개인에 대하여 발하고, 대상을 한정하여 발하는 개별적 입법이라는 점에서 앞의 규정, 지침과 다르다. 채형복, 유럽연합법, 한국학술정보(2005), 70-71면 이하.

26) 1975년 및 1992년의 지침이 통합되어 현재는 Directive 98/59/EC의 형태로 존속하고 있다. R. Blanpain, *supra note* 21, at 40.

에는 협의기간이 30일에서 90일로 연장된다.[27]

5) 소 결

요컨대 외국도 협의의 파산절차가 개시된 경우 관재인이 사실상 자유롭게 해고할 수 있음을 인정하고 있다. 다만 손해배상을 인정할 것인지의 여부와 액수의 범위에 관한 차이가 있을 따름이다. 근로자의 손해배상청구권은 예외 없이 재단채권이 아닌 파산채권으로 취급하고 있다. 설령 근로자가 관재인의 해고가 부당해고라는 이유로 법원에 제소할 수는 있지만 파산으로 인하여 영업이 폐지되었고 잉여 노동력을 해고할 수밖에 없다는 관재인의 주장이 정당하므로 해고가 위법하다는 판결을 얻기가 사실상 불가능하기 때문이다. 근로자에 대한 노동법상의 해고예고기간의 준수의무는 파산절차에서도 부과되고 있다.

3. 단체협약의 처리

(1) 단체협약과 미이행 쌍무계약

단체협약이란 노동조합과 사용자 또는 사용자 단체 사이에 임금, 근로시간, 기타 근로자의 대우에 관한 사항, 조합원의 범위 등 개별적 근로관계 및 당사자의 집단적 근로관계에 관하여 체결한 계약이다. 단체협약은 서면으로 작성하여 당사자 쌍방이 서명 날인하여야 한다(노동조합 및 노동관계조정법 제31조 제1항). 단체협약은 위와 같은 당사자 사이의 계약이고, 각 조항에 노사쌍방에 대하여 여러 가지의 의무를 부과하고 있는 점을 고려하면 양 당사자가 상호 대가적 의미를 갖는 채무를 부담하는 쌍무계약에 해당한다.[28] 따라서 다른 쌍무계약과 마찬가지로 단체협약에서 파산선고를 특별히 실효사유로 정하고 있지 않은 한, 파산선고에 의하여 당연실효하는 것은 아니고, 단체협약의 효력은 당사자 사이에서 유지된다.

(2) 단체협약과 관재인의 해지 여부

대부분의 단체협약에 해고협의조항이나 단체교섭절차에 관한 조항을 두고 있으므로 이러한 단체협약을 관재인이 제335조에 의하여 해지할 수 있는가에 관하여는 견해가 나뉘어 있다. 일본에서는 원칙으로는 해지권을 인정하지만 민사재생

27) R. Blanpain, *supra note* 21, at 42.
28) 윤남근, 앞의 논문, 196면; 伊藤眞, 앞의 책, 292면.

법의 규정 취지 등을 존중하여 단체협약의 조항이 파산관재사무의 원활한 진행에 방해가 되지 않는다는 것을 노동조합이 주장·입증하면 해지권은 부정된다는 견해가 있다.[29] 또한 단체협약을 규범적 사항, 채무적 사항, 조직적 사항으로 분류하여 채무적 사항은 해지할 수 있으나, 규범적 사항에 대하여는 해지할 수 없다고 보는 견해[30]도 있다. 그러나 단체협약이 관재인의 업무수행에 지장을 초래할 수도 있고, 또 파산의 본질은 기업의 해체·청산에 있으므로, 관재인은 제335조에 따라 당해 단체협약을 해지할 수 있다는 학설[31]에 찬동한다.

이에 반하여 회생절차는 기업의 존속·재건을 목적으로 하는 절차이기 때문에 관리인이 단체협약을 해지할 수 없도록 명문의 규정을 두어 입법적으로 해결하고 있다(제119조 제 4 항).

(3) 미국의 경우

단체협약은 미이행 쌍무계약에 해당하므로 원칙적으로 관재인이 §365에 기하여 이행거절할 수 있다.[32] 연방대법원은 1984년 점유를 계속하는 채무자(DIP)가 일정한 기준하에 §365에 기하여 일방적으로 단체협약을 해지할 수 있다는 판결을 선고하였다.[33] 이 판결이 제시하는 기준에 의하면 단체협약이 파산재단에 부담이 되며, 여러 상황을 고려하여 형평의 원칙상 이행거절하는 것이 정당하다면 관재인은 사전에 법원의 승인 없이 일방적으로 단체협약을 변경하거나 이행거절할 수 있고 이는 부당노동행위에 해당하지 아니한다는 것이다. 그러자 노조가 이에 거세게 반발하였고 의회가 이를 반영하여 §1113을 개정하였다. 신법 역시 관재인에게 단체협약을 이행거절 또는 인수할 권리가 있음을 전제로 하되, 종전 판례 중 관재인의 일방적인 거절권한을 인정한 부분을 폐기하는 대신 관재인(DIP 포함)이 이행거절 전에 노조와 사전 협의절차를 거칠 것을 요구하고 노조 역시 관재인의 이행거절 전에 종전 단체협약의 내용변경에 합의하기 위해 노력할 것을 요구하였다.[34]

---

29) 伊藤眞, 앞의 책, 292면.

30) 宣在星, "파산과 노동관계," 파산법의 제문제(상)(1999), 525면; 윤창술, 앞의 논문, 77면.

31) 田炳西, 앞의 책, 95면. 櫻井孝一編, 演習 破產法(改訂版), 法學書院(1996), 78면. 일본에서의 다수설이다.

32) 우리 나라의 경우는 관재인이 미이행 쌍무계약을 해제 또는 이행의 선택을 하는 법리로 구성하고 있음에 반하여 미국은 거절(rejection) 또는 인수(assumption)의 법리로 구성하고 있다.

33) N.R.L.B. v. Bildisco, 465 U.S. 513(1984). 파산법원의 관할에 관한 파산법 조항이 위헌이라고 판시한 Marathon 판결(1982)을 계기로 파산법 개정의 필요성이 제기되었으나 의회가 개정을 늦추고 있다가 이 판결로 급히 1984년 파산법을 개정하게 되었다.

34) Arnold M. Quittner, EXECUTORY CONTRACTS AND LEASES, 27th Annual Current

4. 임금채권

(1) 임금채권의 보호에 관한 입법정책

임금채권이라 함은 임금, 급료, 수당, 상여금 등 명칭을 불문하고 근로자가 노동의 대가로서 사용자에게 청구할 수 있는 채권을 말한다. 파산선고 전에 해고된 경우 해고예고수당도 근로의 대가에 포함된다.[35)]

근로자의 임금채권을 어떻게 보호할 것인가 하는 것은 각국의 입법정책에 따라 다르다. 독일은 파산선고 전의 임금채권은 일반파산채권으로 취급하고, 파산선고 후의 임금채권은 그보다 우월한 지위를 부여하여 재단채권에 준하여 취급하고 있다.[36)] 이에 반하여 영국, 미국, 벨기에, 네덜란드의 파산법은 파산절차 개시 전의 임금채권 중 일정액을 기준으로 우선권(재단채권에 상응함)을 인정하고 나머지는 일반파산채권으로 취급하고 있다.[37)] 일본의 구 파산법에서도 파산선고 전의 임금채권을 우선적 파산채권으로만 취급하였다(일본과 미국에 대하여는 항을 나누어 후술한다).

이에 비하여 우리 나라의 파산법은 2000. 1. 12. 개정 전에는 임금채권을 우선적 파산채권으로 취급하였으나 개정을 통하여 근로자의 임금·퇴직금·재해보상금은 그 발생시기가 파산선고 전·후인지 여부를 불문하고 모두 재단채권으로 취급하고 있다(제473조 제10호).[38)] 파산선고 전의 원인으로 생긴 채무자(파산자)의 근로자의 임치금과 신원보증금의 반환청구권도 같다(제473조 제11호). 근로자의 임금채권의 보장정도에 있어서는 우리 나라의 파산제도가 외국보다 근로자를 두텁게 보호하고 있다는 것을 알 수 있다.

Developments in Bankruptcy & Reorganization, Vol 2, Practicing Law Institute 493(2005). 관재인과 노조가 거쳐야 할 과정에 대한 설시로는 In re American Provision Co., 44 B.R. 907 (Bankr. D. Minn. 1984); In re Mile Hi Metal Systems, Inc., 899 F.2d 887(10th Cir. 1990).

35) 同旨 中島弘雅, "財團債權の範圍," 全國倒產處理辯護士ネットワーク編, 論点解說, 新破產法(下), 金融財政事情硏究會(2004), 7면. 반대로 해고예고수당은 근로의 대가에 포함되지 않으므로 임금에서 제외된다는 견해로는 黑木和彰, "勞動債權の財團債權化," 全國倒產處理辯護士ネットワーク編, 앞의 책, 37면.

36) R. Blanpain, *supra note* 21, at 5.

37) 영국, 벨기에, 네덜란드에 대해서는 R. Blanpain, *supra note* 21, at 9-11. 호주의 파산법 §109(1)(e)는 1996. 7. 1. 기준으로 3,100불의 범위 내에서 우선권을 인정하고 있다. 호주의 파산법(Bankrutpcy Act of 1966)은 1996년에 주요 개정이 있었으며 필자가 기술하는 호주의 파산법은 1999년에 발간된 Dennis Rose, Lewis' Australian Bankruptcy Law(11th ed, LBC)를 기준으로 한다. 미국의 임금채권보호에 대하여는 후술한다.

38) 田炳西, 앞의 책, 94면.

(2) 임금채권보장법상의 체당금

한편 임금채권보장법 제6조는 퇴직한 근로자가 사용주의 파산 등 대통령령이 정하는 사유로 인하여 지급받지 못한 일정한 범위의 미지급 임금 및 퇴직금에 대하여 국가가 체당하는 제도를 두고 있다. '파산 등 대통령령이 정하는 사유'에는 신법상의 파산선고 및 회생절차개시의 결정 및 노동부장관의 도산 등의 사실인정을 포함한다(동법 시행령 제4조, 신법 시행령 부칙 제2조 제18항). 근로자가 동법에 의한 체불임금을 노동부장관으로부터 지급받기 위하여는 근무하는 사업장이 산업재해보상보험법 제5조의 규정에 의한 사업 또는 사업장에 해당하여야 한다(동법 제3조). 또한 지급대상 근로자가 사업장에서 퇴직하는 것이 요건으로 되어 있다. 즉 파산선고, 회사정리절차 개시결정일로부터 1년 전이 되는 날 이후 3년 이내에 퇴직한 근로자이어야 한다(동법 시행령 제7조).

파산선고를 받으면 대부분 영업을 폐지하지만 파산선고를 받은 이후에도 영업의 일부를 계속하고 이를 위하여 파산선고를 이유로 해고한 직원 중 일부를 다시 보조인으로 선임하여 근로를 제공받는 경우도 적지 않다.[39] 계속되는 사업활동이 다시 경영악화로 인하여 정지되고 사업의 재개전망이 없으며 임금 및 퇴직금을 지급할 능력이 없거나 지급이 현저히 곤란한 상태에 있게 될 가능성은 여전히 있고 이는 기존의 파산선고와는 별도의 체당금 지급사유가 되는 것이므로, 파산선고가 있은 후에라도 관재인은 임금채권보장법 제8조에 의하여 부담금을 납부할 의무가 있다.[40]

국가가 관재인에게 구하는 체당금은 파산선고 전·후에 지급되었는지 관계없이 모두 재단채권에 속한다.[41] 주식회사의 이사·감사 등의 보수·퇴직위로금은 원칙적으로 근로기준법의 적용을 받지 않으므로 재단채권이 아니다.[42] 다만

---

39) 대표적인 예로 들 수 있는 동아건설산업의 경우 파산회사는 2001년 파산선고되었으나 별제권자와의 협의로 별제권행사를 유보한 채 관재인이 종전 근로자와 새로이 고용계약을 맺고 사업을 계속하고 있다.

40) 대법원 2001. 2. 23. 선고 2000두2723 판결(공 2001, 792).

41) 파산선고 전에 발생한 임금채권을 우선적 파산채권으로 취급하게 되면 국가가 지급하는 체당금을 재단채권으로 취급할 것인지에 대하여 의논이 있으나 우리 나라는 파산선고 전·후에 발생한 임금채권 전액을 재단채권으로 규정하고 있으므로 그러한 문제점은 발생하지 않는다. 체당금을 재단채권으로 취급하는 일본과 독일의 문제점에 대하여는 木川裕一郎, "雇傭者の倒産と賃金債權の保護," 新堂幸司先生古稀祝賀 民事訴訟法理論の新構築 下卷, 有斐閣(2001), 497면 이하 참조.

42) 대법원 1988. 6. 14. 선고 87다카2268 판결(공 1988, 1023).

회사의 이사(등기 유무에 관계 없이)가 회사로부터 위임받은 사무를 처리하는 이외에 일정한 노무를 담당하고 그 대가로 받아 온 보수는 임금채권으로서 재단채권에 해당한다.[43] 파산선고 전에 발생한 임금채권자들에 대하여 임금을 변제하는 경우에도 관재인이 원천징수를 함이 우리 나라와 일본의 실무이다.[44]

파산신청을 하는 채권자는 파산채권자가 대부분이지만 사용자에 대하여 파산절차가 개시되면 임금채권보장법에 기하여 국가로부터 일정액의 임금 상당액을 수령할 수 있으므로 재단채권자라도 파산신청을 할 필요가 있다. 실무는 이러한 점을 고려하여 임금채권자의 파산신청을 허용하고 있다.[45]

⑶ 임금채권의 변제순위

근로자의 임금채권은 통상의 강제집행절차에서는 최우선변제권의 대상으로서 집행절차에서 직접 변제를 받지만, 일단 파산절차가 개시되면 임금채권은 재단채권이 된다. 임금채권이라 함은 파산선고 전·후에 발생하였는지, 밀린 임금이 3개월을 초과하는지 여부 등을 구별하지 않는다. 실무에서 파산절차에 참가하는 근로자들이 하소연하는 내용은 임금의 최우선변제권을 파산절차에서도 인정하여 달라는 것이다. 즉 만일 파산선고가 없었더라면 고스란히 근로자들이 수령할 수 있는 금원을 파산선고가 되었다고 하여 국세, 지방세, 국민연금 등의 재단채권자들과 동순위로 변제받는 것이 부당하다는 것이다. 또는 실체법상의 우선변제권을 반영하여 임금채권자에게 배당하도록 하기 위하여 관재인이 배당 전에 파산재단을 포기함으로써 임금채권자가 배당받도록 하여야 한다는 주장도 있다.

그러나 근로자들의 이러한 소박한 믿음은 파산절차의 특수성을 이해하지 못한 것이다. 파산절차는 총채권자를 위한 집행절차이므로 특정채권자가 하는 개별집행절차에서의 법리가 그대로 적용될 수 없다. 그러므로 동일한 순위의 재단채권 사이에는 법령이 정하는 우선권에도 불구하고 아직 변제하지 아니한 채권액의 비율에 따라 변제하여야 한다(제477조 제1항). 제473조 제1호 내지 제7호, 제10

43) 대법원 2003. 9. 26. 선고 2002다64681 판결(공 2003, 2075); 1997. 10. 24. 선고 96다33037, 33044 판결(공 1997, 3577); 1992. 5. 12. 선고 91누11490 판결(공 1992, 1894) 등 다수.

44) 서울중앙지방법원 2004하합46 파산자 주식회사 서통의 경우 임금채권을 변제함에 있어 세금 공제 후의 금액을 지급하였다. 일본의 실무도 같다. 다만 관재인이 고용주로서 임금채권을 지불하는 것이 아니고, 일본 국세통칙법과 국세징수법에 관재인을 집행기관으로 규정하고 있음을 근거로 원천징수할 권한이 없다는 반대설이 있다(上野久德, 倒産處理と勞動問題, 同文館(1977), 102면; 黑木和彰, "勞動債權の財團債權化," 全國倒産處理辯護士ネットワーク編, 앞의 책, 37면).

45) 서울중앙지방법원, 파산사건처리실무(2001), 10면.

호의 재단채권은 다른 재단채권에 우선한다(제477조 제2항). 그러나 그 중에서도 관재인 보수나 파산절차의 공고비용과 같은 제1, 3호는 공익적인 비용으로서 나머지 제2호(조세), 제4호 내지 제7호 및 제10호(임금)보다 우선변제를 받는다.[46] 선행하는 회사정리절차 중의 조세와 임금채권도 파산선고가 되는 경우에는 동순위로 제477조 제2항에 따라 안분하여 변제하는 것이 실무이다.[47]

환가대금 중 별제권자에게 배당하고 남은 금액은 관재인에게 교부하여야 하고 임금채권자에게 따로 지급하여서는 아니된다.[48] 별제권자가 저당권을 실행한 경매절차에서 부동산이 경락되어 매각대금을 배당하는 경우 별제권자보다 우선하는 근로자의 임금채권(3개월분의 임금 및 3년분의 퇴직금)에 해당하는 부분에 대하여 임금채권자에게 지급하여야 하는지, 관재인에게 지급하여야 하는지 견해의 다툼이 있을 수 있으나 앞에서 본 이유로 관재인에게 지급하여야 한다.

⑷ 임금채권의 비면책

제566조 제5호는 근로자의 임금, 퇴직금 및 재해보상금 채권 전액을 비면책채권으로 개정하였다. 파산법 제349조 제4호는 고용인의 6개월분의 급료만 비면책 채권으로 취급하였었다.[49] 따라서 신법하에서 근로자의 보호가 강화되었다.

⑸ 임금채권을 수동채권으로 하는 상계

근로기준법 제42조 제1항 본문에 의한 임금직불의 원칙은 여전히 유효하므로 임금지급 채무를 수동채권으로 하는 근로자에 대한 상계는 여전히 금지된다. 그러나 근로자들이 자발적인 의사에 의하여 임금채권을 자동채권으로 삼아 상계를 하거나 관재인의 상계에 자유로운 의사에 터잡아 동의하는 경우의 상계는 유효하다.[50]

---

46) 국세기본법 제35조 제1항 제2호도 국세우선권이 파산절차비용에는 적용되지 아니함을 명시하고 있다.

47) 서울지방법원, 앞의 책, 103면. 이와 달리 윤창술, 앞의 논문, 83면 및 柳南榮, "破産節次와 賃金," 법조 2001년 3월호(Vol. 534), 68면은 근로자보호의 견지에서 재단채권인 임금채권이 조세채권보다 우선한다고 기술하고 있으나 법적인 근거가 없어 찬동하기 어렵다.

48) 법원실무제요 민사집행(Ⅱ), 법원행정처(2003), 548면.

49) 파산법은 임금채권을 재단채권으로 취급하면서도 면책의 범위를 6개월분으로 한정함으로써 재단채권도 면책의 대상이 될 수 있도록 하였었다. 따라서 면책의 대상이 되는 채권은 반드시 파산채권으로 한정된다는 주장(田炳西, 앞의 책, 336면)은 반론의 여지가 있다.

50) 대법원 2001. 10. 23. 선고 2001다25184 판결(공 2001, 2526).

⑹ 임금체불과 근로기준법 위반

사용자는 근로자가 사망 또는 퇴직한 경우에는 그 지급사유가 발생한 때로부터 14일 이내에 임금·보상금 기타 일체의 금품을 지급하여야 하고(근로기준법 제36조) 이에 위반한 경우에 형사처벌을 받는다(동법 제112조). 간혹 관재인이 퇴직한 근로자로부터 근로기준법위반으로 고소당하여 수사기관으로부터 조사요청을 받는 경우가 있다. 정리회사의 관리인의 경우에는 회사가 영업을 계속하는 경우이므로 관리인은 근로기준법 제15조 소정의 사용자에 해당하여 죄책을 질 수 있다.[51]

그러나 영업이 폐지된 기업의 관재인은 재단소속 재산을 환가한 후 임금채권을 포함한 여러 가지 재단채권에 대하여 법원의 허가를 통하여 안분변제하도록 되어 있으므로, 원칙적으로 근로기준법상의 임금체불의 죄책을 질 수 없다. 대부분 혐의 없음 결정을 받고 있다.[52]

⑺ 일본에서의 임금채권의 보호

1) 개정 전의 파산법

급료 및 퇴직수당 등 이른바 노동채권에 대하여는 민법 제308조에 의하여 一般의 先取特權이 인정된다. 2004년 파산법 개정 전에는 급료채권 전액을 우선적 파산채권으로 취급하였다. 이에 대하여 퇴직수당채권에 대하여는 파산선고 전에 퇴직한 경우에는 급료채권과 마찬가지로 우선적 파산채권으로 취급하였으나 파산선고 후에 퇴직한 경우에는 견해가 나뉘었다. 즉 관재인의 해고행위에 초점을 맞추어 전액을 재단채권으로 하는 견해, 파산선고 전의 고용계약에 초점을 맞추어 전액을 파산채권으로 하는 견해, 파산선고시를 기준으로 하여 선고시까지의 부분은 파산채권, 그 후의 부분은 재단채권으로 하는 견해 등 학설이 대립하였다.[53] 이렇듯이 노동채권을 우선적 파산채권으로 취급하다보니 파산폐지의 경우에는 조세채권은 재단채권으로 보호받지만 사회적 약자인 근로자는 전혀 보호받지 못한다는 지적이 있었다. 그리하여 조세채권의 지위를 낮추는 한편 노동채권 중 일부

51) 관리인에 대하여 죄책을 인정한 판례로 대법원 1984. 4. 10. 선고 83도1850 판결(공 1884, 861) 참조. 반대로 죄책을 부정한 판례로는 대법원 1995. 11. 10. 선고 94도1477 판결(공 1995, 3959) 참조.

52) 수사기관은 파산법상의 재단채권에 대한 개념 부족으로 관재인에 대하여 직접 소환조사를 요구하고 있어 서면조사로 갈음하려는 관재인과 마찰을 빚고 있다.

53) 자세한 내용에 대하여는 伊藤眞, 앞의 책, 288-289면.

를 재단채권으로 격상하는 내용으로 파산법을 개정하였다. 사용자가 파산한 경우에 관한 일본 민법 제631조는 그대로 유지되고 있다.[54)]

2) 신 파산법

一般의 先取特權의 지위를 갖는 채권에 우선적 파산채권의 지위를 인정함으로써 임금채권도 전액을 우선적 파산채권으로 취급하는 것은 종전과 같으나, 그 중 파산절차개시 전 3개월간의 임금채권과(신 파산법 제149조 제1항) 퇴직 전 3개월간의 급료총액에 상당하는 퇴직수당채권[55)]을 재단채권으로 격상하였다(신 파산법 제149조 제2항).[56)] 따라서 퇴직 전 3개월분을 제외한 나머지 퇴직수당채권과 재단채권으로 보호받지 못하는 임금채권은 우선적 파산채권으로 취급한다. 우선적 파산채권에 해당하는 임금에 대하여도 배당받을 때까지 근로자의 생활의 유지가 곤란한 경우에는 법원의 허가를 통하여 수시변제하는 제도를 신설하였다(신 파산법 제101조).[57)]

근로자는 자신의 임금채권 중 어느 부분이 재단채권으로 보호되고 나머지는 우선적 파산채권으로 보호되는지 알기 어렵고, 재단채권으로 보호받지 못하는 임금채권과 퇴직수당채권에 대하여는 여전히 우선적 파산채권으로서 채권신고의 의무가 부여되어 있으므로 관재인에게 근로자에 대하여 파산절차에 참가하기에 필요한 정보제공의 의무를 부과하고 있다(신 파산법 제86조). 재단채권에 대한 조사확정재판은 마련되어 있지 아니하므로 관재인과 근로자간에 재단채권의 범위에 관하여 다툼이 생기면 통상의 소송에서 다투는 수밖에 없다.[58)] 파산절차가 청산절차라는 점을 감안하여 회사갱생절차보다 노동채권의 보호범위를 축소하였다.

3) 신 회사갱생법

민사재생절차에서는 절차 개시 전의 원인에 기한 노동채권은 일반우선채권으로서 재생절차에 의하지 아니하고 변제받을 수 있고 이 점은 바뀌지 아니하였다(민사재생법 제122조). 그러나 회사갱생절차에서는 절차개시 전의 원인에 기하여 6

54) 伊藤眞, 앞의 책, 287면. 한국 민법 제663조와 같은 내용이다.
55) 파산절차 개시 후의 이자, 지연손해금 등의 열후적 파산채권에 해당하는 부분은 공제된다.
56) 단 퇴직수당채권의 총액이 파산절차개시 전 3개월간의 급료총액보다 적은 경우에는 후자를 기준으로 한다.
57) 우리 나라는 임금채권 등을 전부 재단채권으로 취급하고 있으므로 이러한 규정을 둘 필요가 없다.
58) 中島弘雅, 앞의 논문, 10면. 다만 이행소송의 형태인지 확인소송의 형태인지에 대하여는 논란의 여지가 있다. 이에 대하여는 林治龍, "財團債權에 기한 履行訴訟과 强制執行은 가능한가," 법조 2005년 12월호(591호), 52면 이하.

개월간에 생긴 임금채권을 공익채권으로 취급하고(신 회사갱생법 제130조 제1항), 갱생계획인가결정 전에 퇴직한 퇴직수당청구권은 퇴직 전 6개월분의 급료의 총액에 상당하는 액과 퇴직수당의 1/3에 상당하는 액 중 다액을 공익채권으로 취급하고 있다(같은 조 제2항). 그 이외의 노동채권은 우선적 채권으로 취급한다. 이처럼 회사갱생절차에서의 임금채권의 지위를 파산절차보다 우대하는 이유는 회사에 필요한 근로자를 확보하여 재건 및 갱생을 용이하게 하기 위한 것이라고 한다.

(8) 미국에서 임금채권의 보호

미국 파산법 §507(a)는 파산절차에서 배당순위를 규정하고 있다. 담보권이 최우선순위이고 그 다음이 우선권 있는 채권(priority claims),[59] 일반파산채권(general unsecured claims), 벌과금(claims for fines 등), 이자채권(interest) 등의 순서이다. 이 점에서는 우리 나라의 파산법의 우선순위와 유사하다. 그러나 미국 파산법은 우선권 있는 채권을 다시 10가지로 나누어 순서를 정하고 그 액수에 제한을 두고 있으며, 우선권 있는 채권에 대한 이자채권은 이에 포함하지 않고 후순위인 이자채권에 포함시키고 있다.[60] §364(c)(1)에 의하여 DIP Financing의 신용제공자에게 부여되는 최우선권(ultrapriority claim)은 담보권보다 후순위이고 우선권 있는 채권보다는 앞서 있다. §507(a)가 정하고 있는 10가지의 순위의 차례는 다음과 같다.[61] ① 부양료청구권, ② 파산재단의 관리에 필요한 관리비용, ③ 채권자의 파산신청사건에서 신청 후 개시결정까지의 기간 동안 발생한 일반거래채권, ④ 임금(최대 10,000불), ⑤ 연금, 생명보험, 건강보험 등에 대한 근로자의 기여금(한도 제한), ⑥ 농·어부의 창고 및 가공처리업자에 대한 채권(최대 4,925불), ⑦ 소비재구입을 위하여 임치한 자연인의 반환청구권(최대 2,225불), ⑧ 파산선고 전의 조세채권(기간 제한), ⑨ 연방예금보험공사의 부보금융기관에 대한 청구권, ⑩ 채무

---

59) 그 내용은 우리 나라 파산법의 재단채권과 유사하다.

60) 우리 나라의 경우도 파산선고 전에 발생한 조세채권에 대한 지연손해금이 후순위 파산채권인지 재단채권인지에 관하여 논의가 있다. 창원지방법원 2006. 2. 16.자 2004카기1081 결정은 파산법 제38조 제2호 본문 전단의 국세징수법에 의하여 징수할 수 있는 청구권 중 「구 지방세법 제82조에 의하여 국세징수법에 따라 징수할 수 있는 청구권으로서 파산선고 전의 원인에 의하여 생긴 채권에 기하여 파산선고 후에 발생한 중가산금청구권에 해당하는 부분」에 대하여 위헌심판 제청결정을 하였다.

61) 2005년 파산법이 개정되기 전에는 9가지였으나 10가지로 바뀌었으며 가장 큰 변화는 종전 순위 7위였던 부양료청구권이 1순위로 승격된 것과 관재인의 보수가 재단비용으로부터 선순위로 독립하고 제10순위로 인신사고로 인한 불법행위채권이 파산채권에서 우선권 있는 채권으로 승격한 것이다. 액수는 소비자물가지수에 따라 변동하게 되어 있다.

자가 음주, 마약복용상태로 운전하여 발생한 자동차 등 교통기관에 의한 인신사고로 인한 손해배상청구권.

그 중 임금채권은 상한액이 10,000불로, 발생시기가 파산신청일 또는 신청 전에 회사의 영업이 폐지된 경우에는 폐지일로부터 소급하여 180일[62] 동안에 발생한 임금채권으로 제한된다. 따라서 근로자가 근무하고 있는 동안 사용자가 파산하여 근로계약이 해지됨으로써 갖는 채권은 파산선고 이전에 발생한 임금채권 중 10,000불은 §507(a)(4)에 해당하는 우선권 있는 채권에 해당하고, 그 금액을 초과하는 금액은 일반파산채권에 해당한다. 만일 채권자에 의한 파산신청의 경우에는 신청 후 개시결정시까지에 해당하는 임금은 액수에 제한 없이 §507(a)(4)의 채권에서 §507(a)(3)의 채권으로 승격된다. 파산이 선고되고 관재인이 임명된 후 관재인이 법원의 허가를 통하여 사업을 계속함에 있어 관재인 임명 후에 제공한 노무에 대한 임금채권은 §507(a)(2)의 우선권 있는 채권으로 취급된다.[63]

우리 나라 민법 제663조가 관재인이 고용계약을 해지하여도 근로자의 손해배상 청구를 인정하지 않고 있음에 반하여 미국 파산법에서는 만일 관재인이 고용계약을 거절하면(reject) 근로자가 계약불이행으로 입은 손해배상청구를 할 수 있다. 이 때 근로자가 갖는 손해배상청구권은 파산선고 전의 원인에 기한 일반파산채권으로 취급되며(§502(g)) 그 금액은 파산신청일 또는 근무종료일로부터 기산하여 1년치를 초과할 수 없다(§502(b)(7)).

5. 부당노동행위

(1) 노동조합의 해산

회사의 파산은 노동조합의 규약에서 해산사유를 정한 경우를 제외하고 노동조합 및 노동관계조정법 제28조의 노동조합의 해산사유에 해당하지 않으므로 회사가 파산선고를 받더라도 노동조합은 해산되지 않는다.

(2) 파산신청과 부당노동행위

파산원인을 갖는 회사는 기업경영의 자유에 기하여 스스로 폐업하고 근로자

62) 2005년 개정 전에는 90일로 제한되었다.
63) 미국 파산법상 임금채권에 대한 우선순위에 대한 사례 및 설명에 대하여는 Brian A. Blum, BANKRUPTCY AND DEBTOR/CREDITOR 404(2nd ed. 1999).

를 해고할 수 있을 뿐 아니라 파산신청도 할 수 있으므로 그것이 노동조합의 단결권 등을 방해하기 위한 것이 아닌 한 파산신청행위는 노동위원회의 구제명령의 대상이 되는 부당노동행위에 해당하지 아니한다.[64]

파산신청 전에 노조와 협의하도록 약정하였음에도 이를 무시하고 파산신청을 하였다고 하여 파산취소원인이 되지 아니한다.[65] 따라서 적법하게 파산한 회사에서 근무하는 근로자는 파산절차에서 임금채권이 재단채권으로 취급되어 다른 채권자들보다 두텁게 보호받을 뿐 파산신청행위를 부당노동행위로 다투어 구제받을 수는 없다.

그러나 회사가 파산신청을 함에 있어 종전부터 노동조합에 대한 부당노동행위가 계속되었고, 파산신청행위에 배신성이 인정되고, 파산원인이 부존재함에도 파산원인을 의도적으로 作出하고, 비조합원을 고용하여 별도의 기업을 설립하여 종전의 영업을 계속하는 등 예외적인 경우에 회사의 파산신청은 노동조합의 소멸을 유일한 목적으로 이루어진 것으로 부당노동행위에 해당할 수 있다.[66]

회사가 파산신청 후라도 노동조합과의 단체교섭을 약속하고도 이를 거부하거나 불응하는 것은 정당한 사유가 없는 한 노동조합 및 노동관계조정법 제81조 제3호 소정의 부당노동행위에 해당한다. 왜냐하면 회사에 대하여 파산선고가 나더라도 재산의 관리처분권만 관재인에게 이전되는 것이고 회사의 법인격은 청산목적의 범위 내에서는 여전히 존속하는 것이기 때문이다. 다만 파산선고 전에 이루어진 회사의 부당노동행위에 대한 노동위원회의 구제명령 중 관재인이 아닌 파산자인 회사에 대하여 부당하게 해고된 근로자의 복직과 금원의 지급 등 회사의 재산권의 변동에 관한 부분의 이행을 파산선고 후에 명하는 것은 법률상 불가능한 것을 명하는 것이 되어 위법하고, 단지 관리처분권의 행사에 의하지 아니하는 범위의 구제명령, 예컨대, 노동위원회로부터 조합원을 해고한 행위와 단체교섭에 불응한 행위가 부당노동행위에 해당한다는 내용을 기재한 문서를 노동조합에 교부하는 내용의 사후공고(post notice)만 명할 수 있다.[67]

---

64) 대법원 2004. 2. 27. 선고 2003두902 판결(공보불게재); 1992. 5. 12. 선고 90누9421 판결(공 1992, 1877); 田炳西, 앞의 책, 94면.

65) 宣在星, 앞의 논문, 521면.

66) 同旨, 田炳西, 앞의 책, 94면. 일본 大阪地方裁判所, 1997. 10. 29. 판결. 그러나 이 사건에서 법원은 회사 스스로 파산신청을 한 것이 부당노동행위라는 노동조합의 주장을 배척하였다.

67) 전게 일본 판결은 陳謝命令(post notice)만 인정하고 복직과 금원지급을 명한 부분을 취소하였다. 일본 판결은 陳謝한다는 표현을 쓰고 있으나 우리 나라에서는 그러한 표현은 양심의 자유에 위반되는지 여부의 문제가 발생할 수 있다.

(3) 해고와 부당노동행위

관재인의 해고는 민법 제663조 소정의 파산선고를 원인으로 하는 것이고, 파산절차는 청산절차로서 전 종업원에 대하여 해고가 예정되어 있는 것이므로 노동조합 및 노동관계조정법 제81조 소정의 부당노동행위의 문제가 생길 여지는 없다.[68] 부당노동행위로서 무효가 될 수 있다는 반대견해도 있으나 소수설이다.[69]

(4) 관재인과 단체교섭의무

단체교섭의 주체는 노동조합과 사용자 또는 사용자 단체이다(노동조합 및 노동관계조정법 제29조 제1항). 실무상 관재인이 파산선고 즉시 모든 근로자에 대하여 해고를 한 후 별도로 보조인 계약을 체결하므로 종전 근로자를 조합원으로 하는 단위노동조합과 단체교섭을 한 사례는 실무상 거의 없다.

그러나 단위노동조합의 대표자 또는 단위노동조합으로부터 위임을 받은 자도 단체교섭할 권한이 있으므로(같은 법 제29조 제2항), 파산선고 후에도 단위노동조합이 해산하지 않고 있는 경우 또는 단위노동조합으로부터 위임받은 연합단체인 노동조합이 있어 관재인에게 단체교섭의 요구를 하여 오는 경우가 있을 수 있다. 이 때 관재인에게 사용자로서 단체교섭에 응할 의무가 있는지는 논란의 여지가 있다. 부정설은 관재인은 법원의 감독을 받고 법원 또는 감사위원의 허가를 받아 그 업무를 처리하므로 단체협상에 응하여 발휘할 재량권이 있다고도 할 수 없고, 관재인이 같은 법 제2조 제2호 소정의 사용자에 해당한다고 보기도 어려우므로, 관재인에게 단체교섭에 응할 의무가 없다고 주장한다.[70] 이에 반하여 긍정설은 고용관계도 관재인의 업무에 속하는 파산재단에 대한 관리처분권에 속하며 관재인이 종전 사용자의 지위를 승계한다는 이유로 축소된 범위 내에서 단체교섭의무가 인정된다고 주장한다.[71]

---

68) 대법원 2004. 2. 27. 선고 2003두902 판결(공보불게재). 이 판결에 대한 해설로는 李昌炯, "기업이 파산선고를 받아 사업의 폐지를 위하여 그 청산과정에서 근로자를 해고하는 경우에 정리해고에 관한 근로기준법 규정이 적용 여부 및 파산관재인의 근로계약 해지가 부당노동행위에 해당한다고 볼 것인지의 여부," 대법원판례해설 49號(2004 상반기), 880면 이하. 학설로는 宣在星, 앞의 논문, 505면; 이범균, 앞의 논문, 603면; 임종헌, 앞의 논문, 43면; 일본 大阪地方裁判所, 1997. 10. 29. 판결 平7(行ウ) 19호.

69) 윤창술, 앞의 논문, 81-82면.

70) 서울지방법원, 앞의 책, 95면; 上野久德, 倒産處理と勞動問題, 同文館(1977), 28면.

71) 윤남근, "파산관재인," 파산법의 제문제(상)(1999), 196면; 宣在星, 앞의 논문, 528-529면; 윤창술, 앞의 논문, 80면. 일본의 같은 견해로는 伊藤眞, 앞의 책, 291-292면; 塚原英治, "企業倒産

생각건대 긍정설도 종전 사용자와 같은 범위의 단체교섭의무를 인정하자는 것은 아니고,[72] 파산절차는 청산절차로서 영업을 폐지하여 장차 회사의 법인격이 소멸될 것을 예정하고 있으며, 종전 조합원이 적법하게 해고된 이상 관재인에게 단체교섭의 의무를 부과할 실제의 필요성이 없으므로 부정설이 타당하다. 만일 파산선고 후에도 영업을 계속하게 되는 경우라면 관재인과 새로이 고용계약을 체결한 보조인들이 새로이 노동조합을 설립하여 관재인과 단체교섭을 하면 충분하다.

(5) 외국의 경우

벨기에의 경우 채무자에 의한 파산신청의 경우에 회사의 임원은 가능한 한 파산신청 전에 파산신청의 사실과 원인을 사업장 평의회 또는 근로자대표자에게 통지할 것을 요구하고 있다. 사전에 협의할 것까지 요구하지는 않으며 통지를 결여하였다고 하여 파산신청이 무효 또는 연기되지 않는다.

독일의 노동법에 의하면 사용자가 대량해고를 하는 경우에 사용자는 해고사유와 해고되는 노동자의 숫자 등을 고지하여야 하고 사업장 평의회와 대량해고를 피할 가능성, 해고인원의 감축 및 해고로 인한 손실의 완화 등에 대하여 협의하여야 한다. 사용자는 이러한 통지내용을 지방노동법원에 알려야 한다. 협의가 결렬되면 직권중재절차에 의한다. 그런데 이러한 내용이 파산절차의 개시로 인한 대량해고의 경우에도 적용되는지에 대하여 논의가 있었으며 신 도산법의 시행하에서는 이러한 절차가 파산된 기업의 양도나 재건에 방해가 된다는 이유로 절차를 간이화하여 직권중재절차를 생략하고 법원의 허가를 구할 수 있도록 하였다. 법원의 허가결정에 대하여는 불복할 수 없다.[73] 요컨대 원칙적으로 노동법에 따라 파산신청 전에도 사업장 평의회에 대한 통지 외에 협의를 거쳐야 하지만 파산절차에서는 그 협의절차가 완화되어 있다.[74]

と勞動者の權利." 講座 21世紀 勞動法, 有斐閣(2000), 209면.

72) 긍정설이 인정하는 단체교섭대상으로 삼는 것은 임금채권의 변제시기, 재단의 환가방침 등 어느 정도 재량적 판단이 허용되는 부분에 한정하고 있다. 그러나 관재인이 재단채권자와 파산채권자의 이익을 조정해야 하는 입장에 있어 특정 근로자들의 이익을 위하여 수시변제할 수 없으므로 단체교섭대상으로 삼기 부적절할 뿐 아니라 관재인이 하는 재단채권의 변제는 법원의 허가 또는 감사위원의 동의에 의하여 지급되므로(제492조) 실제로 파산절차에서 단체교섭대상으로 삼을 내용은 거의 없다.

73) R. Blanpain, *supra note* 21, at 61-62.

74) R. Blanpain, *supra note* 21, at 56-57.

영국의 경우 관재인에게 해고에 대한 재량권한을 부여하고 있음에 반하여 독일은 대량해고의 경우 이를 제한하고 있으나 파산의 경우에는 이를 완화하는 등 대체로 관재인이 해고함에 있어 법정절차만 준수하면 실체적인 이유로 관재인의 해고를 다투는 것은 매우 어렵다.

Ⅲ. 근로자가 파산한 경우

1. 종전 근로계약의 유지

근로자가 파산한 경우에는 사용자의 파산에 관한 민법 제663조와 같은 규정이 없고, 근로계약은 근로자의 자유의사에 기하여 체결 또는 계속되어야지 근로자의 관재인이 이행 또는 해지를 선택하는 것을 허용할 수 없다는 점에서 미이행 쌍무계약에 관한 제335조도 적용되지 않는다.[75] 따라서 근로자가 파산선고를 받더라도 근로기준법이 정한 해고사유에도 해당하지 않으므로 원칙적으로 근로계약 자체는 아무런 영향을 받지 않는다.

2. 차별적 취급의 금지

(1) 신법의 개정

신법 개정 전에는 개별법령에서 공무원, 변호사, 의사 등의 자격상실을 정하고 있어서 이러한 자격을 가진 개인이 파산선고를 받으면 직업을 잃는 경우가 많았다. 그러나 신법 제32조의2는 "누구든지 이 법에 따른 회생절차·파산절차 또는 개인회생절차 중에 있다는 이유로 정당한 사유 없이 취업의 제한 또는 해고 등 불이익한 처우를 받지 아니한다"고 규정함으로써 개인이 파산신청으로 불이익을 입지 않도록 하였다. 이 조항은 신법이 제정된 후 신법이 시행되기 전에 의원입법의 형태로 추가되었다. 이 조항의 신설로 인하여 앞으로 공무원 등이 파산선고로 인하여 면직되거나 면허가 취소되는 등의 신분상의 불이익을 면하게 되었다.[76] 이 조항의 신설로 인하여 원칙적으로 각종 개별법률상의 파산자에 대한 신

75) 田炳西, 앞의 책, 96면; 伊藤眞, 앞의 책, 170, 286면.

76) 사규나 취업규칙에 기한 퇴직사유의 제한에만 적용되고 근로관계 이외의 영역에서는 적용되

분상의 불이익을 규정한 조항은 그 효력을 상실하게 되었으나 구체적인 법령과의 충돌을 어떻게 해결할 것인지는 개개의 사건에 관한 법원의 판단에 맡겨지게 되었다. 이와 관련하여 최근 직원이 파산선고를 받은 경우 당연퇴직시키도록 하는 인사규정에 기하여 한 해고는 근로기준법상의 정당한 이유가 없으므로 무효라고 판시한 하급심판결[77]이 선고되었다.

(2) 미국의 경우

미국에도 1978년 파산법 개정 전에는 州法에서 교통사고의 피해자를 두텁게 보호하기 위하여 피해자에 대한 불법행위에 기한 손해배상채무를 변제할 때까지는 비록 그 채무가 파산법에 의하여 면책을 받았다고 하더라도 채무자에 대하여 운전면허의 발급을 거부하는 州法이 존재하였다. 연방대법원은 Perez 판결[78]에서 종전의 선례를 폐기하고 연방법인 파산법이 Arizona 州法보다 우위에 있다고 하여 州法의 효력을 상실시켰다. 당시의 판례는 면책된 채무의 지급을 강요하는 것을 금지하는 것에 한정되어 있었다. 그러나 의회는 1978년 신 파산법을 개정하면서 판례의 법리를 확대하여 국가, 지방자치단체 등의 공공기관에서 채무자가 파산신청을 하였다는 이유로 인・허가, 면허의 취소, 불허, 종료 등 각종 차별을 금지하는 내용의 조항을 두었다.[79]

그러나 민간부문에서는 여전히 파산신청을 이유로 차별하는 관행이 근절되지 아니하였으므로[80] 1984년 개정시에 민간부문에서도 차별을 금지하는 내용을 추가하였다.[81] 공공부문의 차별금지가 민간부문의 차별금지보다 광범위하다. 차별을

기 어렵다는 견해도 있다. 서울중앙지방법원 파산부 실무연구회, 개인파산 개인회생실무, 박영사(2006), 61면.

77) 서울중앙지방법원 2006. 7. 14. 선고 2006가합17954 판결(법률신문 2006년 7월 27일자).

78) Perez v. Campell 402 U.S. 637(1971)의 사안에 의하면 애리조나 州法은 파산절차에서 판결이 선고된 채무(judgment debt)를 면책받더라도 이러한 사실이 운전면허 발급 중지를 정한 州法에 영향을 미치지 아니한다고 규정하고 있었다. 다수의견은 州法은 면책된 채무를 간접적으로 추심하는 것으로 파산법의 목적인 채무자의 새로운 출발에 위배된다고 판시하였다.

79) §525(a) … a government unit may not deny, revoke, suspend, or refuse to renew a license, permit, charter, franchise, or other similar grant to, condition such a grant to, discriminate with respect to such a grant against, deny employment to, terminate the employment of, or discriminate with respect to employment against, a person that is or has been a debtor under this title ….

80) McLellan v. Mississippi Power & Light Co., 545 F.2d 919(5th Cir. 1977) 사건에서 법원은 피용자가 자발적인 파산신청을 금지하는 회사의 정책에 위반하여 파산신청을 하였다는 이유로 해고한 것은 정당하다고 판시하였다.

81) §525(b) No private employer may terminate the employment of, or discriminate with

이용하여 면책된 채무를 간접적으로 추심하려는 시도를 봉쇄하고 채무자에게 생계를 보전하기 위한 길을 보장하기 위한 것이다.[82] 그러나 이러한 조항은 파산이라는 사실만으로 채무자를 해고하는 등 불이익하게 차별하는 것을 금지한다는 일반적인 의미를 갖는 것이고 개개의 채무자가 파산에 이르기까지 드러난 불성실 또는 자력부족 등이 특정의 자격과 고용에 상응하지 않는 경우에도 차별을 금지하는 것은 아니다.[83] 특히 문제가 되는 것은 거래 상대방을 보호하기 위하여 최소한도의 자력이 필요한 경우이다. 자력부족형에 속하는 예로서 농축산물거래업자격, 건설업자격 등에 대하여는 거래 상대방을 보호하기 위하여 제525조의 적용을 배제하고 있다. Perez 판결 이후에도 자동차 사고로 인한 피해자를 보호하기 위하여 자동차보험을 들지 않은 파산채무자에 대하여는 운전면허의 발급을 제한하고 있다.[84]

(3) 소 결

앞으로 신법 제32조의2의 적용을 둘러싸고 어느 범위 내에서 합리적인 차별을 할 수 있는지에 대하여 적지 않은 논란이 일 것이다. 취업규칙에 파산선고만을 이유로 한 해고사유는 그 효력을 유지하기 어렵다. 그러나 법인의 이사의 경우에는 민법의 위임종료 사유에 해당하므로 민법의 위임조항에 기한 법인의 임원이 될 수 없다. 다만 수임자가 파산선고를 받아도 이것을 위임계약의 종료원인으로 하지 않는다는 취지의 특약은 유효하다고 해석된다.[85] 파산선고를 이유로 전보발령하는 것에 대하여는 구체적인 사안에 따라 정당한 사유에 해당하는지 여부에 대하여 논란이 있을 수 있다.[86]

---

respect to employment against, an individual who is or has been a debtor under this title ⋯, solely because (a) such debtor is or has been a debtor under this title ⋯ (c) has not paid a debt that is dischargeable in a case under this title or that was discharged under the Bankruptcy Act.

82) Robert L. Jordan & William D. Warren, BANKRUPTCY 201-211(4th ed. 1995).

83) 宮川知法, "破産債務者の職業保障," 民事訴訟雜誌 36号(1990), 223면. 미국에서는 차별유형을 크게 채권회수형, 인격불신형, 자력부족형으로 나누어 각각의 유형에 따라 구체적인 기준을 정하고 있다. 대체로 채권회수형은 차별금지 원칙을 엄격하게 적용하지만, 자력부족형의 경우에는 차별금지의 원칙의 예외를 인정하고 있다.

84) Duffey v. Dollison, 734 F.2d 265(6th Cir. 1984).

85) 郭潤直 편, 앞의 책, 604면.

86) 미국의 예를 보면 횡령사고의 예방을 위한다는 이유로 채무자를 은행의 회계부서에서 다른 부서로 전보발령하는 것은 금지된다는 판례가 있다. 그러나 다수의 판례는 법과대학원에서 학자금 융자를 받고도 변제의 노력 없이 안이하게 면책을 받은 변호사 지원자에 대하여 변호사로서 갖추어야 할 타인의 권리 및 재산에 대한 충분한 배려가 부족하다고 보아 변호사 자격을 부여하지 않고 있다. 대학에서 학자금을 융자받은 학생이 파산면책을 받은 후 다시 학자금융자

3. 임금채권

임금채권은 민사집행법 제246조 제1항에 의하여 1/2에 대하여만 압류가 금지되었지만 구 파산법하에서는 전액이 파산재단에 속하게 되어(파산법 제6조 제3항 단서) 오히려 파산한 근로자에게 불리하였다. 그러나 신법은 근로자의 생활보호를 위하여 압류금지 채권은 파산재단에서 제외하여 민사집행법과 마찬가지로 임금채권 중 1/2은 파산재단에 속하지 아니하게 되었다(제383조 제1항). 파산절차는 고정주의에 터잡아 파산선고시에 채무자의 소유에 속하는 재산만을 파산재단으로 삼고 파산선고 후에 취득하는 재산은 자유재산에 속하므로 파산선고를 받은 근로자가 지급받는 임금은 자유재산에 속한다.[87)]

4. 퇴직금채권

(1) 파산재단의 범위

파산선고 전에 근로계약을 맺고 근무하다가 근로자가 파산선고를 받기 전에 퇴직한 경우에 받게 되는 퇴직금청구권 중 1/2은 파산재단에 속한다.[88)] 문제는 파산선고 후에도 계속하여 근무하고 있는 경우에 장래에 받게 되는 퇴직금청구권 중 1/2이 파산재단에 속하는가 하는 점이다. 퇴직금의 성질이 임금 후불의 성질을 갖는다고 본다면 퇴직금은 근로계약에 의하여 발생하되 퇴직이라는 사실을 조건으로 하는 조건부채권으로 보아 입사 후 파산선고시까지에 해당하는 부분은 이론상은 파산재단에 속한다. 그러나 퇴직금은 근로자가 퇴직하여야 비로소 청구할 수 있으므로 근로자가 파산선고를 받더라도 계속하여 근무하고 있다면 배당자원으로 삼기 어렵다. 관재인이 퇴직을 강요할 수 없고 직장에 다니는 것이 면책 후 근로자의 새 출발에 필수적이므로 관재인이 배당을 이유로 제335조에 의하여 근로계약을 해지할 수 없다.[89)] 민사집행실무에서도 근로자가 퇴직하지 아니한 이상

신청을 할 수 있는지에 대하여는 In re Goldrich, 771 F.2d 28(2d Cir. 1985)판결이 이를 불허하자 의회는 다시 1994. §525(c)를 추가하여 위 판결을 폐기하였다. 앞으로 미국의 논의가 신법 제32조의2의 해석에 유용할 것이다.

87) 田炳西, 앞의 책, 96면.

88) 일본은 근로자를 두텁게 보호한다는 입법정책에 따라 임금, 퇴직금 중 3/4이 압류금지채권에 해당한다(민사집행법 제152조).

89) 伊藤眞, 앞의 책, 170면.

퇴직금청구권에 대하여 실제로 환가할 수 없는 것이므로 파산절차에서도 동일하게 해석하는 것이 타당하다. 실무상 파산선고를 받은 채무자의 퇴직금의 액수가 대부분 소액에 불과하여 퇴직금청구권에 대하여 일본에서의 논의처럼 퇴직금 상당액을 추가로 파산재단에 출연하도록 하는 대신 관재인이 퇴직금채권을 포기하는 사례는 거의 없다.[90] 더구나 신법에 의하면 퇴직금이라도 퇴직금의 1/2이 720만원 이하인 경우에는 면제재산 결정을 받게 될 것이므로(제383조 제2항 제2호, 시행령 제16조 제2항) 실제로 채무자로부터 퇴직금을 제공받아 배당재원으로 사용할 가능성은 더욱 희박할 것이다.

(2) 중간정산제도

근로자퇴직급여보장법 제8조 제2항(구 근로기준법 제34조 제3항)은 이른바 중간정산제도를 도입하였다. 관재인이 파산한 근로자가 갖는 퇴직금의 중간정산 요구권을 인정할 것인지 논의가 있다. 이를 긍정하는 견해도 있으나,[91] 퇴직금에 대한 중간정산은 근로자를 보호하기 위한 제도로서 근로자에게 선택권이 부여되어 있고 관재인에게 근로계약의 해지권한을 부정하는 이상 중간정산요구권 역시 부정하는 것이 옳다.

Ⅳ. 결 론

근로자의 보호가 절실히 요청되는 상황은 기업이 존속 중인 경우보다는 오히려 사용주가 파산한 경우이므로 외국에서는 노동법학의 한 분야로서 파산노동법에 관하여 연구가 이루어지고 있다. 그에 비하면 파산절차에서 근로자의 법적 지위에 관하여 국내의 논의는 아직 활발하지 못하다. 이상의 논의를 종합하여 신법에 대한 평가와 그 개선책을 기술하면 다음과 같다.

첫째, 신법은 임금, 퇴직금 및 재해보상금 채권의 전액을 비면책채권으로 규정함으로써(제566조 제5호) 사용자가 파산하더라도 근로자가 임금채권을 충분히 변제받을 수 있도록 하였다. 또한 근로자가 파산한 경우에 파산재단에 속하는 압

90) 일본에서도 근로자의 자발적인 동의가 없으면 불가능하다는 점을 시인하고 있다. 伊藤眞, 앞의 책, 171면, 286면.

91) 宣在星, 앞의 논문, 534면.

류금지 재산의 범위를 민사집행법과 일치시킴으로서 종전보다 그 범위를 확대하였다(파산법 제6조 제3항 단서 삭제). 근로자가 파산절차 또는 개인회생절차 중에 있다는 이유로 정당한 사유 없이 취업의 제한 또는 해고 등 불이익한 처우를 받지 않도록 규정(제32조의2)함으로써 파산한 근로자가 종전 직업을 잃지 않고 새출발할 수 있도록 제도적으로 지원하고 있다. 또한 일본과 달리 임금채권 전액을 재단채권으로 취급함으로써 근로자를 다른 파산채권자보다 우대하고 있다.

그러나 임금채권에 대하여는 파산절차 밖에서는 최종 3개월분에 대하여 저당권에 우선하는 최우선권을 부여하고 있음에도 파산절차에서는 이러한 실체법상의 우선순위가 반영되지 아니한 채 대신 임금채권 전액을 재단채권으로 격상하는 것으로 근로자의 보호를 대신하고 있다. 그러나 파산법이 실체법의 법원리를 반영하는 것이 타당하므로 영국, 미국과 같이 적어도 최종 3개월분에 대하여는 재단채권 중에서도 우선순위를 높이거나 아니면 準別除權의 지위를 부여하고, 나머지 파산선고 전의 미불임금에 대하여 우선적 파산채권의 지위로 낮추는 것이 옳다고 생각한다. 이와 상응하여 면책절차 후에는 임금채권 전액을 비면책채권에서 삭제하거나 단지 3개월분에 해당하는 부분 정도에 대하여만 비면책채권으로 삼도록 개정하는 것이 옳다고 생각한다.[92]

둘째, 신법은 회생절차와 파산절차에서의 단체협약의 취급에 대하여는 종전의 내용을 변경하지 아니하였다. 그러나 종전 사주가 도산직전에 근로자에게 유리한 단체협약을 체결하는 경우가 있고 이 때문에 관리인이 회사를 재건함에 걸림돌이 되는 경우가 실무상 적지 않으므로 이를 조정할 필요성이 크다. 따라서 관리인 또는 관재인에게 단체협약의 해지권을 인정하거나 불허하는 一刀兩斷식의 처리보다는 미국의 파산법 §1113과 같이 관리인과 노동조합간의 진지한 교섭을 시도하도록 한 후 해제 여부를 법원이 허가하도록 개정하는 것이 유연한 접근방법으로 생각된다.

셋째, 파산절차를 이유로 한 해고에 관하여는 독일과 같은 입법이 없어 법원의 판례를 통하여 실무가 형성되고 있으며 판례에 의하면 파산선고를 이유로 하는 관재인의 해고가 정리해고가 아니라고 보아 별도의 요건 심사 없이 관재인의 해고의 효력을 인정하고 있으므로 파산 기업이라도 매각대금을 높이기 위하여 사업을 일부 또는 잠정적으로 계속하는 경우에 해고로부터의 보호가 미흡하다. 특

92) 미국 파산법상 임금채권은 면책의 대상이다(§523(a)). 근본적인 해결로는 재단채권에 관하여도 미국처럼 재단채권 내의 우선순위를 정하도록 하는 것이다.

히 관재인이 근로자 중 일부 인력을 선택하여 해고하는 경우에는 해고의 형평성과 긴급성에 대하여는 입법적 또는 사법적인 통제가 필요하다.

넷째, 파산절차의 앞으로의 실무운용과 관련하여 본다. 임금채권 전액을 변제하기에 부족한 경우라면 일본에서는 재단채권에 해당하는 임금채권을 먼저 변제하고 우선적 파산채권에 대한 배당절차를 시도한 후 파산절차를 종결하게 된다. 그 전제로서 임금채권에 대하여 재단채권으로 인정되는 부분과 우선적 파산채권으로 인정되는 부분에 대한 구분과 후자에 대한 채권조사절차를 거치는 것이 필수적이다. 그러나 우리 나라에서는 전액이 재단채권이므로 배당절차를 밟을 필요없이 제545조에 의하여 이시폐지할 수 있으므로 일본의 실무보다 배당절차를 위한 공고와 그 비용을 절감하는 등 파산절차를 신속하게 마칠 수 있는 장점이 있다. 그럼에도 불구하고 제312조는 여전히 파산선고와 동시에 하는 부수처분으로서 채권신고의 기간과 채권조사의 기일을 정하도록 규정하고 있으므로 파산재단으로서 근로자의 임금 전액을 지급하기 부족함이 명백하여 이시폐지함이 분명한 사건이라면 일단 파산채권조사절차를 추후로 지정하였다가 제 1 회 채권자집회기일에서 파산절차를 폐지하는 실무운용을 고려할 필요가 있다.[93] 앞으로 임금채권을 재단채권으로 존치한다면 신법을 개정함에 있어 일본 신 파산법 제31조와 같이 이시폐지함이 명백한 사안의 경우에는 채권신고기간 및 채권조사기일의 지정을 생략할 수 있는 근거 조항을 둘 필요가 있다.[94]

앞으로 파산법학뿐 아니라 노동법학에서도 이 분야에 대한 깊은 논의를 고대하며 글을 마친다.

(법조 2006년 9월호, 57면 이하 소재)

93) 일본의 구 파산법은 우리 나라의 파산법과 조문내용이 같았음에도 이러한 파산실무를 운영하였으며 파산폐지의 경우에 채권조사절차는 생략하였다고 한다. 종전 실무에 관한 글로는 植田智彦・岡本光弘, "破産異時廢止事案における管財手續の合理化," 判例 タイムズ No. 1109(2003. 3. 1), 42, 46면 참조. 앞으로 우리 나라 파산법 개정시에 참고할 필요가 있다.

94) 동시폐지의 경우에는 원래 채권조사절차를 정할 필요가 없고 이시폐지의 경우 절차를 간소화하기 위한 입법이다(伊藤眞, 앞의 책, 112면).

지급결제제도에 관한 회생 및 파산절차의 특칙
— 제120조의 해석론

Ⅰ. 머 리 말

자본의 국제화와 정보통신기술의 급격한 발전은 새롭고 다양한 금융상품을 낳았다. 이러한 금융상품의 거래는 그 액수가 크고, 국내외 다수의 투자자와 증권기관 및 결제은행이 관여하게 된다. 따라서 금융거래에 따르는 자금이 안전하고 신속하게 결제가 되어야 거래가 종료된다. 각국은 독일의 Herstatt은행(1974)[1] 및 영국의 Barings 도산사건(1995)[2] 등을 거치면서 지급결제제도의 안전성과 완결성

* 초고를 읽고 유익한 의견을 주신 吳守根, 全聖寅, 鄭順燮 교수님, 삼성증권의 신원정 부장님, 하나증권의 李浩彰 변호사님, 한국은행의 박이락 차장님, 끝으로 서울중앙지방법원 파산부 판사님들께 감사드린다. 글의 오류가 있다면 필자에게 있음을 밝힌다.

1) 독일 중앙은행이 Herstatt은행에 대하여 청산명령을 발하자 외환거래하던 외국은행들이 Herstatt은행에게 먼저 마르크화를 지급하였음에도 달러화를 수취하지 못하게 됨으로써 다수의 은행들이 손실을 입었다. 그 후 외환거래의 국가간 시차로 인한 지급결제제도의 위험을 'Herstatt risk'라고 한다. 박이락, "지급결제시스템 및 리스크유형별 관리대책과 정책과제," 한국은행 금융결제국 결제정책팀(2005. 12), 85면.

2) 베어링사와 거래하던 은행이 2. 24.(금)에 매도통화를 지급하기 위하여 베어링사의 환거래은행에 27.(월)자로 지급지시를 보냈으나 26.(일)에 베어링사에 파산관재인이 임명된 것을 알고 지급지시를 취소하였음에도 결제규칙상 취소가 인정되지 않아 다른 은행으로부터 자금을 조달하여 결제를 마칠 수 있었다. 박이락, 앞의 논문, 87면.

에 대하여 관심을 갖기 시작하였다. 또한 파생금융상품의 거래에 사용되는 International Swaps and Derivatives Association(국제스왑파생상품협회, 'ISDA') 기본계약서의 일괄정산(close-out netting)조항[3]이나 증권결제제도에 사용되는 다자간 정산(multilateral netting)의 유효성을 법적으로 확고하게 보장하는 것이 국제금융에서 필수적인 것으로 인식하기 시작하였다.

그런데 파산법에는 미이행 쌍무계약에 관한 특칙으로서 제52조만이 있었고 회사정리법에는 그에 해당하는 조항마저 없었으며, 더구나 파산절차에서 지급결제제도나 유가증권 결제제도의 효력에 관하여는 파산법은 물론 금융법에도 명시적인 규정이 없었다.

한국은행이 원화를 외국환동시결제은행(Continuous Linked Settlement Bank International, 'CLS은행')이 운영하는 외환동시결제시스템의 결제통화로 지정하는 것을 추진하자 CLS은행은 지급결제제도의 완결성을 보장하는 입법이 선행되어야 한다고 지적하였다.[4] 그리고 외국의 금융기관도 한국법하에서 일괄정산이나 다자간 정산이 유효한지 여부를 한국의 신인도와 연결시키고,[5] 장외 파생금융상품의 실무에서 널리 사용되는 일괄정산 조항의 효력이 부인될 경우 거래상대방에 대한 신용위험이 누적되어 장외파생금융상품의 거래가 극히 제약될 것이라는 지적[6]이 있었다.

이러한 배경하에 신법을 제정하면서 일본,[7] 미국[8]과 독일[9]의 입법례를 따라

---

3) 금융거래에서 활용되는 네팅의 의의, 종류에 관하여는 石光現, "파생금융상품거래에 있어서의 일괄청산의 문제점과 도산법의 개정," 국제사법과 국제소송 제2권, 박영사(2001), 503면 이하 참조. 채무자 회생 및 파산에 관한 법률('신법')은 일괄청산이라는 용어 대신 일괄정산이라는 표현을 사용하고 있다.

4) 한국은행이 2003. 6. 18. CLS은행에게 원화의 결제통화지정을 요청하였고 CLS 결제의 완결성이 입법 중인 신법에서 보장되도록 정부와 CLS은행이 협의한 후 2004. 12. 3. 원화의 CLS 결제통화 지정이 최종승인되었다.

5) BIS는 1990. 다자간 차액결제제도에 관한 국제적인 기준에 관하여 소위 Lamfalussy보고서를 통하여 발표한 이후 2001. 중요자금결제제도의 핵심원칙을 제정・공표하여 각국에서 새로운 지급결제제도를 구축하거나 기존제도를 개선하는데 있어 모범적인 실무기준을 제시하고 있다. 양자 모두 지급결제제도에 대하여 각국에서 확고한 법적근거를 갖출 것을 요구하고 있는바, 신법 제120조 제1항 및 제2항은 이러한 국제적인 배경에서 입법된 것이다.

6) 李浩彰, "채무자 회생 및 파산에 관한 법률에 대한 의견," 법률신문 2004. 9. 30.자.

7) 일본은 2004. 증권거래법을 개정하면서 다자간 청산에 관하여 입법을 하였고, 1988. "金融機關等が行う特定金融取引の一括淸算に關する法律"('일괄청산법')을 제정하여 동법 소정의 금융기관(외국은행은 제외되어 있다)간의 거래에 대하여 일괄청산의 유효성을 인정하였다. 2005. 신 파산법 제58조 제5항을 개정하여 일괄청산조항의 유효성을 파산법에서 확인하는 조항을 두었다.

8) 미국은 파생금융상품에 관하여는 연방파산법 제1장 §101(53B)에서 swap agreement에 관한

금융시스템의 위험 방지와 국제금융환경과의 정합성 유지라는 두 가지 목적[10]에 따라 자금의 지급결제제도, 증권결제제도 및 파생금융상품거래의 일괄정산의 효력을 회생절차 및 파산절차('회생절차 등')[11]에서도 인정하는 내용의 조항을 제120조로 신설하였다. 이 글에서는 먼저 지급결제제도, 청산결제제도(Ⅱ) 및 파생금융상품거래(Ⅲ)에 대하여, 다음으로 신법 제정 전의 일괄정산의 효력에 관한 논의와 그 문제점(Ⅳ)에 대하여, 끝으로 제120조의 특칙에 대하여(Ⅴ) 설명하기로 한다.

Ⅱ. 지급결제제도, 청산결제제도

1. 지급결제제도

(1) 지급결제제도의 의의

지급결제(settlement)라 함은 증권매매 등 원인이 되는 실물거래 또는 금융거래 이후에 이루어지는 자금에 대한 이체와 증권에 대한 대체를 통한 계약이행의 종결절차를 의미한다. 즉 실물거래 및 금융거래 등 각종 경제활동에 따라 발생하는 거래 당사자간의 채권채무 관계를 화폐적 가치의 이전을 통하여 청산하는 행위를 말한다.[12] 이러한 지급결제를 가능하게 하는 운영조직을 지급결제제도라 한다. 협의의 지급결제제도는 원인거래가 아닌 결제지시의 이행과정이라는 점에서 증권의 매매라는 원인거래에서 발생하는 채무의 인수를 통한 이행과정인 청산과

정의규정을 두고, §559와 §560에서 리포거래와 스왑거래에 대하여 ipso facto clause 금지에 관한 §365(e)(1)이 배제됨을 명시하고 있다. 지급결제제도에 대하여는 Federal Reserve Act 등에서 규율하고 있다.

9) 독일은 1999. 1. 1. 시행되는 신 도산법 제104조 제2항에서 파생금융상품거래에 있어 일괄청산네팅의 효력을 긍정하고 있다. Carsten Thomas Ebenroth · Marc Benzler, "Close-out netting nach der neuen Insolvenzordnung," ZVglRWiss 95, 1996, S. 335ff.; 三上威彦 · 村上康二郎 譯, 法學硏究 73卷 9, 10号(2000. 9. 10) 참조.

10) 鄭順燮, "통합도산법상 금융거래의 특칙에 관한 연구 — 채무자 회생 및 파산에 관한 법률 제120조 제3항의 해석론을 중심으로," 증권법연구(2005. 12). 이하 [증권법연구].

11) 이하 구별하여 설명하는 경우를 제외하고 '회생절차 등'이라 표시한다.

12) 이은재, "통합도산법에서의 결제완결성 보호조항," 도산법상 결제시스템의 보호(이화여대 도산법센터, 2004), 6면. 결제는 경제활동에 수반하여 생긴 채권채무를 대가의 이전에 의하여 해소하는 것으로서 안정성과 효율성이 강조되는 경제학상의 공공정책적인 개념이다. 久保田 隆, "資金決済システムの法的課題," 私法 제66호, 有斐閣(2004), 156면.

구별된다.

(2) 지급결제제도의 종류[13)]

1) 결제방법에 따른 분류

지급결제제도는 지급될 자금 총액이 실시간에 결제되는 실시간 총액결제제도(Real Time Gross Settlement, RTGS)와 지급될 다수의 자금을 차감계산하여 차액만을 결제하는 차액결제제도 및 양자의 중간 형태로서 각종 복합시스템이 있다.[14)]

총액결제제도는 지급지시의 결제가 실시간 건별로 완결되고 청산과정 없이 지급에서 바로 결제과정으로 이어지므로 신속하게 처리할 수 있어 신용위험을 근본적으로 제거할 수 있는 장점이 있으나 결제할 금액이 거액인 경우 은행의 일시적 유동성 부족으로서 시스템이 원활하게 운영되지 못할 수 있다. 한국은행금융결제망('한은금융망', BOK-Wire)[15)]은 실시간 총액결제방식으로 운영된다.

이에 반하여 차액결제제도는 결제금액을 줄일 수는 있으나 결제시간이 실시간으로 이루어지지 아니하므로 신용위험에 노출되는 단점이 있다.[16)] 신용위험을 줄이기 위하여 신용한도의 설정, 사전담보의 징구 및 손실부담제도를 마련하고 있다. 은행공동망의 결제제도와 증권선물거래소(청산과정) 및 증권예탁결제원(결제과정)이 공동으로 운영하는 유가증권 및 코스닥 시장결제제도는 유가증권 및 코스닥 시장의 참가기관인 증권회사, 은행의 다자간 차액결제방식이다.

2) 운영주체에 따른 분류

운영주체에 따라 중앙은행결제제도와 민간결제제도로 구분할 수 있다. 먼저 우리 나라의 지급결제제도는 자금결제제도, 증권결제제도, 외환결제제도로 구분할 수 있으며 이를 다시 중요도에 따라 핵심, 중요, 기타 3가지로 구분할 수 있다.

---

13) 이하는 자금결제제도에 관한 설명이다. 한국은행, 우리 나라의 지급결제제도(2004) 및 박이락 차장님의 답변을 참고하였다. 우리 나라의 지급결제제도에 관하여는 박이락 차장님이 정리한 별지 표 참조.

14) 鄭順燮, "증권 선물 결제시스템의 보호방안," 도산법상 결제시스템의 보호방안(이화여대 도산법 센터, 2004), 20면. 이하 [보호방안].

15) 한은금융망은 금융결제원이 운영하는 어음교환, 지로, 은행공동망 등 소액결제제도에서 참가기관간 차감계산된 금액을 지정 시점에 최종결제하는 서비스를 제공한다. 참가기관은 122개 기관(은행, 증권사, 기타 기관 등)이며, 결제규모는 하루 8천건, 2005년 1월부터 10월까지 결제된 금액이 총 118조원에 달한다. 박이락, 앞의 논문, 63면.

16) 은행공동망의 경우 참가기관간의 차액결제는 대고객 거래일의 다음 영업일 11:30에 이루어지므로 참가기관들은 거래발생시점부터 다음 영업일 차액결제시점까지 신용위험에 노출되어 있다.

핵심지급결제제도 중 한국은행과 금융기관 또는 금융기관간 자금거래를 실시간 총액기준으로 처리하는 한은금융망이 중앙은행결제제도이다.

민간결제제도는 민간기관(은행연합회, 청산기구 등)이 소유 운영하는 결제제도이다. 우리 나라에는 금융결제원이 운영하는 은행공동망(CD 공동망, 타행환공동망, 전자금융공동망)과 어음교환제도 등 11개와 기타 민간기관이 운영하는 신용카드결제제도, 모바일결제제도, 전자화폐결제제도 등이 있다. 그 외 한국증권선물거래소나 증권예탁결제원이 운영하는 채권장외시장결제제도, 유가증권시장결제제도, 코스닥시장결제제도가 있다.

끝으로 CLS은행이 운영하는 외환동시결제제도가 있다.

3) 대상거래에 따른 분류

고액의 자금을 취급하는 제도를 거액결제제도라 하고 소액자금을 대량으로 취급하는 제도를 소액결제제도라 한다. 금융기관간 자금거래, 국채의 매매대금지급, 외환거래 등이 거액결제제도를 통하여 결제되고, 신용카드, 수표, 계좌이체, 지로 등이 소액결제제도를 통하여 결제된다.

위에서 본 우리 나라의 지급결제제도 중 어느 제도가 제120조 제 1 항의 적용대상이 되는지는 앞으로 그 위임에 따라 한국은행 총재가 지정하게 된다.

⑶ 지급결제제도의 특징

지급결제제도는 원인거래가 아닌 결제지시의 이행과정이라는 점에서 원인거래의 이행과정의 일부로서 증권회사 등 거래소 참가자와 증권선물거래소간의 채무인수를 통한 청산과 구별된다.[17] 지급결제제도 중 차액결제는 개별 참가자가 지시하는 지급 금액이 다른 참가자 모두의 차액 결제금액에 영향을 주는 거래 방식으로서 신용위험에 노출되어 있으므로 참가자에 대하여 회생절차 등이 개시되어 포괄적 중지명령이 발하여져 결제가 중단되거나 이미 지급한 결제금액이 부인권의 행사로 인하여 소급적으로 변경되면 전체 참가자를 상대로 완료된 정산을 다시 정리하여야 하는데 이는 결제제도의 근간을 뒤흔드는 혼란을 야기하게 된다. 그리하여 각국은 입법을 통하여 지급결제제도에 참가하는 기관에 대하여 회생절차 개시결정이 내려진 경우에도 담보물을 유효하게 처분할 수 있도록 하고

17) 일반투자자와 증권회사간의 원인거래가 아니라 증권회사간의 다자간 청산방식으로서 증권선물거래소가 하는 채무인수행위에 관하여 회생절차 등의 특칙을 규정한다.

이미 완료된 결제의 완결성을 법적으로 보호하고 있다.

2. 증권(청산)결제제도[18)]

(1) 일 반 론

증권결제라 함은 유가증권매매시장에서 증권이 거래된 이후 증권을 인도하고 대금을 지급함으로써 거래 쌍방이 채권과 채무를 이행하여 거래를 완결시키는 것을 말한다.[19)] 증권결제는 청산과 협의의 결제로 구분할 수 있다.

청산이란 청산기구(clearing center)가 거래당사자간에 개입하여 매매거래 후 계약체결 확인, 오류자료 수정, 차감을 거쳐 차액결제의 방식을 통하여 결제자료를 산출하는 일련의 과정이다. 즉 거래 이후 결제 전에 일어나는 지급수단의 수령, 조회, 통지 및 정산(netting)이나 결제 전의 포지션 산출과정 모두가 청산에 해당된다.[20)] 청산기관인 중앙결제기구(CCP, Central Counter Party)[21)]가 결제참가자가 상대방에 대하여 부담하는 채권·채무를 인수하는 등의 방법으로 개입하여 다자간 네팅(multilateral netting)을 통하여 차액정산하게 된다. 협의의 결제는 청산을 통하여 산출된 결제자료에 따라 최종적으로 증권과 대금을 교환하여 매매에 따른 채권채무 관계를 해소한다.

(2) 증권청산제도[22)]

다자간 청산은 그 법적 구조에 따라 청산대리인구조(agency clearing)와 중앙의 거래당사자구조(CCP clearing)로 구분된다. 전자의 청산기구는 회원을 위한 대리인으로 기능하므로 회원의 채무를 부담하지 아니한다. 이에 반하여 후자는 스스로 거래당사자가 되어 회원들의 거래관계에 채무인수[23)] 등의 방법으로 개입함

18) 제120조 제2항은 청산결제업무라는 용어를 사용하고 있으나 강학상 청산과 결제는 별개의 개념이므로 이를 합하여 청산결제라는 용어를 사용한 것은 적절하지 못하다. 다만 증권거래법 등에서 청산과 결제를 명백히 구별하지 않고 결제라는 용어를 사용하고 있는 점을 고려하여 청산결제라는 용어를 사용하게 되었다고 한다.

19) 한국은행, 앞의 책, 148면.

20) 한국은행, 앞의 책, 12면.

21) 중앙결제기구는 증권거래 계약의 매도자에 대하여 매수자 역할을, 매수자에 대하여 매도자의 역할을 수행하는 기관으로서 이러한 방식으로 다자간 차감에 의한 청산업무를 수행하여 결제 유동성을 절약하는 한편 결제이행보증 서비스를 제공하여 참가자의 위험관리 부담을 경감시키는 역할을 한다. 한국은행, 앞의 책, 152면.

22) 증권정산제도 대신 증권청산제도라는 용어가 널리 쓰이므로 이에 따르기로 한다.

23) 선물거래법 제28조 제1항 "거래소는 선물거래를 원활하게 하기 위하여 업무규정이 정하는

으로써 상계의 요건인 대가관계를 완화하여 절차참가자간의 채권채무관계를 중앙의 거래당사자와의 대가적인 관계로 전환하여 청산한다. 현재 한국증권선물거래소가 유가증권시장과 코스닥시장에서 체결된 거래에 관하여 청산업무를 수행하고, 결제업무는 증권예탁결제원이 담당한다.

(3) 증권결제제도

증권결제 관련기관으로는 청산기관, 중앙예탁기관 및 결제은행이 있다. 청산기관은 매매확인과 거래 당사자간 증권과 대금에 대한 채권과 채무의 내용을 산정하는 청산업무를 담당하는 기관이다.[24] 일부 청산기관은 증권시장에서 체결된 계약의 매도자에 대해서는 매수자 역할을, 매수자에 대하여는 매도자 역할을 수행하기도 하는데 이러한 경우 청산기관을 중앙결제기구라 한다.

중앙예탁기관은 고객으로부터 유가증권을 집중 예탁받아 증권의 인도나 질권설정 등의 권리이전을 실물증권의 인도가 아닌 예탁자계좌부상의 기재(계좌대체, book entry)에 의하여 처리하는 기관이다. 우리 나라에서는 유가증권의 집중예탁과 계좌간 대체 업무를 담당하고 있는 증권예탁결제원(증권거래법 제173조의2)이 이에 해당한다. 뒤에서 보는 바와 같이 이체지시는 자금의 이체뿐 아니라 증권의 대체도 포함된 개념이므로 한은금융망을 통한 자금이체뿐 아니라 증권예탁결제원이 수행하는 증권에 대한 결제는 제120조 제 1 항의 대상에 포함된다.

제120조 제 1 항은 전산시스템을 통한 이체를 그 대상으로 하기 때문에 현물인수도에 의한 결제는 제 1 항에 포함되지 아니한다. 결제은행은 증권거래와 관련된 대금의 결제를 처리하는 기관으로 중앙은행 또는 상업은행이 이에 해당한다. 요약하면 증권대체는 증권예탁결제원이 담당하지만 자금지급결제는 원칙적으로 한은금융망 또는 은행공동망을 이용한다.

증권결제제도는 대금이체와 증권대체가 필요하고 결제의 대상이 돈이 아니라 증권으로서 그 종류가 다양하고 근거법규가 상이하며 더구나 중앙결제기구(CCP)가 개입하게 되므로 결제절차가 자금결제보다 복잡하다.[25] 자금결제와 증권대체

바에 의하여 회원을 대신하여 당해 회원의 선물거래에 의한 채권채무에 대하여 당해 채권을 행사 또는 취득하거나 당해 채무를 이행 또는 인수할 수 있다."

24) 증권거래에서 청산기관이 필요한 이유로는 증권대금동시결제(DVP, Delivery Versus Payment, 증권 자금의 어느 한 쪽이 결제되면 다른 쪽도 동시에 결제되어야 한다는 것을 말한다)와 다자간 정산의 실현을 위하여 제도적인 틀을 제공하기 위한 것을 들고 있다. 高橋康文・長崎幸太郎, 證券取引法における清算機關制度, 金融財政事情研究會(2002), 8면 참조.

25) 한국은행, 앞의 책, 153면.

간에 시차가 발생하면 일방을 수취하지 못하는 위험이 발생하게 된다. 그리하여 증권대금동시결제(DVP)의 개념이 도입되었다.

Ⅲ. 파생금융상품거래

1. 파생상품

(1) 파생상품의 의의

파생상품(derivatives)이라 함은 곡물 등의 상품 또는 채권, 금리, 외환, 주식 등의 금융을 기초자산(underlying assets)으로 삼아 그에서 파생된(derived) 상품으로서 그 가치나 시장가격이 다른 상품이나 자산 혹은 지수 등의 가치나 시장가격에 따라 변동되는 특성을 가진 일련의 상품을 가리킨다.

(2) 기 원

학자들은 파생상품의 기원을 고대 중동상인들이 곡물이나 노예 등을 대상으로 가격위험의 회피(hedge)를 위하여 선도거래를 한 데에서 찾는다. 현대적인 상품파생상품의 거래는 1848. 시카고 상품거래소의 설립과 더불어 시작되었다. 1944. 브레턴우즈협약에 의하여 금본위제를 부활하는 대신 금태환 달러를 기축통화로 삼고, 여타 통화를 달러에 고정환율로 삼았다. 그러나 1971. 닉슨 대통령이 달러의 금태환 중단을 선언함으로써 브레튼우즈 체제가 종말을 고하자 환율 등이 변동되고 컴퓨터의 발전과 더불어 금융혁명이 일어남으로써 파생금융상품이 활발하게 거래되었다.[26)]

(3) 거래목적

자본시장 및 금융시장의 국제화에 따라 국제금융시장의 불안이 가속화되고 환율, 금리의 변동위험이 증가함에 따라 장래 거래시에 적용될 환율, 금리, 주가를 미리 확정함으로써 자산 또는 부채가치의 변동위험을 회피하기 위하여 파생상품의 거래가 이루어진다. 또한 실수요와는 무관하게 가격변동의 위험을 감수하면서 시장

---

26) 1970. 이전에는 주로 곡물, 달걀, 버터, 금속, 석유 등과 같이 가격폭이 큰 일정 상품이 대상이었으나 이후 통화, 금리, 주가지수 등 금융상품으로 확대되기 시작하였다.

간 또는 상품간 시세 차이를 노려 투기로 인한 이익을 얻기 위하여도 이루어진다. 국제결제은행(Bank for International Settlements)에 의한 규제강화에 대응하기 위한 수단으로서의 부외(off-balance)거래[27]의 확대도 배경으로 작용하고 있다.

(4) 종 류

1) 기초자산에 따른 구분

파생상품은 기초자산의 내용에 따라 상품파생상품과 금융파생상품으로 구분된다. 국내법에 의하면 은행은 금융파생상품만 거래할 수 있고 상품파생상품을 거래할 수 없다.

2) 장내 장외 구분

거래소에서 거래되는지의 유무에 따라 거래소파생상품(exchange-traded derivatives, 장내파생상품)과 거래소 외에서 거래되는 장외파생상품(OTC or over the counter derivatives)[28]으로 구분된다. 장내거래는 거래의 체결 및 결제절차, 거래되는 상품의 내용 등이 체계화·정형화되어 있는 유가증권시장, 또는 선물시장 등에서 이루어고 있다. 장외거래는 거래소가 아니라 당사자간의 개별계약을 통하여 이루어지고 있다. 파생상품은 대부분 장외에서 거래되기 때문에 정확한 규모는 파악하기 어렵다.[29] 장외파생상품은 선물환의 형태로 도입되기 시작하여 1990년 이후 금융기관을 비롯한 대기업들이 위험을 회피하기 위하여 일반적인 거래로 정착하기 시작하였다. 그러나 최근 금융발전과 전자거래시스템의 발전에 힘입어 일부시장에서 장외파생상품거래에 대한 청산이 이루어지는 등 장외와 거래소의 구별이 어렵게 되었다.

3) 거래 형태에 의한 구분

거래의 형태에 따라 크게 선도(forward), 선물(futures), 옵션(options), 스왑

---

27) 예금이나 대출 등 대차대조표에 금액을 계상하는 것이 의무화되어 있는 장부내(on-balance) 거래와 달리 대차대조표에 숫자가 기재되지 않는 거래이다.

28) 파생상품거래가 거래의 체결 및 결제절차, 거래되는 상품의 내용 등이 체계화·정형화되어 있는 유가증권시장 또는 선물시장 등에서 이루어지는 것을 가리켜 거래소파생상품거래라 하고, 거래소가 아니라 당사자간의 개별계약을 통하여 이루어지는 것을 가리켜 장외파생상품거래라 한다. 시장의 규모는 장외거래가 더 크다.

29) 1990-1996 사이의 장내 파생상품거래는 2조 3천억달러에서 9조 8천억달러로 331% 늘어났고, 장외 거래규모는 2조 3천억달러에서 25조달러로 729% 급등하였다. 에드워드 챈슬러 지음, 강남규 옮김, 금융투기의 역사, 국일증권경제연구소(2001), 365면.

(swaps)[30] 4가지로 구분한다.[31] 이를 제1차 파생상품이라 한다. 통화선물, 이자율 선물, 주가지수선물, 현물옵션, 금리스왑, 주식스왑 등과 같이 기초자산과 거래형태가 조합된 것을 제2차 파생상품이라 한다. 경제상황에 맞는 새롭고 다양한 제2차 파생상품들이 개발되고 있다. 이러한 특성 때문에 파생금융상품의 내용을 법률에서 상세히 정의하는 것이 어렵다.

(5) 특　　징

파생상품은 소액의 자본금으로 거액거래가 가능한 Leverage의 효과가 크므로 헤지펀드는 이러한 레버리지 효과를 이용하여 자금의 운용효율을 높이려 하기 때문에 거래가 투기성을 띠게 되고 각국은 헤지펀드의 규제강화에 힘쓰고 있다. 파생상품의 거래는 그 규모의 거대성과 투기성 때문에 국제금융계에 커다란 충격을 주고 있다.[32] 파생상품은 매매가격이 매일 변동하므로 거래기간이 보통은 3개월에서 1년 정도로 비교적 짧고, 거래당사자들은 기보유상품을 수시로 매매하고, 대개는 인도일 전에 반대매매를 통하여 거래를 청산한다.

(6) 파생금융상품거래의 위험[33]

1) 신용위험(credit risk)

신용위험이란 당사자가 이행기에 채무를 이행하지 못할 위험을 말한다. 예컨대, 스왑거래의 가치는 금리, 환율 등 경제상황의 변동에 따라 거래의 만기시까지 계속 변동한다. 따라서 일반 대출거래와 달리 신용위험의 크기가 계속 변동하고 위험을 부담하는 주체도 변경된다. 신용위험을 판단하는 자료로서 국제적인 신용등급(예컨대, Moody's investors service)이 중요한 역할을 한다. 신용위험을 피하기 위하여 담보의 제공을 요구하기도 하고 거래의 상대방을 신용등급이 있는 기업으로 제한하기도 한다.

---

30) 스왑거래에 관하여는 김건식, 스왑거래에 관한 법적 연구, 한국금융연구원(1997), 20면. 이하 [스왑거래].

31) Jeffrey J. Haas, Corporate Finance in a Nutshell, 159(West 2004).

32) 대표적인 사례가 1994년 레버리스 금리스왑거래에서 1억달러 이상의 손실을 입은 프록터 앤 갬블(P&G), 1995년 8억 5천만달러의 손실을 입고 파산한 베어링스(Barings), 17억달러의 손실을 기록한 오렌지카운티 사건, 1996년 26억달러의 손실을 입은 일본 스미토모 스캔들이다. 챈슬러, 앞의 책, 366-367면. 우리 나라에서도 1995년 수협중앙회가 선물환거래에서 171억원의 손실을 입었다.

33) 김건식, 증권거래법 제3판, 두성사(2004), 545-547면 참조. 이하 [증권거래법].

2) 시장위험(market risk)

시장위험이란 환율, 금리, 채권 등의 가치가 기대했던 방향과 반대로 움직이는 경우 금융기관이나 투자가들이 입을 위험을 말한다. 선물, 스왑에 수반되는 시장위험은 가격변화에 따른 것으로 비교적 이해하기 쉽지만, 옵션의 가치는 변동성, 시간 경과에 따라 변하기 때문에 주의를 요한다.

3) 법적 위험(legal risk)

상대국의 파산법이 일괄정산 조항의 효력을 부정함으로써 파생금융상품계약의 법적 효력이 없게 되어 손실을 입을 위험이다.

4) 운영상의 위험(operational risk)

상급관리자의 파생금융상품 거래에 대한 무지로 인하여 발생하는 관리체계의 허술함 또는 거래원의 실수 때문에 발생하는 위험이다(예, 베어링스 사건, 수협중앙회 사건).

5) 유동성 위험(liquidity risk)

유동성 위험에는 상품유동성위험과 자금유동성위험이 있다. 전자는 원하는 상품이 시장에 없어 자신의 채무를 정리하지 못하거나 위험을 분산시키지 못하는 위험이다. 후자는 지급수단이 부족하여 지급일에 지급하지 못하거나 담보를 제공하지 못하는 위험이다.

6) 체제적 위험(systemic risk)

한 금융기관이 그 의무를 이행하지 못하는 경우 그 영향이 다른 금융기관에도 파급되어 금융시스템 전체를 붕괴시킬 수 있는 위험이다.

2. 파생금융상품의 법률적 성격

(1) 특　　징

첫째, 파생상품은 그 가치가 당해 계약과 독립적으로 존재하는 자산이나 가격[34] 등에 파생되어 결정되거나 변동된다는 의미에서 파생상품으로 불린다. 예컨대 통화옵션은 그 가치가 환율의 추이에 따라 변동된다는 점에서 그 가치가 통화

34) 집합적으로 기초자산으로 불리고 있지만 자산이나 권리 등의 개념으로 쉽게 포착할 수 없는 대상(날씨, 자연재해)도 포함되어 있다는 의미에서 단순히 underlying으로 불리기도 한다.

의 가치로부터 파생된다. 둘째, 파생상품의 가치는 장래의 일정한 시점에 있어서의 기초자산의 가치에 따라 결정되며, 따라서 장래의 일정한 시점을 그 이행기로 한다. 셋째 파생상품은 기초자산에 수반되는 위험의 관리 혹은 기타 이익의 확보를 목적으로 하므로 기초자산을 현실적으로 인도받는 것은 본질적인 요소가 아니다.[35] 넷째, 파생상품 특히 파생금융상품은 거래내용이 복잡하므로 상품의 권유자가 상대방에게 상품의 본질과 위험에 대하여 합리적인 주의의무를 다하여 충분히 설명할 의무가 있다. 미국이나 한국에서도 파생금융상품의 내용을 충분히 설명하지 아니하였다는 점을 이유로 분쟁이 발생하고 있다.[36]

(2) 기본계약의 존재

처음 파생상품의 거래에서 가장 중요한 문제는 표준적인 계약서의 부재였다. 그리하여 영미의 은행 등을 중심으로 거래조건의 표준화 및 표준약정서의 작성을 위한 노력이 시작되었으며 그 대표적인 것이 ISDA의 기본계약서(Master Agreement)이다.[37] 기본계약서의 이용 여부는 당사자들이 선택할 문제이므로 별도의 계약서식을 이용할 가능성은 충분히 있다. 그러나 BIS 자기자본규제상 자기자본비율을 계산함에 있어 후술하는 네팅에 의한 자산감축효과를 인정하기 위한 전제로 기본계약서의 이용을 요구하고 있고, 당사자들에 의한 남용의 가능성을 방지하기 위해 그 효과를 일정한 기본계약서에 따라 이루어진 장외파생상품거래로 한정하는 것이 국

---

35) 과거에는 파생상품거래와 도박을 구분하는 법적 장치들이 존재했다. 거래는 반드시 결제일에 현물을 서로 주고받아야 하지만 도박은 차액을 현금으로 결제한다는 점에 차이가 있었다. 그런데 1976. 유러달러이자율에 대한 선물거래가 도입되었고, 이자율은 만기일에 인도될 수 없기 때문에 차액을 돈으로 결제할 수밖에 없게 되었다. 그리하여 1981. 현물거래가 불가능한 이자율선물거래가 합법화되었다. 그 후 다양한 지수선물이 도입되었다. 최초의 지수선물이 S&P500이다. 에드워드 챈슬러, 앞의 책, 363면.

36) 우리 나라도 1996. 6. 은행이 기업과 파생상품거래시 고객이 거래위험에 대하여 문의하는 경우 상세히 설명하는 의무가 부과되었다. 분쟁의 대표적인 사례로는 대한생명과 JP Morgan의 분쟁이다. 鄭順燮, "대한생명과 제이피 모건의 파생상품거래에 관한 뉴욕연방지방법원판결," BFL 제1호(2003. 9), 67면 이하.

37) 1987년판, 1992년판, 2002년판의 세 가지가 존재한다. 그 중 우리 나라에서 가장 널리 이용되는 것은 1992년판이다. 1987년판에는 금리(이자율)와 통화에 관한 스왑을 대상으로 하였으나 1992년판은 아래와 같은 16종의 상품을 거래범위에 포함하였다.

금리스왑(rate swap), 베이시스스왑(basis swap), 금리선도거래(forward rate transaction), 상품스왑(commodity swap), 상품옵션(commodity option), 주식스왑(equity swap) 및 주식지수스왑(equity index swap), 채권옵션(bond option), 금리옵션(interest rate option), 외국환거래(foreign exchange transaction), 캡거래(cap transaction), 플로어거래(floor transaction), 칼러거래(collar transaction), 통화스왑거래(currency swap transaction), 통화금리스왑거래(cross-currency rate swap transaction), 통화옵션(currency option), 기타 유사한 거래이다.

제적인 관행이다.

⑶ 파생금융상품의 거래와 기본계약서의 작성

일반적으로 ISDA 기본계약서를 체결하고 거래를 하는 것을 원칙으로 하지만 반드시 이를 체결하는 것은 아니다.

1) 기본계약서를 체결하는 경우

거래당사자는 기본계약서 본문에 규정된 내용 중 일부를 수정, 변경하고자 부속계약으로 Schedule을 체결한다. Schedule에 의하여 수정된 기본계약서를 체결한 양 당사자는 체결된 기본계약서의 적용을 받는 개별 파생금융거래를 할 때마다 거래제안서(term sheet, 거래원들 사이에서 체결되는 간이화된 가계약으로서 후에 기본계약의 일부가 된다) 및 confirmation(거래제안서에 따른 개별 파생금융거래의 조건을 최종적으로 확정하는 계약이다)을 체결한다.

2) 기본계약서를 체결하지 아니하는 경우

거래당사자가 기본계약서를 체결하기까지는 상당한 기간 동안 계약 조건에 관한 협상이 이루어지기 때문에 당장 파생금융거래를 하고자 하는 당사자들은 기본계약서를 체결하지 아니하고 개별 파생금융거래를 한다. 이 때 사용되는 개별 거래계약을 실무상 long-form confirmation[38]이라고 한다.

⑷ 일괄정산

1) 의 의

기본계약에 포함된 조항 중 가장 중요한 조항이 네팅에 관한 것이다. 네팅에는 지급네팅, 노베이션네팅, 일괄정산이 있다. 그 중 일괄정산이 가장 문제가 된다.[39] 일괄정산이라 함은 양 당사자간에 하나의 표준계약서하에서 다수의 거래가

---

38) long-form confirmation 전문에는 (i) 거래당사자는 합리적인 노력을 기울여 가급적 빠른 시일 이내에 기본계약서를 체결한다는 내용, (ii) 기본계약서를 체결하기 전까지는 양 거래당사자 사이에 Schedule이 없는 기본계약서가 체결된 것으로 간주하며 long-form confirmation은 그와 같이 Schedule에 의하여 변경, 수정되지 아니한 기본계약서의 적용을 받는다는 점, (iii) 후일 Schedule에 의하여 변경된 기본계약서를 체결하게 되면 기체결된 long-form confirmation도 그러한 기본계약서의 적용을 받게 된다는 점 등이 규정된다.

39) 각 유형의 의미에 대하여는 石光現, "스왑去來의 法的 問題點," 민사판례연구 23, 박영사(2001), 661-663면 참조. 이하 [스왑거래], 오수근 · 김나영, "적격금융거래의 일괄정산에 관한 입법론," 이화여자대학교 법학논집 제8권 제2호(2004. 2), 40면 이하 참조. 이 글에서는 각 유형에 대한 설명은 생략한다.

이루어진다는 전제하에 일방당사자에게 부도, 파산신청 등 중도종료 사유가 발생한 경우에 당사자간의 모든 거래를 만기나 통화 등의 차이에도 불구하고 조기에 종료시켜 하나의 잔액채권으로 전환하는 계약정산방식을 의미한다. 즉 장외파생상품거래의 당사자 중 일방에게 해지사유가 발생하면 첫째, 양자간에 하나의 기본계약서 아래 이루어진 모든 거래를 해지하고, 둘째, 양자에게 발생한 손익을 계산한 후, 셋째, 양자의 손익을 상계하여 최종잔액채권을 산출한다.[40] 담보는 최종잔액채권을 피담보채권액으로 해서 제공하게 된다. 담보제공액은 거래의 기초가 된 자산가격(이자율이나 환율 등) 및 담보물의 시가의 변동에 따라 일괄정산이 매일 또는 당사자가 사전에 약정한 주기별로 이루어지는 것을 가정해서 담보제공액을 정하게 된다. 따라서 장외파생상품거래의 당사자중 일방이 파산하면 일괄정산과 담보의 처분이 동시에 이루어져 비유책당사자의 신용위험액이 0이 된다. 개념상으로는 일괄정산과 담보처분은 구분되지만 실무상으로는 동시에 이루어지고 있다. 만일 담보처분 후에도 남는 채권액이 있다면, 이는 무담보의 일반파산채권이나 일반회생채권으로 취급된다. 일괄정산은 당사자의 합의에 근거하고 있다는 점에서 상계의 예약에 가깝다는 견해[41]도 있고, 상계나 상호계산과 구별되는 차감계산을 위한 특별한 합의라는 견해도 있다.[42] 이 글에서 개념적으로 일괄정산이라 함은 담보처분 전의 단계를 지칭한다.

2) 기 능

일괄정산조항은 정형화된 정산절차를 갖고 있는 거래소 거래보다는 장외파생상품거래에서 매우 중요한 역할을 한다. 첫째, 정산차액만을 기준으로 위험을 산정하게 되므로 거래당사자의 신용위험을 감소시킨다.[43] 금융규제법상 네팅의 가

---

40) 1992년판 ISDA 기본계약서 제14조 정의조항에 의하면, 해지정산금을 산정하는 방식은 market quotation(시가인용)방식 또는 loss(손실)방식의 두 가지가 있다. 시가인용방식이라 함은 해지하는 거래를 대체한다고 가정할 경우 지급하거나 지급받을 수 있는 금액을 말한다. 중도해지 사유가 발생한 당사자의 상대방이 기준시장조성자(Reference Market Makers)에게서 가격을 제시받아 이를 바탕으로 결정한다. 만일 어느 거래에서 대하여 3개 이상의 가격을 제시받은 때에는 그 중 가장 높은 가격과 가장 낮은 가격을 제외한 나머지 가격의 산술평균 금액으로 한다. 황민택, 장외 파생금융거래 계약 실무, 탐진(2005), 127, 165면. 그럼에도 불구하고 서울지방법원 2001. 11. 23. 선고 99가합52591 판결(서울고등법원 2003. 6. 10. 선고 2002나3619 판결 미상고 확정)이 최고가 최저가를 포함한 4개의 가격의 산술평균으로 판시한 것은 시가인용방식에 대하여 오해를 하고 있는 것으로 보인다.

41) 김건식, [증권거래법], 550면.

42) 오수근 · 김나영, 앞의 논문, 44면.

43) BIS 자기자본비율규제는 자기자본/위험가중자산×100≧8%를 요구하고 있다. 네팅을 허용하면 동일 당사자간의 거래액을 상계함으로써 위험가중자산을 감소할 수 있으므로 자기자본비율

장 중요한 기능 중 하나이다. 둘째, 잔액을 기준으로 신용위험관리가 이루어지므로 여신범위 내에서 보다 많은 거래가 이루어진다. 셋째, 일괄정산조항에 관한 입법적인 해결이 국제금융거래에서 발생하는 법적인 추가비용(legal premium)을 줄일 수 있다. 넷째, 거래 당사자의 파산으로 인한 결제금액의 감소는 금융시장 전체의 시스템에 위험이 발생하는 것을 방지한다. 이러한 이유로 국제금융거래에 종사하는 각국의 금융기관은 파생상품거래에 관한 이러한 독자성을 당사자 일방이 파산한 경우에도 인정하여 달라는 강력한 요구를 하였고, 최근의 입법추세는 이를 수용하여 파산법의 개정 또는 특별입법의 형태로 나타나고 있다.

3) 일괄정산절차와 담보의 기능

장내파생상품거래에서는 선물거래소가 시장참여자들로부터 증거금을 징구하여 상대방에 대한 위험을 관리해 준다. 그리고 일일정산을 통하여 계좌잔고가 유지증거금을 밑돌면 추가증거금의 납입을 요구한다. 매수자뿐 아니라 매도자도 증거금을 예치하므로 잔존 위험은 상대방이 내일의 증거금을 납입하지 않을 정도의 위험으로 감축된다.

이에 반하여 장외파생상품거래는 거래원(trader)들이 거래 조건에 대하여 구두로 또는 서면을 교환하는 방법으로 합의함으로써 이루어지며, 거래가 이루어진 후에는 거래의 구체적 내용 및 기타 조건들을 기재한 확인서를 교환한다. 이와 별도로 양 당사자는 당사자간에 체결되는 모든 장외파생상품거래에 대하여 포괄적으로 적용될 기본적인 조건들이 기재된 기본계약서 및 특약을 기재한 부속서를 체결할 수 있으며 일당 당사자의 신용등급이 상대방에 비하여 낮은 경우에는 추가로 담보계약서를 체결하기도 한다. 장외파생상품거래에서는 결제에 대한 보장이 없기 때문에 추가적인 위험노출을 수반하고 이를 고려하여 거래처의 신용등급, 결제능력 등을 고려하여 거래한도와 담보를 설정한다. 현재 국제적으로 널리 활용되는 담보물은 G7국가의 국채와 현금(예금)이다. 주기적으로 담보의 제공과 반환이 이루어져야 하므로 부동산은 원칙적으로 담보로 이용되지 아니한다. 물론 당사자중 일방이 거래일자에 부동산을 담보로 제공하고 종료일자에 담보를 해지하는 방식도 생각할 수 있겠지만[44] 이는 일반적인 관행은 아니다.

이 상승한다. 이를 네팅에 의한 자산감축효과라고 한다.

44) 김건식, [스왑거래], 56면.

Ⅳ. 파산법 및 회사정리법에서의 논의

종전에는 파산절차 또는 회사정리절차에서 지급결제제도와 청산결제제도의 취급에 관하여 깊은 논의가 없었다. 다만 파생금융상품거래에서 사용되는 일괄정산조항이 파산절차나 회생절차에서도 유효하다는 점을 논증한 바는 있다. 아래에서는 파산법과 회사정리법하에서 일괄정산 조항의 법적인 효력에 대한 종전의 쟁점을 살펴보기로 한다.

일괄정산조항에 의하면 거래 당사자 일방에게 채무불이행의 상태로 인하여 파생금융상품거래가 종료되면 당사자간의 채권채무관계는 기본계약에 따라 차감정산하여 남은 채권액에 대하여 단일한 채권채무관계로 확정된다. 파산절차 등에서 이러한 조항이 유효한지에 관하여 미이행 쌍무계약의 해제(해지),[45] 상계, 부인 등과 관련하여 의문이 있었다. 그리하여 해석론으로 일괄정산조항이 파산법 및 회사정리법하에서도 유효하다는 견해가 설득력 있게 주장되었다.[46] 학자들은 궁극적으로 입법에 의한 해결을 촉구하였다.[47]

1. 미이행 쌍무계약의 해제

파산법은 파산관재인에게 미이행 쌍무계약에 관하여 해제 또는 이행선택권을 부여하고 있고(제50조), 그 예외로 파산법 제52조 제1항에서 "거래소의 시세 있는 상품의 매매에 관하여 일정한 일시 또는 일정한 기간 내에 이행을 하지 아니하면 계약의 목적을 달하지 못할 경우에 그 시기가 파산선고 후에 도래하게 될 때에는 계약이 해제된 것으로 본다"고 규정하였다. 동조에 의하여 파산선고의 효과로 계약이 자동 해제된 것으로 간주함으로써 관재인의 이행선택권을 박탈하였다.

그런데 제52조는 정기행위인 상품매매 계약에 한하여 적용되는 것이므로 실제의 목적물의 인도를 필요로 하지 아니하고 차감정산하는 파생금융상품거래에도 적용되는지 불분명하였다. 적용을 부정하면 파생금융상품에 관한 거래계약은 미

45) 이하에서는 다른 글을 인용한 경우를 제외하고 해제, 해지를 구별하지 아니하고 사용한다.
46) 石光現, [스왑去來], 670-672면.
47) 김건식, [증권거래법], 551면; 石光現, [스왑거래], 670-672면.

이행 쌍무계약에 해당되고,[48] 파산관재인이 거래를 해제 또는 이행선택하는 것을 허용하게 되면 원활한 금융거래에 법적 걸림돌이 된다. 그리고 파산관재인으로서도 기본계약 전부의 이행선택 또는 해제, 기본 계약 중 일부에 대한 이행선택 또는 나머지에 대한 계약의 해제 등을 판단하여야 하는데 고도의 투기적 판단을 요하는 문제에 대하여 파산관재인의 판단 여하에 따라 파산재단에 손실을 가져올 수 있고 상대방으로서도 파산관재인의 해제의사표시일을 기준으로 파생금융상품의 시세를 산정하여야 하는 불합리를 감수하여야 한다. 또한 당사자간에 파산선고를 이유로 한 계약해제조항(ipso facto clause)은 파산절차에서 효력을 주장할 수 없다는 것이 미국의 연방파산법과 일본 및 한국의 실무[49]이므로 파산선고를 이유로 한 일괄정산 조항이 무효가 되는 게 아닌가 하는 의문이 생긴다. 설령 파생금융상품거래에도 파산법 제52조가 적용된다고 하더라도 회사정리법에서는 그에 상응한 조항이 없으므로 당사자 일방에 대하여 회사정리절차가 개시되면 일괄정산 조항의 적법 여부가 더욱 불분명하게 되었다.[50]

2. 상계금지의 문제

파산법의 상계권의 확장이론을 적용하면 파산선고시에 기한미도래의 기한부 채권, 해제조건부채권, 비금전채권, 금액불확정의 금전채권, 외국통화로 된 금전채권, 금액 또는 존속기간이 불확정한 정기금채권 등도 모두 자동채권이 될 수 있다(파산법 제90조, 제91조, 제92조). 따라서 스왑거래에 있어서도 이종통화간의 스왑거래나, 현물인도를 요하는 債券에 관한 옵션거래 등에 관하여 일괄정산도 가능하다고 해석된다.

그러나 당사자간에 파산신청 등의 채무불이행 사유가 발생한 때를 기준으로

48) 옵션거래는 프레미엄을 주고 옵션이라는 권리를 매매대상으로 한 쌍무계약인 매매계약에 해당함은 이론이 없으나, 스왑거래도 비전형계약이지만 당사자가 견련관계를 가지는 의무를 부담한다는 점에서 쌍무계약의 성질을 갖는다. *石光現*, [스왑거래], 654-655면 참조.

49) 서울고등법원 2005. 6. 10. 선고 2004나87017 판결(대법원 2005다38263호로 상고중)은 일방 당사자에 대하여 해산, 청산, 회사정리, 파산, 화의의 신청이 있고, 그 사유가 180일 이내에 소멸하지 않은 경우에는 타방 당사자는 합작투자계약을 해지할 수 있고, 또한 주식매도청구권을 가진다고 하는 조항에 대하여 위와 같은 해지권 유보조항은 법원의 감독 아래 채권자 등 이해관계인의 이해관계를 조정해 가면서 사업을 계속하게 하여 종국적으로 기업을 재건하여 사회경제적으로 또는 채권자 기타의 이해관계인들에게도 이익이 되게 하려는 회사정리제도의 취지에 반하므로 무효라고 판시하였다.

50) 파산법, 회사정리법하의 해석론으로는 *石光現*, [스왑거래], 666-667면 참조.

상계적상을 확장하는 약정이 다수의 채권자들이 관여하는 포괄적인 집행절차인 파산절차에서 유효한지에 대하여 의문이 있었다. 더구나 선물거래소와 같이 다자간의 채권채무관계를 청산하는 청산거래의 경우에는 기존의 상계이론으로 설명하기 곤란하므로 다자간네팅의 효력을 입법으로 인정하여야 한다는 지적이 있었다.

그리고 회사정리절차에서는 정지조건부채권이나 비금전채권을 자동채권으로 하는 상계는 허용되지 않는 등 파산법과 같은 채권의 현재화·금전화가 인정되지 아니한다. 그러므로 회사정리절차에서 당사자간에 정리절차 개시 이전의 시점을 기준으로 정리채권신고 기한 후에 이행기가 도래하는 장래채권이나 비금전채권을 상계하기로 하는 사전약정의 효력이 회사정리절차에서 인정되는지 여부에 대하여 파산절차보다 강한 의문이 있었다.

3. 부인권의 문제

파산법에서는 파산선고 전에 이루어진 변제 등 채무소멸행위나 특정채권자를 위한 담보의 제공 등을 파산관재인이 부인할 수 있다. 파산선고 후에는 관리처분권이 파산관재인에게 이전되므로 파산선고 후에 파산자가 한 변제나 담보제공은 파산채권자에 대하여 효력을 주장할 수 없다(파산법 제7조, 제44조). 판례는 채무자의 행위뿐 아니라 집행행위도 부인의 대상이 된다는 점을 근거로 파산선고 전에 이루어진 채권자의 질물처분행위를 부인의 대상으로 삼고 있다.[51] 이러한 규정과 판례에 의하면 일괄청산에 따른 변제행위나 담보물의 처분행위가 부인의 대상이 될 수 있다.

4. 해 석 론

일본[52]과 한국에서는 학자들이 이러한 문제점을 인식하고 금융기관간의 일괄청산조항이 파산법에서도 유효하다는 이론을 전개하였다. 그러나 파산법 제52조와 같은 조항이 없는 회사정리법에서의 일괄청산에 대하여는 반대설도 있었고,[53]

---

51) 대법원 2003. 2. 28. 선고 2000다50275 판결(공 2003, 909).

52) 일본에서 일괄청산법의 제정 전에 파산절차와 회사갱생절차에서 일괄정산조항이 유효하다는 점을 논증한 글로는 新堂幸司, "金融派生商品取引の倒産法的検討(上, 下)," NBL 552호(1994. 9. 1) 및 553호(1994. 9. 15).

53) 弥永眞生, "倒産處理手續における一括清算條項の取扱い," 金融商事判例 1060호, 182면에 소개

담보물을 위기시기에 처분하는 경우에 부인의 대상이 될 가능성이 많았으므로 일괄정산의 문제가 말끔하게 해결되지 아니하였다. 더구나 다자간의 청산을 본질로 하는 지급결제제도나 증권거래소나 선물거래소의 청산제도에 관하여는 파산법이나 회사정리법에 아무런 규정이 없었으므로 국제적 지급결제제도와의 정합성이 떨어진다는 비판이 있었다.

Ⅴ. 제120조의 특칙

1. 입법의 경위

금융시스템의 위험을 방지하고 국제금융환경과의 정합성을 고려하여 위에서 본 파산법, 회사정리법에서의 의문점을 해소하고 입법으로 이를 명확히 하기 위하여 제120조(회생절차) 및 제336조(파산절차)에서 금융거래에 관한 특칙을 신설하였다. 입법과정에서 특별법의 제정을 주장하는 견해와 신법에 포함시키자는 견해가 있었으나 후자가 채택되었다.[54] 제120조는 3개항으로 구성되어 있다. 제 1 항은 지급결제제도, 제 2 항은 청산결제제도, 제 3 항은 주로 장외금융상품거래를 대상으로 삼고 있다. 파산절차에 관하여는 제336조가 제120조를 준용하도록 규정하였다. 증권거래를 예로 들면 매매(지급, payment)-청산(clearing)-결제(settlement)의 순서로 거래가 완료되는바, 그 중 증권예탁결제원의 증권의 대체결제와 증권거래에 따른 금융기관간의 자금결제가 제 1 항의 적용대상이고, 증권회사와 증권선물거래소의 청산이 제 2 항의 적용대상이고, 증권거래로서 기본계약에 기한 적격금융거래(개념은 후술)에 관한 특칙이 제 3 항의 적용대상이다.

되어 있다.

54) 이 점에 관한 외국의 입법례는 특별법을 제정하는 방식과 파산법에 규정하는 방식이 있다. 일본은 금융기관 등의 특정금융거래에 관하여 도산절차에서도 일괄정산을 허용하는 특별법을 제정하였다가 이를 그대로 유지하면서 2004. 6. 2. 개정된 파산법에 일괄정산을 허용하기 위하여 미이행 쌍무계약에 관한 제58조의 내용을 개정하였다. 미국은 특별법에서 규정하다가 1990. 파산법을 개정하였다.

2. 제120조 제 1 항의 거래(지급결제제도)[55]

(1) 조문의 내용

「지급결제의 완결성을 위하여 한국은행총재가 재정경제부장관과 협의하여 지정한 지급결제제도의 참가자에 대하여 회생절차가 개시된 경우, 그 참가자에 관련된 이체지시 또는 지급 및 이와 관련된 이행, 정산, 차감, 증거금 등 담보의 제공·처분·충당 그 밖의 결제에 관하여는 이 법의 규정에도 불구하고 그 지급결제제도를 운영하는 자가 정한 바에 따라 효력이 발생하며 해제, 해지, 취소 및 부인의 대상이 되지 아니한다. 지급결제제도의 지정에 관하여 필요한 구체적인 사항은 대통령령으로 정한다.」

(2) 특칙의 내용

입법과정에서 자금결제와 증권결제제도를 분리하여 규정할 것인지에 관한 논의가 있었으나 증권결제제도 중 청산에 대하여는 제 2 항으로, 결제에 대하여는 자금결제와 합하여 제 1 항으로 규정하는 방안이 채택되었다. 그리하여 제120조 제 1항은 중앙은행과 시중은행, 우체국간에 현금으로 이루어지는 자금결제제도뿐 아니라 증권매매에 따라 증권예탁결제원에서 계좌간의 대체결제를 통한 증권결제제도에도 적용된다.[56] 한은금융망의 참가기관은 대국민 지급결제서비스를 제공하는 은행 등 금융기관뿐 아니라 넓은 의미의 지급결제서비스인 증권거래서비스를 제공하는 증권관련 유관기관(증권회사, 증권선물거래소, 증권예탁결제원, 한국증권금융 등)이 모두 참가기관으로 되어 있다.

증권예탁결제제도에 참가하는 자는 예탁자로서 증권회사, 은행, 보험회사, 선물회사, 일정한 기관투자가, 외국예탁기관 등이다.[57] 일반적인 지급결제제도에 속

---

55) 아직 일본에서는 제120조 제 1 항과 같은 지급결제제도에 관한 도산법상의 특칙을 두고 있지 않다.

56) 증권예탁결제제도의 개요는 다음과 같다. 먼저 증권거래를 원하는 일반투자자는 증권을 증권회사에 예탁한다. 증권회사(예탁자)는 이 증권과 자신이 보관하는 다른 증권을 혼합하여 증권예탁결제원에 예탁한다. 증권예탁결제원은 예탁자가 예탁한 증권을 혼합하여 보관한다. 증권회사는 고객계좌부를 작성하고 증권예탁결제원은 다시 예탁자계좌부를 작성하여 이후의 증권에 대한 권리행사 및 이전은 종전의 실물을 이동함이 없이 계좌부상의 대체기재만으로 이루어진다. 김건식, [증권거래법], 369-379면.

57) 증권거래법에는 아무런 규정이 없고 증권예탁결제원규정인 「유가증권예탁 및 결제 등에 관

하더라도 한국은행총재가 지정한 것이 아니면 특칙의 적용을 받을 수 없다. 지급결제제도의 지정에 관하여 필요한 구체적인 사항은 대통령령 제5조 이하 제14조에 규정되어 있다.

제120조 제1항의 '이체지시'라 함은 자금이체뿐 아니라 증권의 대체도 포함한다(대통령령 제5조 제3호). 제120조 제1항에는 제3항과 달리 중지명령과 포괄적 중지명령의 대상이 되지 아니한다는 조항이 없으나 법 대신 지급결제제도의 운영규정에 따르게 되므로 제3항과 같이 해석하여야 할 것이다.

한국은행은 한은금융망에 참가하는 은행 및 농수협 중앙회와 당좌거래 약정을 맺고 있다. 한국은행은 참가기관의 당좌예금잔액이 부족할 경우에 대비하여 사전에 국채, 통화안정증권 등을 담보로 잡고 있다가 담보의 범위 내에서 즉시 자동대출을 함으로써 일중 결제가 가능하도록 하기 위하여 일중당좌대출제도(daylight overdrafts)[58]를 운영하고 있다. 예를 들면 만일 은행에 대하여 오전 10시에 회생절차가 개시되었다고 하더라도 그 날 자동대출된 금액에 대하여 개시결정 후에도 한국은행이 일중당좌대출제도의 담보물을 처분하는 것은 허용된다고 해석된다. 그러나 이것은 이론의 문제이고 실제로 금융기관에 대하여 회생절차가 신청되면 사전에 금융감독 기관에 알려져 있을 것이므로[59] 지급결제제도의 이용을 정지당하거나 퇴출된 상태일 것이다. 그리고 법원이 회생절차 개시 전에 변제금지가처분이나 중지명령을 발하게 되더라도 제120조 제1항에 의하여 변제금지가처분이나 중지명령의 효력은 지급결제제도에 영향을 미치지 아니하므로 자동대출과 담보물의 처분은 지급결제제도의 운영약정에 따라 이루어질 것이다. 만일 개시 결정 후에도 지급결제제도에 참가하고자 하는 경우라면 관리인이 결제제도의 운영자와 새로이 참가약정을 맺을 것이므로 그 후에는 그에 따라 결제가 이루어질 것이다.

다음으로 파산신청에 관하여 본다. 부실금융기관에 대하여는 금융산업의 구

한 규정」에 열거되어 있다.

58) 이는 실시간 총액결제제도의 원활한 운영을 위해 수반되는 장치로서 중앙은행에 개설된 참가기관의 당좌예금잔액이 자금이체 신청금액에 비해 부족할 경우 사전에 설정된 일정 한도 범위 내에서 즉시 자동대출이 지원되어 영업시간 중 연속적인 자금결제가 가능하도록 하기 위한 대출방식이다. 한국은행, 앞의 책, 135면.

59) 금융산업의 구조개선에 관한 법률 제15조 제1항에 의하면 금융감독위원회는 법원에 대통령령이 정하는 금융전문가 또는 예금보험공사의 임원 또는 직원을 파산관재인으로 추천할 수 있고 법원은 원칙적으로 피추천인을 파산관재인으로 선임하고 있으므로 금융감독위원회가 미리 파산선고 사실을 알게 된다.

조개선에 관한 법률 제10조에 의하여 금융감독위원회가 금융기관에 대하여 관리인의 선임, 영업의 전부 또는 일부 정지, 합병 또는 제3자에 의한 해당 금융기관의 인수, 계약이전 등의 적기시정조치를 할 것이다. 제16조에 의하여 금융감독위원회가 파산신청을 하거나 금융기관이 스스로 파산신청을 하는 경우에도 사실상 파산신청 전에 영업의 전부 또는 일부 정지가 된 상태일 것이다. 그렇다면 파산신청 당시 이미 지급결제제도에서 퇴출되었을 것이므로 금융기관의 파산선고 후에는 지급결제제도를 이용할 가능성이 없고, 파산선고 후에도 금융기관에 대한 지급결제제도가 운용될 것을 전제로 한 논의는 의미가 적다.

결론적으로 미국과 달리 파산신청만으로 자동중지의 효과가 발생하는 것이 아니라 신청 후 법원의 파산선고를 요하는 파산절차에서는 파산신청 후 지급결제제도에서 퇴출될 가능성이 많으므로 제120조 제1항이 파산선고 후에도 적용될 사례는 거의 없을 것이다.

구체적인 내용에 대하여는 후술하는 제120조 제3항의 특칙의 내용 부분 참조.

3. 제120조 제2항의 거래(청산결제제도)

(1) 조문의 내용

「증권거래법, 선물거래법 그 밖의 법령에 따라 증권·파생금융거래의 청산결제업무를 수행하는 자 그 밖의 대통령령에서 정하는 자가 운영하는 청산결제제도의 참가자에 대하여 회생절차가 개시된 경우 그 참가자와 관련된 채무의 인수, 정산, 차감, 증거금 그 밖의 담보의 제공·처분·충당 그 밖의 청산결제에 관하여는 법의 규정에도 불구하고 그 청산결제제도를 운영하는 자가 정한 바에 따라 효력이 발생하며 해제, 해지, 취소 및 부인의 대상이 되지 아니한다.」

(2) 특칙의 내용

이 조항의 입법취지는 거래소의 청산제도가 참가자(예, 증권회사, 선물거래업자 등)에 대한 회생절차 등의 개시의 법률효과로부터 침해받지 않도록 하기 위한 것이다.[60] 증권선물거래소가 하는 회원의 채권채무의 인수 정산, 증거금 그 밖의 담보의 제공에 관하여 부인권 등에 관한 조항이 배제된다는 것이지 회원과 투자자

60) 鄭順燮, [보호방안], 6면.

간의 거래행위에 관하여 업무규정을 적용한다는 뜻은 아니다. 증거금이라 함은 거래개시의 증거금뿐 아니라 변동증거금도 포함하는 것으로 해석된다.

第120조 제2항은 유가증권 및 선물 등 금융상품의 청산과 협의의 결제와 관련하여 청산결제업무를 수행하는 자가 운영하는 청산결제제도를 거친 거래에 대하여 규정하고 있다. 한국증권선물거래소법이 제정됨에 따라 기존의 3개 현·선물 거래소와 증권업협회 내 코스닥위원회가 합병되어 한국증권선물거래소가 설립되었다. 현재 증권선물거래소가 개설하는 시장은 유가증권시장, 코스닥시장 및 선물시장이다.[61)]

현재 국내의 증권 및 선물거래에 대한 청산업무는 증권선물거래소에서 이루어지고 있다. 第120조 제2항은 대통령령이 정하는 자가 운영하는 청산절차에 대하여도 규정하였으나 대통령령에는 이에 관하여 달리 정한 바가 없다. 따라서 증권선물거래소가 운영하는 청산결제제도가 이에 해당된다.[62)] 이러한 시장에서 거래되는 증권, 금융선물 또는 파생금융상품의 거래에 참가하는 자에게 회생절차 등이 개시된 경우에 참가자와 청산기구와의 청산결제제도에 제2항이 적용된다. 제2항의 내용에 대하여는 후술하는 第120조 제3항의 특칙의 내용 부분 참조.

4. 第120조 제3항의 거래(적격금융거래)

(1) 조문의 내용

「일정한 금융거래에 관한 기본적 사항을 정한 하나의 계약(이 항에서 "기본계약"이라 한다)에 근거하여 다음 각호의 거래(이 항에서 "적격금융거래"라고 한다)를 행하는 당사자 일방에 대하여 회생절차가 개시된 경우 적격금융거래의 종료 및 정산에 관하여는 이 법의 규정에도 불구하고 기본계약에서 당사자가 정한 바에 따라 효력이 발생하고 해제, 해지, 취소 및 부인의 대상이 되지 아니하며, 제4호의 거래는 중지명령 및 포괄적 금지명령의 대상이 되지 아니한다. 다만, 채무자가 상대방과 공모하여 회생채권자 또는 회생담보권자를 해할 목적으로 적격금융거래를 행한 경우에는 그러하지 아니하다.

---

61) 증권선물거래소법 第15조 제1항.

62) 증권예탁결제원이 운영하는 증권결제제도가 제2항의 청산결제제도에 포함되는지, 반대로 증권예탁결제원이 증권선물거래소가 운영하는 증권결제제도에 참가하는 기관인지에 대하여는 논의가 있다. 그러나 증권결제과정의 청산은 증권선물거래소가, 협의의 결제는 증권예탁결제원이 독립하여 담당하는 것으로 해석함이 옳다.

1. 통화, 유가증권, 출자지분, 일반상품, 신용위험, 에너지, 날씨, 운임, 주파수, 환경 등의 가격 또는 이자율이나 이를 기초로 하는 지수 및 그 밖의 지표를 대상으로 하는 선도, 옵션, 스왑 등 파생금융거래로서 대통령령이 정하는 거래
2. 현물환거래, 유가증권의 환매거래, 유가증권의 대차거래 및 담보콜거래
3. 제 1 호 내지 제 2 호의 거래가 혼합된 거래
4. 제 1 호 내지 제 3 호의 거래에 수반되는 담보의 제공·처분·충당」

(2) 적용요건

제 3 항은 장외파생금융상품과 유가증권의 대차거래 가운데 일정한 요건을 갖춘 적격금융거래에 관한 특칙을 적용한 것이다. 따라서 장외파생금융상품이라 하여 모두 제 3 항에 해당하는 것은 아니다. 해당하기 위한 요건은 다음과 같다.

1) 기본계약의 존재

① 기본계약의 의의

제120조 제 3 항은 기본계약에 대하여 '일정한 금융거래에 관한 기본적 사항을 정한 하나의 계약'이라고 규정하였을 뿐 구체적인 의미에 대하여 정의하고 있지 않다. 그러나 제120조 제 3 항의 입법취지가 회생절차 등의 예외를 인정할 가치가 있는 파생금융상품의 거래에 한하여 회생(또는 파산)절차의 특칙을 적용한다는 것임에 비추어 금융시장에서 널리 사용되는 표준적인 기본계약을 의미한다고 해석된다. 참고로 일본의 일괄청산법은 제 2 조 제 4 호에서 "기본계약서라 함은 특정금융거래를 하고자 하는 금융기관 등과 그 상대방과의 사이에 두 개 이상의 특정금융거래를 계속하기 위하여 작성되는 계약서로서 계약의 당사자간에 이루어지는 특정금융거래에 관한 채무에 대한 이행방법 기타 당해 특정금융거래에 관한 기본적 사항을 정하는 것을 말한다"고 규정하고 있다. 제120조 제 3 항의 기본계약의 해석론에 참조할 필요가 있다.

은행과 처음으로 파생상품거래를 하는 기업간에 아직 기본계약서를 작성하기 전에 거래확인서(confirmation)만 작성한 상태로서 1회의 개별적인 파생상품거래가 이루어지고 또 가까운 장래에 그러한 계약서를 체결할 의사가 없는 상태라면 거래확인서가 두 당사자를 구속하는 중요한 자료가 된다.[63] 실제로 증권회사가 기

---

63) 황민택, 앞의 책, 224면.

업과 주가지수 관련 파생상품을 거래하는 경우에는 기본계약 체결 없이 거래확인서만으로 거래하는 경우가 많다고 한다. 따라서 일괄정산이라는 것이 당사자간에 복수의 개별파생금융상품거래를 미리 예정하고 일정한 해지사유가 발생한 때에 자동적으로 정산하는 것을 목적으로 하고 있는 점에 비추어 볼 때 이러한 거래는 기본계약의 요건을 갖추지 못한 것으로 보아야 할 것이다.

예컨대 파생금융거래를 증권화한 ELW와 ELS[64]는 증권거래법상 유가증권에 해당하며(증권거래법 시행령 제2조의3 제1항 제6호 및 제7호) 상장거래의 경우에는 일반적인 유가증권 양도방식에 따라 거래가 이루어지고 작은 규모의 거래의 경우에는 ISDA 기본계약서를 사용하지 않는 경우가 빈번하므로 특칙이 적용되는 제120조 제3항의 거래에 해당하지 아니한다. 그러나 ELW와 ELS라도 비상장 금융거래로서 규모가 큰 경우는 ISDA 기본계약서를 사용할 수도 있다.

② 기본계약서의 종류

파생금융상품의 경우에는 ISDA의 기본계약서가 대표적인 것이다. 그러나 그 외에 파생금융상품거래에 널리 사용하는 기본계약서로는 뉴욕외국환위원회 등이 작성한 1997년 외국환옵션기본계약서(Foreign Exchange and Options Master Agreement, FEOMA), 선물환거래에 사용되는 1997년 국제외국환기본계약서(IFEMA, International Foreign Exchange Master Agreement), 통화옵션거래에 사용되는 1997년 국제통화옵션기본계약서(ICOM, International Currency Options Master Agreement), 환매조건부채권매매에서 사용되는 국제증권시장협회(International Securities Market Association)와 채권시장협회(The Bond Market Association)가 작성한 2002년 국제환매기본계약서(Global Master Repurchase Agreement, GMRA), 국제증권대주협회(International Securities Lenders Association)가 작성한 2000년 국제증권대차계약서(Global Master Securities Lending Agreement, GMSLA), 1995년 해외증권대차계약서(Overseas Securities Lending Agreement, OSLA) 등을 들 수 있다.[65] 이러한 계약서를 기본으로 하되 필요한 조항을 수정하더라도 무방하다.

국내에서는 은행연합회가 마련한 통화옵션거래약정서, 스왑거래약정서, 선도

---

64) 주가연계증권인 ELW(Equity Linked Warranty)와 ELS(Equity Linked Securities)는 주가옵션 연동 파생상품에 속하며 증권 형태로 양도가능하다. 그러나 ELW는 원금보장 없이 주식의 가치에 따라 수익이 연계되지만 ELS는 주식 외에 채권을 포함하고 있어 일정 수익이 보장된다. 양자는 유가증권시장 또는 코스닥시장에서 주식을 매매하는 것과 마찬가지로 증권회사의 위탁계좌를 통하여 매매가 이루어진다.

65) 오수근 · 김나영, 앞의 논문, 38면.

금리계약거래약정서, 금리하한거래약정서, 금리상한거래약정서 등이 기본계약서에 해당한다.[66] 장외금융파생상품은 당사자간의 계약으로 이루어지는 계약형과 예금이나 사채 등 다른 전통적인 금융상품의 일부로 편입되어 거래되는 유가증권의 형태인 상품형으로 구분할 수 있다. 제120조 제 3 항의 적격금융거래는 기본계약을 요구하므로 원칙적으로 계약형을 의미한다.[67]

2) 적격금융거래

① 적격금융거래의 내용

모든 장외파생금융거래를 포함하는 것이 아니라 대통령령이 정하는 거래에 한한다('적격금융거래'). 당초 개정안은 적격금융거래의 내용을 증권거래법과 외국환거래법상의 파생금융상품에 대한 정의를 인용하였으나 수시로 바뀌는 대통령령이나 재정경제부령에 의하여 기본법의 내용이 결정된다는 불안정성을 염려하여 신법은 시행령 제15조 제 1 항에서 독자적인 정의규정을 두도록 하였다.[68]

「제120조 제 3 항 제 1 호 '파생금융거래로서 대통령령이 정하는 거래'는 다음 각호의 기초자산 또는 기초자산의 가격 · 이자율 · 지표 · 단위나 이를 기초로 하는 지수를 대상으로 하는 선도, 옵션, 스왑거래를 말한다.

1. 금융투자상품(유가증권, 파생금융거래에 기초한 상품을 말한다)

2. 통화(외국의 통화를 포함한다)

3. 일반상품(농산물 · 축산물 · 수산물 · 임산물 · 광산물 · 에너지에 속하는 물품 또는 이 물품을 원재료로 하여 제조하거나 가공한 물품 그 밖에 이와 유사한 것을 말한다)

4. 신용위험(당사자 또는 제 3 자의 신용등급의 변동 · 파산 또는 채무재조정 등으로 인한 신용의 변동을 말한다)

5. 그 밖에 자연적 · 환경적 · 경제적 현상 등에 속하는 위험으로서 합리적이고 적정한 방법에 의하여 가격 · 이자율 · 지표 · 단위의 산출이나 평가가 가능한 것」

---

66) 스왑거래약정서를 사용하는 경우에는 이와 별도로 ISDA의 기본계약서를 사용하지 않는 경우에는 위 약정서를 master agreement로 간주할 수 있다. 실무상으로는 ISDA의 기본계약서가 자주 사용된다고 한다.

67) 앞으로 유가증권형 파생금융상품의 종류가 다양해지면 기본계약서를 작성할 필요가 있는 경우도 있을 것이다.

68) 2005. 3. 28. 증권거래법시행규칙 제13조 제 1 항 제 5 호가 신설되기 전에는 신용파생상품거래는 증권회사의 업무에서 제외되었다. 반면 외국환거래법 시행령 제 8 조 제 5 호는 이를 파생금융거래에 포함하고 있어 범위에 있어서 양자의 차이가 있었다. 그러나 개정 후 장외파생금융거래 인가를 받은 증권회사는 장외신용파생금융거래도 할 수 있게 되었다. 신용파생상품에 관한 기초적인 설명으로는, 김규진 · 오한영, 파생상품의 이해와 활용, 새로운제안(2003), 357-402면.

② 적격금융거래의 주체

거래의 주체를 당사자 일방은 금융기관으로 한정하자는 견해[69]도 있었으나 거래의 성질에서 신법의 예외를 정하여야 하고 거래의 상대방이 누구냐에 따라 신법의 적용을 배제한다면 다른 파산채권자와의 차별의 문제가 발생하게 된다는 지적[70]과 거래의 주체를 국내의 금융기관이나 증권회사로 한정하게 되면 기업이 외국금융기관과 유가증권의 대차거래를 하는 경우 등이 배제될 수도 있으므로 일괄정산의 필요성이 있는 장외파생금융상품거래를 대상으로 정하였다. 현행법상 증권회사나 은행 모두 장외 파생금융상품거래를 할 수 있지만 실무상 일반기업은 증권회사를 상대로 주가지수 또는 개별주식관련 파생상품거래를, 은행을 상대로 금리, 이자율 관련 파생상품거래를 선호한다.

장외파생금융상품거래는 현재 은행과 증권회사가 수행할 수 있으나[71] 증권거래법시행령 제84조의28 제2호와 시행규칙 제36조의18은 증권회사가 수행하는 장외파생금융상품거래의 방식을 제한하고 있는데 그 중 하나가 거래상대방을 일정한 기준을 충족하는 기업이나 기관(qualified investor)으로 제한하는 것이다.[72] 은행법에는 이와 관련한 별도의 기준이 없으나[73] 입법취지를 고려하면 동일한 기준을 적용할 필요가 있다. 따라서 실무상 기본계약에 터잡아 개인이나 신용등급이 낮은 비상장 기업을 상대로 하는 장외파생상품거래는 거의 없다.

③ 적격금융거래의 종류

㉠ 제1호 거래 　　통화 등을 기초자산으로 삼는 선도, 옵션, 스왑 등 전통적인 장외파생상품거래로서 대통령령이 정하는 거래이다. 앞에서 설명한 대로 파생금융상품의 종류는 다양하므로 기초자산의 종류를 불문하고 대통령령 제15조 제1항 제5호를 두어 포괄적인 규정방식을 채택하고 있다. 외국환거래법 시행령 제8조의 파생금융상품의 정의와 증권거래법 시행령 제36조의2, 증권거래법시행

---

69) 그 이유로 입법취지가 금융시스템의 안정성 유지에 있는 것이지 특정한 거래에 우연히 종사하게 된 거래주체를 보호하고자 하는 것이 아니라는 점을 든다. 鄭順燮, "채무자 회생 및 파산에 관한 법률상 금융거래의 특칙에 관한 의견," 법률신문 2004. 11. 8자. 이하 [법률신문].

70) 오수근 · 김나영, 앞의 논문, 58면; 재정경제부 초안; 石光現, 앞의 책, 520면의 개정시안.

71) 상품파생상품은 은행이나 증권회사도 거래할 수 없고 선물회사만이 거래할 수 있다.

72) 금융기관, 기관투자가, 간접투자기구, 선물업자, 상장법인(코스닥 포함) 또는 신용평가등급이 투자적격 이상인 법인 등으로 정하여져 있고 개인은 배제되어 있다.

73) 은행업무 중 부수업무의 범위에 관한 지침 재정경제부고시 제2003-12호 Ⅱ. 16에 상대방 제한에 관한 내용이 없으므로 비상장기업과도 거래가 가능하다. 그러나 실무상으로는 각 은행별로 내규에 의하여 비상장기업과의 거래를 금지하는 경우가 있으며 오히려 증권회사보다 더 보수적인 영업을 하는 경향이 있다.

규칙 제13조의 파생금융상품거래의 정의 규정을 참작한 것이다.

㉡ 제2호 거래　　현물환거래, 유가증권의 환매거래(Repo거래), 유가증권의 대차거래 및 담보콜거래도 포함한다. 이러한 거래는 강학상 파생금융상품거래에는 속하지 아니하지만 현실적으로 리포거래의 규모가 확대되고, 리포거래에도 일괄정산의 필요성이 있다는 점을 반영하여 이러한 거래도 포괄할 수 있는 규정을 둔 것이다.[74] 현재 유가증권의 환매거래의 법적 성질에 관하여 증권매매설, 담보부소비대차설 등의 견해가 나뉘어 있어 만일 후자로 보게 되면 유가증권의 환매거래에 따른 일괄정산을 담보권의 실행으로 보게 되어 부인권의 대상이 될 염려가 있다. 이러한 염려를 배제하기 위하여는 적격금융거래의 범위에 포함시키는 것이 타당하다.

2002년 ISDA 기본계약서나 일본의 일괄청산법 시행규칙 제1조 제3호, 제4호 역시 유가증권의 환매, 대차 내지 그의 담보거래를 포함시키고 있다. 현재 유가증권 대차거래와 환매조건부 채권매매거래에 관하여는 증권회사의 약관운용규칙에 의하여 작성된 약관을 따르도록 강제되어 있다.

(a) 현물환거래　　선물환거래의 반대개념으로서 결제일이 거래일로부터 2영업일 이내에 외환의 인수도가 이루어지는 외환거래를 말한다(외국환거래규정 제1-2조 제9호 참조). 결제일이 거래일로부터 2영업일을 초과하는 외환거래가 선물환거래이다.[75] 파생금융상품거래에 속하지도 않고 선물환거래와는 달리 일괄정산이 필요하지 아니하므로 이를 포함한 것은 입법론상 재고할 필요가 있다.

(b) 유가증권의 환매거래　　유가증권을 매매하면서 장래 일정한 가격에 동일한 종류, 수량의 유가증권을 환매하기로 약정하는 거래이다. 실무에서는 환매조건부 채권매매거래라는 용어가 사용되고 있으나 의미는 동일하다.

(c) 유가증권의 대차거래　　유가증권의 보유자가 유가증권을 결제 또는 투자활동을 목적으로 필요로 하는 상대방에게 빌려주는 거래이다. 법적으로는 차입자가 동종 동량으로 반환할 것을 정함으로써 성립하는 민법상의 소비대차계약이다.

(d) 담보콜거래　　신용콜의 반대개념으로서 신용콜은 은행간에 1일에서 15일까지 기간 동안 거래하는 초단기자금이다. 그런데 담보콜거래라 함은 여기에 30일을 추가하여 은행 이외의 금융기관들이 담보물[76]을 제공하고 단기자금을 대

74) 입법과정에서 파생금융상품 외에 유가증권의 환매거래를 포함할 것인지에 대하여는 논의가 있었다. 반대하는 견해로는 李浩彰, 앞의 논문, 찬성하는 견해는 鄭順燮, [법률신문].

75) 同旨, 李浩彰, 앞의 논문 및 鄭順燮, [증권법연구].

76) 담보물은 국채, 지방채, 공모사채인 회사채에 한하며 사모사채나 주식은 제외된다.

출거래하는 것이다. 그러나 실무상 대부분의 담보콜거래는 제 2 금융권이 콜 이용자(차주)이고 은행이 콜 제공자(대주)가 될 것이므로 일괄정산의 문제는 발생하지 않을 가능성이 크다.

ⓒ 제 3 호 거래 　　제 3 호 거래는 제 1 호 거래와 제 2 호 거래가 혼합된 거래로서 새로운 상품에 대비하기 위한 조항이다.

ⓓ 제 4 호 거래 　　제 4 호 거래는 제 1 호 내지 제 3 호의 거래에 수반되는 담보의 제공·처분·충당에 관한 것이다. 이에 관하여는 항을 나누어 회생담보권의 행사에 관한 항에서 후술한다.

3) 일괄정산조항의 존재

제 3 항에 해당하기 위하여는 기본계약에 일괄정산조항이 있어야 한다. 기본계약에는 대부분 일괄정산조항이 들어 있을 것이므로 일괄정산조항이 없는 거래[77]라면 기본계약의 요건을 충족하지 않을 가능성이 많다. 일괄정산조항이 없는 금융거래는 비록 적격금융거래에 해당한다고 하더라도 본조의 적용이 없다. 특칙의 입법취지가 일괄정산을 거쳐 남은 단일한 채권에 대하여 일괄정산의 효력과 담보물의 처분을 인정하려는 것이다. 일괄정산은 성질상 거래의 위험구조가 쌍방향일 것을 전제로 하고 있기 때문이다.[78] 기본계약에 의하면 회생절차 등의 신청시에 거래가 종료하도록 규정하고 있으므로 이때를 기준으로 일괄정산을 하여 하나의 채권만이 남게 된다.

(3) 특칙의 내용

제120조 제 3 항은 당사자 일방에 대하여 회생절차가 개시된 경우 적격금융거래의 종료 및 정산에 관하여는 "이 법의 규정에도 불구하고 기본계약에서 당사자가 정한 바에 따라 효력이 발생"한다고 규정하고 있다. 회생절차 등이 신청만 되고 개시결정이 나지 아니한 경우라면 미이행 쌍무계약, 부인권 등의 문제가 발생하지 아니하므로 특별히 일괄정산에 관하여 논의할 실익이 적다. 일괄정산의 효력이 회생절차 등에서 문제가 되는 것은 개시결정이 난 이후에 개시결정 전에 이루어진 일괄정산의 효력을 회생절차 등에서 어떻게 취급할 것인가 하는 점이다.

앞에서 본 적격금융거래에 대한 특징을 고려하여 신법의 어떠한 조항을 배제

---

77) 위에서 본 거래확인서만으로 거래가 1회 종료되는 경우가 그 예이다.
78) 鄭順燮, [증권법연구] 참조.

할 것인지가 문제된다. 신법은 적격금융거래에 대하여 부인권, 미이행 쌍무계약, 담보권의 행사에 관한 중지명령에 관한 조항의 적용을 배제하였다. 일본의 특별법은 미이행 쌍무계약에 관하여만 특칙조항을 두고 있을 뿐 부인권, 담보권의 행사 등에 관하여는 별도의 규정을 두지 않고 있는 점에서 우리 나라의 신법보다 예외 조항의 범위가 협소하다.

1) 개별집행금지의 원칙 유지

적격금융거래에 관하여 회생절차 등이 개시되어 복수의 채권채무가 차액정산되어 하나의 채권으로 성립되더라도 회생절차 등과 관계 없이 회생(파산)채권을 행사할 수 있는가 하는 점이 문제된다. 아무리 적격금융거래의 특칙을 인정한다고 하더라도 다른 회생(파산)채권자와 달리 개별적인 권리행사를 허용할 수는 없다. 따라서 개별집행금지원칙에 관한 제65조(회생절차), 제329조(파산절차)는 여전히 적용된다.

2) 미이행 쌍무계약에 관한 해제의 배제

제120조 제3항은 적격금융거래에 대하여는 미이행 쌍무계약의 해제에 관한 제119조, 제335조의 적용을 배제하였다. 따라서 중도종료사유가 발생하면 당사자간에 사전에 정한 시기(보통은 부도발생 등 파산선고 전이다)에 거래가 해제된 것으로 약정하는 것은 유효하다. 다만 회생절차 등 개시 후에도 거래를 계속하는 것을 허용할 것인지가 문제이다. 실무상으로는 회생절차 등의 개시 후에는 추가적인 담보제공이 이루어지지 않는 한 거래는 해제되는 것이 원칙이고, 상대방으로서도 거래의 전제인 신용에 변동이 발생하였으므로 거래를 계속할 誘因이 없다. 따라서 회생절차 등의 개시 후에는 개별집행금지의 원칙이 적용되므로 거래를 계속하여 변제를 받는 것은 원칙적으로 허용되지 아니한다고 해석된다.

3) 부인권의 배제

회생절차 등의 개시 전에 이루어진 변제라도 적격금융거래에 기한 경우에는 부인할 수 없다. 이를 허용하게 되면 금융시스템의 안정성이 무너지게 되기 때문이다. 또한 적격금융거래에 기한 담보의 제공도 부인권 행사에서 제외된다. 파생금융상품거래시 일괄정산을 이용하여 정산한 후 남는 최종잔액채권에 대하여는 여전히 신용부담이 남는다. 이를 감소하기 위하여 이용하는 것이 담보이다.

4) 회생담보권 행사 제한의 예외

① 필 요 성

파생금융상품거래의 일방당사자는 현금(증거금, margin)이나 유가증권 등의 자산 또는 인적보증을 상대방에게 제공하고, 담보제공자에게 신용불안사유가 발생한 경우 해당 담보를 처분하여 담보제공자가 담보취득자에게 부담하는 채무에 충당하게 된다. 파생금융상품거래에서 담보제공자가 도산하는 경우에 대비하여 담보취득자가 상대방의 의무 이행을 확보하기 위하여 담보를 제공받음으로써 신용위험을 감소시킨다. 파생금융상품의 경우 일반 대출상품과 달리 신용노출액을 원금으로 확정할 수 없고 금리나 주가 등 시장상황의 변화에 따라 변동하게 되므로 일반 대출거래와 달리 사전에 피담보채권금액과 이자율을 담보권설정시에 확정하는 것이 어렵다.

② 특 징

일반 거래에서 담보는 신용이 낮은 당사자가 부담하는 것이지만 파생금융상품거래에서는 쌍방이 모두 신용위험에 노출되므로 쌍방이 담보제공의무를 부담하고 잉여담보는 담보제공자에게 반환하게 된다. 따라서 담보의 성질이 일반 거래의 담보와 다르게 되므로 담보제공 행위에 대하여 파산법상의 부인권의 배제라는 특칙이 필요하게 된다. 제120조 제3항에서 담보에 관하여 중지명령 또는 포괄적 금지명령의 대상에서 제외하는 규정을 두게 되었다.

③ 내 용

회생절차에서는 담보권자도 권리행사가 제한되는 것이 원칙이지만 적격금융거래에 기한 담보권자는 회생절차 개시신청 후에도 담보물을 처분할 수 있다. 즉 제120조 제 3항 제1호 내지 제3호의 거래에 수반되는 담보의 제공·처분·충당에 대하여는 회생절차에서 발하는 중지명령(제44조) 및 포괄적 금지명령(제45조)의 대상이 되지 아니한다. 따라서 회생절차 신청시를 기준으로 거래를 정산하고 제공받은 담보를 환가처분하는 것은 허용된다.

입법취지가 다른 채권자들의 희생하에 적격금융거래상의 채권자를 우대하는 것이므로 가급적 제120조 제3항을 엄격하게 해석할 필요가 있다. 따라서 담보권을 행사한다고 하는 것은 당초 적격금융거래를 시작하면서 일괄정산시에 사용할 담보물을 자동종료시점을 기준으로 환가정산한다는 것으로 한정적으로 해석하여야 한다. 그렇지 아니하고 일괄정산 후 남은 하나의 회생채권에 대하여 적격금융거래 약정시에 정하지 아니한 별도의 담보물을 새로이 제공한다든가 회생절차 개시 후에도 담보물을 환가처분하는 것은 허용되지 아니한다. 이를 허용하게 되면 개별집행금지에 어긋나게 되기 때문이다.79) 담보권자는 파산절차에서 별제권자로서 파산절차 외에서 담보권을 실행할 수 있으므로 파산절차에 대하여는 제120조 제3항 단서는 준용되지 아니한다.

④ 상계금지의 유지

회생절차 등에서는 절차 신청 후에 신청사실을 알고 부담한 채무를 갖고 회생채권(파산채권)과 상계하지 못한다(제145조, 제422조). 그러나 일괄정산조항에 의한 상계의 대상이 되는 손해배상채권은 일괄정산사유의 발생에 의하여 자동적으로 발생하는 채권이지 일괄정산사유의 발생(회생 또는 파산신청 등)의 사실을 알고서 취득하거나 부담하는 채권채무가 아니므로 상계금지의 요건에 해당하지 아니한다.

또한 회생절차 등 개시 이전에 합리적인 상계기대가 있는 경우에는 수동채권(반대채무)이 '신청이 있음을 알기 전에 생긴 원인'에 기한 상계로 보아 상계금지의 예외에 해당하여 상계가 허용된다(제145조 제2호 나목, 제422조 제2호 나목). 따라서 대부분의 일괄정산조항의 합의는 위기시기 이전인 개별거래 약정시에 포함되어 있으므로 '전에 생긴 원인'에 해당하게 되어 상계가 허용될 것이다.

채권의 이행기가 도래하지 않았거나 또는 채권의 목적이 상이한 경우에도 상계를 허용하는 약정은 당사자간에 상계적상의 범위에 관하여 합의한 일종의 상계계약의 성질을 갖는 것이므로 그 유효성을 부정할 필요는 없다. 그러므로 대부분 적격금융거래의 일괄정산조항에 기한 상계처리는 회생절차 등에서도 그 유효성을 인정할 수 있다. 다만 적격금융거래라도 회생절차 등의 개시 후에는 절차에 의하지 아니하고 개별적인 권리행사를 할 수 없는 것이므로 절차 개시 후에 채무자에 대하여 채무를 부담함으로써 일괄정산 후 성립한 회생(파산)채권과 상계하는 것은 상계금지의 요건에 해당한다(제145조 제1호, 제422조 제1호). 이러한 배경에서 법은 상계에 관하여는 별도로 예외를 인정하는 조항을 두지 아니하였다.

(4) 특칙의 예외

채무자가 상대방과 공모하여 회생채권자 또는 회생담보권자를 해할 목적으로

79) 회생절차 개시 후 담보권의 실행이 제한되는 범위에 관한 논의에 대하여는 좌담회, "파생상품거래와 국내법상 합성증권화의 가능성," BFL 제14호(2005. 11), 28-31면.

적격금융거래를 행한 경우에는 부인권뿐 아니라 미이행 쌍무계약, 포괄적 중지명령 등 제3항에 관한 특칙 자체의 적용이 배제된다.[80]

그러나 당사자간에 체결된 계약서의 내용이 앞에서 본 기본계약서와 큰 차이가 있어 일방당사자에게 유리하다든가 ISDA의 기본계약서의 자동종료조항과 달리 회생절차의 개시 후에도 거래가 해지되지 않고 계속하여 거래할 수 있도록 약정하거나,[81] 채무불이행 사유가 발생한 후에 담보의 추가 또는 다액의 담보제공을 요구할 수 있도록 하는 조항이 있다면 먼저 기본계약서의 요건을 갖추지 못할 가능성이 크다. 만일 이 심사기준을 통과한 경우라도 채무자와 상대방이 특칙을 남용하기 위하여 공모하였다고 추정할 수 있다.

파생금융상품거래에서는 신용위험이 상존하므로 상대방의 신용도가 떨어지는 경우에는 추가로 담보를 제공하는 것이 상례이므로 회생절차 등의 신청에 임박하여 추가적인 담보를 제공하는 것은 부인권의 대상에서 제외될 것이다. 그러나 회생절차 등의 신청에 임박하여 새로이 회생채권자 등과 파생상품거래를 시작하면서 다액의 담보를 제공하였다면 단서에 따라 파생상품거래 약정 자체[82] 또는 담보제공행위가 부인의 대상이 될 수 있을 것이다.[83]

---

80) 2004. 11. 06. 정부제출안에는 채무자가 회생채권자를 해하려는 고의가 있는 경우에는 부인권이 배제되지 아니하는 것으로 규정하였다. 그러나 상대방의 의사를 고려하지 않고 채무자의 주관적인 의사만을 기준으로 하는 것은 파생금융상품거래를 불안하게 한다는 지적이 있어 신법은 이를 반영하였다.

81) ISDA 기본계약서 제5조 (a)항 제7호는 도산신청과 도산절차의 개시를 채무불이행사유로 삼고 있으며 특히 청산절차가 개시된 경우로서 자동조기 해지하기로 약정한 경우에는 청산절차 개시일에 조기해지된다고 규정하고 있다. 그리하여 통상 ISDA 기본계약서를 체결하는 당사자들은 어느 당사자에게 파산사유가 발생하는 경우 해당 사유가 발생하는 즉시 모든 거래에 대하여 자동적으로 계약이 해지되도록 하는 조항을 Schedule에 별도로 둔다. 왜냐하면 그와 같은 사유가 발생한 거래상대방에 대한 신용위험을 부담하면서 추가적인 거래를 하거나 거래를 유지할 필요가 없기 때문이다.

82) 弥永眞生, 앞의 논문, 182면.

83) 금융기관에 대하여 문의한바 금융기관들이 파산할 당시인 1997.무렵에는 파생금융상품거래가 많지 않았고 거래가 대부분 단기에 종료되고 부도 후 1년이 지나서 파산선고가 되었기 때문에 파산선고 이전에 거래자체가 종료되어 청산거래의 실행으로 정산되었다고 한다. 파산선고 후에 파생금융상품에 관한 파산법상의 미이행 쌍무계약 등의 문제가 서울중앙지방법원 파산부에서 논의된 바가 없었다. 다만 은행과 종금사 간에 금리스왑거래를 개시한 후 종금사에 대하여 업무정지명령이 발하여지자 파산선고 직전에 상대방 은행이 조기해지하고 스왑채권을 신고한 것에 대하여 파산관재인이 미이행 쌍무계약에 위반하여 무효라는 주장을 한 바 없어 조기해지가 유효함을 전제로 정산금의 산정방법에 관하여 다툰 사례(앞의 서울지방법원 99가합52591 판결)가 있었다.

Ⅵ. 결 론

제120조의 입법과정을 살펴보면 처음에는 장외파생금융상품거래에 대하여만 제한적으로 신법의 적용을 배제하는 것을 구상하였다. 그러다가 증권거래 등의 청산제도뿐 아니라 지급결제제도까지 확대하게 되었다. 제120조는 하나의 조항이지만 그 내용은 서로 성격이 다른 지급결제제도, 청산결제제도, 적격금융거래에 관하여 규정하고 있다.

국제금융시스템의 위험방지와 국제금융환경과의 정합성 유지라는 입법배경을 고려하더라도 회생절차 등의 특칙을 인정하게 되면 일반채권자의 평등이라는 파산제도의 중요한 목적과 상충하게 된다. 따라서 앞으로 제120조를 적용함에 있어서도 금융시스템의 위험을 초래하는 것이 아닌한 가급적 엄격하게 운용되어야 할 것이다. 앞으로 한국은행 총재가 지정하는 제 1 항의 지급결제제도나 대통령령이 정하는 제 2 항의 청산결제제도는 신중하게 결정되어야 한다. 제 1 항, 제 2 항의 거래는 주로 금융기관간의 시장거래를 대상으로 하고 있으므로 남용가능성이 희박하다. 그러나 장외파생상품거래에서는 특칙의 적용을 받기 위하여 대출상품을 제 3 항의 적격금융거래로 구성하거나 국제적으로 널리 사용되는 표준적인 기본계약서의 내용을 일탈하는 내용의 조항을 삽입하는 경우와 같이 특칙의 남용가능성이 있다. 따라서 적용대상을 심사함에 있어서 특칙의 존재이유를 고려하여 적격금융거래의 범주에서 배제하는 등 엄격하게 해석할 필요가 있다.

제120조는 비록 조문은 하나에 불과하지만 파산법과 금융법이 조우하는 곳으로 앞으로 파산법과 금융법 모두 새롭게 발전할 수 있는 디딤돌이라고 생각한다. 자본주의의 발전에 따라 파산제도와 금융제도가 발전하여 왔고 결국은 양자가 서로 떨어질 수 없는 쌍둥이라는 것을 제120조는 알려준다. 이 글은 필자가 파산부에서 실무책자를 준비하느라 지급결제제도에 관한 그 동안의 논의를 정리한 수준에 불과함을 고백한다. 앞으로 이 수준을 넘어서서 관심 있는 분들의 수준 높은 논의를 고대하며 노트북을 닫는다.

《우리 나라의 지급결제제도》

구 분	운영기관	시스템	참가기관(개)
거액결제시스템	한국은행	한국은행금융결제망	123
소액결제시스템	금융결제원	어음교환시스템	22
		지로시스템	26
		CD공동망	25
		타행환공동망	31
		전자금융공동망	25
		CMS공동망	27
		전자화폐공동망	9
		직불카드공동망	17
		지방은행공동망	6
		B2B전자상거래 결제시스템	15
		B2C전자상거래 결제시스템	17
증권결제시스템	증권선물거래소	유가증권시장결제시스템	46
	증권예탁결제원	코스닥시장결제시스템	54
	증권예탁결제원	채권장외시장결제시스템	185
		기관결제시스템	132
외환결제시스템	CLS은행	CLS시스템	57(2)*

* 전 세계적으로 57개 은행이 참가기관이며 국내 참가은행은 2개이다.

(인권과 정의 2006년 4월호(제356호), 87면 이하 소재)

〈補論〉

ISDA 1992년판에 포함된 거래를 이해하기 위하여 파생상품거래의 기본이 되는 거래인 선도, 옵션, 스왑에 대하여 설명한다.

1. 선도거래

(1) 의 의

가장 오래된 파생상품거래로서 미래의 특정 시점에 특정 기초자산을 미리 정해진 가격으로 거래하는 계약이다.[84] 보통의 거래인 현물거래(spot transaction)와 대비된다. 현물거래라 함은 계약당일 돈을 주고 물건을 교부받는 거래이다. 그러나 금융시장에서 사용하는 현물거래라 함은 각국간의 시간차이, 결제시스템 등의 이유로 계약 체결 후 제2영업일에 결제가 이루어지는 거래이다(금융거래 중 주식거래가 대표적인 현물거래이다). 계약 후 가격이 상승하면 매도자가 손실을 보게 되는데 매수포지션을 'Long', 매도포지션을 'Short'이라고 부른다.

(2) 종 류

선도거래의 거래대상물은 가격변동성이 커야 한다. 주로 농산물, 금융상품, 원자재, 귀금속 등이 그 대상이다. 선도거래 중에도 농산물 등은 만기에 현물로 지급되어야 한다. 그러나 금리, 주가지수 등의 금융상품선도거래는 현금으로 결제되어 점차 현금차액 정산으로 발전하였다.

(3) 금리선도거래(forward rate transaction)

장래 특정일자의 합의금리와 변동금리가 호환되어 양자의 차이만을 결제하는 것이다. 따라서 장래의 일정시점에서 당사자 중 어느 한쪽만이 채권자가 되지만 누가 채권자가 되는지 금액이 얼마인지를 미확정한 상태로 두고 하는 거래이다. 이 거래는 당사자의 일방만에게 금전채권이 발생한다는 점에서는 옵션거래의 매

84) 立稻先賣라는 용어도 선도거래의 좋은 예이다. 선도거래는 매입자와 매도자 쌍방이 교섭하여 결제일, 거래량을 결정하는 것이다. 이는 거래기간, 금액 등 거래방법을 자유롭게 정할 수 있는 주문자생산형이다. 거래당사자가 전화로 상대방과 계약하는 은행간의 외국환거래, 상품시장의 원유거래 등이 그 예이다. 이에 반하여 선물거래는 불특정 다수의 참가자가 한 장소에 모여 일정한 규칙하에 거래한다. 선물거래는 거래소가 있고 거래소가 결제일과 결제 수를 정하기도 하고 많은 시장 참가자의 가격전망이 반영되기 때문에 시장에서는 거래의 지표가격이 형성된다. 일본경제신문사편, 김기서 외 3인 역, 파생금융상품, 세종서적(1995), 211-212면.

수인에게만 금전채권을 발생시키는 금리옵션거래와 유사하다. 다만 종국적으로 누가 금전채권자가 되는지는 미확정이다.

2. 선물거래

(1) 의 의

선도거래 중 거래내용이 정형화되어 거래소에서 이루어지는 거래(장내거래)를 선물(futures)라고 한다.[85] 금융실무에서는 선물과 선도를 엄격하게 구별하고 있지 않고 있다. 선물거래법 제3조 제1호는 "선물거래"라 함은 선물거래법과 한국증권선물거래소법에 의하여 설립된 한국증권선물거래소가 정하는 기준 및 방법에 따라 선물시장에서 이루어지는 거래로서 다음 각목의 1에 해당하는 거래 또는 이와 유사한 거래를 말한다.

① 당사자가 미래의 일정한 시기에 일정한 가격으로 특정한 일반상품 또는 금융상품을 수수할 것을 약정하는 거래로서 전매 또는 환매를 하는 경우에는 미리 약정한 가격과 전매 또는 환매시의 가격과의 차액을 수수하여 결제할 수 있는 거래

② 당사자가 특정한 지수에 대하여 미리 약정한 수치와 미래의 일정한 시기의 당해 지수의 수치와의 차이로부터 산출한 금액의 수수를 약정하는 거래

③ 당사자 일방이 상대방의 의사표시에 의하여 다음의 1에 해당하는 거래를 성립시킬 수 있는 권리를 상대방에게 부여하고, 그 권리를 부여받은 상대방은 당사자 일방에게 그 권리에 대한 대가를 지급할 것을 약정하는 거래

㉠ 가목 또는 나목의 규정에 의한 거래

㉡ 일반상품 또는 금융상품의 매매거래

㉢ 지수를 대상으로 하는 거래

(2) 금융선물(financial futures)

선물거래 중 금융선물이라 함은 특정한 금융자산의 규격화된 일정량을 당사자간에 거래소에서 공개호가로 합의된 가격으로 일정한 시점에서 사거나 파는 계약이다. 각 거래는 각 금융자산별로 표준화된 양으로 거래된다(예, 미화 1만달러, 3개월 만기 정기예금, 30년 만기 미재무부채권 등). 금융선물에는 통화선물(currency futures), 이

---

85) 장외에서 거래되는 선물거래(선물환계약, 선도금리계약 등)도 선물거래에 포함하여 용어를 사용하는 경우도 있다. *石光現*, [스왑거래], 649면 주 3 참조.

자율선물(interest rate futures), 주가지수선물(stock index futures, 예, KOSPI 200) 등이 있다.

3. 옵 션

(1) 의 의

장래의 특정 시점 또는 특정 기간 내에 일정한 품질의 어떤 물품(주식, 통화, 채권, 상품) 등을 미리 정한 가격에 사거나 팔 수 있는 권리를 말한다. 선물거래와의 차이점은 선물계약은 매입측과 매도측이 모두 계약이행의 의무를 지는 평등계약이지만, 옵션계약은 계약 당사자 중 어느 한쪽은 권리만 갖고 상대방은 의무만 지는 불평등 계약이다. 옵션계약은 선택권을 갖는 당사자가 의무를 지는 상대방에게 대가를 지불한다. 17세기 네덜란드의 튤립 뿌리와 그 후 런던의 주식에 관하여 옵션거래가 대중 사이에 널리 이루어졌다.

(2) 종 류

옵션은 선택권의 보유자에 따라 콜옵션(call option)과 풋옵션(put option)으로 나눌 수 있다. 콜옵션은 매입자가 장래에 살 수 있는 권리를 갖고 풋옵션은 팔 수 있는 권리를 갖는다.[86] 옵션 자체가 거래의 대상이 된다.[87] 매매대가를 프리미엄이라 한다. 옵션매입자는 프리미엄을 사전에 지급하는 대신 위험을 회피(hedge)할 수 있지만, 옵션매도자는 시장조건이 불리한 경우 손실을 전액 인수함으로써 위험에 노출된다.

예를 들면, 환율의 시세변동이 있고 앞으로 원화가 강세일 경우 환차손에 대비하기 위하여 수출기업이 옵션료(프리미엄이라 부른다)를 은행에 지급하고 1달러당 1,000원으로 달러를 팔 권리(put option)를 미리 사둔다. 만일 원화가치가 상승하여 1달러당 900원이 된다면 옵션을 행사하여 달러당 100원의 환차손을 보전할 수 있게 된다. 반대로 달러당 1,100원이 되면 풋옵션을 포기하고 현물시세로 원화

---

86) 풋옵션계약과 미이행 쌍무계약에 관하여는 대법원 2003. 5. 16. 선고 2000다54659 판결(공 2003, 1297) 참조. 이 사건은 풋옵션에 관한 것이다. 외국회사가 1997. 4. 9. 대농과 대농중공업의 주식을 인수하되 풋옵션을 부여받았다. 옵션의 행사조건은 2000. 4. 10. 자동행사되지만, 대농 등에 대하여 해산, 파산 등의 사유가 발생하면 별도의 의사표시 없이도 사유 발생일 전날 자동으로 옵션이 행사된 것으로 보고 옵션이 행사되면 대농 등이 연대하여 일정가격으로 주식을 매입할 의무를 부담하는 것이다.

87) 주식지수에 대한 선물거래의 경우 주가가 급락하는 경우에는 고정가격으로 주식을 매도할 권리인 풋옵션을 보유한 사람이 큰 이익을 본다.

를 사고 옵션료만큼의 손실을 보게 된다.

(3) 금리옵션거래

CAP거래: 계약기간 중 매 이자계산기간별로 시장금리가 계약시 거래 당사자간에 약정한 상한금리 이상으로 상승하는 경우 시장금리와 상한금리와의 차액을 정산하여 매도자가 매입자에게 지급하기로 하고 이에 대한 대가로 매입자는 매도자에게 프리미엄을 지급할 것을 약정하는 거래이다.

Floor거래: 계약기간 중 매 이자계산기간별로 시장금리가 계약시 거래 당사자간에 약정한 하한금리 이하로 하락하는 경우 시장금리와 상한금리와의 차액을 정산하여 매도자가 매입자에게 지급하기로 하고 이에 대한 대가로 매입자는 매도자에게 프리미엄을 지급할 것을 약정하는 거래이다.

Collar거래: cap거래와 floor거래가 결합된 거래로서 상한금리와 하한금리가 동시에 설정되어 시장금리가 그것보다 상승하거나 하락하는 경우에 그 차액을 지급받을 수 있는 권리를 매매하는 거래이다.

(4) ISDA의 거래 중 옵션거래의 특징

《옵션거래의 유형[88]》

	특징 및 해당하는 거래	법적 성질	
		옵션행사 전의 상태	옵션행사 후의 상태
금리옵션형	일정한 사태가 발생한 경우 또는 매수인이 의사표시한 경우 매도인만이 금전채무를 부담하고 매수인은 어떠한 채무도 부담하지 않는 유형 금리옵션(interest rate option), cap, floor, collar transaction, 주가지수옵션(equity index option) 현물인도 없는 결제예정의 equity option(주식옵션) 현물인도 없는 결제예정의 bond option(채권옵션)	일정한 사실의 발생 또는 매수인의 의사표시를 정지조건으로 하는 금액미확정의 금전채권을 매수인만 갖고 있다.	정지조건이 성취되어 금액이 확정된다. 매수인이 금전채권의 이행을 청구하고 매도인이 이행한다.

88) 이 표는 新堂幸司, 앞의 논문(上), NBL 552호(1994. 9. 1)에 있는 내용을 정리한 것이다.

채권, 상품 옵션 (현물 인도 형)	매수인이 옵션을 행사한 경우에 매도인과 매수인간에 금전이 아닌 현물에 대하여 매매계약이 성립하고 그 이행이 현실로 이루어지는 유형 commodity option(상품옵션) 현물인도 예정의 equity option (주식옵션) 현물인도예정의 bond option(채권옵션)	매수인만이 매매계약을 체결할 수 있는 형성권을 갖고 있다.	당사자간에 매매계약이 성립하고, 현실로 목적물의 인도가 이루어진다.
통화 옵션 형	매수인이 옵션을 행사한 경우에 매도인과 매수인간에 통화의 교환계약이 성립하는 유형 currency option(통화옵션)	매수인이 통화의 교환계약을 체결할 수 있는 형성권을 갖고 있다.	당사자간에 통화의 교환계약이 성립하고 현실로 목적물의 인도가 이루어진다.

4. 스 왑

보유하는 금융자산 또는 부채의 수익률 등을 거래상대방의 금융자산이나 부채의 수익률과 교환하는 거래이다. 법적으로는 당사자가 채권자에 대한 계약상의 지급의무를 여전히 부담하면서, 실질적인 부담을 스왑계약의 상대방에게 서로 전가하는 것이다.[89] 통화, 이자율, 주가지수 등의 스왑거래가 있다.

(1) 통화스왑(currency swap)

이종 통화간의 채권과 채무를 교환하는 거래이다. 원금과 금리를 모두 거래하는 경우나 원금을 제외하고 금리만 거래하는 금리스왑(coupon swap)의 두 가지가 있다. 원금리로는 4%, 달러금리로는 5%로 자금을 조달할 수 있는 A기업이 달러로 자금을 조달하고 싶은 경우 은행을 통하여 A사보다 낮은 금리로 달러를 조달할 수 있고 원화로 자금을 조달하고자 하는 B사를 물색하여 스왑을 구성한다. A사는 금리 4%의 원화자금을 금융기관을 통하여 B사에게 대여하고, B사도 4%로 조달한 달러자금을 A사에 공급함으로써 A기업으로는 자신이 달러기준으로 기채하는 것보다 조달비용을 경감할 수 있게 된다.

89) 김건식, [스왑거래], 18-19면.

(2) 금리스왑(interest swap)

고정금리차입을 변동금리로 교환하거나 그 반대거래를 말한다. 조만간 금리 상승이 예견되는 상황에서 고정금리로 차입한 기업으로서는 스왑업자(은행 또는 증권회사)로부터 변동금리(보통은 LIBOR 금리)를 받고 고정금리를 지출함으로써 차입금에 대한 변동금리에 대한 이자지급액을 스왑의 변동금리 이자수입으로 상쇄시킬 수 있다. 결국 기업은 실질적으로 스왑업자에게 지급하는 고정금리만 부담하게 된다.

(3) 상품스왑(commodity swap)

거래시장에 상장된 일정 상품에 관하여 일정기간에 걸쳐 미리 정한 가격(고정가격)으로서 그때그때의 시장가격(변동가격)과를 교환하는 거래이다.

(4) 주식지수스왑(equity index swap)

주가지수의 수익률과 그 기간의 변동금리 등을 일정기간에 걸쳐 교환하는 거래이다. 예를 들면 甲 은행이 LIBOR금리의 이자를 받는 대가로 乙 회사에 대하여 주식지수의 일정기간 동안의 변동분에 해당하는 금액을 지급하는 경우이다. 주식시장에 직접 투자하는 것이 규제나 비용 때문에 곤란한 경우에 이루어진다.

(5) 주식스왑(equity swap)

거래시장에 상장된 일정 주식에 관하여 일정기간에 걸쳐 미리 정한 주가(고정가격)와 시장주가(변동가격)를 교환하는 거래이다. 예를 들면, 甲 회사는 자산 중에 주식이 차지하는 비중이 높아 주가하락에 따른 자산가치의 대폭하락이라는 위험을 피하고 싶어 乙 은행간에 甲이 보유하는 주식에 대하여 다음과 같은 계약을 체결한다. 미래의 거래기일인 2006. 4. 1에 甲이 보유하는 X사에 대한 주식 50만주 주가를 1만원으로 고정한다. 甲이 보유하는 Y사에 대한 주식 80만 주의 주가를 8,000원으로 고정한다. 거래기일에는 실제로 주식의 수수를 하지 않고 고정가격과 거래기일의 실제 주가의 차액만을 결제하기로 한다.

《지급결제제도에 관한 채무자 회생 및 파산에 관한 법률안의 변천 및 관련 법규》

〈2003. 2. 22.자 정부안〉

해당 규정이 없다.

〈2003. 10. 24.자 개정안〉

第121조(파생금융상품거래의 일괄정산) ① 다음 각호의 거래(이 조에서 '파생금융상품거래'라 한다)에 관한 기본적 사항을 정한 계약(이 조에서 '기본계약'이라 한다)에 근거하여 파생금융상품거래를 행하는 당사자 일방에 대하여 회생절차가 개시된 경우 이행이 완료되지 않은 거래에 관한 개별계약의 종료에 관하여는 당사자간의 정한 바에 따른다.

1. 외국환거래법시행령 제8조의 파생금융거래
2. 증권거래법시행령 제36조의2 제1항 제1호의2의 장외파생금융상품거래
3. 유가증권의 대차
4. 유가증권의 환매조건부거래
5. 현물환거래
6. 금리, 통화, 출자지분, 상품, 에너지, 전기, 날씨, 운임, 주파수, 환경, 귀금속 등 또는 이에 관한 지수와 관련한 제1호 내지 제5호와 유사한 거래로서 대법원규칙이 정하는 거래
7. 제1호 내지 제6호의 거래의 혼합
8. 제1호 내지 제7호의 거래에 수반되는 담보 및 담보 목적의 소유권 이전 거래

② 제1항의 규정에 따라 파생금융상품거래에 관한 개별계약이 종료된 경우 그 파생금융상품거래에 관한 당사자간의 채권 또는 채무는 기본계약 및 개별계약에 따라 공정하고 객관적으로 산출한 평가액을 차감계산한 잔액에 대한 단일한 채권 또는 채무가 된다. 다만, 이에 관하여 당사자간에 다른 정함이 있는 경우에는 그 정한 바에 따른다.

③ 제1항 및 제2항의 경우 제101조(필자주, 부인권), 제120조(필자주, 미이행 쌍무계약의 선택), 제122조(필자주, 미이행 쌍무계약의 해제), 제145조(필자주, 상계의 금지)의 규정은 적용하지 아니한다.

〈2004. 2. 26.자 개정안〉

제121조(파생금융상품거래의 일괄정산) ① 다음 각호의 거래(이 조에서 '파생금융상품거래'라 한다)에 관한 기본적 사항을 정한 계약(이 조에서 '기본계약'이라 한다)에 근거하여 파생금융상품거래를 행하는 당사자 일방에 대하여 회생절차가 개시된 경우 이행이 완료되지 않은 거래에 관한 개별계약의 종료에 관하여는 당사자간에 정한 바에 따른다.

1. 외국환거래법시행령 제8조의 파생금융거래
2. 증권거래법시행령 제36조의2 제1항 제1호의2의 장외파생금융상품거래
3. 유가증권의 대차
4. 유가증권의 환매조건부거래
5. 현물환거래
6. 금리, 통화, 출자지분, 상품, 에너지, 전기, 날씨, 운임, 주파수, 환경, 귀금속 등 또는 이에 관한 지수와 관련한 제1호 내지 제5호와 유사한 거래로서 대법원규칙이 정하는 거래
7. 제1호 내지 제6호의 거래가 혼합된 거래
8. 제1호 내지 제7호의 거래에 수반되는 담보 및 담보 목적의 소유권 이전거래

② 제1항의 규정에 따라 파생금융상품거래에 관한 개별계약이 종료된 경우 그 파생금융상품거래에 관한 당사자간의 채권 또는 채무는 기본계약 및 개별계약에 따라 공정하고 객관적으로 산출한 평가액을 차감계산한 잔액에 대한 단일한 채권 또는 채무가 된다. 다만, 이에 관하여 당사자간에 다른 정함이 있는 경우에는 그에 따른다.

③ 제1항 및 제2항의 경우 제101조, 제120조, 제122조, 제145조의 규정은 적용하지 아니한다.

〈2004. 11. 06. 정부제출안〉

제121조(특정금융거래의 일괄정산) ① 다음 각호의 거래(이 조에서 "특정금융거래"라 한다)에 관한 기본적 사항을 정한 계약(이 조에서 "기본계약"이라 한다)에 근거하여 특정금융거래를 행하는 당사자 일방에 대하여 회생절차가 개시된 경우 이행이 완료되지 아니한 거래에 관한 개별계약의 종료에 관하여는 당사자 간에 정한 바에 따른다.

1. 대통령령이 정하는 파생금융거래
2. 대통령령이 정하는 장외파생금융상품거래
3. 유가증권의 대차
4. 유가증권의 환매조건부거래
5. 현물환거래
6. 장내유가증권거래
7. 담보콜거래
8. 금리・통화・출자지분・상품・에너지・전기・날씨・운임・주파수・환경・귀금속 등 또는 이에 관한 지수와 관련한 제1호 내지 제5호와 유사한 거래로서 대통령령이 정하는 거래
9. 제1호 내지 제8호의 거래가 혼합된 거래
10. 제1호 내지 제9호의 거래에 수반되는 담보 및 담보 목적의 소유권 이전 거래

② 제1항의 규정에 따라 파생금융상품거래에 관한 개별계약이 종료된 경우 그 파생금융상품거래에 관한 당사자간의 채권 또는 채무는 기본계약 및 개별계약에 따라 공정하고 객관적으로 산출한 평가액을 차감계산한 잔액에 대한 단일한 채권 또는 채무가 된다. 다만, 이에 관하여 당사자간에 다른 정함이 있는 경우에는 그에 따른다.

③ 제1항 및 제2항의 경우 제101조는 적용하지 아니한다. 다만, 채무자가 회생채권자 또는 회생담보권자를 해하려는 고의가 있는 경우에는 그러하지 아니하다.

④ 제1항 및 제2항의 경우 제120조 및 제145조의 규정은 적용하지 아니한다.

〈2004. 12. 28.자 대안〉

현행법의 내용과 같다

《파생금융상품에 관한 외국환거래법 및 증권거래법의 관련조항》

외국환거래법

제 3 조 ①

17. '파생금융거래'라 함은 금융선물시장에서 행하여지는 거래 또는 이와 유사한 거래로서 대통령령이 정하는 것을 말한다.

외국환거래법 시행령

제 8 조(파생금융거래) 법 제 3 조 제 1 항 제17호에서 "이와 유사한 거래로서 대통령령이 정하는 것"이라 함은 금융선물시장 외에서 이루어지는 거래로서 다음 각호의 거래를 말한다.

1. 지급수단·증권·채권 기타 거래될 수 있는 상품(이하 이 조에서 "상품등"이라 한다)을 장래의 일정한 시기에 미리 정한 가격으로 수수할 것을 약정하는 거래로서 전매 또는 환매를 하는 경우에는 미리 약정한 가격과 전매 또는 환매시의 가격과의 차액을 수수하여 결제할 수 있는 거래
2. 상품등의 가격 또는 이자율과 이에 의하여 산출된 지수(이하 "지수등"이라 한다)를 기준으로 약정된 수치를 미리 정하고 장래의 일정한 시기의 당해 지수등의 수치와의 차에 의하여 산출된 금전의 수수를 약정하는 거래
3. 장래의 일정기간 동안 미리 정한 가격으로 상품등을 교환하거나 지수등에 의하여 산출된 금전을 교환할 것을 약정하는 거래
4. 당사자 일방의 의사표시에 의하여 당사자간에 다음 각목의 거래를 성립시킬 수 있는 권리를 당사자의 일방에게 부여하고 그 권리를 부여받는 당사자가 상대방에게 그에 대한 대가를 지급할 것을 약정하는 거래

가. 제 1 호 내지 제 3 호의 거래

나. 상품 등의 매매거래

다. 지수 등을 기준으로 약정된 수치의 차에 의하여 산출된 금전을 수수하는 거래

5. 당사자 또는 제 3 자의 신용위험과 연계한 거래로서 제 1 호 내지 제 4 호의 거래와 유사한 거래

증권거래법

第51條(겸업의 제한) ① 증권회사는 다음 각호의 업무외의 다른 업무를 겸영하지 못한다.

1. 금융업(이 법 또는 금융관련법령에서 규정하고 있는 업무를 말한다. 이하 이 조에서 같다)으로서 해당법령에서 증권회사가 영위할 수 있도록 한 업무
2. 대통령령이 정하는 금융업으로서 그 업무의 성격상 증권회사가 겸업하는 것이 가능하다고 금융감독위원회가 인가한 업무
3. 다음 각목의 1에 해당하는 것으로서 대통령령이 정하는 부수업무

가. 증권업과 관련된 업무

나. 증권회사가 소유하고 있는 인력·자산 또는 설비 등을 활용하는 업무

다. 기타 다른 법령에 의하여 허가·인가·승인 또는 등록등을 필요로 하지 아니하는 업무

② 증권회사가 제1항 제2호의 규정에 의한 금융업으로서 이 법 또는 다른 법령에 의하여 금융감독위원회의 허가 또는 인가를 받거나 금융감독위원회에 등록을 한 업무는 제1항 제2호의 규정에 의한 금융감독위원회의 인가를 받은 것으로 본다.

증권거래법 시행령

第36條의2(증권회사의 업무범위) ① 법 제51조 제1항 제2호에서 "대통령령이 정하는 금융업"이라 함은 다음 각호의 업무를 말한다. 〈개정 2005. 3. 28〉

1. 「선물거래법」에 의한 선물업(주권 및 이를 기초로 하는 지수를 대상으로 하는 거래에 한한다)

1의2. 유가증권시장·코스닥시장 및 선물시장(「선물거래법」의 규정에 따른 선물시장을 말한다) 밖에서 다음 각호의 어느 하나에 해당하는 것을 대상으로 하는 거래로서 재정경제부령이 정하는 거래(이하 "장외파생금융상품거래"라 한다)와 그 거래의 중개·주선 또는 대리

가. 법 제2조 제1항 각호의 규정에 따른 유가증권의 가격·이자율이나 이를 기초로 하는 지수의 수치

나. 통화 또는 일반상품(「선물거래법」 제2조 제1호의 규정에 따른 일반상품을 말한다. 이하 같다)의 가격이나 이를 기초로 하는 지수의 수치

다. 신용위험의 지표

2. 「간접투자자산 운용업법」 제 2 조 제 5 호의 규정에 의한 투자자문업
3. 「간접투자자산 운용업법」 제 2 조 제 6 호의 규정에 의한 투자일임업
4. 「신탁업법」의 규정에 따른 신탁업

증권거래법시행규칙

제13조(장외파생금융상품거래 등) ① 영 제36조의2 제 1 항 제 1 호의2에서 "재정경제부령이 정하는 거래"라 함은 다음 각호의 어느 하나에 해당하는 거래를 말한다. 〈개정 2005. 3. 28〉

1. 당사자가 법 제 2 조 제 1 항 각호의 규정에 따른 유가증권 또는 이 규칙 제 1 조의3 제 3 항 각호의 규정에 해당하는 것(이하 이 조에서 "기초자산"이라 한다)을 장래의 일정한 시기에 미리 정한 가격으로 수수할 것을 약정하는 거래(전매 또는 환매를 하는 경우에는 미리 약정한 가격과 전매 또는 환매시의 가격과의 차액을 수수하여 결제할 수 있는 거래를 포함한다)
2. 당사자가 기초자산의 가격 또는 이자율이나 이를 기초로 하는 지수(이하 이 조에서 "지수등"이라 한다)를 기준으로 약정된 수치를 미리 정하고 장래의 일정한 시기의 당해 지수 등의 수치와의 차에 의하여 산출된 금전의 수수를 약정하는 거래
3. 장래의 일정기간동안 미리 정한 가격으로 기초자산을 교환하거나 지수등에 의하여 산출된 금전을 교환할 것을 약정하는 거래
4. 당사자 일방의 의사표시에 의하여 다음 각목의 어느 하나에 해당하는 거래를 성립시킬 수 있는 권리를 당사자 일방에 부여하고 그 권리를 부여받는 당사자가 상대방에게 그에 대한 대가를 지급할 것을 약정하는 거래

가. 제 1 호 내지 제 3 호의 규정에 의한 거래
나. 기초자산의 매매거래
다. 지수등을 기준으로 약정된 수치의 차에 의하여 산출된 금전을 수수하는 거래

5. 신용위험(당사자나 제 3 자의 신용등급의 변동 · 파산 또는 채무재조정 등을 말한다)의 지표의 변동과 연계한 거래로서 제 1 호 내지 제 4 호와 유사한 거래[90]

90) 5호 신용위험은 2005. 3. 28. 개정에 의하여 신설된 조항이다.

② 영 제36조의2 제2항 제1호 다목에서 "재정경제부령이 정하는 금액"이라 함은 인가신청서를 제출하는 날의 직전 분기 말을 기준으로 1천억원을 말한다. 〈개정 2005. 3. 28〉 [유효기간 2007. 3. 28]

[후기]

이해의 편의를 위하여 당초의 발표문에 파생금융상품의 종류에 대한 해설과 신법 초안을 補論의 형식으로 추가하였다. 그리고 은행과 종금사간의 금리스왑거래 도중에 종금사가 파산한 사건인 서울지방법원 2001. 11. 23. 선고 99가합52591 판결이 선고되었음을 뒤늦게 알고 판결 이유 중 Market Quotation(시가인용방식)의 소개와 그에 대한 간단한 비판을 본문에 추가하였다. 위 판결은 1992년 ISDA 기본계약서를 기초로 하고 있고 당시에는 사안처럼 Market Quotation방식이 Loss 방식보다 선호되었다. 그러나 2002년판은 두 가지 방법을 절충한 'Close-out Amount'라는 단일한 개념을 도입하여 사용하고 있다.

財團債權에 기한 履行訴訟과 强制執行은 가능한가

[사례 1]

근로자가 고용주에 대한 파산선고 후에 파산관재인('관재인')을 상대로 미지급 임금의 청구를 구하는 경우 법원은 임금 및 완제일까지의 지연손해금의 지급을 명하는 이행판결을 할 수 있는가? 근로자는 관재인이 지급하지 않는 경우 파산재단에 대하여 가압류 또는 강제집행할 수 있는가? 만일 파산자에 대하여 면책결정이 확정된 후라면 근로자의 임금채권은 면책되는가?

[사례 2]

과세관청은 조세채권에 기하여 파산선고 후에 파산자 소유 부동산에 관하여 압류처분을 하거나 관재인을 상대로 본세 및 파산선고 후에 발생하는 부분의 가산금의 지급을 구하는 이행소송을 제기할 수 있는가?

[해 설]

Ⅰ. 財團債權은 무엇인가

1. 意 義

재단채권을 일의적으로 정의하기는 어렵다. 왜냐하면 재단채권은 입법목적에 따라 또는 권리의 성질에 따라 파산법에 의하여 창설된 개념으로서 각각의 재단채권마다 다른 특징이 존재하기 때문이다. 그러나 강학상으로는 파산절차에 의하지 아니하고 파산재단으로부터 수시 변제받을 수 있는 채권으로 정의하고 있다. 별제권이 파산절차에 의하지 아니하고 특정재산에 대하여 파산채권보다 우선변제를 받는 것임에 대하여, 재단채권은 파산재단 전체를 대상으로 파산채권보다 우선변제를 받는 점에서 별제권과 다르다. 또한 환취권은 파산재단에 혼입된 재산 중 원래 제3자에게 귀속되어야 할 특정 재산에 대한 반환을 구하는 것이지만 재단채권은 파산재단에 대하여 권리를 주장한다는 점에서 서로 다르다.

재단채권에는 파산법 제38조(이하 조문만 표시한다)에 규정된 재단채권(일반재단채권)과 파산법의 개별규정에서 재단채권으로 규정한 재단채권(특별재단채권)이 있다. 재단채권의 가장 전형적인 모습은 파산재단의 관리처분과 관련하여 발생하는 파산재단에 대한 비용청구권, 부당이득반환청구권이다. 그러나 실무상 자주 문제가 되는 재단채권은 오히려 전형적인 재단채권과 성질이 다른 독특한 지위를 차지하는 조세채권과 임금채권이다.

2. 새로운 論議

지금까지 한국과 일본에서 발표된 재단채권에 관한 글은 개개의 재단채권에 관하여 논의하기에 앞서 모든 재단채권에 공통되는 재단채권의 일반적인 성질(환취권, 파산채권, 별제권 등과의 차이, 강제집행의 허부, 재단채권의 채무자 등)을 기술하

---

* 이 글을 필자의 사건에 터잡고 있으므로 기존의 통설과 다른 부분이 있음에 유의하시기 바랍니다. 법조지에 발표된 논문의 오류를 찾아 준 김춘수 판사에게 감사한다.

고 있다. 그러나 재단채권은 실체법상의 권리를 파산법에 그대로 투영한 것이 아니라 파산법이 실체법상의 청구권의 성질 또는 입법정책에 기하여 여러 가지 각기 다른 청구권을 오직 파산채권보다 우월하게 취급하기 위하여 한군데로 묶어 창설한 개념이다. 유사한 개념인 회사정리절차의 공익채권과 파산절차의 재단채권이 서로 일치하지 아니하는 이유도 양 절차의 차이에서 유래하는 것이다.[1] 이 글에서는 종래의 논의에 비판을 가하면서 각각의 재단채권별로 그 성질을 살펴보고 그에 따라 필자의 사적인 견해를 제시하려고 한다.

Ⅱ. 財團債權과 破産債權의 差異

1. 破産債權

파산채권은 파산선고 전에 발생한 파산자에 대한 재산상의 청구권으로서 오직 파산절차에서만 변제받을 수 있고 파산절차 외에서는 권리를 행사할 수 없다. 파산절차에 참가하기 위하여는 파산채권을 신고하여 확정절차를 거쳐야 한다. 파산채권의 신고는 파산절차에 참가하는 행위이므로 소멸시효가 중단된다(민법 제171조). 만일 관재인이나 다른 채권자로부터 채권조사기일에서 이의를 당하면 집행권원의 유무에 따라 각기 다른 채권조사확정재판을 거쳐야 한다. 이러한 점에서 회사정리법상의 정리채권과 유사하다. 회사정리절차에서는 정리채권과 정리담보권을 신고하지 아니하거나 이의를 당한 경우에는 채권조사기일로부터 1개월 이내에 채권확정소송을 제기하지 아니하면 실권된다(집행권원이 있는 경우에는 이의자가 출소책임을 부담한다). 그러나 파산절차에서는 제때에 파산채권을 신고하지 아니하더라도 실권되지 않지만 배당에 참가하지 못한다. 제 2 회 중간배당이나 최후배당 전에라도 뒤늦게 신고하면 그 배당에 참가할 수 있지만 이미 제 1 회 배당이나 중간배당절차에서 파산채권자나 재단채권자가 배당받아 간 나머지 파산재단으로부터 배당받는 불이익을 입는다. 단 추완신고한 파산채권자는 제242조를 유추하여 신고 후의 배당절차에서 다른 파산채권자보다 우선

1) 회사정리절차에서는 임금채권이 공익채권이었으나 파산절차에는 2000. 1. 12. 개정에 의하여 비로소 재단채권이 되었다. 조세채권은 회사정리절차에서 성립시기에 따라 정리채권과 공익채권으로 취급받지만 파산절차에서는 재단채권으로 취급받는다.

하여 배당받는다.[2)]

2. 財團債權

재단채권은 공익채권과 마찬가지로 채권조사절차를 거칠 필요가 없으므로 신고의무가 없다. 관재인이 어느 채권을 재단채권으로 취급하기 위하여는 감사위원 또는 법원의 승인을 받아야 한다(제187조 제13호). 그러나 실무상 재단채권자들이 법적 불안을 해소하기 위하여 파산채권으로 신고하는 경우가 자주 있다. 관재인은 파산채권이라고 신고한 채권이 재단채권이라는 이유로 이의하는 일이 다반사이다. 그러나 공익채권의 신고는 파산채권과 달리 시효중단의 사유에 해당하지 아니할 수 있다.[3)] 재단채권은 별제권에 의한 변제를 한 뒤의 잔여 파산재단으로부터 파산채권에 우선하여 변제를 받는다(제41조).

실무상 파산재단이 재단채권과 파산채권을 전액 변제할 만큼 재산이 다액인 경우는 매우 드물기 때문에 재단채권에 대하여 먼저 변제한 후 잔액이 있는 경우라야 비로소 파산채권에 대한 배당절차가 개시된다. 재단채권마저 변제하기에 부족하여 재단채권의 일부씩만 변제하고 異時廢止하는 경우도 흔하다. 개인인 채무자가 스스로 면책을 목적으로 파산을 신청하는 소비자파산의 경우는 파산재단에 속하는 재산이 거의 없으므로 파산선고와 동시에 동시폐지하고 있다. 이 경우는 아예 배당절차가 개시되지 아니하므로 앞에서 본 재단채권에 관한 논의는 별 의미를 갖지 아니한다. 실무상 재단채권이 문제가 되는 사례는 대부분이 법인파산으로서 환가할 재산이 어느 정도 있어 異時廢止하거나 破産終結하는 경우이다.

---

2) 서울지방법원, 파산사건실무 개정판(2001), 255면; 齊藤秀夫・麻上正信・林屋禮二 編, 注解破産法 第三版(下), 靑林書院(1999), 594면.

3) 서울중앙지방법원 2004. 6. 24. 선고 2003나59586 판결(대법원 2004다39726 판결로 심리불속행기각). 그러나 재단채권에 기한 이행소송 및 강제집행이 금지된다는 필자의 입장에서는 재단채권자가 파산관재인에게 채권을 신고하여야 파산관재인에게 판명된 재단채권자가 되어 배당할 금액으로 변제받지 못하는 불이익을 면할 수 있으므로(제258조) 민법 제171조 소정의 파산절차참가에 해당하는 것으로 해석함이 옳다. 게다가 채권자의 파산신청에 대하여 시효중단의 효력을 인정하는 것이 통설이고 재단채권인 임금채권을 갖는 근로자의 파산신청을 허용하는 것이 실무이므로 재단채권자의 파산신청에 대하여도 시효중단의 효력을 인정하여야 한다.

Ⅲ. 財團債權에 대한 債務者는 破産者인가 管財人인가

1. 學 說

이 점에 관한 종래의 학설은 개개의 재단채권의 성질을 고려하지 않고 재단채권 일반론으로 설명하고 있다.

(1) 파산자설

파산자는 파산선고에 의하여 관리처분권을 상실당하지만 여전히 파산재단에 속하는 재산의 소유자이므로 재단채권이 파산재단으로부터 변제되는 것인 이상 파산자가 채무자라는 견해이다.

(2) 파산채권자설

재단채권이 되는 것의 대부분이 파산채권자 공동의 이익을 위한 비용이라는 점에서 그 채무자는 파산채권자라는 견해이다.

(3) 파산재단설

파산재단에 대하여 파산자와는 독립된 법인격을 인정하고 이 파산재단이 재단채권의 채무자라는 견해이다.

(4) 관재인설

파산재단의 관리기구인 관재인이 채무자라는 견해이다.

2. 檢 討

생각건대 이러한 학설의 논의는 개개의 재단채권의 성질을 구별하지 않고 재단채권의 채무자를 일원적으로 파악하려는 것에 오류가 있다. 각 견해마다 비판이 있는 것도 그 때문이다.[4] 오히려 개개의 재단채권마다 그에 대한 채무자를 정

---

4) 파산자를 채무자로 보게 되면 부양료채권에 대하여, 관재인을 채무자로 보게 되면 관재인 보수에 대하여, 파산채권자를 채무자로 보게 되면 채권자들이 갖는 부당이득반환청구권을 설명하

하고 그에 따라 면책이 되는 채권인지 여부를 가리는 것이 실질적인 의미가 있다. 재단채권에 대한 채무자에 관한 논의는 다음 항인 재단채권의 종류에서 살펴보기로 한다.

Ⅳ. 財團債權의 種類

1. 一般財團債權(제38조)

① 파산채권자의 공동의 이익을 위한 재판상의 비용(제1호)

파산재판부가 파산절차에 필요한 절차비용으로서 예납금에서 인출을 명하는 비용이 대표적인 예이다. 그 외에도 각종 신문 및 관보 공고비용(파산선고, 파산종결), 채권자집회 소집비용, 채권자가 파산신청하면서 예납한 비용, 그에 대한 변호사보수, 제1회 집회시에 배포하는 관재인보고서, 채권조사시부인표 등의 인쇄비용, 최후배당 종료 후 관재인의 임무종료에 따른 계산보고서의 인쇄비용 등이 이에 해당한다. 제1호 재단채권의 채권자는 법원 또는 신청채권자이고 부담의 주체는 파산재단이다.[5] 이에 반하여 파산채권자가 파산신청을 하였으나 기각된 경우에 소요된 소송비용, 파산절차에 참가하기 위한 채권신고비용, 특별조사기일의 소집비용 등은 재단채권에 속하지 아니한다. 그 중 채권신고비용과 소집비용은 제37조 제3호(파산절차참가비용)의 후순위청구권에 해당한다.

② 국세징수법 또는 국세징수의 예에 의하여 징수할 수 있는 청구권. 단, 파산선고 후의 원인으로 인한 청구권은 파산재단에 관하여 생긴 것에 한한다(제2호).

조세채권의 경우 파산선고 후의 원인으로 인하여 생긴 것인지의 여부는 파산선고 전에 법률에 정한 과세요건이 충족되어 그 조세채권이 성립되었는가 여부를 기준으로 하여 결정된다.[6] 즉 파산선고 전의 원인으로 인한 조세채권의 의미는 파산선고 이전에 조세채권이 과세관청의 부과처분 절차에 의하여 구체적으로 확정되거나 납기가 도래할 필요까지는 없더라도 적어도 각 세법이 정한 과세요건사실이 충족됨으로써 추상적으로 납세의무가 성립한 경우라고 해석된다.

기 어렵다. 파산재단을 채무자로 보게 되면 임금, 조세채권을 면책 후에도 채무자가 부담하는 근거에 대하여 설명하기 어렵다.

5) 실무상으로는 신문사가 법원보관금 출급청구자가 되고 판사가 보관금의 출급을 명한다.

6) 대법원 2002. 9. 4. 선고 2001두7268 판결(공 2002. 2360).

조세 외에 국세징수의 예에 의하여 징수할 수 있는 청구권은 국민연금보험료(국민연금법 제81조), 의료보험료(국민건강보험법 제73조), 관세(관세법 제26조), 장애인고용촉진 및 직업재활 부담금(장애인고용촉진 및 직업재활법 제30조 제3항) 등이다. 파산선고 후의 원인으로 인한 조세 및 공과금은 파산재단의 관리비용에 해당하는 것에 한하고 파산재단과 無關한 것은 제외된다.

제2호 단서에서 정한 「파산재단에 관하여 생긴 것」이라 함은 파산재단을 구성하는 재산 또는 그 수익에 대하여 부과되는 조세 기타 파산재단의 관리상 당연히 그 비용으로 인정되는 공과를 말하고 파산선고 후의 원인에 기하여 파산자의 소득에 부과되는 조세는 이에 해당하지 아니한다.[7] 제2호 단서에 해당하는 조세로는 파산재단에 속하는 부동산의 양도에 따른 부가가치세, 양도소득세, 종합토지세, 재산세, 자동차세, 등록세, 면허세, 인지세, 균등할 주민세 등이 있다. 제2호 단서는 실질적으로 제3호 재단채권과 성질을 같이 한다.

국가가 파산절차에 의하지 아니하고 파산재단으로부터 파산자의 미납세액을 징수함으로써 채무자의 파산으로 많은 손실을 입고 있는 다수의 파산채권자들에 대한 배당액이 감소될 수 있는 점에 비추어 본호 소정의 조세채권에 해당하는지 여부는 엄격히 해석하여야 하므로 제2차 납세의무자가 납부한 경우 본래의 납세의무자에 대한 구상금 채권은 본호의 조세채권에 해당하지 아니한다.[8] 입법론상 조세채권 전부를 재단채권으로 삼은 것에 대하여 강한 비판이 있다(후술 부분 참조).

실무상 문제되는 것은 파산선고 후의 원인으로 인한 조세채권이지만 파산재단에 관한 것이 아닌 조세채권의 존재 여부이다. 이러한 조세채권은 파산채권도 재단채권도 아니므로 파산재단이 아닌 파산자의 자유재산으로부터 징수한다.[9] 대표적인 예로는 관재인이 파산재단으로부터 포기한 파산자 소유 부동산의 양도에 따른 부가가치세이다.[10] 그 외 소득금액변동통지서가 파산선고 후에 이루어진 경우 그에 기초한 원천징수분 법인세(근로소득세)채권과 법인세할 주민세채권도 파산선고 후의 원인으로 이루어진 것이다.[11] 파산선고 후에 상대방이 파산자로부터 받은 어음이 부도나자 파산선고 후에 부가가치세법 제17조의2에 따라 대손세액공

---

7) 日本 最高裁判所 1968. 10. 8. 판결(民集 22巻 10号 2093頁).

8) 대법원 2005. 8. 19. 선고 2003다36904 판결(공 2005, 1489). 이는 제5호의 재단채권에 해당한다.

9) 高木新二郎 編, 倒產法實務辭典, 金融財政事情硏究會(1999), "財團債權"(山崎 隆 執筆), 171面.

10) 서울행정법원 2005. 7. 7. 선고 2005구합6904 판결(서울고등법원 2005누17074호에서 피고가 직권으로 부과처분을 취소함).

11) 대법원 2005. 6. 9. 선고 2004다71904 판결(공보불게재).

제신고를 하여 확정되어 대손세액공제를 받은 경우 과세사유가 발생한 것이 파산선고 후이고 파산재단에 관한 것이 아니므로 부가가치세법에 따라 파산자가 부담하는 조세채권도 재단채권에 해당하지 아니한다.[12] 제 2 호 재단채권의 채무자는 파산자이다. 필자는 제349조 제 1 호는 조세채무만 비면책채무로 규정하고 있으므로 국세징수의 예에 의하여 징수할 수 있는 나머지 공과금 청구권은 면책대상이 된다고 생각한다.[13]

③ 파산재단의 관리, 환가 및 배당에 관한 비용(제 3 호)

관재인, 감사위원의 보수, 매각공고 비용, 재산목록·대차대조표 작성비용(제179조), 배당공고통지비용(제232조, 제237조) 등이 이에 속한다. 관재인, 감사위원, 법원, 임대인 등이 재단채권자가 되고 파산재단이 채무자가 된다. 관재인이 파산재단을 관리·환가하기 위하여 별도의 법률행위를 하는 경우 부담하는 채무는 제 4 호에 해당한다고 해석된다. 그러나 구별의 실익은 없다.

④ 파산재단에 관하여 관재인이 한 행위로 인하여 생긴 청구권(제 4 호)

관재인이 한 법률행위(매매, 소비대차, 임대차, 고용)의 상대방 또는 불법행위의 피해자가 취득한 청구권이다. 파산재단의 매각시 상대방이 갖는 목적물 인도청구권, 관재인의 임무해태로 인하여 상대방이 갖는 손해배상청구권, 관재인이 파산재단에 편입된 목적물이 제 3 자 소유라는 사실을 알면서도 이를 매각한 경우 제 3 자가 관재인에 대하여 갖는 손해배상청구권, 관재인이 채용한 보조인의 임금채권, 관재인이 새로이 임대차계약을 체결하고 지급하는 임료채권 등이다.[14] 관재인이 선임한 보조인들이 만일 최종 3월분의 임금을 받지 못하였다면 다른 재단채권 중에서도 우선변제권을 부여할 것인가? 그러나 이를 긍정하면 재단부족시 按分比例하여 변제한다는 제42조에 반할 뿐 아니라 실제로 보조인들은 파산재단을 위하여 근무하는 것으로 고용계약 체결시 파산법에 따라 파산재단 부족시 안분비례로 지급받을 수도 있음을 각오하고 고용계약을 체결하였으며 또한 보조인에 대한 보수가 3개월 넘게 파산재단으로부터 지급되지 않는 사례는 거의 없으므로 부정설에 찬동한다.

관재인이 계약의 이행청구를 선택하고도 계약을 이행하지 아니하여 상대방이

---

12) 서울중앙지방법원 2004. 7. 2. 선고 2003가합88863 판결(서울고등법원 2004나51735 항소 중).

13) 반대설, 田炳西, 최신 파산법, 법문사(2003), 336면. 그 이유로 재단채권은 면책의 대상이 되지 않는다고 기술하고 있다.

14) 파산선고 전부터 임대차계약이 체결되었다가 이행선택을 한 경우 지불하여야 하는 임료채권은 제 7 호에 해당한다.

계약을 해제함에 따라 갖게 되는 원상회복청구권이나 손해배상청구권도 이에 속한다.[15] 관재인이 한 법률행위의 상대방 또는 불법행위의 피해자가 재단채권의 채권자이고 관재인 또는 파산재단이 채무자가 된다.[16]

관재인의 불법행위는 부작위에 의하여도 가능하므로 파산재단에 속하는 가옥이 타인의 토지를 계속하여 불법점유함으로써 부담하는 손해배상청구권(파산선고 이후 발생하는 부분)은 본호 소정의 재단채권에 속한다.[17]

⑤ 사무관리 또는 부당이득으로 인하여 파산재단에 대하여 생긴 청구권(제5호)

파산선고 후에 파산재단이 부당이득반환의무를 부담하는 것을 말한다. 제5호의 청구권은 파산선고 후에 성립된 것이다. 과세관청이 파산선고 후에 관재인이 납부한 세금을 착오로 반환한 경우 파산재단에 대한 부당이득반환청구권[18] 또는 관재인이 선의로 환취권의 목적물을 매각하고 그 매각대금 또는 매매대금 채권을 파산재단에 편입한 경우 환취권자가 갖는 채권,[19] 그 외 모회사가 제2차 납세의무자가 되어 자회사인 파산자가 체납한 법인세를 납부하고 본세의 납세의무자인 파산자에 대하여 구하는 구상권은 부당이득으로 인하여 파산재단에 대하여 생긴 청구권으로서 본호 소정의 재단채권에 속한다.[20]

악의의 수익자는 받은 이익뿐 아니라 이자 및 손해의 배상의무를 지므로(민법 제748조),[21] 관재인은 수령일로부터 민법 소정의 연 5푼의 비율에 의한 이자를

---

15) 대법원 2001. 12. 24. 선고 2001다30469 판결(공 2002, 341)은 관재인이 이행을 선택하고도 계약을 이행하지 아니하여 상대방이 계약을 해제함에 따라 갖게 되는 수수료반환청구권을 재단채권으로 보고 관재인을 상대로 하는 재단채권확인의 소에 대하여 이행소송이 가능함을 이유로 소의 이익이 없다고 판시하였다. 이 판결에 대한 해설로는 姜日源, "Syndicated Loan 거래의 법적 구조," 民事裁判의 諸問題(제11호), 邊在承先生·權光重先生 華甲紀念 11권(2002), 413면 참조. 朴炳大, "파산절차가 계약관계에 미치는 영향," 재판자료 제82집, 법원도서관(1999), 456면도 제38조 제4호를 유추적용한다.

16) 회사정리절차의 관리인이 저지른 불법행위에 기한 손해배상채권 역시 회사정리법 제208조 제5호 소정의 공익채권에 속한다(三ヶ月章 외, 條解會社更生法(下), 弘文堂(1999) 313면).

17) 日本 最高裁判所 1968. 6. 13 판결 民集 22卷 6号 1149頁.

18) 서울고등법원 2005. 10. 14. 선고 2005나10199 판결(미상고 확정).

19) 田炳西, "破産法上 還取權 考察," 법조 1999년 3월호, 172면. 그러나 환취권의 목적물을 교환하여 새로운 물건을 취득한 경우와 같이 반대급부가 파산재단으로부터 구별될 수 있는 특정성을 갖고 있는 경우에는 대상적 환취권의 대상이 된다. 서울고등법원 2004. 12. 10. 선고 2003나20932 판결(상고중)은 위탁매매계약의 수탁자가 파산선고 받기 전에 소유자의 목적물을 매각하여 매수인으로부터 받게 된 채권에 대하여 대상적 환취권을 인정하여 파산법 제38조 제5호에 규정된 재단채권을 인정하였다.

20) 대법원 2005. 8. 19. 선고 2003다36904 판결(공 2005, 1489).

21) 부당이득의 수익자가 선의이냐 악의이냐 하는 문제는 오로지 법률상 원인 없는 이득임을 알았는지의 여부에 따라 결정된다(대법원 1993. 2. 26. 선고 92다48635 판결, 공 1993, 1086).

지급하여야 하고 불이행의 경우에는 소송촉진 등에 관한 특례법에 의하여 소장송달익일부터 연 20%의 지연손해금을 부담할 수 있다. 파산재단이 제5호 채권의 채무자이다. 민법의 부당이득반환의 범위의 문제로서 파산법상 후순위 파산채권의 문제는 발생하지 않는다.

이 점과 관련하여 일본의 하급심 판결은 更生計劃에서 更生擔保權者가 갖는 목적물을 매각하여 그 매각대금으로 세금과 변제자금에 사용하도록 정하여 담보물이 환가처분되어 담보권설정등기가 말소된 후 會社更生節次가 폐지되어 파산절차가 개시된 사안에서 목적물에 대한 담보권자는 제4호 및 제5호를 유추적용하여 파산채권자가 아니라 형평의 원칙상 재단채권자로 보아야 한다고 판시하였다.[22)]

반대로 수탁보증인이 파산하여 관재인이 주채무자에게 사전구상권을 행사하여 사전구상금을 수령한 경우, 주채무자에 대한 수임인의 지위에서 선량한 관리자의 주의로써 위탁사무인 주채무자의 면책에 사용할 의무가 있으므로 수탁보증인이 주채무자로부터 수령한 사전구상금을 주채무자의 면책에 사용하지 않았다면 주채무자에 대하여 채무불이행 책임을 진다고 할 것이지만, 수탁보증인이 주채무자로부터 사전구상금을 수령하였다고 하여, 수탁보증인이 주채무자로부터 수령한 사전구상금을 주채무자의 면책을 위하여 사용하지 않고 파산재단에 귀속시킨다고 하더라도 채권자에 대하여 여전히 보증채무를 부담하고 있는 이상, 이로써 채권자에 대하여 부당이득이 되는 것은 아니다.[23)]

⑥ 위임의 종료 또는 대리권의 소멸 후에 긴박한 필요에 의하여 한 행위로 인하여 파산재단에 대하여 생긴 청구권(제6호)

긴박한 필요가 없음에도 위임사무를 처리한 경우는 제57조에 따라 파산채권자가 될 뿐이다. 실무상 제6호가 문제되는 사례는 발견하지 못하였다.

⑦ 제50조 제1항의 규정에 의하여 관재인이 채무를 이행하는 경우에 상대방

---

22) 神戶地方裁判所 2004. 10. 15. 판결, 金融法務事情 No.1728(2005. 1. 25), 66면 이하 참조. 재단채권의 액수는 목적물처분당시의 처분가격, 更生計劃에서 정한 권리변경 후의 更生擔保權의 액, 파산선고시의 更生擔保權의 잔액 중 최저액으로 정하였다.

23) 대법원 2005. 7. 14. 선고 2004다6948 판결(공보불게재). 관재인과 주채무자간에 채권자인 제3자를 위한 계약이 성립되었다는 주장에 대하여 판례는 "사전구상금을 수령한 수탁보증인은… 주채무자로부터 수령한 사전구상금 자체를 채권자에게 인도하여야 할 의무를 부담하는 것은 아니고 채권자 역시 보증계약에 기하여 수탁보증인에게 보증채무의 이행을 청구할 수 있는 것일 뿐, 수탁보증인의 사전구상금 수령과 함께 수탁보증인에게 그 인도를 구할 권리가 발생하는 것은 아니므로 수탁보증인이 사전구상금을 수령함으로써 수탁보증인과 주채무자 사이에 채권자인 제3자를 위한 계약이 성립된 것으로 볼 수 없다"고 판시하였다.

이 가지는 청구권(제 7 호)

파산선고 전의 원인에 기하여 발생한 것이지만 회사정리법과 마찬가지로 관재인이 이행을 선택한 경우 관재인의 상대방에 대한 권리와 균형을 맞추기 위하여 상대방의 채권을 재단채권으로 격상시킨 것이다. 파산선고 전에 파산자와 임대인간에 이미 체결된 임대차계약에 대하여 관재인이 이행을 선택한 경우 지불하여야 할 차임채권이 그 예이다. 이행선택 후의 임료뿐 아니라 미지급된 임료채권 전체가 이에 속한다.[24] 반대로 관재인이 계약을 해제하는 경우 상대방이 갖는 원상회복청구권 등은 제51조 제 2 항에 의하여 재단채권에 속한다.

⑧ 파산선고로 인하여 쌍무계약이 해지된 경우에 그 종료할 때까지에 생긴 청구권(제 8 호)

계약은 해제 또는 해지함으로써 바로 종료효과가 발생하는 경우도 있지만 임대차, 고용계약과 같은 계속적 계약에 관하여는 해지통보 후 일정기간이 지나야 계약종료의 효과가 발생한다(민법 제635조, 제660조). 해지통고 후 상대방은 계약종료시까지 의무를 이행함에도 상대방의 파산재단에 대한 채권을 파산채권으로 취급하는 것은 불공평하므로 재단채권으로 격상한 것이다. 본호의 표현은 '쌍무계약이 해지된 경우에 그 종료할 때까지'로 되어 있어 일견 해지통고시부터 계약종료시까지로 한정되는 것으로 해석될 수 있다. 그러나 본호의 입법취지가 상대방이 파산선고 후 계약종료까지 제공하는 급부에 대하여 파산재단이 이익을 받음에 반하여 상대방의 채권을 파산채권으로 취급하는 것이 불공정하다는 점에 근거로 하는 것이므로 제 8 호 소정의 재단채권의 시기는 파산선고시부터이고 해지통고시부터가 아님에 주의하여야 한다. 더 나아가 계약종료까지의 임료채권뿐만 아니라 종료 후 명도완료일까지의 임료상당의 손해금도 역시 포함된다.[25] 예컨대, 임대차계약에서 임차인이 파산하여 관재인이 파산선고 후에 해지의 통고를 하여 건물을 명도하였다면 파산선고시까지의 미지급차임채권은 파산채권이 되고, 파산선고 후부터 명도시까지의 차임채권 또는 차임상당의 손해금이 재단채권이 된다. 일본 最高裁判所 판결도 借地法의 적용을 받는 토지 임차인이 파산한 경우 임대인은 借地法이 정하는 사유가 해약신청일로부터 민법 제617조 소정의 기간이 경과할 때까지 존속하는 경우를 제외하고 임대인의 해지권을 부정하면서 파산선고일 이

24) 林治龍, "회사정리절차와 쌍무계약," 파산법연구, 박영사(2004), 329면. 관재인은 계약의 이행을 선택함에 있어 계약 일부만 할 수 없고 전부를 하여야 하기 때문이다.

25) 齊藤秀夫・麻上正信・林屋礼二 編, 注解破産法 第三版(上), 青林書院(1999), 229면.

후의 차임채권은 관재인이 미이행 쌍무계약을 선택한 경우에 관한 일본의 구 파산법 제47조 제7호(한국의 신법 제473조 제7호)를 적용 또는 유추적용하여 재단채권으로 해석하고 있다. 이에 대하여 학설은 제8호를 적용하여야 한다고 주장한다.[26] 상대방이 재단채권의 채권자이고 궁극적인 채무자는 파산자이다.

⑨ 파산자 및 그 부양을 받는 자의 부조료(제9호)

자연인이 파산한 경우 제1회 채권자집회에서 가결하여야 할 4가지 사항 중의 하나가 파산자와 피부양자에 대한 부조료의 지급 여부이다(제182조 제1항). 파산자가 곤궁한 나머지 파산채권자들이 파산재단으로부터 일정액을 파산자에게 지급할 것을 허락한다는 내용이다. 그 취지는 좋으나 실무상 부조료를 정한 사건은 全無하였다. 이 청구권의 주체는 파산자와 그 피부양자이고 부담의 주체는 파산재단이다.

⑩ 파산자의 피용자의 급료·퇴직금 및 재해보상금, 파산선고 전의 원인으로 생긴 파산자의 피용자의 임치금과 신원보증금의 반환청구권(제10호 및 제11호)

이는 2000. 1. 12. 파산법 개정에 의하여 신설된 조항이다. 임금채권은 개정 전에는 우선권 있는 파산채권이었으나 개정 후 재단채권으로 승격되었다.

임금채권이라 함은 임금, 급료, 수당, 상여금 등 명칭을 불문하고 근로자가 노동의 대가로서 사용자에게 청구할 수 있는 채권을 말한다. 파산법인의 직원뿐 아니라 사실상 사주의 지시에 따라 노무를 제공하는 이사의 보수도 포함한다.[27] 퇴직금이라 함은 퇴직위로금이나 명예퇴직수당도 포함한다.[28] 임금채권을 재단채권으로 취급하게 되면 임금채권자에게 파산신청권을 부여할 것인가 하는 문제에 맞닥뜨리게 된다.[29] 임금채권보장법 제6조는 사업주가 파산한 경우 미지급임금에 대하여 근로기준법 제37조의 임금채권의 우선변제의 범위 내에서 노동부장관

26) 일본 최고재판소 1973. 10. 30. 판결. 이 판결에 대한 평석으로는 中田裕康, 앞의 논문, 164-165면. 다수설은 제47조 제8호 또는 제3호, 제4호에 기하여 판결의 결론에 찬동하고 있다.

27) 대법원 1988. 6. 14. 선고 87다카2268 판결(공 1988, 1023).

28) 대법원 2000. 6. 8.자 2000마1439 결정(공 2000, 1817).

29) 이론적으로 파산신청은 파산선고 전에 발생한 파산채권자가 신청하는 것이지 재단채권자에 대하여도 파산신청을 허용하는 것은 부당하다는 견해도 있을 수 있다. 그러나 어떠한 채권을 재단채권으로 보호할 것인지의 문제와 재단채권이라도 파산선고 전에 발생한 것이라면 그에 터잡아 파산신청을 허용할 수 있도록 하는 문제는 차원을 달리 하는 것이다. 재단채권 중에서 조세채권의 경우에는 파산선고 전에 발생한 조세채권에 대하여 별도로 체납처분의 구제절차를 마련하고 있으므로 별도로 파산신청을 허용할 이익이 없다. 그러나 임금채권자들에게 파산신청의 필요성이 있으면 이를 허용하여야 하고 일단 파산선고가 개시되면 어떠한 채권을 재단채권으로 삼을 것인가는 별개의 입법정책의 문제이다.

이 사업주를 대신하여 지급하도록 규정하고 있다. 따라서 근로자가 노동부장관으로부터 미지급임금(체당금)을 받기 위하여 사업주를 상대로 파산신청할 필요가 있다. 실정법상 근로자의 파산신청권을 인정하여 주는 문제와 근로자의 임금청구권이 파산절차상 어떠한 대접을 받는 것인가는 별개의 문제이므로 파산신청을 허용하여도 무방하다.[30)]

근로자의 임금우선특권[31)]은 통상의 강제집행절차에서는 최우선변제권의 대상으로서 집행절차에서는 직접 변제를 받지만, 일단 파산절차가 개시되면 재단채권이 된다. 파산선고 전의 임금채권과 파산선고 후의 임금채권, 파산선고 전의 밀린 임금이 3개월을 초과하는지 여부 등을 구별하지 않고 동일한 성격의 재단채권으로 취급하고 있다. 체불임금을 갖고 있는 근로자가 임금채권보장법에 의하여 노동부장관으로부터 3개월분의 체당금을 지급받은 경우에 재단채권을 안분변제함에 있어 변제하는 금액이 3개월분을 초과하지 아니하는 경우 전액을 노동부장관(근로복지공단)에 지급하여야 하는지, 근로자와 근로복지공단의 임금채권에 대하여 안분변제하여야 하는지 다툼이 있다. 서울중앙지법의 실무는 후자이다.[32)] 임금채권을 어느 정도까지 보호할 것인가는 나라마다 다르고 입법 당시의 경제상황에 따라 변동될 수 있다.[33)]

---

30) 실무도 이를 허용하고 있다. 서울지방법원, 파산사건실무 개정판(2001), 10면.

31) 2005. 1. 27. 개정된 근로기준법 제37조 제1항: 임금, 재해보상금, 기타 근로관계로 인한 채권은 사용자의 총재산에 대하여 질권, 저당권에 의하여 담보된 채권을 제외하고는 조세, 공과금, 다른 채권에 우선하여 변제되어야 한다. 제2항: 최종 3월분의 임금, 재해보상금은 사용자의 총재산에 대하여 질권, 저당권에 의하여 담보된 채권, 조세, 공과금 및 다른 채권에 우선하여 변제되어야 한다. 개정 전에는 퇴직금이 포함되었으나 삭제되었다.

32) 예컨대, 근로자 갑이 미지급 임금 1천만원의 채권을 갖고 있고, 그 중 3개월간의 임금 300만원을 근로복지공단으로부터 체당금을 받은 경우 관재인이 10%를 기준으로 변제하는 경우에 100만원을 전액 근로복지공단에 지급할 것인지, 그 중 30만원만 근로복지공단에 지급하고, 70만원은 갑에게 지급할 것인지 하는 문제이다. 실무는 후자이다. 근거는 파산법은 임금채권을 최우선임금채권과 나머지 임금채권을 구별하지 않기 때문이다.

33) 日本의 경우 舊 破産法은 파산선고 전 최후 6개월 내의 시기의 채권을 우선적 파산채권으로 취급하였다(破産法 제39조, 民法 제306조 제2호, 제308조). 그 시기 이전의 임금채권은 일반파산채권이었다. 단 사용자가 주식회사, 유한회사, 상호회사인 경우에는 그 전액을 우선적 파산채권으로 행사할 수 있다(破産法 제39조, 회사법 제46조 제2항, 保險業法 제59조 제1항 제1문). 그런데 新 破産法은 파산절차 개시 전 3개월간에 생긴 것을 재단채권으로 취급한다(제149조 제1항). 퇴직금도 파산절차 개시 전에 퇴직한 경우는 퇴직 전 3개월치를, 개시 후에 퇴직한 경우는 퇴직 전 3개월의 급료와 절차개시 전 3개월의 급료 중 다액을 재단채권으로 하였다(제149조 제2항). 그 이외의 임금과 퇴직금채권은 여전히 우선적 파산채권이다(제98조 제1항).

한편 會社更生節次와 民事再生節次에서는 일반의 先取特權, 기타 우선권 있는 채권은 절차외에서 만족을 받을 수 있는 공익채권에 해당하지 않는 한 우선적 채권으로서 취급된다(會社更生法 제159조 제1항 제2호, 民事再生法 제122조 제2항). 회사갱생절차 개시 전의 6개월간에 생긴 임금채권은 공익채권이다(會社更生法 제119조 후단). 그 이외의 임금은 우선적 채권으로

2. 特別財團債權

① 관재인이 부담부 유증의 이행을 받은 때에는 부담의 이익을 받을 청구권은 유증목적의 가액을 초과하지 아니하는 한도 내에서 재단채권이 된다(제39조).

부담부 유증의 受遺者가 파산한 경우 수익자에 대한 의무 이행을 하는 것이 유언자의 의사 및 공평에 합치하기 때문에 수익자가 갖는 청구권을 재단채권으로 격상한 것이다. 유증목적의 가액의 범위 내에서 궁극적인 채무자는 파산자가 되고 면책결정을 받게 되면 면책의 효력이 미친다.

② 관재인이 쌍무계약을 해제한 경우에 파산자가 받은 반대급부가 파산재단 중에 현존하지 아니하는 때의 가액의 청구권도 재단채권이 된다(제51조 제2항).

해제 후에도 반대급부가 현존하면 환취권의 대상이 되지만 현존하지 아니하는 경우에는 재단채권으로 격상한 것이다. 파산자가 채무자가 된다.

③ 파산재단에 속하는 재산에 관하여 파산선고 당시 계속하는 소송을 관재인이 수계한 경우의 상대방의 소송비용청구권은 재단채권이다(제60조 제2항).

관재인이 수계한 소송(파산재단에 속한 재산에 관한 소송 및 제38조 제7호의 청구권에 관한 소송)에 관한 상대방의 소송비용청구권을 재단채권으로 정한 것이다. 수계하는 것이 파산채권자 전체의 이익을 위한 것이므로 파산재단이 채무자가 된다. 수계신청을 상대방이 하건 관재인이 하건 묻지 않는다. 수계 후에 발생한 부분에 대하여만 파산재단이 책임을 지는 것이 논리적이지만 수계 전의 소송절차 역시 총 채권자의 이익을 위한 것이므로 수계 전·후의 모든 소송비용을 포함한다.[34] 재단채권이 되는 소송비용이 되기 위하여는 수계한 소송에서 관재인이 패소하여야 한다.[35] 만일 관재인이 승소하면 그 소송비용은 상대방이 부담하고

취급하는데 불과하다. 양자를 구별하는 이유는 회사에 필요한 근로자를 확보하여 갱생을 용이하게 하기 위한 것이라고 한다. 민사재생절차는 현재의 사업을 계속하기에 필요한 재생채권자 또는 보전관리인의 행위에 의하여 신청 후 개시 전에 생긴 채무로 한정하여 법원의 허가에 의하여 공익채권으로 취급하고 있다(民事再生法 제120조. 이상의 설명은 구법에 관한 것임).

34) 통설임. 崔承錄, "파산채권과 재단채권," 파산법의 제문제(상), 법원도서관(1999), 342면. 서울고등법원 2006. 5. 2.자 2005라495 결정(미항고 확정)에서는 1, 2심 판결이 선고된 후 파산관재인이 상고심에서 소송을 수계하였으므로 제1, 2심 소송비용은 파산채권임에도 이를 포함하여 관재인으로 하여금 직접 상환하도록 한 것은 잘못이라고 다투었으나 법원은 "수계소송비용이 파산재단 증식을 위하여 지출되는 것으로서 파산채권자 공동을 위하여 생기는 재판상 비용인 관계로 상대방의 소송비용 상환청구권은 수계전의 부분도 포함하여 재단채권이 된다(파산법 제60조)"고 판시하여 관재인의 주장을 배척하였다.

35) 齊藤秀夫 編, 앞의 책(上), 370면.

관재인이 갖는 소송비용청구권은 파산재단에 속하는 권리가 된다. 채권자가 수익자를 상대로 채권자취소소송을 제기하였다가 제78조에 의하여 수계한 경우 채권자가 이미 지출한 소송비용을 파산재단에 대하여 청구할 수 있는지 의문이 있으나 제2항의 소송비용청구권의 주체를 상대방으로 해석하고 있으므로 이를 부정하는 것이 옳다.[36] 관재인이 이의를 하여 상대방이 파산채권확정의 소송을 제기하여 관재인이 패소한 경우 상대방이 갖는 소송비용상환청구권은 제38조 제5호의 재단채권이 된다.[37] 파산선고 전의 채무자를 상대로 한 소송에서 상대방이 승소하여 확정되어 장차 취득하게 될 소송비용액 상환채권은 파산법 제14조에서 정한 파산선고 전의 원인으로 인하여 생긴 파산채권이므로 설령 소송비용확정결정 신청과 결정이 파산선고 후에 이루어졌다고 하여 파산법 제60조 소정의 재단채권이 되는 것은 아니다.[38]

④ 파산채권에 관하여 파산재단에 속하는 재산에 대하여 행하여진 강제집행을 관재인이 속행시킨 경우의 집행비용도 재단채권이다(제61조 제2항).

이 경우에도 속행 전·후의 모든 집행비용을 포함한다. 파산재단이 채무자가 된다.

⑤ 파산자의 행위가 부인된 경우에 반대급부에 의하여 생긴 이익이 현존하고 있는 때에는 그 이익의 한도에서 상대방은 재단채권자로서 반환청구를 할 수 있다(제70조 제2항).

부인되면 파산자가 수령한 반대급부를 반환하는 것이 공평하고 만일 현물반환이 불가능하고 이익이 현존한 경우에는 상대방이 갖는 채권을 재단채권으로 취급한 것이다. 관재인이 총채권자를 위하여 부인권을 행사하여 발생한 것이므로 파산자가 부담하기 보다는 파산재단이 부담하는 것으로 봄이 옳다.

⑥ 파산재단이 채권확정에 관한 소송으로 인하여 이익을 받은 때에는 이익을 주장한 파산채권자는 이익의 한도에서 재단채권자로서 그 소송비용의 상환을 청구할 수 있다(제224조).

---

36) 반대로 관재인이 채권자취소소송을 뒤늦게 수계하였으나 패소한 경우 상대방이 관재인을 상대로 소송비용상환청구권을 구하면 관재인은 수계 전후의 총 소송비용을 상환하여야 하고, 수계 전의 채권자에게 수계 전의 절차에 관하여 생긴 소송비용을 구상할 수 없다.

37) 齊藤秀夫 編, 앞의 책(上), 556면; 中野貞一郎, 道下徹 編, 基本法 コンメンタール 破産法, 日本評論社(1997), 288면.

38) 서울중앙지방법원 2005. 4. 21. 선고 2004가합107938 판결(서울고등법원 2004나39497 인용판결에 이어 대법원 2005다63566 심리불속행으로 상고기각됨).

파산채권자가 다른 파산채권에 관하여 이의를 제기하여 이루어진 채권확정소송에서 이의자가 승소하여 신고한 파산채권자의 배당참가를 저지하였으므로 공평의 원칙상 총채권자가 얻는 이익을 한도로 파산재단에 대하여 청구할 수 있다.

⑦ 파산선고에 이르기 전에 화의, 회사정리절차가 선행하였다가 파산선고가 행하여진 경우 이러한 선행절차를 위하여 생긴 채권 및 절차비용은 재단채권이 된다(화의법 제10조, 회사정리법 제24조, 제25조, 제26조).

선행절차의 신청비용, 회사정리절차에서 관리인이 채용한 근로자의 임금 등이 이에 해당한다. 화의절차 중에 발생한 화의를 위한 채권은 이에 해당하지만 화의인가 후에 발생한 채무는 이에 해당하지 아니한다.[39] 사안에 따라 파산재단 또는 파산자가 채무자가 되고 비면책채권에 열거되지 아니한 것은 면책된다.

3. 小　結

파산법 제38조 제 1 호, 제 3 호의 재단채권은 파산절차의 수행을 위하여 반드시 필요한 비용으로서 이른바 재단비용에 속하고, 파산법 제38조 제 4 호 내지 제 8 호의 재단채권은 파산재단이 제 3 자와의 거래에 의하여 부담하게 된 채무로서 이른바 재단채무에 속한다.[40] 이들의 공통점은 그 지급이 모든 파산채권자들의 공동이익에 기여한다는 점에 있다. 재단채무의 채무자의 관점에서 보면 제 1 호, 제 3 호 내지 제 6 호, 제 9 호는 파산재단이 채무를 부담하는 것이고, 제 2 호, 제10호, 제11호는 원래부터 파산자가 부담하여야 할 채무이지만 관재인이 파산재단을 환가처분한 금원으로 변제하는 것으로서 제349조 소정의 비면책채권에 해당하면 파산절차 종료 후에도 여전히 파산자가 변제할 책임을 진다. 그 외는 관재인이 파산재단을 환가처분하거나 종전 계약의 이행 또는 해지를 선택함으로써 상대방이 갖는 청구권으로서 관재인의 행위가 개입되어 발생한 청구

---

39) 서울남부지방법원 2005. 10. 27. 선고 2005나4036 판결(미상고 확정). 甲이 화의인가 후 2002. 12. 9. 화의채무자와 도급계약을 체결하고 공사를 완성한 다음 2003. 7. 18. 공사대금채권을 원고에게 양도하였다. 화의채무자는 2004. 2. 4. 화의취소결정을 받은 후 2004. 6. 18. 파산선고를 받았다. 원고가 공사대금채권이 화의를 위한 채권으로서 화의법 제10조 제 1 항에 기하여 재단채권에 해당한다면서 파산관재인을 상대로 공사대금청구소송을 제기하였다. 법원은 화의인가 후에 성립한 공사대금청구권은 화의를 위한 채권에 해당하지 아니하므로 파산채권에 해당한다고 판시하였다.

40) 서울행정법원 2001. 10. 10. 선고 2001구26053 판결(대법원 2003. 3. 28. 선고 2001두9486 판결의 원심판결).

권이므로 파산자가 책임질 내용은 아니다. 따라서 이러한 채권은 파산재단의 범위 내에서 按分辨濟하면 충분하고 파산자가 면책 후에도 갚아야 할 성질의 채권이 아니므로 성질상 비면책채권이 될 수 없다. 즉 제38조 제2호, 제10호, 제11호의 채권과 특별재단채권 중 부담부 증여, 쌍무계약의 해제에 의한 경우 중 제349조 소정의 비면책채권을 제외하고 면책되며, 이를 제외한 나머지 재단채권은 파산재단으로서 안분변제하면 족하고 더 이상 관재인이나 파산자가 부담할 성질이 아니므로 면책 여부를 논할 필요가 없다.

Ⅴ. 財團債權에 기한 訴訟은 履行訴訟인가 確認訴訟인가

파산채권은 파산절차에 의하여만 변제받을 수 있기 때문에 파산채권에 기한 이행소송은 불허된다. 이 점에 대하여는 異論이 없다. 재단채권에 기한 이행소송이 가능한 것인지에 대하여는 견해가 나누어져 있다.

1. 判例와 學說

대법원은 재단채권에 기하여 관재인에게 직접 그 이행을 청구하는 것은 별론으로 하고, 재단채권확인을 구하는 것은 소의 이익이 없다고 판시하였다.[41] 이것은 종래의 통설을 전제로 한 것이다. 뒤에 보는 바와 같이 재단채권에 기한 강제집행이 가능하다고 하는 견해에 선다면 이행소송을 허용하는 것은 논리필연적이다.

이에 반하여 일부 하급심 판결[42] 및 실무가는 재단채권에 기한 소송의 형태는 확인의 소만 가능하고 이행의 소는 불허되어야 한다는 입장을 취한다. 이 견해는 먼저 재단채권에 기한 강제집행이 불가능하다는 것을 전제로 하고 있다.[43] 하급심 판례는 조세채권에 관한 것으로 파산선고 후 체납처분이 허용되지 아니한

---

41) 앞의 대법원 2001. 12. 24. 선고 2001다30469 판결.

42) 서울중앙지방법원 2006. 2. 3. 선고 2005가합101517 판결(미항소 확정)의 주문은 파산자 주식회사 삼애인더스에 대하여 선정자 갑이 가진 금 000원의 퇴직금 채권이 재단채권임을 확인한다 라고 표시하고 있다.

43) 법원실무제요 민사집행(Ⅱ), 법원행정처(2003), 547면; 朴炯俊, "倒産節次와 民事執行節次의 關係 — 配當節次를 중심으로 —," 도산법연구회 발표(미공간), 17면.

다는 이유로 관재인을 상대로 조세채권의 이행을 불허하고 있다.[44)]

2. 檢 討

필자는 개별적인 재단채권의 성질을 고려하지 않고 일률적으로 재단채권에 기한 강제집행, 이행소송의 허부를 논하는 입장에 반대한다. 재단채권 자체가 실체법상 성질이 다른 채권을 한데 묶은 것이므로 먼저 개별적인 재단채권의 성질을 검토하여 공통적인 명제를 추출할 수 있는지를 따져보아야 한다.[45)] 재단이 부담하는 비용에 관한 청구권, 조세채권 및 임금채권은 재단채권의 범주에 속하면서도 파산절차 내에서도 그 취급이 상이하다. 결론적으로 재단채권에 기한 강제집행이 불가하다는 입장에 찬동하고 이를 토대로 재단채권에 기한 확인소송만이 가능하다고 하는 견해에 찬동한다. 그 근거는 다음과 같다.

첫째, 재단이 부담하는 비용에 관한 재단채권에 관하여 보건대, 재단채권은 안분변제하도록 되어 있어 파산절차 중 강제집행이 불가능함에도 이행판결을 선고하게 되면 마치 파산절차 중에도 파산재단을 상대로 강제집행이 가능하다고 오해를 불러일으키고 그로 인한 파산재단에 대한 강제집행을 둘러싸고 불필요한 분쟁을 야기하기 때문이다.[46)] 그리고 이러한 채권은 재단부족을 이유로 파산절차가 종료 후에는 파산자나 관재인이 책임을 지지 아니함에도 마치 파산절차 종료 후에도 파산자와 관재인을 상대로 집행이 가능한 것으로 해석될 염려가 있다.

둘째, 조세채권의 경우에는 파산선고 후에 새로운 체납처분이 허용되지 아니

---

44) 서울행정법원 2001. 6. 22. 선고 2001구6318 판결(항소 후 소취하로 종료됨)은, "과세관청으로서는 당해 조세채권이 재단채권임의 확인을 구하는 소송을 제기할 수 있고, 그 밖에 파산법원에 대하여 관재인의 해임 등 감독권의 발동을 촉구하거나(제151조, 제157조 참조), 관재인에 대하여 선량한 관리자로서의 주의의무 위반을 이유로 손해배상을 청구할 수 있다고 할 것이다(제154조 참조). 그러나 관재인을 상대로 당해 조세채권의 이행을 구하는 소송을 제기하는 것은 허용되지 않는다고 보아야 하는바, 그러한 소송은 파산선고 후 새로운 체납처분이 허용되지 않는다는 원칙과 상충되기 때문이다"고 판시하였다. 同旨, 서울행정법원 2001. 10. 10. 선고 2001구26053 판결(비약상고하여 대법원 2003. 3. 28. 선고 2001두9486 판결(공 2003, 1088)에서 상고가 기각되었다. 두 판결 모두 파산선고 후에 이루어진 체납처분의 취소 또는 무효를 구하는 사안이다).

45) 궁극적인 채무부담의 주체가 파산자인지, 파산재단인지 여부, 면책의 대상이 되는 것인지 여부, 배당의 우선순위가 동일한지 여부 등을 개별적으로 검토하여 이행소송과 강제집행의 허부를 논해야 한다.

46) 강제집행을 취소하여야 하는 것인지 아니면 파산절차 해지시까지 정지하여야 하는 것인지, 관재인이 별도로 취소 및 정지신청을 하여야 하는지 아니면 집행법원이 직권으로 취소 또는 정지하여야 하는지 등에 관하여 일반인이 감당하기 어려운 복잡한 문제를 야기한다. 관재인을 상대로 한 집행권원에 대하여 파산자를 상대로 승계집행문을 받을 수 있는지도 의문이 있다.

하므로[47] 이행소송으로 조세의 지급을 구하는 것은 파산법 제62조에 반하므로 허용될 수 없다.[48]

셋째, 임금채권의 경우에는 파산자가 면책을 받더라도 파산선고 전의 6개월분의 채권에 대하여만 비면책채권이다. 이행판결을 얻게 되면 파산절차 해지 후 별도로 소송을 제기할 필요 없는 장점이 있으나 집행권원 중 6개월분에 대하여만 집행할 수밖에 없으므로 집행을 둘러싸고 청구이의의 소를 제기하는 등 법적 분쟁을 야기한다. 조세와 같이 다른 재단채권에 대하여는 이행판결을 할 수 없다고 하면서 유독 임금채권의 경우만 이행판결을 허용하는 것은 법체계상 정합성이 떨어진다.[49]

Ⅵ. 破産法 제37조의 適用範圍

파산채권과 마찬가지로 파산선고 전에 성립한 재단채권(조세 및 임금) 중 파산선고 후의 이자 및 지연손해금에 대하여도 제37조가 적용되는가? 만일 이를 인정하게 되면 재단채권의 경우에도 파산선고 이후의 지연손해금에 대하여는 후순위 파산채권으로 취급하여야 한다.

1. 從來의 學說

지금까지의 일본과 국내의 글들은 제37조는 재단채권에 적용되지 않는 것을 당연한 것으로 기술하고 있다. 그 근거로는 파산법 제37조는 제 3 장 파산채권에 관한 규정이고 재단채권에 관하여는 별도로 제 4 장을 두고 그에 속하는 일반재단채권에 관하여 제38조에서 열거하고 있다는 점을 든다. 일본의 파산법은 한국 파산법 제37조에 상응하는 제46조의 제목을 劣後的 破產債權으로 규정하고 있다.[50] 따라서 파산법체계에 비추어 보면 재단채권 중 파산선고 후의 이자에 대하여는

47) 대법원 2003. 3. 28. 선고 2001두9486 판결(공 2003, 1088).

48) 관재인들의 설명에 의하면 실제로 강제집행을 당한 사례는 없으며 강제집행을 하기 전에 재단채권자에게 안분변제의 뜻을 설명하여 주고 그래도 집행을 시도하면 후에 부당이득 또는 손해배상 소송을 제기할 것이라고 말하면 단념한다고 한다.

49) 더구나 2006. 4. 1. 시행되는 채무자 회생 및 파산에 관한 법률('신법')에 의하면 면책결정을 무시하고 강제집행 등의 추심행위를 하는 자에 과태료의 제재를 과하고 있다(제660조 제 3 항).

50) 일본의 신 파산법은 2005. 1. 1.부터 시행 중이다.

파산채권에 관한 제37조가 적용되지 아니하므로 선고 후의 이자 역시 재단채권에 포함된다는 결론에 이르게 된다.

2. 反 論

조세채권과 국세징수의 예에 의하여 징수하는 청구권[51] 중 파산선고 후에 발생한 가산금, 연체료 등에 대하여는 파산재단에 관하여 생긴 것이 아니고 제37조 제1호 또는 제2호 소정의 파산선고 후의 이자 등에 해당하는 것으로 보아 후순위 파산채권으로 보자는 것이 관재인들의 주장이다.[52] 일부 하급심 판결도 이와 같다.[53] 파산선고 전에 발생한 조세채권을 회사정리절차와 달리 재단채권으로 격상한 것은 지나치게 국가의 지위를 높여 다른 파산채권자의 희생하에 국가만이 파산재단에 속하는 재산을 변제받아 가는 것이 되어 부당하기 때문이다. 가산금은 납세의무의 이행지체에 대하여 부담하는 지연손해금의 성질을 갖는데 일반 채권의 경우 파산선고 후에 발생한 지연손해금을 파산채권보다 후순위로 취급하므로 파산선고 후에 발생한 가산금까지 재단채권으로 보는 것은 재정 확립이라는 공익을 고려하더라도 파산채권자의 이익을 지나치게 희생시키는 결과가 된다는 점을 논거로 들고 있다.[54] 미국의 연방파산법에서도 우선권있는 채권(priority claims)[55]에 대한 이자채권은 후순위채권으로 취급하고 있다.[56]

더 나아가 근본적으로 제38조 제2호가 파산선고 후의 가산금이나 연체료에

51) 산업재해보상보험료(산업재해보상보험법 제74조), 임금채권부담금(임금채권보장법 제14조), 고용보험료(고용보험법 제65조) 등이다.

52) 파산자 상마운수 주식회사 사건(2003하16)에서 근로복지공단이 근로자에게 지급한 임금(체당금)과 그 이자를 신청하였으나 관재인은 이자를 후순위청구권으로 취급하였다.

53) 서울중앙지방법원 2006. 6. 1. 선고 2006가합4545 판결; 2005. 3. 24. 선고 2004가합49148 판결(파산자 주식회사 시엘백화점). 그러나 후자의 항소심인 서울고등법원 2005. 11. 11. 선고 2005나32946 판결은 제1심과 견해를 달리하여 재단채권으로 보았으며 현재 대법원 2005다75705호로 상고중이다. 고등법원 판결은 "… 가산금 및 중가산금은 납세의무의 전부 또는 일부의 이행지체에 대하여 부담하는 지연배상금의 성질을 띤 부대세의 일종으로서 역시 재단채권에 해당한다 할 것인바, 가산금, 중가산금이 파산선고일 이후에 발생한 것이라 하여도 마찬가지라 할 것이다"고 판시하였다.

54) 앞의 서울중앙지방법원 2004가합49148 판결 이유. 본세가 파산재단에 관하여 생긴 것이라 하더라도 그로부터 파생된 것에 불과하므로 파산재단에 관하여 생긴 것이라고 할 수 없고 가산금의 조세채권은 재단채권에 속하지 아니한다고 결론지었다.

55) 우리 나라의 재단채권, 공익채권에 유사한 개념이다. 파산재단유지비용, 임금, 부양료, 조세채권 등이 우선순위에 따라 규정되어 있다(§507(a)).

56) Brian A. Blum, BANKRUPTCY AND DEBTOR/CREDITOR(2nd ed. 1999), 383.

대하여도 재단채권으로 해석된다면 동 조항이 헌법상의 재산권보장 조항에 위배된다고 주장한다.[57] 한국 파산법이 일본 파산법과 달리 후순위 파산채권이라는 표현을 쓰지 않고 후순위 청구권이라고 표시하고 그 내용 중에 파산채권으로 볼 수 없는 벌금 등을 포함한 것도 그 논거로 삼을 수 있다.

끝으로 국세징수의 예에 의하여 징수할 수 있는 청구권의 성격은 다양함에도 이를 구별하지 아니하고 전체에 대하여 조세와 같은 특별처우를 하게 되면 채권자 평등에 반하게 된다. 구체적으로 보면 그러한 채권 중에는 징수순위가 일반채권보다 앞서는 것(국민건강보험료, 국민연금보험료, 고용보험료, 산업재해보상보험료)[58]과 그렇지 아니한 것(과태료, 국유재산법상의 사용료, 대부료, 변상금채권)이 있다. 그럼에도 불구하고 후자의 경우도 조세채권에 준하여 파산절차에서 일반채권에 앞서는 것으로 규정하는 것은 실체법의 원리에 어긋나고 파산법의 입법한계를 넘는 것이다.[59] 헌법재판소는 2005. 12. 22. 선고 2003헌가8 결정에서 파산법 제38조 제2호 본문 후단의 '국세징수의 예에 의하는 징수할 수 있는 청구권' 중에서 구 산업재해보상보험법, 제74조 제1항, 구 임금채권보장법 제14조, 구 고용보험법 제65조에 의하여 국세체납처분의 예에 따라 징수할 수 있는 청구권으로서 파산선고 전의 원인에 의하여 생긴 채권에 기하여 파산선고 후에 발생한 연체료청구권에 해당하는 부분은 헌법에 위배된다고 판시하였다.

그리하여 국세 및 지방세의 가산금에 대한 부분이 해석론에 의하여 후순위파산채권인지에 대하여 대법원의 판단이, 위헌인지 여부에 대하여는 헌법재판소의 판단이 남아 있다.

참고로 일본의 신 파산법은 가산세와 가산금은 벌금과 같이 제재금으로서의 성격을 갖고 있음에 착안하여 파산선고 전에 발생한 부분을 포함하여 후순위파산

---

57) 한편 창원지방법원 2006. 2. 16.자 2004카기1081 결정은 파산법 제38조 제2호 본문 전단의 국세징수법에 의하여 징수할 수 있는 청구권 중「구 지방세법 제82조에 의하여 국세징수법에 따라 징수할 수 있는 청구권으로서 파산선고 전의 원인에 의하여 생긴 채권에 기하여 파산선고 후에 발생한 중가산금청구권에 해당하는 부분」에 대하여 위헌심판 제청을 하였다. 앞으로 헌법재판소의 결정이 남아 있다. 그 외 2004가합45573호에서는 파산자 주식회사 대영의 관재인이 국세채권 중 가산금이 문제가 되어 제38조 제2호에 대하여 위헌제청신청을 하여 서울고등법원이 2006. 7. 5. 위헌 여부의 심판을 제청하는 결정을 하였다.

58) 국민건강보험료는 국세 및 지방세를 제외한 기타의 채권에 우선하여 징수한다(국민건강보험법 제73조).

59) 이러한 견해가 반영되어 신법 제473조 제2호는 국세징수의 예에 의하여 징수할 수 있는 청구권으로서 그 징수우선순위가 일반 파산채권보다 우선하는 것을 포함하며, 제446조의 규정에 의한 후순위 파산채권을 제외한다고 개정하였다.

채권으로 규정하였다(신 파산법 제99조 제1항 제1호, 제97조 제5호).

3. 檢　討

재단채권의 종류와 성질에 대하여 생각해보면 원래 재단채권은 파산선고 후에 관재인이 파산재단을 관리처분하기 위하여 발생시킨 채무(환가처분시에 생긴 청구권, 관재인 보수, 보조인에 대한 임금, 파산재단의 유지 보수를 위한 비용 등)를 염두에 둔 것으로 이러한 채무는 파산선고 후에 발생하는 것이므로 파산선고 전후를 나누어 선고 후에 발생한 부분의 후순위 문제는 발생하지 아니한다.[60] 파산선고 전에 발생한 채권으로서 재단채권이 되는 대표적인 예는 조세채권과 임금채권이 있다. 이는 모두 원래 파산선고 전에 성립한 것이므로 성질상 파산채권에 속하지만 국가재정과 경제적 약자인 노동자를 보호하기 위한 입법적인 결단에 의하여 재단채권의 지위로 격상된 것이다.

임금채권에 대하여는 원래 우선적 파산채권이었으나 입법정책에 의하여 급료, 퇴직금 및 재해보상금이 재단채권으로 승격된 것이다. 따라서 급료 외에 그에 대한 지연손해금에 대하여는 논란이 있다. 임금채권이 재단채권이 된다고 규정한 이상 그에 대한 지연손해금도 재단채권이 된다고 생각할 수 있고 반대로 파산법 제38조 제10호가 급료, 퇴직금만 기재하였을 뿐 그에 대한 지연손해금을 언급한 바 없으므로 파산선고일 이후의 지연손해금에 대하여는 후순위 파산채권으로 삼자는 주장도 가능하다.

일본 파산법은 원래 비면책주의에 터잡은 독일 파산법을 계수하였다가 1952년 미국의 면책제도를 도입하면서 면책의 범위를 넓히기 위하여 열후적 파산채권의 개념을 도입하였다.[61] 일본의 파산법은 여전히 일부 임금채권을 우선적 파산채권으로 취급하고 있고 조세채권에 대하여만 재단채권으로 인정하고 있다.[62]

따라서 현재 파산실무는 이의 없는 임금채권에 대하여는 신고한 미지급된 임금액을 기준으로 배당을 하고 별도로 지연손해금에 대한 배당을 하지 않고 있다.

---

60) 일반재단채권 중 제38조 제3호 내지 제9호는 모두 파산선고 후에 파산재단 또는 관재인에 관하여 발생한 것이다.

61) 田炳西, 앞의 책, 123면의 주 16 참조.

62) 파산채권인 조세도 있다고 한다. 관세, 톤세, 특별톤세 등을 들고 있다. 齊藤秀夫 編, 앞의 책(下), 824면.

이러한 채권자들과의 균형상 파산채권확정소송을 하고 있는 임금채권에 대하여도 적어도 파산선고일 이후의 지연손해금에 대하여는 후순위 파산채권으로 취급하는 것이 형평에 맞는다고 생각한다.

만일 앞으로 헌법재판소가 조세채권 중 가산금에 대하여도 재단채권으로 삼는 파산법 제38조 제 2 호가 위헌이라고 판단하면 가산금은 제37조에 의하여 후순위 파산채권이 된다. 이와 균형을 맞추기 위하여 임금채권에 대하여도 파산선고 이후의 지연손해금은 후순위 파산채권에 해당한다고 취급함이 타당하다.[63] 신법 제473조가 시행되면 조세채권과의 균형상 임금채권에 대하여도 파산선고 후의 지연손해금에 대하여는 재단채권에서 제외된다고 해석함이 옳다.

Ⅶ. 財團債權에 기하여 强制執行할 수 있는가

1. 學　說

제42조 및 제258조의 취지로부터 강제집행은 허용되지 않고 관재인이 임의로 이행하지 않은 경우에는 파산법원의 감독권의 발동을 촉구하여 선관주의의무위반에 의한 손해배상청구를 할 수 있다는 견해[64]가 있다. 반대로 재단채권에 대하여 우선변제가 인정되므로 강제집행을 할 수 있다는 견해[65]도 있다. 일본은 破産法을 개정하면서 제24조 제 1 항에서 보전처분으로서 재단채권에 기한 강제집행의 중지를 포괄적 중지명령의 대상으로 삼고, 제42조에서 강제집행금지 및 실효조항을 신설하여 이 문제를 해결하였다.[66] 한편 신법 제180조 제 3 항에서 일정한 경우에

---

63) 미국의 경우 파산법상 담보권자의 지위에 관하여 담보목적물의 평가액을 기준으로 목적물의 가액이 피담보채권액에 미치지 못하는 경우(이른바 equity cushion이 없는 경우)에는 이자를 지급하지 아니하고 있다. 별제권자의 경우에도 입법론으로 파산선고일 이후의 이자에 대하여는 후순위 파산채권으로 삼자는 주장도 있다. 한편 회사정리법 제123조는 정리담보권의 이자는 개시결정일까지의 이자만 정리담보권으로 취급하고 있고 제121조 제 1 호는 정리절차 개시 후의 이자를 후순위 정리채권으로 삼고, 따라서 회사정리절차에서는 개시 후의 이자가 담보부인 경우에도 후순위 정리채권이 되어 무담보인 정리채권보다 열후적인 취급을 받고 있다. 따라서 별제권보다 후순위인 재단채권의 지연손해금을 일반 파산채권보다 후순위로 취급하는 것이 법원칙에 어긋나는 것은 아니다.

64) 崔承綠, 앞의 논문, 353면; 鄭晙永, "파산절차가 계속 중인 민사소송에 미치는 영향," 파산법의 제문제(하), 법원도서관(1999), 214면; 伊藤眞, 破産法(改訂版), 有斐閣(1998), 152면.

65) 李亥雨·李在華, 破産法, 法律文化院(2001), 399면; 田炳西, 앞의 책, 262면.

66) 그 이유는 파산실무에서 재단채권을 전액 지불하지 못하는 경우가 적지 않은 현실에서 강제

법원은 이미 실시된 공익채권에 기한 강제집행 또는 가압류의 중지 또는 취소를 명할 수 있도록 규정하였다.[67] 이 조항은 공익채권에 기한 강제집행의 허부에 관한 종전 논의를 입법적으로 해결한 것이다.[68] 그러나 재단채권에 기한 강제집행 및 가압류에 관하여는 명문의 규정을 두지 아니하였다.[69]

2. 檢 討

재단채권에 관한 파산법의 원칙은 관재인의 보수와 같은 재단채권은 다른 재단채권보다 우선하여 변제하고 나머지 재단채권은 실체법상의 우선순위에 불구하고 안분비례하여 변제하는 것이다. 관재인이 재단채권을 자주 변제하지 아니하는 이유는 대체로 아직 환가할 파산재단의 재산이 충분하지 않아 재단채권자에게 수회에 걸쳐 찔끔찔끔 배당하는 것보다는 충분한 재단을 형성한 후 일시에 배당함으로써 비용을 절약하는 등 효율적으로 관재업무를 수행하기 위해서이다. 따라서 파산재단의 규모, 재단채권자들의 수, 채권액수, 배당액수, 보조인의 현황 등을 종합하여 관재인에게 적절한 시기에 배당하도록 위임하는 것이 파산실무의 효율성과 경제성에 적합하다.

그런데 만일 임금채권에 대하여 강제집행을 허용하게 되면 관재인에 대한 보수나 보조인의 임금으로 돌아갈 몫까지 임금채권자가 배당받게 되는데 이는 파산법의 원칙에 반할 뿐 아니라 관재인과 보조인이 관재업무를 제대로 수행할 수 없는 치명적인 결함에 놓이게 된다. 대부분의 재단이 재단채권도 완전히 변제하지 못하고 이시폐지하는 경우가 많은 파산실무 아래에서는 재단채권에 기한 강제집행을 허용할 수 없다. 재단채권인 조세채권은 파산선고 후에는 새로운 체납처분

집행으로 인하여 재단채권자간의 평등이 깨어지는 것을 막기 위한 것이라고 한다. 小川秀樹 編, 新しい破産法, 商事法務(2005), 55면. 실무는 소극설이었다. 松江地方裁判所 1973. 8. 8. 결정(判例時報 731호, 79면). 최승록, 앞의 논문, 353면에서 재인용.

67) 제2호는 그 사유로 "채무자의 재산이 공익채권의 총액을 변제하기에 부족한 것이 명백하게 된 때"를 들고 있다.

68) 종래의 다수설은 강제집행을 허용하였다. 林采洪 · 白昌勳, 회사정리법(하), 한국사법행정학회(1998), 98면.

69) 회사정리절차는 기업의 존속과 재건을 목표로 하고 있으므로 기업의 활동에 필요한 자금조달에 기하여 발생하는 공익채권에 기하여 강제집행을 허용하더라도 무방하다. 다만 강제집행의 대상 목적물이 재건에 긴요한 경우라면 법원이 강제집행을 중지시킬 수 있다. 그러나 파산절차는 청산절차로서 채권자간의 공평한 배당이 강조되므로 집행의 선후에 의하여 재단채권자간의 불평등이 초래되어서는 아니되므로 재단채권에 대한 강제집행의 금지를 주장하는 것이다.

을 할 수 없음에도 임금채권과 같은 재단채권은 강제집행할 수 있게 허용하면 형평에 어긋난다.[70] 이와 같은 맥락에서 공익채권에 기한 가압류결정 후에 정리절차가 폐지되어 공익채권이 재단채권으로 취급되어 파산자의 파산재단으로써 재단채권총액을 변제하기에 부족한 것이 분명하게 되었다는 이유로 사정변경에 의한 가압류취소판결을 한 하급심 판결[71]이 있다.

그러나 필자는 재단채권에 기한 본압류가 금지된다고 보는 이상 가압류도 금지되므로 파산채권에 기한 가압류와 마찬가지로 파산선고 전에 이루어진 가압류는 실효되거나 파산선고 후에는 가압류신청을 허용할 수 없다고 생각한다. 필자는 나아가 가압류집행취소 절차가 아니라 보다 간편하고 신속한 가압류집행취소신청을 하면 족하다고 생각한다.

Ⅷ. 財團債權間에도 配當의 優先順位가 있는가

1. 一 般 論

재단채권자들은 자신들의 채권이 파산채권인지 재단채권인지 구별하기 어렵고 자신은 재단채권으로 생각하였으나 파산채권으로 밝혀지면 배당에 참가하지 못하는 불이익을 입게 될 염려가 있으므로 대부분 파산채권으로 신고한다. 관재인은 재단채권이라는 이유로 이의를 제기한다. 그 외 조세채권에 대하여는 과세관청이 재판부 또는 관재인에게 세액을 통지하고 있다. 관재인은 파악된 재단채권에 대하여만 변제한다. 관재인은 변제할 재단채권의 액수와 내용에 대하여 재단채권의 승인신청을 하고 환가한 재산 중 추가로 발견될 재단채권과 파산절차비용을 공제한 나머지 금액을 가지고 재단채권자에게 안분변제한다. 변제하기 위하여 미리 법원에 임치금반환신청을 한다.

2. 破産法의 規定內容

파산재단이 재단채권을 변제하기에 충분한 경우라면 파악된 채권을 전액 변

70) 同旨, 鄭晙永, 앞의 논문, 213-4면 참조.
71) 서울지방법원 동부지원 2001. 11. 29. 선고 2001카합1305 판결(확정).

제한다. 그러나 파산재단이 부족한 경우도 적지 않다. 법은 제42조에서 그 변제방법을 정하고 있다.

첫째, 재단채권에 관하여 존재하는 담보물권이 있을 때에는 이 재단채권이 우선한다. 실무상으로는 파산재단을 환가하기 전까지 관재인이 타인에게 임대하여 주면서 전세권설정등기를 하여 주는 경우가 있을 뿐 그 예가 적다.

둘째, 제38조 제1호 내지 제7호, 제10호의 재단채권은 다른 재단채권에 우선한다(제42조 제2항). 그러나 그 중에서도 관재인 보수나 파산절차의 공고비용과 같은 제1, 3호는 공익적인 비용으로서 나머지 제2호(조세), 제4 내지 7호 및 제10호(임금)보다 우선변제를 받는다.[72] 선행하는 회사정리절차 중의 조세와 임금채권도 파산선고가 되는 경우에는 제42조 제2항에 따라 안분하여 변제하는 것이 실무이다.[73]

셋째, 동순위의 재단채권 사이에는 법령이 규정하는 우선권에 불구하고 아직 변제하지 아니한 채권액의 비율에 따라 변제한다(제42조 제1항 본문).

따라서 국세기본법, 지방세법상의 일반채권에 대한 국세우선주의(국세기본법 제35조, 지방세법 제31조), 다른 국세간의 우열을 정하는 압류선착주의(국세기본법 제36조 제1항, 지방세법 제34조 제1항), 관세우선주의(관세법 제3조),[74] 임금채권우선주의는 적용되지 아니한다. 조세채권과 임금에 대하여는 항을 나누어 살펴본다.

3. 租稅債權

조세채권은 파산선고 전에 압류 등의 체납처분을 하였으면 파산선고가 있더라도 이와 무관하게 체납처분을 속행하여 파산자 소유의 재산을 압류하거나 또는 파산선고 후에 별제권자가 실시하는 임의경매절차에서 참가압류를 통하여 우선변제를 받을 수 있다.[75] 하지만 파산선고 후에는 새로이 압류처분 등의 체납처분을 할 수 없으므로 경매절차에서 과세관청이 교부청구를 하였더라도 집행법원은 교

72) 국세기본법 제35조 제1항 제2호도 국세우선권은 파산절차비용에 적용되지 아니함을 명시하고 있다.

73) 서울지방법원, 앞의 책, 103면.

74) 관세를 납부하여야 하는 물품에 대하여는 다른 조세 기타 공과금과 채권에 우선하여 그 관세를 징수한다고 규정하고 있다. 그러나 관세우선권을 담보물권으로 볼 수는 없으므로 파산법 제42조에 따라 按分辨濟받는다고 해석된다.

75) 대법원 2003. 8. 22. 선고 2003다3768 판결(공보불게재).

부청구에 따른 배당금을 과세관청에게 교부할 것이 아니라 관재인에게 교부하여야 하므로[76] 과세관청으로서는 관재인에게 안분변제할 것을 청구하거나 법원의 감독권을 촉구할 수밖에 없다.[77]

4. 賃金債權

파산실무에서 근로자들은 최우선변제권(3개월분 임료 및 3년치 퇴직금)을 파산절차에서도 인정하여 달라고 요청한다. 논거로는 만일 파산선고가 없었더라면 고스란히 근로자들이 수령할 수 있는 금원을 파산선고가 되었다고 하여 국세, 지방세, 국민연금 등의 재단채권자들도 끼어들어 최우선변제권이 인정되는 부분에 대하여 동순위로 배당참가하는 것이 부당하는 것을 든다.[78] 그러나 이 주장은 명시적으로 동일한 순위의 재단채권 사이에는 법령이 정하는 우선권에도 불구하고 아직 변제하지 아니한 채권액의 비율에 따라 변제한다는 제42조에 반하고, 관재인 보수를 먼저 지급하지 아니하고는 파산절차를 수행할 수 없는 파산실무에도 어긋나므로 부당하다. 제42조의 취지는 파산절차를 간소화하고 재단채권의 변제에 대하여 평등하고 분명한 기준을 제공하고자 함에 그 취지가 있다.[79]

그러나 만약 파산자의 유일한 부동산에 대한 경매절차에서 임금 외에도 다른 조세채권이 많아 재단채권의 변제에도 부족한 경우라면 파산법원의 허가를 받아 파산재단을 포기하여 임금에 관한 최우선변제권을 유지시키는 것이 합리적이다. 만일 포기하지 아니하면 최우선변제권이 보장되지 않을 뿐 아니라 부동산의 양도로 인하여 장차 부담하는 부가가치세마저 파산재단이 부담하게 되기 때문이다.

---

76) 대법원 2003. 3. 28. 선고 2001두9486 판결(공 2003, 1088).

77) 관재인이 교부청구에 불응하는 경우에는 재단채권 확인소송이나 파산법원에 대하여 관재인의 해임 등의 감독권의 발동을 촉구하거나(제151조, 제157조), 관재인에 대하여 선량한 관리자로서의 주의의무 위반을 이유로 손해배상을 청구할 수 있다. 그러나 관재인을 상대로 조세채권의 이행을 구하는 소송을 제기하는 것은 허용되지 아니한다(서울행정법원 2001. 6. 22. 선고 2001구6318 판결).

78) 이 주장을 관철하면 최우선변제권은 담보물권이 있는 다른 재단채권이나 관재인의 보수보다 우선하여 배당받게 되는 결과에 이르게 된다.

79) 柳南榮, "破產節次와 賃金," 법조 2001년 3월호(Vol. 534), 61면. 현행법하에서 임금 최우선특권부분은 별제권에 대한 관계에서나 재단채권 상호간의 관계에서 기존의 담보물권에 우선하는 효력을 인정하지 아니한다(66면).

Ⅸ. 財團債權은 免責對象인가

1. 財團債權과 非免責債權의 許否

일반적으로 면책의 대상이 되는 채권은 파산채권이라는 점은 다툼이 없다. 재단채권은 면책 대상이 되지 않는다는 것이 학설이다.[80] 필자는 재단채권이라는 이유만으로 비면책채권이라는 주장에 찬동하지 아니한다.[81] 예를 들면 제38조 제3호, 제4호, 제5호는 파산선고 후에 파산재단에 관하여 생긴 것이어서 파산자가 부담할 것이 아니므로 비면책채권으로 삼을 수 없다. 또 제38조 제9호 채권은 재단채권이지만 파산자 또는 피부양자가 채권자이고 파산재단이 채무자이므로 법리상 비면책 대상이 될 수 없다. 또한 제38조 제7호 및 제8호에 의하여 미이행쌍무계약이 이행되거나 해지된 경우에 상대방이 갖는 채권은 원래 파산선고 전의 원인에 기하여 발생한 채권이지만 공평의 원칙상 재단채권으로 삼은 것이고 이행선택 후 관재인이 미처 완제하지 못하여 파산절차가 종료된 경우 비면책채권으로 보호할 필요는 없다.

면책제도는 파산자가 부담하여야 할 채무이지만 파산자로 하여금 그 채무를 계속하여 변제하도록 하는 것이 파산자나 가족에 가혹할 뿐 아니라 파산자를 구성원으로 삼고 있는 사회와 국가 전체에도 바람직하지 않다는 입법적인 결단에 의하여 인정되는 제도이다. 따라서 당초 파산자가 부담할 성질이 아닌 채무로서 파산재단이 부담하는 것에 대하여 비면책채권이라는 딱지를 붙이는 것은 논리적으로 모순이다. 그리고 어떠한 채무를 비면책채무로 정할 것인가 하는 문제 역시 채무의 성질 등과 보호할 채권자의 범위 등을 고려하여 파산법이 역할하는 그 당시의 사회구성원의 상식에 터잡아 입법으로 그 범위를 정하여야 할 것이지 채권의 성질(재단채권)만으로 비면책채권이 되는지 여부가 결정되는 것이 아니다. 따라서 필자는 파산법이 명문으로 비면책채권으로 열거한 채무 이외에는 면책채권으로 보아야 한다는 입장이다. 입법기술상으로도 비면책채권의 항목에 이를 모두 열거하고 나머지는 면책되는 것으로 보는 것이 간명하기 때문이다.[82]

---

80) 田炳西, 앞의 책, 336면은 면책의 효과는 별제권이나 재단채권에는 미치지 아니한다고 기술하고 있다.

81) 同旨, 伊藤眞, "破産免責の再構成," 判例タイムズ 1981. 2. 15.자 18면.

82) 미국 파산법의 입장이다.

2. 賃金債權과 非免責債權

2000. 1. 12. 개정된 파산법은 임금채권의 성립시기(근로자가 파산선고 전에 퇴직하였는지 파산선고 후에 퇴직하였는지, 파산자와 고용계약을 체결한 것인지 관재인과 고용계약을 체결하였는지)를 구별하지 않고 전액을 재단채권으로 격상하여 취급하고 있다(제38조 제10호). 그럼에도 불구하고 비면책채권에 관한 규정(제349조 제4호)은 — 고용인의 급료 단 최후의 6월분에 한한다 — 개정 전 그대로 존치하고 있다.[83] 따라서 만일 판례와 같이 재단채권인 임금채권에 대하여 이행판결을 명한 후에 파산자가 면책을 받으면 비면책부분에 해당하는 최종 6개월의 임료에 해당하는지를 확정하고 그 부분에 대하여만 파산자가 책임을 지게 되므로 이를 초과하는 금액에 관하여 파산자가 적극적으로 청구이의의 소를 제기하여야 한다.

3. 租稅債權

한국과 일본의 학설은 비면책채권을 규정한 제349조의 조세채권은 재단채권이 아닌 파산채권으로서의 조세채권을 가리키는 것으로 이해한다.[84] 그러나 필자는 재단채권이건 파산채권이건 비면책채권으로 열거되지 아니한 채권은 면책된다고 해석하므로 제349조 제1호의 조세채권은 파산선고 전에 파산자에게 부과되었거나 파산선고 후의 원인으로 인하여 파산재단에 관하여 생긴 조세채권[85]뿐 아니라 파산선고 후의 원인으로 인한 조세청구권으로서 파산재단에 관한 것이 아닌 파산자의 자유재산에 대하여 부과된 조세채권[86]도 포함하여 모두 비면책채무로 해석한다. 그래야 조세채무를 비면책채무로 규정한 조항을 의미 있게 해석할 수 있다.

---

83) 신법은 임금 전액을 비면책채권으로 규정하였다(제566조 제5호).

84) 서울지방법원, 앞의 책, 381면. 우리 나라의 경우에는 모든 조세를 국세징수법 또는 그 예에 의하여 징수하기 때문에 본호의 조세채권에 해당하는 조세가 없으므로 현실적으로 아무런 의미가 없다고 기술하고 있다. 田炳西, 앞의 책, 336면. 일본도 비슷하다. 齊藤秀夫 編, 앞의 책(下), 824면; 伊藤眞, 앞의 책, 407면.

85) 파산재단에 속하는 부동산에 대한 양도소득세(자연인), 부가가치세(사업자) 등이다.

86) 파산재단이 아니라 파산자가 부담하는 파산재단에서 포기한 재산에 관한 부가가치세 등이다.

Ⅹ. 立 法 論

1. 租稅債權

조세채권에 대하여는 회사정리절차와 마찬가지로 파산선고 전에 조세채권이 성립한 경우에만 파산채권으로 취급하는 것이 옳다. 그렇게 함으로써 다른 파산채권자의 희생하에 오직 국고만이 우월한 취급을 받는 폐해가 사라지게 된다. 그리고 재건절차와 청산절차간의 불필요한 차이점을 없앨 수 있고 회사정리절차가 폐지되어 파산으로 이행한 경우에도 예측가능하고 원활한 파산절차의 운영이 기대된다.

다만 조세채권을 비면책채권으로 하는 것은 입법정책으로도 합리적이다. 조세채권을 면책채권으로 하게 되면 마치 벌금채권을 면책채권으로 할 경우와 같이 조세채무를 면하기 위한 파산신청이 급증하게 될 뿐 아니라 국고에 손실을 가져올 것이 분명하기 때문이다. 미국의 경우도 원칙적으로 조세채권은 비면책채권이다.[87]

2. 賃金債權

(1) 別除權에 準하는 取扱

경제적 약자인 근로자를 보호하여야 한다는 실체법상의 원칙은 파산법에서도 그대로 준수되어야 하는 명제이다. 그러나 어느 정도로 다른 파산채권자보다 우대하여야 하는가는 입법마다 다르다. 실체법상의 체계를 고려하지 아니한 파산법상의 배당순위는 법체계상의 整合性이 떨어지고, 파산 이전의 법률관계와 파산 후의 법률관계가 어긋나게 되어 법적 안정성을 떨어뜨리는 약점이 있다.

근로자와 비슷한 처지의 경제적 약자로서 떠올릴 수 있는 계층은 무주택 庶民과 賃借小商人이다. 住宅賃貸借保護法과 상가건물임대차보호법은 이러한 임차인들의 지위를 보호하기 위하여 대항요건을 갖춘 임차인, 대항요건과 확정일자를 갖춘 임차인, 그리고 소액임차인에 대하여 각기 다른 보호를 부여하고 있다. 신법은 임대인이 파산한 경우 3가지 범주에 속하는 임차인들마다 차별적인 취급을 규

87) 11 U.S.C. § 523(a)(1).

정하고 있다.[88] 한편 근로기준법상의 임금우선특권은 실체법상 담보권에 대하여도 우선하는 것으로서 이른바 法定擔保物權이므로[89] 신법이 확정일자부 보증금반환채권을 별제권에 준하여 취급하면서 그보다 우선하는 지위에 있는 최우선임금우선특권을 재단채권으로 취급하는 것은 균형에 맞지 아니한다. 이러한 점을 종합하면 파산법이 임금채권을 최종 3월분과 나머지 임금채권을 구별하지 아니하고 양자를 같은 재단채권으로 취급하는 것은 근로기준법의 입법취지를 충분히 고려하지 않은 것이라고 비판할 수 있다.

따라서 입법론으로 최종 3월분 임금채권은 이른바 법정담보물권의 성질을 갖는 것이므로 재단채권자로 취급하는 것보다는 신법의 소액임차인과 확정일자부 임차인과 동등하게 별제권에 준하는 자로 취급하는 것이 옳다.[90] 나머지 임금채권은 실체법상 조세 공과금, 다른 채권에 우선하여 변제하도록 되어 있으므로 적어도 재단채권으로 취급하여야 하고 우선적 파산채권으로 취급하는 것은 조세 등의 공과금채권과 균형이 맞지 아니한다.[91]

(2) 賃金債權과 非免責債權의 範圍

입법론으로 파산선고 전의 최종 3개월분의 임금채권에 대하여 別除權에 준하는 권리를, 나머지 파산선고 전의 미불임금에 대하여 재단채권(또는 우선적 파산채권)의 지위를 부여한다면, 임차인의 보증금반환채권과의 균형상 면책절차 후에는 임금채권 전액을 비면책채권에서 삭제하거나 단지 최종 3개월분에 해당하는 부분에 대하여만 비면책채권으로 삼는 것이 적당하다고 생각한다. 일반인의 법인식이

---

88) 이러한 보호요건을 갖추지 못한 주택임차인은 일반파산채권자에 머무르게 된다. 그러나 대항요건만 갖춘 주택임차인에게는 미이행 쌍무계약에 관한 관재인의 해지권을 제한하고 있다. 나아가 대항요건과 확정일자를 갖춘 임차인에 대하여는 별제권자와 같이 경매신청권을 부여할 수 없지만 실체법상의 우선순위를 그대로 인정하여 다른 담보권자보다 먼저 배당받을 수 있는 권한을 부여하고 있다. 소액임차권자에 대하여도 우선배당권을 인정하고 있다(신법 제415조).

89) 대법원 1994. 12. 27. 선고 94다19242 판결(공 1995, 663면).

90) 최종 3월분을 계산함에 있어 제33조와 관련하여 의문이 있다. 만일 제33조가 적용되면 파산선고일로부터 기산한 3개월분이 될 것이다. 그러나 제33조는 우선권이 있는 파산채권에 대한 규정으로 별제권에 적용이 되지 않으므로(齊藤秀夫 編, 앞의 책(上), 188면) 법정담보물권인 임금우선특권에 대하여는 적용이 없다. 만일 총근로자를 기준으로 하여 최종퇴직일로부터 역산하는 방식으로 입법을 하게 되면 계산이 복잡하지만 근로자를 두텁게 보호하는 장점이 있다. 그렇지 않고 일본처럼 파산선고일로부터 역산하게 되면 이에 해당하지 아니하는 근로자도 생기게 되어 근로자에 대한 보호가 미흡하지만 절차를 효율적으로 운영할 수 있는 장점이 있다. 앞으로 논의할 문제이다.

91) 同旨, 김용대, "파산법상 임금채권과 조세채권, 별제권 있는 채권의 순위문제," 형평과 정의 제14집(1999), 78면; 田炳西, 앞의 책, 258면.

최종 3개월치의 임금, 또는 최종 3년간의 퇴직금은 국가가 보호하여 준다는 법적인 신뢰가 형성되어 있으므로 파산법에서도 이를 비면책채권으로 인정하여 주면 족하고 신법과 같이 임금채권 전액을 비면책채권으로 삼는 것은 지나치게 근로자를 우대하는 것이고 새 출발을 하려는 파산자에게 가혹하다고 생각된다.

XI. 結　　論

위 사례에 대한 파산법하에서 필자의 견해는 아래와 같다. 파산선고 전에 발생하였거나 파산선고 후에 발생한 임금채권에 기한 이행소송은 허용되지 아니하며 확인소송만이 가능하다(판례와 반대임). 따라서 파산절차 중 임금채권에 기한 강제집행은 허용되지 아니한다. 파산선고 전에 발생하였으나 파산절차 중에 배당을 받지 못한 임금채권은 전액이 비면책채권이 되는 것이 아니고 최후의 6월분에 한하여 비면책채권이 된다. 파산선고 후의 지연손해금은 후순위 파산채권으로 취급함이 옳다.

파산선고 후 과세관청은 새로이 압류 등의 체납처분을 할 수 없고 관재인을 상대로 조세채권의 이행을 구할 수 없으며 관재인을 상대로 재단채권 확인의 소만 제기하는 것이 가능하다. 파산선고 후의 가산금에 대하여는 후순위 파산채권으로 취급함이 옳다.

(법조 2005년 12월호(591호), 52면 이하 소재)

[후기]

이 글을 발표한 후에 선고된 파산법 제38조 제2호 본문 중 산재보험료에 관한 헌법재판소 2005. 12. 22. 선고 2003헌가8 결정과 지방세의 가산금에 관한 창원지방법원 2006. 2. 16.자 2004카기1081 위헌제청심판결정 및 가산금이 후순위파산채권에 해당하는지 여부에 관한 서울고등법원 2005. 11. 11. 선고 2005나32946 판결 및 국세의 가산금에 관한 서울고등법원의 2006. 7. 5.자 위헌제청심판결정을 본문에 반영하였다.

사채에 대한 질권설정 불이행을 이유로 한 손해배상채권과 파산절차

대상판결: 대법원 2005. 11. 25. 선고 2004다6085 판결[1)]

[사안의 개요]

파산 전 동방페레그린증권은 1996. 8.경 새한정기 주식회사('새한정기')와 사이에 새한정기의 무기명식 이권부 무보증 전환사채(만기 1999. 8. 28. 발행가액 총액 250억원)에 관한 사채모집 위탁계약을 체결하고 이에 따라 사채를 발행, 인수, 매출하는 업무를 담당하였다. 6개의 아일랜드 회사들(원고들이 설립한 paper company이다)은 1996. 8. 20. 새한정기의 사채 중 원금 75억원 상당의 사채를 인수하고 이를 기초로 변동금리부 사채를 발행하였다. 케이만 제도의 파이오니아(원고들이 설립한 paper company이다)는 1996. 8. 27. 아일랜드 회사들로부터 변동금리부 사채를 매입하면서 사채의 원리금을 담보하기 위하여 아일랜드 회사들이 보유하고 있는

1) 공보불게재 판결을 평석대상으로 삼는 것이 부적절한 면도 있으나 판시 내용이 파산법과 민사소송법상 중요한 쟁점을 다루고 있고, 공보의 게재 여부에 따라 선례의 구속력이 달라지는 것도 아니므로 평석의 대상으로 삼기로 하였다. 초고를 읽고 소중한 평을 하여 주신 임채웅 사법연수원 교수님, 박태준, 김춘수 판사님과 발표당시 유익한 의견을 개진하여 주신 도산법연구회 회원 여러분께 감사드린다. 이 사건은 파산법이 적용되는 사건이지만 채무자 회생 및 파산에 관한 법률(이하 '신법') 하에서도 그대로 적용될 수 있으므로 신법의 조문을 병기하였다.

사채에 관하여 질권설정계약을 체결하고 동방페레그린에 질권설정사실을 통지하였다. 동방페레그린은 1996. 8. 28.자로 질권설정통지서를 수령하였음을 확인하고 이 사건 사채에 대하여 질권을 설정함에 동의하며, 질권설정통지서에서 요청한 모든 조치를 취할 것을 약속한다는 내용의 확인서를 작성하여 확정일자를 받아 파이오니아에게 송부하였다. 그러나 약속과 달리 동방페레그린은 고객계좌부에 질권설정의 대체기재를 이행하지 아니하였다. 파이오니아는 1996. 8. 27. 매입한 사채를 기초자산으로 파이오니아 명의의 변동금리부 사채(만기 1999. 8. 30, 원금 미화 95억불)를 발행하였고 원고들이 사채를 매입하였다. 파이오니아와 아일랜드 회사들은 1998. 3.경 무자력 상태에 빠졌다.

동방페레그린이 공사채등록법령에 따라 사채를 증권예탁원에 등록하는 방법으로 발행·예탁함에 따라(공사채등록법 제5조 제1항에 따라 실제로 債券은 발행되지 아니한다), 증권예탁원은 예탁자계좌부에 그 수량 등을 기재한 후 동방페레그린에게 이를 통지하였으며, 동방페레그린은 자신의 고객계좌부에 고객인 아일랜드 회사들의 성명 및 채권 수량 등을 기재하였다(증권거래법 제174조의2 제1항).

동방페레그린은 만기 전날인 1999. 8. 27. 증권예탁원[2]으로부터 새한정기가 제공한 사채상환대금을 자신의 증권예탁원 계좌[3]로 입금받기 시작하여 1999. 8. 30. 현재 상환원리금으로 약 92억원을 받아 이를 증권금융회사에 예치하지 않고 조흥은행에 예치하고 있던 중 이 사건 사채원리금상환 소송이 계속 중이던 1999. 12. 30. 서울지방법원에서 파산선고를 받았다. 원고들이 파이오니아와 아일랜드 회사들을 대위하여 사채상환원리금을 우선권 있는 파산채권으로 신고하였으나 파산관재인이 이의하자 이 사건 파산채권확정의 소를 제기하였다.

[소송경과]

원고들은 제1심(서울지방법원 99가합101288)에서 아일랜드 회사와 파이오니아는 모두 원고들이 이 사건 사채매입에 따른 문제를 해결하기 위하여 설립한 서류상의 회사들로서 주위적으로 원고들이 서류상의 회사들을 대위하여 질권에 따른 추심권을 행사하거나 채권자대위권에 기하여 아일랜드 회사들이 피고에 대하여 갖는 동방페레그린이 보관하고 있는 고객예탁금[4]에 대한 파산법상의 환취권을 행

2) 2004. 1. 29. 증권거래법의 개정에 의하여 현재는 증권예탁결제원으로 바뀌었다.
3) 동방페레그린 명의의 조흥은행 계좌에 입금하였다.
4) 고객예탁금이란 고객으로부터 유가증권의 매매 기타 거래와 관련하여 예탁받은 금전을 말하

사하거나 예비적으로 원고들이 직접 피고에 대하여 우선적 파산채권을 갖고 있음의 확정을 구하였다. 제 1 심은 아래의 이유로 원고들의 청구를 전부 기각하였다.

질권에 기한 추심권의 주장에 대하여 이 사건 사채는 민법 제351조, 증권거래법 제174조의3 제 2 항에 의하여 동방페레그린의 고객계좌부에 질권에 대한 대체기재가 있어야 하는데 이를 인정할 증거가 없다.

다음으로 환취권의 주장에 대하여 이 사건 사채상환원리금('상환원리금')이 증권금융회사에 예치되었다고 인정할 증거가 없고 오히려 동방페레그린의 예금구좌에 예치되어 있으므로 증권회사의 구좌에 예치되어 있는 고객예탁금에 대하여 예금자보호법에 의하여 보호될 뿐이지 환취권을 인정할 법적 근거가 없다.

끝으로 우선적 파산채권의 주장에 대하여 고객예탁금이 증권금융회사에 예치되었다고 볼 증거가 없을 뿐 아니라 증권거래법 제44조의3의 규정 형식이 구 상호신용금고법(상호저축은행법으로 변경되기 전, 필자 주)과 같이 '총 재산에 대하여 다른 채권자에 우선하여 변제를 받을 권리를 가진다'고 규정하고 있지 않으므로 파산법상의 우선권 있는 채권에 관한 근거조항이 될 수 없다.

원고들은 서울고등법원 2002나43952호로 항소하면서 예비적 청구취지를 추가하였다. 아일랜드 회사들이 피고에 대하여 우선적 파산채권을 보유하고 있음을 확인하고 원고들 또는 아일랜드 회사들이 피고에 대하여 손해배상채권[5]의 일반파산채권을 보유하고 있음의 확인을 구하였다. 원심은 다음과 같은 이유로 항소를 기각하고 항소심에서 추가된 예비적 청구를 일부 인용하였다.

첫째, 우선변제권 및 별제권의 주장에 대하여는, 고객예탁금이 증권금융회사에 예치되지 아니한 이상 증권거래법 제44조의3 제 4 항을 근거로 하여 고객인 아일랜드 회사들이 우선변제권을 주장할 수 없으며, 같은 법 제44조의3 제 4 항이

며(증권거래법 제44조의3), 여기에는 위탁자 예수금, 선물·거래옵션예수금, 저축자예수금, 수익자예수금, 조건부예수금 등이 있으며(금융감독위원회 증권업감독규정) 제 3-2 조 제 1 항 참조), 증권회사가 고객으로부터 위탁받은 사채의 사채원리금이 고객의 계좌에 입금된 경우 이는 위탁자 예수금으로 처리되므로 이 사건 동방페레그린증권이 수령한 사채원리금은 고객예탁금에 해당한다. 이 점은 피고도 다투지 아니하였다.

5) 첫째로, 동방페레그린이 증권거래법 제44조의3 제 1 항의 규정에 위배하여 상환원리금을 증권금융회사에 예치할 의무가 있음에도 이를 불이행함으로써 아일랜드 회사들이 우선권 있는 파산채권으로 인정받지 못하고 일반파산채권으로 인정받게 됨으로써 입은 손해배상청구권을 원고들이 대위하여 일반파산채권의 확정으로 구한다. 둘째로 동방페레그린이 아일랜드 회사들과 파이오니아에게 질권설정의 대체기재를 하겠다고 약속하고도 불이행함으로써 질권이 설정되지 아니하여 파이오니아가 질권을 취득하지 못하고 사채원리금을 회수하지 못함으로써 입은 손해배상청구권에 대하여 원고들이 파이오니아를 대위하여 일반파산채권임의 확정을 구한다.

적용된다고 하더라도 상호신용금고법과 다른 내용으로 규정하고 있으므로 우선변제권에 관한 근거규정이라고 볼 수 없다. 질권설정 계약 외에 동방페레그린의 고객계좌부에 질권설정을 목적으로 하는 대체기재가 있어야 하는데 이를 인정하기에 부족하므로 별제권의 대상이 될 수 없다.

둘째, 원고들의 손해배상채권에 기한 파산채권확정에 대하여는 동방페레그린에게 원고 주장과 같은 의무위반이 있다고 하더라도 아일랜드 회사와 파이오니아가 파산채권확정을 구하는 것은 별론으로 하고 원고들이 직접 파산채권을 보유하는 것은 아니다.

셋째, 아일랜드 회사들이 갖는 파산채권의 확정에 대하여 동방페레그린이 증권예탁원으로부터 교부받은 상환원리금을 증권거래법 제44조의3 제1항의 규정에 따라 증권금융회사에 별도로 분리예치한 후 제4항에 따라 고객예탁금을 인출하여 아일랜드 회사들에게 우선하여 지급하였어야 함에도 불구하고 의무를 이행하지 아니한 잘못으로 아일랜드 회사들이 우선하여 지급받지 못하고 단지 파산절차에서 일반파산채권으로 취급되어 파산재단으로부터 그 배당률이 44%[6]에 불과하므로 동방페레그린은 위반행위로 인하여 아일랜드 회사들이 입은 손해를 배상할 의무가 있다. 그 손해배상의 범위에 관하여 살피건대, 위반행위가 없었더라면 아일랜드 회사들은 파산절차와 무관하게 상환원리금채권 전액을 지급받았을 것인데 동방페레그린의 법규 위반행위로 말미암아 파산절차에서 일부(44%의 배당률)만 지급받게 되었으므로 그 차액에 해당하는 금원의 손해배상채권을 갖는다. 원심은 아일랜드 회사별로 이러한 손해배상채권(약 금 8.7억원) 외에 상환원리금 전액(약 15억원)을 합한 금액(약 24억원)을 파산채권으로 인정하였다.

[대상 판결요지]

1. 증권거래법은 고객의 보호를 위하여 제44조의3에서 증권회사로 하여금 고객예탁금을 자기소유의 재산과 구분하여 증권금융회사에 예치하도록 하는 한편 증권회사가 영업의 정지명령이나 허가취소, 파산선고를 받는 등 법이 정하는 일정한 사유에 해당하는 경우에는 고객예탁금을 예치기관에서 인출하여 고객에게

---

6) 파산자 동방페레그린증권회사는 필자의 재판부의 감독을 받고 있으므로 관재인보고서를 통하여 확인한바 2000. 12. 29. 제1회 중간배당(배당률 33%), 2003. 1. 30. 제2회 중간배당(배당률 5.8%)을 하여 누적 배당률이 38.8%였고 현재 환가절차를 진행하여 계속하여 최후배당을 할 예정이다. 따라서 원심이 인정한 44%의 배당률은 원고들이 추측한 예상배당률이다. 파산재단은 배당률이 높은 것이 소송에서 유리하므로 문제삼지 아니하였다고 한다.

우선 지급하도록 규정하고 있으므로, 고객은 증권회사가 고객예탁금을 자기소유 재산과 구분하여 예치기관인 증권금융회사에 예치한 경우에 한하여 증권거래법 제44조의3의 규정에 의하여 예치기관에서 인출한 고객예탁금에서 다른 채권자에 우선하여 지급을 받을 수 있는 것이고, 증권회사가 고객예탁금을 예치기관에 예치하지 않고 자기소유 재산으로 보관하고 있다면 위 법률규정에 의하여 그 재산에서 다른 채권자에 우선하여 지급받을 수 없다.

2. 증권회사가 증권거래법 제44조의3 제1항, 제2항에 정해진 의무를 이행하였으면 당해 증권회사가 파산선고를 받더라도 고객은 이와 무관하게 예치기관에 예치된 고객예탁금을 인출하여 우선하여 예탁금을 지급받을 수 있으므로, 증권회사가 위와 같은 의무를 이행하지 아니한 상태에서 파산선고를 받아 고객이 파산재단에서 예탁금의 일부만을 배당받게 되었다면 그로 인하여 고객이 입은 손해를 배상할 의무가 있다 할 것이고, 그 손해의 범위는 고객이 예치기관에서 인출된 고객예탁금에서 지급받을 수 있었던 금액과 파산절차에서 배당받을 수 있는 금액과의 차액이 된다.

3. 파산재단으로 변제받지 못하는 부분을 손해배상채권으로 인정하게 되면 이중으로 파산채권을 계산하는 것이 되어 부당하다고 상고이유로 주장하나, 증권회사가 증권거래법 제44조의3 제1항, 제2항에 정해진 의무를 이행하지 아니하여 고객이 손해를 입게 된 경우 그로 인한 손해배상의 의무가 있다고 판단한 이상 피고의 상고이유의 주장은 이에 배치되는 것으로 받아들일 수 없다.

[관계법령] 이해의 편의상 필자가 밑줄을 그었다.

증권거래법 제44조의3(고객예탁금의 별도예치 등)[7] ① 증권회사는 고객예탁금(고객으로부터 유가증권의 매매 그 밖의 거래와 관련하여 예탁받은 금전을 말한다. 이하 같다)을 자기소유의 재산과 구분하여 제145조의 규정에 의한 증권금융회사(이하 "예치기관"이라 한다)에 예치(신탁을 포함한다. 이하 같다)하여야 한다.

② 증권회사가 제1항의 규정에 의하여 예치기관에 고객예탁금을 예치하는

7) 이 규정은 1999. 2. 1. 신설되었다. 법률안 심사보고서에 의하면 입법취지를 "현재 증권회사의 고객예탁금은 금감위 규정을 근거로 운영됨으로써 당해 회사의 도산시 채권자의 압류 등에 법적으로 대응하는 데 한계가 있으므로 예치의무, 구분관리, 상계·압류의 금지 및 우선변제 등의 내용을 안 제44조의2로 신설하고, 고객예탁 유가증권의 경우에도 예탁원에 별도예치토록 하는 근거규정을 안 제44조의3으로 신설하며, 이에 따라 불필요하게 된 제45조(고객의 유가증권의 담보제공 등의 제한)를 삭제하려는 것"이라고 기술하고 있다. 제45조는 삭제되었다.

경우에는 그 고객예탁금이 고객의 재산이라는 뜻을 명시하여야 한다.

③ 제 1 항의 규정에 의하여 고객예탁금을 예치한 증권회사(이하 "예치증권회사"라 한다)는 대통령령이 정하는 경우 외에는 예치기관에 예치한 고객예탁금을 양도하거나 담보로 제공할 수 없으며, 누구든지 이를 상계·압류(가압류를 포함한다)할 수 없다.

④ 예치증권회사는 당해 증권회사가 다음 각호의 1에 해당하게 된 때에는 예치기관에 예치한 고객예탁금을 인출하여 고객에게 우선하여 지급하여야 한다. 이 경우 당해 증권회사는 대통령령이 정하는 기간 이내에 그 사실과 고객예탁금의 지급시기·장소 기타 고객예탁금의 지급과 관련된 사항을 2 이상의 일간신문에 공고하여야 한다.

1. 영업의 중지결의를 한 때
2. 영업의 정지명령을 받은 때
3. 허가의 취소를 받은 때
4. 해산의 결의를 한 때
5. 파산선고를 받은 때
6. 기타 제 1 호 내지 제 5 호의 사유에 준하는 사유가 발생한 때

⑤ 예치기관은 당해 예치기관이 제 4 항 각호의 1에 해당하게 된 때에는 예치증권회사에 대하여 예치한 고객예탁금을 우선하여 지급하여야 한다.

⑥, ⑦ 생략

대통령령 제35조의3(고객예탁금의 범위 등) ① 법 제44조의3 제 1 항의 규정에 의하여 증권회사가 법 제145조의 규정에 의한 증권금융회사(이하 "예치기관"이라 한다)에 예치(신탁을 포함한다. 이하 이 조 내지 제35조의9에서 같다)하여야 하는 고객예탁금의 범위는 고객으로부터 유가증권의 매매 기타 거래와 관련하여 예탁받은 금전 중 예금자보호법시행령 제 3 조 제 3 항 제 1 호 내지 제 4 호의 금전을 제외한 것으로 한다. 〈개정 2002.2.9〉

② 제 1 항의 규정에 의한 고객예탁금의 구체적인 산정기준은 금융감독위원회가 정한다.

③ 생략

대통령령 제35조의5(고객예탁금의 인출) 예치증권회사는 다음 각호의 기준

에 따라 예치기관에 예치된 고객예탁금을 인출할 수 있다.

1. 이미 예치된 고객예탁금이 예치하여야 할 고객예탁금보다 많은 경우: 예치된 고객예탁금과 예치하여야 할 고객예탁금의 차액

2. 법 제44조의3 제4항의 규정에 의한 우선지급사유가 발생한 경우: 예치되어 있는 고객예탁금

3. 고객으로부터 일시에 대량으로 고객예탁금의 지급청구가 있는 등 금융감독위원회가 고객예탁금의 인출이 필요하다고 인정하여 승인하는 경우: 승인한 금액

[연　　구]

Ⅰ. 머 리 말

사안의 핵심은 간단하지만 파산채권 확정절차에 관련하여 여러 가지 중요한 쟁점을 내포하고 있다. 첫째, 파산관재인('관재인')이 종전 파산자의 계약상의 지위를 그대로 승계하는 지가 문제가 되었다(Ⅱ). 둘째, 증권거래법 제44조의3에 기한 예탁금반환채권의 귀속자(Ⅲ)와 파산절차상의 지위가 우선적 파산채권인지 여부가 문제가 되었다(Ⅳ). 셋째, 증권회사가 같은 법 제44조의3에 위반하여 사채인수인에게 손해를 입힌 경우 손해배상청구권의 성립 여부와 손해배상의 범위가 문제가 되었다. 넷째, 대법원 판결과 견해를 달리하여 손해배상청구권이 조건부 채권이라면 상환원리금채권과는 어떠한 관계에 있으며 파산절차에서 어떠한 취급을 할 것인가(Ⅴ) 하는 점이 문제된다. 이하 순서대로 판결의 논리에 대한 검토(Ⅵ)와 그에 대한 필자의 졸견(Ⅶ)을 제시하고자 한다.

Ⅱ. 관재인의 법적 지위

관재인은 종전 동방페레그린증권의 계약상의 지위를 그대로 승계하는 지위에 있으므로 파산선고 후에도 아일랜드 회사들로 하여금 파산절차와 관계없이 인출할 수 있도록 증권거래법에 따라 예치할 의무를 부담하는 것이 아닌가 하는 의문

이 있다. 원고들이 이 점에 근거하여 항소심에서 피고에게 예탁금 상당액을 증권금융회사에 예치하였다가 인출하여 지급하라는 내용의 청구취지를 추가하였다. 그러나 파산선고 전에 파산자가 부담하는 의무를 불이행함으로써 상대방이 손해를 입었다면 상대방은 손해배상청구권을 파산채권으로 신고하여 파산절차에서 배당받는 것으로 만족해야 한다. 관재인에게 계약의 이행을 청구할 수는 없으므로 원고들의 주장은 이유 없다. 관재인이 계약상의 지위를 그대로 승계하는 경우는 미이행 쌍무계약에 관하여 파산법 제50조(신법 제335조)에 의하여 이행을 선택한 경우이다. 이미 파산선고 전에 당사자 일방의 의무의 이행이 완료되고 파산자가 채무불이행에 빠진 경우에는 미이행 쌍무계약에 해당하지 아니한다. 따라서 대법원이 "파산관재인은 파산재단에 속하는 재산을 환가하여 이를 파산채권자에게 평등하게 분배하는 등 파산자와 독립한 지위에서 파산채권자 전체의 공동의 이익을 위하여 선량한 관리자의 주의로써 그 직무를 행하여야 할 것이므로, 비록 청산중인 증권회사인 동방페레그린증권의 청산인에게 고객예탁금을 증권거래법이 정하는 바에 따라 자기소유의 재산과 분리하여 예치기관에 예치하여야 할 의무가 있었다 하더라도 그 의무가 동방페레그린증권의 파산관재인에게 당연히 승계된다고 할 수 없다"는 이유로 원고의 주장을 배척한 것은 정당하다.

Ⅲ. 고객예탁금의 귀속주체

증권회사는 고객예탁금(고객으로부터 유가증권의 매매 기타 거래와 관련하여 예탁받은 금전을 말한다)을 자기 소유의 재산과 구분하여 증권금융회사에 예치하여야 하고, 증권금융회사에 고객예탁금을 예치한 증권회사가 파산한 경우 증권금융회사는 증권회사가 예치한 고객예탁금을 인출하여 고객에게 우선하여 지급하여야 한다. 누구든지 예탁금 채권을 상계·압류(가압류를 포함한다)할 수 없다(증권거래법 제44조의3). 이상을 종합하면, 증권회사가 파산한 경우에 고객예탁금이 증권금융회사에 예치된 상태라면 증권금융회사가 고객에게 고객예탁금을 지급하게 된다.

한편 파산법에 의하면 파산선고를 받으면 파산자가 파산선고시에 가지고 있었던 일체의 재산 중 압류가능한 재산이 파산재단을 구성하게 되는데 증권거래법 제44조의3 제3항의 해석에 따르면 증권회사가 증권금융회사에 대하여 갖는 예탁금반환채권은 압류금지의 대상채권이므로 파산재단을 구성하지 않게 된다.

Ⅳ. 우선적 파산채권의 해당여부

1. 우선적 파산채권의 의의

우선적 파산채권이라 함은 파산재단에 속하는 재산에 대하여(밑줄 필자) 일반 우선권이 있는 파산채권으로서 일반파산채권, 후순위 파산채권보다 우선하여 파산절차에서 배당을 받는다(파산법 제32조, 신법 제441조). 별제권이나 재단채권보다는 후순위이다. 우선적 파산채권도 파산채권의 성질을 가지므로 파산절차에서 채권신고를 할 의무를 부담한다. 우선권의 존부와 범위는 일반파산채권과 별개의 채권조사대상이 되므로 채권신고서에 우선권의 내용을 신고하지 아니하면 우선권 없는 일반파산채권으로서 취급되고, 채권신고 자체를 누락하면 일반파산채권자의 자격도 인정되지 아니하여 배당에 참가할 수 없다. 우선권 없는 채권으로서 시인되어 확정된 후 우선권을 주장하는 것은 허용되지 않는다. 관재인 또는 파산채권자가 우선권 부분에 대하여만 이의를 진술하는 것도 가능하고, 이 때 채권조사확정재판의 심판의 대상은 우선권의 유무와 범위가 될 것이다.

2. 우선적 파산채권의 종류

파산법이 인정하는 우선적 파산채권으로는 종전에는 임금채권이 해당하였으나 2000년 파산법 개정 후 현재에는 재단채권으로 격상되어 파산법 자체에는 우선적 파산채권에 관한 조항이 없다. 다만 보험업법에 기하여 보험계약자 또는 보험금을 취득할 자가 보험회사의 자산에 대하여 갖는 우선변제권[8] 및 예금자보호법에 의하여 예금보험공사가 부보금융기관에 대하여 갖는 보험료 및 연체료 등에 대하여 갖는 우선변제권,[9] 은행법에 기하여 외국금융기관이 파산한 경우 대한민

8) 보험업법 제32조 (보험계약자 등의 우선취득권) ① 보험계약자 또는 보험금을 취득할 자는 피보험자를 위하여 적립한 금액을 다른 법률에 특별한 규정이 있는 경우를 제외하고는 주식회사의 자산에서 우선하여 취득한다.

제33조(예탁자산에 대한 우선변제권) ① 보험계약자 또는 보험금을 취득할 자는 피보험자를 위하여 적립한 금액을 주식회사가 이 법에 의한 금융감독위원회의 명령에 따라 예탁한 자산에서 다른 채권자에 우선하여 변제를 받을 권리를 가진다.

9) 예금자보호법 제30조(보험료의 납부 등) ⑤ 공사(예금보험공사, 필자주)는 보험사고가 발생한 부보금융기관이 납부하여야 할 제24조 제2항 제1호의 규정에 의한 출연금, 제1항 및 제

국 국민과 국내 거주 외국인 등이 갖는 우선변제권,[10] 상호저축은행법(개정 전의 구 상호신용금고법)에 의하여 상호저축은행의 예탁자들이 갖는 우선변제권[11] 등이 이에 해당한다.

3. 고객예탁금 반환청구권의 취급

증권거래법 제44조의3 제4항은 예치증권회사는 고객예탁금을 인출하여 고객에게 우선하여 지급하여야 한다고 규정하고 있다. 제3항에서는 이러한 채권은 누구든지 상계·압류(가압류를 포함한다)할 수 없다고 규정하고 있다. 제4항의 규정방식은 위에서 본 일반적인 우선적 파산채권의 규정방식인 '다른 채권자에 우선하여 변제를 받을 권리를 가진다'와 다르다. 이 사건의 제1심 및 원심은 이러한 문구의 차이를 이유로 들어 고객예탁금, 즉 사채상환원리금 반환채권이 파산법상의 우선권 있는 채권이라는 원고의 주장을 배척하였다. 대법원은 이 점을 명시하지는 않고 있으나 원심의 사실관계와 같이 증권회사가 고객예탁금을 예치기관에 예치하지 않고 자기 소유 재산으로 보관하고 있다면 같은 법 제44조의3에 의하여 그 재산에서 다른 채권자에 우선하여 지급받을 수 없고, 같은 취지에서 우선변제권 내지 우선적 파산채권의 주장을 배척한 원심의 판단이 정당하다고 판시하고, 이어서 만일 같은 법 제44조의3에 정해진 의무를 이행하였으면 증권회사가 파산선고를 받더라도 고객은 이와 무관하게 예치기관에 예치된 고객예탁금을 인출하여 우선하여 예탁금을 지급받을 수 있다고 판시하고 있다. 이러한 점을 기

3항의 규정에 의한 보험료 및 연체료에 대하여 국세 및 지방세 다음으로 다른 채권에 우선하여 변제받을 권리를 가진다.

10) 은행법 제62조(외국금융기관의 국내자산) ② 외국금융기관의 지점 또는 대리점이 청산을 하거나 파산한 때에는 그 자산·자본금·적립금 기타 잉여금은 대한민국 국민과 대한민국 내에 주소 또는 거소가 있는 외국인에 대한 채무변제에 우선 충당되어야 한다.

11) 상호저축은행법 제37조의2(예금자등의 우선변제권) 예금 등을 예탁한 자는 다른 법률에 특별한 규정이 있는 경우를 제외하고는 예탁금액의 한도안에서 상호저축은행의 총재산(공탁한 재산을 포함한다)에 대하여 다른 채권자에 우선하여 변제를 받을 권리를 가진다. 한편 서울중앙지방법원 2001. 5. 15. 선고 99가합95994 판결(항소심 계속중: 서울고등법원 2001나36070)을 비롯한 일부 하급심 판결에서 예금보험공사의 자회사인 한아름상호신용금고가 청산절차 진행중인 상호신용금고의 고객들로부터 예금채권을 매입하는 형태로 예금보험공사의 보험금을 지급한 다음 이를 파산채권으로 신고한 경우에 신고한 파산채권(이자 포함)은 구 상호신용금고법 제37조의2 소정의 예금채권에 해당하여 우선권이 있다고 판시하였으나, 항소심인 서울고등법원이 구 상호신용금고법 제37조의2에 대하여 2001카기1034호로 위헌심판제청결정을 하여 현재 2003헌가14호로 위헌법률심판사건이 계속 중이다.

초로 추론하여 보면 대법원도 같은 법 제44조의3을 우선적 파산채권의 근거규정으로 보고 있지 않은 것으로 판단된다. 오히려 파산절차와 관계없이 예탁금을 인출할 수 있다는 표현을 사용하는 것으로 미루어 파산재단에 속하지 아니하는 것을 전제로 하고 있다.

증권거래법 제44조의3의 입법취지는 증권회사의 신용을 믿고 거래하는 다수의 고객의 거래안전을 보호하기 위하여 고객의 예탁금에 대하여는 증권회사가 파산하더라도 고객이 예탁금 전액을 청구할 수 있도록 하기 위한 것이다. 그리하여 증권회사가 예치기관에 대하여 갖는 예탁금반환청구권에 대하여는 양도(대통령령이 정하는 경우 제외), 상계, 압류 등이 금지된다. 따라서 이러한 예탁금반환청구권은 파산재단에 속하지 아니한다고 해석된다.

이는 사고신고담보금제도와 유사한 기능을 한다. 판례에 의하면 어음(수표 포함. 이하 어음으로만 표시함)의 사고신고담보금 약정을 적법한 어음소지인을 제3자로 한 제3자를 위한 계약으로 구성하고,[12] 어음의 발행인이 파산하더라도 어음소지인이 발행인을 상대로 소송을 제기하여 적법한 어음소지인인 것이 판정되면 위 판결을 첨부서류로 하여 금융기관으로부터 어음금 전액을 회수할 수 있다. 사고신고담보금이 어음소지인의 어음채권에 대한 담보로서의 경제적 기능을 하는 측면이 있지만 사고신고담보금 자체를 정리회사의 재산으로 볼 수 없으므로 어음소지인은 사고신고담보금 처리에 관한 약정에서 정한 조건이 성취된 때에는 회사정리절차와 관계없이 은행을 상대로 권리를 행사할 수 있다.[13] 그러나 증권거래법상의 예탁금제도에 의하면 고객이 직접 증권금융회사에 대하여 지급청구권을 갖지 않는다는 점에서 사고신고담보금 제도와 차이가 있다.

증권거래법상의 예탁금 제도에 관한 제44조의3은 그 규정 형식이 다른 우선적 파산채권에 관한 규정과 다르고 양도・압류・상계 등을 제한하고 있는 점에서 파산재단에 속하는 재산에서 제외된다고 봄이 옳다. 따라서 예탁금반환채권에 대한 고객의 권리가 파산재단에 속하는 재산에 대하여 일반우선권을 갖는 우선적 파산채권에 해당하지 아니하는 것으로 취급한 대법원의 판시는 옳다.

---

12) 대법원 1993. 9. 14. 선고 93다16736 판결(공 1993, 2771).
13) 대법원 2001. 7. 24. 선고 2001다3122 판결(공 2001, 1919).

Ⅴ. 파산절차에서 조건부채권의 취급

1. 조건부채권의 취급

보통의 파산채권을 조사함에 있어서 파산채권만을 조사대상으로 삼고 재단채권이나 별제권은 조사의 대상이 아니다.[14] 파산채권이라 함은 파산선고 전의 법률관계에 기하여 발생한 채권으로서 장래의 채권 또는 조건부 채권(정지조건부 채권 및 해제조건부 채권)도 포함한다. 조건부 채권이라 함은 채권의 전부 또는 일부의 성립 또는 소멸이 장래의 불확정한 사실인 조건에 의존하는 채권을 말하고, 위 조건은 채권의 발생원인인 법률행위에 붙은 의사표시의 내용인 부관에 한정되지 아니한다.[15] 입법론상 조건 성취의 개연성을 채권액의 평가기준으로 삼는 것(評價主義)도 가능하지만 파산법은 파산절차를 간명하게 처리하기 위하여 조건성취의 개연성의 판정의 어려움을 피하고 무조건의 채권으로 취급하고 있다(파산법 제18조, 신법 제427조). 다만 확정금액채권인지 비금전채권 또는 불확정금액채권인지에 따라 권면액의 전액 또는 일부의 인정 여부가 달라지게 된다.[16] 다만 조건부 채권이라는 점을 고려하여 배당절차에서 무조건의 채권과 달리 취급하고 있다.

2. 정지조건부 채권

정지조건부 채권이라 함은 법률행위의 효력의 발생이 장래의 불확실한 사실의 성부에 달려있는 부관부 채권이다. 부관이 법정의 정지조건인 경우에는 파산절차에서는 정지조건부 채권으로 취급하지 아니하고 장래의 청구권으로 별도의 조항에서 규율하고 있다. 정지조건부 채권의 예로서는 일정 연령에 달한 때에 생존하게 될 것을 조건으로 지급하는 일시금청구권, 민법상 현상광고에 대한 보수청구권, 회사가 정한 리베이트, 보험사고 전의 보험금청구권, 가집행선고부 종국판결 확정 전의 패소피고의 손해배상청구권,[17] 계약위반에 의한 손해배상청구권

14) 대법원 1996. 12. 10. 선고 96다19840 판결(공 1997, 308).

15) 대법원 2002. 12. 10. 선고 2002다57102 판결(공 2003, 374).

16) 伊藤眞, 破産法, 有斐閣(2006), 193면.

17) 앞의 대법원 2002다57102 판결. "가집행선고의 실효를 조건으로 하는 가지급물의 원상회복 및 손해배상 채권은 그 채권 발생의 원인인 가지급물의 지급이 정리절차 개시 전에 이루어

또는 위약금청구권, 변호사의 성공보수청구권, 퇴직위로금청구권 등이 있다.[18] 정지조건부 채권과 유사한 성격을 갖는 장래의 청구권도 같은 취급을 하고 있다.[19] 장래의 청구권의 예로서는 보증인 또는 연대채무자의 구상권이 있다.

파산절차에서는 정지조건부 채권을 무조건의 채권과 같이 취급한다. 즉 권면액을 갖는 정지조건부 채권의 경우에는 조건성취의 확실도를 고려할 필요 없이 그대로 전액을 파산채권의 액으로 인정하고, 정지조건부 채권이 비금전채권, 불확정금액채권, 외국통화채권, 정기금채권인 경우에는 파산채권자 자신이 평가한 파산선고 당시의 평가액을 채권액으로 한다. 이 평가의 타당성은 채권조사기일에서 조상의 대상이 되어 이의가 없으면 그대로 확정되고 이의가 있으면 채권확정소송에 의하여 그 액수가 확정된다. 해제조건부 채권이 일단 성립한 채권임에 대하여 정지조건부 채권은 아직 채권이 발생하지 않고 성립할 가능성도 매우 불안정하므로 금액 전액을 배당하는 것은 타당하지 않다. 따라서 중간배당절차에서는 바로 파산채권자에게 지급하지 않고 임치를 하였다가(파산법 제243조 제4호, 신법 제519조 제4호) 조건이 성취되면 지불하고 최후배당의 제척기간까지 조건이 성취되지 아니한 경우에는 배당에서 제외하여 다른 파산채권자들의 최후배당에 사용하게 된다(파산법 제247조, 신법 523조).

3. 해제조건부 채권

해제조건부 채권에 대하여도 권면액이 있는 경우에는 그 액수 그대로 파산채권액으로 하고 권면액이 없는 경우에는 파산채권자가 평가한 금액을 파산채권으로 삼는 것은 정지조건부 채권과 동일하다. 그러나 해제조건부 채권은 채권 자체가 성립한 것이므로 해제조건부 파산채권자에게 배당을 하기 위하여는 담보를 제공받고 배당을 할 수 있되(파산법 제238조, 신법 제516조)[20] 최후배당의 제척기간 내에 조건이 성취하지 아니하면 제공한 담보를 파산채권자에게 반환하고 임치된 배

진 것이면 조건부 채권으로서 정리채권에 해당하고 회사정리절차에서 신고하지 아니하면 실효된다."

18) 齊藤秀夫/麻上正信 編, 注解破産法 第三版(上), 青林書院(1999), 138면.

19) 파산절차에서 장래의 청구권과 정지조건부 채권을 같이 취급하는 이상 입법론상 따로 구분할 실익이 있는지 의문이 있다. 대법원 2002. 11. 26. 선고 2001다833 판결(공 2003, 175)도 구상권에 대한 보증은 장래의 채무에 대한 보증으로 일종의 조건부 채무라는 모호한 표현을 사용하고 있다.

20) 실무상은 담보를 제공하지 아니하여 배당하지 않고 있다.

당금은 해제조건부 파산채권자에게 지불한다(파산법 제248조, 신법 제524조). 정지조건부 채권이 최후배당의 제척기간 내에 조건성취가 이루어지지 아니하면 배당금을 수령할 수 없는 반면에 해제조건부 채권은 최후배당의 제척기간 내에 조건성취가 이루어지지 아니하면 일단 배당을 받게 된다. 이를 打切主義라 한다.[21] 다만 파산절차 종료 후에 해제조건이 성취된 경우에 관재인에게 반환하여 추가배당의 자원으로 삼을 것인지 파산자에게 반환하여 재단채권자, 비면책 파산채권자, 또는 신 채권자들의 책임재산으로 삼을 것인지에 관하여는 논의가 있다.[22]

Ⅵ. 손해배상청구권에 대한 판결이유의 검토

1. 대상 판결의 논리

손해배상책임의 성립에 관하여 대법원은 다음과 같이 판시하고 있다. 고객은 파산한 증권회사에 대하여 파산절차와 무관하게 예탁금전액을 회수할 수 있음에도 증권회사가 법에 위배하여 증권금융회사에 예탁하지 아니하여 발생한 손해가 있다면 손해배상을 청구할 수 있다. 설령 고객예탁금 반환채권에 대하여 고객의 일반 채권자가 가압류를 하였다고 하더라도 가압류명령으로 채권의 처분과 영수 등 채권자를 해치는 일체의 처분이 금지되는 소극적 의미를 가질 뿐이고, 더 나아가 증권회사의 고객예탁금을 분리·예치할 의무가 면제되는 것은 아니므로 손해배상책임의 성립에 영향이 없다.

다음으로 손해배상의 범위에 관하여 다음과 같이 판시하고 있다. 고객이 파산절차와 무관하게 예탁금을 인출하여 우선하여 예탁금을 지급받을 수 있었을 터인데 증권회사의 의무 위배로 예탁금반환채권이 일반파산채권으로 취급되어 일부밖에 지급받을 수 없게 되었다면 파산재단이 그 손해를 배상하여야 한다. 원심은 아일랜드 회사들이 피고에 대하여 갖는 고객예탁금 즉 상환원리금 채권 전액(약 15억원) 외에 이를 기준으로 하여 산정한 고객예탁금 중 파산절차에서 배당받은

21) 中野貞一郎/道下徹 編, 基本法コンメンタール破産法 第二版, 日本評論社(1997), 292면.

22) 해제조건이 완성되면 파산채권자는 이미 수령한 배당금을 부당이득으로 반환하여야 한다(곽윤직 편, 민법주해(Ⅲ), 박영사(1992), 341면). 반환된 금원은 원칙적으로 추가배당의 재원으로 삼는 것이 타당하다(同旨, 齊藤秀夫/麻上正信 編, 앞의 책, 603면; 中野貞一郎/道下徹 編, 앞의 책, 56면 참조).

부분을 공제한 나머지 금액의 손해배상채권(약 8억원)을 합한 금액(약 24억원)을 파산채권으로 인정하였다. 이에 대하여 피고는 상환원리금 채권 외에 별도로 손해배상청구권을 인정하게 되면 이중으로 파산채권으로 계산하는 것이어서 부당하다고 주장하였으나 대법원은 다소 불분명한 이유로 이를 배척하였다.

2. 손해배청구권의 인정 여부

원고들이 주장하는 아일랜드 회사들이 파산재단에 대하여 갖는 손해배상채권이라고 하는 것은 피고가 예치의무를 이행하였더라면 상환원리금채권 전액을 받을 수 있었음에도 의무를 불이행하여 파산절차에 참가하여 앞으로 얼마인지 모르지만 일부밖에 받을 수 없게 되었으니 그 차액상당의 손해가 발생하였다는 것이고, 원고들은 이 손해배상청구권을 파산채권으로 확정하여 줄 것을 구하고 있다. 아일랜드 회사들이 피고의 예치의무 불이행으로 인하여 손해를 입었다면 손해배상청구권의 파산채권을 갖는다고 할 것이므로 대법원이 원고들에게 상환원리금 채권 외에 손해배상청구권을 인정한 것은 정당하다.

다만 상환원리금 채권과 병합하여 파산채권확정소송이 제기된 이 사건에서는 상환원리금 채권 외에 별도로 손해배상청구권의 파산채권을 합산하여 인정한 것이 정당한 것인지와 손해배상청구권의 범위를 산정한 방법에 대하여는 아래에서 따로 검토한다.

3. 손해배상의 범위

원고가 아일랜드 회사들과 파이오니아를 대위하여[23] 처음 이러한 내용의 손해배상청구권을 파산채권으로 신고할 당시는 제1회 채권자집회기일로서 아직 배당에 착수하기 이전이므로 배당률을 예상할 수 없고, 설령 이 사건 소송 도중 배당이 실시되어 원심판시와 같은 배당률이 정하여졌다고 하더라도 그 배당률은 임시적인 것이고 그 후 계속하여 중간배당, 최후배당 등을 통하여 배당률이 증가하게 마련이므로 파산채권확정소송을 제기할 당시 배당에 참가하여 받을 수 없는 금액을 산정하는 것은 불가능하다. 그리하여 원심도 이러한 문제점을 인식하고

23) 파산채권자에 대한 일반 채권자는 채권자대위권을 행사하여 파산채권자를 대위하여 파산채권을 신고할 수 있으므로 원고들의 대위 신고는 적법하다.

배당률이 잠정적인 것으로서 최종적인 배당률을 확정할 증거가 없으나 아일랜드 회사들이 파산절차에서 실제 지급받을 수 있는 액수는 손해배상채권보다 미달할 것이라고 설시하고 있다. 따라서 장차의 배당률을 기준으로 불확정한 손해배상채권액을 확정하는 것이 불가능함에도 원심이나 대법원은 이를 변론에 현출된 자료에 의하여 파산절차 중의 임시 배당률을 기준으로 손해배상액수를 산정하고 있다.

그러나 파산법은 이러한 조건부 채권이나 장래의 청구권을 파산절차에서 현재화하여 무조건의 채권으로 취급하는 조치를 마련하고 있다. 이를 파산채권의 현재화라고 한다.[24] 원고의 손해배상청구권은 이미 피고의 예치의무 불이행으로 인하여 발생하였으나 장차 배당에 참가하여 배당금을 수령하는 사실이 발생하면 그 액수만큼 채권이 소멸하는 것이므로 해제조건부 채권으로 볼 수 있다.[25] 조건부채권은 그 전액을 파산채권액으로 인정하므로, 권면액인 상환원리금 전액의 손해배상청구권을 인정하면 충분하고 원심과 같이 가상의 배당률을 기초로 하여 손해배상액수를 산정할 필요가 없다.

4. 손해배상청구권과 상환원리금청구권의 관계

이 사건 사채발행행위와 증권거래법 위반행위는 별도의 시기에 이루어졌고 그 요건도 상이하므로 동일한 사실관계에 기한 계약불이행 책임과 불법행위 책임에 관한 청구권 경합과는 다른 면이 있다. 그러나 원고가 이 사건 소송으로 추구하는 바는 예탁금을 파산절차에 의하지 아니하고 인출받는 것과 같은 경제적 이익을 얻는 것에 그치는 것이므로 법원으로서는 예탁금 외에 별도로 증권거래법 위반행위에 기한 손해배상을 허용하여서는 아니된다. 양자의 관계는 상환원리금을 파산절차에서 받지 못하는 액수만큼 손해배상청구권이 발생하는 것이므로 상환원리금 채권을 먼저 행사하고 그 차액을 손해배상청구권으로 만족받는 관계에 있다. 상환원리금채권의 변제를 받으면 손해배상청구권은 소멸한다는 점에서 지급을 위하여 어음을 발행한 경우에 어음채권을 먼저 행사하여야 하고 원인채권을 행사할 수 없는 법리와 유사하다. 파산절차에서 동일한 경제적 이익을 채무자로부터 얻는 경우로는 청구권경합의 관계에 있는 약속어음채권과 원인채권을 파산채권으로 신고한 경우를 들 수 있다. 그 외에 동일한 경제적 이익을 수인으로부

---

24) 田炳西, 최신 파산법, 법문사(2003), 118면.

25) 도산법연구회 발표시 정지조건으로 취급하자는 견해도 있었다.

터 얻는 경우로는 보증인과 주채무자가 파산하거나 그 중 일방만이 파산한 경우 등을 들 수 있다.

그런데 이 사건 손해배상청구권은 동방페레그린증권이 파산선고를 받았기 때문에 발생한 파산채권으로 파산절차를 떠나서는 생각할 수 없는 채권이라는 점에 앞에서 본 사례와 다른 특징이 있다. 이처럼 파산절차가 개시되지 아니하면 성립할 수 없는 청구권을 파산절차에서 상환원리금채권과 독립한 청구권으로 또는 종속적인 청구권으로 취급할 것인지가 핵심이다.

(1) 어음채권과 원인채권

어음채권과 원인채권은 실체법상의 별개의 채권으로서 성립요건 및 소멸시효, 법정이자 등의 차이가 있다. 구 소송물이론에 의하면 별개의 소송물로 본다. 신 소송물 이론은 다시 단순한 공격방어방법에 불과하다는 견해와(一元說), 법률적으로 무인성의 유무 등 특이성의 차이가 있으므로 2개의 소송물이 된다는 견해(二元說)로 나뉜다.[26] 그러나 별개의 소송물로 보는 견해를 취하더라도 두 개의 채권에 기하여 동시에 하나의 사건으로 소송을 제기한 경우에 선택적 병합에 의하건, 단순 병합에 의하건 이중집행의 위험을 방지하기 위하여 주문에는 하나의 청구금액만을 인용한다는 점에서는 견해가 일치되어 있다.[27]

어음이 발행되는 경우는 크게 '지급을 위하여', '지급을 담보하기 위하여', '지급에 갈음하여'의 3가지가 있다. 보통의 경우인 '지급을 위하여' 어음이 발행된 경우에는 원인채권보다 먼저 어음채권을 행사하여야 하므로,[28] 어음채권과 원인채

26) 강현중, 제5판 민사소송법, 박영사(2002), 334면.

27) 종전의 실무는 선택적 병합으로 처리하여 어느 하나의 청구가 이유 있으면 전부 승소의 판결을 내리고 나머지 청구에 대하여는 심판하지 아니한다(강현중, 앞의 책, 361면). 선택적 병합 대신 단순 병합을 인정하는 견해에 의하더라도 판결 이유에서 양 청구에 대하여 판단을 하여 원고의 청구가 이유 있으나 양자는 경합의 관계에 있으므로 주문에는 하나의 채권금액만 기재하여야 한다고 주장한다(文一鋒, "選擇的 併合과 請求權競合," 법조 1999년 3월호, 150면). 이와 달리 별소가 제기되어 전소에서 어느 청구에 대하여 이미 이행 판결이 선고된 경우에 후소를 심리하는 법원은 소의 이익이 없다고 하여 후소를 기각한다는 견해도 있고(강현중, 앞의 책, 361면), 채권만족을 받기 이전에는 소의 이익이 있으므로 후소에서도 원고 승소의 판결을 할 수 있다는 견해가 있다(문일봉, 앞의 논문, 151면). 그러나 이 사건은 별소로 제기된 사안이 아니므로 어느 이론에 의하더라도 양 청구권에 대하여 각각의 인용주문을 낼 사안이 아니다. 필자는 어음채권과 원인채권을 동시에 구할 수 없는 것이므로 일단 어느 채권이든지 원고 스스로 선택하여 먼저 승소판결을 받은 다음에는 후소는 소의 이익이 없다고 보아 각하하여야 한다는 견해에 찬동한다.

28) 대법원 1995. 10. 13. 선고 93다12213 판결(공 1995, 3746); 1989. 5. 9. 선고 88다카7733 판결(공 1989, 897); 崔埈璿, 商法事例演習(下), 三潮社(2004) 146면. 원인채권을 먼저 행사하는 때

권에 대하여 파산채권신고를 하게 되면 어음채권만 시인하고 원인채권에 대하여는 이의를 제기한다.[29] '지급을 담보하기 위하여' 어음이 발행된 경우에는 채권자에게 선택권이 있으므로(통설, 판례),[30] 양자 택일할 것을 권유하여 그 중 유리한 채권만을 신고받고 다른 채권에 대하여는 이의를 제기한다. 어음채권과 원인채권이 청구권경합의 관계에 있다고 하더라도 중복하여 권리의 만족을 허용할 수 없으므로 파산절차 내에서 확정판결과 동일한 효력을 갖는 파산채권자표에 2개의 청구권이 있는 것으로 기재할 수 없고 1개의 채권을 기준으로 배당을 하여야 하므로 파산채권자가 이의된 다른 채권에 대하여 파산채권 또는 정리채권확정의 소송을 제기하면 법원은 부적법한 신고라는 이유로 각하하여야 한다.[31] 지급에 갈음하여 어음이 발행된 경우 원인채권은 소멸하므로 파산채권자는 어음채권만 신고하여야 한다.

(2) 소 결

이상의 법리를 이 사건에 적용하면 원고의 상환원리금 채권이나 손해배상채권은 발생원인 사실을 달리하므로 동일한 사실관계에 기하여 수개의 청구권이 발생하는 일반적인 청구권경합의 관계와는 다르다. 그러나 원고가 동일한 채무자로부터 1회의 급부가 이루어지면 경제적 이익이 달성된다는 점에서는 공통되고 채무자를 달리하는 보증인에 대한 채권과 주채무자에 대한 채권의 관계와는 다르다. 어음채권과 원인채권의 경우에는 지급을 위하여 어음이 발행 또는 배서된 경우라면 어음채권만의 신고를 받고 지급을 담보하기 위한 경우라면 양자 중 어느 하나만을 신고받는 것처럼 이 사건의 경우에도 2개의 채권 중 하나의 상환원리금 상당액의 변제를 받으면 목적을 달성한다. 그런데 이미 상환원리금 채권에 대하여 신고가 되어 파산채권자표에 등재되는 이상 따로 손해배상채권을 신고할 필요는 없는 것이므로 손해배상채권에 대한 채권확정부분은 소의 이익이 없으므로 각하하였어야 한다. 상환원리금 채권은 무조건의 채권임에 반하여 손해배상채권은

에는 채무자는 어음채권의 선행사를 요구하면서 변제를 거절할 수 있다. 최기원, 어음수표법, 박영사(2001), 208면.

29) 서울지방법원, 파산사건처리실무(개정판)(2001), 226면.

30) 대법원 1999. 6. 11. 선고 99다16378 판결(공 1999, 1397); 1993. 11. 9. 선고 93다11230, 11210 판결(공 1993, 897); 崔埈璿, 앞의 책, 149면.

31) 관재인이 양 채권에 대하여 이의를 제기하여 파산채권자가 원인채권과 어음채권에 대하여 파산채권확정의 소를 제기하면 법원은 선택적 병합으로 취급하건 단순 병합으로 취급하건 양 채권액을 합산할 것이 아니라 그 중 하나의 채권액만을 주문에서 표시하여야 한다.

해제조건부 채권으로서 배당절차에서 여러 가지 불리한 취급을 받기 때문에 상환원리금 채권의 신고가 파산채권자에게 유리하기 때문이다.

5. 대상 판결에 대한 비판

대상 판결의 이유에 대하여는 다음과 같이 비판할 수 있다.

첫째, 실체법상은 상환원리금채권이라는 하나의 청구권만이 인정되는 지위에 있음에도 파산절차에서 그와 별도로 손해배상청구권이 있는 것처럼 대우하는 것은 파산법이 실체법의 법원리를 반영한다는 기본적인 원칙에 어긋난다. 실체법상 원인채권과 어음채권의 2개의 채권을 갖더라도 파산절차에서는 그 중 하나의 채권으로 특정하여 그에 대하여 배당절차가 이루어짐에도 불구하고 이 사건에서는 실체법상으로는 하나의 채권임에도 파산절차에서는 마치 실체법상의 우선적인 지위를 잃게 된 점에 착안하여 별개의 채권을 인정할 수는 없는 것이다. 대법원의 논리를 확대하게 되면 마치 어느 채무자가 채권자로부터 돈을 차용하면서 저당권을 설정하여 주기로 약정하였음에도 불구하고 약속을 어기고 제3자와 통모하여 목적부동산을 양도한 후에 채무자가 파산된 경우에도 대여금 채권 외에 손해배상청구권을 인정하게 된다.[32] 판례의 취지는 가능한 한 파산채권자의 손해를 전보하여 명목액에 가까운 배당을 받도록 하기 위하여(즉 동방페레그린증권이 증권거래법 제44조의3에 정해진 의무를 이행하였다면 파산채권자는 명목상의 금액 전부를 지급받을 수 있었을 것이다) 양 채권을 독립한 별개의 채권으로 취급하여 배당하더라도 이를 가리켜 다른 채권자와의 형평에 어긋난다고 말할 수는 없다는 것으로 추측할 수 있다.

그러나 그러한 경우는 파산절차상 파산채권보다 우선적인 취급을 받을 수 있는 지위에 있는 모든 권리자(환취권자, 별제권자)가 파산자의 의무불이행으로 인하

32) 그러나 도산법연구회에서 발표당시 이 사건처럼 법률에 의하여 예치의무가 있음에도 불구하고 법에 위반하는 경우와 단순히 저당권설정계약을 불이행하는 경우는 차이가 있으므로 양자를 동일하게 취급하는 것은 부당하다는 반론이 있었다. 이에 대하여는 다음과 같은 반박이 있었다. 첫째, 일반 불법행위의 경우도 법률에서 정한 의무를 해태한 경우에도 성립되는 것이므로 증권거래법 위반행위나 일반 불법행위를 구별할 필요가 없고, 채무불이행과 불법행위로 인한 청구권경합의 일반이론에 의하더라도 집행권원은 1개만 인정하고 있으므로 이 사건에서도 파산채권을 중복하여 인정할 수 없다. 둘째, 증권회사는 다수의 고객들과 거래하게 되는데 증권회사가 파산한 경우 대법원 판례에 따라 증권거래법 제44조의3에 위반하여 손해를 본 고객인 채권자와 그렇지 아니한 일반채권자를 구분하여 청산업무를 처리하는 것은 파산절차를 복잡하게 한다.

여 일반파산채권자로 전락한 경우에도 생길 수 있는 문제이다. 실체법상 우선적인 지위에 있을 수 있었는데 파산자의 귀책사유로 지위를 갖지 못하였다는 이유로 파산법에서 이를 반영하여 중복적인 파산채권을 인정할 수는 없다. 만일 이를 긍정한다면 파산법에 별제권, 우선적 파산채권의 순위 다음에 '중복배당부 파산채권', 그리고 일반파산채권이라는 새로운 파산채권을 인정하게 되는 것이고 이는 파산법의 우선순위에 어긋나게 된다.

둘째, 대법원 판결에 따르면 상환원리금 채권과 이와 무관한 별도의 손해배상채권이 성립한 것처럼 파산채권자표에 기재되어 중복배당이 가능하게 되어 법률관계를 복잡하게 한다.[33] 그런데 파산채권조사확정절차에서 확정된 확정채권에 관하여 기재된 파산채권자표는 파산절차 내에서 파산채권자 전원에 대하여 확정판결과 동일한 효력이 있고(파산법 제215조, 신법 제460조), 만일 파산채권자표에 잘못이 있으면 오기나 잘못된 계산이 있는 경우를 제외하고는 채권자표무효확인의 소를 제기하여야 한다.[34] 배당절차는 확정된 파산채권자표에 기하여 실시된다. 따라서 주채무자가 파산한 경우 파산선고시의 채권액이 파산채권자표에 기재되면 보증인으로부터 변제받은 액수를 공제하지 않고 배당이 이루어지고 초과배당의 불이익을 입지 않기 위하여는 관재인과 보증인이 서로 긴밀한 연락을 하여 배당조정에 노력하여야 한다. 만일 보증인으로부터 변제받은 액수를 관재인이 알 수 없으면 관재인은 파산채권자표에 따라 배당을 할 수밖에 없다. 배당표에 대하여 이의가 있는 파산채권자는 파산절차가 정하는 바에 따라 배당표에 대한 이의를 제기할 수 있을 뿐 일반 소송절차에서 다툴 수는 없는데,[35] 확정된 채권조사결과의 내용을 다투는 것은 배당표에 대한 이의 사유로 삼을 수 없다.[36] 대상 판결대로 아일랜드 회사들의 피고에 대한 파산채권이 24억원으로 확정되면 파산채권 전액인 24억원을 기준으로 배당을 실시하게 된다.[37] 이론상으로는 만일 파산절차가

---

33) 같은 청구권에 대하여 때를 달리하여 여러 개의 집행권원이 경합된 경우에도 집행은 한 차례만 허용되는 것이므로(이시윤, 민사집행법, 박영사(2004), 93면) 동시에 청구된 이 사건에서 피고가 중복계산이라고 다투는 이상 두 개의 채권인 것처럼 파산채권자표에 기재할 수는 없다.

34) 伊藤眞, 破産法, 有斐閣(1998), 341면. 그러나 일본의 신 파산법 제115조 제3항은 파산채권자표의 작성권한이 있는 재판소서기관에게 경정권한을 부여하는 것이 합리적이라는 판단하에 파산채권자표에 대한 잘못이 명백하지 아니한 경우라도 재판소서기관의 처분에 따르도록 개정하였다(伊藤眞, 앞의 책(2006), 448-449면).

35) 伊藤眞, 앞의 책(2006), 495면.

36) 齊藤秀夫/麻上正信 編, 앞의 책, 582면.

37) 파산채권액이 24억원이라는 판결에 기하여 기재된 파산채권자표에 이후 사정 변경이 없는 한 파산채권자표무효확인의 소나 배당표 이의의 소로써 중복계산을 이유로 다툴 수는 없다. 대

계속하여 진행되어 원심이 인정한 배당률 44%를 넘어 70%가 되어 이 사건 원심이 인정하는 파산채권 24억원을 기준으로 배당하게 되면 당초의 상환원리금 15억원을 초과하게 되는 문제가 된다.[38]

그렇다면 손해배상채권의 파산채권을 파산절차에서 인정하는 것에 대한 실질적 의의는 무엇인가 하는 점을 생각해본다. 현실적인 가능성은 적지만 만일 이 사건이 회사정리절차로서 정리채권자가 사채원리금 채권을 신고하지 아니하였다고 하면 실권의 제재를 입게 되므로 그 대신에 손해배상채권을 신고하여 정리채권자표에 기재할 수 있는 정도의 의미가 있다. 그러나 파산절차에서는 그 후에 실시되는 배당절차의 제척기간 내에 채권신고를 하는 것이 가능하므로 실권의 제재는 없다. 그러나 만일 상환원리금 채권 대신에 불법행위로 인한 손해배상채권만 신고하였다면 이 채권을 파산채권으로 확정하는 의미가 있을 뿐이다. 그리하여 상고인이 원심판시와 같이 산정하면 파산채권을 중복으로 계산하게 되는 것이라고 이 점을 꼬집어 지적한 것인데 대법원은 정면으로 다루지 않고 아일랜드 회사들이 손해를 입은 이상 파산재단이 손해를 배상하여야 한다는 모호한 답변에 그친 것이다.

Ⅶ. 신탁이론에 의한 해결

1. 영미의 신탁이론

원래 신탁제도는 중세 영국에서 십자군 원정을 떠나는 귀족들이 자신의 재산을 믿을 만한 지인에게 맡겨놓으면서 활용되기 시작되어 그 후 형평법을 통하여 발전한 제도이다. 신탁계약은 당사자간에 명시적으로 신탁계약을 체결한 경우뿐 아니라 당사자의 명시적 또는 묵시적인 의사와 무관하게 법원의 해석에 의하여도 신탁계약이 성립한 것으로 볼 수 있다. 후자를 의제신탁(constructive trust)라고 한다.[39]

법원이 중복계산이 아니라고 명백히 판시하였기 때문이다. 결국 24억원을 기준으로 배당을 실시할 수밖에 없다. 실제로 後記에서 보는 바와 같이 관재인은 이를 기준으로 배당을 준비하고 있다.

38) 필자가 확인한 바 아일랜드 회사들을 제외하고 사실상 배당절차가 완료되어 더 이상 다액의 추가배당이 이루어질 가능성은 희박하다.

39) 일본에서는 미국과 같은 의제신탁을 인정하지 않고 있다(新井 誠, 信託法, 有斐閣(2005),

미국 파산법 §541(d)는 채무자가 재산에 대하여 보통법상의 권원만 갖고 있고 형평법상의 권리는 제3자가 갖고 있는 경우 그 재산에 대한 보통법상의 권원만 파산재단에 속하고 형평법상의 권리는 파산재단(estate)에 속하는 재산에서 제외하고 있다.[40] 명시적인 신탁의 경우 수탁자가 파산한 경우 수익자의 수익권은 파산재단에 속하지 아니한다.[41] 그리하여 채무자가 파산신청 전에 의사로부터 치료를 받고 파산신청 후에 치료비의 지급을 위하여 의료보험회사가 채무자를 수취인으로 하여 수표를 발행한 경우에 이 수표는 의료비의 지급을 목적으로 발행된 것임이 분명하므로 채무자는 이 수표에 대하여 보통법상의 권원만 갖고 형평법상의 권리를 갖고 있지 아니하므로 이 수표금청구권은 파산재단에 속하지 아니한다.[42] 그리고 수탁자가 보험편취금을 자신의 통장에 입금하였다고 하더라도 수익자는 형평법상의 추적원리에 기하여 파산재단으로부터 금액의 반환을 구할 수 있다.[43]

2. 일본의 신탁제도

일본은 미국과 같은 의제신탁제도를 도입하지 아니하고 법률행위에 의한 신탁계약만을 인정하고 있다. 신탁행위에는 신탁설정의 의사가 필요하다는 견해가 통설이다. 즉 신탁행위는 신탁의 설정을 목적으로 하는 법률행위로서 신탁설정의 의사, 신탁의 목적, 신탁재산, 수탁자, 수익자에 관한 의사표시를 요한다는 입장이다. 그러나 신탁설정의 의사는 명시적일 뿐 아니라 묵시적으로도 할 수 있으며, 당사자가 신탁이라는 용어를 사용하였는지 여부가 결정적인 요소가 아니라고 한다. 따라서 구체적인 계약체결 과정에서 어떠한 요소를 징표로 삼아 신탁관계의 설정을 인정할 것인가 하는 점에 초점이 놓여 있다. 그리하여 수탁자의 분별관리

103면).

40) §541(d) Property in which the debtor holds, as of the commencement of the case, only legal title and not an equitable interest, … becomes property of the estate … only to the extent of the debtor's legal title to such property, but not to the extent of any equitable interests in such property that the debtor does not hold.

41) In re California Trade Technical Schools, Inc., 923 F.2d 641(9th Cir. 1991). 채무자인 학교가 수탁자의 지위에서 연방학생지원 프로그램에 의하여 지원받는 자금은 파산재단으로부터 제외된다.

42) Brian A. Blum, BANKRUPTCY AND DEBTOR/CREDITOR 249(2nd ed. 1999).

43) Reliance Insurance Co. v. Brown, 40 B.R. 214(W.D. Mo. 1984) 판결은 채무자의 보험사기에 의하여 취득한 금원이 파산재단에 포함되자 피해자인 보험회사가 관재인을 상대로 의제신탁의 법리에 기하여 금원의 반환을 구하자 이를 인정하였다.

의무를 기준으로 파악하는 견해가 유력하게 주장되고 있다.[44]

일본의 최고재판소는 2002년 이후 채무정리사무를 수임한 변호사의 수임구좌,[45] 손해보험대리점이 보유하는 보험료관리구좌,[46] 공동주택관리조합이 보유하는 수선비 등을 위한 구좌 예금구좌의 소유권의 귀속에 관하여 신탁계약의 성립 여부를 다루는 판결을 선고하고 있다.[47]

일본의 최고재판소는 공공공사의 선불금보증제도에 기한 수급인명의 전용구좌에 관하여 신탁계약의 성립을 인정하였다.[48] 사안은 다음과 같다. 지방자치단체 甲(위탁자 겸 수익자)이 건설회사 乙(수탁자)간에 도급계약을 체결하면서 선불금을 乙에게 지급함에 있어 만일 계약이 乙의 귀책사유로 해지되는 경우 선불금의 반환을 확보하기 위하여 법률에 기하여 보증회사가 선불금반환채무를 보증하도록 하였다. 그런데 보증약관에 의하면 乙이 선불금을 수령하면 이를 보증회사와 거래하는 금융기관에 별도의 예금구좌를 개설하여 이에 입금하고, 보증신청서에 기재된 목적에 따라 사용하며, 보증기관의 감독(서류심사 및 현장 방문 등)하에 필요한 자료의 제출 및 확인을 받을 의무를 지고 있다. 만일 乙이 의무를 해태하면 보증기관은 예탁금융기관에 대하여 예금지급의 중지를 명할 수 있는 권한을 갖고 있다. 그런데 乙이 甲으로부터 선불금을 예탁금융기관의 구좌로 송금을 받은 후에 파산하여 관재인이 예금채권이 파산재단에 속한다고 주장하였다. 이에 대하여 최고재판소는 선불금이 예금구좌에 입금된 시점에서 甲과 乙 사이에 甲을 위탁자, 乙을 수탁자로 하여 선불금을 신탁재산으로 하여 이를 공사의 필요경비에 지불할 것을 목적으로 하는 신탁계약이 성립하였다고 해석함이 상당하므로 선불금이 乙 명의의 예금구좌에 입금된 것만으로는 아직 공사대금이 乙에게 지급되었다고 할 수 없고 예금구좌로부터 乙에게 인출이 되어야 비로소 乙의 고유재산에 귀속하게 된다고 하여 관재인의 청구를 기각하였다.

한편 최고재판소는 증권거래의 위탁매매와 관련하여 증권회사가 위탁자의 출연으로 증권을 매입하여 미처 주권을 위탁자에게 교부하지 아니한 상태에서 파산한 사안에서 위탁자의 계산으로 증권을 구입한 것이고 위탁매매인의 채권자는 위

---

44) 道垣内弘人 編, 信託取引と民法法理, 有斐閣(2003), 22-23면.
45) 일본 최고재판소 2003. 6. 12. 판결(민집 57권 6호 563면).
46) 일본 최고재판소 2003. 2. 21. 판결(민집 57권 2호 95면).
47) 新井 誠, 앞의 책, 126면.
48) 일본 최고재판소 2002. 1. 17. 판결(민집 56권 1호 20면). 판결의 최근 동향에 대하여는 道垣内弘人 編, 앞의 책, 9-18면 참조.

탁매매인이 위탁의 실행으로 구입한 권리에 대하여까지 자기의 채권의 일반적 담보로서 기대할 수는 없다는 이유로 위탁자의 환취권을 인정하였다.[49] 학자들도 결론에 찬동하고 있다.[50]

3. 신탁이론에 의한 검토

(1) 신탁행위의 성립요건

우리나라의 신탁제도는 최근 부동산신탁을 통하여 발전하고 있으며 대법원에서도 신탁에 관한 판결들이 계속하여 선고되고 있다.[51] 신탁법 제 1 조 제 2 항은 "신탁이라 함은 신탁설정자(이하 '위탁자'라 한다)와 신탁을 인수하는 자(이하 '수탁자'라 한다)와 특별한 신임관계에 기하여 위탁자가 특정의 재산권을 수탁자에게 이전하거나 기타의 처분을 하고 수탁자로 하여금 일정한 자(이하 '수익자'라 한다)의 이익을 위하여 또는 특정의 목적을 위하여 그 재산권을 관리, 처분하게 하는 법률관계를 말한다"고 규정하고 있다. 그리하여 신탁이 성립하기 위하여 재산권의 처분과 일정한 목적에 따른 재산의 관리 또는 처분이 필요하다는 점에 대하여는 異論이 없다. 문제는 그 외에 신탁설정의 의사가 필요한 것인가 하는 점인데 학설은 신탁설정 의사의 존재를 필요로 한다.[52]

(2) 사채원리금대행계약과 신탁계약

최근 대법원은 사채원리금대행계약에 대하여 신탁계약의 성립을 인정하여 주목을 받고 있다. 사안은 아래와 같다.

소외 회사(영진약품)가 사채원리금 지급장소를 피고(제일은행)의 충무로 지점, 지급보증기관은 원고(서울보증보험)로 된 무기명식 이권부 보증사채를 발행하였다. 소외 회사는 피고와 사채원리금지급대행계약을 맺었다. 계약에 의하면 소외 회사는 피고의 대행사무 수행에 필요한 서류를 피고에게 인도하고, 지급할 원리금 상

---

49) 일본 최고재판소 1968. 7. 11. 판결(민집 22권 7호 1462면).

50) 岡庭幹司, "問屋の破産と委託者の取戻權," 倒產判例百選(第 3 版), 有斐閣(2002), 110-111면.

51) 수탁자의 지위 승계에 관한 대법원 2006. 3. 9. 선고 2004다57694 판결(공보불게재), 비용상환청구권 및 자조매각권에 관한 대법원 2005. 12. 22. 선고 2003다55059 판결(공 2006, 155) 등이다.

52) 洪裕碩, 信託法, 법문사(1999), 83면은 요물계약으로 설명하고 있다. 국내 학설의 검토에 대하여는 鄭順燮, "私債元利金 支給代行契約의 法的 性質論," 증권법연구 제 5 권 제 1 호(2004), 336면 이하 참조.

당액을 지급개시일 1일 전에 피고의 충무로지점에 인도하여야 한다. 한편, 소외 회사는 원고와 사채보증보험약정을 체결하여 원고가 소외 회사 발행의 사채원리금의 지급을 보증하였는데, 그 약정에서도 사채원리금 지급장소는 피고의 충무로지점임을 확인하였다. 원리금상환기일에 사채권자들을 대리한 증권예탁원은 피고에게 이 사건 사채원리금의 지급을 청구하였으나 거절당하자 원고로부터 보증사채에 따른 보험금을 수령하였다. 원고가 사채권자들을 대위하여 피고에 대하여 사채원리금의 지급을 구하자 피고는 소외 회사가 피고에 대하여 갖는 예금채권과 피고에 대하여 부담하는 대출금 채무를 상계처리하였다.

대법원은 사채원리금 지급대행계약은 소외 회사(영진약품)가 발행한 사채의 사채권자에게 그 원리금을 지급하기 위하여 소외 회사가 사채원리금 지급자금을 피고에게 인도하고 피고 은행은 이를 인도받아 보관 관리하면서 사채권자에게 그 사채원리금을 지급하는 것을 목적으로 하는 것으로서 신탁계약으로서의 성질을 가지므로 피고의 상계는 신탁법상 허용되지 아니한다고 판시하였다.[53)]

(3) 신탁법리의 적용

신탁법의 기능 중의 하나는 파산으로부터의 격리기능이다. 수탁자가 파산한 경우에 신탁법 제22조에 의하면 신탁재산은 수탁자의 고유재산이 된 것을 제외하고는 수탁자의 파산재단을 구성하지 아니한다. 이 점은 미국 파산법 §541(d)와 같은 취지이다. 신탁자가 파산하는 경우를 대비하는 방식이 SPC에 의한 자산유동화방식이다.[54)] 증권거래법 제44조의3의 취지는 고객예탁금은 증권회사의 고유재산이 아님을 명시하면서 이를 고유재산과 분리하여 보관하도록 하는 한편 증권회사에 경영상의 위기가 올 경우에는 자신의 소유가 아닌 고객예탁금에 대하여는 그 소유자인 고객에게 우선 지급하도록 함으로써 고객을 증권회사의 다른 일반채권자와 구별하여 취급하도록 한 것에 있다. 그리하여 앞에서 본 법률안 심사보고서에도 증권회사 도산시 고객을 보호하기 위하여 구분관리, 상계, 압류 금지 등의 법적 보호장치를 마련하고 있다.

그렇다면 동방페레그린과 새한정기간에 이루어진 사채모집 위탁계약은 새한정기가 사채를 발행하고 사채권자를 위하여 사채원리금을 증권예탁원을 통하여

53) 대법원 2002. 7. 26. 선고 2000다17070 판결(공 2002, 2025). 이 판결의 결론에 찬동하는 평석으로는 鄭順燮, 앞의 논문, 319면 이하.

54) 자산유동화에 관한 법률 제12조 참조.

피고에게 인도하고, 피고는 사채권자를 위하여 증권거래법에 따라 구분관리하여 사채권자에게 지급할 의무를 부담하는 것을 내용으로 하는 것으로서 신탁자를 새한정기로, 수탁자를 동방페레그린, 수익자를 사채권자로 한 신탁계약으로서의 성질을 갖는 것이다. 따라서 동방페레그린이 수령한 돈은 신탁법 제22조에 의하여 파산재단에 속하지 아니하므로 사채권자는 수익자로서 파산재단을 상대로 사채원리금 전액에 대하여 환취권을 행사할 수 있을 것이다.[55] 사채 모집 위탁계약 당시 수익자가 확정되지 아니한 점은 신탁계약의 성립에 방해가 되지 아니한다.[56]

판결 이유만으로는 원고가 명확히 신탁계약에 기한 환취권을 주장한 것으로는 보이지 않지만, 적어도 증권거래법 제44조의3의 규정에 의하여 고객인 아일랜드 회사들이 파산절차와 무관하게 직접 고객예탁금의 반환을 청구할 수 있는 권리로서 우선변제권을 주장하고 있으므로 재판부가 석명을 구하였다면 어떠한 권원에 기하여 환취권을 구하는지를 밝혀볼 수 있었다고 생각한다.

Ⅷ. 결　　론

필자는 대법원이 관재인에게 고객예탁금에 대한 예치의무가 없다고 판시한 점과 증권거래법 제44조의3에 기한 고객예탁금에 대하여 파산절차상 우선적 파산채권을 주장할 수 없다고 판시한 점은 찬동한다. 그러나 증권회사가 증권금융회사에 대하여 갖는 고객예탁금 반환채권이 파산재단을 구성하지 아니하므로 아일랜드 회사들이 우선적 파산채권을 갖고 있지 아니한다는 점을 분명하게 밝히지 아니한 점에 대하여는 아쉽게 생각한다. 다음으로 고객이 파산한 증권회사를 상대로 예탁의무 불이행을 이유로 한 손해배상채권을 파산채권으로 인정하면서 가상의 배당률을 기준으로 계산한 점은 조건부 채권에 대한 파산절차에서의 취급에 관한 법리에 반한 것으로 반대한다.

더구나 대법원이 상환원리금 채권 외에 손해배상채권을 합산한 금액의 파산채권을 보유한다고 판시하여 중복으로 파산채권을 계산하는 것을 허용한 점은 파산법에서 법정한 채권의 우선순위에 관한 법리에 어긋나므로 필자는 반대한다.

---

55) 田炳西, "破産法上 還取權 考察," 법조 1999년 3월호, 163면.

56) 이 점은 대법원 2000다17070 판결에서 승인되었다. 신탁관리인이 없이 불특정 다수인을 위한 신탁을 인정한 점에 대한 검토로는 鄭順燮, 앞의 논문, 343면 이하 참조.

손해배상청구에 대하여는 석명을 하여 상환원리금채권과 선택적 병합에 있는 것으로 처리하든가 굳이 양 채권의 단순병합을 고집하면 손해배상청구권의 부분에 대하여는 소의 이익이 없다고 하여 각하하였어야 한다.

문제를 이렇게 복잡하게 만든 것은 증권거래법 제44조의3의 입법 형식이 일반법 이론에 어긋나기 때문이다. 고객을 보호하기 위하여 증권회사의 예치금반환청구권에 대하여 압류 및 상계를 금지하면서 고객이 직접 예치금반환청구권에 대하여 구체적으로 어떠한 권리를 갖는지에 대하여 규정을 두고 있지 않기 때문이다. 증권회사가 예탁금을 인출하여 고객에게 지급할 것이 아니라 고객이 직접 예치기관으로부터 인출할 수 있도록 규정하는 것이 이론적인 정합성이 있다. 증권회사가 인출하여 고객에게 지급하기 전에 파산선고가 되면 그 순간 파산자의 일반재산과 혼입되어 특정성을 잃어 파산재단에 속하게 되어 고객이 증권거래법 제44조의3에 의하여 보호받는 예치금반환청구권은 소멸하게 되어 고객은 일반 파산채권자로 취급받을 수밖에 없다. 이 사건이 바로 그러한 상황에 놓인 것이다. 현행법의 규정방식보다는 일본과 같이 고객을 수익자로, 증권회사를 신탁자로, 예치기관을 수탁자로 하는 방식을 취했어야 한다.[57]

대법원도 상환원리금을 고객에게 반환하도록 하는 것이 구체적인 타당성이 있다고 하여 고객을 보호하려고 하였다면 위에서 본 판결 이유를 도출할 것이 아니라 차라리 앞에서 보나 바와 같이 신탁이론으로 구성하였더라면 이론적인 정합성도 갖추고 대법원이 바라는 대로 사채권자를 충분히 보호하는 구체적인 타당성 있는 결론을 도출할 수 있었다고 생각한다.[58] 이 글을 쓰면서 필자를 포함한 실무가들이 그 동안 신탁법에 대한 연구를 게을리 한 점에 대하여 반성하였다.

(BFL 第18호(2006. 7), 서울대학교 금융법센터, 45면 이하 소재)

57) 일본의 증권거래법 제47조는 증권회사에 대하여 고객과의 거래에서 수령한 유가증권이나 고객의 계산에 의하여 자기가 점유하고 있는 유가증권 기타 금전을 자기의 고유재산과 분리하여 보관할 것을 명하고, 증권회사가 증권업을 영위하지 아니하는 경우에 후에 고객에게 반환할 것을 목적으로 국내에서 신탁회사 등에게 신탁할 것을 명하고 있다. 만일 증권회사가 이러한 의무를 불이행함으로써 고객이 입은 손해는 증권거래법 제79조의20 이하의 투자자보호기금에 관한 조항에 의하여 일정 한도까지 보호하고 있다.

58) 원고들은 환취권 주장을 하였으나 신탁법에 기한 수익자로서의 환취권 주장을 한 것으로 보이지 않는다. 대법원으로서는 파산법상의 환취권의 근거에 대하여 심리미진 또는 석명의무 위배를 이유로 파기할 수 있었을 것이다. 보다 근본적으로는 원고들이 명시적으로 신탁이론에 기한 수익자로서의 환취권자라는 점을 주장하지 아니한 것에 아쉬움이 남는다.

[후기]

필자는 2006. 4. 28. 이 글을 도산법연구회에서 발표하였다. 발표당시 대법원의 결론에 찬동하는 견해와 필자에 찬동하는 견해가 백중하였다. 대법원의 입장에 찬동하는 분들은 이 사건이 증권거래법 제44조의3의 입법취지를 살리기 위하여 증권회사의 고객에 대하여 일반파산채권자보다 두텁게 보호해야 한다는 취지에서 증권거래법 위반 사건에 한하여 중복하여 파산채권을 인정한 것으로 판결이유를 일반화할 수 없다는 의견을 개진하였다.

파산자 동방페레그린은 필자의 재판부에서 감독하는 파산재단으로서 대상 판결이 선고된 후 대법원 판결에 따라 중복하여 배당을 준비하고 있다. 그런데 배당금청구권은 추심채무이기 때문에 채권자인 아일랜드 회사들이 관재인을 상대로 배당금청구를 최고하여야 하는데 아직까지 청구를 하지 않고 있으며 아일랜드 회사의 관재인과 원고들간에 배당금 청구에 관한 합의가 이루어지지 아니하여 아직 배당금을 지급하지 못하고 있다.

配當金請求權의 性質

대법원 2005. 8. 19. 선고 2003다22042 판결

Ⅰ. 사　　안

원고(파산채권자, 유동화전문회사)는 회사채 지급보증채권자이고, 파산회사(고려증권 주식회사)는 소외 주식회사 국제상사(주채무자)가 발행한 회사채에 대하여 지급보증을 한 바 있고, 국제상사는 현재 회사정리절차의 진행 중에 있다. 피고(파산관재인)는 중간배당을 실시하면서 특별한 이유 없이 원고에 대한 배당금의 지급을 보류한 채 임치하고, 10개월 후에야 배당금의 원금을 지급하였다. 원고는 10개월간의 이행지체를 이유로 손해배상을 구하면서 상거래채권이라는 이유로 연 6푼의 비율로 지연이자를 산정하였다. 제 1 심과 원심(서울고등법원 2003. 4. 1. 선고 2002나60681 판결)은 연 6푼을 적용하였고, 피고는 연 5푼이 적용되어야 한다는 취지로 상고하였다. 대법원은 2005. 8. 19. 선고 2003다22042 판결[1]에서 상고를 받아들여 원심판결을 파기하였다.

Ⅱ. 대법원 판결의 요지

파산채권자의 배당금 지급청구권에는 다양한 종류의 파산채권 원본과 그에

1) 공 2005, 1486.

대한 파산선고 전일까지의 이자 및 지연손해금을 합산한 채권이 모두 반영되어 있어, 원래 채권의 성격이 반드시 그대로 유지된다고 보기는 어렵고, 배당절차는 금전화 및 현재화를 거친 파산채권 원금 및 파산선고 이전까지의 지연손해금에 대하여 배당재원의 범위 내에서 각 채권의 비율에 따라 분배하는 절차로서, 배당률을 정하여 통지함으로써 발생한 구체적 배당금 지급채무의 이행은 파산재단을 대표한 파산관재인의 의무이지 파산자의 의무는 아니라 할 것이므로, 배당금 지급채무는 파산채무의 원래 속성이나 파산자가 상인인지 여부와는 무관하게 민사채무로 봄이 상당하고, 그 지연으로 인한 지연손해금에 적용될 법정이율도 원래 파산채무의 속성이나 약정이율 혹은 채무명의에서 정한 지연이율에 영향을 받지 아니하고 민사 법정이율인 연 5%가 적용되어야 할 것이다.

Ⅲ. 해　　설

1. 파산절차 개시로 인한 채권의 변경

채무자에 대하여 파산절차가 개시되면 채권자가 채무자에 대하여 갖는 권리는 파산법[2]이 정한 성질에 따라 파산절차 내에서 다른 내용의 변경을 거쳐 그에 상응한 변제를 받게 된다. 권리의 성질에 따라 파산채권, 재단채권, 별제권으로 분류된다. 그 외에 파산법이 실질적으로 새롭게 인정한 권리는 아니지만 환취권이라 하여 실체법상의 권리를 가지는 제3자가 現有財團[3]에는 속하고 있지만 법정파산재단에 속하지 않는 재산에 대하여 파산관재인의 지배를 배제하기 위한 것도 있다. 환취권자 역시 현실적인 점유자 또는 관리자인 파산관재인을 상대로 반환을 구하여야 한다. 아래에서는 파산선고 이전에 생긴 채권 중 파산채권과 재단채권을 기준으로 하여 설명한다.

2) 2006. 4. 1.부터 파산법이 폐지되고 채무자 회생 및 파산에 관한 법률이 시행된다. 이하의 설명은 현행 파산법에 따른 것이다.

3) 파산자가 현실적으로 점유하고 있는 동산이나 파산자 명의로 되어 있는 부동산으로서 파산선고에 의하여 파산관재인('관재인')의 점유 관리하에 들어가 있는 재산을 말한다.

(1) 일반 파산채권

파산선고 이전의 원인에 기하여 발생한 채권 중 파산자에 대한 재산상의 청구권이 파산채권이다. 파산선고가 되면 파산채권에 기한 소송절차는 중단되고 파산채권 조사절차를 통하여 확정되어야 한다. 또한 파산채권에 기한 강제집행절차는 효력을 잃고 배당절차를 통하여만 배당을 받게 된다. 파산자가 면책을 받게 되면 파산채권에 기하여 더 이상 파산자를 상대로 청구할 수 없게 된다. 배당순위에 있어서 재단채권에 대한 변제가 있고 난 다음 배당자원이 있으면 일반 파산채권은 우선적 파산채권에 대한 배당 후 후순위 파산채권보다 앞서서 배당을 받게 된다.

(2) 우선적 파산채권

파산채권 중 파산재단에 속하는 재산에 대하여 일반 파산채권보다 우선하여 배당하는 채권을 말한다(파산법 제32조, 이하 조문만 표시한다). 임금이 우선적 파산채권으로 취급되었으나 2000. 1. 12. 개정되어 재단채권으로 승격되었다. 현재 우선적 파산채권에 속하는 것으로는 상호신용금고법 제37조의2 소정의 상호신용금고에 대한 예금채권,[4] 예금자보호법 제30조 제5항, 보험업법 제32조 제1항의 채권 등을 들 수 있다.

(3) 후순위 파산채권

파산법은 파산선고 전의 원인에 기하여 발생한 파산채권에 대한 이자채권은 선고 전과 선고 후로 나누어 선고 전날까지의 이자채권은 일반 파산채권으로, 파산 선고 이후에 계속 발생하는 이자청구권은 후순위 파산채권으로 구분하고 있다(제37조).[5] 후순위 파산채권은 일반 파산채권에 대한 변제가 마쳐진 다음에야 비로소 배당받을 수 있으며 일반 파산채권에 대하여 일부만 배당할 자원이 있는 경우에는 후순위 파산채권 역시 면책결정의 효과로 면책되어 더 이상 파산자를 상대로 변제를 구할 수 없다. 후순위 파산채권을 배당하는 경우 우선권 있는 파산

---

4) 서울지방법원 2001. 5. 14. 선고 99가합95994 판결(서울고등법원 2001나36070호로 항소되어 헌법재판소의 결정을 기다리느라 변론기일이 추정되어 있다).

5) 2005. 2. 현재 파산된 금융기관 458개 재단 중 서울중앙지방법원에서 후순위 파산채권의 배당을 실시한 예는 99하244 장은증권뿐이다.

채권의 이자와 일반 파산채권의 이자는 순위에 우열이 없다고 보아 동등하게 취급하여 배당하는 것이 실무이다.[6] 후순위 파산채권을 자동채권으로 하는 상계는 허용되지 아니한다(제93조). 파산선고 후의 이자는 후순위 채권으로서 일반 파산채권보다 열후적인 취급을 받아야 함에도 불구하고 상계를 통하여 우선적인 변제를 받는 것을 막기 위한 것이다.

(4) 재단채권

파산선고 이전의 원인에 기하여 발생한 채권 가운데에도 입법정책에 따라 재단채권에 속하는 것이 있다. 임금채권과 파산선고 이전에 발생한 조세채권이 그 예이다(제38조). 재단채권은 신고의무가 없으며 수시로 파산재단으로부터 변제받을 수 있다. 그러나 파산재단이 재단채권의 총액을 변제하기에도 부족하게 된 것이 분명하게 된 때에는 재단채권의 변제는 법령이 규정하는 우선권에 불구하고 채권액에 따라 안분하여 변제한다(제42조 제1항). 다만 재단채권 중에도 변제의 우선순위가 있다(제42조 제2항). 재단채권에 기하여 이행청구소송을 제기하는 것이 가능한지에 대하여 다툼이 있고,[7] 재단채권에 기한 강제집행은 할 수 없다는 것이 지배적 견해이다.[8]

2. 채권조사절차의 의의

채권조사절차는 장차 진행될 파산절차에 참가할 파산채권자들의 지위를 확정하기 위한 절차이다. 신고된 파산채권에 대하여 파산채권의 존부, 액수의 범위, 우선권의 유무, 열후부분의 구분을 확정하여 채권표에 기재하는 것이다. 확정된 파산채권에 대한 채권자표의 기재는 파산채권자 전원에 대하여 확정판결과 동일한 효력을 갖는다. 파산채권은 앞서 본 권리의 순위에 따라 채권확정절차를 통하

6) 전게 장은증권의 배당에서 그와 같이 처리하였다.

7) 대법원 2001. 12. 24. 선고 2001다30469 판결(공 2002상, 341)은 관재인이 이행을 선택하고도 계약을 이행하지 아니하여 상대방이 계약을 해제함에 따라 갖게 되는 수수료반환청구권을 재단채권으로 보고 관재인을 상대로 하는 재단채권확인의 소에 대하여 이행소송이 가능함을 이유로 소의 이익이 없다고 판시하였다. 부정설은 재단채권 확인의 소만 가능하다고 주장한다. 부정설에 찬동하는 글로는 林治龍, "재단채권에 기한 이행소송과 강제집행은 가능한가," 법조통권 591호(2005년 12월호), 78면 이하.

8) 일본의 개정 파산법 제42조는 재단채권에 기한 강제집행의 금지를 명문으로 규정하여 이 문제를 입법적으로 해결하였다.

여 그 지위가 결정된다. 예를 들면 채권자가 파산선고 전에 파산자에 대하여 금 100만원 및 그에 대하여 소장송달 익일부터 완제일까지 연 20%의 비율에 의한 청구권을 갖는 내용의 확정판결을 갖는다고 하자. 채권자는 파산채권을 신고하지 아니하면 배당절차에 참가할 수 없으므로 관재인에게 판결금액의 지급을 구할 수 없다. 파산채권을 신고하였다면 그는 일반 파산채권자로서 금 100만원 및 파산선고 전일까지 계산한 금액(예컨대 20만원의 지연손해금)을 합산한 120만원의 일반 파산채권과 파산선고일로부터 배당기준일까지의 후순위 파산채권을 갖게 된다.

3. 배당절차

(1) 의 의

배당이라 함은 확정된 파산채권을 변제하기 위하여 관재인이 파산재단에 속한 재산을 환가하여 얻은 금전을 변제자원으로 삼아 각 채권의 순위, 액수에 따라 평등한 비율로 분배하는 절차이다. 배당절차를 완료함으로써 파산절차는 해지[9]되고 경우에 따라 면책절차가 개시된다. 파산재단의 규모는 동시폐지할 정도라면 전무하고, 小破産을 할 정도이면 파산재단의 가액이 2억원 미만이고 2억원을 넘게 되면 일반파산 사건이 된다(제330조). 한편 파산채권의 액수는 보통 몇 천만원에서 수조 원에 이르기까지 다양하다.

배당을 하여야 하는 시기가 법정된 것은 아니며 파산채권에 관한 일반조사기일이 종료한 후 관재인은 배당함에 적당한 금전이 있다고 인정하는 때마다 지체없이 배당을 하여야 한다(제228조). 즉 관재인이 환가내용에 따라 그의 판단에 기하여 배당하게 된다. 실무의 기준은 일단 파산채권액의 5-10%의 배당재원(파산재단을 환가처분한 금액이다)이 확보되고, 제1회 채권자 집회기일로부터 1년 이내에 제1회 중간배당을 하도록 감독하고 있다.[10]

---

9) 法典用語(제63조 제1항, 제339조 제1항)로서 이는 파산절차가 종료하는 것을 말한다. 파산취소 결정의 확정, 강제화의에 의한 파산종결결정, 동시폐지, 이시폐지, 동의폐지 등 파산폐지 결정의 확정, 회사정리계획의 인가에 의한 파산절차의 실효, 파산종결결정 등을 포함하는 개념이다.

10) 서울지방법원, 파산사건실무(개정판), 610면. 규모가 큰 동아건설산업의 경우 2001. 5. 11. 파산선고되었으나 제1회 중간배당은 2005. 6. 13.부터 실시되어 배당에 참여시킬 채권은 4조원으로, 배당을 실시한 금액은 3,870억원의 규모이다. 배당이 이처럼 늦어진 이유는 리비아 대수로 공사에 관한 다액의 우발채무가 2004년 말에 확정될 때까지 채권액을 확정할 수 없었기 때문이다.

⑵ 배당의 종류

파산사건의 경우 파산재단을 일정 시한까지 모두 환가하는 것은 어렵고, 파산채권의 확정절차도 제각각으로 확정되므로 파산재단을 모두 환가하여 전체 파산채권자에게 일시에 배당하는 것은 현실적으로 불가능하다. 따라서 법은 파산재단의 상황에 맞추어 관재인이 배당을 할 수 있도록 서로 다른 성질의 배당절차를 마련하고 있다. 배당은 中間配當, 最後配當, 追加配當의 3가지가 있다. ① 중간배당은 파산재단을 전부 환가하기 이전이라도 일부 배당을 실시하는 것을 말하며 보통 여러 번에 걸쳐 이루어진다. ② 최후배당은 파산재단에 속한 모든 재산의 환가가 종료하여 앞으로 더 이상 파산채권자의 만족을 충족시킬 수 없는 경우 파산종결을 전제로 하는 것이다. 최후배당은 1회 실시한다. ③ 추가배당은 파산종결 이후에도 새로이 배당에 충당할 파산재단의 수집액이 추가로 발생되어 이를 보충적으로 행하는 것이다. 보통 추가배당은 1회로 마무리된다. 중간배당은 감사위원이 없는 경우에는 법원의 허가로, 감사위원이 있는 경우에는 감사위원의 동의로 가능하지만(제229조), 최후배당은 감사위원의 동의 외에 반드시 법원의 허가를 얻어야 하고(제244조), 추가배당은 법원의 허가를 받아야 한다(제255조). 실무상 감사위원이 설치되는 예는 없으므로 중간배당, 최후배당, 추가배당 모두 법원의 허가를 받아야 한다.

⑶ 중간배당, 최후배당, 추가배당의 공통점과 차이점

이를 표로 표시하면 다음과 같다.[11]

11) 아래의 표는 서울중앙지방법원 파산부 이성용 판사가 작성한 것이다.

《각 배당절차의 비교》

	중간배당	최후배당	추가배당
허가 주체	감사위원 또는 법원	감사위원 및 법원	법원
중간배당의 참가채권/ 최후배당의 제외채권	*조사결과 확정된 채권 *미확정채권으로서 유명의채권 *배당제척기간 내에 조사확정 재판 신청 등을 증명한 이의 있는 무명의채권 *배당제척기간 내에 실행착수, 예정부족액 소명한 별제권	*최후배당제척기간 내 행사 못하게 된 정지조건부채권, 장래채권 *최후배당제척기간 내 조건성취된 해제조건부채권 *포기의사 표시·부족액 증명 없는 별제권	좌동
배당표의 작성·제출	○(230, 231)	○(230, 231)	×
배당제척기간	○(법정사항, 233)	○(법원의 결정, 245)	×
배당공고, 배당률(액)통지	○(232, 237①)	○(232, 246)	○(255②)
배당표 경정, 배당표 이의	○(235, 236)	○(235, 251, 236)	×
배당률에 대한 허가	○(237②)	×	×
계산보고서 제출	×	○(158)	○(257)
계산보고집회	×	○(158, 253)	×
배당횟수	제한 무	1회	제한 무
계산보고서 인가결정	×	×	○(257)

* 괄호안의 숫자는 파산법의 조문을 의미함.

(4) 배당의 허가

관재인이 배당을 하기 위하여는 먼저 배당허가신청서를 작성하여 법원으로부터 허가를 받아야 한다(제229조).[12] 중간배당을 하기 위하여는 먼저 수지계산서[13]를 통하여 그 동안 배당하고 남은 잔액을 확정한 후 중간배당액을 결정한다. 예상배당액을 기준으로 하여 관재인의 보수를 결정한다. 먼저 현금 및 예금을 합산

12) 신청서에는 배당가능한 금액, 배당에 참가시킬 파산채권의 금액, 우선채권자와 일반채권자의 구별, 예상배당률 등을 기재하고, 수지계산서, 배당임치금의 잔액증명서, 향후의 관재업무, 추가재단 수집 예상액 및 배당액을 임치하여야 하는 채권자와 그 금액에 관한 보고서를 첨부하여야 한다.

13) 현재는 각 파산재단의 관재인마다 수지계산서의 기간이 통일되어 있지 않다(파산선고일부터 배당기준일까지 또는 전회배당일부터 배당기준일 전까지로 양분되어 있다).

하여 보유현금액을 확정한다. 여기에서 재단채권유보액(배당유보액)[14]을 공제한 금액을 순배당재원(또는 배당가능액)으로 확정한다. 우선채권(파산법상의 우선파산채권과 전회 배당에서 임치 또는 공탁된 금액)[15]을 공제하여 '우선채권배당후 배당금잔액'을 다시 확정한 후 이 중에서 현금배당할 수 있는 금액과 임치 또는 공탁할 금액[16]을 분류한다. 일반채권의 예상배당률{=우선채권배당후 배당금잔액/(총배당대상채권액－우선채권에 대한 배당가능금액)×100}을 정한다. 법원은 배당허가신청서를 심사하여 적정하다고 판단하면 이를 허가하고 관재인이 허가를 득한 후에는 배당표를 작성하여 법원에 제출한다(제231조). 배당표에는 배당에 참가시킬 채권자[17]의 성명, 주소, 배당에 참가시킬 채권의 액수, 배당할 수 있는 금액 등을 기재한다(제230조).[18] 관재인은 법원의 허가를 득한 후 배당을 공고한다. 공고내용은 배당에 참가할 채권의 총액(우선채권과 일반채권의 합계액)과 배당할 수 있는 금액이다(제232조)[19].

배당공고일로부터 2주간의 제척기간[20] 및 제척기간 경과 후 1주간의 이의신청기간이 경과하면 법원의 허가를 얻어 배당률을 결정하고 파산채권자에게 배당률을 통지한다(제237조).[21] 이 때 비로소 각 파산채권자는 배당률에 기한 구체적인 배당금청구권을 취득하게 된다. 일단 관재인이 배당률을 통지한 후에는 다른 재단채권이 발생한 것을 알거나 강제화의의 제공이 있더라도 배당을 중지할 수 없다.[22] 실무상은 배당률 외에 각 채권자별로 계산한 배당액, 배당일시, 장소, 지급방법도 통지하고 있다.

---

14) 파산절차가 종결될 때까지 소요될 예상 비용(인건비, 공고비, 서류보관비용, 예비비 등)이다.

15) 예컨대, 제5회 중간배당을 실시함에 있어 그 동안 계속 중인 파산채권확정소송이 확정된 파산채권 또는 추가신고한 채권에 대하여 채권조사기일에서 채권이 확정된 경우에는 제1회-제4회까지의 배당에 참가하였더라면 받을 수 있던 금액은 우선배당한다.

16) 파산채권자가 제기한 우선채권확정의 소 또는 파산채권확정의 소가 확정될 때까지 유보한 금액을 포함한다.

17) 채권조사기일에서 이의가 진술된 채권에 대하여는 배당 공고일로부터 기산하여 2주간의 제척기간 내에 파산채권확정의 소송을 제기하거나 소송의 수계를 증명하지 아니한 파산채권은 배당에서 제척되므로 배당에 참가할 채권자에 포함되지 아니한다.

18) 실무상으로는 그 외에 임치금액과 임치사유(조건부시인, 또는 파산채권확정소송중)를 기재한다.

19) 공고비용, 관재인 보수, 재단채권, 별제권의 피담보채권 등을 제외한 금액으로서 우선채권과 일반채권액수를 표시한다.

20) 신법은 제외기간으로 표현을 고쳤다.

21) 드물지만 간혹 공고 후에 예상하였던 매각대금 등이 납입되지 아니하여 배당금액과 배당률을 다시 확정하는 사례도 있다.

22) 서울지방법원, 앞의 책, 258면.

(5) 미확정 파산채권과 임치

1) 채권확정소송과 임치

배당공고일로부터 2주간의 제척기간이 경과할 때까지 채권확정소송을 제기한 것을 증명한 파산채권자에 대하여는 관재인이 채권확정소송이 확정될 때까지 기다렸다가 배당하여야 하므로 일단 그러한 파산채권자에 대한 배당금은 임치하여 둔다(제243조 제1호).[23] 만일 최후배당일까지도 권리관계가 확정되지 아니한 경우에는 배당에서 배제되어 임치한 금액을 공탁하고(제252조 제1호) 최후배당 절차를 마치고 파산절차를 종료하게 된다. 파산종결 후에 파산채권확정소송에서 파산채권자가 패소로 확정되면 공탁한 금액은 추가배당에 사용한다.

2) 조건부 채권과 임치

조건부 채권과 장래의 청구권은 전액 또는 평가액으로 배당절차에 참가할 수 있다(제18조). 정지조건부 채권과 장래의 청구권은 중간배당시에 배당액을 임치한다(제243조 제4호). 그러나 최후배당에 관한 제척기간 내에 그 권리가 확정되지 아니하면 배당에서 제척된다(제247조).

해제조건부 채권은 상당한 담보를 제공하면 중간배당에 참가할 수 있지만(제238조), 실무상으로는 관재인이 위험부담을 회피하기 위하여 담보제공을 요청하지 않고 담보미제공을 이유로 임치하고 있다(제243조 제5호). 다만 배당표 작성 당시 이미 조건이 성취하면 배당에서 제척하지만 최후배당에 관한 제척기간 내에 조건이 성취하지 못한 때에는 임치한 금액은 채권자에게 지급한다(제248조). 정지조건부채권과 해제조건부채권의 이러한 취급의 차이는 조건의 성질에서 유래하는 것으로 법정된 것이다.

3) 보증인의 구상채권과 임치

파산자가 회사채를 발행하였다가 파산선고되고 보증인이 사채권자에게 회사채의 일부를 변제하면 보증인은 파산자에 대하여 구상금채권을 갖게 된다. 아직 사채권자에 대한 회사채를 전액 변제하지 아니하는 한 파산채권 현존액주의에 따라 사채권자가 신고한 파산채권액을 기준으로 배당받게 된다. 문제는 보증인이 그 동안 대위변제한 금액이 다액으로서 대위변제액에 사채권자에 대한 배당금을

23) 원본채권 전액에 대하여 이의하는 경우뿐 아니라 그 일부 또는 지연손해금 채권의 일부(이자율에 관한 다툼)에 대하여 이의하여 파산채권확정소송이 제기되는 경우 등이다.

합하게 되면 신고한 파산채권 전액을 초과하게 되는 경우이다. 실무는 임의임치한 후 사채권자와 보증인간에 정산을 한 후 일부 배당금에 대하여 사채권자가 파산자에 대하여 배당금양도통지를 하게 함으로써 조정하고 있다.[24]

⑹ 배당의 실시

1) 원천징수

관재인이 고용한 보조인에 대한 재단채권을 안분변제하는 경우 근로소득세를 원천징수하는 것은 확립된 실무이다. 재단채권 중 종전 종업원에 대한 파산선고 전에 발생한 미불 임금채권을 배당하는 경우에도 근로소득세에 대한 원천징수를 하는 것이 실무의 대세이다.[25] 실무상 금융기관에 대한 예금채권에 대하여는 경우를 나누어 처리하고 있다. 예금 원금 및 이자 채권을 신고하였으나 배당금이 원금에도 못 미치는 경우에는 채권자가 변제충당에 의하여 원금채권으로 충당할 수 있고 이자는 수령하지 아니한 경우가 되므로 이자채권에 대하여는 원천징수를 하지 아니한다. 만일 원금을 변제받고 이자채권에 대하여만 신고하여 이자채권에 대하여 배당이 실시된 경우라면 원천징수를 하고 있다.

2) 어음의 분실과 배당

어음채권을 파산채권으로 신고하였으나 배당실시 전에 어음을 분실한 경우라면 관재인은 원인증서에 부기할 의무를 이행할 수 없게 되고 후에 어음이 전전유통되어 선의의 제 3 자에게 피해를 줄 수 있으므로 어음채권자는 관재인에게 제권판결을 제출하지 아니하면 배당금을 수령할 수 없다.[26]

3) 추완신고와 배당

신고하지 아니하는 채권자는 배당에 참여할 수 없으므로 뒤늦게 신고한 채권의 내용을 관재인이 인정하는 경우에도 특별조사기일을 거치지 아니하면 배당할 수 없으며 관재인이 채권조사절차 없이 법원의 허가를 통하여 배당금을 지급할 수는 없다. 신고는 하였으나 관재인으로부터 이의를 당하였음에도 배당의 제척기간 내에 파산채권확정의 소를 제기하지 아니한 채권자도 배당에 참가할 수 없다.

제 5 회 중간배당 직전에 추완 채권신고를 하여 채권조사기일에 시인한 채권

---

24) 전게 동아건설산업의 배당절차.

25) 서울지방법원, 앞의 책, 259면은 파산선고 전의 임금채권을 변제하는 경우 원천징수를 하지 아니한다고 기술하고 있으나 일선의 관재인은 원천징수를 하는 경우가 과반수로 조사되었다.

26) 서울지방법원, 앞의 책, 258면.

자는 제5회 배당에서 이미 행한 제1-4회 배당에 참가하였더라면 받을 수 있는 금액을 우선하여 배당받는가? 실무는 이를 긍정한다.[27] 만일 중간배당이 완료되고 최후배당 직전에 추가신고를 한 채권자는 최후배당시에 중간배당분만큼을 최후배당에서도 우선하여 배당받는가? 아직 실무상의 사례는 없으나 긍정적으로 해석한다.

4) 별제권자에 대한 배당

별제권자가 배당절차에 참가하기 위해서는 먼저 담보권포기의 의사표시를 하여 일반파산채권으로 변경시키거나, 담보목적물의 처분에 착수한 것을 증명하고 동시에 그 처분에 의한 부족액이 소명된 채권만이 배당에 참가할 수 있다(제234조). 별제권자가 담보권을 포기하는 예로서는 그가 후순위담보권자이기 때문에 경매절차에서 배당받을 가능성이 없는 경우이다. 담보권 포기의 의사표시는 관재인에 대하여 하여야 하고(제249조) 파산당시 파산법인의 구 대표이사에게 한 것은 효력이 없으므로 배당절차에 참가할 수 없다.[28] 간혹 관재인이나 보조인이 파산법의 부지로 말미암아 별제권자가 신고한 채권전액을 시인하고 이를 기준으로 배당을 실시하였다가 별제권자가 담보목적물에 대한 별제권을 행사하여 그 매각금액과 종전에 수령한 배당금액을 합하여 피담보채권의 일부로 충당하고 잔액을 제234조 소정의 부족액으로 보아 파산채권으로 처리하는 예가 있으나 이는 잘못이다.

(7) 배당결과 보고

배당을 실시하고 나면 관재인은 배당결과를 보고한다. 배당에 참가시킬 채권총액, 배당률, 배당금 총액(현금배당과 임치배당[29]), 시인전환된 임치배당금지급액수(전회 배당시 임치한 배당금의 합계액이다) 등이 그 보고대상이다. 보고서에는 배당표와 배당금영수증사본 및 배당임치금 예치통장사본을 첨부한다. 배당금을 찾아가지 아니한 채권자에 대하여는 공탁을 함이 원칙이나 관재인이 보관하고 있다가 채권자를 추적하여 찾아가도록 한다. 만일 소액채권자가 다수로서 공탁비용이 더 드는 경

---

27) 서울지방법원, 앞의 책, 255면; 齊藤秀夫 編, 注解破産法(下), 青林書院(1999), 594면. 예컨대, 제1, 2회 중간배당의 배당률이 각 2%이고, 추완신고한 파산채권액이 100억원이라면 제1, 2회에 배당에 참가하였더라면 얻을 수 있는 배당가능금액인 금 4억원의 범위에서 제3회 배당에서 우선배당을 받는다. 제3회의 배당할 수 있는 금액에 종전의 배당률(4%)을 곱한 금액을 우선하여 배당받는 것이 아니다.

28) 日本 最高裁判所 2004. 10. 1. 판결.

29) 파산채권조사절차에서 관재인이 이의한 채권에 대하여 임치한 금액을 말한다.

우에는 채권자들을 배려하는 차원에서 추가로 신문에 공고를 하여 배당을 실시하기도 한다.[30] 최후배당까지 찾아가지 못하는 경우에는 부득이 채권자별로 공탁하고 파산절차를 종결한다. 일본의 실무는 소액의 경우는 공탁비용보다 적은 소액배당금에 대하여는 배당을 하지 않고 있으며 신파산법은 이러한 실무를 받아들여 1,000엔 미만의 금액은 배당하지 않고 다른 채권자들에게 배당하도록 규정하였다.[31]

4. 배당금청구권의 성질과 내용

(1) 추심채무로의 변경

파산선고 전의 채권은 금전채권의 경우 지참채무가 원칙이지만 배당금청구권으로 변경되면 추심채무로 변경된다.[32] 즉 제241조는 채권자는 관재인에 대하여 배당을 받을 것을 요한다고 규정하였다. 실무는 송금에 필요한 서류를 채권자에게 송부하여 채권자가 기재한 구좌로 송금한다. 배당금지급채무는 성질상 추심채무이므로 송부하는 경우에도 여전히 송금수수료는 파산채권자가 부담하고 배당금에서 공제되며,[33] 채권자의 소재를 알 수 없어 공탁하여야 하는 경우에는 파산재단의 소재지 법원에서 하면 족하고 채권자들의 주소지에서 공탁할 필요는 없다.[34] 채무자 회생 및 파산에 관한 법률은 종전의 실무를 반영하여 관재인과 파산채권자 사이에 별도의 합의가 있는 경우에는 채권자는 관재인의 사무소에서 배당받지 아니할 수 있다는 내용의 조항(제517조 제1항 단서)을 신설하였다.

(2) 변제기의 변경

파산채권은 파산절차에 의하지 아니하고는 변제받을 수 없으므로 파산채권은 배당절차에 의하여 권리내용이 변경되어 그 금액이 감축되고 배당금청구권으로 구

---

30) 전게 동아건설산업의 배당절차에서 실시한 바 있다.

31) 일본 신 파산법 제201조 제5항, 파산규칙 제32조 제1항. 서울중앙지방법원도 2005년에 이르러 1만원 미만의 소액배당금에 대하여는 채권자에 대한 소재파악을 시도하였음에도 확인할 수 없는 경우에는 공탁하지 않고 관재인보수 또는 다른 파산채권자에게 배당하고 있다.

32) 齊藤秀夫 編, 앞의 책, 592면.

33) 전병서, 최신 파산법, 법문사, 2003, 288면; 園尾隆司 編, 破産 民事再生實務(下), 金融財政事情研究會(2001), 36면.

34) 신법 제617조 제2항도 제4편 회생절차에서 채권자가 회생위원으로부터 지급받아야 하도록 규정하고 있다. 공탁비용은 송달비용 2,960원만 소요되며, 주소불명의 경우에는 송달비용도 내지 아니한다.

체화한다. 즉 관재인이 배당함에 적당한 금전이 있다고 인정한 때에 지체 없이 배당을 한다(제228조). 다만 배당금청구권의 이행기는 각 배당이 실시될 때마다 법원이 정한 배당일이 된다. 추심채무의 경우에는 채권자의 협력행위 즉 이행의 최고 등이 필요하므로 단지 배당일이 도과하였다고 하여 파산관재인이 이행지체의 책임을 지는 것이 아니다.[35] 따라서 파산채권자가 수령에 필요한 행위 즉 파산관재인 사무실의 방문, 송금받을 계좌의 지정 및 통지 등을 하여야 비로소 지체책임을 진다. 파산채권자가 이행의 최고를 한 이상 파산관재인이 배당일 후에 배당금 수령을 통보한 것만으로는 이행지체의 책임을 면할 수 없고 파산채권자가 통보한 계좌에 송금함으로써 적법한 이행의 제공을 하여야 지체책임을 면하게 된다.[36]

파산채권확정소송이 계속 중인 파산채권자에 대한 배당금은 관재인이 임치하고, 임치일로부터 채권이 확정되어 실제로 배당하는 날까지 임치금에 대하여 발생한 이자는 파산재단에 속한다.[37] 왜냐하면 다툼 있는 파산채권에 대하여는 아직 확정되지 아니하여 배당금청구권의 이행기가 도래하지 아니하였기 때문이다. 다만 이러한 채권자가 만일 중간배당에서 배당받았더라면 다른 파산채권자가 동등하게 취급받았을 것인데 소송이 늦게 결말이 난 것 때문에 불이익한 취급을 받지 않도록 하기 위하여 다음 배당시에 이미 배당받은 동순위의 파산채권자에 우선하여 종전의 배당에서 받을 수 있었던 금액의 배당을 받을 수 있다(제242조). 파산채권확정소송에서 승소한 파산채권자도 배당금청구권을 받기 위하여 파산관재인에게 예금구좌의 통지 등의 행위를 하여야 배당금 외에 지연손해금을 구할 수 있다.

(3) 상계가능

파산채권자는 파산선고 후에 파산재단에 부담하는 채무를 갖고 상계하지 못한다.[38] 그러나 배당금청구권이 확정되면 이러한 금지조항이 적용되지 아니하게 되어 파산채권자와 관재인은 배당금청구권과 파산재단에 대하여 파산선고 후에

---

35) 곽윤직 편, 민법주해(9), 박영사(1995), 99, 110면; 奧田昌道 編, 新版注釋民法(10) Ⅰ, 有斐閣(2003), 463면. 이행기의 도래는 이행지체가 성립하기 위한 필요조건이지 충분조건은 아니다.

36) 대상판결의 사안에 의하면 파산채권자가 배당기일 후인 2001. 1. 20. 배당금의 지급을 요구한 것이 인정되고 원심은 파산관재인이 그 익일부터 지체책임을 빠진다고 판시하였다.

37) 관재인이 이의 있는 채권에 대하여 채권확정의 소가 계속중임을 이유로 중간배당금을 임치하는 것은 제243조 제1호에 의한 관재인의 사무라고 할 것이고 중간배당에 있어서 임치금은 파산재단에 속하고 그 과실에 해당하는 이자 역시 파산재단에 귀속된다(대법원 2003. 1. 24. 선고 2002다51388 판결, 공보불게재).

38) 파산채권자가 파산선고 후에 파산자의 부동산을 매수함으로써 매매대금 채무를 부담하는 경우 상계하지 못하는 것이 좋은 예이다(제95조 제1호).

부담하는 채무를 상계할 수 있다.[39]

(4) 원본과 지연손해금의 일원화

배당금청구권의 내용에는 이미 원본채권과 파산선고 전일까지의 지연손해금 채권이 합산되어 한 묶음으로 하여 일반파산채권으로 취급하고 있다. 즉 이미 배당금청구권의 내용에 지연손해금의 비율(민사법정이율, 상사법정이율, 또는 소송촉진 등에 관한 특례법상의 지연이율)이 반영되어 있다. 이후 배당금청구권에 대한 이행지체가 있으면 파산채권이 아니라 구체적인 배당금에 대하여 지연손해금을 물게 된다.

5. 배당업무와 관재인의 지위

관재인이 정당한 이유 없이 배당금을 지급하지 아니하는 경우,[40] 관재인이 이행지체의 책임을 면할 수 없다. 관재인은 관재업무와 관련하여 위법이 있으면 손해배상채무를 부담하고, 배당금지급을 지체하게 되면 지체책임을 지게 된다. 관재인의 지위는 종전 파산자의 지위와 총채권자를 위한 지위를 겸유하게 되는바, 관재인이 각 파산채권자를 위하여 배당률을 결정하고, 배당을 실시하는 것은 관재인 업무의 핵심으로서 관재인의 이러한 업무는 파산자의 지위에서 연유하는 것이 아니라 총채권자의 지위에서 연유하는 것이다. 따라서 파산자가 상인이건 비상인이건 간에 관재인이 총채권자의 지위에서 지는 책임은 민법상의 채무불이행책임 또는 불법행위책임이라고 봄이 옳다.[41]

Ⅳ. 결　　론

본시 민법이론에 의하면 판결에 의하여 원금과 그에 대한 지연손해금을 명한 경우 지연손해금만 다시 원금으로 삼아 그에 대하여 지연손해금을 구하는 것은

---

39) 서울지방법원, 앞의 책, 259면; 전병서, 앞의 책, 287면.

40) 실제로 과거에 관재인의 보조인이 배당금을 은행으로부터 인출하여 횡령하는 사고가 발생한 사례가 있다고 한다.

41) 관재인이 자동채권이 부존재함에도 부당하게 상계하여 파산채권자에게 배당하지 아니한 것에 대하여 선관주의의무에 위배한 불법행위책임을 인정한 하급심판결로는 서울중앙지방법원 2003. 10. 24. 선고 2002가합70827 판결이 있다. 다만 항소심에서 관재인에 대한 청구 부분은 취하되었다.

인정되지 않고 있다. 다만 원금을 늦게 지급하는 경우 당초 약정일과 실제 지급일간의 지체로 인한 이른바 확정된 지연손해금을 구하는 경우에는 이행청구를 받은 때부터 지체책임을 질 뿐이다.[42] 그러나 파산절차에서는 당초의 채권이 일반파산채권과 후순위 파산채권으로 구분되어 파산선고 이후의 이자에 대하여는 일반파산채권이 만족을 받은 다음에 비로소 배당을 받을 수 있고, 원본과 파산선고 전일까지의 지연손해금을 기준으로 배당률을 곱한 구체적인 배당금에 대하여 각 배당일(수회 중간배당, 최후배당, 추가배당)마다 변제기로 하여 순차 그에 대하여 지연손해금을 물도록 하고 있다. 관재인의 법적 지위에 대하여 여러 가지 견해가 난무하고 있지만 관재인이 채무자의 지위와 총채권자의 지위를 겸유하는 점에 대하여는 이론이 없다. 배당금 지급에 관한 관재인의 지위는 채무자의 지위를 승계하는 것이 아니라 총채권자의 지위에서 유래한다.

따라서 원심이, 배당의 본질이 채권의 변제로서 파산채권자의 파산채권이 상사채무이고 배당금청구권으로 전환되었다고 하여 그 성질이 변하는 것이 아니므로 상법 소정의 연 6푼의 비율에 의하여야 한다고 판단한 것은 다음의 점에 비추어 받아들이기 어렵다. 첫째 이 견해는 관재인의 배당업무와 파산자의 변제를 동일시하는 것으로 관재인의 배당업무가 총채권자의 지위에 연유하고 있다는 점을 간과한 것이다.[43] 둘째, 소송촉진 등에 관한 특례법상의 지연손해금의 비율이건, 상사법정이율이건, 민사법정이율이건 일반 파산채권을 확정할 당시까지만 적용되는 것이고 그 이후 완제일까지의 당해 법정이율에 의한 지연손해금은 별도로 후순위 파산채권으로 취급되는 점을 빠뜨린 것이다. 끝으로 원본과 지연손해금을 합한 일반 파산채권에 대하여 배당률을 곱하여 산출된 배당금청구권은 앞에서 본 바와 같이 성질이 변경되어 파산채권과 동일하지 아니한 점을 놓친 것이다. 따라서 관재인이 상인이 아니고, 배당업무가 상행위가 아닌 이상 민법의 법정이율 연 5푼에 의함이 옳다.

따라서 필자는 대법원이 이 점을 지적하여 원심판결을 파기한 것에 찬동한다.

(BFL 제15호(2006. 1), 서울대학교 금융법센터, 69면 이하 소재)

42) 대법원 2004. 7. 9. 선고 2004다11582 판결(공 2004하, 1328).

43) 원심은 배당의 본질은 원래 채권의 일부 변제에 지나지 않으므로, 그 이행지체로 인한 손해배상의 이율도 민사채권인지 상사채권인지에 따라 5푼, 혹은 6푼이 각 적용될 것인데, 회사채 지급보증은 상행위이므로 6푼이 적용되어야 한다는 입장이다.

채무자 회생 및 파산에 관한 법률 중 제5편 국제도산에 대한 해설

Ⅰ. 머 리 말

21세기의 파산사건은 기업의 국제파산 사건이다. 국경을 넘는 재화와 정보의 신속한 이동은 기업의 국제화를 촉진하였고 그에 따라 기업의 도산은 기존의 파산법제로 해결하기 어려운 복잡한 국제적인 법률문제를 낳았다.

파산법, 회사정리법, 화의법('파산3법')은 모두 극단적인 속지주의의 입장에 서 있었으므로 국내에서 개시된 파산절차의 대외적 효력이나 외국에서 개시된 파산절차의 대내적 효력을 인정하지 않았다. 파산절차가 개시되면 채무자의 재산에 관한 관리처분권이 채무자로부터 파산관재인, 관리인 등에게 이전되고, 파산절차에 의하지 아니하고는 파산채권자는 강제집행을 할 수 없다. 채무자 회생 및 파산에 관한 법률('신법') 시행 이전부터 파산절차의 국제적 효력에 대하여 실무에서 심도 있게 다루어졌다. 첫째는 외국관재인이 국내에서 원·피고가 된 민사소송에서 과연 외국관재인에게 국내재산에 관한 관리처분권이 인정되는지가 쟁점이 되었다. 둘째 일본의 민사재생절차의 포괄집행적 효력을 국내법원이 인정할 것인가 하는 점이었다. 셋째는 한국법원이 선임한 회사정리법상의 관리인이 외국에 소재하는 정리회사의 재산에 대하여 관리처분권을 갖는 것인가 하는 점이었다. 이 점에 대하여 판례나 학설 등을 통하여 속지주의의 폐해를 줄여보려고 하였으나 정부는 그 한계점을 인식하고 속지주의를 폐지하여 보편주의로 전환하는 입법으로 해결하였다.

국제파산(국제도산)이라 함은 파산재단 또는 파산채권자·채무자의 관계에서 섭외적 요소를 포함하는 파산사건을 의미한다.[1] 국제파산법에서 논의되는 문제는 국제파산관할, 파산절차에서 외국인의 지위, 파산국제사법(주로 준거법의 결정문제), 국내파산절차의 대외적 효력 및 외국파산절차의 대내적 효력이다. UNCITRAL모델법('모델법')[2]과 일본의 '外國倒産處理手續の承認援助に關する法律('승인원조법')[3]은 파산국제사법에 관한 부분을 제외한 나머지에 관하여 입법적인 해결을 도모한 것이고, 유럽연합의 도산규정('EU Regulation')[4]은 준거법의 문제를 포함하여 입법적 해결을 꾀한 것이다.

먼저 신법에 관한 논의에 들어가기 전에 이해의 편의를 위하여 파산법이 근거로 하고 있는 속지주의와 모델법이 이상으로 삼고 있는 보편주의 및 신법의 적용범위에 관하여 간단히 언급하고(Ⅱ) 다음으로 국제파산관할(Ⅲ), 파산절차상 외국인의 지위에 관한 파산외인법(Ⅳ), 내국파산절차의 대외적 효력(Ⅴ), 외국파산절차의 대내적 효력(Ⅵ)에 관하여 순차로 살펴보기로 한다. 외국파산절차에 있어서 준거법에 관하여는 후일을 기약한다.

---

1) 여기서 파산이라 함은 광의의 파산을 의미하며 협의의 청산절차인 파산법상의 파산, 재건절차인 회생절차를 포괄하는 용어로 사용한다. 신법에는 국제도산이라는 용어를 사용하고 있으므로 법률을 인용하는 경우에는 도산이라는 용어를 사용하는 등 이 글에서 양자를 구별하지 아니한다.

2) 1997. 12. UN총회는 가맹국에 대하여 모델법을 존중한 국내법을 정비하도록 권고하는 내용의 결의를 하였다.

3) 일본은 1999년 민사재생법의 제정과 2000년 승인원조법의 제정 및 같은 해의 파산법, 민사재생법, 회사갱생법 중 국제파산에 관한 규정의 개정(民事再生法等の一部を改正する法律)을 통하여 속지주의적인 입장에서 보편주의적인 국제파산법제로 전환하였다. 이하 일본 파산법은 2004. 6. 2. 개정된 법을, 회사갱생법은 2002. 12. 13. 개정된 법을 가리킨다.

4) 정식명칭은 COUNCIL REGULATION(EC) NO 1346/2000 of 29 May 2000 on insolvency proceedings. 이에 관한 국내의 글로는 石光現, "유럽연합의 國際倒產法制," 國際私法과 國際訴訟 제3권, 박영사(2004), 309면 이하 참조. 유럽의 실무가와 학자들이 설명한 최근의 내용에 대하여는 Ian F. Fletcher ed, The EC Regulation on insolvency proceedings: A Commentary and Annotated Guide(2002) 참조.

Ⅱ. 국제파산의 입법주의

1. 보편주의와 속지주의

국제파산에서 동일 채무자에 대하여 여러 국가에서의 개별적인 파산절차의 개시가 가능한 것이냐 하는 관점에서 보면 어느 한 국가의 법원에서 개시된 파산절차가 여러 국가에 있는 영업활동, 재산을 일괄처리하여야 한다는 입장을 단일파산주의라고 하고, 여러 국가에서 각각의 절차가 진행되어도 무방하다는 입장을 복수파산주의라 한다.

이와 달리 한 국가에서 개시된 파산절차의 효력이 미치는 범위의 관점에서 보면 보편주의와 속지주의라는 두 가지 접근방법이 있다. 보편주의적 접근방법은 여러 국가에 소재하는 채무자의 모든 재산을 채무자의 경제적 이해관계의 중심지, 영업소재지, 본사소재지, 등기된 주사무소 소재지 등의 국가(home country, 주도국)에서 하나의 파산절차에 의해 관리하고 그 절차에서 이루어진 명령과 처분은 세계 어디서나 효력을 인정하자는 입장이다. 주도국 법원은 채무자의 국내외 재산에 대하여 관할권을 갖게 되고 법원이 선임한 관리인 역시 파산재단에 대한 관리처분권을 보유하게 되어 재산소재지국의 법원에 대하여 공조를 요청할 수 있게 된다. 뿐만 아니라 법원은 채권자간의 우선순위, 채무자에 대한 재건 또는 청산의 결정, 부인권 등에 대하여 자국의 법을 적용한다.

속지주의적 접근방법은 채무자의 재산소재지 또는 파산관할을 갖는 모든 국가에서 파산절차가 개시될 수 있되 타국의 파산절차의 효력은 자국에 영향을 미치지 않도록 하는 것으로 각국의 국내채권자들로 하여금 외국법에 따라 외국법원에 그들의 채권에 대한 소송을 제기하는 불편과 손해를 피하기 위한 것이다.[5]

그러나 보편주의가 반드시 단일파산주의와 일치하는 것은 아니며 주종간의 병행파산 절차를 인정하고 주절차에 대하여는 보편주의를, 종절차에 대하여는 속지주의를 취하는 것도 가능하다. 대표적인 예가 EU도산규정과 미국의 §304가 규정한 보조절차이다.[6] 반대로 주절차는 속지주의이고 종절차가 보편주의가 되는

5) Liza Perkins, "A Defense of Pure Universalism in Cross-Border Corporate Insolvencies," 32 N.Y.U. J. Int'l L. & Pol. 787(2000).

6) EU도산규정은 주절차에 대하여 대외적 효력을 인정하면서 종절차에 대하여는 원칙적으로

경우도 있다(후술하는 마루코 사건). 보편주의를 채택한다고 하더라도 일정한 요건을 갖춘 외국파산절차를 당연히 국내에 인정하는 법제도 있고, 별도로 국내의 승인재판을 요하는 법제가 있다. 노르딕협약과 유럽연합 도산규정은 전자에, 모델법, 일본의 승인원조법, 신법은 후자에 속한다.

2. 주절차와 종절차

모델법 제2조의 정의조항에는 외국주절차를 "채무자가 그의 주된 이익의 중심지를 두고 있는 국가에서 진행되고 있는 파산절차"로, 외국종절차를 "채무자가 영업소를 두고 있는 국가에서 진행되고 있는 외국주절차 이외의 외국절차"를 말한다고 규정하고 있다. 따라서 모델법상으로는 종절차가 되기 위하여는 적어도 그 파산절차가 개시되는 국가에 채무자의 영업소가 있어야 한다. 모델법은 종절차에 대하여도 대외적 효력을 인정하고 있으며 종절차는 청산절차이든, 재건절차이든 묻지 않는다.

EU 도산규정의 주절차는 주된 이익의 중심지가 소재하는 법원에서 개시된 보편적 효력을 갖는 도산절차이다(제3조 제1항). 속지적 절차(제2차절차)는 채무자의 주된 이익의 중심지가 어느 회원국의 영토 내에 소재하는 경우라도, 다른 회원국에 영업소가 소재하면 그 다른 회원국의 법원에서 개시되는 속지적 효력을 갖는 청산절차로서의 도산절차이다(제3조 제2항, 제3항). 제2차절차는 반드시 청산절차여야 하고 그 효력은 원칙적으로 회원국에 소재하는 재산에 대하여만 미친다.[7] 이와 별도로 주절차가 개시되지 않은 경우에 인정되는 독립적인 속지적 절차가 인정된다. 이때에는 청산절차 외에 재건절차일수도 있다.

승인원조법은 주절차를 채무자가 영업자인 경우에는 그 주된 영업소가 있는 국가에서 신청된 외국도산절차, 비영업자인 경우 또는 영업소가 없는 경우로서 채무자가 개인인 경우에는 주소지 국가에서 신청된 외국도산절차, 채무자가 법인 기타 사단 또는 재단인 경우에는 주된 사무소가 있는 국가에서 신청된 외국도산절차라고 정의하고 있다. 종절차는 외국주절차가 아닌 외국도산처리절차이다(승인원조법 제2조).

대외적 효력을 부인한다. 미국은 자국의 파산절차에 대하여는 대외적 효력을 인정하면서 외국의 파산절차를 승인하는 보전절차의 경우 미국 내에서만 부분적인 효력을 인정한다.

7) Ian F. Fletcher, European Union, Collier International Business Insolvency, §43-26(2003).

3. 본절차(full proceeding)와 보조절차(ancillary proceeding)

위 개념은 보편주의와 속지주의와 차원을 달리하여 병행파산절차를 전제로 하는 개념이다. 미국 파산법에서 본절차는 관재인이 선임되고, 파산재단이 성립하는 등 보통의 제7장, 제11장 등의 파산절차를 말한다. 이에 반하여 보조절차는 미국 연방파산법 §304가 규정하는 ancillary proceeding으로서 미국 내에서 개시되는 외국채무자에 관한 제한된 파산절차이다. 그 절차의 목적은 외국에서 개시된 주절차를 원조하기 위한 것으로서 미국내 재산의 환가, 배당, 소송절차의 중단 등을 인정하는 것이다. 특징은 국내의 본절차(full domestic insolvency)는 아니므로 관리인 선임, 파산재단의 구성, 계획안의 작성 등을 하지 아니하는 점에 있다. 미국의 보조절차는 미국채권자도 외국주절차에서 공정한 취급을 받는다는 것을 전제로 한다. 따라서 미국채권자가 외국주절차에서 차별을 받는다면 보조절차가 개시되지 않을 수 있다.[8] 보조절차의 장점은 비용이 적게 들고 신속하다는 점과 국내법률만을 적용하지 않고 다국적 기업의 파산사건을 처리함에 있어 요구되는 법원간의 협조(사법의정서의 작성)를 구할 수 있다는 점이다.[9] 보조절차는 종된 파산절차의 성격을 갖지만 병행파산에서 논의되는 종절차의 개념은 주절차와 대비되는 개념으로서 여전히 본절차(full proceeding)의 성격을 갖는다는 점에서 서로 다르다.[10] 2005. 10. 17.부터 시행되는 미국의 개정 파산법은 종전 §304의 보조절차를 폐지하고 UNCITRAL 모델법을 수용하여 제15장을 신설하였다.[11]

---

8) 미국 파산법 § 304c(2)는 미국채권자의 보호조치가 미흡한 경우 보조절차를 기각할 수 있다고 명시하고 있다. 미국의 보조절차에 대하여는 木村圭二朗, "米國倒產法上の外國倒產節次の承認(1)(2)," 民商法雜誌(1995), 112-6-32 이하 참조.

9) Jay Lawrence Westbrook, Multinational Enterprise in General Default: Chapter 15, The ALI Principles, and The EU Insolvency Regulation, 76 Am. BANKR. L.J. 1, 10(2002).

10) 마루코 사건을 예로 들면 마루코 회사의 본점 및 주된 영업소인 東京에서 개시된 회사갱생절차가 주절차이고, 마루코의 미국 내 재산소재를 관할근거로 삼아 개시된 캘리포니아에서 개시된 파산법 제11장 절차가 종절차가 될 것이다. 그러나 양 절차는 모두 본절차(full proceeding)로서 관재인과 DIP의 형태로 양 절차가 진행되었다. 한편 수원지방법원에서 개시된 온세통신에 대한 회사정리절차는 본절차이지만 그 관리인이 미국 뉴욕에서 온세통신을 상대로 한 미국 내의 소송절차의 중단을 구하기 위하여 신청한 절차는 보조절차이다. 미국의 보조절차에서는 별도의 관리인이나 DIP가 존재하지 아니한다.

11) 이하 미국 국제파산법제의 설명은 개정 전에 관한 것이다.

4. 신법의 특징

신법은 속지주의와 상호주의를 폐지하였다. 즉 파산법 제3조를 삭제함으로써 국내파산절차의 대외효와 외국파산절차의 대내효를 인정하였다. 파산법 제2조 단서 역시 삭제함으로써 외국인의 파산능력에 관하여 상호주의를 폐지하였다. 신법의 총칙부분과 제5편 국제파산에 관한 부분은 일본의 승인원조법과 모델법의 영향을 받아 파산국제사법(준거법의 결정)을 제외한 나머지 점에 관하여 규정하고 있다.[12] 모델법은 보편주의를 원칙으로 하면서도 속지주의를 가미하여 병행파산의 여지를 남겨두고 관리인간 또는 법원간의 사법공조를 통하여 병행파산의 조정을 꾀하고 있으며, 외국파산절차의 승인이라는 별도의 재판을 통하여 승인의 자동적 효력을 인정하고 있는 입법방식이다.[13]

이에 반하여 승인원조법은 외국도산절차의 승인재판 외에 별도의 원조처분의 재판을 통하여야 비로소 외국도산절차가 일본에서 집행되는 입법방식이다. 관리인간의 협조만 인정하고 법원간의 사법공조를 제외하고 있으며, 국내절차와 외국절차의 조정에 관하여 원칙적으로 국내절차를 우선하되 양 절차 중 일방을 중지시키는 방식을 취하고 있다. 신법의 제정으로 말미암아 외국파산절차의 관재인은 별도로 국내절차를 개시할 필요 없이 외국도산절차를 승인받은 후 자신이 국제도산관리인이 됨으로써 국내 소재 재산에 대하여 직접 관리처분권을 확보할 수 있게 되었다(제636조 제1항 제4호). 신법의 입법형식은 승인결정 외에 별도의 지원절차를 마련하고 있다는 점에서는 승인원조법과 같으나 병행파산의 조정에 관하여 관리인간의 사법공조 외에 법원간의 직접적인 사법공조를 받아들이고, 국내절차와 외국절차의 조정에 관하여 주절차를 중심으로 법원에 재량권을 부여하였다는 점에서는 모델법과 같다.[14]

공청회안이 발표된 후 법원은 정의조항을 두고 그 안에 주절차와 종절차의 구별에 대하여 정의조항에 넣자고 주장하였으나[15] 정부안은 모델법과 달리 기본적으로 양 절차를 구별하지 아니한다는 방침을 정하여 법원의 의견은 받아들여지

---

12) 국제파산편은 제628조부터 제642조까지 총 15개조로 구성되어 있다.

13) 吳守根, "채무자회생및파산에관한법률 제정배경 및 주요내용," 법조 2005년 5월호, 48면 참조.

14) 이에 반하여 EU 도산규정, 노르딕협약에 의하면 외국파산절차의 승인 재판이 없는 자동승인제를 채택하여 외국파산절차에 따른 집행금지의 효력이나 관리인의 처분권을 인정하고 있다. 간단한 소개에 대하여는 林治龍, "국제파산절차와 사법공조," 파산법연구, 박영사(2004), 485면 이하 참조.

15) 同旨, 韓忠洙, "UNCITRAL의 국제도산절차와 Model Law 연구," 민사소송 제7권 제2호, 한국사법행정학회(2003), 545면 참조.

지 아니하였다. 다만 제628조를 신설하여 외국도산절차, 국내도산절차, 외국도산절차의 승인, 지원절차, 외국도산절차의 대표자, 국제도산관리인에 대하여만 정의규정을 두었다. 그러나 병행도산의 조정에서는 주절차를 중심으로 조정하도록 되어 있으므로 여전히 양 절차의 구별의 실익은 있다. 신법은 국제파산의 관할, 파산절차에서 외국인의 지위, 외국파산절차의 대내적 효력(승인 및 지원절차, 외국관재인의 국내파산절차의 신청 및 참가), 국내파산절차의 대외적 효력(파산재단의 범위, 국내관재인의 관리처분권), 병행파산 절차의 조정(외국절차와 국내절차의 조정, 배당의 조정)에 관하여 규정하고 있다.

Ⅲ. 국제파산관할

1. 종전의 논의

국제파산관할이라 함은 채무자가 복수의 국가에 영업소나 재산 등을 갖고 있는 경우에 어느 국가의 법원이 파산법원[16]으로서 파산절차를 개시할 수 있는가를 규율하는 것이다. 파산법, 회사정리법 등에는 국제파산관할에 관한 직접적인 규정이 없었고 다만 개정된 국제사법 제2조에 일반적인 국제민사소송에서의 관할에 관한 규정이 있으나 다소 추상적이다. 이 항에서는 직접관할에 대하여만 설명하고 간접관할에 대하여는 별도로 외국파산절차의 대내적 효력의 항에서 설명한다(뒤의 Ⅵ. 2. (2) 참조).

파산법 제96조는 외국에 주된 영업소가 있는 경우에는 대한민국에 있는 주된 영업소의 소재지를, 또한 회사정리법 제6조는 외국에 본점이 있는 때에는 대한민국에 있는 주된 영업소의 소재지를 각 관할하는 지방법원본원 합의부에 전속관할이 있다고 규정하고 있었다. 이 역시 逆推知說에 따라 원칙적으로 한국에 토지관할이 인정되는 사건에 대하여는 국제재판관할을 인정하는 취지가 포함되어 있다고 해석한다. 그리하여 일본에서는 일본에 토지관할이 인정되는 한 외국기업에 대하여 일본에 국제파산관할이 있다고 보아 파산선고를 한 예가 있다.[17]

---

16) 이 글에서 파산법원이라 함은 미국의 파산법원과 같은 전문법원을 가리키는 것이 아니라 파산절차에 관하여 관할권을 갖고 파산절차를 개시한 법원을 지칭한다.

17) 일본의 대표적인 사례로는 미국에서 파산법 제11장 재건절차가 신청된 회사에 대하여 일본

2. 신법의 내용

(1) 직접관할에 관한 규정

국제파산절차에서는 흔히 파산신청과 동시에 제기하는 보전처분의 허부에 의하여 사건의 성패가 결정되고 관할위반을 이유로 한 이송제도가 없다. 신청단계에서 관할에 관한 다툼을 피하고, 逆推知說에 의하는 경우 발생할 수 있는 과잉관할의 문제[18]를 피하기 위하여 이해관계인들에게 분명한 관할의 원칙을 정하여야 하는 필요성에서 신법은 제3조에서 직접관할에 관하여 규정을 두게 되었다.

(2) 재산소재지 관할의 필요성

채무자가 국내에 주소, 거소, 영업소, 사무소도 없이 오직 재산만을 갖고 있는 경우에 그 재산에 기하여 채무자에 대하여 협의의 청산절차 외에 재건절차도 제기할 수 있는가? 파산법은 재산소재지 관할을 인정하였지만(파산법 제98조),[19] 회사정리법은 인정하지 않고 있었다.

그러나 재산소재지 관할의 경우에도 재건절차를 인정할 필요가 있을 수 있다.[20] 예컨대 외국에서도 재건형의 파산절차가 개시되고, 국내의 채무자 재산도 그 재건에 필요한 재산이 되어 내국채권자에게도 국내의 청산절차보다 다액의 변제를 기대할 수 있는 경우이다.[21] 그 외에 파산채권에 기한 강제집행의 중지, 취

에 영업소가 소재한다는 이유로 일본에서 파산신청을 받아들여 파산선고가 된 경우가 있다. U.S. Line 사건, 東京地裁 1987(フ) 제216호. 이에 관한 설명으로는 坂井秀行, "U.S.ライン倒産事件をめぐつて (1)(2)," 債權管理(1989, 11・12) 참조. 이 사건을 계기로 관재인인 내국채권자를 대리하여 외국파산절차에 참가하여 채권을 신고하는 방안(cross-filing)의 필요성을 깨닫게 되었다(桃尾重明, 新國際倒產法實務, 日本法令(2001), 96면).

18) 자연인의 최후주소지(민사소송법 제3조 후문), 법인의 주된 업무담당자의 주소지(민사소송법 제5조 제2항) 등이 그 예이다.

19) 주로 국내에 소재하는 재산에 관하여 국지적인 청산 등을 가능하도록 하여 국내채권자의 보호를 도모하기 위한 취지이다.

20) 미국의 경우 재산소재지 관할법원에 재건절차인 제11장을 신청할 수 있다(§109조). 이에 반하여 일본은 회사갱생절차에서는 재산소재지만을 이유로 한 재판관할을 부정하고 있다. 그 이유로는 재산소재만으로는 회사의 자본구성의 변경 등 조직법상의 변경을 정하는 계획을 작성할 수 없음을 들고 있다(松下淳一, "裁判官轄權," 新裁判實務大系 3 國際民事訴訟(財產編), 青林書院(2002), 470면 참조).

21) BCCI 사건에서 일본의 국내채권자는 국내재산만으로 배당을 받게 되면 3%밖에 배당받지 못할 형편이었으나 주절차인 영국의 청산절차에 참가하여 60%를 초과하는 배당을 받게 되었다고 한다(桃尾重明, 新國際倒產法實務, 日本法令(2001), 99면).

소, 담보권의 실행의 중지, 임금채권의 우선순위 등의 조치를 강구하기 위하여 병행파산으로서 국내재건절차를 이용할 필요가 있을 수 있다. 이 경우 외국관리인[22]이 국내재건절차를 신청할 것인지, 아니면 외국파산절차의 승인절차를 취할 것인지는 외국관리인이 양 제도의 有·不利를 형량한 후에 결정할 것이다. 국내재산의 가액이 어느 정도 규모 이상일 필요는 없다.[23] 그리하여 신법은 일본과 달리 파산절차와 회생절차를 구별하지 않고 총칙 제3조 제3항에서 재산소재지에 대하여도 보충적인 관할을 인정하는 규정을 두었다. 재산소재지 관할이나 영업소 관할을 인정한다는 뜻은 외국의 채무자라는 단일한 법인격에 대하여 국내에서 파산절차를 개시한다는 의미이지 국내의 재산 또는 영업소에 대하여만 파산절차를 개시한다는 의미는 아니다.

(3) 재산소재지 관할의 효력

직접관할의 인정은 병행파산절차의 승인을 초래하여 외국에서 주절차가 개시되더라도, 국내에서 재산소재에 기한 종절차의 개시를 인정하게 된다. 재산소재를 이유로 한 파산절차는 종절차이지만 주절차가 개시된 외국에서 국내의 파산절차를 승인할 것인지의 여부는 그 나라의 판단에 맡기면 될 것이다. 재산소재를 이유로 한 회생절차의 개시결정에 의하여 담보권의 실행을 포괄적으로 중지하고, 회생계획도 수립하여 회생채권과 회생담보권의 변경 및 국내 영업의 귀추를 정할 수 있다. 따라서 외국에 있는 주된 영업소와 협력하여 채무자 회사의 재건이 가능하게 될 것이다. 그 결과로서 일반채권자도 파산절차에 참가하는 것보다 회생절차에서 많은 변제를 받을 수 있다.

---

22) 이 글에서 관리인이라 함은 파산법상의 파산관재인, 회사정리법상의 관리인 등을 포함하여 파산선고 후 채무자를 대신하여 채무자의 재산에 대한 처분 또는 재산에 대한 관리권이 부여된 자를 의미한다.

23) 미국의 실무도 이와 같다. 외국에 주된 사무소를 갖고 있는 외국회사는 파산법 §109의 기준에 따라 미국에서 제11장 재건신청을 할 수 있고, §109는 미국에 주소, 상거소지, 영업지 또는 재산을 소유하고 있는 자는 미국에서 제11장 재건절차를 신청할 수 있도록 규정하고 있으며 여기서 재산의 가액 제한이 있는 것은 아니다. 100불 정도의 은행예금을 보유로 관할을 인정한 판례로는 *In re McTague*, 198 B.R. 428(Bankr. W.D.N.Y. 1996) 참조. 일본의 민사재생절차도 같은 입장이다(민사재생법 제4조 제1항, 松下淳一, 앞의 논문, 470면).

Ⅳ. 파산외인법

1. 파산법의 상호주의

파산외인법에서 논의되는 것은 외국인 및 외국법인의 파산능력의 문제이다. 회사정리법 제3조는 상호주의의 제한 없이 내외국인 평등의 원칙을 규정하고 있었다. 따라서 외국의 주식회사는 당연히 회사정리절차 신청자격이 인정되었다. 그러나 파산법은 제2조 단서에서 상호주의를 규정하고 있었으므로 외국인의 파산능력의 경우에도 상호주의가 적용되는지 여부에 대하여 학설상 다툼이 있었다. 실질적 상호주의에 의하면 가령 상인파산주의를 취하는 외국의 본국법에서 상인인 내국인에 대하여 파산능력이 인정되는 경우에 한하여 일반파산주의를 취하는 국내에서도 상인인 외국인의 파산능력이 인정된다고 한다.[24] 한편 형식적 상호주의에 의하면 본국법하에서 외국인과 내국인이 차별적 대우를 받지 않는 한 설령 본국 파산법에서 파산능력이 없는 외국인이라도 본국법하에서 내국인이 차별적 취급을 받지 아니하는 경우에는 내국법하에서 당해 외국인에게 파산능력을 인정하여도 무방하다고 설명한다.[25]

2. 신 법

신법은 종전 상호주의에 관하여 파산법과 회사정리법의 불일치라는 법체계상의 모순점과 상호주의를 따르게 되면 비상인인 외국인에 대하여 국내에서 파산절차를 개시할 수 없게 되는 등 상호주의가 반드시 자국채권자를 보호하는 것이 아니라는 비판[26]을 수용하여 파산법 제2조 단서를 삭제함으로써 파산절차에서도 내외국인 완전평등주의로 전환하여 회사정리법과의 차이를 없앴다(제2조).

---

24) 일반파산주의라 함은 상인·비상인을 묻지 아니하고 파산을 인정하는 입장으로서 영미법계와 독일법계가 이에 속하고, 상인파산주의란 상인에 대하여만 파산을 인정하는 입장으로서 불란서법계가 이에 속한다.

25) 田炳西, 파산법, 법문사(2003), 377면.

26) 田炳西, 앞의 책, 377-378면; 朴基東, "破産節次 開始의 要件과 破産宣告의 效果," 파산법의 제문제(상), 법원도서관(1999), 68면은 과거 파산법의 해석론으로 형식적 상호주의를 옹호한다.

V. 내국파산절차의 대외적 효력

1. 문제의 소재

속지주의에 터잡은 파산법하에서는 파산선고의 효력이 국내재산에만 미치고, 보편주의하에서는 파산자의 재산은 그 소재를 불문하고 파산재단에 포함되어 개별집행금지의 원칙이 적용된다. 파산제도의 이상과 목적에 비추어 보면 보편주의가 타당함은 두말할 나위가 없다. 그러나 보편주의가 실효성을 갖추기 위하여는 재산이 소재한 국가 역시 보편주의에 터잡아 자국 내에 소재하는 재산이 외국의 파산절차의 파산재단에 속하게 되는 것을 승인하고 그에 따른 협력을 마다하지 아니하여야 되는 것이다. 파산법이 제정될 당시에는 아직 보편주의적인 파산입법이 드물었고, 그 당시의 국제경제의 규모나 내용에 비추어보면 속지주의적인 입법에 대하여 타당성을 肯認할 수 있었다. 그러나 자본과 재화의 이동이 양이나 속도에서 현격한 증가를 가져온 현재에는 속지주의는 더 이상 근거를 주장하기 어렵게 되었다. 일본에서 속지주의의 불합리성을 보여준 사건으로는 一成汽船 사건(1978)[27]을 들 수 있다. 이 사건은 일본에서 국제파산법에 관한 논의의 단초를 제공하였다는 평가를 받고 있다.[28]

---

27) 일본에서 회사갱생절차가 개시된 선박회사(一成汽船)가 소유하는 선박이 캐나다 온타리오주에 정박중에 선박저당권자인 채권자(회사갱생절차에서 갱생담보권자로 신고한 바 있다)가 온타리오주 법원에 선박경매신청을 하고 회사의 관리인이 경매신청의 기각을 주장한 사건이었다. 캐나다 법원은 회사갱생법이 속지주의에 터잡고 있으므로 회사갱생절차의 효력은 캐나다에 미치지 아니한다는 이유로 채권자승소의 결정을 하였다. Orient Leasing Company Ltd. v. The Ship Kosei Maru, 94 D.L.R.(3d) 658.

28) 片山英二, "國際倒産手續," 現代裁判法大係 20, 新日本法規出版(1998) 300면. 이후 일본에서는 회사갱생법의 속지주의의 문제점을 피하고 외국소재 재산에 대하여도 파산재단에 편입시킴으로써 처분금지의 효력을 얻는 방편으로 미국의 연방파산법 제11장 절차를 이용하고 있다. 대표적인 사건이 마루코 사건이다(1991). 회사는 동경에서 회사갱생 개시신청을 하였으나 회사의 재산이 미국, 호주, 캐나다 등에 산재하고 있어 외국채권자에 의하여 압류될 위험에 있었다. 이에 갱생절차 개시결정을 한 동경지방재판소는 관리인에게 해외재산에 대하여도 관리처분권이 있음을 전제로 하여 미국 캘리포니아 남부지구 파산법원에 보조절차를 신청할 것을 허가하였다. 미국법원은 신청을 받아들여 회사 소유의 재산에 대하여 압류를 금지하는 결정을 발하였다. 이 결정은 사실상 역외적 효력을 갖는 것이므로 미국뿐 아니라 제3국 소재 재산에 대하여도 그 효력이 미치게 되어 당초의 목적을 달하게 되었다. 이 판결에 대하여는 일본 法院이 관리인의 관리처분권이 일본國外에도 미치는 것을 사실상 인정한 것이라는 평가를 하고 있다. *In re Maruko Inc.*, 160 B.R. 633(Bankr. S.D.Cal. 1993).

2. 파산법하에서 학설과 판례

(1) 일 본

학자들과 실무가들은 극단적인 속지주의를 墨守하는 해석이 가져오는 폐해를 피하기 위하여 속지주의를 수정하는 방향으로 해석하였다. 파산절차가 갖는 개별집행금지의 효력과 관리처분권이전의 효력을 외국재산에 대하여도 주장할 수 있는 것인가에 초점을 맞추어 논의를 하였다. 일본의 학설 중 일부는 주절차가 일본에서 개시된 경우에는 속지주의의 적용을 전면적으로 배제하여 파산관재인의 관리처분권이전이나 파산채권자에 의한 개별집행금지의 효과는 국내재산과 마찬가지로 외국재산에 대하여도 발생하기 때문에 파산관재인으로서는 외국재산에 대하여 강제집행을 시도하는 파산채권자에 대하여 당해 외국절차에 따라 강제집행의 정지 등을 구할 수 있다고 하는 견해도 있다.[29]

(2) 우리 나라

국내법원에서 국제파산의 문제가 처음 제기된 것은 외국관재인의 당사자적격에 관한 것이었다. 즉 파산자가 여전히 당사자가 되는가 아니면 외국관재인이 새로이 당사자적격을 갖는 것인가 하는 점이 쟁점이 되었다. 하급심에서는 견해가 나뉘었고 다수는 외국관재인이 당사자적격을 갖는다는 입장을 취하였으나 반대로 종전 파산자가 여전히 당사자적격을 갖는다는 판결이 한 건 있었다. 후자는 고등법원에서 조정이 성립되어 당사자적격 문제는 판단받지 못하였다. 최근 대법원은 외국관재인이 당사자적격을 갖는다는 판결을 선고하였다. 대법원은 "파산법 제3조 제2항은 외국에서 선고한 파산은 한국 내에 있는 재산에 대하여는 그 효력이 없다고 규정하고 있는바, 이는 외국에서 선고된 파산은 한국 내에 있는 재산에 대하여 파산선고의 본래적 효력인 포괄집행적 효력이 미치지 않는다는 것을 선언함에 그치고, 나아가 외국에서 파산선고가 내려진 사실 또는 그에 따라 파산관재인이 선임되었다는 사실 자체를 무시한다거나, 그 선고의 결과 파산선고를 한 해

29) 竹內康二, "國際倒產處理の現狀と課題," 自由と正義 제29권 제120호, 48면. 이 견해는 관할권이 인정되는 법원이 결정한 파산선고라는 단서하에서 국외에도 효력이 미친다고 주장하고 있으며, 青山善充, "倒產手續における屬地主義の再檢討," 民訴 제25호, 137면 이하는 일본 舊破產法 제3조 제1항의 규정(한국 파산법 제3조 제1항과 같다)은 채무자의 주된 영업소가 일본에 없는 경우에만 적용된다고 주장한다. 片山, 앞의 논문, 306면에서 재인용.

당 국가에서 선임된 파산관재인이 그 국가의 법률에 따라 한국 내에 있는 파산자의 재산에 대한 관리처분권을 취득하는 것까지 부정하는 것은 아니다"고 판시하여 외국관재인의 한국 내에서의 상표권처분이 적법하다고 판시하였다.[30)]

3. 신법의 입장

(1) 속지주의의 폐지

신법은 내외국의 학설과 법원의 실무 및 다자간 조약이 일치하여 보편주의로 향하여 가고 있는 趨勢에 맞추어 속지주의를 폐지하였다. 신법은 먼저 파산법 제3조 제1항을 삭제하고 신법 제640조에서 국내도산절차의 관리인 등이 외국법이 허용하는 바에 따라 국내도산절차를 위하여 외국에서 활동할 권한이 있음을 명시하였다. 그 결과 파산자의 국내외 재산이 파산재단에 속하게 되고 관리인의 관리처분권의 대상이 됨을 분명히 하였다. 또한 제2편 회생절차에서도 보전관리인이나 관리인의 권한이 역시 회생채무자의 국외재산에 대하여도 미치게 되어 국외재산을 파산재단으로 삼고 있는 외국절차에 국내관리인이 참가할 수 있는 터전이 마련되었다.[31)] 따라서 채권자가 외국재산에 대하여 외국에서 개별집행을 하는 경우 관리인은 국내법의 파산절차의 효력을 주장하여 외국법원에 그 중지를 신청할 수 있다. 다만 외국법이 한국의 파산법처럼 속지주의를 취하게 되면 한국관재인이 주장할 수 없으나 이는 외국의 주권에 속하는 문제이다. 다만 현재 다수국가의 파산법이 보편주의로 전환하고 있으므로 관리인이 외국 소재 재산에 대하여 관리처분권을 행사하는 데 큰 문제점은 없을 것이다.

(2) 종절차의 대외적 효력

주절차의 경우 대외적 효력을 인정하는 점에 대하여는 이론이 없으나 종절차에 의한 경우에도 대외적 효력을 인정하는가에 대하여 입법에 따라 다르다.[32)]

신법은 모델법과 승인원조법을 따라 국내에 채무자의 재산이 소재하여 파산

---

30) 대법원 2003. 4. 25. 선고 2000다64359 판결(공 2003, 1242).

31) *In re Kyu-Byung Hwang*, 309. B.R. 842(Bankr. S.D.N.Y. 2004) 사건에서는 한국 관리인에게 채무자의 국외재산에 대한 관리처분권이 미치는가 하는 문제를 양 당사자가 문제삼지 않았으나 만일 이를 정식으로 문제삼았다면 앞서 一成汽船 사건의 캐나다 법원이 판시한 것처럼 관리처분권을 배척할 위험성도 있었다.

32) EU 도산규정(제3조 제2항)은 이를 부정하고 있으나, 모델법과 승인원조법은 긍정한다.

절차가 개시되는 경우에도 대외적 효력을 인정하고 있다.[33] 이 점은 뒤에서 보는 대로 외국파산절차의 승인대상인 파산절차가 재산소재지만을 근거로 한 경우에 승인대상에서 제외하고 있는 점과는 다르다.[34] 이는 주된 영업소 소재국에서 파산절차가 개시되지 않고 있는 경우라도 외국이 재산소재지국의 파산절차를 승인함으로써 사업의 중단이나 재산의 散逸을 방지할 수 있으므로 그러한 조치를 취할 것인지 여부는 당해 외국법에 맡기면 족하다는 입장에 터잡은 것이다.[35]

4. 파산재산의 해외로부터 반입

주의할 것은 국내파산절차의 대외적 효력이 인정된다고 하는 것은 채무자 소유의 해외재산에 대하여도 우리 나라 법에 의한 관리처분권이 미친다고 하는 것에 그치는 것이지 더 나아가 관리인이 자유로이 그 재산을 해외로부터 반입하여 국내파산사건의 배당재원으로 사용할 수 있다는 것은 아니다.

이 점은 외국파산법이 한국파산절차의 대외적 효력을 인정하는지 여부와 한국으로 재산을 반출하도록 허용하는지 여부에 달린 것이다(만일 외국의 파산법이 속지주의를 채택하고 있다면 재산반출은 불허될 가능성이 높다). 제637조 제2항 역시 국제도산관리인이 국내재산을 국외로 반출하기 위하여는 법원의 허가를 받도록 규정하고 있다. 이 점은 승인원조법 제35조 제1항과도 같다. 최근 특히 미국과 캐나다에서는 실질적인 채권자의 평등과 파산재단의 충실화를 도모하기 위하여 국내재산의 반출명령을 포함하여 법원간의 공조를 시도하고 있다.[36] 국내재산을 외국파산절차를 위하여 외국관재인에게 인도를 명하는 경우에도 재산의 대부분이 외국조세채권의 징수에 충당된다면 조세채권이 갖는 주권적인 측면을 고려하여 이를 허용하여서는 안 될 것이다.[37]

---

33) 신법 제3조 제3항의 신설과 종전 속지주의 조항의 삭제에 의한 것이다.

34) 일본의 입법과정에서도 이러한 경우 대외적 효력을 부정하자는 견해도 있었으나 채택되지 아니하였다.

35) 松下淳一, "內國倒産手續の對外的效力," 新裁判實務大系 3 國際民事訴訟(財産編), 青林書院 (2002), 476면.

36) 미국 파산법 §304(b)(2)는 채무자의 미국 소재 재산을 외국관리인에게 반환할 것을 규정하고 있다. 실무의 대세는 반환을 인정하고 있으나, 재산이 미국 채권자에 대한 담보물에 속하는 경우에는 부정하고 있다.

37) 石黑一憲, "國際倒産と租稅," ジュリスト 1991. 6. 15(No. 981), 78면.

5. 배당의 조정(hotchpot rule)

(1) 의 의

제642조는 국내파산절차의 대외적 효력을 인정하는 것을 전제로 채권자가 국내에서 파산절차 개시 후에 채무자의 국외재산에 대하여 강제집행 또는 병행파산 절차 내에서 변제를 받은 경우뿐 아니라 국외재산으로부터 임의 변제를 받은 경우에도 국내채권자와의 균형을 맞추기 위한 것이다.[38] 채권자라 함은 내국채권자뿐 아니라 외국채권자도 포함한다.[39] 이는 영국법에서 처음 인정된 hotchpot 원칙을 수용한 것이다.[40]

(2) 내 용

어느 채권자가 국내도산절차의 개시결정(파산선고를 포함한다)이 있은 후 외국도산절차 또는 채무자의 국외재산으로부터 변제받은 때에도 그 변제를 받기 전의 채권 전부로써 국내도산절차에 참가할 수 있다(신법 시행규칙 제107조 제1항). 그러나 채권자간의 평등을 확보하기 위하여 국내도산절차에서 그와 같은 조 및 순위에 속하는 다른 채권자가 동일한 비율의 변제를 받을 때까지 국내도산절차에서 배당 또는 변제를 받지 못한다(시행규칙 제107조 제2항).

회생절차의 경우 계획안을 작성하기 전에 이미 변제를 받았다면 이를 반영한 계획안을 작성하게 된다. 만일 계획이 인가된 후에 변제를 받았다면 일본의 경우에는 회사갱생법 제137조에 의하여 수정된 기준에 따라 계획상의 변제를 받게 된다.[41] 외국에서 변제를 받더라도 일단 채권전액을 기준으로 국내 파산절차의 배

---

38) 임의변제를 받은 경우를 제외하는 입법도 있다. 파산선고를 받으면 채무자는 관리처분권을 상실하므로 그 후의 행위는 파산채권자에게 대항할 수 없다(제329조 제1항). 채무자의 변제행위는 상대방이 선의인 경우를 제외하고 효력이 없으므로 파산선고 후 채무자로부터 임의변제를 받은 채권자는 파산관재인에게 부당이득으로 반환할 의무가 있다. 그러나 여기서 임의변제라 함은 외국에 소재한 재산으로부터 변제를 받는 것으로 외국의 파산법제가 속지주의를 채택한 경우라면 외국에서의 변제행위는 적법할 수 있다. 따라서 외국의 파산법제가 속지주의인지 보편주의인지를 구별하지 않고 외국에서의 임의변제를 제329조에 위반한다는 이유로 부당이득으로 청구할 수 있다는 견해(伊藤眞, 破産法, 有斐閣(2006), 179면)는 찬동하기 어렵다.

39) 그러나 내국채권자가 외국 소재 재산으로부터 배당 또는 변제받고 국내파산절차에 참가하는 사례가 흔할 것이다.

40) 미국 연방파산법 §508(a), 일본 민사재생법 제89조, 파산법 제109조 및 회사갱생법 제137조.

41) 제137조(갱생채권자가 외국에서 받은 변제) ① 갱생채권자 등은 갱생절차 개시의 결정이 있은 후에 갱생회사의 재산으로서 외국에 있는 것에 대하여 권리를 행사하여 갱생채권 등에 관

당에 참가하지만 변제받은 액수에 관하여는 의결권을 행사하지 못한다(시행규칙 제107조 제1항 단서).[42]

(3) 부당이득의 성부

만일 외국에서 변제받은 액수가 국내절차에서 받게 되는 배당액보다 다액인 경우 그 차액에 대하여 채권자가 부당이득반환의무가 있는가에 관하여 논란이 있다. 일본의 경우 부정설은 만일 부당이득을 인정하게 되면 재산소재국의 법에 따라 변제받은 것이 법률상 원인 없는 것이 되고 다시 역으로 재산소재국에서 관리인을 상대로 부당이득반환청구를 초래하게 되어 법제도의 상이함을 무시하는 것이 된다는 점을 논거로 들고 있다.[43] 이에 반하여 긍정설은 국제파산절차의 목적인 채권자간 평등원칙을 국제적인 수준에서 적용하여야 한다는 점을 들고 있다.[44]

생각건대 필자는 다음과 같은 이유로 부정설에 찬동한다. 첫째, 부당이득반환청구의 준거법에 관하여 국제사법 제31조 제1항은 "부당이득은 그 이득이 발생한 곳의 법에 의한다. 다만, 부당이득이 당사자간의 법률관계에 기하여 행하여진 이행으로부터 발생한 경우에는 그 법률관계의 준거법에 의한다"고 규정하고 있어 외국 소재 재산으로부터 변제를 받는 경우 당해 외국법에 기한 변제가 적법함에도 불구하고, 대외적 효력을 인정하고 있는 내국파산법의 규정을 근거로 부당성을 판단하는 것은 문제가 있다. 둘째, 정책적인 관점에서도 외국 소재 재산에 대하여 그 소재를 파악하고 변제받기까지에는 적지 않은 노고를 하였을 터인데 이를 부당이득이라는 이유로 빼앗아 내국채권자와의 변제자원으로 삼게 되면 오히려 무임승차하는 내국채권자의 형평이 문제되고 외국 소재 재산을 추적하려는 노력에 찬물을 끼얹는 격이 되어 거시적으로 보아 국내채권자들에게도 득이 되지 못할 것이다. 셋째, 긍정설을 취한다면 외국소재 재산으로부터 채권 전액을 변제받았기 때문에 국내파산절차에 참가하지 아니한 채권자나 국내에 주소나 재산도

하여 변제를 받은 경우에 그 변제를 받기 전의 채권의 전부로써 갱생절차에 참가할 수 있다.
② 전항의 갱생채권자 등은 다른 동 순위의 갱생채권자 등이 자기가 받은 변제와 동일한 비율의 변제를 받을 때까지 갱생절차에 의하여 변제를 받지 못한다.
③ 제1항의 갱생채권자 등은 외국에서 변제를 받은 채권의 부분에 관해서는 의결권을 행사하지 못한다.

42) 일본의 신 파산법 제109조.

43) 道垣内正人, "國際倒産における債權者平等," 山本克己＝山本和彦＝坂井秀行編, 國際倒産法制の新展開, 金融商事判例 增刊號 제1121호(2001), 115면.

44) 松下淳一, 앞의 논문, 479면.

갖고 있지 아니한 외국채권자를 상대로 부당이득반환청구소송을 제기하는 경우에 피고에 대한 국제재판관할권을 주장하기 어렵다.

Ⅵ. 외국파산절차의 대내적 효력

1. 의 의

파산법은 국내파산절차의 대외적 효력을 부정하는 것과 마찬가지로 외국파산절차의 대내적 효력을 인정하지 않았다.[45] 대내적 효력에 관한 속지주의의 배후에는 내국채권자의 이익보호가 고려되어 있다. 만일 보편주의를 인정하면 내국재산이 모두 외국파산재단으로 흡수되어 그만큼 국내채권자에 대한 몫이 줄기 마련이다. 그렇다고 하여 국내파산절차의 대외적 효력만 인정하고 외국파산절차의 대내적 효력을 인정하지 아니하는 입법은 국제파산을 둘러싸고 국제간의 사법공조를 강조하는 현재의 세계적인 흐름에 역행할 뿐 아니라 이른바 掠取主義的인 입법이라는 비판을 면할 길이 없다.[46] 신법은 국내파산절차의 대외적 효력을 인정하는 것과의 균형상 외국파산절차의 대내적 효력을 인정하되 그 구체적인 절차와 방식, 효력에 관하여 상세한 규정을 두고 있다. 일본의 승인원조법을 본받아 외국파산절차의 승인절차와 그에 기한 원조처분의 이원적인 방식을 채택하였다. 따라서 외국의 파산절차는 우리 나라 법원의 승인결정을 거치지 아니하면 국내에 효력을 미치지 못한다.[47]

45) 인천지방법원 2003. 7. 24. 선고 2003가합1768 판결(미항소 확정)은 파산법상의 속지주의에 따라 일본의 민사재생절차에 기한 개별집행금지의 효력은 한국 내에 미치지 아니하므로 민사재생채권을 신고한 재생채권자는 한국 내에서 동일한 재생채무자(일본 내 대우자회사)를 상대로 금원지급 청구가 가능하다고 판시하였다.

46) 승인원조법이 있기 이전의 일본의 민사재생법이 이러한 입장에 있었으며 일본 학자들도 이 점을 비판하였다.

47) 伊藤眞, 앞의 책, 179면. 예컨대, 파산법하에서는 국내의 승인결정이 없더라도 외국관재인의 당사자 적격이 인정되었으나 신법하에서는 승인결정을 받아야 된다.

2. 외국파산절차의 승인

(1) 승인의 의의

외국파산절차의 승인이라 함은 "외국도산절차에 대하여 대한민국 내에 이 편의 지원처분을 할 수 있는 기초로서 승인하는 것"을 말한다(제628조 제3호). 외국파산절차의 승인은 외국판결의 승인과 아래의 점에서 다르다. ① 외국판결의 승인제도는 일정한 요건이 구비되는 것을 전제로 별도의 승인재판 없이 외국판결의 기판력 등의 효력을 인정하여 주는 것임에 반하여, 외국파산절차의 승인이라 함은 외국파산절차의 개시국법에서 절차개시의 재판의 효력을 국내에 그대로 인정하는 것이 아니라 오히려 채무자의 국내업무나 재산에 대하여 국내법이 정하고 있는 국내법상의 도움을 주기 위한 지원처분을 할 만한 가치가 있는지 여부에 대한 판단의 재판이다. ② 외국판결의 승인은 외국법원에서 선고된 종국판결을 그 대상으로 삼고 있는데 반하여 외국파산절차의 승인은 보전처분과 개시결정 등 여러 종류의 재판의 근원이 되는 파산절차의 효력을 국내에 승인하는 것이다.

(2) 승인관할(간접관할)

1) 관할의 내용

외국파산절차를 국내에서 승인하기 위하여는 당해 절차를 신청한 외국에 채무자의 영업소, 사무소 또는 주소가 있을 것이 필요하다.[48] 이러한 주소 등의 존재는 승인신청의 적법요건이므로 승인을 구하는 외국관재인 등이 이를 입증하여야 한다. 영업소는 주된 영업소가 아니라도 무방하다. 모델법이나 승인원조법도 이와 같다. 외국파산절차가 종된 영업소나 사무소의 경우라도 그 절차를 승인하여 그에 이은 후속절차를 마련하여 주겠다는 취지이다. 주된 영업소가 있는 국가에서 워크아웃과 같은 절차가 진행되어 재판상의 파산절차가 개시되지 않고 있는 경우에 종된 영업소 소재지국에서 파산절차가 개시된 경우라도 이를 승인함으로써 국내에 소재한 재산의 산일을 방지하고 계속기업가치를 유지할 필요가 있을

---

48) 입법당시 고려할 수 있는 방안은 ① 채무자의 주소, 주된 영업소, 사무소의 소재지만을 관할로 인정하는 입장(주절차주의), ② 채무자의 주소, 거소, 영업소 또는 사무소에 관할을 인정하는 방안, ③ 채무자의 주소, 거소, 영업소 또는 사무소 외에 재산소재지를 관할로 인정하는 방안이 있었으나 그 중 ②의 방안이 모델법과 승인원조법의 입법례이므로 이를 채택하였다.

수 있기 때문이다. 제631조에는 '절차의 주종을 불문하고'라는 표현이 없으나 그렇다고 하여 종절차를 배척하는 뜻은 아니다.

2) 재산소재지 관할의 배제

승인을 구하고 있는 외국파산절차가 채무자의 재산소재지만을 근거로 관할권이 인정된 경우에는 그 파산절차는 승인의 대상에서 제외된다(제631조 제1항). 재산소재를 이유로 관할을 인정한다 하여 미국의 대물소송(in rem)과 같이 재산에 대하여 파산절차를 인정한다는 것이 아니라 재산을 소유하고 있는 독립한 법인격체인 채무자에 대하여 파산절차를 개시한다는 것에 유의할 필요가 있다. 다만 파산원인 사실인 채무초과, 지급불능의 대상이 되는 재산을 국내 소재 재산을 기준으로 할 것인지 해외에 소재하는 채무자의 전 재산을 대상으로 할 것인지에 대하여 논의가 있을 뿐이다. 재산소재지 관할을 부정하는 이유는 같은 종절차라 하더라도 단지 채무자가 재산만을 갖고 있는 경우라면 채무자와 당해 외국과 밀접한 관련성이 없기 때문에 국내법원이 이를 승인하여 내국의 이해관계인의 권리의무를 변경하면서까지 협력할 의의가 희박하기 때문이다. 이 점은 국내에서의 파산절차 개시에 관하여 재산소재만으로 직접관할을 인정하고 또한 그에 대하여 대외적 효력을 인정하는 점과 차이가 있다. 이는 자국민만을 보호하겠다는 편협된 입장은 아니고 모델법과 승인원조법 역시 단지 재산의 소재지만을 근거로 개시된 파산절차는 승인의 대상으로 삼지 않고 있다.[49] 내국의 파산절차와 승인되는 외국파산절차와의 관계에 대하여는 다음의 항에서 병행파산으로 별도로 다루기로 한다.

(3) 승인신청과 재판

1) 신청권자

외국도산절차의 승인신청은 승인관할이 있는 곳에서 개시된 외국도산절차의 대표자가 비용을 납부한 후 아래의 서면을 첨부하여 서울중앙지방법원에 외국도산절차의 승인을 신청할 수 있다(제630조). 신청권자는 외국도산절차의 대표자에 한한다. 외국도산절차의 대표자라 함은 외국도산절차에서 파산재단의 관리처분권이 인정된 자를 말한다.[50] 관재인이 선임된 경우에는 관재인과 미국 파산법 제11

49) 승인원조법 제17조 제1항. 모델법은 이를 명시하지 않았지만 제17조 제2항에서 종절차로 승인되는 것은 영업소를 갖고 있는 경우로 한정하고 있다. 山本和彦, 國際倒産法制, 商事法務(2002), 371면.

50) 외국관재인의 자격을 증명하는 방법으로는 파산자에 대하여 외국에 도산처리절차가 繫屬되

장의 점유를 계속하는 채무자(Debtor In Possession, 'DIP')가 이에 해당한다. 이에 반하여 채무자뿐 아니라 채권자는 담보권의 유무를 불문하고 신청권한이 없다.[51) 승인신청권자는 다음의 사항을 승인신청서에 기재하여야 한다(시행규칙 제97조). 1. 외국도산절차의 대표자 및 대리인의 성명 또는 명칭과 주소, 2. 외국도산절차의 대표자에 대한 대한민국 내의 송달장소, 3. 채무자의 성명 또는 명칭과 주소, 4. 신청취지 및 신청이유, 5. 외국도산절차가 신청된 국가에 소재하는 채무자의 영업소·사무소·주소, 6. 외국도산절차가 신청된 국가의 명칭, 당해 외국도산절차를 담당하고 있는 법원 그 밖에 그 절차를 관장할 권한 있는 기관의 명칭과 사건의 표시, 7. 외국도산절차의 신청일 및 그 효력발생일, 8. 그 밖에 당해 외국도산절차를 특정할 만한 구체적 사항.

2) 관할법원

승인신청에 대한 승인재판의 관할은 서울중앙지방법원으로 집중하였다.[52)] 지원신청에 대한 재판은 다른 법원에서도 할 수 있다. 관할을 한 곳으로 집중한 것은 여러 유형의 사건을 다룬 전문성을 고려하여 승인재판을 보다 신속하게 하기 위한 것이다. 이 경우 외국어로 작성된 서면에는 번역문을 붙여야 한다. 신청서에 첨부하여야 할 서류는 다음과 같다. ① 외국도산절차 일반에 대한 법적 근거 및 개요에 대한 진술서,[53)] ② 외국도산절차의 개시를 증명하는 서면, ③ 외국도산절

고 있는 외국법원 또는 인증의 권한을 가진 자의 인증서로 증명하여야 하고, 번역문을 첨부하여야 한다.

51) 채무자는 승인재판에 기한 국제도산관리인이 선임되기 전까지는 국내재산에 대하여 관리처분권을 갖고 있으며, 채권자는 외국도산절차에 따라 외국대표자에게 승인신청을 하도록 촉구하거나 승인결정 전이면 채무자를 상대로 하면 족하다.

52) 일본도 입법 당시 大阪地方裁判所와 東京地方裁判所의 전속관할로 할 것인지 논의하다가 효율성, 신속성 및 적정한 판단을 확보하기 위하여 東京地方裁判所의 전속관할로 정하였다(승인원조법 제4조).

53) 진술서에 기재하여야 할 사항은 다음과 같다(시행규칙 제97조 제2항).

1. 당해 외국도산절차 사건의 개요, 진행상황(절차개시의 판단유무를 포함한다) 및 향후의 전망
2. 당해 외국도산절차에 있어서 채권의 우선순위를 정하는 외국법의 규정
3. 채무자의 업무의 수행 및 재산에 대하여 외국도산절차의 대표자가 갖는 관리·처분권의 행사범위, 존속기한, 권한행사에 필요한 법원의 허가 그 밖의 조건
4. 채무자가 법인인 경우 그 설립의 준거법
5. 대한민국에 있는 채무자의 주된 영업소 또는 사무소의 명칭과 소재지
6. 채무자의 대한민국에서의 사용인 그 밖의 종업원의 과반수로 조직된 노동조합이 있는 경우에는 그 명칭 및 대표자의 성명, 주소, 전화번호·팩시밀리번호·전자우편주소. 만약 그와 같은 노동조합이 없는 경우에는 채무자의 대한민국에서의 사용인 그 밖의 종업원의 과반수를 대표하는 사람의 성명, 주소, 전화번호·팩시밀리번호·전자우편주소

차의 대표자의 자격과 권한을 증명하는 서면, ④ 승인을 신청하는 그 외국도산절차의 주요내용에 대한 진술서(채권자 · 채무자 및 이해당사자에 대한 서술을 포함한다), ⑤ 외국도산절차의 대표자가 알고 있는 그 채무자에 대한 다른 모든 외국도산절차에 대한 진술서(제631조 제1항 참조).

법원은 승인신청이 있는 때에는 지체 없이 그 요지를 공고하고 신청서류를 비치하여야 한다(제3항). 외국도산절차 승인신청서와 진술서를 제출하는 경우에는 그 기재사항을 증명하는 서면을 첨부하여야 한다(시행규칙 제97조 제3항). 외국도산절차의 대표자는 외국도산절차의 승인신청이 있은 후 외국도산절차의 대표자가 변경되거나 당해 외국도산절차가 개시 또는 종료된 때에는 지체없이 변경된 사항을 기재한 서면을 법원에 제출하여야 한다(시행규칙 제99조 제1항). 또한 동일한 채무자에 대하여 국내도산절차 또는 다른 외국도산절차의 승인·지원절차가 계속된 사실을 알게 된 때에는 지체없이 이와 같은 사실을 기재한 서면을 법원에 제출하여야 한다(동조 제2항).

3) 승인재판

① 심 리

법원은 외국도산절차의 승인신청이 있는 때에는 신청일로부터 1월 이내에 승인여부를 결정하여야 한다(제632조 제1항). 기한을 둔 것은 모델법 제17조 제3항이 승인재판의 신속처리의무를 규정한 것을 반영한 것이다. 반드시 구두변론을 열어야 하는 것은 아니고 심문을 통하여도 가능하다. 승인사건은 비송사건이므로 비록 변론을 열더라도 재판의 형식은 판결이 아닌 결정이다. 승인재판은 다수의 이해관계인에게 영향을 미치므로 외국도산절차의 대표자로 하여금 승인신청서에 외국도산절차의 내용에 대하여 기재하도록 하고 있다. 법원은 필요하다고 인정하면 직권조사를 통하여 또는 외국대표자에게 외국도산절차에 관한 필요한 자료의 제출을 구할 수 있다. 승인재판에 관한 조서의 작성은 임의적이다(제12조).

---

7. 채무자가 법인인 경우, 그 법인의 설립이나 목적인 사업에 관하여 대한민국 행정청의 허가가 있는 때에는 그 행정청의 명칭과 소재지
8. 외국도산절차의 대표자가 채무자에 대하여 국내도산절차가 계속 중인 사실을 알고 있는 경우에는 그 법원 · 당사자 · 사건명 · 사건번호 및 진행상황
9. 외국도산절차의 대표자가 다른 외국도산절차의 승인신청사건이 계속 중인 사실을 알고 있는 경우에는 그 법원 · 당사자 · 사건명·사건번호 및 진행상황

② 기각사유

만일 다음 각호의 1에 해당하는 경우에는 법원은 승인신청을 기각하여야 한다. ① 비용을 납부하지 아니한 경우, ② 첨부서류를 제출하지 아니하거나 그 성립 또는 내용의 진정을 인정하기에 부족한 경우, ③ 외국도산절차를 승인하는 것이 대한민국의 선량한 풍속 그 밖에 사회질서에 반하는 경우(제632조 제2항).

비용미납부를 이유로 기각하는 것은 회생절차신청 또는 채권자에 의한 파산신청의 경우와 같다(제42조 제1호, 제309조 제1항 제1호, 제595조 제3호). 공서위반은 모델법 제6조에서 보는 바와 같이 승인재판뿐 아니라 개개의 지원신청의 거절사유이기도 하다. 오히려 승인재판의 단계보다는 지원처분의 단계에서 문제가 될 것이다. 실체법상의 공서위반이 될 수 있는 것은 채권의 우선순위가 국내법과 현저한 차이를 갖는 경우,[54] 또는 외국도산절차가 대한민국 과세관청의 체납처분을 정지하는 효력을 갖는 경우 등이다(국내의 집행관할권을 제약하는 것이기 때문이다).[55] 절차법상의 공서위반이 될 수 있는 것은 채권자에 대한 절차참가가 실질적으로 보장되지 않는 경우이다.

③ 승인재판의 후속조치

법원이 승인결정을 하는 경우에는 그 주문과 이유의 요지를 공고하고 그 결정서를 신청인에게 송달하여야 한다(제632조 제3항). 결정서에는 연월일 외에 시각도 기재한다(시행규칙 제100조). 법인인 채무자에 대하여 외국도산절차의 승인결정이 있는 경우 그 법인의 설립이나 목적인 사업에 관하여 대한민국 행정청의 허가가 있는 때에는 법원은 외국도산절차의 승인결정이 있음을 주무관청에 통지하여야 한다(시행규칙 제106조 제1항).

④ 승인재판의 취소

법은 승인재판에 대한 불복신청에 대하여 규정하고 있을 뿐 일본과 달리 승인재판이 확정된 후 법원이 승인취소의 결정을 할 수 있는지 여부와, 그 불복방법에 관하여 별도의 규정을 두고 있지 않다.[56] 그러나 승인재판이 확정되더라도

---

54) 단순히 채권순위가 다른 정도만으로는 공서위반이 될 수 없지만, 담보권자를 일반적인 재단채권자보다 후순위로 하든가, 임금채권자를 일반채권자와 같이 취급하는 것은 공서위반이 될 수 있다. 山本和彦, 앞의 책, 43면.

55) 貝瀬幸雄, 國際倒產法序說, 537면. 石黑一憲, 앞의 논문, 78면에서 재인용.

56) 일본은 승인취소결정 제도를 인정하고 승인취소 결정에 대하여도 즉시항고할 수 있고 취소결정은 확정되어야 효력을 발생하도록 규정하고 있다(승인원조법 제56조 참조).

승인기각 사유가 발견되는 경우라면 승인재판을 취소할 필요가 있다.

4) 불복신청

승인재판이 신속하고 확실하게 진행하도록 하기 위하여 법원의 승인신청에 관한 재판에 대하여 이해관계를 갖는 자만이 즉시항고를 할 수 있으나 집행정지의 효력이 없다(제632조 제4항, 제5항). 즉시항고기간은 공고가 있는 때에는 그 공고가 있은 날로부터 14일 이내에 하여야 하고(제13조), 공고가 없는 경우에는 고지된 날로부터 1주일 내에 제기하여야 한다(민사소송법 제444조 제1항).

그 외에 승인결정 전의 명령(제635조),[57] 승인재판과 동시에 또는 결정 후에 하는 다른 절차의 중지결정, 중지결정에 대한 변경 및 취소결정(제636조),[58] 국내도산절차와 외국도산절차의 승인신청에 대하여 승인결정을 하면서 또는 승인결정 전에 하는 지원결정(제638조)과 외국도산절차간의 승인신청이 있는 경우 주절차의 결정, 지원결정, 그 변경결정(제639조) 등은 불복할 수 있으나 집행정지의 효력이 인정되지 않는다(제635조 제4항·제5항, 제636조 제8항·제9항, 제638조 제2항·제3항, 제639조 제5항·제6항).

5) 지원사건의 이송

승인재판의 관할은 서울중앙지방법원 합의부의 전속관할로 정하여져 있으므로 서울중앙지방법원이 승인재판과 동시에 지원처분을 명하는 것이 보통일 것이다. 다만 절차의 효율적인 진행이나 이해당사자의 권리보호를 위하여 필요한 때에는 당사자의 신청 또는 직권으로 사건을 제3조에서 정한 관할 법원에 이송할 수 있다(제630조 후문). 즉 채무자의 주소, 거소, 영업소, 사무소 또는 재산소재지 관할법원뿐 아니라 고등법원의 관할이나 계열회사의 도산개시 등을 이유로 총칙상의 관할확대조항에 의하면 관할을 갖는 법원도 이에 해당한다.[59] 이 경우에는 이송받은 법원이 지원절차를 담당하게 된다.

---

57) 소송의 중지, 강제경매, 임의경매 및 가압류 등의 금지 또는 중지, 변제금지, 처분금지결정 등 제636조 제1호 내지 제3호에 한한다. 결정을 누구에게 송달 또는 공고하여야 하는지에 관하여 규정이 없으나 제636조 제1항 제2호에 의한 금지명령의 경우에는 신청인에게 송달하여야 하도록 규정되어 있지만(제636조 제4항), 그 외의 경우에도 송달을 하는 것이 바람직하다(승인원조법은 공고를 배제하고 송달하도록 규정하고 있다).

58) 승인 전 명령과 달리 추가로 국제도산관리인의 선임 기타 필요한 처분을 명할 수 있다. 그 중 제2호에 의한 금지명령의 경우에는 신청인과 외국도산절차의 대표자에게 송달하여야 한다.

59) 예컨대 채무자의 주소지가 청주인 경우 대전고등법원 소재지인 대전지방법원으로 이송할 수 있다. 이 점에서 채무자의 주소, 거소, 영업소, 사무소 또는 재산소재지 관할을 하는 지방법원으로 이송할 수 있도록 한정한 승인원조법과 다르다.

이송할 수 있는 경우로는 아직 국내에 파산사건이 개시되기 전으로서 채무자 회사의 공장 등 주요재산 또는 본사 등이 서울 이외에 소재하고 있고 승인관재인과의 연락 등의 편의를 고려하여 당해 지역을 관할하는 법원에서 원조처분을 하는 것이 적당한 경우와 이미 국내에 파산사건이 계속 중이어서 당해 법원이 국내의 경매절차의 중지, 취소 등의 판단을 신속하게 할 수 있는 경우 등이다. 이송권한은 법원에 있으므로 당사자의 신청은 직권발동을 촉구하는데 그친다. 이 점은 민사소송법상의 이송절차와 같다.

이송결정은 승인과 동시 또는 승인 후에만 한하고 승인신청이 서울중앙지방법원에 접수된 상태에서 승인 결정 전에는 다른 법원으로 이송할 수 없다(반대견해도 있을 수 있음). 왜냐하면 만일 이송결정을 승인 전에도 할 수 있다면 이송을 받은 법원에서도 승인 전 지원절차를 명할 수 있게 되는데 지원절차를 명한 후에 서울중앙지방법원이 승인결정을 기각하게 되면 법적 안정성을 해하기 때문이다.[60]

3. 지원절차

(1) 의 의

지원절차라 함은 외국파산절차의 승인신청에 관한 재판과 채무자의 대한민국 내에 있어서의 업무 및 재산에 관하여 당해 외국파산절차를 지원하기 위한 처분을 하는 절차를 말한다. 법은 승인결정 전의 지원절차와 승인결정 후의 지원절차에 관하여 달리 규정하고 있다.

(2) 승인 전 명령

법원은 승인신청 후 그 결정이 있을 때까지 외국도산절차의 대표자의 신청 또는 직권으로 제636조 제1항 제1호 내지 제3호의 조치(소송절차의 중단, 강제집행, 임의경매, 보전처분 등의 중단, 변제금지 및 재산의 처분금지)를 명할 수 있다. 이해관계인은 승인재판 후의 지원결정을 신청할 수 있으나 승인 전 지원신청을 할 수 없다.[61] 외국도산절차의 대표자는 지원신청서에는 다음 각 호의 사항을 기재하여

---

60) 승인원조법은 승인원조사건을 동경지방재판소의 전속관할로 하고 이송의 시기를 승인결정과 동시에 또는 그 결정 후로 정하고, 이송을 받는 법원을 채무자의 주소, 거소, 영업소, 사무소 또는 재산의 소재지 관할 지방재판소로 한정하고 있다(제5조).

61) 모델법 제19조 제1항을 따른 것으로 승인재판 전후 모두 이해관계인의 신청권을 인정한 승인원조법과 다른 점이다.

야 한다. 1. 채무자, 신청인 그 밖의 당사자의 성명 또는 명칭과 주소, 2. 신청인의 대한민국 내의 송달장소, 3. 신청취지 및 신청이유, 4. 외국도산절차가 개시되었거나 개시될 국가의 법률이 적용되는 경우 법 제636조 제1항 제1호 내지 제3호에 적은 절차에 해당하는 당해 국가의 절차가 중지되거나 금지되는지 여부 및 그 범위(시행규칙 제101조 제1항).

제636조 제1항 제4호 내지 제5호의 조치가 인정되지 아니하므로 승인 후와는 달리 승인 전에는 국제도산보전관리인에 의한 보전관리명령제도, 중지한 강제집행, 임의경매 등의 취소가 인정되지 않으며, 재산의 국외반출 기타 채무자의 업무 및 재산을 보전하거나 채권자의 이익을 보호하기 위하여 필요한 처분을 할 수 없다(반대견해 있음).[62] 중지한 강제집행, 임의경매 등의 취소는 인정되지 아니한다(제636조 제7항). 법원은 법 제636조 제1항 제1호 내지 제3호의 규정에 따른 지원결정을 할 때에 필요하다고 인정하는 경우 신청인 또는 외국도산절차의 대표자에게 채권자의 성명, 주소, 채권의 액 및 발생원인을 기재한 채권자일람표 또는 그 밖의 소명자료의 제출을 명할 수 있다(시행규칙 제101조 제3항).

승인신청을 기각하는 결정에 대하여 즉시항고를 한 경우에도 승인 전 명령을 신청할 수 있다(제635조 제1항, 제2항).

(3) 승인 후 지원절차

법원은 승인결정을 함과 동시에 또는 승인결정을 한 후에 이해관계인의 신청이나 직권으로 위에서 본 절차의 중단 외에 국제도산관리인의 선임, 그 밖에 채무자의 업무 및 재산을 보전하거나 채권자의 이익을 보호하기 위하여 필요한 처분을 할 수 있다(제635조, 제636조 제1항). 국제도산관리인이라 함은 외국도산절차의 지원을 위하여 법원이 채무자의 재산에 대한 환가 및 배당 또는 채무자의 업무 및 재산에 대한 관리처분권의 전부 또는 일부를 부여한 자를 말한다(제636조 제6호). 법원은 국제도산관리인으로 외국도산절차의 대표자 또는 그 밖에 국제도산관리인으로서의 직무를 수행함에 적절한 사람(법인을 포함한다)을 선임하여야 한다(시행규칙 제102조 제2항). 국제도산관리인과 외국도산절차의 대표자는 외국도산

62) 승인원조법 제31조, 제51조는 보전관리명령과 재산의 반출허가를 인정하고 있고, 중지한 강제집행 등의 취소는 한국과 마찬가지로 인정하지 않고 있다. 반대로 승인 전 명령에서도 국제도산보전관리인 제도가 인정된다는 견해도 있으나 일본과 같이 명문의 규정이 없고, 파산절차에서도 보전관리인제도가 인정되지 아니하는 점을 고려하면 해석론으로 보전관리인제도를 인정하는 것은 무리라고 생각한다.

절차에 대한 지원절차의 원활한 진행 및 채무자의 대한민국 내에서의 업무의 수행과 재산의 관리 및 처분의 공정성을 도모하기 위하여 상호 긴밀히 협조하여야 한다(시행규칙 제103조 제1항). 국제도산관리인은 외국도산절차의 대표자에 대하여 채무자의 대한민국 내에서의 업무의 수행과 재산의 관리 및 처분에 대해 필요한 협력 및 정보의 제공을 요구할 수 있으며(같은 조 제2항), 법원이 정하는 바에 따라 법원에 대하여 업무와 계산에 관한 보고를 하여야 한다(같은 조 제3항).

승인 후 지원절차를 신청할 수 있는 이해관계인의 범주에 외국도산절차의 대표자가 포함됨은 이론이 없다. 그 밖에 필요한 처분의 대표적인 사례로는 법원이 신청 또는 직권에 의하여 외국채무자에 대하여 진행되는 국내 중재절차의 중단 등을 들 수 있다.[63]

4. 외국도산절차 대표자의 당사자적격

신법 이전의 판례와 실무에 의하면 당해 외국파산절차가 자국 관재인의 국가 밖에 소재하는 재산에 대한 관리처분권을 인정하는 경우라면 외국파산절차 중 관리처분권이 파산관재인에게 이전되는 효력은 한국의 속지주의에 불구하고 외국관재인은 별도의 승인재판이 없이도 한국 내에 소재하는 재산에 대한 관리처분권을 갖고 재산에 대한 당사자적격을 갖고 있었다.[64]

그러나 신법하에서도 종전의 판례가 효력이 있는지에 대하여는 다툼이 있을 수 있다. 일본은 승인원조법에 의하여 종전 판례가 변경된 것으로 해석하고 있다.[65]

---

63) 승인재판에 의하여 계속 중인 국내중재절차가 당연히 중단되는 것이 아닌가 하는 의문이 있으나 제636조 제1항 제1호가 국내소송절차의 중지를 명하여야 비로소 중지되는 것으로 규정하고 있는 점에 비추어 중재절차도 승인법원이 별도로 중지명령을 하여야 한다.

64) 전게 대법원 파올로구찌 사건(2003. 4. 25. 선고 2000다64359 판결) 참조.

65) 일본에서도 승인원조법하에서의 다수견해이다. 本間靖規 외 2인, 國際民事手續法, 有斐閣(2005), 127면; 松下淳一, "承認の效果," 山本克己＝山本和彦＝坂井秀行編, 國際倒産法制の新展開, 金融商事判例 增刊號 1121호(2001), 137면; 山本和彦, 앞의 책, 112면; 伊藤眞, 앞의 책, 181면 참조. 이 점에 관하여 일본은 법정지법인 승인원조법에 승인관재인제도와 관리명령제도를 두고 특히 제36조에서 관리명령이 발하여진 경우 채무자의 일본 국내에 있는 재산에 관하여 승인관재인을 원고 또는 피고로 하며, 일본 국내 소송절차가 중단한다는 명시적인 규정을 두었다. 그리하여 외국관재인이 일본 국내에 있는 재산에 대하여 관리처분권을 주장하기 위하여는 먼저 승인결정과 함께 자신을 승인관재인으로 선임하여 달라는 신청을 하여야 한다. 승인결정을 받기 전에는 종전 채무자에게 당사자적격이 그대로 유지된다. 한편 승인원조법이 시행된 후 최초의 승인 사건은 주식회사 진로에 관한 것이다. 진로그룹은 진로소주의 판매를 위하여 자회사로 일본의 진로재팬, 홍콩의 진로인터내셔날을 두고 있었는데 일본의 진로재팬의 대주주가 홍콩 진로인터내셔날로 되어 있어 한국과 홍콩 회사간에 일본 진로재팬의 실질적인 주주가 누

신법은 지원처분의 한 형태로 국제도산관리인제도를 두고, 국제도산관리인이 선임된 후에는 채무자의 업무의 수행 및 재산에 대한 관리처분권한은 국제도산관리인에게 전속하며, 국제도산관리인은 법원의 허가를 얻어 대한민국 내에 있는 채무자의 재산을 처분 또는 국외로의 반출, 환가·배당 그 밖에 법원이 정하는 행위를 할 수 있도록 규정하고 있다(제636조 제1항 제4호, 제637조). 따라서 외국도산절차에 대한 승인결정 후 국제도산관리인이 선임되면 외국도산관리인이 당사자적격을 갖게 되고 승인결정 전에는 종전 채무자가 당사자적격을 유지하게 되므로 신법 시행 이전의 판례는 더 이상 효력을 갖지 않게 되었다. 따라서 미국 파산법상의 Debtor In Possession이라도 승인결정과 국제도산관리인 선임결정을 얻지 아니하면 국내 재산에 대하여 관리처분권을 주장할 수 없다.[66]

외국절차의 승인신청권은 외국대표자에게만 부여되어 있고 채권자에게는 인정되지 않고 있다. 따라서 외국채무자를 상대로 거래를 하거나 소송을 제기하려는 국내채권자는 승인결정과 국제도산관리인이 선임되기 이전이라면 외국채무자를 상대로 소송을 제기하여야 하고 만일 소송 도중 또는 거래 중에 국제도산관리인이 선임되었다면 승인결정 후에 소송을 수계하는 등의 방법으로 국제도산관리인을 상대로 소송을 수행하거나 거래를 하여야 한다.

요컨대, 신법하에서는 외국파산절차에서는 파산선고의 시점에서 관리처분권은 채무자에서 관재인에게 이전된다고 하더라도 한국 내에서 관재인이 관리처분권을 승인받기 위하여는 승인재판과 국제도산관리인 선임결정을 받아야 가능하게 되었다.

5. 외국면책재판의 대내적 효력

한국인이 미국에 재산 또는 영업소의 소재를 관할근거로 삼아 미국 파산법 제7장(청산절차)을 신청하여 면책결정을 받은 경우 면책결정의 국내적 효력을 어떻게 취급할 것인가 하는 점이 문제된다. 신법은 외국파산절차의 승인결정 자체만으로 별도의 효력을 부여하지 않고 있다. 따라서 외국파산법원의 면책재판에

구인지를 둘러싸고 다툼이 발생하였다. 한국의 진로는 회사정리절차가, 홍콩의 진로인터내셔날은 홍콩법에 기한 도산절차가 개시되어 홍콩의 진로인터내셔날의 관재인이 진로재팬에 대하여 주주총회의 소집신청을 구하기 위하여 동경지방재판소에 홍콩도산절차의 승인과 외국관재인들인 자신들을 승인관재인들로 선임하여 달라는 신청하여 그 결정을 받은 것이다.

66) 伊藤眞, 앞의 책, 181면 주 31 참조.

대하여 승인재판을 한다고 하더라도 별도의 지원결정을 하지 않는 이상 면책의 효과를 국내에 미치도록 하는 방법은 마련되어 있지 않다.

원래 파산절차의 개시효력에 따른 포괄집행적 효력이나 관리처분권이전의 효력은 다양한 법률효과를 가져오지만, 면책재판은 파산채권자와 채무자간의 채무의 減免이라고 하는 단순하고 일의적인 내용이므로 채권자들이 다수라는 점을 제외하면 민사소송법상의 외국판결의 승인제도와 다를 바가 없다.[67] 그리고 보통의 외국파산절차의 승인재판에서는 외국파산절차의 대표자가 국내에서 진행되고 있는 각종 소송 및 집행절차의 중지, 재산의 환가 및 처분을 목적으로 하는 것으로서 외국파산절차의 대표자에게만 승인재판의 신청권을 부여하고 있다.

하지만 외국면책재판의 효과가 문제되는 장면은 외국면책재판의 효력이 한국내에 미치는 것을 부정하는 채권자들의 이행청구소송이나 강제집행에 대하여 외국면책재판의 효력을 항변으로 주장하거나 적극적으로 채무부존재확인의 소송을 구하는 때이다. 이러한 경우 채무자에게 승인신청을 요구하는 것은 절차상의 부담이 클 뿐 아니라 외국파산절차의 승인신청권한을 외국대표자에게 한정한 법체계와의 정합성에 어긋난다.[68] 따라서 신법은 승인원조법과 마찬가지로 별도로 이에 관한 규정을 두지 않았으므로 민사소송법상의 외국판결승인의 법리에 따를 수밖에 없다.[69] 외국파산절차에서 한국의 채권자에 대한 적법한 절차 참가권이 침해되거나, 그 파산절차가 공서양속에 비추어 도저히 용인하기 어려운 사정이 있는 경우(법원이 아닌 행정청이 절차를 주재하는 경우)에 해당하면 공서위반을 이유로 면책결정의 효력을 부인할 수 있다.

여기서 주의할 것은 미국의 면책결정에 관한 것이다. 미국에서 제7장의 파산절차가 개시되어 채권자가 파산법원에 파산채권 신고를 하거나, 은행과 같이 미국 내에서 지속적인 영업을 하게 되면 미국 파산법원의 인적관할권에 복속하게 되므로 이러한 외국채권자는 미국 파산법원의 면책재판의 효력을 부정할 수 없다. 이는 미국의 면책재판에 대한 승인의 문제가 아니라 인적관할권의 복속에 따른 법정모독의 문제로 다루어진다. 만일 미국의 면책재판을 무시하고 미국 파산

---

67) 道垣內正人, "免責裁判の涉外的效力," ジュリストNo. 986(1991. 9. 15), 79면.

68) 미국의 DIP의 경우는 채무자와 외국대표자가 동일하지만 제7장 사건이나 일본의 회사갱생사건과 같이 제3자를 관재인으로 두고 있는 법제하에서의 도산절차의 채무자는 승인신청을 할 권한이 없다.

69) 深山卓也, 新しい國際倒產法制, 金融財政事情研究會(2001), 289면. 이와 반대로 면책의 효력을 인정하기 위하여 승인재판을 거쳐야 한다는 견해로는 伊藤眞, 앞의 책, 538면 참조.

절차에 참가한 한국의 채권자가 한국 내에 소재하고 있는 채무자의 재산에 대하여 집행을 하려든다면 미국의 면책재판이 승인요건을 구비하였는지를 따질 필요 없이 바로 법정모독으로 미국 내에서 민형사상의 제재를 받게 된다.[70] 면책재판 외에 미국 내의 파산절차의 개시로 인한 자동중지명령에 위반하여 외국채권자가 자국 내에서 소를 제기한 경우에도 마찬가지이다.[71]

6. 외국관리인의 국내절차참가

모델법 제 9 조는 외국관리인은 국내법원에 대하여 직접 신청권한을 갖는다고 규정하고 있다.[72] 신청의 내용이 무엇인지 논의한 끝에 개별쟁점에 해당되는 곳에 따로 조항을 두기로 하고 일단 제 9 조에서는 외국관리인이 외교상의 경로를 거치지 아니하고 직접 국내법원에 신청할 수 있다는 원칙만을 규정하기로 하였다. 외국관리인 중 미국의 연방예금보험공사(FDIC) 등이 외교경로를 거치지 않고 국내파산신청을 하는 것이 국가기관으로 주권을 행사하는 것이 아닌가 하는 의문이 있으나 위 기관이 국가권력을 행사하는 것이 아니라 관리인으로 행동하는 한 그러한 문제는 발생되지 않는다.

(1) 외국도산절차 대표자의 국내절차 신청권

1) 모 델 법

모델법 제11조는 "외국관리인은 국내도산절차를 개시하는 다른 조건을 충족하는 경우 절차개시를 신청할 수 있다"고 규정하고 있다. 본조에 의하여 외국관리인은 외국절차의 승인신청 대신에 바로 국내도산절차의 개시신청을 할 수 있다. 외국절차의 승인신청과 내국도산절차의 신청 중 어느 쪽이 유리한가는 내국

---

70) *In re Simon*, 153 F.3d 991(9th Cir. 1998). 이에 관한 자세한 설명으로는, 林治龍, "미국법원이 본 한국의 회사정리정리제도," 저스티스 통권 제82호, 222면 이하.

71) *In re Peregrine System Inc.*, 314 B.R. 31(Bankr. D.Del. 2004). 미국 파산법상의 자동중지 효력이 있은 후 채권자가 채무자를 상대로 독일에서 선언판결을 구하는 것은 자동중지명령에 위반된다.

72) 제 1 회 뉴욕회의에서는 외국관리인이 외국절차의 승인신청, 보전처분 등의 다른 구제신청을 법원에 직접 신청할 수 있다고 규정하였다. 그러나 외국관리인이 신청을 구하는 처분의 종류(승인신청, 협력신청 외에 내국도산절차의 개시신청도 포함되는가), 신청의 전제로서 승인결정을 요하는가 또한 관할법원을 개개의 구체적인 지원처분을 하는 법원인지 아니면 승인결정을 하는 법원인지에 대하여 논의가 있었다.

파산법의 입법정책, 배당규정에 대한 검토와 내국도산절차가 청산절차인가 재건절차인가에 따라 외국관리인이 판단하여 결정할 문제이다. 미국의 경우에는 파산법이 채무자에게 우호적이고 내외국인을 차별하지 않는 점을 고려하여 외국관리인이 외국절차의 승인신청을 구하는 대신 미국 파산법에 기한 파산신청을 하는 경우가 흔히 있다. 여기서 관리인이라 함은 주절차 또는 종절차의 관리인을 모두 포함한다.[73)]

외국관리인이 내국절차를 신청하기 전에 승인결정을 받을 필요는 없다.[74)] 따라서 모델법에 의하면 승인요건을 갖추지 못한 외국관리인도 국내절차를 신청할 수 있게 되었다. 다만 관리인은 제2조(d)호가 정의하는 관리인의 요건을 충족하여야 하고 만일 파산신청이 국내의 공서양속에 반하는 경우 신청은 각하될 수 있다.

2) 일 본

일본은 외국관재인이 파산, 회사갱생, 민사재생 신청을 할 수 있는지 여부에 대하여는 승인원조법에서 규정하지 않고 파산법, 회사갱생법, 민사재생법에서 따로 규정하고 있다. 민사재생법 제209조 제1항은 "외국관재인은 제21조 제1항 전단이 규정하는 경우에는 재생채무자에 대하여 재생절차 개시신청을 할 수 있다"고 규정한다. 이로써 외국관재인은 민사재생법 제21조 제1항 전단의 사유인 "파산의 원인인 사실이 생길 염려가 있을 때"에 한하여 별도의 승인재판을 거치지 아니하고 재생절차를 신청할 수 있게 되었다.[75)] 외국관리인의 신청은 채권자에 의한 신청과 채무자에 의한 신청 중 전자에 준하는 것으로 취급하고 있다.[76)] 민사재생법 제208조에 의하여 외국도산절차의 존재에 의하여 개시원인이 추정되는 결과 파산원인사실에 대하여 반증이 없는 한 외국관재인이 신청권을 행사하는 데에 아무런 장애는 없다. 파산법 제247조 및 회사갱생법 제244조 제1항에도 같은 내용이 규정되어 있다. 관리인이라 함은 종절차의 관리인도 포함하고 외국도

73) 모델법의 입법과정에서도 논의가 있었으나 외국도산절차의 주·종의 구별이 쉽지 아니하고, 그에 대한 외국관리인의 입증부담의 문제라든가, 외국채권자를 통하여 쉽게 파산신청을 조종할 수 있는 실무상의 편법을 우려하여 주종의 구별 없이 모든 관리인에게 직접 신청권을 인정하였다.

74) 모델법의 입법과정에서도 승인제도를 취하는 이상 다른 경우와 整合性을 맞춘다는 의미에서 파산신청의 경우에도 사전에 승인결정을 요구하자는 견해도 있었다. 그러나 논리의 일관성이라는 이론상의 문제보다는 신속한 절차개시에 의한 재산을 보전할 실제상의 필요가 크다고 보아 승인불요설이 채택되었다.

75) 신청권한이 있는 외국관재인의 자격은 재생채무자에 대한 외국도산처리절차가 계속하고 있는 법원 또는 인증을 받은 서면으로서 증명한다(민사재생규칙 제105조).

76) 伊藤眞, 앞의 책, 179면.

산절차 개시 전의 보전관리인도 포함된다.[77]

3) 신 법

제634조는 "외국도산절차가 승인된 때에는 외국도산절차의 대표자는 국내도산절차의 개시를 신청하거나 진행중인 국내도산절차에 참가할 수 있다"고 규정하고 있다. 그러나 입법과정에서 외국도산절차의 대표자는 국내도산절차 신청 전에 또는 참가 전에 반드시 승인결정을 받아야 하는가에 관하여 논의가 있었다. 법원의 의견은 모델법과 승인원조법이 모두 외국관리인이 국내절차를 신청함에 있어 승인절차를 요구하지 않고 있는 등 국제파산법제의 통일과 신속한 처리를 강조하여 국내도산절차를 개시함에 있어서 승인신청을 요구하여서는 아니 된다는 것이었다. 이에 대하여 정부안은 절차참가의 경우 승인결정을 서울중앙지방법원으로 집중하였고,[78] 전문재판부를 통하는 것이 오히려 신속할 것이며, 절차참가와 절차신청 모두 승인제도를 두는 것이 이론상의 정합성이 있다는 이유를 들어 국내파산신청의 경우에도 승인을 얻어야 한다는 입장이었다. 정부안대로 확정되었다.

외국파산절차의 대표자로서는 일단 승인재판을 받은 후 제3자를 관재인으로 선임하여 그로 하여금 대한민국 내의 재산에 대하여 관리하도록 할 것인지, 스스로가 국제도산관리인이 될 것인지를 비교형량하여야 할 것이다.

외국도산절차의 대표자가 국내도산절차를 신청하는 것이 채무자에 의한 신청(자발적 파산신청)인가 아니면 채권자에 의한 신청(비자발적 파산신청)인가 하는 의문이 있다. 미국 파산절차에서 말하는 '점유를 계속하는 채무자(DIP)'가 대한민국 내의 영업소를 관할원인으로 하여 파산신청을 하는 경우에는 채무자의 신청에 해당한다고 할 수 있다. 그러나 외국도산절차의 대표자가 승인결정을 받은 후라도 별도로 국제도산관리인으로 선임되지 아니한 이상 외국도산절차의 대표자의 관리처분권이 국내도산절차에서 인정되는 것이 아니므로 외국도산절차의 대표자의 신청은 채권자에 의한 신청으로 볼 수도 있다.[79]

파산의 개시원인은 지급불능(자연인과 법인)과 채무초과(법인)인데 외국법인이

77) 山本和彦, 앞의 책, 362면.

78) 2004. 3. 1.자로 서울지방법원의 각 지원은 본원으로 승격되었고 종전 서울지방법원 본원은 서울중앙지방법원으로 변경되었다. 그러나 종전 4개 지원이 관할하던 파산사건에 관하여는 여전히 서울중앙지방법원에서 관할한다.

79) 채권자에 의한 신청에 가깝다는 견해로는 伊藤眞, 앞의 책, 179면.

국내 영업소를 갖는다는 이유로 파산신청을 한 경우에도 국내영업소의 부채와 자산뿐 아니라 외국법인 자체의 부채와 자산을 비교함이 원칙이다. 따라서 국내의 채권자가 외국회사를 상대로 파산신청을 하는 경우에는 파산원인의 소명에 어려움이 있다.

한편, 파산신청 당시 채무자에 대하여 이미 외국에서 파산선고가 있은 때에는 파산의 원인인 사실이 존재하는 것으로 추정되므로(제301조) 외국대표자나 국내채권자가 채무자를 상대로 국내에서 파산절차를 신청하는 경우 이미 외국에서 도산절차가 개시된 것이므로 국내 파산신청을 함에 있어 별도로 파산원인 사실을 소명할 필요가 없다. 문제는 외국에서 재건절차의 성격을 갖는 도산절차가 개시된 경우인데 신법의 회생편에 파산절차에 관한 제301조와 같은 조항이 없지만 이를 유추하여 회생절차 개시의 원인인 사실이 존재하는 것으로 추정되는 것으로 해석함이 옳다.[80]

⑵ 외국도산절차 대표자의 국내절차참가권

1) 모 델 법

모델법 제12조는 외국도산절차의 대표자의 국내절차참가권을 인정하여 "외국절차의 승인 후 외국관리인은 [입법국의 파산법률을 특정]의 당해 채무자에 관한 절차에 참가할 권한을 갖는다"고 규정하였다. 모델법은 병행파산을 인정하면서 양 절차간의 공조, 협조를 중시하므로 이를 실효 있게 하기 위하여 외국관리인에게 상대국의 파산절차에 참가하는 것을 보장하기 위한 것이다. 모델법을 기초할 당시 파산절차의 신청권한과 개시된 파산절차에의 구체적인 참가를 같은 곳에서 규정하는 것이 불합리하다는 지적과 승인의 유무의 차이를 고려하여 제11조와 제12조에서 나누어 규정하게 되었다.

개시 신청이라는 비교적 중대한 행위는 승인을 요하지 않으면서 상대적으로 중요성이 적은 절차관여에는 항상 승인신청을 요구하는 것이 균형에 어긋나는 것이 아닌가 하는 의문이 있다. 그러나 모델법 제11조에서는 개시신청의 신속성을 고려하여 승인결정이 필요 없지만 외국관재인이 외국절차와 내국절차 양쪽에 참가하여 협조를 원활하게 하기 위하여는 법원의 승인결정이 필요하다는 점을 고려하여, 제12조의 절차참가를 위하여는 승인결정이 필요한 것으로 규정하였다. 절차

---

80) 일본의 회사갱생법 제289조의3은 이에 관한 명문의 규정을 두었다.

참여라 함은 주로 불복신청이나 심문의 상대방을 염두에 둔 것이다.

2) 일 본

일본은 승인원조법에서 규율하지 않고 파산법, 민사재생법 등에서 규율하는 입장이다. 민사재생법 제209조는 외국관재인에게 채권자집회출석권, 의견진술권, 계획안제출권, 개시결정 등의 통지수령권한 등을 인정하고 있다. 같은 내용을 파산법 제246조와 회사갱생법 제244조에서 규정하고 있다. 일본법이 모델법과 다른 점은 외국관재인이 개별적인 절차참가를 하는 경우에 승인을 요구하지 않고 있다는 데에 있다. 따라서 일본은 외국관재인이 하는 절차참가나 절차신청 모두 승인을 요하지 아니한다.

3) 신 법

외국도산절차의 대표자가 진행중인 국내파산절차에 참가하기 위하여는 먼저 승인을 받을 것을 요구하고 있다(제634조). 이 점은 모델법의 입장을 따른 것이다. 신법이 일본과 달리 외국관재인간의 협조뿐 아니라 법원간의 협조도 인정하고 있는 이상 법원간 또는 관재인간의 협조를 강화하기 위하여는 진행 중인 절차에 참가하려는 외국관리인이 미리 법원의 승인절차를 받도록 한 것이다. 신법에 명문의 규정을 두지는 않았으나 외국관리인의 국내절차참가권을 허용한 이상 외국관리인에게는 채권자집회출석권, 의견진술권, 계획안제출권, 개시결정 등의 통지수령권이 인정된다. 외국관리인에 대한 각종 결정 및 서면에 대한 민사소송법상의 송달은 시간이 오래 걸리므로 신법 제33조에 의하여 준용되는 민사소송법 제184조의 송달영수인제도를 활용하여 국내에서 송달이 이루어지도록 하거나 관리인으로 하여금 외국절차의 대표자, 외국채권자 등에게 통지를 하도록 지도할 필요가 있다.

7. 병행파산

(1) 병행파산에 부수하는 문제

하나의 법인 또는 자연인에 대하여 복수의 국가에서 파산절차가 계속하고 있는 것을 병행파산(또는 병행도산)이라고 한다. 병행파산의 문제는 모델법을 심의하는 동안 중요한 문제의 하나로 취급되었다. 병행파산의 문제를 해결하는 가장 철저한 방법은 각국이 보편주의적인 파산법을 채택하여 주절차인 외국파산절차를 승인하고 국내파산절차의 개시를 방지하는 것이다. 그러나 이러한 접근방법이 비현실적임은 현재의 국제파산실무에서 잘 드러나 있다. 따라서 모델법 역시 일단 병행파산의 성립 자체는 인정하면서 이를 조정·질서화하기 위한 방법을 마련하였다. 병행파산의 문제는 각국이 취하는 파산법의 입법정책의 차이, 배당순위에 관한 실체법의 차이로 인하여 자국채권자의 보호라는 실리와 보편주의의 이상이 맞부딪치는 곳에서 발생한다. 실제로 병행파산의 문제를 다룸에 있어 자국채권자와 외국채권자의 공평한 취급 여부가 국제파산조약의 성패를 나누기도 한다.

병행파산의 문제는 두 가지의 모습으로 나타난다. 첫째는 양국간에 별개의 파산절차가 개시되어 거의 동시에 진행되는 경우로서 이때에는 관리인간의 공조 또는 법원간의 공조에 의하여 양 절차의 충돌을 피하고 효율적인 절차진행을 도모하게 된다. 영국과 미국간의 미디어 그룹에 관한 사건인 Maxwell 사건(1991), 캐나다와 미국간의 Everfresh Beverage 사건(1995),[81] 일본과 미국간의 마루코 사건 등이 그 대표적 예이다.

둘째로는 동일한 채무자에 대하여 개시된 외국절차를 국내에서 승인하고 그 후 내국절차가 개시되거나, 반대로 이미 국내절차가 개시된 후 외국절차가 승인된 경우 양 절차의 조정에 관한 경우이다. 예컨대 이미 국내에서 파산절차가 개시된 국내회사에 대하여 만일 외국에 소재하고 있는 영업소와 재산을 근거로 외국에서 외국채권자를 위한 파산절차가 개시되었다고 상정하는 경우 외국파산절차에서 선임된 관리인이 외국파산절차의 승인을 한국법원에 신청하는 경우를 그 예로 들 수 있다. 이 항에서는 외국절차의 승인과 내국절차의 조정에 대하여만 논의한다.[82]

병행파산은 국내채권자의 보호라는 현실적인 필요에서 인정되지만 병행파산절차가 도산기업의 가치를 증대시키는 등 효용을 발휘하는 경우는 다음과 같은 때이다.

첫째 외국파산절차와 내국절차의 목표(청산, 재건)가 동일하고 외국절차에서의 대표자가 내국절차에서 대표자로 선임되거나 그가 신임하는 자가 내국절차의 대표자로 선임되어 양자간에 긴밀한 협조관계를 이루는 경우, 둘째 외국절차가 재

81) 이 사건의 경위와 국제변호사회의 Committee J에서 채택한 Concordat의 적용에 관하여는, E Bruce Leonard, Internationalisation of Insolvency and Reorganization, International Business Lawyer 205(May 1996) 참조.

82) 전자는 국제파산절차에서의 사법공조의 문제이다.

건절차이고 내국절차가 청산절차인 경우로서 내국소재 재산이 재건절차에 불필요한 재산이고 담보권 등이 설정되어 있고 다수의 채권자들간에 경쟁관계에 있는 경우, 셋째, 내국절차의 채권자에 대하여 거액의 부인권 행사가 필요한 경우 등이 좋은 예이다.

병행파산을 다룸에 있어서 두 가지 입법이 존재한다. 모델법은 복수의 절차의 병행을 인정하면서 그 효과에서 일정한 조정을 행하는 입장이다. 예를 들면 담보권실행의 중지에 대하여 양자의 규율이 다른 경우에 일정한 원칙 또는 법원의 재량에 의하여 양자의 효과를 조정하면서 양 절차를 진행하는 방식이다. 이에 반하여 일본의 승인원조법은 일정한 원칙에 기하여 복수의 절차 중 하나의 절차만을 진행시키고 나머지를 기각 또는 취소하는 입장이다. 예컨대 외국절차와 국내절차 또는 외국절차간에 주종의 구별을 하여 주절차인 국내절차 또는 주절차인 승인절차만을 진행시키는 것이다.

(2) 모 델 법

1) 원　　칙

모델법은 하나의 채무자에 하나의 파산절차라는 입장을 고집하지 않고 외국절차와 국내절차의 병행의 존재를 현실적으로 인정하고 미리 결정된 해결책을 강제하는 대신 법원과 관리인에게 대화와 협력의 절차를 통한 조정을 달성할 수 있는 환경을 마련하고 있다.[83] 이를 조정하기 위하여 제5장에서 병행파산절차의 제목 아래에 3개 조문을 두고 있다.

제28조는 일반원칙을 정하고 있다. 즉 외국주절차가 승인된 후 내국파산절차는 채무자가 국내에 재산을 가지고 있는 때를 이유로 하는 종절차만 개시될 수 있다.[84] 즉 채무자의 주소나 주된 영업소를 근거로 하는 주절차로서의 내국절차는 개시될 수 없다는 원칙이다. 단 유의할 점은 그 절차의 효력은 모델법 제4장에서 정한 외국법원간 또는 외국관재인간의 공조 및 조정을 하는 데 필요한 범위내라는 단서하에 채무자의 국내 소재 자산에 한정된다. 다시 말하면 내국절차는

83) Ian F. Fletcher, INSOLVENCY IN PRIVATE INTERNATIONAL LAW 357(1999).

84) 처음 뉴욕회의에서는 원칙으로 내국절차를 개시할 수 있다는 A안과 일정의 조건(영업소 또는 재산의 소재)하에서만 개시할 수 있다는 B안이 제시되었으나 다수가 B안을 지지하였다. B안 가운데에서도 재산 소재 외에 영업소의 소재까지 요하는 의견도 있었으나 다수의 국가가 재산소재만으로도 직접관할을 인정하고 있으므로 영업소까지 요구하는 제안은 배제되어 현재와 같은 조항이 되었다. 山本和彦, 앞의 책, 314면.

원칙적으로 속지적 효력을 가지나 예외적으로 일정한 요건하에서 내국의 파산법에 따라 파산재단을 구성하는 외국 소재 채무자 소유 재산에 대하여도 절차의 효력이 미친다.[85] 어느 영업소가 국외지역을 총괄하는 경우(가령, 미국 회사의 싱가포르지점이 아시아지역을 관할하는 경우)에는 제3국 소재 재산이 영업소의 관할에 속하므로 내국절차가 개시된 경우 자산의 유효한 환가나 기업의 재건을 위하여 제3국 소재 재산에 대하여도 내국절차의 효력이 미칠 필요가 있다. 단 제3국 소재 재산이라고 하여 무조건 내국절차의 효력이 미치는 것은 아니고 단서의 제한 내에 한한다. 단서를 둔 이유는 만일 양국의 파산입법이 보편주의에 터잡은 경우에 발생할지도 모르는 내국절차와 외국절차간의 충돌을 피하기 위한 것이다. 예를 들면 마루코 사건에서 보는 바와 같이 주절차는 일본에서 개시되었고 미국에서는 재산소재를 이유로 종절차가 개시되었으나 미국 파산법에 따라 외국 소재 재산에 대하여도 파산절차의 효력이 미치므로 캐나다와 호주 등에 소재한 마루코의 재산에 대하여도 미국 재건절차의 관리하에 들어가게 되는 것이다.[86]

2) 국내절차와 외국절차의 조정

모델법은 다음으로 국내절차와 외국절차의 조정에 관하여는 제29조에서 규정하고 있다. 제29조에 의하면 외국절차와 국내절차가 동시에 진행되는 경우 제4장에서 정한 외국법원간 또는 외국관재인간의 공조 및 조정을 꾀하여야 한다. 다만 양자의 시간적 선후에 따라 규정을 달리하고 있다. 따라서 국내절차(보편주의이든 속지주의이든)가 개시되더라도 외국주절차 또는 외국종절차의 승인이 배제되는 것은 아니다.[87] 반대로 외국주절차가 승인되더라도 채무자의 국내재산이 소재하는 한 국내절차의 개시를 배제하는 것이 아니다.[88]

① 국내절차가 외국절차의 승인신청 당시 이미 진행되고 있는 경우

외국절차의 승인신청시 또는 승인결정시의 구제조치(제19조 또는 제21조에 의한 것으로 그 내용으로는 집행중지, 자산의 관리 및 환가, 소송의 중단 등)는 국내절차에 저촉하여서는 아니되고, 외국절차가 국내절차에서 주절차로 승인되는 경우 또는

85) Fletcher, *supra note* 82, at 357.

86) *In re Maruko Inc.*, 160 B.R. 633(Bankr. S.D.Cal. 1993). 실제로 마루코 사건에서는 일본의 회사갱생절차와 미국의 제11장 절차간의 협력과 조정을 통하여 효율적인 재건계획을 수립 시행하였다.

87) Guide Paragraph. 189; Fletcher, *supra note* 82, 358. 이 점에서 내국절차와 외국승인절차 중 어느 한쪽이 중단되는 방식을 취하는 일본의 승인원조법과 다르다.

88) Guide Paragraph 184.

국내절차 없이 외국절차만이 승인되는 경우에 주절차의 승인에 관한 효력규정인 제20조(채무자의 재산에 대한 소송의 중단, 집행절차의 중지 등)는 적용이 배제된다. 왜냐하면 모델법은 외국절차와 국내절차의 동시진행을 인정하므로 이미 국내절차의 개시로 인한 소송의 중단 등의 효력이 발생하였기 때문에 제20조의 규정은 불필요하기 때문이다.

② 국내절차가 외국절차의 승인신청 후 또는 승인 후에 개시되는 경우

국내법원은 제19조 또는 제21조에 따라 부여된 모든 구제조치를 재심사하고, 그 구제조치가 국내절차에 저촉되는 때에는 이를 변경 또는 종료하여야 하고, 만일 그 외국절차가 주절차라면 제20조 소정의 중지 및 정지가 국내절차에 저촉되는 때에 이를 변경 또는 종료하여야 한다. 이는 외국주절차가 승인된 후에도 국내절차가 개시될 수 있음과 국내절차가 우위에 있음을 전제로 하는 것이다.[89]

3) 외국절차간의 조정

모델법 제30조는 외국절차간의 조정에 관한 규정을 두고 있다. 이 때 법원은 제4장 외국법원 또는 외국대표자간의 공조에 따른 공조 및 조정을 꾀하여야 한다.

① 외국주절차의 승인 후에 외국종절차의 승인신청이 있는 경우

법원은 외국종절차의 대표자에게 제19조 또는 제21조에 따라 부여되는 모든 구제조치가 외국주절차에 저촉되지 아니하도록 하여야 한다.

② 외국종절차의 승인신청 또는 승인 후에 외국주절차가 승인되는 경우

법원은 제19조 또는 제21조에 따라 부여된 모든 구제조치를 재심사하여야 하고, 그 구제조치가 외국주절차에 저촉되는 때에는 이를 변경 또는 종료하여야 한다.

③ 외국종절차의 승인 후에 다른 외국종절차가 승인되는 경우

법원은 절차간의 조정을 촉진하기 위하여 구제조치를 부여하거나 변경 또는 종료하여야 한다.

(3) 승인원조법

1) 원 칙

승인원조법도 병행파산절차의 존재를 인정하고 있다. 다만 승인원조법은 외국도산절차의 승인신청과 개시된 국내도산절차가 경합하는 경우 원칙적으로 국내

89) 石光現, "國際倒産法에 관한 연구 — 立法論을 중심으로 —," 앞의 책, 281면.

도산절차가 우선하여 승인신청을 기각하되 예외적으로 제57조 제1항 제1호부터 제3호의 요건을 충족하는 경우에는 승인신청을 우선시키는 입장에 서 있다(제457조).

한편 우열판단을 위한 요건심사는 동경지방재판소의 전속관할에 속한다. 원칙적으로 국내절차가 우선하지만 다음 3가지의 요건에 해당하는 경우에는 승인절차가 우선되어 국내절차가 중단된다. ① 외국도산처리절차가 주절차일 것, ② 외국도산처리절차에서 원조처분을 하는 것이 채권자 일반의 이익에 합치할 것, ③ 이러한 원조처분을 하는 것이 일본 내의 채권자의 이익을 부당하게 침해할 염려가 없을 것 등이다. 위 3가지 요건을 일컬어 '외국승인우월요건'이라 한다.[90] ①의 취지는 보편주의적인 원칙을 가급적 관철하려는 데에 있다. 외국주절차의 의의에 대하여는 승인원조법 제2조 제1항 제2호에서 정의하고 있다. ②의 '채권자 일반의 이익'이라 함은 세계적으로 채권자가 존재하는 것을 전제로 하여 그 채권자군 전체를 일체로 파악할 때 전체적 이익에 적합하다고 하는 의미이다. 즉 국내도산절차에 참가하는 것보다도 외국주절차에 일본의 재산이나 영업을 편입함으로써 한꺼번에 처리하는 것이 전체로서 채권자의 이익이 된다는 것을 의미한다.[91] ③은 일본 국내에서 국내채권자의 이익이 부당하게 침해될 염려가 없는 것을 말한다. 국내채권자로서 임금채권자가 다수인데 외국도산절차에서 임금채권의 우선권을 인정받지 못하는 경우가 대표적 예이다. 이는 국내채권자가 외국절차에 편입되어 그 권리가 부당하게 침해되는 사태를 저지하는 역할을 한다.

2) 내 용

승인원조법은 국내절차와 외국절차에 관하여는 국내절차개시 후에 승인신청이 있는 경우, 승인원조절차와 국내절차가 모두 개시된 경우, 승인결정 후에 국내절차의 신청이 있는 경우 중지한 국내절차와 승인원조절차의 실효에 관하여 자세한 규정을 두고 있다.[92] 그 외에도 외국도산절차 상호간의 조정에 대하여도 복수

---

90) ②에서 말하는 채권자 일반의 이익이라는 표현은 기존 민사재생법 제25조 제2호 또는 회사갱생법 제38조 제4호에서 사용되고 있는 것과 동일한 문언이다. 위 조문들에서 말하는 '채권자 일반의 이익'의 의미는 민사재생절차 또는 회사갱생절차보다 열후적인 절차(파산, 회사정리, 특별청산)가 이미 개시되어 있어 그 절차를 이용하지 않고 민사재생절차 등을 이용하는 것이 개시의 장애가 되는 것을 정하는 것이다. 園尾隆司・小林秀之 編, 條解民事再生法, 弘文堂(2003), 94면 참조.

91) 座談會, "新たな國際倒産法制下の諸論点(5・完)," 金融法務事情 No. 1614(2001), 54면 深山卓也 발언부분.

92) 제57조는 가장 일반적인 병행파산의 형태에 관한 것으로 외국절차가 개시되고 승인신청을

의 절차가 동시에 진행하는 것은 허용하지 않고 한 쪽의 절차만을 진행시키는 것을 원칙으로 하는 규정을 두고 있다.[93]

⑷ 신 법

1) 내 용

모델법과 승인원조법과 마찬가지로 외국절차간의 조정과 국내절차와 외국절차간의 조정에 관한 규정을 두고 있다. 다만 조정 방식은 모델법을 따랐다.

2) 외국절차와 국내절차의 조정(제638조)

신법은 국내절차를 중심으로 조정을 꾀하고, 양 절차가 동시에 진행할 수 있다는 입장을 취하고 있다. 일본의 승인원조법에 대하여는 일본 학자들도 법률 구성의 복잡성을 비판하고 있고 실제로 승인원조법 시행 이후 병행파산에 관한 사건이 거의 없다는 점, 신법이 일본과 달리 법원간의 공조를 인정하고 있다는 점을 고려하여 일단 승인원조법의 방식은 배제하였다.[94] 모델법의 기본입장이 사법공조를 토대로 하고, 신법도 법원간의 사법공조를 채택함으로써 병행파산에 관하여는 일본과 입장을 달리할 수밖에 없게 되었다. 양 절차 중 어느 하나를 취소 또는 중지함이 없이 사안에 따라 적절한 지원결정을 한다는 점에서 승인원조법보다 유연한 대처를 할 수 있는 장점이 있다. 아직 법이 시행되기 전이므로 외국의 사례를 염두에 두고 설명한다.

외국회사에 관하여 한국의 영업소 소재지에서 파산절차가 개시되어 파산관재

한 후 국내절차가 개시된 경우 승인신청을 기각할 것인가, 승인결정을 할 것인가에 대하여 규정하고 있고, 제58조는 승인신청이 있고 아직 승인결정 전에라도 국내절차의 중지명령을 발할 수 있는지에 관하여 규정하고 있고, 제59조는 외국절차에 대한 승인결정이 난 후 국내절차의 개시결정이 있는 경우 또는 승인결정 이전에 국내절차의 개시가 있었으나 승인결정 이후에 이를 알게 된 경우를, 제60조는 승인결정이 난 후 국내절차의 개시신청이 있는 경우를 규정하고 있다. 각 조항의 경우마다 외국절차가 주절차인 경우와 종절차인 경우로 나누어 규정하는 방식을 취하고 있다. 또한 중지명령의 경우에도 제57조에 의한 경우에는 중지명령의 취소만을 인정하고, 제58조는 취소 외에 변경도 인정하는 등 복잡한 방식이다. 자세한 설명과 도표에 대하여는 心山卓也, "新しい國際倒産法制," 金融財政事情硏究會(2001), 290-332면 이하 및 459-464면 참조.

93) 복수의 외국도산절차의 우열을 정하는 기준으로서는 주절차의 승인신청이 종절차의 승인신청에 항상 우선하고 종절차 상호간에는 어느 절차의 원조처분을 하는 것이 채권자 일반의 이익에 적합한가에 따른다.

94) 韓忠洙, 앞의 논문, 560면은 일본은 하나의 채무자에 대하여 하나의 절차만을 허용하는 입장을 원칙으로 하며, 이 경우 가급적 국내도산절차를 통해 문제를 해결하고자 하는 것임을 분명히 하였다고 지적하고 있으나 신법을 제정함에 있어서 일본이 그 대가로 치르고 있는 법률안 구성의 복잡성을 고려하여 배제하였다.

인이 선임되어 파산절차가 진행 중 외국에서 주절차가 개시되어 승인결정을 한 경우에 외국관리인을 국제도산관리인으로 선임하기 위하여는 국내 파산관재인을 해임함으로써 국내재산에 관한 관리처분권을 조정할 필요가 있다.

반대로 외국에서 종절차가 개시되어[95] 국내에서 승인재판과 국제도산관리인을 선임한 경우에도 국내절차의 신청이 금지되는 것은 아니므로 국내절차가 개시된 경우 국제도산관리인을 해임하고 국내절차의 관리인을 선임할 수도 있다.

한편 국내절차는 파산절차이고 승인되는 외국절차가 주절차로서 담보권의 행사를 제한하는 효력을 갖는 경우라면 국내파산절차를 기각함이 없이 승인결정과 국내의 별제권자가 실행하는 담보권의 중지처분을 명할 수 있다.

외국도산절차의 승인·지원절차가 계속 중인 법원의 법원사무관 등과 동일한 채무자에 대하여 국내도산절차가 계속 중인 법원의 법원사무관 등은 당해 외국도산절차의 승인절차 또는 국내도산절차가 계속 중이라는 취지를 알게 된 경우 이를 각 해당 법원에 통지하여야 한다(시행규칙 제104조 제1항). 외국도산절차의 승인·지원절차가 계속 중인 법원이 국내도산절차의 중지를 명하고자 하는 경우에는 미리 국내도산절차가 계속 중인 법원의 의견을 들어야 한다(같은 조 제2항). 국내도산절차가 계속 중인 법원의 법원사무관 등은 다음 각 호의 어느 하나에 해당하게 된 경우 그 취지를 외국도산절차의 승인·지원절차가 계속 중인 법원에 통지하여야 한다. 1. 국내도산절차의 개시, 폐지 또는 종결 결정이 있은 때, 2. 회생계획 또는 변제계획의 인가결정이 있은 때, 3. 그 밖의 사유에 의하여 국내도산절차가 종료한 때(같은 조 제3항).

또한 외국도산절차의 승인·지원절차가 계속 중인 법원의 법원사무관 등은 다음 각호의 어느 하나에 해당하게 된 경우 그 취지를 국내도산절차가 계속 중인 법원에 통지하여야 한다. 1. 법 제632조의 규정에 의한 외국도산절차의 승인결정이 있거나 그 변경 또는 취소결정이 있은 때, 2. 법 제636조의 규정에 의한 외국도산절차에 대한 지원결정 또는 법 제635조의 규정에 의한 승인 전 명령이 있거나 그 변경 또는 취소결정이 있은 때, 3. 그 밖의 사유에 의하여 외국도산절차의 승인·지원절차가 종료한 때(같은 조 제4항).

---

95) 미국 파산법에 의하여 영업소 소재지를 근거로 제11장 절차가 개시되고 국내에 본사를 두고 있으므로 국내에서 회생절차가 개시된 경우이다. 위에서 설명한 바와 같이 신법은 재산소재지 관할은 승인관할에서 제외하고 있으므로 재산소재를 근거로 한 미국의 파산절차는 승인대상이 아니므로 국내파산절차와의 조정의 문제는 발생하지 아니한다.

3) 외국절차간의 조정(제639조)

채무자를 공통으로 하는 여러 개의 외국도산절차의 승인신청이 있는 때에는 법원은 이를 병합하여 심리하여야 한다(제639조 제1항). 여러 개의 외국도산절차가 승인된 때에는 법원은 채무자의 주된 영업소 소재지 또는 채권자보호조치의 정도 등을 고려하여 주된 외국도산절차를 결정할 수 있다(제639조 제2항). 여러 개의 외국도산절차라 함은 주절차 및 종절차를 포함한다.[96] 법원의 지원결정에 대하여는 즉시항고할 수 있으나 집행정지의 효력은 인정되지 아니한다(제639조 제5항, 제6항).

제639조는 여러 개의 외국도산절차의 승인신청이 경합하고 있는 경우뿐 아니라 여럿의 외국절차 중 한 절차에 대하여 이미 승인결정과 지원결정이 난 후 다른 절차의 승인신청이 있는 경우에도 적용된다. 여러 개의 외국도산절차 중 어느 하나를 주된 절차로 결정하여 주된 절차를 중심으로 외국도산절차에 대한 지원을 한 경우 종된 절차를 취소할 필요는 없다. 예컨대 어느 외국종절차를 승인하고 강제집행의 중지를 명한 후 새로이 외국의 주절차가 승인된 경우라면 지원처분으로 국제도산관리인을 선임하여 강제집행이 중지된 국내재산을 환가처분하거나 국외로 반출하면 되고 굳이 종전 종절차의 승인재판이나 지원처분을 취소할 필요가 없다. 이와 달리 일본은 여러 개의 절차 중 어느 하나만을 유지하고 나머지 절차를 취소하는 방식을 취하고 있다. 다만 실무상으로 한국 내에 동일한 채무자에 대하여 2개 이상의 외국도산절차의 승인을 구하는 사례는 적을 것으로 예상한다. 시행규칙 제104조의 규정은 채무자를 공통으로 하는 여러 개의 외국도산절차의 승인신청이 있거나 그 승인결정이 내려진 때 또는 이미 승인결정이 내려진 동일한 채무자에 대하여 다시 다른 외국도산절차의 승인신청이나 외국도산절차에 대한 지원신청이 있는 경우에 준용한다(시행규칙 제105조).

96) 당초 법제처안 제631조에서는 법원 의견이 반영되어 '절차의 주종을 불문하고'라는 표현이 들어 있었으나 최종안에서는 삭제되었다. 그 이유는 주절차와 종절차의 구별이 쉽지 않고 신법이 원칙적으로 주절차와 종절차에 대한 구별에 따른 차이를 인정하지 않고 있으므로 문구가 없다고 하여 해석론이 달라진 것은 아니라는 것이다.

Ⅶ. 결　　론

1997년 경제위기 당시 투기적인 외국자본의 급격한 철수와 차관상환의 압력이 국가재정을 흔들어 많은 금융기관과 대기업의 파산을 초래하였고, 외국계은행의 국내 파산절차의 참가는 한국 파산법제의 운용방식에 많은 변화를 가져왔다. 보편주의에 터잡은 신법이 시행으로 말미암아 그 동안 외국관재인의 당사자적격이나 국내관재인의 외국 소재 재산에 대한 관리처분권을 둘러싸고 발생한 법률상의 문제는 일단 해결되었다. 그러나 선진국의 파산실무와 비교하면 신법의 국제파산 실무는 아직 미흡한 부분이 적지 않다.

대기업(주식회사 대우, 동아건설산업 주식회사)의 파산은 이미 파산법하에서 해석론으로 해결하기 어려운 국제파산의 문제를 야기하였다. 앞으로 유가의 급등과 정보통신의 비약적인 발전은 운송회사와 항공회사의 파산을 몰고 올 것이고, 또한 금융산업의 발전은 해외채권자를 양산하여 중소기업의 파산 역시 국제파산의 성격을 띨 수밖에 없을 것이다. 외국인노동자의 급증과 외국으로의 이민 역시 개인파산의 국제화에 일조할 것이다. 머지않아 외국조세채권자의 지위, 부인권의 준거법, 외국채권자에 대한 신속한 통지, 외국 파산법원간의 사법공조 등 어려운 문제가 한국 법원의 문을 두드릴 것이다. 이러한 문제에 미리 대비하지 않으면 다시 과거 속지주의 시대와 같이 낙후된 파산법제로 낙오될 것이다. 국제적인 수준에 맞는 파산법제를 유지할 수 있도록 국제파산법에 관한 많은 분들의 관심을 기대하며 글을 마친다.

(2005년 서울대학교 도산법연구과정에서 발표)

[후기]

발표 후에 공표된 신법 시행규칙의 국제도산편 부분을 본문에 보충하였다.

미국 파산법원이 본 한국의 회사정리절차

대상판결: *In re Kyu-Byung Hwang*, 309. B.R. 842(Bankr.S.D.N.Y. 2004)

Ⅰ. 머 리 말

2004. 3. 2. 미국 뉴욕남부지구 연방파산법원은 한국의 온세통신 주식회사('온세통신')의 관리인 황규병이 미국 파산법 §304[1]에 의한 보조절차(Ancillary Proceeding)를 신청한 사건에서 미국 채권자가 미국 법원에 제기한 온세통신과 그 소유 재산에 대한 소송을 금지시키는 제소금지명령(permanent injunction)을 인용하였다.[2] 이 판결은 미국 법원이 한국의 회사정리절차가 보조절차에서 규정하는 외국파산절차로서의 적격요건을 갖추고 있는지에 관하여 미국 법원의 입장을 밝힌 최초의 판결로서 중요한 의미를 갖는다. 그 외 印紙 및 변호사 비용을 포함한 한국의 소송비용제도, 정리채권 확정소송에 대하여도 자세히 설시하고 있다. 한국 관리인이 미국 법원에 보조절차를 신청한 것은 필자가 파악한 것으로는 이 사건이 처음이고 앞으로 유사한 사례에 대한 중요한 선례의 의미를 갖고 있으므로 미국 판결에 대하여 평석하고자 한다. 먼저 판결 이유를 소개하고(Ⅱ), 미국의 국제파산법제와 보조절차에 관한 미국 판례

---

* 이 사건 판결문을 보내주시고 필자의 질문에 친절하게 답해주신 Arnold M. Quittner 변호사님과 온세통신의 국내소송에 관한 자료를 보내준 최기영 판사에게 깊은 감사를 드린다.

1) 11. U.S.C. §304. 이하 11. U.S.C. 부분은 생략하며, § 표시는 미국 파산법을 가리킨다.

2) 이 판결은 2004. 3. 2. 미국 뉴욕남부지구파산법원 판사 Burton R. Lifland 판사가 판결하였다. 이하 명시한 경우를 제외하고 법원이라 함은 파산법원을 의미한다.

법을 분석하고(Ⅲ), 우리 나라의 국제파산법제의 현황(Ⅳ)과 이 판결이 차지하는 의미(Ⅴ)를 논하고자 한다.

Ⅱ. 미국 판결의 내용

1. 사안의 개요[3)]

온세통신과 미국의 악슨통신 주식회사(Oxyn, '악슨')는 2000. 11. 10. 온세통신이 악슨에 미화 1,500만불을 투자하되 계약금 4백만불을 지급하고, 악슨이 발행하거나 장차 발행할 예정의 주식 중 일정비율을 매수하기로 하는 내용의 계약을 체결하였다. 그러나 계약은 불이행되어 악슨이 온세통신과 다른 기업을 상대로 미국 뉴욕남부지구 연방법원에 계약위배를 원인으로 한 손해배상청구소송과 금지명령을 신청하였다. 온세통신은 한국법에 따라 설립되었으며, 주된 영업소와 주된 자산이 한국에 소재하고 있다. 수원지방법원은 2003. 5. 9. 온세통신에 대하여 회사정리절차를 개시하고, 신청인 황규병을 관리인(Receiver)[4)]으로 선임하였으며, 온세통신을 상대로 한 모든 소송을 중지하도록 하는 명령을 발하였다.[5)] 770명의 채권자가 회사정리절차에서 채권을 신고하였으며 그 중 47명만이 외국인 채권자이고 9명이 미국에 거주하고 있다. 2003. 12. 1. 한국 법원은 계획안을 인가하였다.

한국에서 회사정리절차가 개시되었을 때 이미 악슨이 미국에서 온세통신을 상대로 소송('악슨 소송')을 제기하였고, 온세통신은 악슨 소송에 대하여 간이판결(summary judgment)[6)]로써 소송을 각하하여 달라는 본안신청을 하였고, 악슨 또한 온세통신이 제기한 반소에 대하여 일부 간이판결을 구하는 본안신청을 하였다.

---

3) 이하의 설명은 가급적 미국 법원의 판결문을 직역하였다. 그럼으로써 미국 법원이 한국의 회사정리법과 법원의 실무를 어떠한 입장에서 파악하고 있는지를 잘 알 수 있기 때문이다.

4) 미국 파산법에서는 관리인을 trustee라고 하는 데 이 판결은 한국의 회사정리법상의 관리인을 the Court Appointed Receiver라고 표기하고 있다. 아래에서 미국법을 기술할 때 관리인이라는 용어는 제7장 또는 제11장의 관리인을 구별하지 않고 사용한다.

5) 정리절차 개시결정과 동시에 관리인을 선임하도록 되어 있고 회사정리법 제67조에 의하면 개시결정의 효력으로 모든 강제집행, 임의경매, 가압류, 가처분, 소송을 중단하도록 되어 있다.

6) 미국 민사소송법에 의하면 당사자가 신청한 소송(본소·반소를 포함)에 대하여 그 자체로 이유가 없다고 판단되는 경우 변론이나 증거조사절차에 들어갈 필요 없이 간이한 절차(배심을 소집하지 아니한 채, 또는 증거개시제도(discovery)에 들어가지 아니하고)로 판사가 청구를 기각하는 판결이다. 우리의 소각하 판결과 유사하다.

2003. 9. 30. 마틴 연방법원 판사는 온세통신의 신청 중 계약위배를 이유로 한 청구권 중 1개의 청구를 제외한 나머지에 대하여 온세통신의 신청을 인용하고, 악슨의 신청은 모두 기각하는 결정(Opinion and Order)을 하였다.

한편 악슨은 2003. 6. 13. 회사정리법에 따라 온세통신에 대한 2억 6천불의 정리채권을 신고하였으나 관리인이 2003. 7. 28. 이의를 제기하여 2003. 8. 19. 회사정리법 제147조에 의하여 채권의 존부와 액수를 결정하는 소송을 제기하여 현재 한국 법원에 계속 중이다. 이 판결은 불복할 수 있으며 회사재단(estate)에 대한 청구권의 존부와 액수에 관하여 최종판결로서 정리절차에서 관리인과 채권자 기타 이해관계인을 구속한다. 관리인 황규병은 이 법원에 아래와 같은 절차의 진행을 영구히 금하는 제소금지의 가처분명령(order permanently enjoining)을 신청하였다. ① 미국 내에서 온세통신을 상대로 또는 온세통신이나 그 소유 재산과 관련된 일체의 민사소송(필자주-악슨소송도 포함하여)의 제기 및 소송의 속행, ② 미국 내에서 온세통신을 상대로 판결, 행정심판, 중재 등에 기한 집행행위, 부과행위 및 미국 내에서 담보권의 설정, 대항요건의 완성, 기타 집행의 착수 또는 속행, 온세통신을 상대로 한 상계권을 행사하는 사법, 행정, 중재 기타 규제절차의 개시 또는 속행.

이에 대하여 악슨은 온세통신에 대한 채권의 유무효와 액수를 확정하는 범위 내에서 악슨이 미국 법원에서 온세통신을 상대로 하는 소송을 진행하도록 허용하는 것이 온세통신의 재단의 목적에 도움이 된다고 주장하면서, 악슨의 온세통신에 대한 채권을 금전화하는 것을 영구히 금하는 범위 내에서 이의를 제기하였다.

2. 판결이유[7)]

(1) 일 반 론

§304(a)는 외국도산절차의 청산인과 같은 외국대표자가 미국 내에서 보조절차를 개시하는 것과 금지명령 특히 그 중에서도 소송의 제기를 금지하거나 채무자 또는 채무자 소유 재산에 대한 판결에 기한 집행을 금지하거나 기타 적절한 구제명령을 얻는 것을 허용하고 있다. 이러한 구제절차는 외국채무자의 파산재단을 경제적이고 신속하게 관리하는 것을 확보하기 위한 것이다. 한국의 절차가 개

7) 미국 판결원문은 별도의 항을 나누지 않고 기술되어 있으나 필자가 이해의 편의를 위하여 항은 나누어 정리하였다.

시 당시 채무자를 재건하기 위한 목적의 절차로서 채무자의 주소지, 영업지, 또는 주된 재산이 소재하는 외국 절차에 해당하며, 또한 신청인이 외국절차에서 파산재단을 대표하기 위하여 적법하게 선출된 §101(24) 소정의 명백한 외국대표자라는 점은 다툼이 없다(밑줄 필자). §304(b)에 기한 구제명령을 허용할 것인지를 결정함에 있어 이 법원은 다음의 6가지 항목[8]에 어긋나지 않으면서 파산재단을 경제적이고 또한 신속하게 관리하도록 하는 점을 고려하여야 한다. §304에 기한 구제명령을 허용할 것인지를 결정함에 있어서 궁극적인 고려사항은 禮讓이다. 기록에 의하면, 한국의 회사정리법은 미국법과 상당히 유사하며(substantially similar) 외국인 채권자를 불리하게 차별하지 아니하여 미국식의 공정과 적법절차의 개념에 합치한다. 한국의 절차는 미국 파산법 제11장에서 적용되는 것과 같은 다수의 절차적 안전판을 부여하고 있다. 온세통신에 대한 계획에 따른 배당절차 역시 상당부분 유사하다. 따라서 한국파산절차에 대하여 예양을 부여하는 것은 정당하며 또한 적절하다.

(2) 악슨의 주장과 법원의 판단

1) 악슨의 §304(c)에 관한 주된 주장은 동항 제2호 소정의 외국파산절차에서 파산채권의 취급에 대한 불공평과 불편에 관한 것이다. 악슨은 자신의 채권을 한국에서 변제받도록 강요받는다면 심각한 불공평과 불편을 겪어야 한다고 주장한다. 그 근거로 아래의 사유를 들고 있다. 첫째 비용이 많이 들고, 둘째, 악슨 소송은 속행될 준비가 되어 있음에 반하여, 한국에서의 소송이 끝나려면 앞으로 1년이 걸리며, 셋째, 한국 법정에서 증인이 증언을 함에 있어 비용이 들며, 불편하며, 넷째, 악슨은 미국과 달리 한국에서 채권을 실행하기 위하여는 印紙비용을 부담하여야 한다.

그러나 미국 법원은 미국 채권자들이 외국법원에서 소송 수행을 강요당하게 되면 불편을 입으므로 §304 신청을 기각하여 달라는 채권자들의 주장을 일관하여 배척하였다. 게다가 미국 법원은 주저함이 없이 외국인 채권자들이 미국 채무자의 재산에서 배당을 원한다면 미국 법원에 소를 제기할 것을 요구하였다. 따라서,

8) (1) 재단에 대한 모든 권리자의 공정한 취급, (2) 외국절차에서 권리를 주장함에 있어 불평등 또는 불편으로부터 미국 채권자의 보호, (3) 재단에 귀속하는 재산의 편파적, 사해적인 처분의 방지, (4) 실질적으로 본편에 정한 순위에 따라 재단에 귀속하는 수익의 분배, (5) 禮讓, (6) 적절한 경우 외국절차에서 개인의 재출발의 기회를 위한 규정.

우리가 우리 사건에서 외국인 채권자들에게 요구하는 가처분적 구제방법(필자주: §304에 기한 제소금지명령 등)을 거절하는 것이 정당화할 정도로 미국 채권자들에게 불공평하다거나 불편하다고 하기는 어렵다.9)

2) 악슨은 또한 회사정리법 제147조에 기한 소송절차를 종료하기까지 소요되는 시간과 비용이 악슨 소송을 종료하는데 드는 것과 비교하여 훨씬 더 많이 든다고 주장한다.

그러나 관리인을 대리하는 한국변호사의 논박의 여지가 없는 증언에 의하면, 한국법원에서 정리채권확정의 소송은 1심에서 10개월에서 12개월 내에 종료되며 항소사건은 4개월 내지 6개월이면 종료된다는 사실이 명백하다. 따라서 한국에서 2003. 8. 제소된 정리채권확정소송의 1심은 2004. 말경에, 2심은 2005. 4.경에 종료될 것이다. 그에 반하여 악슨 소송은 아직 변론 전의 준비서면의 진술(pre-trial submissions)이나, 쟁점과 무관하거나 배심원에게 선입견을 줄 수 있는 증거의 배제신청절차(motion in limine), 배심원 선정절차(voir dire), 변론기일조차 정하여지지 않고 있다. 따라서 악슨 소송은 앞으로 수개월 내에 변론절차에 들어갈 가능성이 적다. 게다가 설령 악슨 소송이 진행된다면 그 소송에서 내려지는 판결은 불복의 대상이 되어 더욱 지연될 것이다. 그리고 일단 항소절차가 종료되면 악슨은 한국법원에 미국 판결을 제출하여야 하는데 한국 법원이 승인할지 여부도 확실하지 않다.

3) 악슨은 다음으로 한국에서 채권을 실행하는 데 소요되는 비용이 많이 든다고 주장한다. 물론 양 소송에서 증인을 신문하는 데 소요되는 비용은 양 당사자에게 중요하다. 그러나 온세통신을 위한 중요한 증인 2인은 회사의 임원으로서 그들은 한국 내에서 진행 중인 재건절차와 그 수행에 필수불가결한 사람들이고 반면에 악슨의 대표이사는 한국을 정기적으로 방문하고 있다. 더구나 악슨이 한국에서 소송을 수행하는데 소요되는 비용은 서면진술서나 악슨 소송에서 작성되는 증인신문서(deposition)를 한국법정에 제출함으로써 최소화할 수 있다. 이 사건 신청절차에서 관리인은 미국 내 소송에서 작성되는 모든 증인신문서를 한국의 정리채권확정소송에 제출하는 데에 아무런 이의를 하지 않기로 소송상 계약할 것을 제의하고 있다. 따라서 전부는 아니라도 대부분의 광범위하고 비용이 많이 드는

9) 이 표현은 *In re Briely*, 145. B.R. 151(Bankr. S.D.N.Y. 1992)에서 사용된 문구로서 이후 외국에서의 소송절차가 불편을 가져다 준다는 미국 채권자의 주장을 배척할 때 자주 인용되고 있다. 이 사건 외에도 *In re Hacket*, 184. B.R. 656, 660(Bankr. S.D.N.Y. 1995) 참조.

악슨 소송의 증거개시절차가 한국의 정리채권확정소송을 위하여 마련되고 있다. 반면에 한국 법정에서의 증인신문조서는 악슨 소송에서 증거능력을 부여받지 못할 수도 있다. 악슨이 벌써 한국 법정에서 진술한 증인신문조서 중 하나를 악슨 소송에서 배척하도록 신청하고 있음이 명백하다.

4) 악슨은 끝으로 한국에서 정리채권확정소송을 제기하기 위하여 인지세로 미화 133,000불 상당액을 첨부할 것을 요구받고 있는데 이는 허용되어서는 아니 된다고 주장한다.

그러나 이 주장은 악슨 소송에서 지금까지 악슨이 지출한 소송비용과 변호사비용의 관점에서 근거가 미약하다. 2003. 6. 26. 한국 법원에 신고한 채권의 내용에 의하면, 악슨은 미국 내에 제기된 악슨 소송과 관련하여 변호사비용을 포함하여 이미 1,838,200불을 부담하였고 앞으로도 2,631,565불을 부담할 것이라고 한다. 더구나 한국법에서는 소송비용은 승소자가 상환받을 수 있으며 이러한 법리는 정리채권확정소송에도 당연히 적용되며 변호사비용뿐 아니라 인지도 상환받을 수 있다. 마지막으로 악슨이 미국 내에서 악슨 소송을 계속하여 판결을 받더라도 악슨은 한국에서 판결의 승인집행을 구하여야 하고 그 때는 판결을 집행하기 위하여 인지를 부담하여야 한다.

(3) 결　론

따라서 §304(c)에 열거된 모든 요소와 당사자들의 주장과 증거들을 종합하면 신청인이 요청한 구제명령에 대한 충분한 근거사유를 제시하고 있고, 악슨에 대한 불공평과 불편이 신청인이 입는 것보다 중하지 아니하다. 이상의 이유로 신청인이 구하고 있는 온세통신에 대한 온세통신의 재산과 관련된 모든 민사소송 — 악슨 소송에 대하여도 아무런 제한 없이 — 의 개시, 속행을 영구히 중지하고, 온세통신을 상대로 한 판결, 중재에 기한 집행의 개시, 속행, 우선특권의 설정, 대항력의 완성, 상계 등에 대한 영구 금지명령을 허가한다.

Ⅲ. 미국의 국제파산절차의 특색

1. 개 요[10)]

일반적으로 국제파산의 문제는 국내파산절차가 개시된 경우 그 효력이 외국에 미치는 경우(대외적 효력의 문제)와 외국에서 파산절차가 개시된 경우에 그 효력이 자국 내에 미치는 경우(대내적 효력의 문제)를 중심으로 논의한다. 입법례로는 대내적 효력의 문제에 관하여 별도의 특별법을 제정하거나(일본), 파산법에 사법공조에 관한 일반조항을 두기도 한다(영국, 호주, 캐나다 등).[11)] 외국에 본점을 갖는 외국기업이 미국 내에 재산을 갖거나 子회사를 두면서 미국 내에서 제소의 위협을 당하는 경우 외국기업 또는 그 관리인에게는 4가지의 선택지가 있다. 4가지 선택 중에 우선순위가 있는 것은 아니다. 외국 대표자가 본절차보다 보조절차의 신청을 우선할 의무를 부담하는 것은 아니다.[12)]

첫째, §109[13)]에 기하여 제7장 또는 제11장의 본절차(full proceeding)를 채무자의 입장에서 신청하는 것, 둘째, §303(b)(4)에 기하여 제7장 또는 제11장을 채권자의 입장에서 신청하는 것,[14)] 셋째, §304에 기하여 보조절차를 신청하는

---

10) 이 부분은 주로 아래의 글을 참고하였다. Allan L. Gropper, Current Developments in International Insolvency Law: A United States Perspective, 825, 26th Annual Current Developments in Bankruptcy & Reorganization Volume 3, Practicing Law Institute(2004); Judith Elkin, Scott Everett, Leading the Foreign Corporation to a Fresh Start in the United States, 891, 898, 26th Annual Current Developments in Bankruptcy & Reorganization Volume 3, Practicing Law Institute(2004); Arnold M. Quittner, Introduction to and Overview of United States Cross-Border Insolvency Issues, International Bar Association Annual Conference in 2003; Samuel L. Bufford ET AL, INTERNATIONAL INSOLVENCY(Federal Judicial Center 2001); Michael J. Herbert, UNDERSTANDING BANKRUPTCY(1995); Charles Booth, Recognition of Foreign Bankruptcies: An Analysis and Critique of the Inconsistent Approaches of United States Courts, 66 Am. Bank. L. J. 135(1992). 특히 Booth의 글은 보조절차에 관한 연혁, 요건, 및 구체적인 사례에 관한 것으로 방대한 양이나 자주 인용되는 글이다.

11) 외국의 국제파산절차와 사법공조에 대하여는 林治龍, 파산법연구, 박영사(2004), 485면 이하.

12) Bufford, *supra note* 10, at 28.

13) (a) Notwithstanding any other provision of this section, only a person that resides or has a domicile, a place of business, or property in the United States, or municipality, may be a debtor under this title.

14) (b) An involuntary case against a person is commenced by the filing with the bankruptcy court of a petition under chapter 7 or 11 of this title — (1)-(3) 생략. (4) by a foreign

것,[15] 넷째, 파산절차나 보조절차의 개시 신청 없이 예양에 의하여 외국도산절차의 승인을 구하는 것 등이다. 첫째와 둘째 방법을 취하게 되면 미국 내에서 본절차로서의 파산절차가 개시된다. 이 절차는 주된 파산절차(main, full or plenary proceeding, '주절차')로서의 성격을 갖고 파산사건(bankruptcy case)으로 취급되어 선택된 절차(청산 또는 재건)에 따른 파산법의 모든 규정이 적용된다. 즉 파산재단(estate)의 성립, 관리인의 선임, 계획의 수립, 부인권의 행사 등에 관한 파산법 규정이 적용된다. 외국관리인도 국제파산관할이 인정된다면 채권자의 자격으로 또는 채무자의 자격으로 통상절차를 신청할 수 있다.[16]

셋째 방법은 미국 파산법에만 존재하는 특유한 제도로서 외국에 개시된 주절차에 종속하는 보조절차이다.[17] 평석 대상인 판례에서 문제가 된 절차가 바로 이 절차이다. 이 글에서는 외국대표자가 미국 법원에 주절차를 신청하는 경우와 보조절차를 신청하는 경우로 나누어 각 절차의 특성에 대하여 살펴본다.

2. §109에 기한 자발적 파산신청

(1) 요 건

외국에 본점을 둔 외국회사가 미국 내에 주소, 상거소, 영업소 또는 재산을 갖고 있는 경우에는 파산법상의 채무자의 자격으로 제 7 장 또는 제11장의 절차를 신청할 수 있다. 채무자가 미국에 갖는 재산의 多寡[18]와 미국에서의 영업소가 주된 영업소인지 종된 영업소인지는 구별하지 않는다.[19] 다만 외국 회사는 §109(b) 이하에 규정된 자격 제한 요건 — 제 7 장 적격자(철도, 보험, 기타 금융기관 제외), 제11장 적격자(주식중개인, 물품중개인 제외), 제13장 적격자(정기수입 있는 개인) — 을

---

representative of the estate in a foreign proceeding concerning such person(밑줄 필자).

15) (a) A case ancillary to a foreign proceeding is commenced by the filing with the bankruptcy court of a petition under this section by a foreign representative.

16) 외국 법인이 소유하는 미국 내의 재산에 관한 것이라면 자발적 파산신청이 되고(§301) 별개의 법인격이 소유하는 미국 내 재산에 관한 것이라면 비자발적 파산신청이 된다(§303). Bufford. *supra note* 10, at 25.

17) 보조절차에 관한 일본 글로는 木村圭二朗, "米國倒産法上の外國倒産節次の承認(1)(2)," 民商法雜誌(1995).

18) *In re McTague*, 198 B.R. 428, 431-32(Bankr. W.D.N.Y. 1996)에 의하면, 194불의 예금계좌를 갖고 있는 것은 관할권의 근거가 된다.

19) 현행법의 전신인 1898년 §2a(1)은 채무자가 주된 영업소를 갖고 있어야 하고, 재산 소재를 이유로 한 경우에는 채무자가 미국에서 주된 영업소, 주소, 거소를 갖고 있지 아니하는 경우에만 파산신청의 자격을 주었으나, 현행법은 이러한 제한을 두지 아니하였다.

갖추어야 한다.

1) 상거소(domicile)

법인의 상거소는 설립지이므로[20] 외국에서 설립된 회사는 미국 내에 주소, 영업소 또는 재산을 소유하여야 §109에 기한 파산신청을 할 수 있다.

2) 주소(residence)

회사의 주소에 관한 문제는 관할, 압류, 조세 및 파산 등에서 여러 가지 의미를 갖고 있으므로 그 용어가 사용된 법률과 관련하여 해석되어야 한다. 파산사건에서는 외국기업의 주소 문제는 까다로우므로 법원은 주로 영업소와 재산 소재에 초점을 맞추고 있다.

3) 영 업 소

외국 회사는 반드시 미국 내에 공식적인 영업소나 영업표지(signs)를 갖추어야 하는 것은 아니다.

In re Carnera[21] 사건은 이태리 권투선수가 미국 내에서 시합을 갖던 중 채무자가 되어 미국에서 파산신청을 한 사건이다. 법원은 그가 호텔에 머물면서, 편지를 수령하고, 트레이너와 연습상대에게 보수를 지급하고, 뉴스파일과 타자기를 보유하고 있다면 호텔이 그의 미국 내의 영업소에 해당한다고 판시하였다.

In re Brierley[22] 사건의 채무자는 Maxwell 사건과 관련되는 많은 법인격체 중의 하나이다. 채무자는 영국의 기업으로서 맥스웰 파산사건의 공동관리인을 대신하여 Arthur Anderson의 뉴욕지점에서 일하는 공인회계사를 고용하고 있었다. 회계사는 회계법인의 뉴욕사무실에서 근무하였으며 회계법인의 파트너에게 보고하였다. 회계사와 채무자간의 고용계약은 회계사를 독립적인 계약자(contractor)로 간주하게 만들었다. 채무자의 이름은 빌딩 내 영업소 명단에도 없었고 어떠한 영업표지도 없었다. 그러나 회계사는 채무자를 위하여 풀타임으로 근무하였고, 채무자로부터 보수를 지급받았으며, 영국에 있는 채무자의 직원들과 정기적으로 교신하였다. 뉴욕 내의 사무소에 채무자를 위한 각종 장부와 기록을 보관하고 있었다. 게다가 채무자가 뉴욕에 사무소를 두고 있다는 것은 채무자와 거래하는 제3자들에게 방송으로 널리 알려졌다. 법원은 비록 채무자의 영업소가 회계법인의 영역

---

20) *Underwood v. Hilliard(In re Rimsat, Ltd.)*, 98 F.3d 956, 960(7th Cir. 1996).

21) 6 F.Supp. 267(S.D.N.Y. 1933).

22) 145 B.R. 151(Bankr. S.D.N.Y. 1992).

내에 있다는 제한은 있지만 채무자가 회계사를 통하여 계속적으로 중요한 업무를 하고 있으므로 뉴욕 내에 영업소를 갖고 있는 것에 해당한다고 판시하였다.

4) 미국 소재 재산[23]

미국 내에 부동산을 소유하는 경우에는 별다른 문제가 없다. 미국에서 채무만을 부담하는 경우는 재산을 소유한다고 볼 수 없다.[24] 예금채권과 같은 무형의 재산을 갖는 경우에는 그 금액의 다과와 소재와 관련하여 어려운 문제가 발생한다. 초기 판례는 액수가 소액인 경우에는 미국 내의 재산을 소유한다고 보기 어렵다고 판시하였으나,[25] 그 후의 판례는 액수의 다과를 묻지 아니한다. *McTague*[26] 사건에서 채무자는 미국 시민으로서 캐나다에서 11년간 거주하였다. 채무자가 뉴욕에 194불의 예금을 갖고 있다는 점을 근거로 제 7 장을 신청하였다. 미합중국 관리관이 재산이 너무 소액이라는 이유로 이의신청을 하였다. 법원은 액수를 심사하는 것은 법원의 권한이 아니며, 예금채권은 다른 입법 목적의 경우에는 채무자의 주소지에 소재하는 것으로 볼 수 있지만 파산사건에서는 예금구좌가 있는 곳에 재산이 소재하는 것으로 본다는 이유로 파산신청을 받아들였다.[27]

In re Iglegias[28] 사건에서 법원은 아르헨티나에 거주하는 아르헨티나인이 플로리다 소재 은행에 예금채권 500불을 갖고 있는 경우 재산이 미국에 소재한 것으로 보아 플로리다에서 §109에 기한 파산신청을 할 수 있다고 판시하였다.

미국 소재 재산을 이유로 제 7 장을 신청한 사례로 유명한 사건은 *In re Axona International Credit and Commerce, Ltd.*이다.[29]

5) 자 회 사

모회사가 미국에 자회사를 갖고 있는 경우 자회사는 미국에서의 재산을 구성

---

23) 미국 소재 재산을 근거로 한 관할권에 관하여 쓴 자세한 글로는 Note, All's Fair in Love and Bankruptcy?," ABI Law Review Vol. 12(2005), 535. 참조. 이 글은 외국채무자가 미국 파산법원에 파산신청을 하는 이유와 미국 파산법이 부여하는 구제절차의 특색에 대하여 쉽게 설명하였다.

24) *In re Head*, 223 B.R. 648(Bankr. W.D.N.Y. 1998).

25) *In re Kava Bowl*, 41 B.R. 244(Bankr. D.Haw. 1984); *Head*, 223 B.R. at 648.

26) 198 B.R. 428(Bankr. W.D.N.Y. 1996).

27) *McTague* 사건이 언급한 *In re Berthoud*, 231 F. 797(2nd Cir. 1916) 사건은 파산절차는 대물소송의 성격을 갖고 있으므로 뉴욕 은행이 예금주인 채무자(영국거주)에게 예금을 반환하여야 하는 의무는 뉴욕에 소재하는 채무자의 재산이라고 판시하였다.

28) 226 B.R. 721(Bankr. S.D.Fl. 1998).

29) 229 B.R. 280(Bankr. S.D.N.Y. 1999), *aff'd*, 239 B.R. 36(S.D.N.Y. 1999). 사안의 내용은 후술 3.항 참조.

하는가? 자회사에 대한 주식은 어디에 소재하는가? 이 경우는 연방법이 아닌 주법에 의하여 결정된다. 델라웨어주의 경우는 델라웨어에서 설립된 회사에 대한 주식은 델라웨어에 소재한다고 규정하고 있다. 미국에 자회사가 있는 경우 모회사는 자회사를 소유하고 있는 것으로서 재산을 소유하는 범주에 속하게 된다. 모회사와 자회사에 관한 최근의 *In re Global Ocean Carries Ltd.*[30] 사건의 사안은 다음과 같다.

채무자들은 모회사와 15개의 자회사로서 대부분 본사 및 상업장부가 아테네에 있으며(2개 회사는 본사가 싱가포르이다), 채무자 회사들은 한 회사를 제외하고 모두 리베리아 등에서 설립되었고, 한 회사(Marine)만이 델라웨어에서 설립되었다. 채무자들이 부도직전 4백만불을 미국에서 인출하여 그리스로 송금한 후 델라웨어 법원에 파산신청을 하고 사건의 병합을 구한 데에 대하여 다수의 채권자들이 관할권에 찬성하였으나 소액채권자가 채무자들이 파산적격이 없다고 다투었다. 법원은 아래의 이유로 채권자의 주장을 배척하였다.

파산적격을 판정하는 시점은 채무자별로 신청일을 기준으로 하여야 하므로 설령 모회사가 파산적격이 있다 하더라도 자회사들도 개별적으로 파산적격을 구비하여야 한다. 델라웨어주법에 의하면 델라웨어 회사에 대한 주식의 소재지는 델라웨어주로 보고 있으므로 모회사는 델라웨어에 재산을 보유하고 있다. 다음으로 자회사에 관하여 보건대, 설령 자회사들이 모회사의 어음채무를 보증하거나 어음채무에 기한 재판관할을 뉴욕주로 정하거나 그 소송의 송달영수인으로 지정되었다고 하는 사정들은 모두 파산신청 적격을 충족시키지 못한다. 자회사의 선박이 연중 약 4개월 남짓한 기간 미국에 정박한다고 하여 미국 내에서 영업을 한다고 할 수 없다.

그러나 모회사가 미국에 갖는 예금구좌에 대하여 자회사들이 청구권을 갖는 것은 그 액수의 다과에 불문하고 미국 내에 재산을 보유하는 것이고, 자회사들이 미국 내에서 파산신청을 위하여 변호사를 선임하고 채무자를 위한 변호사보수(몇천불에 불과하다)를 escrow fund(보관금)[31]의 형태로 보유하고 있다면 아직 변호사가 업무를 마치지 아니한 경우는 물론이고 업무를 완수한 경우라도 파산법원은

30) 251 B.R. 31(Bankr. D. Del. 2000).

31) 보증인, 매수인 등이 장래의 미확정채무가 조건을 충족하거나 확정될 때까지 상대방을 위하여 금원, 주식 등을 담보로 제3자에게 맡겼다가 조건이 충족되면 제3자가 상대방에게 교부하고 미충족시에는 보관인에게 반환하는 금원이다. 우리 나라의 어음사고신고담보금 제도와 유사하다.

이를 반환할 형평법상의 권한을 갖고 있으므로 이 역시 미국 내에 재산을 보유하고 있는 것에 해당한다. 따라서 모회사 및 자회사들은 모두 미국 내에 재산을 보유하고 있는 것으로 판단되어 파산적격이 있다고 판시하였다.[32)]

(2) §305[33)]에 기한 기각 여부

채무자가 주소 등의 요건을 충족하였다고 하여 파산신청이 허용되는 것은 아니다. 채무자가 넘어야 할 장벽이 남아 있다. 법원이 판단하여 채무자의 신청이 惡意에 기한 신청이라고 판단되는 경우 신청을 기각한다. 악의에 기한 신청이라 함은 단지 관할권을 얻기 위하여 미국 내에 예금구좌를 설정하거나 별장을 소유하더라도 영국 Lloyd 보험계약상의 법정지 선택기준과 준거법 조항을 회피하기 위하여 파산신청을 한 경우에는 충분한 관할권의 근거가 되지 못한다.[34)]

법원은 외국관리인이 정식 절차를 신청하였더라도 파산법원의 형평법상의 포괄적인 권한을 규정한 §305(a)에 기하여 외국에 도산절차가 계속 중인 경우에 그것이 당사자에게 최선책이라고 판단하거나 §304(c)에서 열거한 6가지 요소를 고려하여 미국 내의 파산절차의 신청을 기각 또는 중단할 수 있다. 이와 반대로 외국관리인이 §305(b)에 기하여 외국에 파산절차가 계속 중이라는 요건 하에 미국 내의 파산절차의 기각 또는 중단명령을 신청할 수도 있다. 보조절차는 미국 내에 파산절차가 개시되지 않고 있음을 상정한 경우임에 반하여 §305는 미국 내에 제7장, 제11장, 제12장, 제13장이 개시된 경우의 그 절차의 중단 등에 관한 것이다. 실무상 외국채무자가 재산소재 등의 최소요건을 갖추어 미국 법원에 파산신청을 한 경우 이해관계인 — 주로 채권자 — 이 신청을 기각하여 달라면서 자주 원용하는 것이 §305(a)이다. 아래의 사건들은 §305에 기하여 파산신청을 기각하여 달라는 주장을 받아들이거나 주장을 배척한 사례들이다.

---

32) 이 판결에서 변호사 보수를 제외하고도 채무자들이 미국 내에 재산을 보유하고 있으므로 결론은 수긍할 수 있으나 채무자가 미국 내에서 파산신청을 하기 위하여 변호사를 선임하여 지급하는 변호사보수를 미국 내에 소재한 재산이라고 본 점에 대하여는 요건을 지나치게 넓힌 것이라는 비판이 있다. Elkin & Everett, *supra note* 10, at 904.

33) (a) 법원은 청문과 통지절차를 거친 후 만일 아래의 요건에 해당하는 경우 사건을 기각하거나 모든 절차를 중지시킬 수 있다.

(1) 파산신청을 기각 또는 정지시키는 것이 채권자와 채무자 모두의 이익에 부합할 때

(2) (A) 외국파산절차가 계속중이고 (B) §304(c)의 요소들이 그와 같이 기각 또는 정지시키는 것을 정당화하는 경우.

(b) 외국대표자는 전항 (2)에 기하여 기각 또는 중지를 신청할 수 있다.

34) *In re Head*, 223 B.R. 648(Bankr. W.D.N.Y. 1998).

In re Spanish Cay Co., Ltd.[35] 사건에서는 바하마에 소재한 섬에 대하여 채권자인 은행이 담보권을 갖고 있었는바, 목적물의 소유자가 오직 담보권에 기한 환가절차를 피하기 위하여 플로리다에 제11장을 신청하였다. 법원은 바하마 채권자들에 대하여 인적관할권을 갖지 아니하였다. 대차거래의 준거법은 바하마법이었다. 신청 당시에는 아직 바하마에서 파산절차가 개시되지 아니하였다. 법원은 재산소재를 이유로 한 관할권은 긍정하였으나 은행이 바하마에서 환가절차의 자동중지로부터 구제받을 권리가 있으며, 일단 바하마에서 청산절차가 개시되면, 부동산에 대한 권리는 목적물 소재지법이 적용되는 것이고, 바하마 법원이 내국 기업의 재산에 관한 청산절차를 진행함에 이해관계를 갖고, 바하마 절차가 미국 법원에서 승인받는 것에 대하여는 아무런 의문이 없다는 이유로 제11장 신청을 기각하였다.

In re Ionica Plc.[36] 사건에서 영국의 관리절차(administration proceeding)[37]에서 임명된 공동관리인이 영국절차에서는 인정되지 아니하는 미국 파산법상의 구제절차 — 형평법상 일정 채권을 열후화시키거나(equitable subordination), 실체적 병합(substantive consolidation)[38] — 를 얻기 위한 목적으로 미국 내에 재산이 소재한다

35) 161 B.R. 715(Bankr. S.D.Fla. 1993). 채무자는 바하마 소재 섬의 일부 구역과 클럽 회원권을 파는 광고와 마케팅 등의 영업행위를 플로리다의 육지가 아닌 해상의 boathouse에서 하였다. 일부 채권자는 이러한 영업활동이 플로리다의 법률에 어긋나므로 채무자는 미국 내에서 영업소를 가진다고 할 수 없으므로 파산적격이 없다고 주장하였으나 법원은 채무자가 미국 내에 영업소를 갖는다고 판시하였다.

36) 241 B.R. 829(Bankr. S.D.N.Y. 1999).

37) 이 절차는 회사의 갱생을 위하여 채권자의 권리실행을 중지시키면서 법원이 선임한 관리인이 회사의 사업과 재산의 관리를 담당하여 회사의 갱생을 도모하거나 또는 갱생이 불가능한 경우에는 회사자산을 청산절차에서보다 유리하게 환가하기 위한 준비를 하는 절차이다. 미국 파산법 제11장을 모범으로 하여 회사의 갱생을 목적으로 하는 절차로서 1986년 도산법에서 규정한 것이다. 尹榮信, 英國의 倒產法, 한국법제연구원(1982), 17면.

38) 실체적 병합이라 함은 단순히 둘 이상의 파산사건의 병합(joint administration)과 달리 파산절차가 개시된 채무자와 파산원인이 없는 비채무자를 하나의 법인격체로 보아 파산절차를 진행하는 것이다. 이것은 파산법상의 법원의 형평권한과 실체법상의 법인격부인의 법리가 결합된 것이다. 이 절차를 통하여 양 법인격체의 재산이 하나로 합하여지고 그 재산으로부터 채권자들에 대한 배당이 이루어진다. 이 절차의 목적은 모든 채권자들을 공평하게 취급하기 위한 것이다. 요건으로는 ① 채권자에 대한 기망행위가 있었고, ② 채권자들이 수개의 법인격체에 대한 신용상태가 마치 하나의 법인격체인 것인양 신뢰하였고, ③ 관계 법인격체가 별개의 상업장부를 유지하는 것이 부적절하고 원래의 관계로 복구시키는 데에 채권자들에게 비용 부담이 큰 경우이다. 대표적인 예로는 채무를 부담한 후 재산을 어느 일방으로 이전한 경우 모회사와 자회사 또는 회사와 기업주 간의 병합이다. 자세한 설명으로는 Samuel R. Maizel and Arnold M. Quittner, Substantive Consolidation of Debtors and Non-Debtors In Bankruptcy Proceedings, Annual Survey of Bankruptcy Law, 87(2002 Edition).

는 이유로 제11장을 신청하였다. 채무자의 모회사와 채권자는 신청에 반대하였다. 채무자는 미국 내에서 起債하였고, 미국 내에 유일한 재산은 사채권자를 위한 수탁자(debenture trustee)에게 담보된 재산이었다. 미국 법원은 대부분의 재산이 영국에 소재하고, 영국에서 영업을 하고 있으며, 도산절차가 진행 중이었고 영국의 도산법이 미국의 적법절차 또는 공정의 개념과 일치하고, 편파행위나 사해행위를 조장하지 아니하며, 내외채권자를 차별하지 아니하는 점 등을 고려하면 예양의 원칙에 따라 영국 법원이 적절한 관할 법원이고, 미국에 담보물이 소재하고, 채무자가 구하는 구제조항이 영국절차에 마련되지 아니하였다는 이유만으로는 미국 법원이 관할권을 행사하기에 충분하지 않다고 하여 §305(회피조항)에 따라 신청을 기각하였다.

In re Cenargo Int'l, PLC[39] 사건에서 영국 선박회사가 장차 영국 내에서 미국 사채권자(noteholder)의 파산신청이 있음을 염려하여 미국에서 제11장을 신청하였다. 예상대로 사채권자가 영국에서 파산신청을 하여 영국에서 관리절차가 개시되었다. 미국 법원은 적절한 관할 법원과 영업의 중심지도 영국이고 미국 채권자 위원회를 제외한 모든 채권자들이 영국에서 재건절차를 수행하는 것이 회사의 재건에 효율적이라는 데에 동의하고 있다는 이유로 §305에 따라 미국에서의 절차를 중단시켰다.

가장 최근의 흥미 있는 것은 *In re Aerovias Nationales de Columbia S.A. Avianca*[40] 사건이다. 채무자 Avianca는 콜롬비아법에 의하여 설립된 항공회사이고 그 자회사 Avianca Inc.는 뉴욕주법에 의하여 설립된 회사인바,[41] 각각 뉴욕남부지구파산법원에 제11장 신청을 하였다. 모회사는 콜롬비아 국내선 외에 뉴욕과 마이애미를 운항하고 중남미 국가도 운항하면서 전체 비행기와 엔진을 미국 기업으로부터 lease하고 있었다. 모회사의 종업원 중 4천여 명은 콜롬비아에, 28명은

---

39) 294 B.R. 571(Bankr. S.D.N.Y. 2003).

40) 303 B.R. 1(Bankr. S.D.N.Y. 2003). 이 사건은 미국의 팬암(*In re Pan Am Corp., et al.* (Bankr. S.D.N.Y. 1991))이나 호주의 Ansett 항공 사건과 같이 국제항공사의 파산사건의 전형을 보여주고 있다. 채무자는 신청과 동시에 법원이 발하는 개시당일 명령에 기하여 항공회사가 소생함에 불가결한 내용인 신청 이전에 체결한 운행계약, 국제항공운송협회와의 협약, 기타 유사한 의무를 준수할 것을 승인받았다. 또한 실무상으로 자동중지의 효력이 역외적으로 집행될 것인지를 우려하여 외국채권자가 외국 법원에서 채무자의 해외 재산에 대한 집행을 방지하기 위하여 외국채권자에 대한 변제허가를 받았으며, 일부 파산채권 중 제3국에 소재한 매매대금채권자와 서비스제공자에 대한 채권의 변제(약 3,570만불)를 허락받았다.

41) 자회사는 미국에서 모회사를 위한 마케팅, 비행기표의 판매, 대금의 추심, 미국 내 시설의 임차, 부품, 용역의 공급 등의 업무를 하고 있었다.

미국에 있었다. 전체 수입의 50%는 국내선에서, 24%는 미국과 콜롬비아 노선에서 발생하였다. 대부분의 채권자들은 채무자가 미국 법원에 제11장을 신청하는 데에 동의하였으나 일부 미국 채권자가 §305에 기하여 신청을 기각하여 달라고 주장하였다.

법원은 아래의 이유로 채권자의 주장을 배척하고 파산신청을 받아들였다. 첫째, 채무자와 미국과의 접촉의 정도가 중요하다. 미국 내에 자산이 소재하고 있고 특히 비행기는 매일 New York과 Miami를 운항하고 있으며, 자회사가 Miami에서 영업을 하고 있고, 미국 내에서 받을 신용카드 채권이 있으며 미국 사채권자와 관련한 소송이 뉴욕주법에 따라 미국 내에 계속 중이며, 채무자의 재산이라고 하는 것은 주로 계약에 기한 권리—비행기의 리스, 시설물의 이용, 미국 어음교환소와의 계약 등이 미국 내에서 집중되어 있다. 국제파산 특히 재건절차에서 중요한 역할을 하는 주채권자(lessor)가 미국에 거주하고 있고, 주채권자에 대하여 관할권을 갖는 법원이 미국이다. 둘째, 미국에서 신청하려는 목적이 일부 채권자의 권리를 침해하기 위한 것도 아니다. 즉 콜롬비아의 재건절차법이 아직 충분히 활용된 바 없어 보다 공정한 미국 파산법을 적용하기 위한 것이고, 미국 파산법을 적용한다고 하여 미국 채권자들이 불공평하게 취급된다는 주장은 근거가 미약하다. 오히려 콜롬비아 채권자들은 반대하지 않고 있다.

(3) 효 과

미국 내에서 파산신청을 하면 파산재단이 성립된다. 파산재단은 채무자와 다른 별개의 법인격체로서 파산신청시 채무자에 속하는 국내외의 모든 재산을 소유한다.[42] 단 장차 부인권의 행사에 의하여 취소되어 파산재단으로 회복될 수 있는 재산은 부인권의 행사에 의하여 원상회복되어야 비로소 파산재단에 속하며 그 이전까지는 아직 파산재단에 속하지 아니한다. 그러나 미국 관리인은 채무자 소유의 해외소재 재산이 파산재단에 속하며 미국 법원의 관리에 속한다는 것을 외국에서 승인받기란 쉽지 않다. 미국의 파산절차는 파산재단이 보유하는 재산의 취급을 포함하는 본질적으로 대물소송(in rem)이다. 또한 신청과 동시에 자동중지의 효력이 생기고 자동중지의 효력은 관련되는 국가의 국내법과 저촉되는 바와 관계없이 전세계에 효력을 미친다.[43] 따라서 외국관리인이 §303(b)(4)에 따라 정식절

42) §541(a). 이에 반하여 §304의 보조절차는 파산재단을 창설하지 아니한다.

43) Bufford, *supra note* 10, at 16. 어느 국가의 파산법이 域外에도 적용이 있는가 하는 문제는

차를 신청하는 목적은 이러한 자동중지의 효력을 얻기 위함이다(마루코 사건 참조).[44] 즉 채무자의 재산이 여러 나라에 분산된 경우 여러 법원에 별도의 구제신청을 취함이 없이 미국 전역 또는 제3국에 소재한 채무자의 재산에 대하여도 그 효력을 미칠 수 있기 때문이다.[45] 제11장을 신청하면 예외적인 경우를 제외하고 검사인이나 관리인이 임명되지 아니하므로 외국관리인이 미국 소재 재산에 대하여도 관리처분권을 유지하지만 만일 제7장을 신청하게 되면 관리인이 임명되고, 외국관리인은 그 자격을 갖추지 못하고 있으므로 파산절차에서의 통제권을 잃게 된다.[46]

이 점과 관련한 판례로는 *Nakash v. Zur*(*In re Nakash*)[47]이 유익하다.

채무자 Nakash는 이스라엘 은행인 American Bank, Ltd.('NAB')의 이사로서 파산하였다. 이스라엘 정부가 임명한 관리인은 채무자에 대하여 1억 6천만불에

자국의 입법정책의 문제이다. 그 효력을 실효성 있게 하기 위하여 필요한 것이 타국과의 사법공조인 것이다. 특히 근자 개정된 영국 파산법(1987)에 기한 영국법원의 해석과 이를 본딴 홍콩의 파산법(1996), 호주의 법원 역시 자국 파산법 중 부인권에 관한 규정이 역외적 효력을 갖는다고 해석하거나, 규정하였다. Charles Booth, The New Avoidance Powers under Hong Kong Insolvency Law: A Move from Territoriality to Extraterritoriality Int'l Lawyer 255, 256, 264 Vol. 34, No 1(2000).

44) 회사는 1991. 8. 29. 회사갱생신청을 하였으나 회사의 재산이 미국, 호주 등에 산재하고 있어 외국채권자에 의하여 압류될 위험에 있었다. 이에 동경지방재판소는 익일 보전관리인을 선임하고, 보전관리인에게 해외재산에 대하여도 관리처분권이 있음을 전제로 미국 캘리포니아남부지구 파산법원에 제11장 절차를 신청할 것을 허가하였다(동경지방재판소는 1991. 12. 6. 회사갱생절차를 개시하였다). 보전관리인은 1991. 10. 30. 해외 소재 재산에 대한 처분권한이 문제가 될 것을 염려하여 미국 파산법원에 자발적 파산신청과 비자발적 파산신청을 하였다. 미국법원은 신청을 받아들여 자동중지의 효력에 의하여 회사 소유의 재산에 대하여 압류가 금지되었다. 자동중지의 효력은 사실상 역외적 효력을 갖는 것이므로 미국뿐 아니라 호주 소재 재산에 대하여도 그 효력이 미치게 되어 채권자들의 집행이 저지되어 당초의 목적을 달하게 되었다. 미국에 파산신청을 하기 전에는 일본의 회사갱생절차가 외국 소재 재산에 대하여 효력을 미치지 아니하고, 호주에서 파산신청을 하더라도 자동중지의 효력이 인정되지 아니하여 호주 소재 재산에 대한 채권자의 집행을 막지 못할 것으로 보였으나 미국에 제11장 신청을 함으로써 호주 소재 재산에 대하여도 보전을 할 수 있었다. 미국 파산법원은 1993. 11. 27. 동경지방재판소는 1994. 7. 1. 각 계획안을 인가하였다.

In re Maruko Inc., 200 B.R. 876(Bankr. S.D.Cal. 1993). 이 사건에 관여한 일본측 변호사는 坂井秀行이고, 미국측 변호사는 Arnold M. Quittner이다.

45) 제3국의 경우에도 중지명령의 효력이 미치는가에 대하여는 논의가 있으나 적어도 채무자가 이를 처분할 수 없도록 하는 사실상의 구속력이 있다는 점은 이론이 없다. 만일 채무자가 제3국에 소재한 재산을 처분한 경우 실제의 손해 외에 징벌적 손해배상의 책임을 짐은 물론(§362(h), 법정모독죄로 처벌될 수 있기 때문이다. 자세한 예에 대하여는 Herbert, *supra note* 10, at 130.

46) 통상 외국관리인은 관리인의 자격을 규정한 §322의 요건을 갖추기 어렵기 때문이다. 미합중국 관리관(United States Trustee)이 미국 내에 거주하는 관리인단에서 임명하게 된다.

47) 190 B.R. 763, 768(Bankr. S.D.N.Y. 1996).

대한 채무명의를 얻고, 미국 내의 채무자의 재산에 대하여 압류하였다. 이에 대항하여 채무자는 미국에 파산신청을 하여 자동중지의 효력이 발생하였다. 관리인은 미국 법원에 채권신고를 하고 자동중지에 기한 압류금지의 해제, 채무자의 면책에 대한 이의, 자신의 채권의 비면책 등을 주장하였다. 관리인은 미국 법원에 알림이 없이 이스라엘 법원에 채무자를 상대로 한 파산신청을 하였다. 채무자는 관리인이 이스라엘 법원에 파산신청을 한 것이 자동중지의 효력에 위반하였다고 미국 법원에서 주장하였다. 미국 법원은 관리인이 채권신고 등의 행위를 함으로써 인적관할권에 복속한다고 판시하면서 미국 파산법에 의하면 파산신청 당시 채무자의 전세계 재산이 파산재단에 속하고 법원은 파산재단에 대하여 배타적인 권한을 갖는데, 관리인이 이스라엘에서 한 파산신청은 채무자의 파산재단에 대한 자동중지에 위배된다고 판시하였다. 관리인은 이스라엘 정부를 위하여 파산신청을 한 것이므로 국가행위 이론에 따라 미국 법원의 심사대상이 되지 아니한다고 주장하였으나 법원은 관리인은 그 판결을 추심하기 위한 사적인 채권자의 지위에서 행동하고 있다면서 주장을 배척하였다.

3. §303에 기한 비자발적 파산신청

채권자는 §303에 기하여 위와 같은 외국회사에 대하여 비자발적 파산신청을 할 수 있다. 또한 외국관리인은 §303(b)(4)에 기하여 제7장 또는 제11장에 따른 비자발적 파산신청(밑줄 필자)을 할 수 있다. 외국관리인의 이러한 신청이 있었다고 하더라도 채무자가 별도로 제7장, 제11장을 신청하는 것을 막지는 못한다. 이러한 정식절차의 경우는 모두 앞에서 본 §109(b)(d)의 제외요건에 해당하여서는 아니된다. 다음에서 언급하는 점은 실무상 자주 문제되는 경우이다. *Axona* 사건은 외국관리인이 §303(b)(4)에 기하여 비자발적인 파산신청을 한 예이다. Axona는 홍콩의 은행으로 미국에서는 영업을 하지 않으나 미국 내에 예금을 갖고 있었다. 홍콩에서 청산절차가 개시되어 홍콩 법원이 재산의 관리를 위하여 청산인을 임명하였다. 그런데 청산인은 채무자가 영업을 폐지하기 전에 미국 파산법 §547에 의하면 부인될 수 있는 행위를 한 것을 발견하였다. 청산인은 보조절차에서도 §547조를 적용할 수 있는지에 관하여 확신이 서지 않자 먼저 §303(b)(4)에 기하여 제7장 파산신청을 하였다. 부인권을 주장하는 관리인과 은행간에 재산의 반환에 관하여 화해가 이루어지자 청산인과 관리인이 공동으로 §305에 기한 절차의 중단을 신청하였다. 법원은 홍콩의 법제가 보통법 국가이고 미국법제와 유사하다고 보아 예양을 인정하여 신청을 인용하였다.

4. 예양에 기한 외국도산절차의 승인

외국관리인은 제 7 장, 제11장 또는 다음의 보조절차를 구하지 않고도 예양에 기하여 외국도산절차의 승인에 기한 구제절차를 청구할 수 있다. 외국관리인은 별도의 승인재판 없이 자신의 이름으로 소송을 제기할 수 있다. 대표적인 사례로 *In re Clarkson Co. v. Shaheen*[48] 사건에서 캐나다 관리인은 주채무자를 상대로 손해배상을 구하고 있다.

또한 외국채무자가 미국에서 제소당한 경우 외국관리인은 미국법원에 대하여 예양에 기하여 외국도산절차가 타국에서 계속 중이고, 미국 소송이 외국도산절차와 충돌된다는 이유로 이미 진행 중인 소송의 중단 또는 각하를 구할 수 있다. *Cunard Steamship Co. v. Salen Reefer Servs AB.*[49] 사건에서 미국 법원은 Cunard가 미국 내에 소재하는 스웨덴 채무자의 재산에 대하여 획득한 압류를 무효라고 판시하면서, 그 이유로 이러한 압류는 스웨덴의 청산절차에 정면으로 어긋나고 채무자의 재산의 공평한 분배를 저해하며, 스웨덴 청산절차는 예양에 따라 미국 법원 내에서 승인될 권리가 있다는 점을 들고 있다.

최근의 *JP Morgan Chase Bank v. Altos Hornos de Mexico, S.A. de C.V.*[50] 사건은 멕시코의 재건절차가 개시된 멕시코 회사를 상대로 뉴욕 시민이 사채권청구 소송을 제기한 것에 대하여 멕시코 재건절차를 예양에 의하여 승인하고 멕시코 재건절차가 공정하다고 인정하여 멕시코의 절차가 지연될 것이라는 주장은 억측에 불과하다는 이유로 소송을 기각하였다. 원고와 채무자간에 미국법을 준거법으로 하였다는 것은 결론에 영향이 없다고 판시하였다.

그러나 *International Transactions, Ltd., v. Embotelladora Agral Regiomontana, SA de CV*[51] 사건에서는 멕시코의 파산절차가 비록 공정하다고 하더라도 당해 기록상 멕시코 법원이 발령한 명령에 대하여 원고가 그에 기하여 권리를 주장하고 있

48) 716 F.2d 126, 127(2d Cir. 1983).
49) 773 F.2d 452, 460(2d Cir. 1985).
50) 2004 WL 42268(S.D.N.Y. 2004).
51) 347 F.3d 589(5th Cir. 2003).

는 이 사건에서 미국 채권자가 통지를 받았다는 점을 발견할 수 없다면 적법절차 조항에 위배되는 것으로서 예양의 부여를 거부하였다.

요약하면, 제7장 등 별도의 파산신청 없이 직접 예양을 구하는 사건들은 일본의 승인원조법과 같이 외국도산절차의 별도의 승인재판을 구하지 않고도 가능하며, 외국도산절차가 당해 국가의 파산법에서 인정하는 외국관리인의 대외적 효력을 주장하는 경우 사안별로 검토하여 외국관리인의 주장을 인용 또는 배척하고 있다.

5. §304에 기한 보조절차

(1) 보조절차의 沿革

국제파산에 관한 보조절차를 규정한 §304는 1978년 파산법 개정에서 도입되었다. 그 이전 파산법에서는 국제파산을 효과적으로 다룰 수 있도록 하는 명시적인 규정이 없었다. 판례 역시 속지주의적인 입장에서 외국의 파산법 특히 미국 내에 소재하는 자산의 국외이전이나 외국파산절차의 면책효가 미국 내에도 미친다는 사고에 대하여 부정적이었다. 1978. 이전의 대표적인 국제파산 사건으로는 1975년 뉴욕법원과 독일법원에 동시에 파산절차가 개시된 Herstatt Bank 사건이다. 미국에서 영업을 한 바 없으나 재산이 미국에 소재한 외국금융기관의 파산적격이 문제된 사건으로 법원이 이를 심리하는 동안 법정 외에서 화해가 이루어졌다. 이 사건과 일련의 금융기관에 관한 Finabank, IBB 사건을 통하여 국제파산을 다룸에 있어 미국 파산법의 한계에 대한 비판의 목소리가 높아지자 이를 계기로 종전의 판례법 이론을 반영하여 개정한 것이 §304이다. 보조절차의 장점으로는 주절차에 비하여 구제절차를 얻음에 있어 간단하며, 신속하고 상대적으로 비용이 절감된다는 점이다. 외국관리인이 보조절차를 신청하였다고 하여 미국 법원의 관할권에 복종하는 것은 아니다.[52)]

(2) 특 징

보조절차는 외국파산절차의 대표자만이 신청할 수 있으며 미국 국내법원으로 하여금 외국절차를 원조하기 위하여 광범위한 조치를 마련하고 있다. 그러나 보

52) *Bird*, 222 B.R. at 229.

조절차는 미국 파산 사건(case)으로 취급되지 아니하므로 파산법의 조항 중 일부만이 적용될 뿐 관리인이나 Debtor in Possession(DIP)에게 인정되는 일련의 권리가 인정되지 아니한다. 즉 파산재단이 성립되지 않으며, 재산평가할 필요가 없으며, 청산사건이라 하더라고 미합중국 관리관이 임명되지 않으며, 자동중지의 효과가 인정되지 않으며, 채권확정절차도 마련되어 있지 않다. 이 절차의 목적은 미국 내에 소재하는 재산의 散逸을 방지하고 외국에 개시된 파산절차의 목적을 수행하기 위하여 미국 법원으로부터 원조처분을 구하기 위한 것이다.[53] 원조처분의 내용으로는 미국 내 채무자 재산에 대한 처분금지, 채무자 또는 채무자 소유의 재산에 관한 소송의 개시, 속행, 강제집행의 중단을 구하고, 재산의 미국외 반출 등의 허가를 구하는 것이다.

(3) 要　　件

1) 신청권자

보조절차는 외국의 주된 파산절차의 관리인[54]만이 제기할 수 있다. 외국관리인은 보통은 청산인이나 관리인으로서 혼자가 보통이나 복수이거나, 이사회가 되기도 한다.[55] 파산법에는 명시적인 규정이 없으나 외국법이 외국관리인으로 하여금 그가 자산을 회수하기 위하여 미국에서 신청을 제기할 수 있는 권한을 부여하여야 하고, 외국소재 재산도 파산재단에 속하는지 여부를 결정하는 준거법은 미국 파산법이 아니라 외국파산절차가 개시된 국가의 파산법에 의하여 결정된다.[56] 그러나 외국도 미국의 파산절차를 승인하여야 할 필요는 없다. 즉 상호주의는 요건이 아니다.

---

53) 상원법사위원회기록 S. Rep. NO. 989. 95th Cong 2d sess. 35; *Koreag, Controle et Revision, S.A. v. Refco F/X Assocs. Inc.*(*In re Koreag, Controle et Revision, S.A.*) 961 F.2d 341, 348 (2d Cir. 1992).

54) §101(24)는 foreign representative를 외국절차에서 적법하게 선임된 재단의 관리인(trustee), 관리자(administrator), 기타 재단의 대표자를 의미한다고 규정한다. 이 글에서는 편의상 외국관리인으로 표기한다. 실무상으로는 그 외에 curator라는 용어도 사용된다.

55) *In re Board of Dirs. of Hopewell Int'l Ins. Ltd.*, 238 B.R. 25, 49-50(Bankr. S.D.N.Y. 1999) 사건에서는 a board of directors가 신청인이다.

56) Booth, *supra note* 10, at 155; Bufford, supra note 10, at 33-34는 일본의 파산절차를 예로 들면서 일본 파산관재인은 미국 소재 재산에 대한 처분권이 없으므로 보조절차를 이용할 수 없다는 취지로 설명하고 있다. 판례로는 *Koreag, Controle et Revision S.A. v. Refco F/X Assocs., Inc.*(*In re Koreag*), 961 F.2d 341, 348(2d Cir. 1992) 참조.

2) 외국도산절차의 의미

보조절차에 기한 구제를 받기 위하여는 첫째로 먼저 '외국절차'와 '채무자'의 절차적격성을 통과하여야 한다. 만일 동일 채무자에 대하여 미국 이외의 2개국에서 개시된 경우라면 미국법원은 주된 재산의 소재지 법원보다는 채무자의 주된 사업소재지의 관할법원의 파산절차에 대하여 공조를 하게 될 것이다.57) 외국도산절차58)는 반드시 그 나라의 파산법에 기한 사법절차일 필요는 없으며 행정절차라도 가능하며 그 절차의 목적이 파산재단의 청산 또는 화의, 변제기의 연장 또는 면책에 의한 채무의 조정, 또는 재건을 수행하기 위한 것이면 족하다. 이러한 기준을 통과한다면 설령 미국에서라면 주의 회사법이 규율하는 회사의 청산절차라도 외국도산절차의 범주에 포섭된다. 외국도산절차는 이미 진행 중인 것은 물론 계획이 인가된 후라도 계획을 수행함에 도움이 된다면 보조절차를 신청할 수 있다.59) 미국 법원은 외국도산절차의 합법성이나 합헌성에 대하여는 판단할 수 없고 다만 외국 파산법이 근본적인 공정(fair)의 원칙 또는 적법절차(due process)에 적합한 것인가를 판단한다.60) 아래에서는 국가별로 외국파산절차가 다투어진 사례를 소개한다.

㉠ *In re Tam*61) 사건은 Cayman Island의 파산절차 중 관리인의 선임 감독에 대하여 법원의 규제나 사실상 채권자들의 참가가 없는 임의적 자발적 청산절차는 외국절차에 해당하지 아니한다고 판시하였다.

㉡ *In re Philiphine Airlines*62) 사건에서 필리핀의 증권거래위원회가 심리하는 회사재건절차에 기하여 필리핀에어라인의 관리인이 미국 샌프란시스코 파산법

57) Thomas F. Blakemore/金秉俊(역), "미국에서의 外國 破產訴訟節次의 效力," 국제사법연구 제2호, 길안사(1997), 717면.

58) 외국파산절차라 함은 사법절차이건 행정절차이건 파산법하에서 이루어지는지와 관계 없이 당해 절차의 개시시점에 있어서 채무자의 주소, 거소, 주된 영업소 또는 주된 재산이 소재한 외국에서 이루어지는, 재단의 청산, 화의, 기한의 연장, 면제 또는 재건의 실행을 목적으로 하는 절차이다(§101(23)).

59) *Hopewell Int'l Ins. Ltd.*, 238 B.R. at 49-50.

60) *In re Fracmaster. Ltd.*, 237 B.R. 627, 635(Bankr. E.D.Tex. 1999).

61) 170 B.R. 838(Bankr. S.D.N.Y. 1994). Cayman Islands의 법에 의하면 재건절차를 갖고 있지 않으며 청산절차만 있는데 법원에 의한 청산과 임의적 청산 두 가지를 인정하고 있다. 이 사건에서 문제가 된 것은 임의적 청산에 관한 사안이다. 외국대표자가 공적기관에 의한 감독 없이 사적으로 선임되었다.

62) No. 98-3-2705-TC(Bankr. N.D.Ca. 1998).

원에 미국 채권자 — GE, Boeing Aircraft — 가 채무자 회사의 미국 내 재산에 대한 압류나 운행방해를 금지하는 신청을 하여 인용되었다.

㉢ *Hanarhuis v. Kunnan Enters., Ltd.*[63] 사건에서 연방항소법원은 대만법원이 스포츠용구제조업체의 재건절차 중에 임명한 3인의 재건관리인(reorganizer)의 보조절차 신청에 대하여 법원은 법학교수의 감정증언을 토대로 신청을 인용한 파산법원과 연방지방법원의 명령을 승인하였다.

㉣ *In re Master Home Furniture Co. Ltd.*[64] 사건에서 대만법원이 미국 채권자의 신청에 의하여 개시한 보전명령에 대하여는 아직 법원으로부터 관리인이 선임된 바 없으며 최종명령이 선고된 바 없고 채권자들에 대한 배당절차가 아직 존재하지 않는다는 이유로 예양을 거부하였다.

㉤ *In re Netia Holdings S.A.*[65] 사건에서 폴란드법에 의하여 설립된 Netia Holdings의 이사들이 보조절차를 신청하였다. 사채권자들이 외국도산절차의 적격성에 대하여 다투었다. 폴란드법에 의하면 일단 채무자가 채무를 변제할 수 없음을 깨닫게 되면 이사회의 이사들이 반드시 파산절차를 신청하여야 하고 만일 이를 해태하면 개인책임을 부담하게 된다. 폴란드법은 도산기업에 대하여 두 가지 절차를 마련하고 있는데 첫째는 영업을 종료하고 청산절차를 거치는 것이고, 둘째는 화의법에 기하여 채무를 재조정하는 것이다. 화의절차는 법원의 관여에 따라 채권자들과 채무자간에 합의를 통하여 채무를 재조정하고 법원의 인가에 의하여 효력을 갖게 되면 화의절차의 신청의 효과로서 채권자의 집행행위는 자동중지된다. 법원은 §201(23)에서 정한 외국파산절차의 개념이 광범위하고 폴란드의 화의절차가 채무조정과 그 효과에 사법절차가 관여하고 있으므로 외국파산절차의 개념에 포함된다고 판시하였다.

㉥ *In re Petition of Caldas*[66] 사건에서 페루의 금융기관에 대한 청산절차로서 페루의 행정기관이 주재하는 도산절차는 외국도산절차에 해당한다고 보아 페루 은행보험감독위원회가 선임한 대표자들이 신청한 보조절차에 기한 구제명령을 인용하였다.

최근 미국의 기업이 조세 등 각종 규제를 피하기 위하여 Cayman Islands 등

---

63) 177 F.3d 1007(D.C.Cir. 1999).

64) 261 B.R. 671, 680(Bankr. C.D.Cal. 2001).

65) 277 B.R. 571(Bankr. S.D.N.Y. 2002).

66) 274 B.R. 583(Bankr. S.D.N.Y. 2002). 이 사건의 판결이유는 페루의 금융기관의 파산절차에 관하여 매우 상세히 설시하고 있다.

에 회사를 설립하고 사실상은 미국 내에서 재산을 두고 영업을 하는 기업 등이 먼저 Cayman에 청산절차를 개시하여 청산인으로 임명된 후 즉시 미국 내에서 보조절차를 신청하면서 미국 채권자들이 채무자를 상대로 하는 불법행위 또는 채무불이행에 기한 소송의 제기나 계속 중인 소송의 진행의 금지를 구하는 경우가 있다. *In re Bullmore*[67] 판결은 이 경우에도 외국도산절차에 해당한다고 판시하고 있다.

① 채무자의 적격

보조절차에서 규정한 외국도산절차상의 채무자는 미국파산법의 신청적격과 일치하지 아니하여도 무방하다는 것이 최근의 다수의 판례이다.[68] 예를 들면 철도, 은행, 보험회사, 정부기관, 상속재산 또는 수탁자와 같이 미국에서라면 파산절차를 신청할 수 없는 법인격체라도 무방하다.

② 미국 내의 재산의 소재와 보조절차

일부 판결은 외국관리인이 보조절차를 신청하기 위하여는 채무자가 미국 내에 특히 당해 법원의 관할 구역 내에 재산을 보유하고 있어야 한다고 판시한 바 있다.[69]

그러나 *Haarhuis v. Kunnan Enterprises*[70] 사건에서 연방항소법원은 처음으로 종전 하급심의 선례를 배척하고 외국 소재 재산이 없더라도 보조절차를 신청할 수 있고, 채무불이행을 원인으로 한 소송의 제기의 금지를 구할 수 있으며 법

---

67) 300 B.R. 719(Bankr. D.Neb. 2003).

68) §109(b)는 파산법상의 채무자 적격에 관하여 규정하면서 철도회사, 보험회사, 은행 등은 제7장의, (d)는 주식중개인, 상품중개인, 철도회사를 제11장의 각 신청적격에서 배제하고 있다. 적격이 불요하다는 판례로는 *Petition of Laitasalo*, 196 B.R. 913(Bankr. S.D.N.Y. 1996); *In re Hourani*, 180 B.R. 58(Bankr. S.D.N.Y. 1995); *In re Goerg*, 844 F 2d 1562(11th Cir. 1988), *cert denied*, 488 U.S. 1934(1989); *In re Gee*, 53 B.R. 891(Bankr S.D.N.Y. 1985) 등이 있다. *In re Goerg*는 서독인의 상속재산을 대상으로 한 파산절차에 관한 연방항소심 판결로서 이 점을 정면으로 다루었다. 반대로 외국채무자도 §109(a)의 요건을 갖추어야 한다는 판례로는 *In re Toga MFG. Ltd.*, 28 B.R. 165(Bankr. E.D.Mich. 1983); *Angulo v. Kedzep Ltd.*, 29 B.R. 417(S.D. Tex. 1983); *In re Culmer* 25 B.R. 621(Bankr. S.D.N.Y. 1982); *In re Stuppel* 등이 있다.

69) *In re Stuppel*, 17 B.R. 413(S.D.Fla. 1981); *In re Phoenix Summus Corporation*, 226 B.R. 379(Bankr. N.D.Tex. 1998).

70) 177 F.3d 1007(D.C.Cir. 1999). 같은 내용의 판결로는 *Metzeler v. Bouchard Transp. Co.* 78. B.R. 674, 678-80(Bankr. S.D.N.Y. 1987); *Vesta Fire Ins. Corp. v. New Cap Reinsur. Corp.*, 244. B.R. 209, 214(S.D.N.Y. 2000). 후자 판결은 재산소재는 보조절차에서 필수적인 것(sine qua non)이 아니라고 판시하였다.

원은 그러한 금지명령에 대하여 재판관할권을 갖는다고 판시하였다. 그 근거로 §304(b)(1)(A)(ⅰ)과 (b)(3)은 채무자에 대한 소송의 금지 — 채무자 소유 재산에 대한 집행의 금지와 별개로 — 를 명하고 있으며 이는 재산이 외국에 소재하면 족하고 반드시 미국 내에 재산이 존재하여야 함을 요구하는 것은 아니라는 점을 들었다. 이에 대하여 *In re Petition of Gross*[71] 사건은 보조절차를 신청하기 위하여는 당해 관할법원 구역 내에 재산이 소재하여야 하지만 재산의 소재라 함은 광의로 해석하여 파산재단에 속할 가능성이 있는 재산도 포함한다. 따라서 신청일 현재 재산이 소재하지 않더라고 원래 당해 주내에 있었던 재산이 편파행위에 의하여 이전되었다면 재산 소재의 요건은 충족된다고 판시하였다.

③ 보조절차의 관할법원(venue)

보조절차를 관할하는 법원은 보조절차에서 신청하는 구제의 형태에 달려있다. 만일 주법원이나 연방법원에 계속 중인 소송의 중단을 구하는 것이라면 관할은 당해 소가 계속 중인 관할 법원이 된다. 재산의 인도를 구하는 것이라면 재산 소재지 법원이 관할법원이 된다.[72] 채무자 명의의 재산은 현존하지 않지만 수익자가 편파행위로 채무를 변제받은 경우 부인권의 행사에 의하여 반환하여야 한다면 당해 금원이 소재하고 있었던 곳이 관할 법원이 된다.[73] 비록 외국 도산절차에서 미국 소재 당해 재산이 채무자의 소유라고 판시하였다고 하더라도 당해 재산이 채무자의 소유에 속하는지의 여부는 목적물 소재지의 주법에 의한다. 만일 미국 내에 재산이 여러 지역에 소재하고 있는 경우에는 주된 영업소 또는 주된 재산의 소재지 법원이 관할 법원이 된다.[74] 이 경우 관할 법원은 관할 구역 외에 소재한 재산에 대하여도 반환을 명할 수 있으며, 채권자에 대하여 미국 전역에서 채무자에 대한 소송의 금지를 명할 수도 있다.[75]

---

71) 278 B.R. 557(Bankr. M.D.Fla. 2002).

72) *In re Thornhill Global Deposit Fund, Ltd.*, 245 B.R. 1(Bankr. D.Mass. 2000). 바하마 회사의 강제청산절차에서 선임된 공적 청산인이 미국 내에서 채무자를 상대로 소송의 금지명령의 등록(entry)과 재산의 반환을 구하였다. 법원은 바하마의 강제청산절차가 미국 파산법상의 파산절차일 필요는 없으며 채무자에 대한 州법원의 소송과 재산이 모두 매사추세츠에 소재한다는 이유로 적법한 관할권이 있음을 인정하였다.

73) *Metzler*, 78, B.R. at 675. 이 판결에 의하면, 파산절차는 독일에서 개시되고 독일에서 미국 채권자로 뉴욕지점 구좌로 돈이 송금된 경우 뉴욕주가 관할 법원이 된다.

74) 28 U.S.C.A. §1410(a, c). 이 점을 정면으로 다룬 판례로는 *Hopewell* 사건 참조.

75) Bufford, *supra note* 10, at 47.

⑷ 法院의 考慮要素

1) 개　　요

구제신청이 절차의 적격성의 관문을 통과하였다고 하여 법원으로부터 구제명령을 받는 것은 아니다. §304는 사안에 적절한 구제절차를 부여하기 위하여 법원에 최대한의 재량권을 부여하고 있기 때문이다. 외국관리인은 다시 §304(c)에 열거된 기준을 통과하여야 비로소 법원이 정하는 내용에 따른 구제명령을 받게 된다. (c)항은 법원이 보조절차의 신청의 개시 여부를 결정함에 있어서 고려할 요소를 정하고 있다. 법원은 무엇이 파산재단을 가장 경제적이고 신속하게 관리할 수 있는지와 함께 다음의 6가지 요소를 검토하여야 한다. 이는 속지주의와 보편주의간의 균형을 이루기 위한 것으로 2세기 동안 미국법원에 계속된 국제파산사건에 그 뿌리를 두고 있다.[76] 이는 ① 채권자 등 관련권리자의 공정한 취급, ② 외국파산절차에서의 불평등 또는 불편으로부터 미국채권자의 보호, ③ 외국채무자 재산의 편파적, 사해적인 처분의 방지, ④ 미국 파산법에서 정한 순서와 기본적으로 동일한 순서로 배당이 이루어질 것, ⑤ 예양, ⑥ 개인파산의 경우 재출발의 기회제공이다. 이상 6가지 요소는 그 자체로 모순되는 면이 있다. 즉 ①, ③은 보편주의적인 요소이고,[77] ②, ④, ⑥은 미국채권자에 우호적으로 속지주의적인 요소이다. ⑤항은 매우 추상적이므로 해석 여하에 따라 보편주의적일 수도 속지주의적일 수도 있다.[78]

2) 미국절차와의 유사성

법원의 실무는 보조절차에 기한 구제신청을 부여할 것인지에 관하여 위 6가지의 요건에 해당 여부를 자세히 검토하고 있다. 그 중 실무상 논란되는 부분은 ④항에 관한 것이다. 원래 각국의 물권법이 상이하므로 이를 반영한 파산법상의 배당순위 역시 다양하다. 외국 파산절차상의 배당순위가 반드시 미국과 일치할 것을 요구하지 않지만 법원은 최소한 다음의 기준을 통과하여야 한다고 판시하고 있다. 첫째, 담보권자는 그들의 담보물로부터 변제받아야 한다. 둘째, 일반채권자들간에도 우선순위가 다르다는 점이 인정되어야 한다. 셋째, 동등한 순위에 있는

---

76) Blakemore, 전게논문(주 57), 721면.

77) ①의 공정(just)의 개념 역시 법관이 미국법을 기준으로 결정한다면 역시 가치중립적인 것이 되지 못한다. 그리고 ③ 역시 어느 정도 미국법에 대한 선호경향이 바탕에 깔려 있다.

78) Herbert, *supra note* 10, at 396.

일반채권자들간의 배당은 안분비례에 의하여야 한다. 넷째, 외국채권자를 차별하지 말 것. 다섯째, 기업의 소유자(예컨대, 주주 또는 조합의 파트너)는 일반채권자에 대한 배당이 다 이루어진 후에 배당을 받아야 한다. 이론상으로는 채권자가 어느 나라에서는 우선권 있는 채권자로 취급받지만 다른 나라에서는 일반채권자로 취급받을 수 있으므로 이러한 사실을 이유로 보조절차를 승인하는 것을 거절하여서는 아니된다고 기술되고 있다.

3) 예 양

가장 중요한 요소는 예양을 어떻게 고려할 것인가 하는 점이다. 미국 대법원은 19세기 말 이미 "예양이라 함은 법적인 의미에서 다른 국가에 대한 절대적인 의무나 단순한 호의와 선의도 아니다. 예양은 어느 국가가 국제적인 의무, 편의 및 자국민 또는 자국법에 의하여 보호받는 외국인들의 권리에 대하여 적절한 고려를 하면서 다른 국가의 입법, 행정, 사법작용의 승인을 그 영토 내에서 허용하는 것"이라고 판시한 바 있다.[79] 예양은 실정법의 해석원칙으로서 명시적인 입법이 있는 경우에는 그 적용이 없다. 예양이란 미국법과 외국법에 관하여 진정한 저촉이 있는 경우에 효용을 발휘한다.[80] 국제파산에서는 병행파산의 경우 어느 국가의 법을 적용할 것인가를 결정할 때 예양이 고려된다.

예양과 나머지 고려요소의 관계는 대등한 것인가 아니면 예양이 보다 중요한가? 대다수의 실무례는 예양을 보다 중요하게 고려하고 있으며 UNCITRAL 모델법을 받아들인 제15장 개정안 §1507 역시 다른 요소보다 중요한 지위를 점하고 있다.[81] *In re Koreag* 사건에서 채권자(Refco)가 뉴욕연방지방법원에 소송를 제기하여 스위스 은행인 채무자(Mebco 은행)의 뉴욕 소재 예금채권에 대하여 가압류명령을 얻은 후 스위스 연방은행위원회는 채무자에 대하여 청산절차를 개시하고 청산인(Koreag 법인)을 선임하였다. 청산인은 미국 뉴욕 은행예금을 스위스로 반환하기 위하여 미국에서 보조절차를 신청하였다. 법원은 예양이 다른 요소와 동등하다는 주장을 배척하고 예양이 다른 요소보다 더욱 중요하며 외국도산절차에 대하여 승인을 부여함으로써 채무자 재산의 공정한 배당이라고 하는 보조절차의 목적을 달성할 수 있으며 그 기준은 스위스법이 근본적인 공정의 개념에 일치하

79) *Hilton v. Guyot*, 159 U.S. 113, 163-64(1895).

80) *Harthord Fire Ins. Co. v. California*, 509 U.S. 764, 798(1993).

81) *Bank of New York v. Treco*, 240 F.3d 148, 156-57(2d Cir. 2001); *In re Culmer*, 25 B.R. 621, 624(Bankr. S.D.N.Y. 1982) 등이 같은 입장이다.

면 되는 것이지 반드시 미국법을 거울에 비친대로 똑같아야 하는 것은 아니라면서 재산을 청산인에게 반환하고, 채권자가 압류소송을 속행하는 것을 금지한다고 판시하였다.

① 예양을 부정한 사례

초창기의 사건인 *Matter of Toga Mfg. Ltd.*[82]은 미국의 판결채권자는 일반채권자보다 우선권이 부여되지만(a judgment lien) 캐나다 법원이 일반채권자로 취급한 것을 이유로 같은 보통법 국가인 캐나다의 파산절차에 대하여 예양을 거부하였다. *Interpool Ltd. v. Certain Freights of the M/V Venture Star.*[83] 사건 역시 호주도산절차가 채권자들에 대하여 적절한 통지를 제공하지 않고 형평법상의 열후화를 인정하지 않는다는 이유로 신청을 기각하였다. *Overseas Inns, S.A. v. United States*[84]은 미국의 조세채권자가 룩셈베르그에서는 우선권이 없는 일반채권자로 취급되는 것을 이유로 보조절차의 신청을 기각하였다.

최근의 사건으로는 *In re Petition of the Board of Directors of Hopewell International Insurance Ltd.*[85] 사건을 들 수 있다. 채무자 Hopewell International Insurance는 버뮤다의 재보험회사로서 버뮤다법원이 미국채권자들로 하여금 미국법원에서 보조절차에서 미국 법원이 1999년에 발한 금지명령의 변경이나 효력 상실을 구하는 어떠한 소송행위도 금하는 내용의 제소금지명령을 발하였고, 채무자가 미국 법원에 이러한 제소금지명령의 승인을 구하기 위하여 미국 법원에 보조절차를 신청한 것이다. 미국 법원은 버뮤다법원의 명령은 미국 법원의 관할권을 직접적으로 침해하는 것으로서 국제적인 협조나 국제파산절차에 전적으로 어긋나는 것으로서 이러한 명령에 대하여 미국 법원은 외국관리인의 신청이 주절차가 아닌 보조절차라는 인식 하에 미국 법원의 관할권을 보호하기 위하여 적절한 대응을 할 수밖에 없다. 따라서 법원은 채무자가 미국 법원의 관할권을 모독하는 행위를 금할 때까지 이미 1999년에 발한 버뮤다의 화의절차의 효력을 인정한 명령[86]의 효력을 정지해야 한다. 예양이라고 하는 것은 양국간의 조정이지 어느 국

82) 28 B.R. 165(Bankr. E.D.Mich. 1983). Bufford, *supra note* 10, at 36은 이 판결에 부정적이다.
83) 102 B.R. 373, 37-80(S.D.N.Y. 1988).
84) 911 F.2d 1146, 1149-50,(5th Cir. 1990).
85) 272 B.R. 396(Bankr. S.D.N.Y. 2002). 이 사건은 앞의 사건과 다른 내용임에 주의.
86) 이 명령은 미국 법원이 1999년에 버뮤다화의절차에 대하여 미국 내에서 완전한 효력을 인정하여 채권자들로 하여금 미국 내에서 버뮤다화의절차에 반하는 일체의 행위를 금하는 내용이었다.

가의 일방적인 부작위를 말하는 것은 아니다. 따라서 법원은 버뮤다법원의 제소 금지명령에 대하여 마찬가지로 버뮤다법원에 일체의 소송행위를 금하는 반 제소 금지명령(counter injunction)을 발할 수 있지만 그렇게 되면 당사자들은 양측 법원에 대하여 법정모독죄로 처벌받게 되고 아무런 구제책을 얻을 수 없으므로 채무자의 보조절차신청을 기각한다고 판시하였다. 이 판결 후에 버뮤다법원이 자신의 명령을 취소하였다.

② 예양을 인정한 사례

In re Garcia Avila[87] 사건은 멕시코에서 개시된 파산절차의 대표자가 미국의 사채권자(noteholder)가 미국 내에서 취득한 판결에 기한 강제집행을 금지하는 신청을 구하였다. 미국법원은 멕시코 법원이 미국법원이 인정하는 이른바 청산가치보장의 원칙을 인정하고 있지 않지만 비록 채권자가 미국법에 의한 배당보다 멕시코법에 의할 경우 적은 금액을 배당받게 되더라도 보조절차는 외국에서의 배당이 반드시 미국법하에서의 배당액과 동일하여야 할 것을 요구하는 것은 아니고 전체적으로 멕시코법이 미국법에 충분히 유사하다는 이유로 신청을 인용하였다.

(5) 효과 및 구제내용

보조절차의 효과는 제한적이지만 이 절차를 심리하는 파산법원의 권한은 광범위하다. 일반절차인 제 7 장, 제11장을 신청하면 §362에 기하여 신청과 동시에 자동중지의 효과가 발생하지만 보조절차의 신청은 이러한 효과가 없으므로 외국관리인은 구체적으로 (b)항에 기재된 구제의 신청을 하여야 한다. 구제조치로는 ① 외국채무자 또는 그 재산에 대한 소송 등 법적 절차, 담보권설정, 집행의 개시 또는 진행을 금지하는 금지명령, ② 외국채무자의 미국 내 재산 또는 그 처분대금의 외국관리인에의 교부, ③ 기타 적절한 구제조치를 취할 수 있다. 본절차에 기한 자동중지의 효력은 외국 소재 재산에 대하여도 영향을 미치지만 보조절차는 미국 내에 있는 재산에 대하여만 효력이 미친다.[88]

1) 중지명령

보통의 파산사건에서는 채무자 또는 채권자 어느 한쪽의 파산신청만으로도 域外的인 효력을 갖는 자동중지의 효력이 발생하지만, 보조절차의 신청만으로는

---

87) 296 B.R. 95(Bankr. S.D.N.Y. 2003).

88) Burford, *supra note* 10, at 29.

자동중지의 효력이 생기지 않고 §304(b)(1)에 기하여 법원으로부터 별도의 명령을 받아야 한다. 그러나 양자 모두 채권자의 권리실행을 금지함으로써 재산의 散逸을 막으려는 점에서는 동일하다. 명령은 통지를 받았건 받지 않았건 미국 채권자 또는 외국채권자를 묻지 않고 모든 채권자들에게 효력이 미친다. 금지명령에 위반한 행위는 무효이거나 무효로 될 수 있다. 법원은 채권자의 소송행위뿐 아니라 채무자가 제기하는 반소에 대하여도 금지를 명할 수 있다.[89] 금지명령의 범위는 자동중지의 범위보다 더 넓다. 따라서 법원은 채무자에 대한 소송 외에 채무자의 자회사에 대한 소송의 제기도 금지시킬 수 있다.[90] 소송의 중지명령을 구하는 것이 뒤에서 보는 재산의 반환을 구하는 것보다 쉽다.[91] 자동중지에 대하여 채권자가 입는 손해에 대한 구제조치를 허용하듯이 법원은 보조절차에 기한 금지명령에 대하여도 불복을 허용하고 구제조치를 부여한다. Caldas 판결은 보조절차에서 발하는 가처분 명령의 요건은 민사소송절차의 요건과 같아야 하지만 반드시 대심적[92] 절차를 갖추어야 할 필요는 없다고 판시하였다.[93]

2) 재산의 반환

재산의 반환명령을 하기 위하여 미국 법원은 당해 미국 소재 재산에 대하여

---

89) *Bird*, 229 B.R. at 96.

90) *In re Schimmelpennick*, 183 F.3d 352, 361-62(5th Cir. 1999).

91) Gropper, *supra note* 10, at 831.

92) 미국 민사소송법상 Temporary Restraining Order(TRO)의 경우에는 채무자에 대한 통지와 심문이 없이 발하여지지만 그 효력에 시간적 제한이 있고 그 후의 가처분 제도는 대심적인 구조를 취하고 있다. 이 점에 관한 연방대법원 판결로는 *Conneticut v. Doher* 111 S.Ct 2105 (1991) 참조. 파산규칙 §7001은 본래의 파산사건(plenary bankruptcy case)에서 금지명령을 얻기 위하여 대심절차를 거쳐야 한다고 규정하고 있다.

93) 페루에서 개시된 페루은행에 대한 파산절차의 관리인이 보조절차에서 미국 내에서 채권자들에 대하여 미국 내 채무자 소유 재산에 대한 집행금지와, 채무자를 상대로 일체의 소송의 제기를 금하는 포괄적인 가처분명령을 신청하였다. 피신청인은 당시 미국 뉴욕주 주법원에서 채무자를 상대로 한 본안소송이 계속 중이었다. 피신청인은 채무자의 가처분신청은 미국 민사소송규칙상의 가처분요건에 해당되지 아니한다고 다투었다. 법원은 외국채무자 소유의 미국 재산에 대한 집행의 금지와 다른 채권자들이 채무자를 상대로 한 소송의 제기를 금지하는 부분은 인용하였으나, 피신청인이 뉴욕 내에서 다투어지고 있는 채권을 금전으로 확정(liquidate)하기 위한 소송을 계속하는 것은 현상을 유지하기로 하여 허용하였다. 그 근거로 페루의 헌법이 내외국인 평등의 원칙을 보장하고 있으며 페루법에서는 오직 채권이 확정되고 액수가 금전화된 채권만이 파산절차에 참가할 수 있다는 점과 미국 소송절차 내에서 페루은행이 응소하는 데 드는 비용과 부담을 고려한 후 미국 채권자가 페루 내에서 채권을 금전화하는 것이 어렵다는 점을 이유로 삼았다. 다음으로 가처분명령의 요건과 관련하여 법원은 보조절차에서 발하는 가처분 명령의 요건은 민사소송절차에서의 요건을 충족하여야 하며, 보조절차가 자동중지의 효력을 부여하지 않지만, 포괄적인 가처분 명령은 대심적인 절차가 아니라도 보조절차에서도 발할 수 있다고 판시하였다.

외국 파산법이 외국관리인에게 관리처분권을 갖는지 여부를 결정하여야 한다. 개정 전의 일본 파산법은 속지주의에 속하므로 미국 소재 재산을 일본 도산절차의 관리인이 수령할 수 없다.[94] 반환받을 수 있는 재산의 범위는 외국 파산법에 따른다. 단 외국채무자가 당해 재산에 대하여 적법한 소유권을 갖는지 여부는 목적물이 소재한 州法에 따른다. 실무상 미국 소재 재산이 담보목적물이 아닌 경우에는 대체로 반환을 명하고 있다.[95] 재산의 반환을 구하는 외국관리인은 특히 미국 법정에서 자국의 파산절차에 전반에 대하여 설명할 책임을 부담한다.[96] *Treco* 판결에서 알 수 있듯이 미국 내 재산이 미국 담보채권자의 담보물인 경우에는 미국 채권자의 보호에 관하여 특별한 주의를 요한다.[97]

3) 기타 적절한 구제조치

기타 적절한 구제조치의 예로는 외국관리인과 미국 채권자간의 미국 내 재산 처리에 관한 이해관계대립시 공동관리인을 선임하거나, 외국관리인에게 외국 채무자의 미국 내 영업을 계속할 권한을 부여하거나, 외국관리인이 미국 내의 증거개시절차(discovery)를 이용하도록 하거나, 미국 내 재산 압류, 권리신고 등을 들고 있다.[98] 파산절차에서의 증거개시절차는 파산규칙 §2004에서 규정하고 있다.[99] 일

94) Bufford, *supra note* 10, at 34.

95) *Culmer* 사건에서 법원은 미국 내에 소재하는 바하마 채무자의 재산을 바하마로 반환할 것을 명하였다. 이 사건에서 재산은 담보권자의 권리가 쟁점이 된 것이 아니었다.

96) *In re YMB Magnetx Int'l, Inc.* 249 B.R. 402, 410(Bankr. E.D.Pa. 2000). 법체계가 유사한 캐나다의 파산관리인의 입증부족으로 배척된 사례이다.

97) *Treco* 사건은 바하마 은행—탄자니아 은행의 모회사—에 대한 바하마 청산절차의 청산인이 뉴욕은행이 보유하고 있는 미국 내 기금에 대하여 바하마로 송금하여 줄 것을 신청한 사안이다. 뉴욕은행은 이 기금에 대하여 담보권을 갖고 있으며 상계권을 주장하면서 신청에 반대하였다. 파산법원과 제1심 법원은 예양을 중시하여 신청을 인용하였으나 항소심은 원심판결을 취소하였다. 항소법원은 첫째, 미국법에서 은행의 채권은 담보권으로서 파산절차의 관리비용보다 우선하지만 바하마법에서는 청산인이 모든 담보물을 관리비용에 충당시킬 수 있으며, 둘째, 청산인의 보수가 극히 고액(8백만불)으로서 모든 담보물이 보수채권에 충당되면 사실상 담보권자에게 아무것도 남기지 않게 될 것이고 바하마법에 의한 우선순위가 미국법과 실질적으로 일치하지 않는다는 이유로 기금의 반환을 구하는 청산인의 신청을 기각하였다. 앞으로 모델법을 수용한 Ch. 15장이 입법된다 하더라도 재산의 반환을 명하는 경우 미국 채권자의 이익이 충분히 보장되어야 한다는 *Treco* 판결의 법리는 여전히 유효하다고 한다. Gropper, *supra note* 10, at 828.

98) 朴峻, "國際的 會社整理를 둘러싼 諸問題," 民事判例硏究(XVI), 박영사(1994), 616면. discovery에 대하여는 *Brieley*, 145 B.R. at 169; *Gee*, 53 B.R. at 897-98 등 참조.

99) 그 내용으로는 채무자, 채권자 등 관계 당사자에 대하여 채무자의 행위, 재산 또는 책임 기타 재산상태 또는 파산재단 또는 면책과 관련된 문제에 관하여 검사를 할 수 있다. 관계 당사자는 검사를 위하여 출석하여야 하고 문서를 제출하여야 한다.

반 민사소송에서의 증거개시절차는 대립적 소송구조에서 사용되는 것인데 대물소송인 보조절차에서도 사용될 수 있는가? 외국도산절차에서 증거개시절차를 인정하는 경우에만 보조절차에서 주장할 수 있는가?

이에 대하여 *Gross* 사건에서 법원은 저촉법에 따라 법률관계의 성질결정하기를 증거개시절차는 절차에 관한 것이므로 법정지법인 미국 파산법에 의하여 결정되는 것이고 외국관리인이 §2004에 기한 신청을 함에 하등의 제한이 없으므로 독일법에 증거개시제도가 인정되는지 여부는 무관하다고 판시하였다.

In re Hughes[100] 판결은 보조절차의 경우에는 §341에서 정하는 채권자집회가 없으므로 파산재단의 신속하고 효율적인 관리를 위하여는 증거개시제도가 필수적이라고 보아 이를 허용하고 있다. 보조절차의 신청은 당해 외국법에 따라 권리의 행사로서 소멸시효의 중단사유가 된다. 보조절차에서는 면책이 허용되지 않지만 예외적으로 미국 채권자에 대한 채무에 대하여는 면책을 허용할 수 있다고 한다.[101]

4) 보조절차와 부인권

보조절차를 신청한 외국관리인이 수익자를 상대로 부인권을 행사할 수 있는가. 다수의 실무는 보조절차에서도 부인권을 주장할 수 있다고 판시하고 있다.[102] 문제는 부인권을 행사할 수 있다면 부인권에 관한 미국법(§547, §548)에 의할 것인지 당해 외국법에 기할 것인지에 대하여는 실무상 견해가 나누어져 있다. *Metzeler*[103] 판결은 보조절차의 목적이 외국 주절차의 수행을 돕기 위한 제한적인 절차라는 점과 파산법의 trustee라는 표현은 미국 파산절차에서 임명되거나 DIP를 말하는 것이고, 법문에 외국 대표자를 포함하고 있지 않다는 이유로 미국법에 의할 수 없고 독일 파산법에 따라야 하며, 독일 관재인이 파산개시 후 1년 내에

---

100) 281 B.R. 224(Bankr. S.D.N.Y. 2002). 이 사건에서 법원은, 외국대표자는 채무자가 감사에 대하여 갖는 장래의 청구권을 조사하기 위하여 증거개시를 할 수 있으며 증거개시에 관한 파산규칙 §2004는 외국법에 의하여 제한받지 아니한다고 판시하였다.

101) Bufford, *supra note* 10, at 32. 그러나 구체적인 사례를 들고 있지는 아니하다.

102) 판결례로는 *In re Kojima*, 177 B.R. 696, 703(Bankr. D.Colo. 1995): *Axona*, 88 B.R. at 597; *Metzler*, 78 B.R. at 674; *Culmer* 25. B.R. at 633. 부정하는 판례로는 *Gee*, 53. B.R. at 896. 이상은 Burford, *supra* 11, at 28 주 141에서 재인용.

103) 78 B.R. 674(Bankr. S.D.N.Y. 1987). 사안의 내용은, 독일의 채무자 Uni-Petro 주식회사에 대하여 파산절차가 개시된 후 관리인(Metzler)이 임명되었다. 절차 개시 4일 전에 미국 채권자(Bouchard 회사)에 대한 변제가 §547, §548, §550 및 독일 파산법에 해당한다고 주장하면서 관리인이 미국에서 보조절차를 신청하면서 채권자를 상대로 변제한 금원의 반환을 구한 것이다. 그 외에 *Gross* 사건 역시 외국법에 기하여 부인권을 행사할 수 있다고 판시하였다.

보조절차에 따라 부인권에 기하여 재산의 반환을 구하는 것은 독일 파산법에서 정한 부인의 소에 관한 1년의 제척기간 내에 제기한 것에 해당한다고 하여 독일법에 기한 청구만을 인용하였다. 또한 채권자가 변제받았던 금원의 회복을 구하는 소송에서 채무자 소유의 재산이 소재하고 있지 않으나 부인권의 행사에 의하여 회복될 수 있는 재산 역시 보조절차에서 말하는 재산의 반환에 속한다고 판시하였다.

In re Wachsmuth[104] 사건의 사안은 다음과 같다 채무자에 대하여 독일 파산절차에서 임명된 공동 파산관리인(Wachsmuth 등 3인)이 플로리다에 보조절차를 신청하면서 플로리다 법무법인을 비롯한 다수를 피고로 삼아 소송을 제기하였다. 피고들이 재산을 은닉, 지연, 채권자를 해하려는 의도를 가진 사해행위에 기한 재산의 양수인이라는 이유였다. 관리인은 저촉법 이론에 따라 양도행위가 플로리다주에서 이루어졌다는 이유로 독일법과 아울러 플로리다 州法(fraudulent transfer statute, 詐害讓渡行爲法)에 기하여 피고들이 보관하고 있는 재산의 반환을 구하였다. 법원은 비록 문제된 양도행위가 플로리다주에서 이루어졌고, 피고들이 플로리다 주민이라고 하더라도 법원은 §304(b)에 기하여 재산의 반환을 명할 수 있을 뿐 주법에 기하여 금전 또는 재산의 반환을 명할 수는 없다고 판시하였다. 아울러 법원은 보조절차가 외국대표자로 하여금 순순한 파산사건(core proceeding)인 미국 관리인의 부인권 행사권한을 부여한 바 없다는 선례 *Metzeler* 판결을 인용하면서 법원의 관할이 없다는 이유로 보조절차의 신청을 기각하였다.

(6) 評 價

§304(c)에 관하여는, 구체적인 개개의 사례에 법원이 적용하는 분석방법을 보여주었을 뿐, 어느 특정 사건에서 법원의 분석결과가 어떤 것이 될 지를 미리 예측할 수 있는 원칙을 세우지는 못하였다는 지적을 받고 있다. 이러한 예측가능성의 결여는 변호사들이 국제거래를 계획하거나 파산사건이 발생할 경우 어떠한 법을 적용할 것인가에 대한 명확한 지침을 주지 못한다는 비판을 사고 있다.[105] 그러나 이러한 비판에도 불구하고 §304는 국제파산에 관하여 보편주의적인 접근방법의 혁신적인 개정으로서 국제파산의 기준표(benchmark)의 역할을 한다는 평가를 받고 있다.[106]

---

104) 272 B.R. 766(Bankr. M.D.Fla. 2001).

105) Ben B. Floyd, "국제도산에 있어서의 저촉법," 국제사법학회 · 국제거래법학회(2001), 196면.

106) Ian F. Fletcher, INSOLVENCY IN PRIVATE INTERNATIONAL LAW 49(Clarendon

6. 국제파산에서의 관련 문제점

(1) 외국채권자에 대한 人的管轄權

간혹 외국채권자로서는 미국 파산법에 대한 부지가 불러오는 예상하지 못한 재앙을 맞기도 한다. 미국 채무자에 대한 파산절차가 개시된 경우 외국채권자가 어느 정도 미국 채무자나 법원에 접촉을 하여야 인적관할권이 생기는가 하는 문제이다. 일반론으로 말하면 이는 피고가 되는 외국채권자가 채무자와 어느 수준의 접촉을 하였고 그것이 파산재단에 어떠한 영향을 미치는가에 의하여 결정된다.

구체적으로 미국 채무자에 대하여 파산절차가 개시되면 채권자들은 법원에 채권을 신고하게 된다. 그러나 외국채권자는 자신의 채권을 신고할 것인지 여부를 신중히 검토하여야 한다. 확립된 실무는 외국채권자의 채권신고는 미국 법원에 대한 인적관할권에 복속하는 것으로서 관할권 행사의 근거가 된다.[107] 소액의 채권을 변제받기 위하여 채권신고를 하였으나 이미 채무자로부터 위기시기에 변제를 받은 것이 밝혀지게 되면 부인권의 적용을 받을 수 있기 때문이다. 따라서 미국 변호사로서는 부인권의 행사 대상이 될 염려가 있는 경우에는 채권신고를 만류시킨다고 한다. 신고하지 아니한 외국 채권자에 대한 인적관할권을 행사하기 위하여는 민사소송법의 인적관할에 관한 일반 이론(minimum contacts)에 따른다.

In re Chiles Power Supply Co.[108] 사건에서 외국채권자는 미국에서 개시된 파산절차에 채권신고한 바 없고, 계획안인가절차에 참여한 바 없지만, 채무자를 상대로 캐나다 법원에 제조물책임에 기한 소송을 제기하고 그 소송의 결과에 따라 미국 내의 파산재단에 심대한 영향을 미치는 경우라면 인적관할권에 복속된다고 판시하였다.

채권신고를 철회한 경우 인적관할권은 여전히 존재하는가? 대표적인 사례는 *In re Cruisephone, Inc.*[109] 사건이다. 채무자는 1999. 제11장을 신청하였으나 성공

Press Oxford(1999); Booth, *supra note* 10, at 149.

107) *Langenkamp v. Culp*, 498 U.S. 42, 44(1990). 채권신고라 함은 채권의 존재, 채권의 성질, 채권의 액수에 관하여 채무자 또는 법원에 통지하는 것을 말하며 단지 채권자의 변호사가 채무자의 변호사에게 근무 중 입은 상해에 대하여 채권을 갖는다는 내용의 편지를 보낸 것만으로는 채권신고에 해당하지 아니한다(*In re American Classic Voyages Co.*(3rd Cir. 2005)).

108) 264 B.R. 533(Bankr. W.D.Mo. 2001).

109) 278 B.R. 325(Bankr. E.D.N.Y. 2002).

하지 못하고 자산을 매각하였다. 채무자는 2000. 6. 채권자와 관련한 미이행 쌍무계약을 거절하여, 채권자(네덜란드 법인)는 신고기한까지 미이행쌍무계약의 거절과 관련한 채권을 신고하였다가 채권신고를 철회하였다. 채무자가 원고가 되어 채권자를 피고로 하여 채무불이행 등을 이유로 한 손해배상 소송을 제기하면서 다른 인적관할권의 주장과 함께 채권자가 파산절차에서 채권신고한 것을 인적관할권의 근거로 삼았다. 법원은 채권의 신고는 적법한 인적관할권의 근거가 되지만 신고의 철회로 말미암아 인적관할권의 근거 역시 제거되므로 신고를 이유로 한 인적관할권의 주장을 받아들일 수 없고 그 외 채권자가 미국 내에서 영업을 하거나, 어떤 행위를 하거나 또는 미국 외에서 한 행위가 미국 내에 영향을 미치게 하였다는 점을 인정할 증거가 없다고 하여 관할권을 부정하였다.

(2) 외국채권자의 취급

미국 내에서 개시된 파산절차의 경우 채권자가 외국에 소재하는 경우도 적지 않다. 이 경우 문제가 되는 것은 외국채권자에 대한 절차의 통지와 절차 참가의 기회부여에 관한 것이다. 내국채권자에 대한 통지는 우편에 의하고 대부분의 사건에서 통지는 채무자의 신청시에 적혀진 채권자명단에 따라 북버지니아에 소재한 파산통지센터(Bankruptcy Noticing Center)가 담당하다. 이 통지서에는 채권자집회의 일시,[110] 장소, 채권신고기한[111] 등이 적혀 있다. 통지문은 번역문 없이 영어로 작성되어 있다. 따라서 외국채권자가 이를 번역하고 채권자집회에 참석하거나 채권을 신고하는데 너무 늦다는 비판이 있다.

파산절차에서 외국채권자는 미국 채권자와 평등하게 취급되는 것이 원칙이지만, 사안에 따라 다를 수 있다. 외국채권자로서 미국 절차에 참가하지 아니하는 채권자로서 자동중지의 효력에 구속되지 아니하는 채권자에 대하여는 외국에 소재하는 미국 채무자의 재산이 재건에 긴요한 경우에는 외국에서의 집행행위를 방지하기 위하여 내국채권자보다 유리하게 취급되어 변제받는 경우가 있다. 반대로 외국채권자가 불법행위의 피해자 — 특히 제조물책임의 피해자 — 인 경우에는 통

110) 제13장 사건을 제외하고 채권자집회는 파산신청일로부터 20일부터 40일 안에 지정되어야 한다(파산규칙 §2003).

111) 제7장, 제13장 사건의 경우 채권신고기간은 채권자집회일로부터 60일 이내이고, 제11장 사건의 경우에는 각 사건마다 법원이 개별적으로 지정한다. 제7장 사건의 경우 늦게 신고된 채권은 정시에 신고된 채권보다 후순위로 배당되고, 제11장 사건의 경우에는 계획안에 변제규정이 없어 사실상 변제를 받지 못하는 불이익을 입는다.

상 미국 법정에서 외국피해자들은 미국 피해자들보다 적게 배상받고 있으므로 이를 고려하여 파산절차에서도 불리하게 취급되는 경우가 있다. 그러나 이는 국제파산의 문제가 아니라 불법행위 분야에서 외국인 피해자와 미국인 피해자에 대한 차별을 파산법에 반영한 것에 불과하다.

(3) 면책의 효과와 미국 파산법의 域外適用

미국 파산법은 明文으로 파산절차의 개시로 별개의 법인격인 파산재단이 성립하며 파산재단에 속하는 재산은 누가 보유하고 있든지 어느 곳에 소재하든지 채무자가 갖는 보통법상 또는 형평법상의 권리로 구성된다고 규정하고 있다. 따라서 미국의 관리인이나 DIP는 해외소재 재산에 대하여 관리처분권을 갖는다.[112) 물론 미국 파산절차에 참가한 바 없는 외국채권자가 미국 파산절차를 무시하고 자국 내에 소재한 채무자의 재산에 대하여 환가처분하는 것은 원칙적으로 무방하다. 문제는 외국채권자가 미국의 파산절차에 참가하여 인적관할권이 생기고 난 다음에 외국 내에서 채무자의 재산에 대하여 집행하거나 채무자를 상대로 소송을 제기하는 경우이다. 법원이 금하는 각종 명령 — 제소금지명령, 집행금지 명령 등 — 을 위배하게 되면 채권자는 법정모독죄로 민형사상의 제재를 피할 수 없게 된다. 미국 실무에서 문제가 되는 것은 대부분의 국제파산사건에서 파산절차에 참가하는 채권자들은 은행이거나 기업으로서 십중팔구 미국 내에 영업활동을 하거나 재산을 갖고 있게 되고 법원의 명령에 따르지 않을 수 없다는 점이다. 면책과 관련하여 흥미로운 사건을 소개한다.

In re Simon[113) 사건에서 채무자 Simon은 英國領 Virgin Islands에서 설립되어 홍콩에서 영업을 하는 회사의 대주주이다. 채권자 상하이 은행('은행')이 회사에게 대출하여 주고 채무자가 보증하였다. 보증계약에 의하면 준거법을 홍콩법을 적용하고, 홍콩법원을 관할법원으로 정하고, 송달대리인으로 홍콩 법무법인을 지정하였다. 보증계약 당시 채무자는 홍콩에서 거주하면서 회사를 경영하였으며 대출금도 홍콩에서 지급되었다. 채무자의 개인채무가 미화 2억불에 달하고 은행으로부터의 추심 위협에 닥치자 채무자는 미국으로 날아가 샌프란시스코 파산법원에 제7장 신청을 하였다. 당시 홍콩법원에 파산절차가 개시된 바 없으므로 보조

112) 따라서 후술하는 파올로구찌 사건처럼 한국 상표법에 의하여 등록한 파산자 소유의 상표권을 미국의 파산관재인이 적법하게 타인에게 양도할 수 있다.

113) 153 F.3d 991(9th Cir. 1998).

절차나 병행파산의 문제는 발생하지 않았다. 은행은 법원에 채권 3,700만불을 신고하였으나 그 후 면책절차에서 면책에 대한 이의 또는 특정채권에 대한 비면책 등의 주장을 하는 등의 조치를 취하였어야 함에도 불구하고 그냥 지나쳤다. 법원은 면책결정을 하였고 모든 채권자들로 하여금 면책과 관련하여 채무자를 상대로 하는 일체의 채무추심행위를 금하는 명령을 발하였다. 은행은 뒤늦게 법원으로 하여금 면책과 중지명령에 대한 선언판결(declaratory judgment)을 구하였다. 즉 면책결정은 미국 내에서만 효력이 있으므로 은행이 홍콩에서 채무자를 상대로 채권을 추심하는 행위가 금지되는 것은 아니고 또는 면책결정을 변경하여 은행이 홍콩에서 채무자를 상대로 하는 채권추심행위는 법정모독의 제재에 해당하지 아니한다는 내용을 선언해 달라는 것이었다.

법원은 파산재단에 국외 소재 재산도 포함된다는 조항을 근거로 입법자가 파산법이 역외적 효력이 있도록 입법하였음을 알 수 있고, 법원은 파산재단에 관하여 대물관할을 갖고 있으므로 외국에 있는 재산도 법원의 관할권에 속하며, 은행이 근거로 삼고 있는 Maxwell 사건에서는 영국과 미국에 병행파산이 진행되고 있었고, 부인권의 준거법에 대하여 진정한 저촉에 해당하며 신청 전의 사해행위가 오직 영국에서만 이루어졌으므로 영국법을 적용하였다. 하지만 이 사건에서는 홍콩에서는 아무런 파산사건이 진행되지 않고 있으며, 미국에서 은행이 채권신고를 하며 절차에 참가하였다. 법원의 금지 명령은 홍콩 법원에 대한 것이 아니라 미국 파산절차의 이익을 향유한 은행에 대하여 발하여진 것이다. 예양은 국내법과 외국법간에 진정한 저촉이 있는 경우에만 고려되는 것이므로 이 사건에서 예양을 고려하더라도 법원의 판결과 반대되는 결론에 이르지 않을 것이고, 따라서 채권자의 신청을 기각한 파산법원의 판결은 정당하다. 이 사건은 면책결정 자체가 역외적 효력이 있다는 것을 주장하는 것은 아니며 인적관할에 속하는 당사자에 대한 법정모독의 제재가 가하여진다는 접근방식에 터잡은 것이다.[114)]

(4) 관할 및 준거법 지정합의의 효력과 파산절차

일반적으로 양 당사자가 대등한 입장에서 교섭 끝에 이루어진 관할합의의 조항은 예외적인 사정이 없는 한 다른 국가에서도 효력이 인정된다.[115)] 그러나 파산절차가 개시되면 다수의 채권자가 관여하게 되고 다른 이해관계인을 고려하면,

114) Elkin, Everett, *supra note* 10, at 917.

115) *The M/S Bremen v. Zapata Off-Shore Co.*, 407 U.S. 1, 12-14(1972).

채권자와 채무자간의 권리는 파산절차 개시국의 법원에서 해결되어야 한다는 주장 때문에 다수의 실무는 관할합의의 조항은 파산절차에서 배제하고 있다.[116] 준거법의 지정에 관하여는 아직 실무가 확립되지 아니하였다. *In re Eagle Enterprises, Inc.*[117] 판결에서 리스계약이 진정한 리스인지 아니면 가장된 담보계약인지 하는 점인데 후자에 해당된다면 펜실베니아법에 따라 대항요건을 갖추지 못하여 독일채권자는 권리를 잃게 된다. 법원은, 채권자와 채무자간의 계약에 의하여 제 3 자의 권리는 변경될 수 없는 것이고, 제 7 장 사건에서 관리인의 법적 지위는 모든 채권자들의 대표자이고, §544에 의하면 관리인은 판결우선특권자(judicial lien)의 권한을 갖고 있으므로 관리인은 제 3 자로서 채권자와 채무자간의 계약에 구속되지 아니한다. 따라서 계약 당사자간의 독일법으로 정한 준거법지정 조항은 그에 동의한 바 없는 파산절차의 관리인에게 주장할 수 없다.

In re Commodore International Ltd.[118] 사건은 바하마에서 개시된 파산절차의 무담보 채권자위원회가 뉴욕파산법원에 수익자를 상대로 편파행위와 사해행위의 취소를 구하는 대심 소송을 제기하였다. 바하마 채무자에 대하여 바하마에서는 청산절차가, 뉴욕에서는 제11장 절차가 사법의정서(judicial protocol)에 따라 동시에 진행되고 있었다. 피고는 뉴욕이 부적절한 관할이고, 바하마에서 소송을 제기하기로 합의가 있었으며, 미국 법원의 부인권행사에는 역외적 효력이 없다고 다투었다. 법원은 채무자가 바하마에서 설립된 회사이고 채무자가 미국에서 영업활동을 한 바 없으며, 문제가 된 대출은 미국과 아무런 관련성도 없으므로 바하마 법원이 보다 적절한 법원이라고 보았다. 일반론으로 국제계약에서 법정지 선택조항은 효력을 부여하여야 하지만, 사행행위나 편파행위의 취소를 구하는 소송은 파산법원이 관할하는 순수파산사건(core subject matter jurisdiction)이고 순수파산사건에서 DIP나 관리인은 법정지 선택조항에 영향을 받지 아니하므로 채권자위원회 역시 대출계약의 관할합의조항에 구속되지 아니한다고 판시하였다.

이에 반하여 *In re Millenium Seacarriers, Inc.* 사건은 채무자(Millenium Seacarriers, Inc.)와 자회사가 19개의 선박을 이용하여 해상운송업을 경영하고 있었는데 19개의 선박은 각각 19개의 자회사가 소유하고 있었으며 모두 외국선박저당권자를 위하여 선

116) *Allstate Life Ins. Co. v. Linter Group Ltd.*, 994 F.2d 996, 1000(2d Cir. 1993) 외 다수. Bufford, *supra note* 10, at 43에서 재인용.
117) 223 B.R. 290(Bankr. E.D.Pa. 1998).
118) 242 B.R. 243(Bankr. S.D.N.Y. 1999).

박저당권이 설정되었다. 노르웨이 보험회사가 미국 연방해상법에 따라 선박우선특권(preferred maritime lien)의 통지를 신청하였다. 파산법원은 문제가 된 거래는 성질상 국제거래로서 법정지 선택조항이나, 준거법 조항은 유효하며 적용되어야 한다고 판시하였다. 위 조항은 대인소송뿐 아니라 원고가 선박우선특권을 보유하는지를 결정하는 대물소송에서도 적용되어야 한다고 판시하였다.

Eagle 사건은 연방법원의 異州民 관할사건에 있어서 연방통일상법전하의 담보거래에 관하여 당사자들의 준거법 합의의 효력이 제3자(즉 관리인)에게도 구속력이 있는지를 다룬 준거법의 결정에 관한 것이다. 이에 비하여 Millenium 사건은 독자적인 법원리를 갖고 있는 해상사건으로서 다툼의 상대방은 보험자이고 관리인이 아니다. 그 후에 선고된 *In re Integrated Health Services*[119] 사건은 *Eagle* 사건을 인용하고 있다. *Anderson v. Dalkon Shield Claimants Trust*[120] 사건은 제조물책임에 관한 파산절차로서 절차의 혼잡과 소송경제를 고려하여 여러 주에 소재하는 다수의 피해자들이 제조자를 상대로 하는 파산채권확정 절차에 대하여 준거법을 하나로 변경하고, 손해배상 소송의 제소기간을 통일하여 중재절차를 거치도록 하는 계획안이 적법하다고 판시하였다.

(5) 병행파산

1) 병행파산과 제소금지명령(anti-suit injunction)

Lernout & Hauspie Speech Products, N.V. v. Stonington Partners, Inc.[121] 사건의 사안은 아래와 같다.

미국 매사추세츠주와 벨기에에서 동일한 벨기에 채무자(Lernout & Hauspie)에 대하여 재건절차가 진행 중이었다. 채무자는 미국에서 2000. 11.에 제11장을 신청하고 다음날 벨기에에서 주절차로서 파산절차를 신청하였다.[122] 채무자는 벨기에 법에 의하여 설립된 회사로서 매사추세츠주와 벨기에에 본사가 있었다. 미국 채권자(Stonington Partners)와 인수합병에 관한 논의가 있었다. 미국 채권자가 어느

119) 304 B.R. 101(Bankr. D.Del. 2004). 양 사건의 차이에 대한 Quittner 변호사님의 설명이다.

120) 42 F.3d 870, 875(4th Cir. 1994). 이 사건에서 법원은 파산채권자(제조물피해자)의 채권에 관한 소송을 중재절차 또는 재판에 의하도록 하고, 중재절차의 경우에는 준거법을 버지니아법으로 제소기간을 3년으로 정한 계획안을 승인하였다.

121) 268 B.R. 395(D.Del. 2001).

122) 이 점에서 *Maxwell* 사건이 영국에 본점을 둔 영국 채무자가 먼저 뉴욕남부지구에 제11장을 신청하고, 다음에 영국 High Court에 재건절차를 신청한 것과 유사하다.

회사 — 나중에 채무자의 자회사가 되었다 — 의 주식을 채무자에게 매도하기로 하였다가 취소하였는데 반환채권(rescission claim)의 우선순위에 관하여 양국법에 차이가 있었다. 미국 파산법은 §510(b)에 기하여 채권자가 기망에 의하여 채무자의 주식매매계약을 취소하면서 대금반환을 구하는 것이라는 이유로 반환채권을 열후화시킬 수 있었으나 벨기에법은 이를 부정하였다. 미국 법원은 채권자의 채권이 후순위채권이라고 판시하였다. 채무자는 채권자의 채권을 열후화하는 내용으로 된 계획안을 양국 법원에 제출하였는데 벨기에 법원은 채권자에게 불리한 취급이라는 이유로 계획안을 거절하였다. 그러자 채무자의 요청에 의하여 미국 법원은 문제가 된 채권의 우선순위, 취급 및 조분류는 오직 미국법에 따라 미국 법원에서 배타적으로 결정되어야 한다면서 Stonington으로 하여금 벨기에 법정에서 더 이상 우선권의 문제를 제기하지 못하도록 하는 금지명령을 발하였다. 연방지방법원은 예양을 부여하거나 거절하는 것은 법원의 재량이라는 이유와 미국과 타국의 파산법이 충돌하는 경우로서 국제사법상의 진정한 저촉(true conflict)인 경우 가장 중요한 관련성을 갖는 관련성의 중심지국의 법이 적용되어야 하고 이 사건의 경우 채권자의 국적이 미국이고, 증권거래가 미국에서 이루어졌다는 이유로 파산법원의 명령을 지지하였다.

그러나 연방항소법원[123)]은 아래의 이유로 원심판결(파산법원 포함)을 취소하였다. 파산법원이 미국 채권자로 하여금 외국법정에서 더 이상 그 채권에 관한 우선권 등에 관하여 병행절차인 벨기에 법원에서 주장할 수 없도록 명하는 것은 사실상 벨기에 법원의 파산절차에 참가를 금하는 제소금지명령(anti-suit injunction)에 해당한다. 외국법원에 대한 제소의 금지명령에 관한 고전적인 *Laker Airways Ltd. v. Sabena*[124)]에 비추어 원심법원이 준거법결정에 관한 문제를 넘어서 제소금지명령을 발한 것은 예양의 관점에서 위법하다고 판시하였다. 항소심은 외국법이 근거하고 있는 파산 입법목적을 이해하기 위하여 양국 법원간의 공조(dialogue)를 시도할 것을 권유하였다. 특히 동조의견은 이 사건이 외국주절차를 원조하기

123) *Stonington Partners v. Lernout & Hauspie Speech*, 310 F.3d 118(3rd Cir. 2002). 그 후 이 사건에서 사법의정서는 이용되지 못하고 양국에 Stonington 채권의 순위에 관하여 상이한 내용의 계획안이 인가되었다. 계획안에 의하면 채권자는 양 절차에 참가할 수 있지만 미국 절차에 신고한 사람은 미국법에 따라 배당받고, 벨기에 절차에 참가한 사람은 벨기에 법에 따라 배당을 받도록 하였다. 하지만 Stonington은 미국에서는 우선순위가 낮아서, 벨기에에서는 조세채권, 임료채권 등의 우선순위에 밀려서 결국 양 절차에서 한 푼도 배당받지 못하였다고 한다.

124) 731 F.2d 909(D.C. Cir. 1984).

위한 §304의 보조절차가 아니며 미국과 벨기에에서 파산신청을 구한 것은 채무자이지 채권자가 아님에도 채권자로 하여금 다른 주권국가의 법원에 채권신고를 금지하도록 하는 것은 재량권을 일탈한 것이며 양국 법원간에 사법의정서의 작성을 권하여야 한다고 주장하였다.

그러나 환송 후 파산법원은 양국간의 사법의정서를 작성하는 것이 불가능하다고 보아 양국에서 계획안을 인가하여 각각의 계획안에 양국채권자들이 참여하는 것으로 배당을 실시하였다. Stonington은 벨기에에서는 조세 및 임금채권에 열후되고, 미국에서는 §508의 형평법상의 열후조항에 의하여 한푼도 배당받지 못하였다.[125)]

2) 병행파산과 사법공조

사법공조는 송달·증거조사뿐 아니라 최근 국제파산에서도 중요하게 논의되는 분야이다. 송달, 증거조사에 관한 사법공조가 1회적이고 정형화된 것에 반하여 국제파산의 사법공조는 절차의 개시부터 종료까지 장기간에 걸쳐 있고, 공조의 내용과 방법도 다양하다. 각국은 자국의 국제파산법제의 개정을 통하거나 국제파산조약에 가입함으로써 이러한 문제를 해결하고 있다. 근자 영미국가간의 병행파산의 문제를 신속하고 공평하게 처리하기 위하여 자주 사용되는 방식이 사법의정서를 작성하는 방식이다.[126)] 사법의정서를 작성하는 주체는 양 파산절차의 주재자들이다. 외국관리인과 미국의 DIP 또는 외국관리인, 미국의 DIP와 미국의 채권자위원회간에 체결된다.

In re Maxwell Communication Corp.[127)] 사건은 초창기의 사건으로서 사법의

---

125) *In re Lernout & Hauspie Speech Products, N.V.*, 301 B.R. 651(Bankr. D.Del. 2003), *aff'd*, 2004 WL 728172(D. Del. 2004).

126) 벨기에와 미국간의 사건(*Lernout & Hauspie Speech Products, N.V. v. Stonington Partners, Inc.*)처럼 사법의정서가 작성되지 못하는 사례도 있음은 전술하였다.

127) *Maxwell Communication Corp. v. Societe Generele*, 93. F.3d 1036, 1047(2nd Cir. 1996). 영국과 미국에 걸쳐 거대한 출판, 미디어 제국을 형성하였던 Maxwell 그룹의 창업주가 의문사하고 동시에 여러 스캔들이 일어나면서 경영불안으로 일거에 그룹전체가 파산하게 되었다. 회사의 자산은 대부분 미국에 소재하고 있으나 영업활동은 영국에서 이루어졌다. 영국에서 채권자들에 의한 파산신청이 있자, 채무자는 1991. 12. 16. 미국 뉴욕법원에 제11장 절차를 신청하였고, 다음날 영국 런던의 High Court에 관리명령의 절차가 개시되었다. 그리하여 영국에서는 관리인이, 미국에서는 채무자가 DIP의 형태로 회사의 관리권을 갖게 되는 경영상의 모순점이 발생하였다. 이와 함께 부인권에 관한 준거법이 쟁점이 되었다. 즉 채무자는 절차 개시 전에 영국과 프랑스 은행에 대한 채권을 변제하기 위하여 두 개의 미국 자회사를 매각하여 그 매각대금이 미국 내에서 채무자에게 지급되고 채무자는 대금을 미국 소재 은행에 예금한 후 다시 이를 영국은행 구좌에 송금하여 그 구좌에서 채권자 은행들에게 지급되었다. 만일 미국법이 적용

정서를 채택하여 영국과 미국간의 재건절차에 관하여 사법공조를 이룩한 성공적인 사례이다. *In re Everfresh Beverages, Inc.*[128] 사건은 캐나다와 미국간의 재건절차에서 사법의정서를 사용한 것인데, 캐나다의 담보권자의 지위가 우월한 것이었지만 캐나다 채권자들이 미국의 파산재단으로부터 안분하여 받는 것을 동의함으로써 궁극적으로 양쪽의 파산재단으로부터 채권자들에게 단일한 배당을 내용으로 한 것이다. 최근에는 사법의정서에 의하여 배당뿐 아니라 양국 소재 재산을 단일 매수인에게 매각하는 것을 승인하기 위하여 폐쇄회로를 이용한 인공위성TV을 통한 공동청문기일을 잡기도 한다.[129]

그러나 동일한 채무자에 대하여 양국간에 파산절차가 개시되는 사례는 비교적 드문 편이다. 실제로 자주 문제가 되는 경우는 모회사와 자회사간에 더욱 빈번하다. 즉 외국 모회사와 일부 자회사는 외국에서, 미국의 자회사는 미국에서 파산절차를 신청하는 사례이다. 이러한 사건의 경우 미국과 캐나다에 제출된 계획안은 사전에 조정되어 양쪽 기업이 그룹으로서 재건하게 된다.[130]

되면 관리인은 변제행위를 부인할 수 있으나, 영국법에 의하면 부인권을 행사할 수 없었다. 영국법은 부인권을 행사하기 위한 요건으로 주관적 의사를 필요로 하였으나 사실상 이를 입증하기가 어려웠기 때문이다. 영국의 채권자들은 채무자가 미국 법원에 부인의 소를 제기하지 못하도록 금지명령을 영국 법원에 신청하였으나 영국 법원은 이를 기각하였다. 그리하여 미국 법원에 채권자들을 상대로 한 부인의 소가 제기되었다. 미국 법원은 부인권에 관하여 양국법에 진정한 저촉이 있다고 보아 예양에 터잡아 ① 채무자와 대부분의 채권자가 영국인이고, ② 채무자의 부채가 영국에서 발생하였고, ③ 원인이 되는 대부계약이 영국에서 이루어졌고, ④ 대부계약의 준거법이 영국법이고, ⑤ 예금이체가 주로 영국의 은행으로부터 또는 은행으로 이루어진 점에 비하여 미국과의 관련성은 겨우 외국은행에 대한 송금이 미국 은행을 통하여 이루어졌고, 미국 소재 재산의 매각대금을 송금하였다는 명목적인 점 외에 거의 없다는 점을 고려하여 미국 파산법의 부인조항을 적용함에 있어 미국은 중요한 이해관계를 갖지 않는다고 보아 영국 파산법을 적용하여 청구를 기각하였다. 이 사건은 국제파산사건에서 부인권에 관한 준거법을 적용함에 있어 기존의 준거법 결정에 관한 제이론 중 제2차 리스테이트먼트에 기한 '가장 중요한 이해관계이론'에 터잡은 것으로 평가된다.

128) *In re Everfresh Beverages, Inc.*(Nos. 95-B-45495-06)(Bankr. S.D.N.Y. 1995). 자세한 내용에 대하여는 Bruce Leonard, *The International Scene: The Increasing International Cooperation in Cross-border Cases*, 1999 ABI J. LEXIS 40(1999), Allan L. Gropper, Current Developments in International Insolvency Law: a United States Perspective, 27th Annual Current Developments in Bankruptcy & Reorganization Vol 2, Practicing Law Institute(2005), 31에서 재인용.

129) *Solv-Ex Corporation* 사건과 *Livent Inc.* 사건 등 자세한 내용에 대하여는 Gropper, *supra note* 10, at 844.

130) *In re 360 Networks Inc., et al.*(Bankr. S.D.N.Y) 사건은 캐나다의 기업그룹에 속하는 22개의 미국회사가 미국에서 파산신청을 하고, 캐나다 회사와 지주회사는 캐나다 법원에 공동신청을 하였다. 이와 반대로 *In re Loews Cineplex Entertainment, et al.*(Bankr. S.D.N.Y) 사건에서는 미국에 본점을 두고 있는 기업그룹의 237개 기업이 뉴욕에서 파산신청을 하고, 6개의 캐나다 자회사들이 온타리오에 파산신청을 하였다. Gropper, *supra note* 10, at 34에서 재인용.

계열기업이 동시에 양국에 파산신청을 하는 경우 자주 문제가 되는 것은 기업의 현금 흐름에 관한 것이다. 파산신청과 동시에 법원이 발하는 당일 명령(first day order)에서 어느 기업의 자금을 국내에 파산신청 중에 있는 다른 기업군에 대하여 공여하는 것을 허가하는 것은 흔하지만 외국에 신청한 자회사에 대하여 현금을 공여하는 것을 구하는 것은 아직은 쉽지 않다고 한다.[131] 특히 회사의 지배구조를 어떻게 유지하느냐 하는 것이 새로운 문제로 떠오르고 있다. 즉 기업이 파산하기 이전의 지배구조를 여러 국가에서 개시된 파산절차에서도 그대로 유지하는 것은 어렵다. 미국에서는 DIP가, 영국에서는 administrator가 기타 제3국에서는 관리인이 회사를 관리하게 되면 기업그룹의 지배구조가 변경될 가능성이 크다.[132]

(6) 중재절차와 국제파산

국제파산절차에서 중재합의의 효력을 다룬 *Vesta Fire* 사건의 개요는 다음과 같다. 채무자(New Cap)는 호주법에 의하여 설립된 보험회사로서 호주에서 재건절차가 개시되어 관리인이 선임되었다. 채권자(Vesta)는 미국 알라바마주에서 설립된 보험회사로서 Vesta와 계약과 관련한 분쟁을 뉴욕에서 중재하기로 합의하였다. 관리인이 미국 법원에 보조절차를 신청하면서 채무자에 대한 미국 내의 모든 절차의 진행을 중지신청을 하여 법원이 이를 받아들였다. 절차 중에서는 채권자와 채무자간에 진행 중인 중재절차도 포함되어 있었다. 채권자는 중재판정에 기한 집행절차가 아니라 중재절차를 진행하여 액수를 확정하려는 것임에도 파산법원이 중재절차마저 중지시키는 것은 첫째로, 중재에 관한 뉴욕협약을 고려하지 아니한 잘못이 있고, 둘째, 파산 전에 협상에 의하여 중재합의를 얻어내 채권자의 지위를 해하는 것이라고 항소하였다. 지방법원은, 뉴욕협약은 국내법과 동등한 지위에 있으며, 국내중재법(Arbitration Act)과 파산법이 충돌하는 경우 국제중재에서조차 파산법이 우위에 있고, 내국 채권자가 미국 내에서 중재절차를 주장할 수 있는 경우에도 미국 법원은 외국도산절차에 예양을 인정하고 있다는 이유로 항소를 기각하였다.[133] 이 판결의 배후에는 중재절차에서 채무자로 하여금 중재개시

131) Gropper, *supra note* 10, at 849.

132) *In re RSL COM U.S.A. Inc. and RSL Primecall, Inc.*(Bankr. S.D.N.Y.) 사건은 祖母 회사는 버뮤다에서, 모회사는 영국에서, 자회사는 미국에서 각 파산절차가 개시되고 각 절차는 독립한 이사를 영입하고, 다른 대리인을 선임하는 등 독립한 행동을 보여주는 예이다. Gropper, *supra note* 10, at 850 참조.

133) 전자에 대하여는 *In re U.S. Lines*, 197 F.3d 631, 640-41(2d Cir. 1999)를, 후자에 대하여는

전에 보증금을 공탁하도록 명하였는데 보증금에 관한 채권자의 권리가 부당하게 담보권자로 격상되는 것을 염려한 점이 고려되었다. 더 나아가 당사자간에 분쟁을 중재에 의하여 해결하기로 하는 합의는 계약에 기한 권리이고 이 역시 재건절차의 계획에서 중재지를 다른 곳으로 또는 준거법을 변경할 수 있다.[134]

Ⅳ. 국제파산법제의 현황

1. 국제파산법제에 대한 한국의 현황

우리 나라는 파산법이 상호주의를 두고 있음에 반하여 회사정리법은 상호주의의 제한 없이 내외국인 평등의 원칙을 정하고 있고, 외국채권자에게도 파산신청 및 회사정리절차의 개시신청 권한을 부여하고 있다.[135] 그러나 파산법이나 회사정리법 모두 屬地主義에 터잡고 있기 때문에 미국과 같이 외국관리인에게 국내 파산절차에 참가하기 위한 길을 열어 놓지 못하고 있다. 속지주의를 탈피한 국제파산법제의 개정도 국제조약의 가입도 하지 아니한 후진성을 탈피하지 못하고 있다. 지난 2004년 초 국회에 제출된 채무자 회생 및 파산에 관한 법률안에는 그 동안 많은 지적과 비판을 받았던 속지주의를 폐지하고, 관리인간의 사법공조 외에도 법원 대 법원의 사법공조방식을 채택하고, hotchpot 원칙을 마련하였다.[136] 그러나 16대 국회가 시간이 부족하다는 이유로 미처 법안을 심사하지 못하여 폐기되고 말았다. 속지주의라는 법적인 장벽에도 불구하고 법원은 회사정리 실무와 해석론을 통하여 구체적 타당성에 적합한 국제파산법제의 수립을 위하여 노력하였다. 예컨대 관리인의 해외지사의 영업에 대한 관리권과 해외재산에 대한 처분권이 미침을 전제로 계획안을 수립하도록 지원하고 있으며,[137] 동아건설산업의 파산사건에서도

Cunard Steamship Co. v. Salen Reefer Servs AB. 및 *In re Springer-Penguin. Inc.*, 74 B.R. 879(Bankr. S.D.N.Y. 1987)를 선례로 들었다.

134) *Board of Dirs. of Hopewell Int'l Ins. Ltd.*, 238 B.R. at 49-50 사건에서는 중재지를 미국의 미네소타에서 버뮤다로 변경하도록 하는 버뮤다 계획안에 대하여 예양을 부여하면서 미국 채권자의 중재에 관한 주장을 배척하였다.

135) 외국채권자가 신청한 주식회사 진로에 대한 회사정리절차개시신청을 허가한 예로는 대법원 2004. 5. 12.자 2003마1656 결정(공 2004, 1137).

136) 개정안에 대한 해설로는 林治龍, 파산법연구, 박영사(2004), 572면 이하.

137) 서성식, "법정관리인이 본 회사정리," 2002년도 도산실무법관연수 자료, 사법연수원(2002),

관재인이 리비아에 소재하고 있는 재산과 대수로사업에 대하여도 관리처분권을 가지고 있는 것을 전제로 관재업무를 수행하고 있다.[138] 또한 외국관리인이 국내 소재 재산에 대한 관리처분권을 갖고 있음을 해석론으로 인정하고 있다.[139]

그러나 미국과 같은 판례법주의를 채택하지 않은 현행 사법체계하에서 해석론은 한계가 있고, 가장 큰 문제는 예측가능성과 명확성의 결여이다. 동아건설의 파산사태와 관련하여 리비아대수로 공사의 계약주체가 종전 대표이사인지 관재인인지를 둘러싸고 다툼의 소지가 발생하고 있다. 한국 법원이 관리인이 해외재산에 대하여도 관리처분권이 있다고 해석하고 실무를 운영하고 있지만 경우에 따라서 이에 불이익을 입는 당사자는 의례 이것이 속지주의 입법에 명백히 반한다고 공격하고 나올 것이다. 아직까지 국내 관리인의 대외적 효력에 관한 대법원의 판례가 없는 이상 국제거래에 임하는 국내기업이나 상대방은 불확실한 사태에 대비하는 거액의 법률비용을 부담하여야 한다.

우리 나라의 경우도 관리인이 미국의 보조절차나 제11장을 신청할 수 있는지에 관하여 논란이 있었고 私見으로는 만일 신청을 반대하는 측에서 일본의 一成汽船 사건[140]처럼 한국 관리인에게는 국외 소재 재산에 대한 관리처분권이 없다고 주장하게 되면 신청이 기각될 수도 있다고 생각한다. 왜냐하면 앞에서 본 대로 §304를 신청하기 위하여는 외국관리인이 미국 소재 재산에 대한 관리처분권이 외국 파산법에 의하여 인정되는 것이 전제가 되어야 할 터인데 지금까지의 해석론으로는 부정적이기 때문이다. 다행히 대법원이 외국관리인의 국내 재산에 대한

14면.

138) 權光重, "파산법과 파산실무 — 동아건설산업주식회사의 파산관재업무 경험을 중심으로" (미공간).

139) 대법원 2003. 4. 25. 선고 2000다64359 판결(공 2003, 1242). 파올로구찌 사건.

140) 일본의 경우를 보면 외국소재 재산도 파산재단을 구성하여 관리인이 외국소재 재산에 대하여 관리처분권을 갖는지가 처음으로 문제된 것은 1978년 캐나다에서 벌어진 一成汽船 사건이다. 一成汽船은 1978년 고베지방재판소에서 회사갱생절차의 개시결정을 받았다. 당시 회사가 소유하고 있던 高成號에는 OLG라는 회사를 권리자로 한 선박저당권이 설정되어 있었다. 위 배가 캐나다의 온타리오주의 항구에 기항하자 OLG가 캐나다 법원에 경매신청을 하여 배가 압류가 되었다. OLG는 일본 會社更生法에 의하면 회사갱생절차는 외국에 있는 재산에는 효력이 미치지 아니한다고 주장하였고, 회사의 관리인은 선박의 등록이 일본에 되어 있는 이상 국내재산이라고 다투었다. 캐나다 법원은 양측의 전문증언을 종합한 끝에 법문을 자연적으로 해석하는 한 속지주의에 기하여 일본 관리인에게는 캐나다 소재 재산에 대하여 관리처분권한이 없다고 판시하여 경매절차를 인용하였다. 이 사건으로 말미암아 파산법상의 속지주의의 해석과 입법론을 둘러싼 격렬한 논의의 계기가 되었다. 그 후 법원은 일본 관리인이 미국 소재 재산에 대하여도 관리처분권이 있음을 전제로 보조절차를 신청하거나, 정식절차를 신청하는 것을 허가하였으며 이에 응대하여 미국의 법원이 승인하였다.

관리처분권을 인정하였으므로 반대로 해석하는 것도 가능하게 되었다. 그러나 아직 대외적 효력을 직접 다룬 선례가 없고 앞으로 一成汽船 사건과 같은 해석론이 튀어나오지 않는다는 보장이 없다.

2. 미국 파산법 이해의 필요성

채무자에게 우호적인 미국의 파산법의 이점을 이용하기 위하여 외국의 채무자는 자국의 파산절차 대신 미국에서 파산신청을 하기도 한다.[141] 미국 파산법은 국제파산법의 모범이 된 지 오래다.

특히 채무자에게 재건절차와 청산절차의 선택권을 주는 점은 독일의 신 파산법의 개정 작업 및 동구권의 새로운 파산입법에도 영향을 주었다.[142] 별도의 법원 재판 없이 채무자의 신청만으로 즉시 전세계에 소재하는 파산재단에 대하여 자동중지의 효력을 부여하는 점은 다국적기업의 재건을 꾀하는 채무자 입장에서는 매우 매력적인 장점이다.[143] 국내외에서 미국으로부터 수입을 하거나 미국으로 수출을 하는 전통적인 무역거래 외에도 국제금융의 발전은 국내 기업이 국내외에서 기채행위를 함으로써 각종 투자펀드들과 연계되지 않을 수 없게 되었고 대부분이 미국계 펀드이다. 이러한 상황에서 대기업의 도산은 국제파산의 문제를 야기하게 되고 국제파산 사건의 대부분이 미국 법정에서 이루어지고 있다.[144] 바야흐로 미국 파산법에 대한 철저한 연구가 요구되는 상황이 되었다. 미국 파산법원의 인적관할권, 파산신청의 남용에 대한 기준, 부인권을 비롯한 파산실체법의 준거법, 사법의정서를 이용한 국제파산사건에서의 사법공조, 채권자에 대한 신속한 송달 및 통지방법, 국제파산시 각국의 조세채권, 임금채권 등의 우선순위의 문제는 파산법 외에도 국제공법, 국제사법, 국제매매법 등 여러 분야의 법이 서로 뒤엉켜 있으므로 단기간의 연구로 문제의 해결이 어렵다.

---

141) 전게 러시아의 YUKOS의 CFO(재무담당이사)와 그리고 콜롬비아 항공사가 미국에서 제11장 신청을 한 것이 그 예이다.

142) Julia M. Metzger & Samuel L. Bufford, Exporting United States Bankruptcy LAW: The Hunggarian Experience, 21 CAL. BANKR. J. 153, 159(1993), 전게 Note, at 535에서 재인용함.

143) 마루코 사건과 최근 텍사스주 파산법원에 신청되었다가 기각된 러시아 유전회사인 유코스 사건이 좋은 예이다.

144) 앞으로 2005년 성립된 헤이그관할합의협약이 발효하고 한국도 이에 가입하게 되면 대부분의 국제거래 사건은 미국법정에서 진행될 가능성이 높다.

3. 한국법원에서의 악슨소송의 진행상황

미국 법원에서 쟁점이 되었던 수원지방법원의 사건을 추적하여 보았다. 먼저 인지액수에 관하여 살펴보면, 일반적으로 미국에서는 소장에 인지를 첨부하는 제도는 없다고 한다. 악슨은 한국 내에서 정리채권확정소송을 제기하기 위하여 미국 법에는 없는 인지첨부제도를 들어 한국에서 소송을 강요당하는 것이 부당하다고 주장하였다. 당초 수원지방법원의 정리채권확정소송의 소가는 미화 1억 1백만불이고(한화 1,212억원 정도이다) 민사소송등인지법 제2조 제1항 제4호에 의하면 소가가 10억원 이상인 경우에는 소가에 35/10,000를 곱하여 산출한 금액에 55만 5천원을 가산한 금액 상당의 인지를 첨부하도록 되어 있다.[145] 그러나 회사정리법 제156조는 정리채권 또는 정리담보권의 확정에 관한 소송의 목적의 가액은 정리계획으로 얻을 이익의 예정액을 표준으로 하여 정리법원이 정한다고 규정하고 있다. 수원지방법원에 접수된 정리채권확정소송에서 악슨은 소가를 미화 1억 1백만불로 정하였다가 2004. 4. 21. 청구취지를 미화 2천만불(한화 232억원)로 감축하였고 법원은 2004. 4. 28. 소가를 80억원으로 결정하여 실제로 악슨이 첨부한 인지는 한화 28,555,000(미화 2,379불, 1,200원/불로 환산)원으로 밝혀졌다. 따라서 악슨이 한국에서 정리채권확정소송에서 인지로 133,000불을 지불하여야 한다고 주장하는 것은 사실을 과장한 것이다.

다음으로 정리채권확정소송의 진행상황에 대하여 본다. 악슨이 온세통신을 상대로 한 정리채권확정소송은 2003. 8. 19. 수원지방법원 2003가합10097호로 접수되었다. 피고 대리인의 소송비용담보제공신청과 소가결정에 대한 항고 등으로 시간이 소요되어 2004. 5. 11. 담보제공명령이 이루어지고 본격적으로 변론준비절차가 개시된 것은 제1회 준비기일인 2004. 7. 23.부터이다. 미국 판결에서는 제소 후 10개월에서 1년 정도 소요된다고 예상하였으나 실제로는 예상보다 늦어지고 있다. 이는 악슨측의 사정에 의한 점이 크다. 2회 준비절차를 마치고 11. 18. 제1회 변론기일이 잡혀 있다. 그 후의 진행은 [후기] 참조.

---

145) 처음 소장에 기재된 소가가 터무니 없는 것임은 미국 판결도 인정하고 있었다. 이 금액이라면 미화 353,500불과 55만 5천원의 인지를 붙여야 된다.

V. 결 론

악슨이 이미 뉴욕남부지구 연방법원에 온세통신을 상대로 한 손해배상소송을 제기하고 있으며 온세통신이 미국 내의 악슨 소송의 중지를 구하는 보조절차의 신청을 구하고 있으므로 보조절차의 관할법원은 중지를 구하는 소송이 계속 중인 뉴욕남부지구 파산법원이 된다. 한국의 회사정리절차가 보조절차에서 규정한 외국도산절차에 해당하는지가 문제되었으나 이에 대하여 미국 제11장과 기본적으로 유사하다는 이유로 그 기준을 쉽게 통과하였으며, 끝으로 §304의 6가지 요건 중 악슨이 주장하는 사유로 ② 외국파산절차에서의 불평등 또는 불편으로부터 미국 채권자의 보호라는 기준을 충족하는지에 대하여 심리하여 인지액수나 소송의 소요일수 등을 검토하여 불평등을 초래할 우려가 없다고 하여 보조절차의 신청을 받아들였다. 온세통신이 구하는 보조절차의 내용은 앞에서 본 소송의 금지명령만을 구한 것이고, 재산의 반환이나 기타 절절한 구제명령을 구하는 것은 아니었으며, 법원은 관리인의 신청을 모두 인용하였다. 이 판결은 보조절차에 관한 미국의 주류 판결을 따른 것이다. Lifland 판사는 한국법을 정확히 파악하면서 상당히 우호적인 입장에서 판결을 하였다.[146] 이 판결은 한국의 회사정리제도가 미국의 파산법 제11장과 상당 부분 유사하며 회사정리절차에서 미국과 같은 안전판이 설치되어 있어 미국법상의 형평과 적법절차 개념에 일치한다고 인정하였다. 이러한 평가는 앞으로 한국의 회사정리절차를 주절차로 하고 미국 내에서 보조절차의 신청을 쉽게 할 것이다. 이 판결과 앞서 본 대법원 판례를 근거로 하여 앞으로 제3국에서도 한국의 회사정리절차가 당해 국가에서 승인적격의 대상이 되는 외국파산절차가 되고, 한국 관리인이 당해 국가 소재 재산에 대하여도 관리처분권을 갖는다는 평가를 받게 될 것이다.

---

146) 필자가 확인한 바로는 Lifland 판사는 2001. 우리와 법제가 비슷한 일본의 회사정리절차에서 임명된 관리인이 신청한 보조절차에 관하여 심리하면서(*In re Taisei Fire and Marine Insurance Co. Ltd.* 미공간 판결), 일본인 변호사 아베신니치로가 감정증인으로 증언하겠다고 자청하였으나 이미 일본의 회사갱생 절차를 잘 숙지하고 있다는 이유로 감정증인을 받아들이지 않고 사건을 진행한 경험이 있다. Shinichiro Abe, Recent Developments of Insolvency Laws and Cross-Border Practices in the United States and Japan, 47, 71, American Bankruptcy Institute Law Review, Vol 10, 2000, 당시 일본 관리인은 일본 회사갱생절차 내에서 미국 채권자가 공정하게 취급되고 있으며 적절한 보호를 부여받고 있다는 것을 미국 판사가 제대로 인식하는지에 대하여 우려하였다고 한다.

필자가 강조하고 싶은 점은 비록 쟁점이 되지 아니하였지만 미국 파산법원이 한국의 관리인에게 미국 소재 재산에 대한 관리처분권을 인정하였다는 것이다. 필자는 이 판결이 선고되기 전에는 과연 한국의 관리인이 미국에서 보조절차를 신청하면 속지주의하의 관리인의 권한이 문제가 되어 심사기준을 통과하지 못할 것으로 우려하였다. 그런데 미국 판사는 관리인에게 미국 소재 재산에 대하여도 관리처분권이 있음을 당연한 전제로 판결을 설시하고 있다. 양측 대리인이 이 점을 다투지 않았기 때문이지만 적어도 법원에서 관리인의 신청적격을 심사하여야 하는데 이 심사기준을 통과한 것만은 분명하다. 기준 통과의 배후에는 양측 대리인이 한국 회사정리제도에 대하여 정확하게 주장 입증한 점도 있지만, 대법원이 일찍이 일본 채권자와 국내채권자를 차별하여서는 아니된다고 판시한 바 있고[147] 2003년도에 외국관리인의 국내 재산에 대한 관리처분권을 인정한 파올로구찌 사건의 판결을 선고하였고 국제회의의 참가를 통하여 이러한 내용을 담은 한국 파산법제에 대한 소개 등의 노력도 이 판결에 도움이 되었다고 필자는 생각한다.

이상의 미국의 판례를 분석하여 보면 앞으로 한국의 파산절차의 효력이 외국에서 효력을 인정받기 위하여는 몇 가지 점을 개선하여야 한다.

첫째는 정리계획안이 인가되기 위하여는 최소한 회사정리절차에서 배당받는 액수가 청산절차에서 배당받는 액수보다는 커야 한다는 청산가치보장의 원칙이 수립되어야 한다. 대법원이 청산가치보장의 원칙에 위배된 정리계획안인가결정이 위법하다는 상고이유에 대하여 별다른 설시 없이 독자적인 견해에 불과하다고 배척한 것은 사려깊지 못한 이유 설시이다.[148] 둘째로는 실권제도이다. 미국과 달리

---

147) 대법원 1992. 6. 15.자 92그10 결정(공 1992, 2219). 특별항고인은 외국인으로서 중재판정에 의하여 손해배상채권 약 34억원의 정리채권을 신고하여 확정되었다. 인가된 정리계획에 의하면, 항고인의 손해배상채권은 6차년도부터 19차년도까지 무이자로 원금만 분할 변제함에 반하여, 리스회사의 채권은 준비연도 말에 변제하고, 일반상거래채권은 준비연도부터 시작하여 2차년도까지 전액 변제하는 등 차별을 하였다. 대법원은 정리계획의 조건은 같은 성질의 권리를 가진 자간에서는 원칙적으로 평등하여야 한다는 제229조의 규정에 비추어 단지 그 채권의 성질이 일반상거래채권과는 달리 손해배상채권이라는 것만으로는 변제조건 등에 있어서 심하게 차등을 둔 합리적인 이유가 없다는 이유로 항고를 인용하였다. 아시아 일부 국가의 국제파산절차에서 외국인 채권자를 차별하는 것은 흔한 것이다.

148) 대법원 2001. 1. 5.자 99그35 결정(공 2000, 539). 대법원의 결정 이유가 오히려 독단적이라는 비판은 吳守根, "淸算價値를 下回하는 整理計劃案의 當否," 민사판례연구(23), 박영사(2001), 578면 이하. 南逸聰, 도산제도의 경제적 분석, 한국개발연구원(2001), 156면은 대법원의 입장은 정리계획안을 둘러싼 이해관계자들간의 협상게임(bargaining game)에서 당사자들이 각자의 합리적인 이익을 극대화하는 것조차 부정하는 것으로서 정당화되기 어렵다고 비판한다. 한편 best interest of creditors test는 미국 파산법의 기본 원칙일 뿐 아니라 파산법이 실체법을 변경할 수 있는 한계를 그어주는 필수불가결한 법원칙이다. 이 점이 보장되지 아니하는 파산법제는

회사정리법은 정리채권자, 정리담보권자가 채권신고기한 내에 채권신고를 해태하면 권리가 실권된다고 규정하고 있다. 채권자가 다수인 회사정리절차에서 개별적인 송달 대신에 공고만으로써 채권신고기간을 통지에 갈음할 수 있다고 실무를 운영하게 되면 통지받지 못한 외국채권자가 미신고로 실권되는 경우 미국 법원에 적법절차조항에 위배를 주장할 것이고 이 때문에 한국의 회사정리절차는 예양을 얻기 어렵다.[149)]

이번 판결의 이유를 읽으면서 필자가 아쉽게 생각하는 것은 우리가 진작에 국제파산법제를 개정하여 두었더라면 하는 점이다. 그러면 관리인의 대외적 권한에 대한 의문으로 가슴 졸일 필요도 없었고, 법원간의 사법공조제도를 이용하여 Lifland 판사와 한국의 판사가 각자 진행하는 온세통신 사건을 둘러싼 의문점(정리채권확정소송의 소가결정의 실무, 정리채권확정소송의 진행과정 등, 미국에서 소송의 진행여부)을 신속 정확하게 해결할 수 있었을 것이 아닌가 하는 점이다. 미국에서 판결이 선고된 후에 과연 미국 법원이 한국 회사정리법을 제대로 파악하고 하였는지 노심초사할 것이 아니라 선고 전에 한국법의 정확한 내용이 반영되도록 국제사법 공조체제를 마련하는 것이 더 중요하다고 생각한다. 이제 국제파산은 지구 저 너머 어딘가에 벌어지는 남들의 문제가 아니다. 앞으로 이러한 사건은 우리 법원의 문을 계속하여 자주 두드릴 것이다. 미국 뉴욕에서 벌어진 이 사건 역시 파올로구찌 사건과 함께 하루 빨리 개정안이 국회에서 통과되어야 할 절박함을 잘 보여주고 있다.

(저스티스 제82호(2004년 11월호), 2004, 222면 이하 소재)

[후기]

이 글을 발표할 당시에는 파산법이 시행 중이었으므로 파산법을 기준으로 서술하였다. 악슨사건은 2005. 11. 24. 제1심에서 원고패소 판결이 선고되어 현재 서울고등법원 2006나5033호로 항소 중에 있다. 발표 후 미국 플로리다 연방지방법원은 2004. 8. 26. 대우자동차에 관한 한국 법원의 정리계획안 인가결정에 대하여 예

헌법상의 재산권보장의 원칙 등에 위배된다는 비판의 가운데에 서게 된다. 앞서본 *Garcia Avilla* 사건에서도 멕시코의 파산법제가 청산가치보장의 원칙을 인정하지 않는다는 점을 들어 예양을 인정할 수 없다는 주장이 있었다. 신법은 제243조 제1항 제4호에 청산가치 보장의 계획안의 인가요건으로 규정함으로써 대법원 99그35 결정을 폐기하였다.

149) 앞에서 본 멕시코 파산절차에 관한 *International Transactions* 사건.

양을 인정하는 판결을 선고하였다(*Daewoo Motor America, Inc. v. General Motors Corp.*, 315 B.R. 148(M.D.Fla. 2004)). 평석 대상판결(*In re Kyu-Byung Whang*)이 한국의 속지주의를 정면으로 다루지 아니하였으나 플로리다 판결은 한국 회사정리법의 속지주의를 정면으로 다룬 최초의 연방지방법원의 판결로서 평석 대상판결보다 구속력이 크다. 한국 파산법제가 취하고 있는 속지주의 때문에 한국이 미국의 파산절차의 효력을 인정하고 있지 않으나 평석 대상판결을 인용하면서 한국의 회사정리법이 미국법이 인정하는 적법절차와 공평의 개념에 적합한 절차를 마련하고 더구나 원고(미국 자회사)가 한국 회사정리절차에 참가하였고 적법한 통지를 받고 인가결정이 가결된 점에 비추어 비록 상호보증이 결여되었다고 하더라도 한국 법원의 인가결정의 효력을 미국 내에서도 인정하고 이를 부정하는 것을 전제로 한 원고의 청구를 각하하였다.

미국은 2005년 개정된 파산법에 의하여 종전 보조절차에 관한 §304를 삭제하고 외국도산절차의 승인에 관하여 UNCITRAL Model 법을 충실히 반영한 제15장을 신설하였다. 캘리포니아 연방중앙파산법원은 2005. 12. 8. 수원지방법원의 정리회사 삼보컴퓨터에 대한 정리절차 개시결정을 제15장에 따라 외국주절차로 승인하고 채무자를 상대로 한 미국 내의 소송, 행정절차, 다른 절차의 자동중지를 명하였다(*In re TriGem COMPUER Inc.*). 제15장에 관한 연구에 대하여는 後日을 기약한다.

판례를 통하여 본 화의사건 실무

Ⅰ. 머 리 말

화의법은 1962. 1. 20. 제정되었다가 2006. 4. 1. 채무자 회생 및 파산에 관한 법률('신법')의 시행으로 폐지되었다. 따라서 2006. 4. 1. 이후 새로운 화의사건의 신청은 더 이상 존재하지 아니한다. 입법 후에 1994년 이전까지 거의 사용되지 않던 이 제도는 1997년 말 국가경제위기 이후에 회사정리절차보다 많이 이용됨으로써 악화된 재정상태에 빠진 대기업, 중소기업을 구제하는 역할을 하였다고 평가된다.[1)]

특히 회사정리 사건과의 비교에서 채무자의 경영권 확보가 기업의 재건절차 신청에 중요한 요소라는 점을 부각시켰다. 그리하여 신법은 이를 반영하여 원칙적으로 종전 대표이사를 관리인으로 선임하거나 중소기업뿐 아니라 대법원규칙이 정하는 지배구조가 투명한 대기업에 대하여도 관리인 불선임 결정을 함으로써 종전 대표이사가 계속하여 관리처분권을 갖도록 규정하고 있다(신법 제74조, 시행규칙

1) 1989년 2건 외에 1994년까지 한 건도 접수된 적이 없다가 1995년 13건, 1996년 9건, 1997년 324건, 1998년 728건, 1999년 140건이 접수되었고 1997년 이후에는 회사정리사건의 접수건수를 능가하여 대표적인 법적인 재건절차의 역할을 수행하였다. 화의신청을 한 대기업으로는 진로그룹, 기아그룹, 뉴코아그룹, 해태그룹, 한라그룹, 청구그룹의 계열사들을 들 수 있다.

제51조).

비록 화의법은 폐지되었지만 이미 화의인가결정이 확정되어 법원의 감독하에 있는 기업은 여전히 존속하고 있다. 따라서 화의채무자를 위하여 보증한 보증인, 화의조건을 이행하지 아니하는 화의채무자에 대하여 화의취소신청 또는 강제집행을 시도하는 채권자 등에게는 여전히 종전 화의법에 관한 법리에 대한 이해가 필요하다. 이 글에서는 화의법이 폐지되는 시점에서 종전의 판례를 통하여 화의법의 주요 쟁점을 되돌아보고, 폐지 후에도 필요한 화의기업의 감독방안에 관하여 설명하기로 한다.[2)]

Ⅱ. 화의제도

1. 의 의

화의법상의 화의는 채무자에게 파산의 원인이 생기거나 그러한 염려가 있어 파산선고를 받아야 할 상태에 처한 경우에 법원과 기타 기관의 보조·감독하에 채무자와 채권자들 사이에 다수결에 의한 협정을 체결하여 채무의 변제방법(화의조건)을 정하고, 이에 의하여 파산을 예방함으로써 채무자의 경제적 재건을 도모함과 동시에 채권자들도 파산의 경우보다는 유리한 조건으로 변제를 받을 수 있는 제도이다.[3)] 파산법상의 강제화의제도는 파산절차 내에서 파산종결을 위하여 진행되는 것으로 화의법상의 화의제도와 다르며 신법에서는 폐지되었다.

현재 서울중앙지방법원 파산부는 제12파산부가 법인파산 및 화의사건을,[4)] 나머지 파산부에서 제 2 편 기업회생을, 단독 판사들이 제 2 편 개인이 신청한 회생사건과 제 3 편의 개인파산 및 제 4 편의 개인회생사건을 담당하고 있다. 그 외 파산부 소속 법관들이 기업회생, 파산사건을 처리함에 있어서 전문적인 자문을 해 주고 과중한 업무를 보조할 목적으로 설치된 관리위원회가 운영되고 있다. 화의사건에 관하여는 주심 관리위원이 배정되어 화의채권조사 및 매반기별보고서를

---

2) 종전 화의법에 기하여 화의신청과 접수업무 및 화의인가에 이르기까지의 업무처리에 관하여는 이영구, "서울중앙지방법원 화의 파산사건 처리실무," 2004년도 도산실무법관 연수자료, 사법연수원(2004) 참조.

3) 대법원 1998. 12. 10.자 98그34 결정(미공간).

4) 2006. 5. 22. 현재 화의사건은 총 48건으로 47건은 이미 인가된 사건이다.

검토하고 화의조건의 이행여부에 관한 의견을 제시하고 있다.

2. 보전처분

화의법은 회사정리법과 달리 보전처분 외에 중지명령 제도를 두고 있지 않다. 그러나 실무는 채무자 소유의 부동산에 대한 강제집행의 중지를 명하는 가처분은 허용하고 있다.[5] 담보권 실행을 위한 임의경매도 중지할 수 있는가에 관하여 견해가 나뉘고 실무도 통일되어 있지 않다.[6] 그러나 화의법에 의한 보전처분은 채무자 소유의 재산에 대하여만 할 수 있고(화의법 제20조), 채권자를 위하여 담보로 제공된 채무자 이외의 제3자 소유의 부동산에 대한 담보권 실행은 보전처분으로 저지할 수 없다.[7]

Ⅲ. 화의채권

1. 의　　의

화의채권이라 함은 채무자에 대하여 화의개시 전의 원인으로 인하여 생기는 재산상의 청구권을 말한다(화의법 제42조). 화의개시신청 후 화의절차개시 전까지 부담하는 채권도 화의채권에 포함된다. 화의채권에 관하여는 채권의 목적이 금전이 아닌 때에는 파산선고시의 평가액을 파산채권액으로 한다는 내용의 파산법 제17조 제1항의 규정이 준용된다. 따라서 담보설정의무를 면탈할 목적으로 양도담보의 목적물을 제3자에 처분함으로써 상대방이 취득하는 불법행위로 인한 손해배상청구권뿐 아니라 양도담보설정계약을 원인으로 한 소유권이전등기청구권도 화의개시 전의 원인으로 인하여 생긴 것인 이상 화의채권에 해당하여 화의조건에서 정한 바에 따라 그 내용이 변경된다.[8]

---

5) 金龍德, "會社整理節次와 和議節次의 比較를 통하여 본 會社倒産法制의 現況과 問題點," 법조(1998년 11월호), 179면.

6) 서울고등법원 97라194 결정은 이를 허용하였다. 이규홍, "회사정리와 화의절차 처리상의 문제점," 98회사정리절차실무법관연수자료, 사법연수원(1998), 15면.

7) 대법원 1996. 12. 5.자 96마1669 결정(공보불게재).

8) 대법원 2003. 10. 9. 선고 2001다36979 판결(공보불게재). 원심이 대여금만을 화의채권으로 인

2. 화의채권의 신고의 의의

화의채권의 신고는 파산절차의 경우와는 달라서 화의채권을 조사확정하기 위한 것이 아니고 단순히 화의조건의 찬부에 관한 의결권을 행사하기 위하여 채권자집회에 출석하는 자격을 취득하고 그 의결권액을 명백히 하려는 데 그 목적이 있으므로 채권자가 화의채권을 신고하지 아니하였다 하더라도 그 때문에 화의채권이 소멸되는 것이 아니다. 화의채권으로서 신고하지 아니한 채권자를 신고한 채권자와 동일하게 취급하는 것은 화의법 제53조 제 2 항에 의하여 준용되는 파산법 제276조, 제277조의 화의조건 평등의 원칙이나 특별이익제공행위 무효의 원칙에 위배되지 아니한다.[9)]

3. 화의채권과 민사소송

채무자에 대하여 화의절차가 개시되었다 하여 화의채권자가 반드시 그 화의절차에 의하여서만 권리를 행사하여야 하는 것은 아니다. 화의절차에서 화의인가결정이 확정되었다고 하더라도 화의채권에 대하여 기판력 내지 집행력이 생기는 것은 아니고 화의개시가 있더라도 재산에 대한 관리처분권은 채무자가 보유하게 되므로(화의법 제32조 제 1 항), 화의채권자로서는 화의채권에 기하여 화의채무자를 상대로 소를 제기할 필요가 있다.[10)] 따라서 민사소송 중에 화의절차가 개시되더라도 민사소송절차가 중단하거나 화의관재인이 소송을 수계할 필요는 없다. 상고심에 이르러 회사정리절차가 폐지되었다면 정리채권확정소송에서 신고하지 아니한 소송요건의 흠결은 치유되지만,[11)] 피고가 원심변론종결 이후에 상고심 계속 중에 화의인가결정을 받고 그 결정이 확정되었다고 하더라도 소송절차가 중단하지 아니하므로 이는 상고심에서 주장할 수 있는 적법한 상고이유가 되지 못한다.[12)]

정하고 양도담보계약에 따른 소유권이전등기절차의 이행 또는 그 이행의 불능으로 인한 손해의 배상을 구하는 채권은 화의조건의 대상이 되는 화의채권에 포함되지 아니한다고 판시하자 대법원이 본문에서 설명한 이유를 들어 원심판결을 파기하였다.

9) 대법원 1989. 10. 27. 선고 88다카22671 판결(공 1989, 1775). 이 판결에 대한 평석으로는 郭京直, "和議節次에 있어서의 債權者의 地位," 상사판례연구(Ⅴ), 박영사(2000), 299면.

10) 전게 대법원 1989. 10. 27. 선고 88다카22671 판결.

11) 대법원 1998. 8. 21. 선고 98다20202 판결(공 1998, 2301).

12) 대법원 2000. 3. 14. 선고 99다33274 판결(공보불게재).

다만 민사소송이 계속 중에 화의인가결정이 확정되면 화의채권은 화의조건에서 정한 바에 따라 일반적·추상적으로 변경되는 효력을 받으므로 민사소송의 수소법원으로서는 변경된 화의조건에 따라 원고의 청구를 판단하여야 한다.[13] 피고로서는 화의조건에 의한 채권의 감면, 변제기의 유예 등의 항변을 제출하여야 하고 이를 해태하면 판결의 기판력이 갖는 차단효 때문에 더 이상 화의인가의 변경효력을 주장할 수 없게 된다.[14]

일본의 하급심 판결은 화의절차 중에 변제를 할 수 없으므로 단순 급부판결을 할 수 없다는 피고의 항변에 대하여 다음과 같은 이유로 기각하였으며 피고의 상고가 상고심에서 기각되었다. 즉 채무의 변제는 반드시 화의법 제32조 제1항 단서의 소위 '통상의 범위에 속하지 아니하는 행위'에 해당하는 것은 아니고, 화의절차 중의 채무자는 그 채무를 변제하는 것이 법률상 금지되지 않고 있고, 설령 그 변제 자금의 조달 때문에 자기의 재산을 처분하는 것이 통상의 범위에 속하지 않는 것으로서, 관재인의 동의를 얻을 수 없어 사실상 변제할 수 없다고 하더라도 그것은 채무자의 지불 의무의 존부에 하등의 영향을 미치지 않는다.[15]

4. 화의채권과 강제집행

화의절차 중에는 화의채권에 관하여 채무자의 재산에 대한 강제집행, 가압류 또는 가처분을 할 수 없으므로(화의법 제40조 제1항) 화의절차 중에 화의채권에 기초한 강제집행은 무효이다. 화의채권이 아닌 별제권, 일반우선권 있는 채권(조세 등), 화의를 위하여 생긴 채권에 기한 강제집행은 허용된다. 화의개시 전에 화의채권에 기하여 채무자의 재산에 대하여 한 강제집행은 화의개시에 의하여 일시 중지되었다가(화의법 제40조 제2항), 화의인가결정이 확정하면 실효된다(화의법 제62조). 파산절차에서는 파산선고에 의하여 파산재단에 대한 강제집행이 실효되는 점(파산법 제61조 제1항), 회사정리절차에서는 정리절차 개시에 의하여 중단되었다가 정리계획안 인가결정(확정을 요하지 않음)에 의하여 실효되는 점(회사정리법 제246조 제1항)과 다른 점에 유의할 필요가 있다. 실효의 효력은 법률상 당연히 생

13) 대법원 1999. 3. 26. 선고 98다59644 판결(공 1999, 778).

14) 郭京直, 앞의 논문, 311면 주 38; 曺在巾, "도산절차와 소송절차·강제집행·보전처분," 재판실무연구 광주지방법원(2000), 86면.

15) 일본 최고재판소 1961. 9. 26. 판결 및 원심판결 이유 참조.

기는 것이지만, 집행의 편의상 채무자가 강제집행의 집행취소신청을 통하여 신속하게 기입등기의 말소를 얻을 수 있다.

실무상 문제가 되는 것은 화의인가결정 후에 화의채권에 기하여 채권압류·추심명령을 할 수 있는가 하는 점이다. 화의인가결정 후에 화의조건에 따라 변경된 금액의 지급을 구하는 소송을 제기하여 판결을 받고 그에 기하여 강제집행을 하는 것은 적법하다.[16]

화의절차는 화의개시부터 화의인가결정의 확정[17]으로 종료하는 것이므로 화의조건에 따라 변경되기 전의 화의채권을 청구금액으로 하여 화의인가결정 전에 취득한 집행권원은 여전히 집행력을 보유하고 있다. 따라서 그러한 집행권원에 기하여 화의인가결정 후에 실시한 강제집행은 화의인가결정의 채무변경의 효력에 위배한 것이므로 청구이의의 소로써 집행력의 일부를 배제하거나 변제기 미도래의 항변을 하는 것은 별론으로 하고 그것이 '화의절차 중의 강제집행이기 때문에 무효'라고 볼 수 없다.[18] 화의인가결정 확정으로써 화의절차는 종료하는 것이므로 화의인가결정 후에 취득한 집행권원에 기한 강제집행은 적법하다. 그럼에도 불구하고 대법원이 화의인가결정 확정 후에 실시된 채권압류·추심명령에 대하여 여전히 화의절차 중에 화의채권에 기초한 강제집행이므로 화의법 제40조 제1항에 의하여 채권압류 및 추심명령이 무효라고 판시한 것은[19] 판결이유의 설시에 의문이 있다.

5. 화의를 위하여 생긴 채권

화의법 제9조, 제10조는 "화의취소결정의 확정으로 직권으로 파산이 선고된 경우 화의를 위하여 생긴 채권 및 화의절차의 비용은 이를 재단채권으로 한다"고 규정하고 있다. 화의를 위하여 생긴 채권이란 화의채무자가 화의성립까지 통상적

---

16) 화의사건 실무(개정판), 법원행정처(1998), 164면; 麻上正信·谷口安平 編, 注解和議法, 青林書院(1993), 292면

17) 후술하는 화의인가결정 확정의 효력 항목 참조. 그 외 화의의 종료사유로는 화의개시취소결정이 있은 때, 화의불인가결정이 확정한 때, 화의폐지결정이 있은 때 등이 있다. 그런데 대법원 2006. 4. 17.자 2004마960 결정(미공간)이 일반론으로 화의인가결정이 확정되었다 하여 화의절차가 종결되는 것이 아니라고 판시한 것은 주류적인 견해에 배치된다.

18) 同旨, 윤강열, "화의인가결정 확정의 효력," 재판실무연구 광주지방법원(2000), 250면.

19) 대법원 2006. 4. 17.자 2004마960 결정(미공간); 2004. 11. 25. 선고 2004다48300 판결(공 2005, 10).

업무유지 및 계속을 위하여 부담하는 채무이다. 구체적으로 설명하면 화의절차 중에 영업을 계속하고 자산의 보존·증식을 도모하기 위하여 화의관재인의 동의를 얻어서 한 금원차용, 종업원의 고용, 상품의 구입 등의 계약 내지 법률관계에 기하여 발생되는 채권이다. 파산법의 재단채권 및 회사정리법의 공익채권과 유사하다.[20] 따라서 화의를 위한 채권은 화의채권과 달리 화의절차 중에도 강제집행을 할 수 있다.

'화의절차 중'의 종기를 어떻게 정의할 것인지에 관하여 논의가 있다. 화의절차는 화의인가결정이 확정되면 그 때까지 진행되어 온 화의절차는 그 목적을 달성하여 당연히 종료되고 별도로 화의종결결정을 할 필요가 없다. 따라서 '화의절차 중'이라 함은 화의개시 후 화의인가결정 확정시까지이고, 화의인가 후 보고의무 면제시까지를 가리키는 것이 아니다. 따라서 화의인가결정확정 후에 화의채무자에게 공사를 완성한 도급인이 갖는 공사대금청구권은 화의를 위하여 생긴 채권에 해당하지 아니한다. 따라서 화의채무자가 그 후에 파산선고가 되었다고 하여도 도급인의 공사대금청구권은 재단채권이 아니라 파산채권이 된다. 파산법원의 채권조사절차에서 도급인이 한 채권신고에 대하여 파산관재인이 이의를 제기하였다면 도급인은 파산법원에 파산채권확정의 소를 제기하여야 하므로 만일 도급인이 공사대금채권이 재단채권이 됨을 전제로 이행소송을 제기하였다가 청구취지를 파산채권확정소송으로 변경한다면 수소법원은 사건을 전속관할법원인 파산법원으로 이송하여야 한다.[21] 이와 달리 화의인가 후에 화의채무자와 거래를 시작하여 발생한 물품대금 채권에 대하여 화의를 위하여 생긴 채권에 해당한다고 판시한 하급심 판결[22]이 있으나 주류적인 판결은 아니다.

변호사 아닌 자가 화의채무자와 화의신청 전에 화의인가를 하여 주면 화의채무자로부터 보수금을 지급받기로 약정하고 그 성공보수금 채권이 화의를 위한 채권이라는 주장을 하였으나 법원은 화의채권으로 처리한 바 있다.

---

20) 서울남부지방법원 2005. 10. 17. 선고 2005나4036 판결(미상고 확정).

21) 전게 서울남부지방법원 2005나4036 판결(미상고 확정).

22) 수원지방법원 2003. 11. 27. 선고 2003나10251 판결. 피고가 재단채권의 법리오해의 상고이유를 주장하였으나 소액사건심판법 소정의 상고이유가 될 수 없다는 이유로 대법원 2004. 3. 12. 선고 2004다2021 판결로 상고기각되었다.

6. 화의절차와 출자전환

화의절차에서도 상법이 정한 바에 따라 출자전환을 할 수 있다. 과거 실무에서는 화의조건에 출자전환조항을 삽입한 경우도 있었다.[23] 회사정리절차의 경우에는 신주발행에 관한 특칙을 두고 있으므로 이 특칙에 따라 납입을 하지 아니하고 신주를 발행하는 경우에는 상법 제422조 소정의 검사인선임절차를 생략할 수 있다(회사정리법 제255조 제2항, 신법 제266조 제2항). 그러나 화의절차에서는 이러한 특칙이 없으므로 출자전환을 하더라도 당사자의 합의로 현물출자하는 것은 불가능하고 여전히 검사인 선임 후 상법 제422조 소정의 현물출자 대상채권의 평가를 거치는 등 상법 소정의 신주 발행 절차를 밟아야 한다.[24]

Ⅳ. 별 제 권

1. 양도담보권자의 지위

파산법 제84조는 유치권, 질권, 저당권 또는 전세권을 가진 자는 그 목적인 재산에 관하여 별제권을 가진다고 규정하고 있고 양도담보권자는 위 규정에 빠져 있으나 특정재산에 대한 담보권을 가진다는 점에서 별제권을 가지는 것으로 열거된 유치권자 등과 다름이 없으므로 그들과 마찬가지로 화의절차에서 화의법상 별제권을 행사할 수 있는 권리를 가지는 자로 봄이 상당하다.[25]

2. 별제권자의 화의절차 참가

화의법 제44조는 "파산의 경우에 별제권을 행사할 수 있는 권리를 가지는 자

23) 서울중앙지방법원 2002화15 주식회사 소프트뱅크씨케이콥 사건. 화의조건에서 원금 중 10%를 유상증자를 통하여 변제하는 조항을 둔 바 있다.

24) 위 사건의 화의조건에서도 유상증자에 따른 이사회 결의완료와 유사증자에 필요한 상법 소정의 절차를 마치도록 하는 내용의 조항을 두었다.

25) 대법원 2002. 4. 23. 선고 2000두8752 판결(공 2002, 1277). 판례해설로는 구남수, "양도담보권자의 화의법상 지위와 양도담보권 실행에 따른 재화의 공급시기," 대법원 판례해설 제41호(2002), 373면 이하.

는 그 권리의 행사에 의하여 변제를 받을 수 없는 채권액에 관하여 화의채권자로서 그 권리를 행사할 수 있다"고 규정하고 있다.

화의채무자 소유의 특정 재산으로부터 화의절차에 의하지 않고서 채권에 대하여 개별적·우선적으로 변제를 받을 수 있는 별제권을 가지고 있는 채권자의 경우 그 별제권의 행사에 의하여 변제를 받을 수 있는 채권액에 관하여는 화의법 제44조 소정의 별제권자이지 화의채권자가 아니다. 그러나 그 권리의 행사에 의하여 변제를 받을 수 없는 부분의 채권은 담보권이 없는 단순한 화의채권에 불과하다.[26] 그렇다고 하여 화의법 제44조가 별제권자가 일반채권자로서 화의 조건에 따라 조기에 변제를 받고 나중에 그 부족액에 관하여 별제권을 행사하는 것을 금지하는 것은 아니다(후술 참조).

따라서 그 채권액에 관하여는 화의법 제44조에 따라 화의채권자로서의 권리를 행사할 수 있다. 따라서 출자증권에 대한 질권자가 별제권자라도 하더라도 그 별제권을 행사한 결과 변제되지 않고 남은 채권은 담보권이 없는 단순한 화의채권에 불과하므로 이에 대하여는 화의인가결정의 효력이 그대로 미친다고 할 것이므로 화의인가결정에서 정한 화의조건에 따라 질권자의 채무자에 대한 나머지 대여금 채권의 변제기 및 이율 등은 변경된다고 보아야 할 것이고 질권자가 당시 화의채권을 신고하지 않았거나 화의인가결정 과정에서 별제권의 평가 및 정산이 이루어지지 않았다고 하더라도 마찬가지이다.[27]

별제권자가 자신의 채권 전액을 담보권 없는 일반 화의채권으로 신고하였다고 하더라도 명시적으로 별제권을 포기하는 등의 특별한 사정이 없는 한 별제권자는 화의조건에 관계 없이 담보권을 실행할 수 있다.[28]

3. 별제권자의 권리행사 순서

파산절차에서 별제권자는 별제권의 행사에 의하여 변제를 받을 수 없는 채권액에 관하여서만 파산채권자로서 그 권리를 행사할 수 있고 단 별제권을 포기한

26) 대법원 1999. 1. 27.자 98그75 결정(공 1999, 823).

27) 대법원 2003. 12. 11. 선고 2003다37631, 37648 판결(공보불게재). 이 사건 대출금 채권이 출자지분으로 담보되는 채권일 뿐 아니라 화의인가결정 당시 지분에 대한 평가 및 정산이 이루어지지 아니하였다는 사정을 들어 화의인가조건의 적용을 받지 아니한다고 원심이 판시한 것에 대하여 대법원이 파기하였다.

28) 대법원 2002. 4. 23. 선고 2000두8752 판결(공 2002, 1277).

채권액에 관하여는 파산채권자로서 그 권리를 행사할 수 있다(파산법 제87조, 부족액 책임주의[29]). 그런데 화의법에는 이러한 조항이 없다. 화의법은 많은 경우 파산절차를 준용하고 있으므로(화의법 제11조, 제49조, 제53조, 제71조) 화의절차의 별제권자는 파산절차에서와 마찬가지로 먼저 별제권을 행사하여 부족액이 확정된 후가 아니면 화의채권을 행사할 수 없는가? 학설과 판례 모두 별제권자는 부족액이 확정되지 않더라도 별제권부 채권 전액으로 화의조건의 범위 내에서 변제를 받을 수 있다고 한다.[30] 이 점을 명시적으로 언급한 하급심판결과 대법원 판결이 있으므로 이를 요약한다.

『파산절차는 파산관재인이 선임되어 파산관재인이 파산절차를 주도적으로 수행하고 별제권자에게 담보물의 제시요구 및 담보물의 환가권한이 있으며, 배당의 공고가 있은 날로부터 14일 이내에 파산관재인에 대하여 그 권리의 목적의 처분에 착수한 것을 증명하고 처분에 의하여 변제받을 수 없는 채권액을 소명하지 아니한 때에는 배당으로부터 제척되는 불이익을 입으므로 별제권을 포기하지 아니하는 한 먼저 별제권을 행사할 의무가 있다. 이에 반하여 화의법에는 파산법과 같이 별제권에 관한 위와 같은 내용의 규정이 없을 뿐 아니라 파산절차와 같은 채권확정제도도 없으므로 화의채권자표는 의결권액의 결정근거가 되는 데에 불과하고 확정판결과 같은 효력이 없다. 그런데 담보물의 가치가 하락하거나 담보물의 처분이 실제상 곤란하여 담보권을 신속히 행사할 수 없는 경우에도 별제권자는 반드시 담보권을 실행하여 부족액을 확정한 후가 아니면 그 채권에 관한 집행권원조차 얻을 수 없다고 해석한다면 파산절차에서와 같은 환가, 배당, 대금 임치 등과 같은 제도적 보장이 전혀 없는 상태에서 별제권자는 경우에 따라 불이익을 입을 수 있고, 이는 일반 화의채권자가 화의조건에 따라 조기에 변제를 받을 수 있는 것과 비교할 때 현저하게 불합리한 결과가 되는 점 등을 고려하면 화의법 제44조는 기본적으로 의결권의 행사 범위에 관한 규정으로서 별제권자가 화의조건에 따른 변제를 받을 수 있는 것까지 제한하는 규정은 아니고, 별제권자는 적어도 부족액이 확정되어 있지 않는 한 그 채권의 전액에 대하여 화의조건에 의한 범위 내에서 변제를 받을 수 있다.』[31]

---

29) 齊藤秀夫・麻上正信・林屋礼二 編, 注解破産法 第三版(上), 青林書院(1999), 680면; 伊藤眞, 破産法, 有斐閣(2006), 321면.

30) 같은 견해로 曺在巾, "和議節次와 別除權者," 會社整理法 和議法上의 諸問題, 법원도서관(2000), 827면.

31) 대법원 2005. 10. 13. 선고 2005다21173 판결(공 2005, 1786), 원심판결 광주고등법원 2005. 3. 18. 선고 2004나970 판결. 같은 입장의 일본 동경지방재판소 1996. 11. 21. 선고 平7(ワ) 19502 판결 참조.

Ⅴ. 화의개시 및 화의인부에 관한 절차

1. 화의개시신청에 대한 기각결정

화의법원은 채무자 회사가 파산에 이르게 된 경위, 자산상태, 부채비율, 누적결손금 및 전체 화의채권자 중 화의조건에 동의하는 채권자들의 채권액이 차지하는 비율 등을 종합적으로 고려하여 채무자 회사가 제시한 화의조건이 채권자집회에서 가결될 가능성이 없을 뿐만 아니라 장차 이행될 가능성도 극히 희박하다고 판단하면 화의법 제18조 제5호의 '화의의 조건이 화의채권자 일반의 이익에 반하는 때'에 해당한다고 보아 화의개시신청을 기각할 수 있다.[32] 화의개시신청을 기각하는 결정에 대하여는 화의법상 불복방법이 없으므로 특별항고에 의한다.[33]

2. 화의개시와 보증채무

화의법 제49조에 의하여 준용되는 파산법 제16조에 의하면 기한부채권은 파산선고시에 변제기에 이른 것으로 취급하고 있으나 이처럼 화의개시로 기한부채권의 변제기가 도래하는 효력은 화의채권자와 채무자 사이에만 미치고 보증인에게는 미치지 않는다.[34]

3. 화의인부결정시 법원이 고려할 사항

화의법 제39조의2에 의하면 화의법원은 정리위원을 선임하여 채무자의 재산, 장부 및 화의의 조건에 관하여 필요한 조사를 하게 하고 화의절차를 계속 진행함이 적정한지의 여부에 대한 의견서를 제출하도록 하고 있으므로 화의법원이 화의인가결정 당시 정리위원이 제출한 의견서를 참작하지 않고 화의를 인부하는 것은 위법하다. 그러나 화의법원이 정리위원이 제출한 의견서 이외에 기록에 나타난

32) 대법원 1998. 12. 10.자 98그34 결정(미공간); 1999. 8. 9.자 99그32 결정(공 1999, 2153).
33) 대법원 2001. 9. 12.자 99그75 결정(공보불게재).
34) 대법원 2006. 4. 28. 선고 2004다70260 판결(공 2006, 917).

제반 사정을 고려하여 채권자집회에서 가결된 화의조건의 이행가능성 여부를 판단하면 되지 반드시 그 제반 사정을 정리위원으로 하여금 조사하게 하여 이를 보고하도록 할 필요는 없다. 따라서 비록 정리위원이 제출한 의견서에 화의조건의 이행가능성 여부를 판단하는데 참작하여야 할 사항 중 일부가 누락되었다고 하더라도 의견서 외에 기록에 첨부된 자료에 의하여 화의법원이 누락된 사항을 참작하였다면 심리미진의 위법이 있다고 할 수 없다.[35)]

화의조건의 이행가능성 여부를 판단함에 있어서 법원이 고려하여야 할 사항은 아래와 같다. 파산원인이 발생하기에 이른 경위, 화의결정 당시의 채무자의 자산과 부채의 불균형의 정도, 사업의 종류에 의한 수익성의 정도 및 확실성, 경제적 신용의 획득 가망성, 인적·물적 담보의 유무 및 그 담보가치, 화의절차에 의하지 아니하고 행사되는 채권의 액, 별제권자의 동향 등 일체의 사정이다.[36)]

예를 들면 제약회사가 영업을 계속하여 얻은 수입금으로 화의조건을 이행하는 내용의 화의안이 채권자집회에서 가결되었다고 하더라도 그 공장 및 생산설비가 별제권자의 별제권 행사에 의하여 제3자의 소유로 된 경우에는 그 소유자가 계속하여 공장 및 생산시설을 제약회사로 하여금 사용하게 할 의사가 있는지 여부는 화의조건의 이행가능성 여부를 판단함에 있어서 참작하여야 할 중요한 사항 중의 하나이다.[37)]

4. 화의인가의 의결권

화의채권 신고의 목적은 화의조건의 찬부에 관한 의결권을 행사하기 위하여 채권자집회에 출석하는 자격을 취득하고 그 의결권액을 명백히 하려는 데에 있다.[38)] 화의관재인, 정리위원, 화의채권자 등이 신고된 화의채권에 대하여 이의를

---

35) 대법원 2004. 3. 16.자 2003마1434 결정(공 2004, 777). 재항고인은 의견서에 '채무자 사업의 종류에 의한 수익성의 정도 및 확실성, 경제적 신용의 획득 가능성, 인적·물적 담보의 유무와 그 담보가치, 화의절차에 의하지 아니하고 행사되는 채권액, 별제권자의 동향 등' 참작하여야 할 사항 중 일부가 누락되었다고 다투었다.

36) 전게 대법원 1999. 8. 9.자 99그32 결정; 1998. 12. 10.자 98그34 결정.

37) 전게 대법원 2004. 3. 16.자 2003마1434 결정은 채무자 소유의 공장 건물 및 부지의 낙찰자가 화의를 통한 갱생에 적극협력할 의사가 있고, 채무자에게 임대하기로 확약하였다면 비록 공장 건물과 부지가 제3자에게 낙찰되었다고 하여 화의조건의 이행가능성에 상당한 의심이 간다고 단정할 수 없다고 판시하였다.

38) 대법원 1989. 10. 27. 선고 88다카22671 판결(공 1989, 1775).

하지 않은 경우에는 화의채권자는 신고채권 전액에 대하여 의결권을 행사할 수 있다.[39]

화의법 제53조는 파산채권자집회에 관한 일반 규정인 파산법 제162조, 제165조를 준용하면서 특별이해관계인의 의결권행사를 제한한 파산법 제163조 제2항을 준용하고 있지 아니하나, 화의법상 화의와 성질이 동일한 강제화의는 파산법 제163조 제2항 소정의 특별이해관계인을 결의에 참가시키면 화의절차의 공정성을 해할 우려가 있기 때문에 이를 파산법 제278조의 의결권을 행사할 수 있는 채권자에서 배제하고 있고, 이러한 절차적 필요성은 화의법상의 화의에도 동일하므로 특별이해관계인의 의결권행사 금지에 관한 파산법 제163조 제2항은 화의법상의 화의에도 준용된다.

그러나 어떤 화의채권자가 화의결의에 특별한 이해관계를 가지는지 여부는 화의 결의 당시를 기준으로 개별적, 구체적으로 판단하여야 하는 것이므로 화의채무자인 합자회사의 무한책임사원이 담보로 제공한 부동산에 관하여 근저당권을 가진 화의채권자는, 그가 화의결의 당시까지 근저당권을 실행하지 아니한 이상, 화의결의 후 근저당권이 실행되면 합자회사에 대하여 구상권을 취득하게 될 무한책임사원이 화의결의에 관하여 특별한 이해관계를 가진 자로서 의결권의 행사가 제한될 수 있다는 사정만으로는 그 화의결의에 관하여 특별한 이해관계를 가진 자라 할 수 없다.[40]

5. 무한책임 사원 소유 부동산에 대하여 담보권을 가진 화의채권자

합자회사의 무한책임사원은 합자회사의 채권자에 대하여 직접·연대·무한책임을 부담하나 그 책임은 합자회사의 채무에 대하여 부종성과 보충성을 가진다.[41] 합자회사의 채권자에 대하여 회사채무를 변제한 무한책임사원도 수탁보증인에 준하여 구상권을 취득하거나 변제자 대위에 관한 규정에 의하여 합자회사에 대한 권리를 취득하는 점, 화의법 제44조에 의하면, 파산의 경우에 별제권을 행사할 수 있는 권리를 가지는 자는 그 권리의 행사에 의하여 변제를 받을 수 없는 채권액

39) 대법원 2003. 6. 25.자 2003마28 결정(공 2003, 1680). 판례해설로는 朴淳成, "合資會社 無限責任社員의 和議節次上 地位," 대법원판례해설 44호, 법원행정처(2004), 644-660면.
40) 전게 대법원 2003. 6. 25.자 2003마28 결정.
41) 대법원 1996. 2. 9. 선고 95다719 판결(공 1996, 894).

에 관하여 화의채권자로서 그 권리를 행사할 수 있다고 규정하고 있는바 화의채무자인 합자회사의 무한책임사원이 담보로 제공한 부동산에 관하여 근저당권을 가진 화의채권자에게 화의법 제44조를 준용한다는 명문의 규정이 없는 점, 화의법은 무한책임사원의 부동산에 관하여 근저당권을 가진 화의채권자의 채권신고절차에 관하여 별제권자와 같은 특별한 규정을 두고 있지 않는 상황에서 무한책임사원의 부동산에 대하여 담보권을 취득한 화의채권자의 의결권을 별제권자에 준하여 제한하는 경우 화의절차의 안정성을 심각하게 훼손할 우려가 있는 점을 고려하면 화의법 제44조가 화의채무자인 합자회사의 무한책임사원이 담보로 제공한 부동산에 관하여 근저당권을 가진 화의채권자에 대하여 유추적용된다고 할 수 없다. 따라서 그러한 화의채권자는 합자회사에 대한 채권 전액에 대하여 이를 화의채권으로 신고할 수 있다.[42)]

6. 화의조건의 심사

(1) 평등의 원칙

회사정리법과 마찬가지로 화의조건은 각 화의채권자 간에 평등하여야 한다(화의법 제53조 제2항, 파산법 제276조). 소액채권자를 우대하는 것과 같이 화의채권의 특성에 따라 합리적인 범위 안에서 차등을 두는 것은 허용되지만, 같은 성질의 화의채권에 대하여 합리적인 이유 없이 변제율이나 변제시기 등을 달리하는 것과 같은 공평의 이념에 반하는 차별은 허용될 수 없고, 이러한 화의조건 평등의 원칙에 반하는 채권자 집회의 의결은 그 흠결을 추완할 수 없는 때에 한하여 화의법 제55조 제1호 소정의 불인가 사유가 된다. 예컨대, 별제권자가 별제권을 포기하지 아니하였음에도 피담보채권 전액을 화의채권으로 보아 의결권을 계산하여 채권자집회에서 화의의 가결요건을 따지고 담보물의 가액을 초과하는 부분의 채권은 단순한 화의채권임에도 불구하고 다른 화의채권과 비교하여 변제시기나

---

42) 전게 대법원 2003. 6. 25.자 2003마28 결정(파기환송). 원심은, 화의채권자가 화의채무자의 재산에 담보권을 가진 경우와 화의채무자인 합자회사의 무한책임사원의 재산에 담보권이 설정된 경우를 동일하게 취급하여 담보된 재산으로부터 변제받지 못하는 채권액에 대하여만 의결권을 행사할 수 있다고 보아 화의법원이 인가한 화의결의절차에 화의법 제55조 제1호 소정의 "화의 절차 또는 결의가 법률의 규정에 반하는 경우에 그 흠결이 추완할 수 없는 것인 때"에 해당하는 사유가 있다는 이유로 화의법원의 화의인가결정을 취소하고, 화의를 인가하지 아니하였다.

이자 등에 있어서 차등을 두는 것은 위법하다.[43] 또한 금융기관의 채권자를 원리금의 변제율이나 변제시기에 있어서 금융기관 이외의 채권자와 합리적 이유 없이 지나치게 불리하게 차등을 두는 것 역시 위법하다.[44]

⑵ 채권자 일반의 이익에 반하는 때

화의조건의 이행가능성이 없으면 화의법 제55조 제4호에서 정한 '화의결의가 화의채권자의 일반의 이익에 반하는 때'에 해당한다.[45] 화의조건에 담보여력이 있는 부동산을 화의인가 후에 담보로 제공하는 경우에는 화의채권자들의 동의를 구한다는 조항을 삽입하려는 경우가 있다. 그러한 조항을 무효로 할 근거는 없으나 화의기업이 여유자금을 마련하기 위하여 담보로 제공하는 것은 화의기업의 정상적인 업무수행의 방편에 해당하므로 이를 제한하는 경우 회계법인의 수행가능성 평가에 부정적인 영향을 미치게 되어 화의조건이 화의채권자 일반의 이익에 반하는 때로 판단될 수 있다.

7. 화의인가결정에 대한 불복방법

화의법 제57조 제1항은 화의법원의 화의인가결정에 대하여는 즉시항고할 수 있도록 규정하고 있으나, 항고심 결정에 대한 불복방법에 관하여는 규정을 두고 있지 아니하였다. 그러나 화의법 제11조 제2항이 민사소송법을 준용하도록 되어 있으므로 민사소송법 제412조에 의한 재항고가 가능하고 특별항고가 문제될 여지는 없었다.[46] 그러나 2000. 1. 12. 특별항고를 준용하는 내용의 화의법 제57조 제6항이 신설되어 개정법이 시행되는 2000. 4. 12. 이후에는 특별항고로 보아야 할 것이다. 그럼에도 대법원 2003. 6. 25.자 2003마28 결정 및 2004. 3. 16.자 2003마1434 결정[47]

---

43) 전게 대법원 1999. 1. 27.자 98그75 결정.

44) 대법원 1999. 1. 27.자 98그76 결정(공보불게재). 담보권 없는 금융기관 이외의 채권자에 대한 화의채권의 변제조건은 기존의 계약, 약정 및 관행에 따라 정상적인 지급을 하면서, 담보권 없는 금융기관인 채권자에 대한 화의채권의 변제조건은 원금 20% 5년 분할상환, 발생이자 8% 지급하고, 담보권 없는 금융기관인 보증채권자는 화의절차에 들어간 주채무자로부터 90%를 지급받고 나머지 10%만을 화의채무자로부터 20% 5년간 분할상환하고, 경과이자 및 발생이자는 면제받는 것으로 정한 화의조건이 평등의 원칙에 위배한다고 대법원이 판시하였다.

45) 화의사건실무(개정판), 84면.

46) 대법원 2004. 3. 16.자 2003마1434 결정(공 2004, 777); 2003. 6. 25.자 2003마28 결정(공 2003, 1680); 전게 1999. 1. 27.자 98그75 결정; 1998. 12. 23.자 98그71 결정(미공간).

47) 양 사건은 모두 동일한 채무자(조선무약 합자회사)에 관한 것으로 결정 이유에 의하면 조선

은 특별항고 준용규정인 화의법 제57조 제6항이 신설된 후임에도 불구하고 이에 관한 별다른 설시 없이 재항고로 접수된 사건을 재항고로 보아 판단하고 있다.

8. 화의인가결정 확정 후 화의인가 변경절차

회사정리절차에서는 정리계획인가 후 정리계획을 변경할 필요가 있는 경우에 정리계획변경절차가 마련되어 있지만 화의절차에서는 화의인가결정이 확정됨으로써 화의절차는 일단 형식적으로는 종료하게 된다. 화의인가 후 보고의무면제까지의 기간 동안에 화의조건의 변경을 시도하는 채무자가 간혹 있으나 이는 회사정리절차와 화의절차의 차이점을 간과하고 있기 때문이다. 다만 화의인가결정 확정 후라도 화의조건을 이행할 수 없게 된 경우 등에는 화의채권자가 다시 채무자의 채무를 감면하거나 변제기를 유예하여 주는 행위는 화의의 목적을 달성하기 위한 것으로 가능하다.[48]

반대로 화의인가 확정 후 개별적으로 화의채무자와 채권자간에 법원에서 조정을 하면서 채권자에게 화의조건보다 유리하게 변제하기로 정하는 것도 유효하다.[49]

Ⅵ. 화의인가결정 확정의 효력

1. 화의절차의 종결

화의절차는 화의인가결정이 확정되면 그 때까지 진행되어 온 화의절차는 목적을 달성하여 당연히 종료한다. 따라서 회사정리나 파산절차와 달리 새로 화의종결결정을 할 필요가 없다. 이와 같이 화의인가결정이 확정되어 화의절차가 종료되면 법원, 정리위원, 관재인 등 공적기관도 더 이상 화의절차에 관여하지 못하고 화의조건의 이행 여부는 완전히 채무자의 의사에 달려있게 된다. 따라서 화의

무약 합자회사가 2002. 3. 22. 화의개시신청을 하여 2002. 5. 2. 화의개시신청을 받았으므로 화의법 제57조 제6항이 적용되어야 한다.

48) 대법원 2004. 7. 22. 선고 2004다19135 판결(공 2004, 1518).

49) 서울중앙지방법원 2006머3895 사건에서 화의채무자가 조정참가인으로 참가하여 피고와 연대하여 금원을 지급하기로 하는 내용의 조정결정을 하였는바, 화의조건보다 화의채권자에게 유리한 내용이다.

인가 전에 화의조건에 대한 동의를 얻기 위하여 일부 채권자에게 다른 채권자보다 유리하게 화의조건에 의하지 아니한 특별이익(유리한 변제조건 등)을 제공하는 이면약정은 화의법 제53조 제2항, 파산법 제277조가 금지하는 특별이익공여 약정에 해당하여 무효이지만 일단 화의인가결정 확정 후에 화의채무자가 화의채권자 중 1인에게 화의조건보다 유리하게 변제하기로 하는 약정은 유효하다.[50]

2. 화의채권에 대한 변경

화의인가결정이 확정되면 모든 화의채권에 관하여 개개의 화의채권자와 화의채무자 및 화의참가인 사이에 화의조건을 내용으로 하는 계약이 체결된 것과 동일한 법률효과가 발생하여 모든 화의채권은 화의조건에 정한 바에 따라 일반적, 추상적으로 변경된다.[51] 화의채권은 신고 여부에 관계 없이 화의의 효력이 미치므로 법원이 인가한 화의조건에 기속된다.[52] 따라서 화의조건에서 화의개시 전까지 발행한 이자와 화의개시결정일부터 각 분할 변제시점까지 사이에 발생할 이자의 지급을 면제하되, 채무자가 화의조건대로 원금을 변제하는 경우에는 별도로 이자나 손해배상금이 발생하지 않도록 규정되었다면 설령 채무자가 화의조건대로 원금을 변제하지 아니하는 경우라도, 달리 화의의 취소나 양보의 취소가 없는 이상, 이미 면제된 기발생이자나 장래발생이자가 되살아나는 것은 아니며, 화의채권자로서는 분할 변제 약정기 이후에 한하여 지연손해금을 청구할 수 있으므로 원심이 청구인용금액 전부에 대하여 화의인가결정 전의 시점을 기산일로 정하여 지연손해금의 지급을 명한 것은 위법하다.[53]

화의조건의 내용이 화의채무자가 화의조건대로 원금을 변제하는 경우에 금융기관 이외의 화의채권자가 이자 및 손해배상금의 지급을 면제하는 것이라면 화의채무자가 화의조건대로 원금을 변제하지 아니하는 경우에 그 불이행으로 인한 지연손해금까지 면제한 것으로 볼 수는 없다.[54]

화의채무자가 보증인인 경우에 화의조건에 보증채권자에 대한 변제조항으로

50) 서울남부지방법원 2005. 2. 4. 선고 2003가합14448 판결(서울고등법원 2006. 6. 27. 선고 2005나21854 판결로 항소기각, 대법원 2006다52051호로 상고 중).
51) 대법원 1999. 3. 26. 선고 98다59644 판결 등 다수.
52) 대법원 1989. 10. 27. 선고 88다카22671 판결(공 1989, 1775).
53) 대법원 2004. 4. 16. 선고 2003다16641 판결(공 2004, 798).
54) 대법원 2003. 1. 10. 선고 2002다46508 판결(공 2003, 625).

서 주채무자로부터 먼저 변제받도록 하고 주채무자의 회사정리개시, 파산선고 등 변제능력이 상실됨으로써 변제기일에 변제받지 못하여 보증채무의 지급사유가 발생하는 경우에는 원금은 주채무자의 회사정리계획, 파산절차에서의 배당 등에 의하여 변제받지 못함이 확정되는 부분에 한하여 2003년부터 2007년까지 5년간 균등하게 분할상환한다는 내용을 두는 경우가 실무상 흔히 있다. 이러한 화의조건은 화의채무자가 부담하는 연대보증채무의 보충성을 인정함으로써 주채무자와 동등한 책임을 지고 아니하고 채권자가 주채무자로부터 먼저 변제받는 것을 원칙으로 하되, 주채무자의 정리계획 등에 의해서도 최종적으로 변제받지 못하는 것으로 확정되는 경우에 비로소 화의채무자가 보증채무를 이행할 책임을 지고, 그 원리금을 분할변제한다는 뜻으로 해석된다. 따라서 이 경우에는 회사정리절차에서 보증채무의 부종성을 부정하는 회사정리법 제240조 제2항이 적용되지 아니하는 것이 아니라 화의채무자의 화의조건 자체의 화의조건상 보증채무에 대한 부종성을 인정하고 있는 것이기 때문에 화의채무자는 주채무자가 변제하고 남은 금액에 대하여 화의조건에 따라 책임을 지게 된다.[55]

3. 보증채무에 대한 영향

화의인가결정이 확정된 후에도 채무자의 사정으로 화의조건을 이행할 수 없는 상황이 발생할 수 있다. 그리하여 화의채권자가 화의인가결정 확정 후에 다시 채무자의 채무를 감면하거나 변제기를 유예하여 주는 행위를 하는 경우가 간혹 있다. 보증인은 민법상의 보증채무의 부종성을 이유로 이러한 감면 행위가 화의채무자에 대한 보증채무에 영향을 미친다고 주장한다. 그러나 보증채무에 영향을 미친다고 보게 되면 화의채권자들이 화의인가결정 확정 후에는 보증채무 등에 미칠 불이익을 고려하여 화의인가결정에 의하여 변경된 주채무를 다시 감면해 주지 않게 되어 결과적으로 화의의 목적을 달성하지 못할 우려가 있어 이러한 경우에 보증채무의 부종성의 예외를 인정하더라도 실질적으로는 보증인에게 불이익이 없으므로 화의인가결정 확정 후 화의채권자가 채무자와의 사이에 화의인가결정에 따라 변경된 채무를 다시 감면 내지 완화해주는 경우에는 특별한 사정이 없는 한 화의법 제61

---

55) 서울고등법원 2003. 4. 29. 선고 2001나40215 판결. 단 이 판결은 사건이 대법원에 계속 중 화의채무자인 피고에 대한 화의취소결정이 확정됨으로써 직권으로 파기환송되었다. 대법원 2004. 9. 24. 선고 2003다27887 판결(공 2004, 1726).

조, 파산법 제298조 제2항이 유추적용되어 보증채무에는 영향이 없다.56)

Ⅶ. 화의폐지결정

1. 의　　의

법원은 채무자가 화의조건을 이행할 가망이 없다고 인정하는 경우에는 채권자 집회 전이라도 직권으로 또는 관재인, 화의채권자의 신청에 의하여 화의폐지의 결정을 하여야 한다(화의법 제63조 제1항). 그 외에 화의의 제공자가 화의의 가결 전에 제공을 철회하거나 채권자 집회의 제1회 기일로부터 2월 내에 화의를 가결하지 아니한 때에는 법원이 직권으로 화의폐지의 결정을 하여야 한다(같은 조 제2항).

2. 화의폐지결정 후 화의조건의 변경

화의조건의 변경은 화의절차가 계속 진행됨을 전제로 화의채무자가 신청하여 화의법원이 그 변경의 허가 여부를 결정하는 것이므로, 채무자가 제공한 화의조건의 이행 가망이 없다 하여 화의법원이 이미 화의폐지결정을 한 이후에는, 화의채무자가 새로운 화의조건을 제시하면서 그 화의조건의 변경이 화의법원에 의해 허가될 것을 전제로 하여 그 새로운 화의조건의 이행이 가능하다는 이유를 들어 항고심에서 화의법원의 화의폐지결정을 다투는 것은 허용되지 아니한다.57)

3. 화의폐지결정에 대한 불복절차

화의폐지결정에 대한 항고심의 기각결정에 대한 상고심에 대한 불복은 특별항고이다(2000. 1. 12. 개정된 화의법 제65조 참조). 그럼에도 전게 대법원 2005. 8. 29.자 2004마689 결정은 개정법을 적용하지 않고 재항고로 보아 판단하고 있으나 의

56) 대법원 2004. 7. 22. 선고 2004다19135 판결(공 2004, 1518). 이 판결에 대한 평석으로 李敏杰, "화의인가결정 확정 후 화의채권자가 화의인가결정에 따라 변경된 채무를 다시 감면 내지 완화해 주는 경우, 보증채무에도 그 효력이 미치는지 여부(소극)," 대법원판례해설 제52호, 법원행정처(2005), 172면 이하.

57) 대법원 2005. 8. 29.자 2004마689 결정(공 2005, 1581).

문이다.[58] 대법원은 1심 결정에 대하여 즉시항고를 할 수 있으면 항고심의 결정에 대하여도 재항고로 보는 입장을 취한 것으로 보인다. 그러나 입법정책에 기하여 제1심 재판에 대한 불복을 인정하면서도 회사정리제도나 화의제도가 갖는 도산사건의 신속한 처리의 필요성을 고려하여 항고심에 대한 결정에 대한 불복방법은 특별항고로 제한할 수 있으므로 반드시 제1심 결정에 대하여 불복을 허용하였다고 하여 항고심 결정에 대한 불복 역시 재항고로 하여야 하는 논리적인 필요가 있는 것은 아니라고 생각한다.[59] 재항고와 특별항고의 가장 큰 법률상의 차이는 확정차단효의 유무로서 사건이 대법원에 계속되어 있는 동안 후속절차를 진행할 수 있는지 여부가 달라지게 되고 도산절차에서는 이러한 차이가 채무자의 재건에 결정적이다.[60]

Ⅷ. 화의취소결정

1. 의의 및 취지

화의취소결정은 화의인가결정을 취소하여 실효시킴으로써 화의채권자가 화의조건에 의하여 양보한 권리를 회복시키는 효과를 갖는다. 특히 화의법 제68조 제2항의 화의의 취소제도는 불성실한 채무자에 대하여 신속하게 화의취소라는 제재를 가할 수 있도록 함으로써 화의조건의 이행을 간접적으로 강제함과 동시에 선의의 채권자들을 보호하고 화의절차의 실효성을 확보하기 위한 것으로, 제68조 제1항의 취소사유(총 채권자의 과반수로서 총 채권액 3/4 이상의 신청이 있는 경우)와는 달리 법원이 직권 또는 법정 다수의 요건에 미치지 못하는 화의채권자의 신청에 의하여 화의를 취소하도록 규정하고 있는 점에 비추어 보면, 정당한 사유 없이 화의조건이 이행되지 않고 있고 장래에도 이행될 가능성이 없는 경우에는 다

---

58) 채무자가 2003. 11. 15. 화의개시신청을 하였으므로 개정법이 적용되어야 한다.

59) 일본도 항고재판소의 항고기각결정에 대하여는 재항고를 할 수 없고 항고인에 대한 고지로써 결정이 확정된다. 항고재판소인 고등재판소의 결정에 대하여는 특별항고만이 가능한 제도를 취하고 있다. 兼子一-三ヶ月章, 條解會社更生法(下), 弘文堂(1998), 688-689면 참조.

60) 화의취소결정에 대한 항고가 기각된 후 대법원에 사건이 계속 중인 경우 특별항고로 보면 바로 화의법원은 파산선고를 할 수 있지만 재항고로 보게 되면 재항고가 기각될 때까지 기다려야 한다. 그리고 정리계획안인가결정에 대한 항고가 기각된 후 대법원에 사건이 계속 중인 경우에도 정리절차종결결정을 할 수 없게 될 것이다.

수의 채권자가 화의의 존속을 원하고 있더라도 법원은 직권으로라도 화의를 취소하여 화의의 효력에서 벗어나고 싶은 선의의 채권자들을 보호하여야 한다.[61]

2. 요　　건

채무자가 정당한 사유 없이 화의조건의 이행을 해태하고 있고 장래에도 화의조건을 이행할 의사나 능력이 없다고 인정되는 경우에는 법원은 채권자의 신청에 의하여 또는 직권으로 화의의 취소결정을 할 수 있다(화의법 제68조 제2항). 또한 채무자가 화의의 이행을 해태한다는 이유로 제68조 제1항에 의하여 화의취소를 신청하는 경우에는 화의채권자의 과반수로서 총 채권액 3/4 이상의 신청이 있으면 법원이 화의취소를 할 수 있다.

제68조 제2항에서 그 요건으로 규정하고 있는 '정당한 사유 없이'라 함은 문언의 취지상 화의조건을 이행하지 않는 데에 대하여 채무자에게 정당한 사유가 있는지 여부를 따져 보라는 취지이지, 다수 채권자가 화의의 취소를 원하고 채무자가 화의조건을 이행하지 못함으로써 채권자들이 파산적 청산에 의한 경우보다 더 큰 변제를 기대할 수 없음에도 불구하고, 실질적으로 화의취소가 행하여지지 아니하는 경우로 한정하여 해석할 것은 아니다. 따라서 제68조 제2항 소정의 요건이 충족되는 경우 법원은 다수채권자들의 의사에 반하여 직권으로 화의를 취소할 수 있다.[62]

3. 회사정리절차개시결정 후에 화의취소의 결정을 할 수 있는지 여부

회사정리법 제67조 제1항에 의하면, 정리절차개시의 결정이 있은 때에 기존의 화의절차는 그 효력을 잃도록 규정되어 있는바, 위 효력을 잃는다는 의미는 소급하여 화의절차가 취소되고 그 절차가 종료되는 것을 의미하는 것으로, 정리절차개시결정이 확정된 이후에는 그 효력을 절대적으로 잃게 됨에 비하여 정리절차개시결정이 확정되지 아니하고 취소되는 경우에는 화의절차의 효력이 회복되는 것으로 보아야 한다. 따라서 정리절차개시결정이 확정되기 전에는 기존의 화의절차의 실효는 유동적인 것에 불과하다고 보아야 하므로 정리절차개시결정 당시 외

61) 대법원 2004. 5. 12.자 2003마1656 결정(공 2004, 1137).
62) 전게 대법원 2004. 5. 12.자 2003마1656 결정.

관상 존재하는 확정된 화의인가의 효력이 미치는 화의채권자들이 정리절차에서 신고할 채권 및 그 액수에 대한 혼란을 방지하고 절차를 명확하게 하기 위하여 법원은 화의취소사유가 발생한 경우에는 정리절차개시결정 후라도 그 결정이 확정되기 전에 별도로 계속되는 화의의 취소결정을 할 수 있다.[63] 화의취소의 결정을 하지 않더라도 회사정리절차개시의 결정이 확정하면 절대적 효력을 잃게 됨에도 불구하고 화의취소의 결정을 하는 실제의 필요성은 화의취소를 통하여 화의인가로 변경되기 전의 화의채권으로 회복시킴으로써 회사정리절차에서의 채권조사절차에서의 다툼을 미연에 방지하기 위한 것이다. 뒤에 보는 바와 같이 화의취소결정 없이 파산선고가 된 경우에도 종전 화의채권이 부활된다는 입장[64]에 서는 이상 화의취소결정 없이 회사정리절차가 개시된 경우에도 화의채권은 부활한다고 해석된다.

4. 화의취소결정과 재심사유

민사판결이 확정되고 그 판결의 기초가 된 화의인가결정이 화의취소결정에 의하여 취소되어 확정된 때에는 민사소송법 제451조 제1항 제8호 소정의 '판결의 기초가 된 민사나 형사의 판결, 그 밖의 재판 또는 행정처분이 다른 재판이나 행정처분에 따라 바뀐 때'에 해당한다. 따라서 항소심이 화의조건에 따라 화의채무자에 대하여 보증채무의 이행을 구하는 원고의 청구를 기각하였는데 항소심 판결선고 후에 화의취소결정이 확정되었다면 재심사유에 해당하는 상고이유가 있게 되므로 원심판결은 파기될 수밖에 없다.[65]

5. 화의취소결정에 대한 항고심의 심리

법원은 매반기별로 회사의 보고서를 화의채권자에게 송부하고 아울러 화의취

---

63) 전게 대법원 2004. 5. 12.자 2003마1656 결정은 주식회사 진로에 대한 화의취소사건(97거31)에 관한 것으로서 진로에 대하여는 1997년도 화의개시신청이 있고, 1998. 2. 17. 화의개시결정이, 1998. 3. 19. 화의인가결정이 내려진 후 2003. 5. 14. 회사정리개시결정이 선고되고, 2003. 9. 22. 회사정리개시결정에 대한 항고가 기각되고 2004. 5. 12.자 2003마1637 결정에서 재항고가 기각되었다. 화의법원은 회사정리절차개시결정 익일인 2003. 5. 15. 화의를 취소하였다.

64) 대법원 2002. 11. 22. 선고 2002다40081 판결(공 2003, 157).

65) 전게 대법원 2004. 9. 24. 선고 2003다27887 판결.

소 여부에 대한 의견을 구하고 있다. 화의채권자들 중 일부가 채무자가 화의조건을 불이행한다는 점을 이유로 화의법원에 화의취소신청을 하는 경우가 적지 않다. 이 때 화의법원이 심리한 결과 이유 있다고 판단되면 화의법원이 화의취소결정을 하게 된다. 화의법원의 화의취소결정에 대하여 화의채무자는 즉시항고할 수 있다(화의법 제70조 제2항). 항고심에서 심리 중 채무자가 화의취소신청인에 대한 채무를 변제하고 원결정의 취소를 구하는 경우가 적지 않다.

항고심은 속심이므로 화의인가결정 확정 후에 화의채권자가 채무자의 채무를 감면하거나 변제기를 유예하거나, 화의채무자가 화의취소신청인에 대한 채무를 변제한 경우 이러한 사정을 화의법 제68조 제2항에서 규정하고 있는 화의취소사유의 유무 판단시에 고려하여야 한다.[66] 실무상 항고심에 이르러 화의채무자가 화의취소신청인에 대한 채무를 변제하여 화의취소신청인이 항고심에 화의취소의 의사표시를 철회하고 있는 점, 화의신청인을 포함하여 화의채권자에 대한 변제율 등을 고려하여 화의법원의 화의취소결정을 취소하는 경우가 적지 않다.[67]

6. 화의취소결정에 대한 상고심의 불복절차

항고심의 화의취소결정에 대한 상고심에 대한 불복은 특별항고에 의하여야 한다(2000. 1. 12. 개정된 화의법 제70조 참조).[68]

---

66) 서울고등법원 2005. 10. 31.자 2004라129 결정은 채무자 삼익건설에 대한 제1심의 화의취소결정에 대하여 판단하기를, 항고심에 이르러 ① 채무자 회사는 화의인가결정이 확정된 다음 대다수 화의채권자들과 개별적으로 채무조정약정을 체결하여 화의채권자들이 채무자 회사의 채무를 감면하거나 변제기를 유예하여 준 점, ② 아직 최종적으로 채무조정 약정이 체결되지 아니한 채권자 2명의 채권액은 73억원 정도로서 잔존 채권액의 2.3%에 불과한 점, ③ 위와 같이 채무조정에 따라 변경된 채권액의 규모 및 변제기 등을 고려하면 현 단계에서 채무자 회사가 채무조정에 따라 변경된 채무를 이행하지 못하고 있다거나 이행할 의사가 없다고 볼 만한 사정이 존재하지 아니하는 점, ④ 그 밖에 화의채권자들의 태도나 채무자 회사의 자구노력 등을 종합하면 화의취소사유가 존재한다고 보기 어렵다고 판단하여 제1심 결정을 취소하였다.

67) 서울고등법원 2005. 11. 23.자 2005라392 결정 및 2005. 5. 27.자 2004라213 결정은 항고심에 이르러 화의취소신청인에 대한 채무를 일부변제하여 화의취소신청 의사를 철회하는 점 등을 고려하여 화의취소신청을 인용한 제1심 결정을 취소하였다. 2005라392 결정의 주문은 제1심 결정을 취소하였을 뿐 신청인의 신청을 기각한다는 주문을 누락하였으나 속심의 성격을 고려하면 2004라213 결정과 같이 신청인의 신청을 기각한다는 주문을 포함하는 것이 타당할 것이다.

68) 전게 대법원 2004. 5. 12.자 2003마1656 결정은 특별항고 준용규정 신설 전에 화의가 개시된 사건에 관한 것으로서 상고심에 대한 불복절차를 재항고로 보아 판단하고 있으며 이는 정당하다.

7. 화의취소 결정 없이 파산선고가 되는 경우 종전 화의채권의 부활

화의절차에서 화의결정의 취소 없이 채무자에 대하여 새로운 파산선고가 내려진 경우에 화의채권자의 종전 채권을 부활시켜 줄 필요성은 화의절차 중 화의법 제9조에 규정된 다른 사유로 직권 파산선고가 내려지는 경우와 다를 바 없고, 또 파산절차 중 강제화의의 취소 없이 새로운 파산선고가 내려지는 경우와 구별하여야 할 이유도 없으므로, 화의법에 의한 화의의 확정 후 그 이행완료 전에 당해 채무자에 대하여 새로 파산선고가 된 경우에도 화의법 제71조, 파산법 제316조, 제310조를 유추 적용하여 화의채권자의 종전 채권이 부활하는 것으로 봄이 상당하다.[69]

Ⅸ. 화의기업의 감독

1. 본원 이송과 직권파산선고

개정된 화의법과 송무예규 등에 의하면 지원에서 개시결정이 이루어진 사건에 대하여 화의취소결정이 확정되면 즉시 사건을 본원으로 이송하고 본원은 이송받은 사건을 파산사건으로 접수하여 심리하도록 되어 있다(부칙 제2조 제2항 단서 및 송무예규 819호). 이는 화의기업에 대하여 반드시 직권파산을 함으로써 화의기업을 시장에서 퇴출시키려는 데에 그 목적이 있다. 그러나 지원에서 화의취소결정이 확정되었음에도 불구하고 본원으로 이송하는 예가 적은 점에 비추어 보면 지원에서의 화의사건에 대한 감독이 충분하게 이루어지고 있는지에 대하여 철저히 확인할 필요가 있다.

---

69) 대법원 2002. 11. 22. 선고 2002다40081 판결(공 2003, 157). 이 판결에 대한 해설로는 金鍾泌, "화의법에 의한 화의의 확정 후 그 이행완료 전에 화의결정의 취소 없이 새로 파산선고가 내려진 경우, 화의채권자의 종전 채권이 부활하는지 여부(적극)," 대법원판례해설 제42호, 법원행정처(2003), 63-72면 참조.

2. 화의종결과 등기

(1) 화의인가등기와 말소등기의 촉탁

화의인가결정이 확정되면 법원이 직권으로 법인등기부와 부동산등기부에 화의인가결정 확정등기를 촉탁하도록 되어 있다. 화의인가결정의 확정에 의하여 화의개시 전에 화의채권에 기하여 경료된 강제집행, 가압류 및 가처분등기, 파산등기 등에 대하여 화의법원 또는 집행법원이 말소등기를 촉탁하여야 한다. 화의절차상의 보전처분 및 화의개시결정 기입등기는 화의인가결정에 따른 기입등기와 함께 화의법원이 직권으로 말소촉탁하여야 한다.[70] 당사자가 등기소에 기입등기의 말소를 신청할 권리는 없다.

화의신청 후 보전처분이 발령되었으나 주식회사 특례규정에 해당하여 화의기각이 예상되자 회사정리신청을 하여 화의절차가 중지되었다. 그 후 회사정리절차 개시결정이 있고 정리계획안이 인가된 경우 채무자 소유 부동산에 대하여 경료된 보전처분결정의 기입등기는 회사정리절차 개시결정(정리계획안 인가결정 등본이 아님)을 등기원인으로 말소하여야 한다.[71]

화의가 취소된 경우에는 화의취소결정을 등기원인으로 하여 회사재산보전처분의 등기를 말소한다.

(2) 화의인가등기의 말소등기

화의채무자는 화의인가결정의 확정으로 화의절차가 종료되었음에도 여전히 부동산 등기부에 화의인가결정의 등기가 경료되어 있어 제3자에게 불필요한 경계심을 주어 재산권행사에 사실상 어려움을 겪고 있으므로 이 점을 고려하여 화의법원은 화의인가등기 경료일로부터 3월이 경과하면 직권으로 화의인가등기의 말소를 촉탁할 수 있다.

그러나 간혹 화의종결에 따른 부동산 등에 관한 등기말소가 제때에 이루어지

---

70) 화의절차와 관련된 부동산등기 등에 관한 사무처리지침(1998. 11. 16. 등기예규 제856호).

71) 화의인가결정이 난 바 없으므로 화의인가결정 확정을 원인으로 할 수 없게 되었고 회사정리법 제67조 제1항에 의하면 정리절차 개시결정이 있으면 화의절차가 실효하기 때문이다. 한국코아 사건은 서울지방법원에 화의신청 후 대전에 회사정리절차가 개시되었으나 서울중앙지방법원이 화의법에 기한 보전처분의 등기를 말소촉탁하였다(말소원인과 그 연월일은 2005. 1. 5. 회사정리절차개시결정에 의한 실효, 첨부서는 회사정리절차개시결정등본이다).

않고 제3자가 매수하여 법원에 등기말소의 촉탁을 신청하는 사례가 적지 않으므로 화의인가결정이 확정된 후에는 화의신청시부터 화의인가결정시까지 이루어진 등기의 말소촉탁이 이루어지도록 유의하여야 한다.

법인등기부상의 화의인가등기의 말소에 관하여도 화의절차와 관련된 전게 부동산등기 등에 관한 사무처리지침을 유추하여 법인등기부상의 화의인가등기도 말소하는 것이 실무이다.[72]

3. 보고의무 면제

상법상 합병의 결과로 존속하는 회사는 해산회사의 모든 권리의무를 포괄적으로 승계하게 되므로(상법 제530조 제2항, 제235조 참조), 화의채무자가 합병절차를 통하여 소멸하게 되는 경우 합병 후 존속회사가 화의법 제62조의2 소정의 보고의무를 부담하게 된다.[73]

화의기업이 화의인가결정을 받아 확정되더라도 개정된 화의법 제62조의2, 제74조에 의하여 법원에 반기별로 화의채무의 이행상황을 보고하여야 한다. 거래계에서는 화의기업이 보고의무를 면제받아야 비로소 화의절차가 종료되는 것으로 인식하고 보고의무를 받지 못한 기업에 대하여는 금융권에서 대출이 제한되는 사실상의 불이익을 당하고 있다. 그리하여 화의기업이 보고의무면제를 신청하는 경우가 적지 않다. 법원 역시 화의조건에 따라 화의채무를 전액 또는 대부분 변제하였다면 재판장 명의의 보고의무 면제의 공문을 채무자에게 보내주고 있다. 화의조건을 이행하였다는 것은 화의채무를 변제하였다는 것을 의미하는 것이지 화의기업이 새로운 대출로 인한 채무까지 변제할 것을 요구하는 것은 아니고 화의채무를 대환하여 새로운 채무로 전환하더라도 다른 사정을 종합적으로 고려하여 보고의무 면제를 하여 주고 있다. 간혹 보고의무 면제신청을 급박하게 신청하는 경우가 있으므로 사전에 보고의무 면제신청을 하려는 기업과 재판부간에 면담을 통하여 일정을 조정할 필요가 있다. 화의조건을 전부 이행한 경우에만 보고의무 면제를 인정하자는 주장도 있고[74] 대부분 변제한 경우라면 허용하자는 견해도 있는데

72) 서울중앙지방법원 제12파산부는 화의기업이었던 주식회사 케이아이티비에 대하여 법인등기부상의 화의인가등기의 말소를 촉탁한 바 있다.

73) 서울지방법원 99거21(주식회사 한메소프트) 사건에 대한 2003. 12. 8.자 법원의 회사합병에 대한 보고명령.

74) 김종대, "화의제도의 운영방법 개선(하)," 법률신문 2001. 5. 14.자.

보고의무 면제에 관하여 법원별로 큰 격차를 보이는 것은 삼가하여야 할 것이다.

4. 화의기업의 감독방안

서울중앙지방법원에서는 종전 재판부에서 확립하여 놓은 기준에 따라 주심판사와 주심관재인별로 매분기별 보고서를 검토하고 대표채권자에게 보고서를 보내 화의조건의 이행상황의 적부 및 화의취소의견을 청취하고 있다. 그 외에도 직접 화의기업의 공장이나 본사를 찾아가 기업의 현황과 근무실태, 종업원의 사기 등을 파악하는 것 역시 서류에 의한 심사만큼 중요한 역할을 하고 있다. 특히 화의회사를 분할한 후 종래의 화의기업은 껍데기로 남겨두고 필요한 재산 등을 출자해 새로운 기업(신설회사)을 만들고 새로운 기업의 영업수익을 통하여 종전의 화의채무를 변제하는 사례가 발견되고 있다. 이는 신설회사는 분할 또는 분할합병 전의 피분할회사채무에 대하여 연대하여 변제할 책임이 있지만(상법 제530조의9 제1항), 회계이론상 신설회사가 부담하는 채무는 보증채무로 변경되고 조달청시설공사적격심사 세부기준에서 사전심사점수를 산정함에 있어 주채무만 고려하는 점을 악용하기 위한 것이다. 따라서 이러한 회사의 분할은 화의조건의 변경에 해당하고 보고의무를 면하기 위한 탈법적인 사례에 해당하므로 법원의 허가 없이 회사를 분할하는 일이 없도록 감독을 강화하여야 할 것이다.[75)]

X. 결 론

화의법은 1962. 1. 20. 법률 제997호로 제정되어 법률 제998호로 제정된 파산법보다 먼저 입법되었지만 신법의 시행으로 폐지되어 이제 법제사의 영역으로 들어가게 되었다. 화의사건이 급증하면서 2000. 1. 12. 화의법 제19조의2를 신설하면서 채권자의 자산, 부채의 규모가 크거나 채권자 등 이해관계인의 수가 많은 등 제반사정에 비추어 화의절차에 의함이 부적합한 때에는 법원이 주식회사의 화의신청을 기각할 수 있도록 하였다. 이는 대규모 주식회사는 경제성 판단을 할 수

75) 대전지방법원 2001. 12. 20.자 2001거7 결정은 화의개시결정 후에 화의채무자에게 제공한 회사의 분할에 의한 화의조건에 대하여 회사분할의 탈법적인 의도를 고려하여 화의조건의 이행가능성이 없다고 하여 화의폐지결정을 하였다.

있는 회사정리법을 이용하도록 하여 경제성이 없게 되면 조기에 시장에서 퇴출시키는 것이 바람직하고, 화의절차에 의하게 되면 채권조사절차의 미비로 인한 채무미확정 때문에 제3자 인수가 불가능하게 되어 이를 방지하기 위한 입법적인 정책에 기한 것이다.[76] 이 조항에 기하여 주식회사 미도파가 신청한 화의신청이 기각된 바 있다.[77]

그러나 어느 기업이 기각대상인지를 확정하는 것은 쉽지 않았다. 미국도 1978년 이전에 제XI장(화의제도)과 제X장(재건절차)을 峻別함으로써 어느 절차를 이용할 것인지를 둘러싸고 개시단계에서 장기간의 분쟁에 휩싸이게 되어 기업재건에 도움이 되지 못한다는 반성적인 고려[78]에 의하여 1978년 파산법을 개정하면서 제IX장(철도회사재건), 제X장(재건절차), 제XI장(화의제도), 제XII장(회사 이외의 채무자를 위한 부동산 화의제도)을 제11장(재건절차)으로 통합하였다.

일본은 화의법을 폐지하는 대신 민사재생법을 재건절차의 기본법으로 삼았지만, 우리 나라는 중소기업의 재건을 염두에 두는 별도의 입법을 하는 방식을 택하지 않고 미국의 1978년의 파산법을 본받아 종전 회사정리법의 기본틀을 유지하면서 경영권 유지의 요소를 가미하는 형태의 단일화된 파산법제를 취하였다. 비록 화의법은 폐지되었지만 당분간 화의조건에 따른 변제기간까지 여전히 화의법에 관한 법리가 필요하고, 법원과 채권자협의회의 화의기업에 대한 감독에 관한 종전 실무의 노하우는 중소기업에 대한 신법 제2편의 회생절차에서 여전히 긴요할 것으로 생각된다.

(2006년 도산실무법관 연수, 사법연수원(2006) 소재)

---

76) 이규홍, 앞의 논문, 11면.
77) 서울지방법원 1998. 5. 6.자 98거83 결정.
78) 자세한 내용에 대하여는 小林秀之, アメリカ民事訴訟法, 弘文堂(1993), 352면.

회사정리절차와 출자전환

Ⅰ. 머 리 말

1997년 경제위기가 들이닥치기 이전에는 채무의 감액과 변제기한의 연장을 통하여 정리채권을 변제하는 내용의 비교적 간단한 내용의 계획안이 주종을 이루었다. 그러다가 경제위기를 겪고 大馬不死의 신화가 사라지면서 대기업에 대한 구조조정이 박차를 가하면서 출자전환이 활성화되었다. 1998. 2. 24. 회사정리법의 개정에 의하여 정리계획에 기한 변제기한이 20년에서 10년으로 감축되고, 법원이 회사정리 절차를 신속화하기 위한 방침의 하나로 유상증자를 통한 M&A를 장려하게 되자 출자전환이 더욱 자주 이용되게 되었다.[1] 먼저 이 글에서는 일반적으로 채권을 대상으로 한 출자전환의 의의, 필요성에 대하여(Ⅱ), 다음으로 회사정리절차에서 출자전환의 특징과, 보증인의 책임에 대하여(Ⅲ), 문제점(Ⅳ)에 관하여 순차로 살펴보기로 한다.

1) 최근에 정리절차에서 출자전환이 이루어진 기업으로는 계몽사, 국제상사, 기아특수강, 대우자동차, 신호스틸, 아시아자동차, 유원건설, 프로칩스, 한양건설 등이 있다. M&A와 관련한 서울지방법원 파산부의 실무에 대하여는 변동걸, "서울지방법원의 회사정리사건 처리 실무," 2002년도 도산실무법관연수자료, 사법연수원(2002), 10면 이하 참조.

Ⅱ. 출자전환

1. 출자전환의 의의

기업에 대출을 한 채권자가 당해 채권을 회사의 지분으로 전환하는 것을 출자전환이라 한다.[2] 출자전환은 회사정리절차[3]와 관계 없이 이루어지는 경우도 있고, 회사정리절차에 들어간 이후에 회사정리절차 내에서 이루어지는 경우도 있다. 주주가 제3자에 대하여 갖는 채권을 주식회사에 현물출자하는 것은 가능하고,[4] 이 경우에는 반드시 검사인에 의한 조사절차를 거쳐야 한다. 이 점에 관하여는 異論이 없다. 이 글에서 논의하려고 하는 것은 채권자가 신주발행의 절차를 통하여 자신이 회사에 대하여 갖는 채권을 출자하여 새로이 주주가 되는 것이 가능한 것인가 하는 점에 한정하여 논의한다.[5] 실무상 회사정리절차에서 출자전환이 이루어지는 경우 정리계획에 '채권의 권리변경과 변제방법'이라는 항목을 두고 여기에서 다음과 같은 조항을 두고 있다. "정리채권 원금의 60%인 ****원은 정리계획안 제10장에 의하여 정리회사가 새로 발행하는 주식의 효력발생일에 당해 채권액이 대체변제되는 것으로 한다."[6] 또는 "원본 ****원의 86%인 ***원은 출자전환하고, 14%인 잔여원본 ****원은 변제한다. 다만, 출자전환시 출자전환 대상채권과 신주배정액의 환산율은 30:1로 한다."[7]

정리채권의 변제에 갈음하여 정리채권자에게 주식 대신에 전환사채를 발행하는 경우가 있다. 이 경우 "정리채권자는 여전히 채권자의 지위를 유지하고 있고 단지 채권액을 감액하고 유통성을 높이고자 유가증권의 형식을 갖춘 것에 불과하

2) 출자전환에 대한 글로는 金承範, "貸出債權의 出資轉換에 관한 法的研究," 성균관대학교 박사학위논문(2002). 자세한 내용에 대하여는 李濟垣, "出資轉換의 法的性質," 증권법연구 제1권 제1호(2000); 일본의 최근논문으로는 大彬謙一, "いわゆる不良債權問題とデット・エクイティ・スワップ(債務の株式化)," ジュリスト(2003. 3. 1), 23면 이하; 松田安正, "株式による代物辨濟條項およびその利害得失," 判例タイムズ 제866호(1995), 324면 참조.

3) 파산절차에서도 출자전환이 불가능한 것은 아니지만 재건절차에서 출자전환이 문제가 되는 것이므로 이하에서는 재건절차 중 화의절차를 제외하고 회사정리절차에 한정하여 논의한다.

4) 미국 회사법의 경우도 출자전환이 되는 재산은 현금에 한하지 아니하고 채권도 가능하다고 한다. 神田秀樹, "債務の株式化(デット・エクイティ・スワップ)," ジュリスト(2002. 3. 15), 31면.

5) 회사 성립시에는 회사에 대한 채권을 갖는다는 것은 상정할 수 없으므로 이하 채권에 대한 출자전환이라 함은 신주를 발행하는 경우에 한정하여 논의한다.

6) 국제상사의 정리계획.

7) 대우자동차의 정리계획.

다는 점에 비추어 볼 때 전환권이 실제로 행사된 때에 그 주식의 시가 상당액의 보증채무가 소멸하는 것으로 봄은 별론으로 하고 그 행사 이전에는 전환사채를 취득하였다 하여 취득시점에 그 평가액만큼 주채무가 실질적으로 만족을 얻은 것으로 볼 수는 없고, 따라서 그 평가액만큼 보증채무가 소멸한다고 할 수는 없다.[8] 이하의 글은 전환사채의 발행이 아닌 신주발행에 관하여 살펴본다.

2. 출자전환의 필요성

출자전환을 하는 동기는 아래와 같다. 첫째, 정리회사는 보통 다액의 채무를 부담하여 변제능력이 부족하므로 출자전환을 함으로써 대차대조표상의 부채를 줄이고, 자본을 증가시킴과 동시에 출자전환되는 채권에 대한 변제자금을 조달할 필요가 없고, 실무는 정리절차 중 주주에 대한 배당을 하고 있지 아니하므로 정리회사의 재무구조를 강화함으로써 정리계획의 수행가능성을 높이기 위함이다.[9] 둘째, 정리채권자의 입장에서는 채권감면이나 변제기의 연장으로 인한 희생보다는 재건 가능한 회사에 대하여 차라리 채권 대신 회사의 주식을 받음으로써 장차 재건이 이루어진 후 주식의 가치가 채권액보다 높아질 것을 기대하기 때문이다. 셋째, 출자전환을 통하여 채권자가 정리회사의 지배주주가 됨으로써 기업구조조정을 통한 M&A를 용이하게 한다.[10] 넷째, 정리회사의 입장에서 다액의 채무를 면제받게 되면 채무면제이익에 대하여 법인세법상 익금으로 처리되어 과다한 법인세를 납부하여야 하지만 정리계획에 의하여 출자전환이 이루어지는 경우 면세혜택을 얻어 계획의 수행가능성을 높일 수 있기 때문이다.[11] 다섯째, 정리회사가

8) 대법원 2005. 1. 27. 선고 2004다27143 판결(공 2005, 308).

9) 松田安正, 앞의 논문, 324면 참조.

10) "이 경우에 정리회사는 정상회사로 복귀하여 주식의 가치가 상승할 수 있으므로 기존의 정리채권을 재조정하는 과정에서 채권자가 출자전환을 통한 주식의 교부를 요구할 수도 있다. 즉 채권자의 입장에서는 보상의 방법으로 출자전환에 동의하거나 이를 적극적으로 요구하는 경우를 상정할 수 있다." 朴容錫, "회사정리절차상 채권의 출자전환과 보증인의 책임범위," 2004년 도산법연구회발표문(미공간). 그러나 실무상으로는 출자전환과 M&A가 동시에 일어나는 일은 드물고, M&A를 통한 정리계획변경시 발행하는 신주는 전액 인수인에게 배정하는 것이 통례이다.

11) 이러한 출자전환은 2003. 12. 31. 이전에 주로 행하여졌다. 당시에는 재경부의 예규가 정리회사 등이 출자전환을 하는 경우 그 차액을 주식발행초과금으로 처리하여 익금으로 처리되지 않았기 때문이다(법인세법 제17조: 다음 각호의 수익은 내국법인의 각 사업연도의 소득금액계산에 있어서 이를 익금으로 산입하지 아니한다. 제1호. 주식발행액초과금). 재경부 예규가 2003. 3. 5.자로 변경되어 "법정관리법인이 법정관리계획에 따라 채무를 출자전환하는 경우 주식의

주식을 발행하는 경우에는 발행시에 금융감독위원회에 신고서를 제출하도록 하는 증권거래법 제8조의 규정이 배제되므로 그 절차가 간편하기 때문이다(회사정리법 제265조).

3. 출자전환의 허부

(1) 일 본

주금의 분할납부주의를 취하는 구상법시대에는 주주가 회사를 상대로 상계를 주장하는 것은 부정하지만 회사가 상계를 주장하는 것은 회사에 불리함이 없다는 이유로 회사에 의한 상계는 허용하는 것이 통설·판례 및 등기실무의 입장이었다.[12] 그러다가 1937년 주금의 납입장소를 금융기관으로 제한하고 납입금보관증명을 등기의 요건으로 개정하는 것이 자본충실을 철저하게 하기 위한 것이라는 이유로 회사에 의한 상계나 합의에 의한 상계를 부정하는 것이 다수설이 되었다. 회사에 의한 상계나 합의에 의한 상계를 인정하는 견해는 소수설이다.[13] 실무는 다수설에 따라 회사에 의한 상계나 합의에 의한 상계의 경우 증자 등기를 수리하

발행가액 중 시가를 초과하는 금액은 채무면제이익에 해당하고, 주식의 액면가액과 시가와의 차액은 주식발행액면초과액(또는 주식할인발행차금)에 해당함"이라고 적용함에 따라 출자전환에 따른 주가차액을 모두 익금으로 처리하게 되었다. 그에 따라 부실에 빠진 정리기업이 출자전환을 통하여 채무재조정을 하고도 이것이 모두 당기순이익으로 처리됨으로써 약 30%에 이르는 법인세를 부담할 위험에 처하게 되었다. 위 예규의 시행으로 말미암아 M&A를 통한 회생자체가 불가능하게 되었다. 이러한 불만에 봉착하자 2003. 11. 7. 채무면제이익의 일부를 과세이연하는 것을 주된 내용으로 한 조세특례제한법 중 개정법률안이 발의되었다. 그리하여 현행 조세특례제한법 제44조 제2항에서 2005. 12. 31.까지 출자전환된 경우에 출자전환채무면제익을 익금에 산입하지 아니할 수 있고, 당해 사업연도 및 그 이후의 사업연도에 결손금이 발생하는 경우 그 결손금의 보전에 충당하여야 한다고 규정하고 있다. 이 조항은 한시법이라는 점과 익금산입여부에 대하여 과세관청의 재량을 준 점에서 근본적인 해결책이 되지 못한다. 한편 2006. 1. 1.부터는 위와 같은 출자전환에 관한 조항을 한시법인 조세특례제한법에서 삭제하고 법인세법(법 제17조 제1항 제1호 단서, 시행령 제15조 제4항 제1호)에 규정함으로써 출자전환으로 인한 주식 등의 시가초과금액은 원칙적으로 익금산입이 된다는 것을 분명히 하는 한편, 과세 이연하여 장래에 발생할 결손금의 보전에 충당할 수 있도록 하였다(서울중앙지방법원, 회생사건실무(상), 박영사(2006), 583-584면).

12) 注釋會社法(3), 有斐閣, 37면; 1962. 1. 23. 民事 甲 51号 法務省民事局長回答, 李哲松, "債權의 出資轉換에 따른 法律問題 — 상계가능성을 중심으로," 인권과 정의 제266호(1998. 10), 24-25면에서 재인용.

13) 논거로 ① 상법 제334조의 반대해석으로 회사에 의한 상계는 가능하다. ② 주금납입장소의 제한은 납입의무가 있음을 전제로 하는 납입의 이행절차에 과한 것인데 상계는 주금납입의무의 소멸사유가 된다. ③ 회사가 동의하는 상계는 자본충실을 해할 염려가 없다는 점을 든다. 구체적인 일본 책 인용은 李哲松, 앞의 논문, 24면 참조.

지 않는다.[14)]

(2) 한　　국

1) 학　　설

① 부 정 설

상법 제334조에 의하면, 주주는 납입에 관하여 상계로써 회사에 대하여 대항하지 못하며 이는 주식회사의 자본충실을 기하고자 하는 것이다. 따라서 출자전환을 인정하게 되면 동 조항을 잠탈하는 것이 된다.[15)]

② 제한적 긍정설

실질적으로 자본충실을 해하지 않는 한 회사가 하는 상계나 상호합의에 의한 상계는 허용되어야 한다.[16)] 주주로부터의 상계는 허용되지 아니하고 회사로부터의 또는 회사와의 합의에 의한 상계는 인정하지만, 그 경우에도 상계할 채권과 반대채권이 상계할 시점에서 경제적으로 등가치임을 요하며 따라서 회사가 파산 또는 지급정지의 상태에 있는 경우에는 회사로부터의 상계 또는 회사와의 합의에 의한 상계도 인정되지 아니한다.[17)] 입법론으로는 몰라도 해석론으로는 출자전환시에 주식대금과 당해 회사에 대한 채권의 상계를 허용하는 것은 바람직하지 않지만 예외적으로 회사가 워크아웃의 대상기업이 된 경우와 같이 재무적으로 파산상태에 빠진 경우는 회사가 이미 채무초과상태에 있으므로 출자전환을 하는 것이 다른 채권자의 지위를 강화하는 효과가 있으므로 이러한 경우에만 예외적으로 출자전환을 인정하자고 주장한다.[18)]

---

14) 1964. 12. 9. 民事 甲 3910号 法務省民事局長回答. 편법으로 일단 주식인수인이 현금으로 주금을 납입하고 이를 재원으로 하여 곧 자기의 채권을 회수한다고 한다. 李哲松, 앞의 논문, 24-25면에서 재인용. 그러나 후자의 방법은 주식인수인이 자금을 출연하여야 되고 회사의 채권자들의 압류대상이 될 수 있다는 약점이 있다.

15) 姜渭斗, 회사법, 형설출판사(1990), 330면은 납입에 관하여 주주로부터의 상계뿐만 아니라 회사로부터의 상계도 인정되지 아니한다고 기술하고 있다. 그 외 林泓根, "현물출자," 사법행정 제10권 제5호(1969. 5), 40면, 李濟垣, 앞의 논문, 283면에서 재인용. 다만 林泓根 교수의 견해는 뒤에 보는 바와 같이 변경된 것으로 보인다.

16) 李哲松, 회사법, 박영사(2003), 251면 및 앞의 논문, 25면 이하. 그 이유로 ① 전액납입주의 및 납입장소제한과 주금상계는 무관하며, ② 납입장소의 제한제도가 상계를 금하는 실질적인 이유가 될 수 없으며, ③ 기업이 파탄하여 출자전환이 회생방법으로 선택되고 있는 현실을 고려할 때 독일의 충분가치설은 구체적 타당성이 없다는 점을 들고 있다.

17) 林泓根, 회사법, 법문사(2000), 206면. 이 견해에 의하면, 회사정리법 제222조와 같은 명문의 규정이 없는 화의법에 기한 화의기업에 대하여는 출자전환이 허용되지 아니한다.

18) 李濟垣, 앞의 논문, 289면.

2) 실 무

출자전환을 하는 것은 신주의 발행을 통하는 것이므로 비송사건절차법 제205조에 의하여 신주발행으로 인한 변경등기를 하여야 한다. 동조 제5호는 첨부서류의 하나로서 '주금의 납입을 맡은 은행 기타 금융기관의 납입금보관에 관한 증명서'를 요구하고 있다. 그런데 법원의 실무는 신주발행시 회사에 대한 채권도 현물출자의 목적물이 되는 것을 허용하면서 다만 대주주가 회사에 대하여 가지고 있는 채권을 주금납입의무와 상계하였다는 뜻을 기재한 서면과 채권증서를 첨부한 것으로는 형식적 심사권만 가지고 있는 등기관으로서는 주금납입의무와 채권을 상계할 수 있는지 여부 등에 관한 실질적 심사를 할 수 없으므로 변경등기신청을 각하하여야 하고 다만 그에 관한 검사인의 검사보고서와 그 부속서류를 첨부하면 허용한다는 입장이다.[19] 그러나 등기예규를 통하여 기업구조조정을 위하여 금융기관(밑줄 필자)이 당해 기업에 대한 대출금을 출자전환하여 신주를 발행하고 그에 따른 변경등기를 신청하는 경우, 비송사건절차법 제205조 제5호에 규정된 '주금을 납입한 은행 기타 금융기관의 납입금보관에 관한 증명서'에 갈음하여 (1) 회사가 주식인수인(금융기관)에 대하여 채무를 부담하고 있다는 사실을 증명하는 서면, (2) 그 채무에 대하여 회사로부터 상계의 의사표시가 있음을 증명하는 서면 또는 주식인수인의 상계의사표시에 대하여 회사가 이를 승인하였음을 증명하는 서면, (3) 위와 같은 출자전환이 있었음을 증명하는 금융감독원장의 확인서(은행법 제37조 제2항 에 해당하는 경우에는 금융감독위원회의 승인서)를 제출함으로써 출자전환을 받아주고 있다.[20] 그러나 출자전환을 하려는 채권자가 금융기관이 아닌 경우에는 등기예규는 적용되지 않으므로[21] 비송사건절차법에 따라야 한다.

실무를 요약하면 첫째, 채권에 기한 출자전환은 허용하지만 이는 상법 제422조에 따라서 현물출자에 의한 신주발행의 경우에 해당하므로 검사인의 조사절차를 거쳐야 한다. 둘째, 채권자가 금융기관으로서 기업구조조정을 위하여 출자전환하는 경우에는 납입금보관에 관한 증명서 대신에 위에서 본 세 가지 서류를 제출

---

19) 1998. 6. 23. 등기 3402-559 질의회답. 이 회답에 대한 비판으로는 李哲松, 앞의 논문, 27-28면 참조.

20) 1999. 1. 25. 등기예규 제960호 참조. 그 후의 질의회답은 이러한 등기예규가 당해 기업이 화의법원의 화의인가결정이 확정된 기업의 경우에도 적용된다고 한다(2001. 2. 13. 등기 3402-103, 104 질의회답).

21) 1999. 8. 24. 등기 3402-844 질의회답.

하면 그에 갈음한다는 것이지 이 경우에도 상법 제422조의 적용을 배제하는 것은 아닌 것이다.

(3) 검 토

현행법의 해석론으로 회사로부터의 상계 또는 채권자와 회사간에 합의에 기하여 이루어지는 경우에는 예외적으로 상법 제334조가 적용되지 않는다는 해석은 반대설이 엄존하고 있는 이상 당초의 입법목적을 벗어나는 무리한 해석론이다.[22) 출자전환이 1997년 경제위기 이후에 기업의 구조조정을 위한 화의, 회사정리절차 등에서 사용되기 시작한 점에 비추어 상법이 제정될 당시에는 이러한 출자전환을 예상한 것으로 보기 어렵다. 그러나 현실적으로 그 필요성이 인정되어 회사정리절차뿐 아니라 기업구조개선작업 — 이른바 workout — 에 기한 경우에까지 활용되고 있고 기업회생의 중요한 수단임에 비추어 상법에 그에 대한 명확한 규정을 두는 것이 문제를 근원적으로 해결하는 방법이다. 학설상의 다툼도 있고 실무도 명백하지 않기 때문이다. 그러나 실무상 자주 문제가 되는 회사정리 절차 중에 출자전환을 하는 것에 대하여는 회사정리법 제222조 제1항에 명문의 규정을 두고 있다. 이에 관하여는 다음 항에서 살펴본다.

Ⅲ. 회사정리절차와 출자전환

1. 출자전환의 법적 근거

회사정리법 제222조는 회사가 정리채권자 등에 대하여 새로 납입 또는 현물출자를 하게 하지 아니하고 신주를 발행하는 경우(제1항), 정리채권자 등에 대하여 납입 또는 현물출자를 하게 하고 신주를 발행하는 경우(제2항) 및 그 외의 경우(제3항, 정리채권자 등이 아닌 제3자 신주배정)로 나누어 규정하고 있다. 그리고 이에 관한 상법의 특례를 규정하면서 제255조에서는 제222조 제2항 및 제3항에

---

22) 해석론으로 출자전환이 가능하다고 하는 견해는 다시 채권에 의한 출자전환 전반에 인정하자는 견해와 기업구조조정절차에 들어간 경우에 한정하자는 견해로 나누어져 있다. 그러나 후자에 대하여는 워크아웃이 법적 개념이 아니고 동일한 출자전환에 대하여 양자를 나누어 적용하는 것에 대한 비판이 있다.

의한 신주발행의 경우에는 상법 제422조 등의 적용을 배제하고 있다. 따라서 적어도 회사정리절차를 통한 출자전환은 상법 제334조의 특례로서 상법 제334조의 적용 여부는 문제가 되지 아니한다.

여기서 문제가 되는 것은 정리채권자가 별도의 출연 없이 출자전환하는 경우에도 즉 회사정리법 제222조 제1항에 의한 신주발행의 경우에도 여전히 상법 제422조에 따라 검사인에 의한 조사를 받아야 하는지에 좁혀져 있다. 문리해석으로는 검사인 선임이 필요한 것으로 보인다.[23] 그러나 현재 법원의 실무는 정리계획에 의한 출자전환의 경우에 회사정리법상 검사인의 검사를 배제하는 규정이 없음에도 불구하고 정리법원에서 별도로 검사인에 의한 조사절차 없이 변경등기촉탁서를 등기소에 촉탁하여 자본의 총액 및 발행주식의 총수에 관한 변경등기를 하고 있다.[24] 일본의 회사정리실무는 회사갱생절차에 기한 출자전환의 경우에도 검사인에 의한 검사절차를 거치고 있으며,[25] 이러한 불합리한 점을 고려하여 일본의 신 회사갱생법 제215조와 제216조는 새로이 현물출자를 하는지 여부를 구분하지 아니하고 갱생계획에 의한 모든 신주발행시 검사인 선임에 의한 현물출자에 대한 조사에 관한 상법 조항을 적용하지 않기로 입법하였다.

생각건대, 현행 회사정리법 제222조 제1항에 의한 신주발행의 경우에 검사인의 조사보고절차를 배제한다는 명시적인 규정이 없는 이상 조사절차를 생략하는 것은 법에 위반된다는 비판을 면하기 어렵다. 만일 실무상 이러한 절차가 불요하다고 판단되면 개정하여야 한다. 따라서 법원의 실무에 부합하도록 출자전환시에 상법의 현물출자조항을 적용하지 않기로 개정함이 타당하다.[26]

---

23) 同旨: 朴容錫, 앞의 논문, 15면.

24) 徐慶桓, "整理會社의 新株發行," 實務論壇, 서울지방법원(1997), 158면; 都振棋, "債權의 出資轉換에 관한 法的 硏究 — 會社整理節次를 中心으로 —," 서울대학교 석사학위논문(2004), 64면; 서울지방법원, 앞의 책, 767면; 朴容錫, 앞의 논문, 6면. 필자가 상업등기소의 등기공무원에게 확인한 내용도 이와 같다. 1998. 12. 28. 상법 제422조 후단이 개정되어 공인된 감정인의 감정으로 검사인의 조사에 갈음할 수 있도록 되었으나 법원의 실무는 개정 전부터 조사절차를 생략하여 왔다.

25) 兼子一-三ヶ月章, 條解會社更生法(下), 弘文堂(1998), 850면 및 宮脇行彦 외, 注解會社更生法, 靑林書院(1986), 93면은 모두 현물출자의 조사를 규정한 상법 제280조의8이 배제된다고 기술하지 않고 있다. 松嶋隆弘, "債務の株式化に關する一考察," 21世紀の企業法制: 酒卷俊雄先生古稀記念, 商事法務(2004), 806면 역시 출자전환의 가장 큰 걸림돌이 현물출자규제라고 기술하고 있다. 이 점을 지적하고 있는 국내 글로는 金承範, 앞의 논문, 122-123면 참조.

26) 2004. 11. 2.자 채무자 회생 및 파산에 관한 법률안 제206조는 현행 회사정리법 제222조와 같은 내용을 담고 있다. 현물출자에 관한 조항을 정비하는 외에 절차의 신속을 꾀한다는 의미에서 일본의 신 회사갱생법과 같이 납입기일을 인가결정일로부터 3개월 이후로 정한다는 조항(위 법률안 제206조 제2항 제2호 및, 제3항 제3호의 각 단서) 역시 삭제함이 옳다. 실제로

2. 출자전환과 주채무의 소멸

(1) 학설의 내용

출자전환으로 인하여 주채무가 소멸되는지에 관하여는 긍정설[27]과 부정설[28]로 나뉜다. 전자는 채권의 출자전환은 현물출자의 한 방법이고, 채권자가 출자전환으로 인하여 주식을 취득함으로써 채권의 만족을 얻음과 동시에 채권자의 지위를 잃고 주주가 된다고 보아야 한다고 주장한다. 다만 그 근거를 대물변제로 볼 것인지, 채무의 혼동으로 볼 것인지에 관하여는 견해가 일치되어 있지 아니하다. 부정설은 출자전환의 경우 주식의 가치가 미미한 경우로서 출자전환 자체로 채권소멸의 효과를 인정할 수 없고 사실상 채무를 면제하는 것과 마찬가지인데 채무를 면제하는 경우에는 보증인의 책임이 영향을 받지 아니하는 것임에도 출자전환의 경우 면제의 경우와 달리 취급할 필요가 없으므로 후에 주식양도, 주식배당 등에 의하여 채권자가 현실적으로 만족을 얻을 때에 비로소 그 한도 내에서 채권소멸의 효과가 발생한다고 주장한다.[29] 실무와 대법원 판례는 긍정설을 따르고 있다.

(2) 검 토

부정설은 다음의 이유로 찬동하기 어렵다.

첫째, 정리계획에서 구체적으로 정리채권 중 금융기관 채권액 중 얼마를 주식액면금액으로 환산한 주식수만큼 신주를 변제에 갈음하여 발행한다는 조항을 삽입함으로써 동액 상당의 채무가 변제되었다고 보는 정리절차에 참가한 이해관계인들의 의사에 합치하지 아니한다.[30]

둘째, 회사정리법 제254조 제1항은 회사가 정리채권자, 정리담보권자, 또는

신법은 이러한 지적을 받아들여 제2호 및 제3호의 단서를 각 삭제하였다.

27) 회사정리실무 개정판, 서울지방법원(2002), 454면; 金龍德, "회사정리절차와 다수당사자의 채권관계," 서울대학교 석사학위논문(1989), 91-92면.

28) 兼子一-三ヶ月章, 앞의 책, 716-718면 참조. 한편 申弼鐘, "整理債權의 出資轉換과 保證債務의 消滅," 民事裁判의 諸問題(11)(2002. 12), 303면은 출자전환에 의하여 주채무는 소멸하지만 보증채무에 대하여 보증인에 대하여 그 이행을 구할 수 있다고 주장한다.

29) 대법원 2002다12703, 12710 판결의 원심판결인 서울고등법원 2002. 1. 18. 선고 2001나43030, 43047 판결이유 및 兼子一-三ヶ月章, 앞의 책, 717면.

30) 기아특수강의 정리계획에도 동일한 문구를 사용하고 있다.

주주에 대하여 새로 납입 또는 현물출자를 하게 하지 아니하고 신주를 발행할 것을 정할 때에는 이 권리자는 계획인가가 결정된 때 또는 정리계획에서 정한 때에 주주가 된다고 규정하고 있다. 실무상 출자전환으로 인한 신주를 발행하는 경우에는 주식소각 또는 주식병합의 방법으로 구 주주의 지분비율을 변경하기 위하여 먼저 구 주주의 주식을 소각하고 새로이 정리채권자가 주주가 되도록 하기 위하여 별도로 정리계획에서 신주발행의 효력발생일을 정하고 있다. 따라서 신주발행의 효력발생일에 종전 채권자는 출자전환되는 액수에 상응하는 주식을 보유하는 주주로 지위가 변경된다. 그런데 출자전환이 되었음에도 실제로 주식을 처분할 때 또는 배당을 받은 때에 비로소 채권이 소멸한다고 하면 채권소멸시까지 주주와 채권자의 지위를 겸유하게 되어 지위 변경을 규정하고 있는 제254조 제1항에 반한다.

셋째, 만일 전액 출자전환된 경우 후에 주식가치가 상승하여 주식매매 총액이 채권액을 상회하게 되면 오히려 부당이득의 문제가 발생할 수도 있는데 부당이득을 긍정하게 되면 법률관계를 복잡하게 할 뿐 아니라,[31] 당초 출자전환하려는 당사자의 의도가 이러한 경우를 예상하여 출자전환한 것인데 주식가치가 상승하였다고 하여 부당이득을 허용하는 것은 당사자의 의사에 반한다.

넷째, 주식의 양도 및 배당의 수령시까지 채권의 만족시기를 연기하는 경우 시기가 자의적이 되고, 채권만족을 위한 주식의 양도행위는 채무자의 변제행위가 아님에도 불구하고 보증인이 공제를 요구할 수 있는지에 관하여도 의문이 있다. 따라서 출자전환의 효력발생시에 주채무가 소멸된다고 보는 실무의 입장이 옳다.

3. 출자전환과 보증인의 채무소멸

출자전환으로 주채무가 소멸된다고 보는 경우에 보증채무가 소멸되는지 아니면 존속하는지에 관하여 학설 및 판례의 입장이 아직 일치되어 있지 않다.

(1) 판　　례

1) 하급심 판결

대법원 판결이 확립되기 이전에 하급심 판결의 입장은 대체로 보증채무가 존

31) 同旨, 朴容錫, 앞의 논문도 같은 이유로 전액불소멸설을 비판한다.

속한다는 입장이었다. 창원지방법원 2001. 3. 30. 선고 99가합5385 판결은 신주의 발행을 대물변제로 보아 교부받은 주식의 액면금액에 관하여 보증인에 대한 권리를 상실하게 한다면 신주를 교부받은 정리채권자로서는 그 액면금액만큼 면제를 당한 것보다 더 불리하게 되어 회사정리법 제240조 제2항의 규정취지에 반하게 되므로 신주의 발행을 대물변제로 볼 수 없고, 그 정리채권자가 주식의 양도, 주식배당의 수령 등에 의하여 현실적으로 금전적 만족을 얻을 때에 그 한도에서 보증인의 채무가 소멸된다고 판시하였다. 이 판결의 항소심인 부산고등법원 2002. 3. 13. 선고 2001나4941 판결은 원심판결 이유를 그대로 인용하였다. 그 외 서울고등법원 2001. 8. 23. 선고 2001나9443 판결은 이에 더 나아가 현실적으로 금전적 만족을 얻을 때뿐 아니라 기타 이에 준하는 특별한 사정이 있는 경우에만 출자전환으로 인하여 얻은 이득액에 상당하는 채권이 상계 내지 대물변제 등으로 소멸된 것과 동일시할 수 있다고 하면서 출자전환으로 취득한 주식을 보유하고 있다고 하더라도 그 후 정리절차가 종결되고 채무자의 주식이 상장유통되고 있다면 언제라도 주식을 자유로이 처분하여 환가할 수 있다는 점에서 변론종결일 당시의 주식시세를 기준으로 평가한 금액만큼 보증인의 채무도 소멸되었다고 판시하였다.[32)]

2) 대법원 판결과 그 후 실무

대법원 2002. 1. 11. 선고 2001다64035 판결(공보불게재)은 비록 방론이기는 하지만 이 점에 관한 대법원의 견해를 처음으로 밝혔다는 데에 의의가 있다. 대법원은 "정리계획에서 피고(채권자)가 인수한 사채 원금 30%에 대하여 출자전환하기로 하면서 이 부분은 신주 발행의 효력발생일에 당해 채권액이 변제된 것으로 갈음하기로 규정하였으므로 … 일부 변제의 효력이 발생하였다면 당연히 이를 공제한 잔액이 파산채권액[33)]이 된다(이 사건과 같이 출자전환으로 변제에 갈음하기로 한 경우에는 신주발행의 효력발생일 당시를 기준으로 하여 채권자가 인수한 신주의 시가를 평가하여 그 평가액을 공제한 잔액이 채권액이 되는 것이고 신주의 액면가액을 공제한 잔액이 채권액이 된다고 볼 수는 없다)"고 판시하였다.[34)] 즉 신주발행의 효력발생일을 기준으로 그 당시의 시가에 주채무에 대한 변제의 효력과 아울러 변제의 범위도

32) 이 판결의 상고심 판결인 대법원 2003. 2. 26. 선고 2001다62114 판결은 출자전환에 대한 판단 없이 다른 이유로 원심판결을 환송하였다.

33) 파산자인 보증인에 대한 보증채권.

34) 이러한 입장은 확립된 판례가 되었다. 그 후의 대법원 2003. 8. 22. 선고 2001다64073 판결(공 2003, 1905); 2003. 2. 26. 선고 2001다62114 판결(공 2003, 901); 2003. 1. 10. 선고 2002다12703, 12710 판결(공 2003, 612) 등 참조.

정하여지며 보증채무도 동액만큼 감액된다는 것이다.[35)]

한편 대법원 2003. 3. 14. 선고 2002다20964 판결(공 2003, 974)은 정리계획에서 정리채권 중 20%에 해당하는 금액 535,656,217원에 대하여는 출자전환되어 해태유통이 새로 발행하는 주식의 효력발생일에 당해 채권액이 변제되는 것으로 갈음하고 나머지 채권에 관하여 전액 면제되는 것으로 권리가 변경된 사실을 인정한 다음 정리채권이나 정리담보권을 출자전환하는 경우에는 그 권리는 인가결정시 또는 정리계획에서 정하는 시점에서 소멸한다고 하면서 구체적으로 정리회사(해태상사)의 채권 중 20%에 해당하는 금액(536,656,217원)에 관하여는 새로 발행되는 주식의 효력발생에 따라 당해 채권액이 변제되는 시점에서 소멸된다고 판시하고 있다. 이 판결은 소멸되는 금액을 특정하면서 종전의 선례와 달리 주식의 효력발생일 당시를 기준으로 별도로 신주의 시가를 평가한 금액이 된다는 설시를 하지 않고 있다는 점에 주의할 필요가 있다.

그러나 그 후 대법원 2003. 8. 22. 선고 2001다64073 판결(공 2003, 1905)은 종전 앞의 두 판례를 모두 인용하면서 구체적인 소멸액수는 종전대로 신주의 시가를 평가하여 그 평가액에 상당하는 부분의 기존채권이 변제된 것으로 보아야 한다고 판시하고 있는 점에 비추어 아직 판례 변경이 있다고 보기는 어렵다. 판례의 태도는 주채무와 보증채무 모두 신주의 시가 평가액만큼 소멸하는 것인지 보증채무만 평가액만큼 소멸하는 것인지 불분명하다.

이 점과 관련하여 서울고등법원 2005. 4. 15. 선고 2004나45372 판결(미상고확정)은 주채무자의 출자전환대상 채권액 전부에 대한 채무는 소멸하였지만 연대보증인은 출자전환 당시의 신주의 발행가액과 신주발행효력발생일 당시의 신주의 시가의 차액만큼의 보증채무를 부담한다고 판시함으로써 주채무와 보증채무의 소멸액수에 차이를 인정하고 있다.

---

35) 이 점을 명시한 것이 대법원 2001다64073 판결이다. 한편 이 사건과 같이 보증인에 대한 파산선고 후에(밑줄 필자) 주채무자에 대한 정리계획안이 인가되어 인가된 계획안에 따라 출자전환이 이루어지고 그에 따라 주식의 효력발생일에 변제의 효과를 갖는다고 하더라도 파산채권의 현존액주의를 정한 파산법 제19조에 의하면 파산채권자는 이에 관계 없이 채권액 전액을 파산채권으로 주장할 수 있는 것이다. 그러나 만일 보증인에 대하여 파산절차가 개시되지 아니하였다거나, 보증인에 대한 파산선고 전에(밑줄 필자) 주채무자에 대한 정리계획안이 인가되어 출자전환 또는 일부 변제가 이루어졌다면 보증인은 보증책임의 부종성에 따라 그 액수만큼 보증책임의 감경을 주장할 수 있을 것이다. 원고는 보증인에 대한 파산절차와 주채무자에 대한 회사정리절차의 개시 시기의 선후를 구별하지 않고 주장하고 있다.

(2) 학　　설

1) 전액소멸설

채권의 출자전환은 현물출자의 한 방법이고, 채권자는 출자전환으로 인하여 주식을 취득함으로써 채권의 만족을 얻음과 동시에 채권자의 지위를 상실한다고 보아야 하므로 출자전환의 효력발생시에 채권액 전부에 대하여 채권자는 보증채무의 이행을 구할 수 없다.[36)]

2) 전액불소멸설

출자전환을 대물변제로 보지 않고 채권자는 당연히 만족을 받는 것으로 되지는 않으며, 주식의 양도, 주식배당의 수령 등에 의하여 현실로 금전적 만족을 얻은 때에 그 한도 내에서 보증인 채무가 소멸하는 것으로 해석하여야 한다.[37)] 이 학설은 주채무와 보증인의 채무소멸시기를 동일하게 보고 있다. 이와 달리 출자전환에 의하여 정리채권은 혼동에 의하여 소멸을 인정하면서도 보증인에 대하여는 회사정리법 제240조 제 2 항에 의하여 주식을 보유하고 있는 한 보증채무 전액에 관하여 보증인에게 그 이행을 청구할 수 있고, 보증인으로서는 보증채무를 이행한 후 정리채권자에 대하여 출자전환에 따른 주식의 이전 및 주권의 인도를 청구할 수 있다는 견해도 있다.[38)]

3) 일부 소멸설

대법원 판례에 찬동하는 견해이다. 회사정리법 제254조가 검사인의 검사를 배제하는 규정을 두고 있지 아니하므로 현물출자로 보게 되면 검사인의 검사를 거쳐야 하므로 현물출자로 채무가 소멸되었다고 보는 전액소멸설은 부당하고, 전액소멸설은 출자전환의 결과 정리채권이 혼동으로 소멸한다고 보는데 이는 주채무가 면제 또는 실권되는 경우에 보증인이 원래의 주채무에 대하여 보증의무를 부담한다는 일반적인 해석과 균형이 맞지 않으며, 출자전환으로 인하여 보증인에 대한 청구를 할 수 없다면 채권자들이 출자전환에 응하지 아니하게 됨으로써 정리회사의 회생에 지장을 초래한다는 이유로 출자전환시의 주식의 시가를 정리계획에 의한 지급으로 보아 보증인이 이에 대한 공제를 주장할 수 있다고 봄이

36) 서울지방법원, 회사정리실무(2002), 454면.
37) 兼子一-三ヶ月章, 앞의 책, 717면.
38) 申弼鐘, 앞의 논문, 331-336면 참조.

옳다.[39)]

4. 검 토

출자전환으로 인하여 보증인의 채무도 감축되는지 여부를 검토하기 위하여는 첫째 정리절차 개시 후에 정리회사로부터 채무를 일부 변제받은 경우에 보증인의 채무도 그 액수만큼 감축되는지를 먼저 결정하여야 한다. 둘째로 만일 감축된다는 입장을 취하면 출자전환으로 인하여 소멸되는 채무의 액수를 검토하여야 한다. 이러한 입장에서 각 설을 검토한다.

(1) 보증인의 채무도 감축되는지 여부

채권자가 정리절차 개시 후에 채권의 전액을 변제받은 경우에 보증인에게 청구할 수 없음은 다툼이 없다. 정리회사로부터 채권의 일부만을 변제받은 경우에도 회사정리법 제108조의 현존액주의에 따라 채권 전액을 변제받을 때까지 전액에 관하여 보증인에 대하여 청구할 수 있다는 견해[40)]가 있으나, 변제와 같은 채권의 절대적인 소멸의 경우에는 정리절차의 채권액에 영향을 미치므로 그 금액만큼 보증인의 채권도 감축되는 것으로 봄이 옳다.[41)] 판례 역시 정리회사가 채권자에게 변제한 금액이 있는 경우에는 보증인으로서는 그 금액의 공제를 주장할 수 있다는 입장이다.[42)]

출자전환 당시 정리회사의 주식의 가치가 전무하므로 사실상 채무를 면제하는 것과 같다고 보아 채무면제의 경우에는 보증인에게 보증채무를 구할 수 있다는 점을 논거로 드는 것은 출자전환과 채무면제의 법률적 성질의 차이를 간과한 것이다. 출자전환을 하는 이유는 앞에서 본 여러 이유 중 채권자로서도 정리회사가 곧 정상회사로 돌아가게 되면 주가가 상승하고 정리회사의 지배구조에 영향력을 끼칠 수 있는 지위에 올라설 수 있음을 고려하여 출자전환을 하는 것이

39) 朴容錫, 앞의 논문, 15-16면.

40) 林采洪 · 白昌勳, 제 2 판 會社整理法, 한국사법행정학회(2002), 522면("정리절차 개시 후에 주채무자가 임의로 일부변제를 하거나 … 일부의 만족을 얻었다 하여도 보증인에 대한 정리절차에서 정리채권액에는 영향을 미치지 않는다").

41) 金龍德, "會社整理節次와 債權者의 地位," 충북법률논단 제 1 집, 忠北法律實務硏究會(2000), 447면; 林治龍, 파산법 연구, 박영사(2004), 340면.

42) 앞에서 인용한 대법원 2001다64035 판결; 1997. 4. 8. 선고 96다6943 판결(공 1997, 1375).

다.[43] 미국의 정리계획안을 보면 출자전환되는 주주에 대하여는 일정기간 이익배당을 하는 조항을 두고 있다. 따라서 채권자는 정리절차에서 채무를 현금으로 분할 변제받는 대신에 회사정리절차상의 특수한 제도인 출자전환의 절차를 통하여 주주권을 획득하는 것이므로 단지 주식의 가치가 전무하다는 이유로 이를 채무면제와 동일시하여 이와 균형을 따지는 입론은 찬동하기 어렵다. 따라서 마치 주채무자로부터 일부 변제받은 경우 이러한 금액을 보증채무에서 공제하는 법리와 마찬가지로 출자전환으로 채무자로부터 주식을 받게 되었다면 이러한 이익은 보증채무에서 공제되어야 한다. 따라서 출자전환에 의하여 신주가 발행되어 주주가 되었음에도 채권자가 여전히 보증인에 대하여 보증채무 전액에 대하여 청구할 수 있다는 주장은 찬동하기 어렵다.

(2) 소멸되는 보증채무의 범위

확립된 판례에 의하면 출자전환되는 주식의 발행가를 기준으로 할 것이 아니라 정리계획에 의하여 신주발행의 효력발생일 당시의 주식의 시가를 기준으로 하여 그 금액만큼 보증채무가 감축된다고 한다.[44] 그러나 대법원 판례에 대하여는 다음과 같은 문제점이 있다.

첫째, 출자전환은 채권자가 동의하거나 적어도 법이 정한 가결요건에 의하여 이루어진 것이므로 그에 따른 불이익과 이익형량은 이미 고려된 것이므로 정리계획안인가결정일 또는 신주 발행의 효력발생일의 주가를 기준으로 채권이 소멸한다고 하게 되면 당사자들이 소멸되는 액수를 미리 정하는 것이 불가능하게 되어 법적 안정성에 위배된다.

둘째, 정리절차에 참여한 당사자들의 의사에 반한다. 정리채권자와 보증인 등 이해관계인들은 앞서본 대법원 2002다20964 판결처럼 정리채권액 중 일정 비율에 대하여 출자전환되어 소멸되는 것으로 기대하고 있는 것이다. 그런데 판례에 의하면 계획안 인가일 또는 신주발행의 효력발생일의 시가를 계산한 금액만큼만 채무가 소멸된다는 것인데 이 역시 당사자들의 의사에 어긋나는 것이다.

셋째, 출자전환약정시를 기준으로 한 발행가액의 의미가 무색하여진다. 예컨대, 서울고등법원 2002라119 결정에 의하면, 정리채권자는 액면 5천원의 기명식

---

43) 앞에서 인용한 서울고등법원 2001나9443 판결의 기아자동차 사건의 사실관계 참조.

44) 최근의 대법원 판례로는 대법원 2005. 1. 27. 선고 2004다27143 판결(공 2005, 308) 및 서울고등법원 2006. 5. 23. 선고 2004나56587 판결(미상고 확정) 참조.

보통주식에 대하여 1주당 1만원에 출자전환하고, 정리담보권자는 액면가 5천원의 기명식 보통주식 1주를 배정받는 방식으로 출자전환하고 있다. 당사자의 의사는 계획안에서 정하여진 비율에 따라 주식을 배정받으면 그 비율에 따른 채무액이 소멸하는 것으로 기대하고 있다.[45] 판례와 신주발행의 효력발생일 당시의 주식시가를 따르게 되면 정리계획인가시에 소멸시키려는 채무의 액수를 미리 확정하여 주식의 발행가액을 달리하려는 당사자의 의사를 뒤엎는 것이 된다. 미국의 경우에도 주식의 평가를 어떻게 할 것인지가 논의될 뿐 주식과 채권의 비율에 따라 주채무가 변제된 것으로 처리하고 있다고 한다. 다만 보증인의 책임 유무는 연방파산법이 아닌 州法에 의하여 결정된다고 한다.[46] 대법원 판례는 계획안에 보증인 책임을 면제하는 조항은 효력이 없다고 판시한 바 있다.[47]

넷째, 정리계획에 참가한 당사자들은 출자전환에 의하여 특정 채권자의 채권이 출자전환으로 일정 비율 감액되는 것으로 기대하고 정리계획안에 동의하였는데 만일 신주발행일 당시의 주가의 총액이 채권액에 미치지 못하게 되면 여전히 일부 채권이 남게 되는데 이는 정리계획의 변경에 의하지 아니하고 정리채권액을 변경하게 되는 문제점이 있다. 반대로 주가의 총액이 채권액을 상회하는 경우에도 동일한 문제가 발생한다. 따라서 출자전환 당시 기업의 가치평가와 출자전환하려는 채권액과 주가의 상당성에 대한 문제는 출자전환을 시도하는 과정이나 인가결정에서 논의하여야 하고 일단 그 비율이 정하여진 이상 이를 다시 변경하는 것은 법적 안정성에 반한다.

---

45) 대구지방법원에서 회사정리절차가 개시된 영남일보의 정리계획안 중 정리담보권에 관한 출자전환 조항에 의하면 원금의 39.55%는 변제기일에 현금변제하고 나머지 60.5%는 1주당 38,600원에 출자전환하기로 한다고 규정하였다. 이에 따라 정리담보권자인 파산자 현대생명주식회사는 확정된 정리담보권액(2,527,844,800원)에 각 비율을 곱한 금액에 따라 계산하여 2005. 4. 4. 현금변제분과 나머지 채권액인 1,529,346,104원에 대하여는 출자전환된 주식 총 39,620주(액면 5,000원, 총액면가 198,100,000원)를 수령하였다. 이로써 정리담보권이 말소된 것으로 보아 전세권설정등기의 말소를 서울중앙지법 파산부에 신청하여 법원이 허가한 바 있다. 이 사례는 액면가를 기준으로 하여 정리채권이 변제된 것으로 보는 당사자의 의사를 반영하고 있다.

46) 이에 관한 글로는 Peter E. Meltzer, Getting Out of Jail Free: Can the Bankruptcy Plan Process Be Used to Release Nondebtor Parties?, 71 AM. BANKR. L.J. 1, 10-11(1997). 실무의 관행은 채권자의 반대가 없으면 보증채무의 면책에 대하여 기판력을 주기 위하여 이를 계획안에 포함시키고 있다고 한다. 보증인의 면책을 허용한 판결로는 Republic Supply Co. v. Shoaf, 815 F.2d 1046(5th Cir. 1987). 법원은 파산법원이 계획안에서 명시적으로 보증인의 책임을 면제한 이상, 파산면책은 보증인에게 미치지 아니한다는 일반론은 적용되기 어렵다고 판시하였다. 이상의 설명과 자료는 미국 뉴욕 남부지구 파산법원의 Burton. R. Lifland 판사의 도움에 의한 것이다. 감사를 드린다.

47) 대법원 2005. 11. 10. 선고 2005다48482 판결(공 2005, 1967).

다섯째, 출자전환의 방식과 정리회사가 주식을 매각한 대금으로 일부를 변제하고 잔액을 면제하는 방식과의 차이를 간과하고 양자를 동일시하는 것이 된다. 출자전환으로 인하여 채권자의 지위가 주주로 바뀐 이상 주가의 변동으로 인한 손해와 이익은 주주에게 확정적으로 귀속되고 채무가 소멸되는 것이므로 채권액과 실제의 주가로 인한 손해액을 보증인에게 청구할 수 없다고 보아야 한다.

이상의 이유로 필자는 전액소멸설에 찬동한다.

5. 출자전환과 채권의 평가

출자전환은 보통 회사의 재무상태가 악화된 상태에서 이루어지는 것이 보통이다. 이러한 경우 채권평가액은 주식의 권면액을 밑돌기 마련인데, 이 때 신주발행가액을 회사의 재무내용을 반영한 채권평가액을 기준으로 할 것인지(평가액설), 권면액을 기본으로 해야하는지(권면액설)에 관한 논의가 있다. 일본에서는 채권에 기한 출자전환시에 검사인이 검사보고를 거치고 있었으므로 그 절차와 관련하여 다툼이 있었다. 종전 일본 실무에서는 채권평가액설이 유력하였으나 2000년 이후 실무는 권면액설을 취하고 있다. 그 근거는 다음과 같다. 출자전환을 하면 채권의 권면액 상당의 채무가 감소되는 결과 회사의 순자산액의 증가 혹은 자본결손액 혹은 채무초과액의 감소는 권면액에서 발생한다. 이 경우 평가액설을 따르게 되면 권면액과 평가액과의 차액에 대하여 채무면제익을 계산하지 않으면 안된다. 이것은 자본거래를 의도하였음에도 불구하고 일부를 손익거래로 취급하게 되어 회사 및 채권자의 의사에 반하게 된다. 실제로 채권을 평가한다는 것은 회사의 대차대조표상 채무가 자본으로 바뀌는 것에 불과하여 채권권면액을 신주식발행가액의 총액이라고 하는 권면액설에 의할 경우 채권의 실질가치에 대하여 평가할 필요가 없으므로 굳이 채권의 시가를 평가하는데 복잡한 절차와 시간을 소비할 필요가 없다.[48]

서울중앙지방법원의 파산부의 실무는 평가액설을 따르고 있는 것으로 보인다. 실무는 정리절차 개시시에 이미 회사에 대한 기업가치가 평가되고 있고, 정리계획 작성시에 채권의 가치가 평가되고 있음을 고려하여 회사출자전환을 정함에 있어 출자전환 후 회사의 자본금이 적정한 규모가 되도록 배려하고 있다. "정리채권은 변제능력이 부족한 정리회사에 대한 채권으로서 변제능력이 있는 채무자

48) 針塚 遵, "東京地裁商事部における現物出資等検査役選任事件の現狀," 商事法務 No. 1590(2001), 8면; 金承範, 앞의 논문, 121-122면에서 재인용.

에 대한 일반 채권보다 경제적 가치가 열후함에도 이를 고려하지 않고 채권금액과 액면금액을 동등하게 배정하는 것은 문제가 있다. 그렇게 되면 채권액만큼 자본이 증가하게 되는데, 회사를 인수하려는 제3자 입장에서는 자본금액 이상의 신주를 취득하여야 하는데 회사의 시장가치가 그에 미치지 못하는 경우라면 제3자 인수가 어렵기 때문이다. 그리하여 정리회사의 자본규모, 동종 업계의 자본금 규모를 고려하여 할증발행을 하고 있다."[49] 결국 신주발행가액을 정함에 있어서는 회사의 기업가치를 결정하는 것이 전제가 되고, 기업가치에 터잡아 정리채권의 실제가치가 결정되는 것이다. 앞으로 기업의 가치평가와, 적정한 발행가액을 정하는 것에 관하여 실무의 경험이 축적될 필요가 있다.

Ⅳ. 결　　론

출자전환에 의한 기업의 재건은 한국뿐 아니라 범세계적인 현상이다.[50] 출자전환은 실무상 대규모 기업에 대한 회사정리절차에서 자주 이용되는 추세에 있지만, 정리채권에 대한 평가 여부, 주식배정비율에 관하여는 아직 실무가들 사이에 국내에서 깊은 논의가 이루어지지 못하고 있는 것이 현실이다. 출자전환으로 인한 보증인의 책임 여부에 대한 앞에서 본 문제를 명확하게 해결하기 위해서는 정리법원이 보증인의 책임도 면제할 것인지에 대하여 채권자의 의사를 확인한 후 채권자와 보증인간에 별도의 개별약정을 하도록 유도하는 것이 바람직하다.[51] 지금까지는 출자전환을 하는 채권자가 주로 금융기관으로서 출자전환에 동의하고 있으므로 별 탈 없이 출자전환을 내용으로 하는 계획안이 인가되고 있지만, 만일 어느 정리채권자가 출자전환에 반대하고 있음에도 당해 조가 출자전환에 동의하는 경우에는 정리계획안의 공정·형평의 문제가 등장하게 된다.[52] 우리의 실무가

---

49) 회사정리실무 개정판(서울지방법원, 2002), 304면 이하. 해태상사의 경우 4천억원의 채권을 출자전환하면서 적정자본금 규모를 200억원으로 보아 20:1의 할증발행을 하였다고 한다. 기아자동차에 대한 정리계획에 따라 원고의 채권액 중 1,170,026,339원에 대하여 주식 78,001주를 1주당 15,000원으로 계산하여 출자전환되었다. 출자전환에 따른 주식의 가치 평가에 대한 자세한 글로는 申弼鐘, 앞의 논문, 321면 이하.

50) 80년대 중남미국가들에 대하여 미국 은행이 대출채권을 출자전환을 하여 기업을 구제하고 권리를 보전한 예가 있다. 李哲松, 앞의 논문, 17면.

51) 林治龍, 앞의 책, 359-361면 참조.

52) 松田安正, 앞의 논문, 325면. 일본은 개개 채권자의 사전 동의를 받는다고 한다.

미국과 같이 출자전환된 주식에 대하여 10년의 정리계획의 변제기간 동안 배당을 하지 않을 뿐 아니라 보증인에 대한 채무도 소멸된다고 해석하게 되면, 채권자의 반대에도 불구하고 그러한 정리계획안을 인가할 수 있을 것인지 하는 문제가 발생한다.

필자의 능력 부족으로 이러한 점에 대하여 문제 제기만 하고 글을 맺게 되어 송구스럽다. 앞으로 관심 있는 분들의 연구를 기대한다.

(BFL 통권 제9호(2005. 1) 서울대학교 금융법센터, 39면 이하 소재)

[후기]

발표 후에 선고된 대법원 2005. 1. 27. 선고 2004다27143 판결(공 2005, 308)은 전환사채와 보증인의 책임에 관한 법리를 판시하였으며 서울고등법원 2006. 5. 23. 선고 2004나56587 판결(미상고 확정)은 주채무자에 대한 출자전환으로 소멸되는 보증책임의 범위와 그로 인한 부당이득의 범위에 관하여 판시하였다. 두 판결을 본문에 언급하였다.

참고문헌

[국내문헌]

姜秉燮, "會社整理節次에 있어서 管理人의 雙務契約解除權," 대한변호사협회지 116호 (1986. 4)

姜宣明, "미국 파산절차 실무," 법조(2004. 5); "개인채무자회생해설"(미공간)(2003); "회사정리절차에서 공인회계사의 역할과 지위," 공인회계사 71호(2001)

姜永虎, "회사정리절차에 있어서 주채무에 관하여 채무를 면제하는 내용의 정리계획인가의 결정이 있는 경우에 시효중단되어 있던 보증채무의 소멸시효 재진행시기," 대법원판례해설 통권 23호(1995); 화의제도, 도산 기업의 구세주인가, 법률신문 2634호(1997. 9. 29.자); 회사정리와 파산의 모든 것, 청림출판(1998)

高翔龍, 민법총칙(전정판), 법문사(2001)

高元錫, "할부계약에 있어서 매수인의 도산과 매도인의 권리," 리스와 신용거래에 관한 제문제(하), 법원행정처(1994)

공병호, 한국기업의 퇴출장벽, 한국경제연구원(1995)

郭京直, "和議節次에 있어서의 債權者의 地位," 상사판례연구(Ⅴ), 박영사(2000)

郭潤直, 물권법, 박영사(1999); 債權總論, 박영사(1999); 債權各論, 박영사(2000)

郭潤直 편, 民法注解(11), 박영사(1995); 民法注解(13, 15) 박영사(2001)

權光重, "파산법과 파산실무 — 동아건설산업주식회사의 파산관재업무 경험을 중심으로" (미공간, 도산법연구회 발표)

權南赫, "회사정리절차와 보증채무의 소멸시효," 대법원판례해설 1988년 상반기, 법원행정처(1989)

權澤秀, "파산법 제3조 제2항 소정의 '외국에서 선고한 파산은 한국 내에 있는 재산에 대하여는 그 효력이 없다'는 규정의 의미," 대법원판례해설 45호(2003 상반기), 法院行政處(2004)

구남수, "양도담보권자의 화의법상 지위와 양도담보권 실행에 따른 재화의 공급시기," 대법원 판례해설 41호(2002)

김건식, 증권거래법 제3판, 두성사(2004); 스왑거래에 관한 법적 연구, 한국금융연구원 (1997)

김경욱, "독일의 소비자파산과 잔여채무면책에 관한 연구," 법조(1998. 10)

金東潤, "회사정리절차 및 화의절차에 있어서의 상계의 제한," 회사정리법 화의법상의 제문제, 법원도서관(2000)

金文洙, "清算終結 登記가 經了된 法人의 當事者能力," 판례연구, 부산판례연구회(1993)

金性龍, "개정 도산법의 개략적 검토(상), 법률신문 2677호(1998. 3. 12.자); "美國 破産法上 否認權 槪觀," 법조(1998. 12)

金承範, "貸出債權의 出資轉換에 관한 法的研究," 성균관대학교박사학위논문(2002)

金龍潭, "정리계획기간 중의 감독권행사 철저를 둘러싼 문제점," 민사판례연구(16), 박영사(1994)

金龍德, "회사정리절차와 다수당사자의 채권관계," 서울대학교 석사학위논문(1989); "미국법상 채무자의 강제집행면탈을 목적으로 한 재산도피 및 은닉 등을 방지하기 위한 제도," 외국사법연수론집(11), 법원행정처(1994); "회사정리절차와 채권자의 지위," 충북법률연구(1998); "會社整理節次와 和議節次의 比較를 통하여 본 會社倒産法制의 現況과 問題點," 법조(1998. 11·12); "정리채권자표·담보권자표 기재의 효력," 상사판례연구(Ⅴ), 박영사(2000)

김용진, "國際倒産法의 現況과 問題點," 인권과 정의 284호(2000. 4)

金容漢, 債權總論, 박영사(1988)

김종대, "화의제도의 운영방법 개선(하)," 법률신문 2001. 5. 14.자.

김종석, "미국 파산법 제364조에 의한 채무자 구제금융에 관한 소고," 인권과 정의(2002. 9)

金鍾泌, "화의법에 의한 화의의 확정 후 그 이행완료 전에 화의결정의 취소 없이 새로 파산선고가 내려진 경우, 화의채권자의 종전 채권이 부활하는지 여부(적극)," 대법원판례해설 42호, 법원행정처(2003)

金炯科, "최근 서울지방법원의 회사정리 및 화의사건 실무, 인권과 정의 제241호(1996. 9); "한국 국제도산법의 발전방향," 국제사법연구 7호(2001); "일본도산법의 개정방향과 주요내용," 2004년도 도산실무법관연수자료, 사법연수원(2004)

김정호·권오성, 법정관리이야기, 자유기업센터(1998)

金載亨, "회사정리절차가 보증채무의 소멸시효에 미치는 영향," 상사판례연구(Ⅰ), 박영사(1996); "會社整理計劃에서 經營責任에 기한 株式消却의 基準," 상사판례연구(Ⅴ), 박영사(2000)

南斗熙, "회사정리계획에 의한 정리채권자의 보증인에 대한 권리의 변경," 판례와 이론(1995)

대구지방법원, 회사정리사건처리실무(1998)

南逸聰, 도산제도의 경제적 분석, 한국개발연구원(2001)

도재형, "청산과정에서 근로자를 해고하는 것이 정리해고에 해당하는지 여부," 노동판례비평, 민주사회를 위한 변호사 모임(2002)

劉承男, "회사채의 지급보증인이 파산자에 대하여 가지는 회사채이자에 대한 사전구상금채권의 성질," 2001. 5. 7. 서울고등법원 민사재판연구회(미공간)

柳南榮, "破産節次와 賃金," 법조 2001년 3월호(Vol. 534)

柳英日, "최근 國際民事司法共助의 發展的 推移와 그 展望," 국제사법연구 2호, 길안사(1997) ; "민사 및 상사에 있어서 국제재판관할 및 외국판결에 관한 협약이 가져올 변화와 우리의 대응," 국제사법연구 5호, 지산(2000)

文一鋒, "選擇的 併合과 請求權競合," 법조 1999년 3월호

閔中基, "整理會社의 系列會社에 대한 連帶保證이 否認의 대상인 無償行爲에 해당하는지 여부," 대법원판례해설 1999년 상반기(통권 32권)

裵玄太, "會社整理節次에 있어서 리스채권의 取扱," 법조 512호(2000. 2)

朴基東, "破産節次 開始의 要件과 破産宣告의 效果," 파산법의 제문제(상), 법원도서관(1999)

朴炳大, "파산절차와 쌍무계약," 파산법의 제문제(상) 法院圖書館(1999)

박상훈, "독일의 노동법원 제도의 도입에 관하여," 사법개혁과 세계의 사법제도, 한국사법행정학회(2004)

朴性哲, "파산법상의 부인권," 파산법의 제문제(하), 법원행정처(1999) ; 회사정리 및 화의절차에 있어서의 부인," 회사정리법 화의법의 제문제, 법원행정처(2000)

朴淳成, "合資會社 無限責任社員의 和議節次上 地位," 대법원판례해설 44호, 법원행정처(2004)

朴承斗, 韓國倒産法의 先進化方案, 법률SOS(2003),

박이락, "지급결제시스템 및 리스크유형별 관리대책과 정책과제," 한국은행 금융결제국 결제정책팀(2005. 12)

朴仁鎬, "주채무자에 대한 판결 등이 확정된 경우 보증채무의 소멸시효기간," 대법원판례해설 통권 6호(1987)

朴峻, "國際的 會社整理를 둘러싼 諸問題," 民事判例硏究(16), 박영사(1994)

朴洪佑, "整理債權 등의 신고·調査·確定에 있어서의 問題點," 회사정리법·화의법의 문제점, 법원도서관(2000)

법원행정처, 회사정리실무(1985) ; 개정판 화의사건실무(1998) ; 소비자파산사건실무(미발간) ; 심포지움 IMF 체제와 효율적인 기업갱생방향(1998. 5. 12.자).

邊在承 외 4인, "서울民事地方法院의 會社整理事件 處理實務," 사법논집 25집(1994)

徐慶桓, "整理會社의 新株發行," 實務論壇, 서울지방법원(1977) ; "會社整理節次가 契約關係에 미치는 영향," 會社整理法·和議法上의 諸問題, 법원도서관(2000) ; '개인채무자회생제도', 2004년도 도산법관실무연수자료, 사법연수원(2004)

徐燉珏·金泰柱, 註釋어음·手票法, 육법사(1981)

서성식, "법정관리인이 본 회사정리," 2002년도 도산실무법관연수 자료, 사법연수원(2002)

徐石虎, "정리회사에 대한 변제금지보전처분," 제14기 사법연수생논문집, 사법연수원

(1984)

서울지방법원, 회사정리실무(2000); 파산사건실무(개정판)(2001); 회사정리사건실무(개정판)(2001)

서정환, 기업구조조정촉진법의 평가와 제언, 한국경제연구원(2001/09/20)

石光現, 國際私法과 國際訴訟 3권, 박영사(2004); "스왑去來의 法的 問題點," 민사판례연구(23), 박영사(2001); "파생금융상품거래에 있어서의 일괄청산의 문제점과 도산법의 개정," 국제거래법연구(8), 국제거래법학회(1999)

宣在星, "파산과 노동관계," 파산법의 제문제(상), 법원도서관(1999)

成樂松, "會社整理法上 株主의 議決權," 민사판례연구(15)(1993)

宋鎭勳, "淸算法人의 權利能力 및 淸算終結登記의 效力," 법조 29권 9호(1980)

申弼鐘, "整理債權의 出資轉換과 保證債務의 消滅," 民事裁判의 諸問題(11)(2002. 12)

梁彰洙, "주채무자에 대한 판결의 확정과 보증채무의 소멸시효기간," 민법연구(2), 박영사(1991)

梁亨宇, "破産節次上의 連帶債務와 保證債務," 법조 566호(2003. 11)

吳官錫, "은행의 사고신고담보금과 상계," 민사판례연구(17), 박영사(1995)

吳錫洛, "整理計劃樹立의 意義와 그 認可條件," 대한변호사협회지(1985. 3)

吳守根, "미국의 파산법이론에 관한 소고," 현대상법의 과제와 전망(양승규교수 화갑기념논문집), 삼지원(1994); "會社整理法의 歷史的 發展過程에 관한 小考," 민사판례연구(16), 박영사(1994); "회사정리제도에 관한 실증적 연구," 상사법연구 16권 2호(1997); "會社整理法에서의 平等·公正·衡平의 개념," 상사판례연구(Ⅴ) 박영사(2000); "청산가치를 하회하는 정리계획안의 당부," 민사판례연구(23), 박영사(2001)

오수근·김나영, "적격금융거래의 일괄정산에 관한 입법론," 이화여자대학교 법학논집 8권 2호(2004. 2)

吳泳俊, "管理人의 否認權 行使와 未申告된 整理擔保權, 整理債權의 復活을 둘러싼 法律關係"(미공간).

元裕錫, "整理計劃案의 作成 認可상의 問題點," 민사판례연구(16), 박영사(1996)

윤강열, "화의인가결정 확정의 효력," 재판실무연구, 광주지방법원(2000)

윤남근, "파산관재인," 파산법의 제문제(상)(1999)

尹大成, "未登記傳貰와 破産關係," 저스티스 34권 4호(2001년 8월호)

尹榮信, 美國의 倒産法, 한국법제연구원(1998); 英國의 倒産法, 한국법제연구원(1998)

尹雄傑, "國際倒産에 있어서 管轄權의 選擇과 國際的 協力," 해외연수검사 연구논문

尹眞秀, "회사정리법상의 보전처분과 부인권," 민사재판의 제문제(8)(1994)

윤창술, 국제도산제도의 동향, 인권과 정의(2003. 11); "파산절차에서의 단체협약과 근로계약" 인권과 정의 281호

이규홍, "회사정리와 화의절차 처리상의 문제점," 98회사정리절차실무법관연수자료, 사법연수원(1998)

李基秀, 어음법 · 수표법학, 박영사(1996)

李恭炫, "확정판결에 의한 주채무의 소멸시효기간의 연장과 보증채무의 시효기간," 민사판례연구(10), 박영사(1989)

이동원, "청산과정에서의 해고와 정리해고의 차이," 대법원판례해설 38호

李敏杰, "화의인가결정 확정 후 화의채권자가 화의인가결정에 따라 변경된 채무를 다시 감면 내지 완화해 주는 경우, 보증채무에도 그 효력이 미치는지 여부(소극)," 대법원판례해설 52호, 법원행정처(2005); "회사정리절차상의 상계와 부인권," 민사판례연구(17), 박영사(1995)

이범균, "사용자가 파산한 경우의 근로관계 종료와 부당해고 등," 행정재판실무편람(3), 서울행정법원

이상영, "독일 일반집행법상 새로 채택된 파산계획에 관하여," 대전대학교 사회과학논문집 16권 1호(1997)

이영구, "서울중앙지방법원 화의 파산사건 처리실무," 2004년도 도산실무법관 연수자료, 사법연수원(2004)

이은영, 채권총론, 박영사(1999)

이은재, "통합도산법에서의 결제완결성 보호조항," 도산법상 결제시스템의 보호, 이화여대 도산법센터(2004)

李在睦, "미국 연방파산법상의 소비자파산제도와 개혁논의의 경과," 인권과 정의(2000. 1)

李在性 감수, 문례주해 비송사건절차, 대원서적(1976)

李濟垣, "出資轉換의 法的性質," 증권법연구 1권 1호(2000)

李柱玄, "신탁법상의 신탁계약을 체결하면서 담보목적으로 채권자를 수익권자로 지정한 경우 그 수익권이 정리계획에 의하여 소멸되는 정리담보권인지 여부," 대법원판례해설 42호(2003)

李鎭萬, "整理債權인 약속어음금債權의 免責과 事故申告擔保金," 민사판례연구(25), 박영사(2003)

李亨夏, "서울지방법원 화의 파산사건 실무"(미공간)

李浩彰, "채무자 회생 및 파산에 관한 법률에 대한 의견," 법률신문 2004. 9. 30.자

李厚東, 涉外倒產에 있어서의 國際協助와 節次의 竝行, 법실천의 제문제, 박영사(1996)

李亥雨 · 李在華, 파산법, 법률문화원(2001)

林時圭, "화의법 및 회사정리법상의 채권자협의회," 인권과 정의 261호(1998. 5)

임종률, 노동법 제4판, 박영사(2004)

林鍾憲, "일본 파산법상의 부인권에 관한 연구," 外國司法硏修論集(12) 66輯(1994); "대표적 도산처리 절차인 도산 절차의 개관과 그 활용," 저스티스 29권 1호

(1996); "破産節次가 未履行契約關係에 미치는 影響" 人權과 正義 241號(1996. 9); "破産節次의 開始要件에 관한 實務的 考察," 法曹(1999. 2); "外國倒産節次가 國內에 미치는 影響에 관한 硏究," 파산법의 제문제(상), 법원도서관(1999); "會社整理와 勞動關係," 공인회계사 통권 93호(2001); "他人의 債務保證과 無償否認," 법조(2000. 9·10)

林俊浩, "所有權移轉請求權 保全의 가등기와 쌍방미이행의 쌍무계약에 대한 解除," 상사판례연구(Ⅴ), 박영사(2000)

林采雄, 소비자파산의 연구(서울대학교 석사학위논문, 1997); "외국도산절차가 국내에 미치는 영향에 관한 연구," 파산법의 제문제(상) 재판자료 82집(1999)

林采洪, "정리회사의 보증인의 地位," 大韓辯護士協會誌(1989. 1)

林采洪·白昌勳, 회사정리법(상, 하), 한국사법행정학회(1998); 會社整理法(上, 下), 司法行政學會(2002)

林治龍, "미국 국제사법(저촉법)의 현황 — 준거법의 결정을 중심으로 —," 사법연구자료 24집(1997); "헤이그송달조약에 관한 연구," 저스티스 통권 47호(1998. 3)

張太圭, "會社整理節次에 있어서 讓渡擔保權者의 地位," 수원변호사회지 2호(1990)

田炳西, "破産法上 還取權 考察," 법조(1999. 3); "파산면책의 입법적 검토," 저스티스 31권 1호(1998); "파산법상의 상계권의 제한," 법률신문 2683호; "파산자의 면책에 대한 고찰," 법조(1998. 1); 破產法, 司法行政學會(1999); "채무자회생및파산에관한법률안의 개인채무자파산 및 면책에 관한 부분 검토," 법률신문 2003. 6. 30.자; 파산법, 법문사(2003)

全孝淑, "사고신고담보금의 법률관계," 민사재판의 제문제(8)(1994)

鄭大根, "整理債權者表와 整理擔保權者表의 確定力의 의미," 상사판례연구 5집(1992. 11)

鄭順燮, "통합도산법상 금융거래의 특칙에 관한 연구 — 채무자 회생 및 파산에 관한 법률 제120조 제3항의 해석론을 중심으로," 증권법연구(2005. 12); 私債元利金支給代行契約의 法的 性質論, 증권법연구 5권 1호(2004); "대한생명과 제이피모건의 파생상품거래에 관한 뉴욕연방지방법원판결," BFL 1호(2003. 9); "派生商品의 金融規制法상 問題點," 心堂 宋相 現先生華甲紀念論文集, 박영사(2002)

鄭晙永, 개인파산(회생)에 있어서 장래소득에 대한 전부명령 채권양도의 효력, 2004. 5. 29. 한국민사소송법학회발표문

鄭燦亨, "어음所持人인 整理債權者의 事故申告擔保金의 支給請求權," 判例月報 310號(1996. 7); 英美어음·手票法, 고려대학교출판부(2001)

鄭熙喆, 판례교재 어음수표법, 법문사(1975)

趙炳顯, "파산절차상의 상계권행사," 파산법의 제문제(하), 법원행정처(1999)

趙相熙, "整理計劃 認可決定에 대한 抗告에서의 認可決定取消의 效果," 서울지방변호사회 판례연구(1992)

趙仁鎬, "民法上 清算法人의 殘餘財産歸屬과 代表權 制限," 대법원판례해설 35호(2001)

曺在巾, "和議節次와 別除權者," 會社整理法 和議法上의 諸問題, 법원도서관(2000); "도산절차와 소송절차·강제집행·보전처분," 재판실무연구, 광주지방법원(2000)

崔基元, 어음·手票法, 박영사(1996)

최도성·지헌열, 회사정리제도, 서울대학교출판부(1998)

崔周永, "타인의 채무의 보증과 회사정리법 제78조 제1항 제4호의 무상부인," 상사판례연구(V), 박영사(2000)

崔埈璿, 商法事例演習(下), 三潮社, 2004

한국산업은행, 회사정리법해설(1982); 법정관리절차에 있어서의 정리계획 입안기준에 관한 연구 산업은행조사월보(1993. 8)

한국개발연구원, 기업퇴출관련 제도개선방안(1997. 12)

한국법학원보, 심포지움 기업 회생관계법의 개정과 제도운영 78호(1998. 5. 11.자)

韓宗遠, "회사정리법상 확정된 정리채권자표와 정리담보권자표의 기재의 효력," 대법원판례해설 16호(1992)

韓忠洙, "國際保全訴訟의 裁判管轄權," 國際私法研究 4호, 지산(1999) : "外國倒産節次의 承認과 執行," 변호사 31집(2001); "UNCITRAL의 국제도산절차와 Model Law 연구," 민사소송 7권 2호, 한국사법행정학회(2003)

洪裕碩, 信託法, 법문사(1999)

洪日杓, "회사정리법상의 변제금지의 보전처분과 이행지체," 회사법상의 제문제(下), 법원행정처(1987)

[영미문헌]

John. D. Ayer, Rethinking Absolute Priority After Ahlers, 87 Mich. L. Rev. 963 (1989)

Douglas G. Baird, THE ELEMENTS OF BANKRUPTCY(Revised ed. 1993)

G. Baird and Thomas H. Jackson, Bargaining after the fall and the contours of the absolute priority rule, in Bhandari and Weiss, CORPORATE BANKRUPTCY (Cambridge 1996)

Lucian Arye Bebchuk ET AL., An Economic Analysis of Transnational Bankruptcies, 42 J.L. & Econ. 775 (1999); 金和鎭譯, "會社整理와 持分의 分配: 提案," 국제거래법연구 2집, 국제거래법학회(1993)

Thomas F. Blakemore/金秉俊(역), "미국에서의 外國 破産訴訟節次의 效力," 국제사법연구 2호, 길안사(1997)

R. Blanpain, Employee Rights in Bankruptcy(Kluwer 2002)

Brian A. Blum, BANKRUPTCY AND DEBTOR/CREDITOR(2nd ed. 1999)

Charles Booth, Recognition of Foreign Bankruptcies: An Analysis and Critique of the Inconsistent Approaches of United States Courts, 66 Am. Bank. L. J. 135, 155(1992); The New Avoidance Powers under Hong Kong Insolvency Law: A Move from Territoriality to Extraterritoriality Int'l Lawyer 255, 256, 264 Vol. 34, No 1(2000)

Ole Borcher & Mikkel Lyager, Ch 20 Denmark, Collier's International Business Insolvency Guide(Mathew Bender, 2001)

David Broder, "A bipartisan outrage," Washington Post, May 19, 2002, B07

Ben B. Floyd, "국제도산에 있어서의 저촉법," 국제사법학회 · 국제거래법학회(2001)

Richard F. Broude, "Cramdown and Chapter 11 of the Bankruptcy Code": The Settlement Imperative, 39 Bus. Law. 441(1984)

Samuel L. Bufford ET AL, INTERNATIONAL INSOLVENCY(Federal Judicial Center 2001)

Bussel, 三木浩一 譯 アメリカ倒産法における近時の展開(下), 國際商事法務 Vol. 25. No 11(1997)

Hannah L. Buxbaum, Rethinking International Insolvency: The Neglected Role of Choice of Law Rules and Theory, 36 Stan. J. Int'l L. 23(2000)

Arnold B. Cohen, CONSUMER BANKRUPTCY MANUAL(Thomson West 2nd ed. 2002)

David G. Epstein ET AL, BANKRUPTCY(1993)

Ian F. Fletcher ed, INSOLVENCY IN PRIVATE INTERNATIONAL LAW(Clarendon Press Oxford(1999); THE EC REGULATION ON INSOLVENCY PROCEEDINGS A Commentary and Annotated Guide(Oxford 2002); European Union, Collier International Business Insolvency(2003)

Michael A. Gerber, BUSINESS REORGANIZATION(1997)

Jeffrey J. Haas, Corporate Finance in a Nutshell(West 2004)

Michael J. Herbert, UNDERSTANDING BANKRUPTCY(1995)

Thomas H. Jackson, THE LOGIC AND LIMITS OF BANKRUPTCY LAW (Harvard University Press 1986)

Robert L. Jordan & William D. Warren, BANKRUPTCY(4th ed, 1995)

Lawrence P. King, COLLIER INTERNATIONAL BUSINESS INSOLVENCY GUIDE(2001)

Kennethe N. Klee, Cram Down Ⅱ, 64 Am. Bkrtcy.L.J. 229, 244(1990)

E Bruce Leonard, Internaionalisation of Insolvency and Reorganization, International Business Lawyer(May 1996); Everfresh: A New Milestone in International

Reorganizations, BCD News and Comment, Jan. 22, 1996; Managing Default by a Multinational Venture: Cooperation in Cross Border Insolvencies, 33 Tex. Int'l L.J. 543, 546(1998); The Way Ahead: Protocols in International Insolvency Cases, 17-Jan Am. Bankr. Inst. J. 12(1999)

Lynn M. LoPucki, Cooperation in International Bankruptcy: A Post-Universalism Approach, 84 Cornell L. Rev. 696(1999)

Norton BANKRUPTCY LAW AND PRACTICE 2nd ed.

Note, Estimating Contingent Liabilities to Determine Insolvency in Bankruptcy Proceedings, 1989 B.Y.U.L. REV. 1315

Liza Perkins, A Defense of Pure Universalism in Cross-Border Corporate Insolvencies, 32 N.Y.U. J. Int'l L. & Pol. 787(2000)

Lawrence Ponoroff and F. Stephen Knippenberg, The Immovable Object Versus the Irresistible Force: Rethinking the Relationship Between Secured Credit and Bankruptcy Policy, 95 Mich L. REV. 2234(1997)

Arnold M. Quittner, EXECUTORY CONTRACTS AND LEASES, 27th Annual Current Developments in Bankruptcy & Reorganization, Vol 2, Practicing Law Institute(2005)

Harry Rajak, INSOLVENCY LAW THEORY & PRACTICE; Jay Lawrence Westbrook, 'Chapter 11 Reorganization in the United States'(1993).

Robert K. Rasmussen, A New Approach to Transnational Insolvency, 19 Mich. J. Int'l L. 1, 26(1997)

Dennis Rose, LEWIS'S AUSTRALIAN BANKRUPTCY LAW(11th ed LBC Information Services 1999)

Jeff A. Schnepper, THE NEW BANKRUPTCY(1981)

David A. Skeel, Jr. DEBT'S DOMINION (Princeton University Press 2001)

Sullivan, Warren & Westbrook, AS WE FORGIVE OUR DEBTORS; BANKRUPTCY AND CONSUMER CREDITS IN AMERICA(1989)

Charles Jordan Tabb, The Historical Evolution of the Bankruptcy Discharge, 65 Am. Bankr. L. J. 325 (1991); The History of the Bankruptcy Laws in the United States, 3 Am. Bankr. Inst. L. Rev. 5(1995)

Elizabeth Warren, BUSINESS BANKRUPTCY(Federal Judicial Center 1993); Elizabeth Warren & Amelia Warren Tyagi, THE TWO INCOME TRAP-WHY MIDDLE CLASS MOTHERES & FATEHRS ARE GOING BROKE (2003), 엘리자베스 워렌, 아멜리아 워렌 티아기 저, 주익종 역, 맞벌이의 함정(2004)

Ned W. Waxman, The Bankruptcy Reform Act of 1994, Bankruptcy Development Journal of Emory Law School

Benjamin Weintraub ET AL, PRACTICAL GUIDE TO BANKRUPTCY AND DEBTOR RELIEF(1964)

Jay Lawrence Westbrook, Multinational Enterprise in General Default: Chapter 15, The ALI Principles, and The EU Insolvency Regulation, 76 Am. BANKR. L.J. 1, 10(2002); International Judicial Negotiation, 38 Texas Int'l L.J, 567 (2003)

Teresa Wyszomiersky, A Way Forward Through Bankruptcy, Asian Wall Street Journal, 1998. 10. 5.

David B. Young, Alternative Dispute Resolution in Bankruptcy, 27th Annual Current Developments in Bankruptcy & Reorganization, Vol 1(2005)

Recommendation from the National Bankruptcy Review Commission Final Report, http://www.abiworld.org/legis/review/agendas/AGENDA.html.

[일본문헌]

加藤和夫 "債權確定に關する若干の問題" 新實務民事訴訟講座(13), 日本評論社(1981)

岡庭幹司, "問屋の破產と委託者の取戾權," 倒產判例百選(第3版), 有斐閣(2002)

管野雅之, "倒產ADRのあり方," 高木新二郎, 伊藤眞 編, 講座/倒產法, 日本評論社(2006)

兼子一, 條解會社更生法, 弘文堂(1953)

兼子一-三ヶ月章, 條解會社更生法(上, 中, 下), 弘文堂(1998)

高橋康文・長崎幸太郎, 證券取引法における清算機關制度, 金融財政事情研究會(2002)

高木新二郎, アメリカ連邦破產法, 商事法務研究會(1996); "國際倒產法の次なる課題," 國際倒產法制の新展開, 經濟法令研究會(2001); 新倒產法制の課題と將來, 商事法務(2002)

高木新二郎 編, 倒產法實務事典, 金融財政事情研究會(1999)

谷川久, "任意整理による主債務者免責と遡求義務者の責任," 別册ジュリスト No. 108(1990. 5)

久保田 隆, "資金決濟システムの法的課題," 私法 66호, 有斐閣(2004)

宮川知法, "破產債務者の職業保障," 民事訴訟雜誌 36호(1990)

宮脇行彥 외, 注解會社更生法, 青林書院(1986)

吉野正三郎, 破產法 30講, 成文堂(1991)

納谷廣美, "複數管財人による手形行爲," 新倒產判例百選 別册 ジュリスト(1990)

大彬謙一, "いわゆる不良債權問題とデット・エクイティ・スワップ(債務の株式化)," ジュ

リスト(2003. 3. 1)
大西良孝, "更生計劃の效力と遂行," 金融商事判例 719호
大村雅彦, "整理計劃における免責と保證人の地位," 新倒産判例百選 別册 ジュリスト(1990)
大阪個人再生手續運用硏究會, 事例解說 個人再生, 新日本法規(2004)
大下慶郞, "破産と勞動法制," 麻上正信 監修, 新版破産法 經濟法令硏究會(1990)
桃尾重明, 新國際倒産法實務, 日本法令(2001)
渡部晃, "手形の讓渡擔保," 裁判實務大系 3 會社訴訟 會社更生法(1985)
渡辺光誠, アメリカ倒産法の實務, 商事法硏究會(1996)
渡辺惺之, "破産屬地主義," 新倒産判例百選 別册 ジュリスト(1990)
稻葉威雄, 判例批評, 民商法雜誌 81권 4호
道垣內弘人 編, 信託取引と民法法理, 有斐閣(2003)
道垣內正人, "國際倒産における債權者平等," 山本克己＝山本和彦＝坂井秀行編, 國際倒産法制の新展開, 金融商事判例 增刊號 1121호(2001)
東京地裁破産再生實務硏究會, 破産・民事再生の實務(下), 金融財政事情硏究會(2002)
東西倒産實務會編, 會社更生・會社整理, 社團法人商事法硏究會(1989)
麻上正信 谷口安平 編, 注解和議法, 靑林書院(1993)
木棚照一・松岡博・渡辺惺之, 國際私法概論 第3版, 有斐閣(1999)
木川裕一郞, "雇傭者の倒産と賃金債權の保護," 新堂幸司先生古稀祝賀 民事訴訟法理論の新構築 下卷, 有斐閣(2001); "外國倒産手續の承認の考察," 倒産法學の軌跡と全開 櫻井孝一先生古稀祝賀, 成文堂(2001)
木村圭二朗, "米國倒産法上の外國倒産節次の承認(1)(2)," 民商法雜誌(1995)
弥永眞生, 倒産處理手續における一括淸算條項の取扱い, 金融商事判例 1060호
飯塚重男, "倒産節次における裁判官の忌避," 新倒産判例百選 別册 ジュリスト(1990)
法務省民事局參事官室編, 倒産法制に關する改正檢討課題, 商事法務硏究會(1997)
福岡博之, "破産法第七三條第一項の適用範圍の問題と割引手形の買戾," 手形硏究 42号
本間靖規 외 2인, 國際民事手續法, 有斐閣(2005)
司法硏修所編, 破産事件の處理に關する實務上の諸問題, 法曹會(1985)
寺澤達也 外 編著 會社更生企業その後, 債權管理別册 No. 1 金融財政事情硏究會(2002)
山口和男, "主債務を免除する整理計劃認可と保證債務の消滅時效の進行," 判例タイムズ 判例 タイムズ 411호
山內八郞, 實務會社更生法(제3판), 一粒社(1971); 會社更生計劃の諸問題, 一粒社(1979)
山本克己, "新しい國際倒産法における「承認」概念と周邊," 河野正憲・中島弘雅 編, 倒産法大系, 弘文堂(2001); "當事者適格," 新裁判實務大系 3 國際民事訴訟(財産編), 靑林書院(2002); "日本新會社更生法の概要等," 민사소송 7권 2호, 한국민사소송법학회(2003)

山本克己＝山本和彦＝坂井秀行編, 國際倒産法制の新展開, 金融商事判例 增刊號 1121호(2001)
山本和彦, 國際倒産法制, 商事法務(2002)
山田文, "米國における夫婦共同手續の導入可能性," 倒産法大係 倒産法と市民保護の法理, 弘文堂(2001)
三ヶ月章, 會社更生法研究, 有斐閣(1979)
三宅省三, "訴訟當事者の外國における破産と當事者適格の消長," 別册 ジュリスト No. 106(1990. 2)
三木浩一, "辨濟禁止保全處分の效力," 倒産判例百選 有斐閣(2002)
森泉章, 新法人法入門, 有斐閣(2004)
霜島甲一, 會社更生計劃の分析 10 完 ジュリスト 399호(1968); "アメリカ合衆國連邦破産法改正の背景と草案について," 判例タイムズ No. 306(1978); "アメリカ合衆國一九七八年連邦破産法の成立, 民事節次法の革新(下)," 三ケ月章先生古稀祝賀, 有斐閣(1991)
上野久德, 倒産處理と勞動問題, 同文館(1977)
上原敏夫, "會社の倒産と內部債權の劣後的處遇"(上, 中, 下), 判例時報 1277호, 1280호, 1283호
商事法務研究會, 更生會社 vs. 債權者, 商事法務研究會(1978)
上村多平, 多數當事者の債權關係, "企業の整理・再建と淸算," 青林書院新社(1980)
西岡清一郞 외, 會社更生の實務(上), 金融財政事情研究會(2005)
西尾信一, "破産法第104條2号但書の「前ニ生ジタル原因」と手形取立委任," 判例タイムズ 700호(1989. 9. 1.)
西山芳喜, "任意整理による主債務者の免責と遡求義務者の責任," 別册ジュリスト 手形小切手判例百選(1997)
西山俊彦, "會社更生計劃の條項について若干の考察," 會社と訴訟(下)(1968)
石渡哲, "會社更生における公正・衡平・遂行可能," 判例タイムズ 866호(1995)
石黒一憲, 國際私法と國際民事訴訟法の交錯, 有斐閣(1998)
小島武司, "倒産節次と憲法的保障," 新倒産判例百選 別册 ジュリスト(1990)
小林秀之, アメリカ民事訴訟法, 弘文堂(1993); "カナダにおけるわが國の倒産手續の效力と屬地主義," 金融法務事情 No. 1284(1991. 4. 15.)
小川善吉-三ヶ月章, "會社更生法をめくる諸問題(5)," 判例タイムズ
小川秀樹 외, "新破産法の概要," 金融法務事情(2004. 8. 5); 一問一答 新しい破産法, 商事法務(2004)
松岡博, 國際取引と國際私法, 晃洋書房(1993)
松久三四彦, "會社更生手續と時效," 判例タイムズ 866호(1995)

松嶋隆弘, "債務の株式化に關する一考察," 21世紀の企業法制: 酒卷俊雄先生古稀記念, 商事法務(2004)

松田安正, "株式による代物辨濟條項およびその利害得失," 判例タイムズ 제866호(1995)

松田二郎, 會社更生法(舊版), 有斐閣(1960); 會社更生法(新版), 有斐閣(1976)

松下淳一, "更生計劃の條項と「平等、公正, 衡平」の意味," ジュリスト No. 888(1987. 6. 15); "內國倒産手續の對外的效力," 新裁判實務大系 3 國際民事訴訟(財産編), 靑林書院(2002); "契約關係の處理," 別册NBL 倒産實體法(2002); "國際倒産," 民事再生法の理論と實務(下)

須藤英章・宮川勝之・深山雅也 編, 新しい破産法解說, 三省堂(2004)

水元宏田, 倒産法における一般實體法の規制原理, 有斐閣(2002)

植田智彦・岡本光弘, "破産異時廢地事案 における管財手續の合理化," 判例 タイムズ 1109(2003. 3. 1)

新堂幸司, 金融派生商品取引の倒産法的檢討(上, 下), NBL 552(1994. 9. 1), 553(1994. 9. 15).

新井 誠, 信託法, 有斐閣(2005)

深山卓也, 新しい國際倒産法制, 金融財政事情硏究會(2001)

野崎辛雄, "更生計劃における權利の取扱いをめぐる諸問題," 『新·實務民事訴訟講座 13』, 日本評論社(1981)

鈴木忠一・三ヶ月章 編集, 注解民事執行法(4), 第一法規(1985)

櫻井孝一編, 演習 破産法(改訂版), 法學書院(1996)

玉城 勳, "更生手續參加により中斷した時效の進行開始時期," 新倒産判例百選 別册ジュリスト(1990)

園尾隆司・小林秀之 編, 條解民事再生法, 弘文堂(2003)

園尾隆司・小林秀之・山本和彦 編, 解說 個人再生節次, 弘文堂(2001)

伊藤眞, 破産法, 有斐閣(2006); "概說 — 屬地主義と普及主義," 高桑昭・道垣內正人 編, 國際民事訴訟法, 靑林書院(2002); 破産法(新版), 有斐閣(1998); "外國倒産の日本における效力," ジュリスト 970호(1990); "外國破産管財人の日本における 權限行使," 別册ジュリスト No. 106(1990. 2); "親會社の有する株式 更生債權をより劣位に扱う更生計劃と公正衡平," 判例タイムズ No. 505(1983. 11. 10); "和議節次における擔保權者の地位(上, 中, 下)," 判例タイムズ No. 423-425(1980)

林良平・前田達明 編, 新版注釋民法 總則(2)[藤原弘道 집필], 有斐閣(1988)

林屋札二 編, 民事執行法(改訂版), 靑林書院(1996)

日本辯護士連合會 消費者問題對策委員會, 2002年破産事件及び個人再生事件記錄調査

長谷部 외 3인, "會社更生手續・會社整理手續運用手引き," 判例時報 1692호, 1693호(2000)

長谷部茂吉, "更生手續と時效の中斷," 金融商事判例增刊号 No 554

全國倒産處理辯護士ネットワーク編, 論点解説, 新破産法(上, 下), 金融財政事情研究會(2004)

田頭章一, "國際破産管轄과 倒産節次의 國際的 效力," 국제사법연구(2001); "消費者倒産處理手續の現狀と課題," 河野正憲・中島弘雅, 倒産法大系 倒産法と市民保護の法理, 弘文堂(2001); "倒産處理法における雙方未履行雙務契約の處理," 青山善充外編, 新堂幸司先生古稀祝賀論文集(下), 有斐閣(2002); "倒産法制について," 別冊ジュリスト 倒産判例百選 제 3 판(2002. 9)

前田 庸, "手形の買戻と否認," 別冊ジュリスト 銀行取引判例百選(新版)

田村諄之輔, "會社更生計劃における公正, 衡平と遂行可能性についての一考察," 裁判と法(下)(菊井先生獻呈論集)(1967); "更生擔保權の目的物の評價," 新倒產判例百選 別冊 ジュリスト(1990)

齊藤秀夫・麻上正信・林屋礼二 編, 注解破產法 第三版(上, 下), 青林書院(1999)

鵜澤晋, "更生計劃による主債務變更と保證債務の時效中斷," 金融法務事情 689호

宗田親彦, 全訂破產法概說, 法學書院(1983); 破產法研究, 慶應通信(1995)

座談會, "新たな國際倒產法制下の諸論点(5・完)," 金融法務事情 1614호(2001)

酒井 一, "日本の倒產法制と國際倒產," 渡辺惺之・野村美明 編 國際取引法, 法律文化社(2002)

竹內康二・加藤哲夫, 倒產判例ガイト, 有斐閣(1996)

竹內康二, "更生計劃における公正衡平(1)," 新倒產判例百選 別冊 ジュリスト(1990); "外國破產節次의 承認," 국제사법연구 7 권(2001)

竹下守夫, "屬地主義と外國の破產管財人のわが國における權限," 判例タイムズ 472호

中島弘雅, "各種契約取扱い," ジュリスト(2002. 12. 15).

中島健仁, "マルコ事件," 山本克己＝山本和彦＝坂井秀行編, 國際倒產法制の新展開, 金融商事判例 增刊號 1121호(2001)

中西 康, "承認の理論的性格," 山本克己＝山本和彦＝坂井秀行編, 國際倒產法制の新展開, 金融商事判例 增刊號 1121호(2001)

中野貞一郎, 民事執行法, 青林書院(2000)

中野貞一郎・道下徹 編, 基本法コンメンタール破產法 第二版, 日本評論社(1997)

中村清, "雙務契約の履行請求および解除權行使の實際," 判例ダイムズ No 866(1995)

志水義文, "認可更生計劃の效力," 會社と訴訟(下), 松田判事在職四十年記念, 有斐閣(1984)

青山善充, "會社更生の性格と構造(一, 二, 三, 四)," 法學協會雜誌 83권 2, 3호(1966), 84권 5호(1967), 86권 4호(1969); 法學協會雜誌 84권 3호; "裁判に現れる會社更生法の諸問題," 民訴雜誌 16호(1970); "支拂停止の意義および機能," 新實務民事訴訟講座 13, 日本評論社(1981)

淸水直, 續・會社更生手續の實務, 商事法務研究會(1983); "100% 減資更生計劃の許否," 新倒產判例百選, 別冊 ジュリスト(1990)

塚原英治, "企業倒產と勞動者の權利," 講座 21世紀 勞動法, 有斐閣(2000)
最高裁判所 事務總局, 會社更生事件裁判例集(1966)
坂原正夫, 更生計劃における公正衡平(2), 新倒產判例百選, 別册 ジュリスト(1990)
坂井秀行, "會社更生手續と海外資產・海外業營所," 判例タイムズ 866호
貝瀨幸雄, "比較國際倒產法," 石黑一憲 編, 國際金融倒產, 經濟法令硏究會(1995) : ヨーロッパ連合倒產條約の硏究, 商事法硏究會(2000) : "EU規則との比較," 山本克己＝山本和彦＝坂井秀行編, 國際倒產法制の新展開, 金融商事判例 增刊號 1121호(2001)
片山英二, "國際倒產手續," 現代裁判法大係 20, 新日本法規出版(1998)
海保寬, "保證人の求償權," 裁判實務大系 會社訴訟と會社更生法, 青林書院(1985)
現代財產法硏究會編, 讓渡擔保の法理 ジュリスト(1987. 8)
後藤靜思, 最高裁判所判例解說民事篇 1970年(上), 法曹會

판례색인

[대법원 판례]

[고등법원 판례]

[지방법원 판례]

[행정법원 판례]

著者略歷

성균관대학교 법과대학 졸업
사법연수원 수료(제14기)
Duke Law School(LL.M.)
현재 서울중앙지방법원 파산부 부장판사

著書 및 主要論文

파산법연구
제 4 회 법학논문상(2000), 수상논문: 헤이그송달조약에 관한 연구

파산법연구 2

2006年 9月 15日 初版印刷
2006年 9月 30日 初版發行

著 者 林 治 龍
發行人 安 鍾 萬
發行處 (株) 博 英 社
서울特別市 鍾路區 平洞 13-31番地
電話 (733) 6771 FAX (736) 4818
登錄 1959. 3. 11. 제300-1959-1호(倫)

www.pakyoungsa.co.kr e-mail: pys@pakyoungsa.co.kr

定 價 35,000원 ISBN 89-7189-720-1